AF347114

HISTOIRE

DES PEINTRES

DE

TOUTES LES ÉCOLES

PARIS — IMPRIMERIE POITEVIN, RUE DAMIETTE, 2 ET 4.

HISTOIRE
DES PEINTRES
DE TOUTES LES ÉCOLES

ÉCOLE ANGLAISE

PAR

M. W. BÜRGER

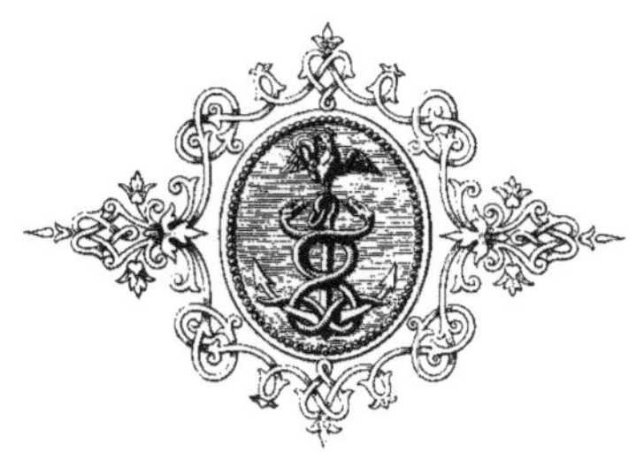

PARIS
Vve JULES RENOUARD, LIBRAIRE-ÉDITEUR
DIRECTEUR-GÉRANT : G. ÉTHIOU-PÉROU
RUE DE TOURNON, N° 6, FAUBOURG SAINT-GERMAIN

M DCCC LXIII

INTRODUCTION

A L'HISTOIRE

DES PEINTRES DE L'ÉCOLE ANGLAISE

I

En Angleterre, comme dans les autres pays de l'Europe, le Moyen Age avait naturellement produit ses artistes de toute sorte, depuis les architectes jusqu'aux orfévres, — et des peintres : peintres sur les murs des églises ou sur des panneaux adaptés aux autels, peintres pour les verrières et les tapisseries, peintres de portraits et d'armoiries pour les édifices publics et les châteaux, peintres pour illustrer les missels et les manuscrits, etc. De ces curiosités, il a été sauvé peu de choses; les guerres et les incendies, la Réformation et le Puritanisme ayant successivement anéanti les souvenirs d'autrefois. C'est à peine s'il reste quelques débris de fresques dans les monuments, quelques images relatives au culte religieux ou aux solennités de la cour, quelques portraits de hauts personnages, quelques beaux livres ornés de miniatures. Jusqu'à la fin du quinzième siècle, l'histoire de la peinture en Angleterre est couverte de ténèbres. Il en est de même, à la vérité, chez la plupart des autres peuples, excepté peut-être en Italie, où la filiation de l'art se suit presque depuis le treizième siècle.

C'est donc seulement à l'époque de Henri VIII qu'on peut commencer une esquisse historique de la peinture en Angleterre, non pas d'une école indigène, — l'école anglaise n'a son origine autochthone qu'au dix-huitième siècle, avec Hogarth et Reynolds — mais de la série des peintres étrangers qui ont travaillé pendant plus de deux siècles pour la cour et l'aristocratie.

Et, justement, la plus ancienne peinture dont l'auteur soit connu et la date certaine est un portrait de Henri VIII enfant, avec son petit frère Arthur et sa petite sœur Marguerite, par Jan Gossaert, dit Mabuse. Il en existe plusieurs répétitions : celle de la galerie de Hampton Court porte la date 1495.

II

Au commencement du seizième siècle, sont appelés des Italiens, Toto del Nunziata, élève de Ridolfo Ghirlandajo, et Luca Penni, frère de Giovanni Francesco Penni, nommé le Fattore, élève, ami et légataire de Raphaël. Mais il n'était pas facile alors d'enlever à l'Italie les premiers maîtres de son école : Henri VIII, comme François Ier de France, avait essayé vainement d'attirer Raphaël. A défaut d'Italiens, un Allemand qui les valait bien, Hans Holbein, d'Augsburg, illustra tout le règne de Henri VIII. Sa glorieuse vie appartient surtout à l'histoire de l'école allemande.

Holbein ayant séjourné vingt-huit ans en Angleterre, sauf quelques voyages de courte durée sur le continent, a laissé quantité de portraits dans les palais de la royauté anglaise et dans les châteaux de l'aristocratie, à Windsor Castle, à Hampton Court, chez les ducs de Northumberland, de Manchester, de Portland, de Newcastle, de Buccleuch, de Bedford; chez les comtes de Pembroke, de Dembigh, etc. L'Exhibition de Manchester a montré une vingtaine de ces chefs-d'œuvre. Il est singulier que la National Gallery de Londres ne possède encore aucun tableau de Holbein.

Sous Henri VIII, vinrent aussi, en Angleterre, un Flamand, Gerard Luca Horrebout, né à Gand en 1498, mort à Londres en 1558, et un Hollandais, Luca Cornelisz Engelbrechtsen, fils de Cornelisz Engelbrechtsen, qui fut le maître, ou du moins un des initiateurs de Luca van Leyden.

Vers le temps où mourait Holbein, arrivait à Londres un autre grand artiste, qui avait été peintre de Charles-Quint et qui venait se mettre au service de la princesse Mary, que épousa Philippe II. Antonie Mor, souvent nommé Antonio Moro, fut, comme son maître Jan van Schoorl, une sorte de cosmopolite : né en Hollande, à Utrecht, il a travaillé en Italie, en Espagne, en Portugal, en Angleterre, et il mourut à Anvers. Il eut pour rival, à la cour de la reine Mary, un Flamand, Joost van Cleef d'Anvers, *de Zotte Cleef,* van Cleef *le fou*, portraitiste de haut mérite. Un autre Flamand, Luca de Heere, né à Gand en 1534, travaillait aussi pour la reine Mary, et il continua d'être employé sous le règne d'Élisabeth.

Une lettre de François Ier à Henri VIII, datée de 1519 et publiée assez récemment, prouve encore qu'un peintre français, le célèbre Jean de Paris, fut envoyé à Londres par le roi de France pour faire un portrait du roi d'Angleterre. Ce voyage de Jean de Paris en Angleterre n'est relaté, à notre connaissance, dans aucun livre anglais.

Elisabeth, la terrible « *reine vierge,* » ne manqua pas de peintres, étrangers la plupart : un Hollandais, Cornelisz Ketel, né à Gouda en 1548, arrive en 1573 et demeure à Londres huit ans; un Italien, Federico Zucchero, né en 1550, arrive en 1574 ; un Flamand, Mark Gerard, né à Bruges en 1561, resta de longues années en Angleterre et y mourut.

Cependant, l'influence de Holbein lui avait suscité quelques imitateurs posthumes, dans la miniature surtout : Nicolas Hilliard, né à Londres en 1547, a laissé d'excellentes miniatures et même des portraits peints de grandeur naturelle, sans compter qu'il était orfèvre et joaillier ; il travaillait encore sous Jacques Ier et il ne mourut qu'en 1619. Isaac Oliver, né à Londres en 1555, élève de Hilliard et de Zucchero, peignit la miniature avec une égale supériorité ; son fils Peter, et lui-même, ont souvent signé : *Olivier*. Peut-être Hilliard et ces Oliver étaient-ils de famille française. Isaac mourut en 1617 et Peter vers 1654.

De cette époque est le célèbre portrait de Shakespeare, provenant des collections du duc de Buckingham et de lord Ellesmere, qui l'a offert à la nation. Il paraît qu'il fut peint d'après nature par l'acteur Burbadge, ami du poëte et son interprète au théâtre, notamment dans le rôle de Richard III.

Ajoutez, sous le règne d'Élisabeth, quelques marinistes hollandais, par exemple Cornelisz Vroom le vieux, père de Hendrik Cornelisz Vroom le jeune, né en 1566 à Haarlem, où il mourut en 1640. Vroom le vieux fut chargé de peindre les victoires navales du comte de Nottingham, sur la fameuse *Armada* espagnole de Philippe II, en 1588. Walpole mentionne aussi, en passant, un Pieter van de Velde, peut-être l'aïeul des Willem, que patronnèrent plus tard Charles Ier et Charles II.

III

Sous le règne de Jacques Ier, nouvelle génération de peintres étrangers : Paul van Somer, né à Anvers en 1576, était à Londres dès 1606 ; Cornelisz Janson van Ceulen y arrive en 1618 ;

Daniel Mytens, un peu après sans doute, car la première date que nous trouvions sur ses portraits peints en Angleterre est 1623. Van Somer mourut en 1621. Mais Mytens et van Ceulen devinrent peintres officiels de Charles Ier, dont ils ont laissé de superbes portraits, ainsi que de la famille royale et de l'aristocratie anglaise.

Daniel Mytens était né à La Haye en 1590. On a supposé parfois que Cornelisz Janson van Ceulen était né en Angleterre : il est né à Amsterdam, la même année que Mytens ; ses noms sont hollandais, et le *van Ceulen* (de Cologne) paraît seulement indiquer qu'il était d'origine colonaise. Tous deux se lièrent avec van Dyck, qui fit même un portrait de Mytens ; celui-ci, pourtant, quitta, dit-on, l'Angleterre en 1633, un an après l'arrivée de l'illustre Flamand, et il retourna dans sa ville natale, où il travaillait encore en 1656. Van Ceulen resta à Londres jusqu'en 1648 et revint mourir à Amsterdam.

Le règne de Charles Ier est une belle époque d'art en Angleterre — grâce aux étrangers toujours. En 1629 Rubens y vient passer une année, et van Dyck s'y fixe en 1632 [1].

Les précieuses esquisses peintes par Rubens pour le plafond de Whitehall, celles de l'*Histoire d'Achille*, destinées à être reproduites en tapisserie à la manufacture de Mortlake, sont conservées dans les galeries anglaises, ainsi que les portraits plusieurs fois répétés du comte d'Arundel et du duc de Buckingham. Il ne paraît pas que Rubens ait peint en Angleterre d'autre grand tableau que le *Saint George* aujourd'hui à Buckingham Palace, l'*Assomption de la Vierge* exécutée pour le comte d'Arundel, et peut-être l'allégorie de la *Paix et la Guerre* aujourd'hui à la National Gallery. Mais combien d'autres chefs-d'œuvre de Rubens ont été importés en Angleterre, de son temps et depuis deux siècles ! Il y en avait plus de quarante à l'Exhibition de Manchester.

Les Anglais ont presque raison de tenir van Dyck pour un peintre de leur école. Dans son dernier style, de 1632 à sa mort, van Dyck l'Anversois est vraiment aussi Anglais que le Lorrain Claude est Italien.

Naturellement doué d'élégance, de cette distinction à la fois très-fière et très-simple qui caractérise l'aristocratie anglaise, van Dyck fut tout de suite le représentant — c'est le mot — de cette société exceptionnelle. Ses nombreux portraits du roi Charles, de la famille royale et des personnages de la cour, hommes et femmes, sont peints autrement que les portraits de sa première époque, lorsqu'il adhère à Rubens, que ceux de sa seconde époque, après le retour d'Italie, lorsqu'il cherche les maîtres génois et vénitiens. L'Angleterre lui impose d'autres

[1] Voir, sur le séjour de van Dyck en Angleterre, W. Carpenter : *Memoir of Sir Anthony Vandyck*. London. 1844.

tournures, d'autres expressions, — un autre style, qui commande une pratique plus délibérée, plus cavalière, je ne sais quoi de facile et d'entraînant dans sa noblesse, comme le geste d'une grande dame, souverainement belle.

Ce Flamand d'Anvers est tellement Anglais, que Reynolds et Gainsborough ne le seront pas plus que lui.

Ah! que son génie convenait bien au temps de Charles Ier! Tous les étrangers avant lui passèrent sans laisser de traces dans l'art du pays. Le grand Holbein lui-même n'avait pas pu fonder une école. Van Dyck y réussit presque de son vivant, et l'on peut dire qu'il eut, du moins, une école posthume. Oui, la vraie école anglaise, née plus d'un siècle après lui, l'a continué. Assurément, van Dyck est l'aïeul de Reynolds et de Gainsborough, de Lawrence et de tous les portraitistes anglais jusqu'à notre époque.

Autour de van Dyck s'était groupée une bande de Flamands et de Hollandais, ses aides, ses disciples ou ses imitateurs.

Jan van Reyn, né à Dunkirk en 1610, était venu avec lui en Angleterre, où il resta même après la mort du maître, en 1642.

David Beck, de Arnheim, ou de Delft, suivant Immerzeel, passe pour avoir peint entièrement des tableaux dont van Dyck prenait la responsabilité; ce qu'il y a de sûr, c'est que Beck et Jan van Reyn ont souvent travaillé aux portraits de van Dyck. Beck a peint beaucoup de portraits en Suède, en Danemark et en France. Il mourut à La Haye en 1656.

Adriaan Hanneman, né à La Haye en 1611, avait d'abord étudié chez Mytens; puis il se mit à pasticher van Dyck. Il a demeuré seize ans en Angleterre. Il mourut en Hollande vers 1680.

Un autre Hollandais, Weesop, imite aussi van Dyck; il quitta l'Angleterre sitôt après la mort de Charles Ier.

Remigius van Lemput, d'Anvers, fut encore un des plus étonnants copistes de van Dyck. Il mourut à Londres en 1675.

Peu s'en fallut même qu'il ne se formât une école anglaise sous l'influence de van Dyck. Presque tous les peintres indigènes suivaient également sa manière : il y eut le « van Dyck écossais, » George Jamesone, et le « van Dyck irlandais, » James Gandy.

Jamesone, né à Aberdeen en 1586, est un très-bon peintre, et nous avons vu de lui des portraits qui tiennent, en effet, de van Dyck et de Rubens; car Jamesone avait travaillé dans l'atelier de Rubens à Anvers, et il s'y était rencontré avec le jeune van Dyck. C'est donc vers 1615 qu'il doit être venu sur le continent.

En 1620, il rentre dans sa ville natale, peint l'histoire, le paysage, des sujets allégoriques, d'après la mythologie et la Bible. Une de ses premières peintures, qui date de 1623, est un groupe de portraits où il s'est représenté lui-même, tenant sa palette et ses pinceaux, et regardant par dessus l'épaule de sa femme, entre les mains de laquelle leur jeune enfant prend des roses.

Sa réputation croissante l'engagea bientôt à se fixer à Edinburgh, où quelques-unes de ses peintures furent remarquées par Charles Ier, lorsque ce prince visita l'Ecosse en 1633. Jamesone eut donc la chance d'être invité à faire le portrait du roi Charles. Il a fait aussi les portraits de beaucoup de personnages illustres en Ecosse, notamment de la famille de Glenorchy, tableaux conservés au château de lord Breadalbane. On voit encore plusieurs de ses œuvres à Aberdeen et dans diverses résidences seigneuriales. Il laissa plusieurs élèves, entre autres Michael Wright, qui eut une certaine célébrité comme portraitiste. Jamesone mourut à Edinburgh en 1644.

James Gandy, né en 1619, mort en 1689, est vivement loué par Pilkington et par Dalloway, l'annotateur de Walpole. Il résida presque toujours en Irlande, au service du duc d'Ormond. Son fils William Gandy, établi à Exeter, passe également pour un artiste distingué.

A Londres, un des trois fils de Nicholas Stone, le célèbre statuaire, qui avait épousé en Hollande la fille de Pieter de Keyser, architecte et sculpteur de la ville d'Amsterdam, — Henry Stone, dit Stone le vieux, *old Stone*, pour le distinguer de ses frères, peignait encore dans la manière de van Dyck[1]. Il avait voyagé en Italie, en France et en Hollande, où il s'était lié avec Ferdinand Bol. Henry Stone et Ferdinand Bol échangèrent même leurs portraits. On a toujours plaisir à signaler ces relations sympathiques entre les artistes des diverses nations. Old Stone mourut à Londres, en 1653, âgé d'environ trente-sept ans. Il avait aussi pratiqué la statuaire et il a écrit un livre sur la peinture.

Mais le plus grand artiste anglais que van Dyck ait formé, c'est William Dobson, un vrai peintre, dont les portraits valent à peu près ceux de son maître. Né à Londres, dans le quartier de Holborn, en 1610, il avait d'abord étudié chez Francis Cleyn le vieux[2], connu surtout pour ses modèles de tapisserie à la fameuse fabrique de Mortlake; puis chez Robert Peake[3],

[1] On voit de lui à Stafford House, collection des ducs de Sutherland, un portrait de Henry Jermyn, comte de Saint-Albans, copié *d'après* van Dyck (n° 160 du Catalogue).

[2] François Cleyn, né à Rostock, dans le Mecklenburg-Schwerin, mourut à Londres en 1658, laissant trois fils et trois filles, qui pratiquèrent les arts. Lui-même a peint des portraits et des plafonds, outre ses modèles pour les tapisseries. On l'appelle souvent *Old Cleyn*, Cleyn le vieux, pour le distinguer de ses fils.

[3] Robert Peake fut aussi le maître du célèbre graveur William Faithorne. Dès 1612, on le trouve employé au service de Charles Ier, alors duc d'York : plus tard, il prend parti pour le roi dans les guerres de la Révolution : créé chevalier en 1645, il mourut à Londres, on ne dit pas en quelle année.

peintre et marchand de tableaux. On raconte que van Dyck, ayant aperçu à la vitre d'une boutique une peinture de Dobson, s'intéressa à lui, le prit dans son atelier et le recommanda au roi Charles. Après la mort de van Dyck, Dobson eut, en effet, la charge de premier peintre, *serjeant painter*, et de valet de chambre, *groom of the privy chamber*, et, en cette qualité, il accompagna la cour à Oxford, où il fit le portrait du roi, celui du prince Rupert et de plusieurs autres nobles personnages.

Malgré ce haut patronage, Dobson, qui menait grand train, fut incarcéré pour dettes, et, à peine hors de prison, il mourut à Londres, le 28 octobre 1646.

Dans cette vie si courte — trente-six ans! — il a fait des chefs-d'œuvre, notamment le tableau où il s'est représenté lui-même embrassant Sir Charles Cotterell, près de Sir Balthasar Gerbier, l'ami et le correspondant de Rubens. Cette peinture, appartenant au duc de Northumberland, a été exposée à Manchester, avec sept autres portraits qu'on admirait également, même à côté des portraits de van Dyck. Dobson a peint aussi beaucoup de sujets bibliques et historiques, la *Femme adultère*, la *Décollation de saint Jean*, etc. Ses œuvres se rencontrent dans les galeries les plus distinguées, chez le duc de Marlborough et le duc de Manchester, chez lord Lyttelton, chez le comte Craven, à Bridgewater Gallery, etc. Il est mentionné avec les éloges qu'il mérite dans Walpole, dans Smith et dans tous les auteurs anglais, dans le Dictionnaire de Nagler, dans les *Trésors d'art en Angleterre*, par le docteur Waagen, etc. Sir Joshua Reynolds l'estimait hautement, et il a beaucoup contribué à relever sa réputation. Le portrait de Dobson, peint par lui-même, est très-bien gravé par Freeman dans le livre de Walpole.

Robert Walker peut compter aussi comme un grand portraitiste. On ne sait pas les dates de sa naissance et de sa mort, ni s'il a étudié directement chez van Dyck, dont il s'est assimilé le style. Il a peint plusieurs portraits de Cromwell [1], ceux de Sir Thomas Fairfax, d'Ireton, de Fleetwood et de la plupart des hommes de la Révolution [2]. Son propre portrait, où il s'est représenté tenant un dessin, a été gravé par Lombart.

Sous le règne de Charles Ier, et à côté de van Dyck, d'autres sectateurs de Rubens séjournèrent plus ou moins longtemps en Angleterre, par exemple George Geldorp [3], qui y

[1] Un de ces portraits, conservé au palais Pitti, à Florence, est attribué à Peter Lely. On en voit deux autres au British Museum l'un, en cuirasse, avec un page en pourpoint rouge qui arrange l'écharpe du Protecteur. Celui qui a été exposé à Manchester appartient à M. Tollemache. Il y avait encore, à l'Exhibition de Manchester, *Lord Brooke*, appartenant au comte de Warwick, l'*Amiral Blake* et *Sir Thomas Browne*. A la vente de lord Northwick, 1859, a passé encore un portrait de Cromwell par Walker.

[2] Walpole cite encore deux autres peintres anglais de la période révolutionnaire : Edward Mascall, auteur d'un portrait de Cromwell, et Heywood, auteur d'un portrait de Fairfax.

[3] George Geldorp, fils de Gortzius Geldorp, qui a laissé tant de portraits à Cologne, fut l'ami et le correspondant de Rubens. Quelques-unes de ses lettres et les réponses de Rubens ont été publiées par M. Emile Gachet, Bruxelles, 1840.

mourut après la Restauration; Diepenbeke, qui y fut employé surtout par le duc de Newcastle; Frans Wouters, le paysagiste, qui s'y trouvait en 1637; Gerard Segers, en 1641.

Les Hollandais aussi affluaient à cette cour somptueuse et passionnée pour les beaux-arts. En 1630, le jeune Livens, le condisciple et l'ami de Rembrandt, — en 1632, Hendrik Pot, l'ami et peut-être le disciple de Frans Hals, — viennent à Londres faire les portraits de Charles et de la famille royale.

Charles Ier n'avait pas manqué non plus d'attirer des Italiens, par exemple Horatio Gentileschi de Pise et sa fille, la belle Artemisia. Un neveu du Guerchin et son élève, Benedetto Gennaro, vint plus tard, sous le règne de Charles II.

Nommer tous les peintres étrangers qui travaillèrent en Angleterre dans la première moitié du dix-septième siècle est presque impossible. Nous citerons encore Poelenburg et Adriaan van Stalbent, qui collaborèrent souvent avec les peintres d'architecture Hendrik van Steinwyck le jeune et B. van Bassen; Stevens Palamedez, né à Londres en 1607, fils du ciseleur appelé à la cour de Jacques Ier, et frère d'Anton le peintre; Abraham van der Dort, qui fut conservateur de la galerie de Charles Ier; Terburg, dont le passage à Londres paraît certain; les paysagistes David Winkeboom et Jacob Keerinck; Gerard Honthorst, qui avait amené avec lui son élève Sandrart; Willem van de Velde le vieux, mort à Londres; et même le mystérieux Jan Torrentius, qui, grâce à l'intercession de Charles Ier [1], fut tiré de sa prison de Haarlem.

Un peu plus tard, nous trouvons Abraham Hondius, de Rotterdam; David van der Plaas, qui a peint un portrait de Milton, conservé à la National Gallery; Pieter van der Meulen, frère d'Anton Frans; Pieter van Bloemen, frère de l'Orizonte; les Zeeman, de la même famille probablement que Renier Nooms; les Netscher, Gaspar et Theodor; les Wijck, Thomas et Jan; les Verelst, Simon et Herman; les Griffier, Jan et Robert; Edema, le Frison, élève d'Everdingen; Jan Looten le paysagiste, mort à Londres en 1680; Adam Coloni, de Rotterdam, mort à Londres en 1685; l'élève et le gendre de Frans Hals, Pieter Roestraeten, mort à Londres en 1698; Samuel van Hoogstraeten, l'élève de Rembrandt; Willem van de Velde le jeune, mort à Greenwich en 1707; Jan van Son, peintre de fleurs comme son père Joris, et mort à Londres en 1700; van Leemens d'Anvers, mort à Londres en 1704; Edouard Dubois, le paysagiste d'Anvers, mort à Londres vers 1699, et son jeune frère Simon le portraitiste, mort aussi à Londres en 1708; le paysagiste Adriaan van Diest, de La Haye, mort à Londres

[1] M. Carpenter, dans ses *Pictorial Notices*, et M. Wornum, dans ses *Notes à Walpole*, ont publié la curieuse lettre de Charles Ier au prince d'Orange, datée de mai 1630. — Torrentius, né à Amsterdam en 1589, y mourut en 1640. Deux de ses tableaux sont portés au Catalogue de la Galerie de Charles Ier.

en 1704; Dirk Stoop, Jan Siberechts, Dirk Maes, E. van Hemskerk, et, plus tard encore, le célèbre van Huysum.

IV

Mais n'abandonnons pas la lignée des portraitistes en faveur auprès des cours.

A peine van Dyck mort, accourt Peter Lely, né en Westphalie, d'un père hollandais (le capitaine Jan van der Faes, dit Lely), et disciple de Pieter de Grebber, à Haarlem. Il a le même succès que van Dyck; il peint Charles Ier et sa cour, puis Cromwell et son entourage, puis Charles II et toutes les « beautés de Windsor. » Cela dura près de quarante ans, jusqu'à sa mort, en 1680.

Lely n'avait que vingt-cinq ans lorsqu'il vint à Londres, et il se trouvait être le meilleur peintre en Angleterre, ou du moins le plus séduisant, lorsque Charles Stuart, en 1660, restaura la monarchie. Son talent convenait à merveille aux ladies spirituelles et galantes, aux seigneurs étourdis, qui oubliaient tous ensemble, dans le luxe et les voluptés, le souvenir encore récent de Cromwell et de la République. Lely les a peints par centaines. Il avait plus de trente portraits à l'Exhibition de Manchester, entre autres la belle Hamilton, comtesse de Grammont, la duchesse de Richmond, la duchesse de Portsmouth, la duchesse d'Albemarle, la duchesse de Newcastle, etc., sans compter Charles II et sa femme, Catherine de Bragance; le duc d'York, qui devint Jacques II, avec sa femme et ses deux filles, qui devinrent la reine Mary, femme de Guillaume d'Orange, et la reine Anne, etc.

Lely aimait passionnément van Dyck, et il l'a imité parfois jusqu'à tromper les plus fins connaisseurs. Il avait réuni une nombreuse collection d'œuvres de van Dyck, tableaux, portraits, esquisses, dessins, etc. Son influence fut souveraine et son école très-nombreuse. Parmi ses élèves et ses aides, car il avait des collaborateurs spéciaux pour les draperies, pour l'architecture, pour le paysage, etc., il faut citer les Hollandais J. Buckshorn et W. Wissing; les Flamands J.-B. Gaspars et J. van den Eyden; les Anglais John Greenhill, Sir John Gawdie, Thomas Sadler, John Dixon, Henry Tilson, Davenport; les Gibson, Richard, William et Edward; mistress Mary Beale et son fils Charles, etc.; parmi ceux qui rivalisèrent presque avec lui, le Westphalien Gerard Soest et l'Anglais John Riley, né en 1646, mort en 1691. Sir Peter Lely eut encore l'honneur d'être le patron de Largillière, qui, tout enfant, avait commencé ses études à Londres et y revint, en 1675, travailler pour Charles II.

En cette même année 1675 mourait à Londres un autre habile portraitiste français, Claude

Lefebvre, né à Fontainebleau en 1633. Son homonyme, Roland Lefebvre, dit de Venise, né dans l'Anjou en 1608, mourut aussi à Londres en 1677.

Vers le même temps, et un peu plus tard, quantité de Français viennent travailler en Angleterre: Philippe Duval, élève de Le Brun, en 1672; Jacques Parmentier, neveu et élève de Sébastien Bourdon, en 1676; Paul Mignard, neveu du célèbre Pierre; puis, en 1689, Charles de La Fosse, avec le peintre d'architecture Jacques Rousseau, qui mourut à Londres en 1694, et le peintre de fleurs Jean-Baptiste Monnoyer, qui y mourut aussi en 1699; Louis Cheron, frère de la célèbre Élisabeth-Sophie, en 1695. Plus tard encore, c'est Desportes, en 1712: Watteau, en 1720: Antoine Pesne, en 1724: Jean-Baptiste van Loo, en 1738, etc.

Mais, cependant, Lely étant mort, un autre fameux peintre lui avait succédé à la cour et monopolisa bientôt la vogue publique. Arrivé à Londres en 1674, Kneller peignit sous Charles II, sous Jacques II, sous Guillaume III, sous la reine Anne, et après l'avénement de la maison de Hanovre il était encore là. Il ne mourut qu'en 1723, sous George Ier. Comme *Sir* Peter Paul Rubens, *Sir* Antony van Dyck et *Sir* Peter Lely, *Sir* Godfrey Kneller avait été créé chevalier. Comme eux, il a son portrait dans la galerie des peintres illustres, à Florence.

Kneller a représenté la plupart des souverains et des princes de son temps, même Louis XIV et le czar Pierre de Russie: il a peint le grand duc de Marlborough et Villiam Russell, le *Patriote*: Newton et Locke: Sir Christopher Wren, l'architecte de Saint-Paul de Londres; Pope, Addison, Steele, Congrève et les autres poëtes et littérateurs du célèbre *Kit Kat Club*. Il avait aussi, comme Lely, une trentaine de portraits à l'Exhibition de Manchester[1]. Il eut, comme Lely, quantité d'élèves et de coadjuteurs[2], sans compter son frère aîné, Johannes Zacharie, qui l'avait suivi à Londres: par exemple J.-J. Bakker, frère d'Adriaan Bakker, d'Amsterdam; J. van der Roer, élève de Jacob de Baan, qui a peint aussi en Angleterre: J. Pieters, d'Anvers, élève de Pieter Eykens; Henry Vergazon, etc.

A côté de l'Allemand Kneller, réputé incomparable pour le portrait, il y avait un autre étranger, Antonio Verrio, né dans les États napolitains, vers 1639, qui avait enthousiasmé l'Angleterre pour ses peintures architectoniques. Dès 1676 il est à la solde de Charles II, et

[1] Walpole donne un catalogue assez étendu des portraits peints par Kneller et par Lely, avec l'indication des galeries où ils se trouvaient.

[2] C'était l'usage, chez tous ces actifs fabricateurs de portraits, de distribuer le travail à des aides, comme on fait dans les travaux purement industriels. Les peintres avaient ainsi, pour ainsi dire, des costumiers, des tapissiers, des maçons et des jardiniers. Walpole cite entre autres un certain Joseph Vanaken (van Aachen?) d'Anvers, mort à Londres en 1749, qui excellait dans les satins, velours, dentelles, broderies, et que les peintres les plus « considérables » employaient à « costumer les figures » dans leurs tableaux. Hogarth a fait une caricature des funérailles supposées de ce Vanaken, conduit au tombeau par les peintres pour lesquels il avait travaillé, tous donnant des marques de désespoir.

en peu d'années il lui coûte près de 10.000 guinées pour la décoration du château de Windsor. En 1683, il s'adjoint un Français, Louis Laguerre, né à Paris en 1663, d'un père catalan, directeur de la ménagerie de Versailles; ce Laguerre tenait son prénom tout simplement de Louis XIV, qui fut son parrain. D'abord élevé chez les Jésuites, puis étudiant à l'Académie de peinture et dans l'atelier de Charles Le Brun, il avait tout ce qu'il faut pour réussir. Verrio étant mort à Hampton Court en 1707, Laguerre continua leur espèce d'industrie jusqu'à ce qu'il mourût lui-même, en 1721.

Ce que ces deux hommes ont barbouillé de peintures ornementales en Angleterre est véritablement prodigieux, non-seulement dans les édifices publics, à Windsor Castle, à Hampton Court, aux hôpitaux de Christ-Church et de Saint-Bartolome, mais dans les résidences des lords à la ville et à la campagne, chez le duc de Marlborough, chez le duc de Devonshire, chez lord Exeter, etc.

A la fin, Laguerre eut pour concurrent un Anglais, James Thornhill, né en 1676 à Woodland. Thornhill, dans sa jeunesse, avait visité la France, et il paraît s'être surtout formé d'après Le Brun. Ses œuvres principales sont la coupole de Saint-Paul à Londres, la grande salle de l'hôpital de Greenwich, un appartement à Hampton Court, une salle du château de Bleinheim, des plafonds et des tableaux d'autel dans des églises d'Oxford, une chapelle à Weymouth, celle du château de lord Orford dans le Cambridgeshire, etc. George Ier le créa chevalier, et sa ville natale l'envoya au Parlement. Peut-être, néanmoins, que Sir James Thornhill serait bien oublié aujourd'hui, s'il n'avait pas été — malgré lui — le beau-père de Hogarth.

Thornhill mourut en 1734. Outre sa fille, mistress Hogarth, il laissait un fils, prénommé James comme lui, et auquel il avait faire obtenir la charge de premier peintre de la marine. Il avait eu plusieurs élèves, entre autres Robert Brown, qui collabora aux peintures de la coupole de Saint-Paul et qui exécuta aussi des décorations dans divers autres monuments publics.

Dans les derniers temps de Thornhill et dans les premiers temps de Hogarth, l'arbitre du goût, à Londres, était une espèce d'artiste qui est resté célèbre comme « créateur de l'art des jardins, » William Kent, à la fois peintre, sculpteur, architecte, dessinateur de parcs pour les lords et même de toilettes pour les ladies.

Ce que Le Nôtre avait fait pour conformer la nature à la mode du siècle de Louis XIV, William Kent le fit à la mode anglaise, et les styles de ces deux *jardiniers*, si opposés de système, se pratiquent encore aujourd'hui et contrastent toujours, comme le goût et les mœurs des deux peuples.

Kent était né dans le Yorkshire, en 1684, et il avait commencé par être apprenti chez un peintre de voitures. Son ambition le poussa à Londres, où il fit quelques études. De hautes protections l'envoyèrent à Rome et l'y soutinrent dans l'atelier du cavaliere Luti. Lord Burlington le ramena à Londres en 1619 et le logea dans son hôtel. Toute l'aristocratie et la cour applaudirent à son talent et à ses innovations dans la disposition des riches demeures, architecture, ornementation, ameublement, parcs et bocages, rocailles et fontaines. Il était maître des œuvres, architecte, conservateur des peintures et principal peintre de la couronne, lorsqu'il mourut, très-riche, en 1748.

Nous touchons à la naissance de l'école anglaise, et nous n'avons plus qu'à citer les peintres qui avaient une certaine réputation lorsque Hogarth, le premier, fut l'initiateur d'un art vraiment national.

De grands peintres étrangers, il n'y en avait plus en Angleterre. Michael Dahl, de Stockholm, 1656-1743, ne compte pas, bien qu'il eût alors de la réputation et qu'il fût considéré comme un rival de Kneller. Balthasar Denner non plus, bien qu'il fût le favori de tous les princes de l'Europe et qu'il n'ait pas déplu aux Anglais, lorsqu'il vint à Londres, plusieurs fois, notamment en 1728. Paulus Ferg encore y était en même temps et il y demeura vingt années.

Quels autres artistes eût-on pu choisir chez les peuples du continent? Hélas! l'art de l'Europe était partout en pleine décadence. Les brillantes écoles qui avaient illustré, au dix-septième siècle, la Flandre, la Hollande et l'Espagne, — Rubens, Rembrandt, Velazquez, — n'avaient point de continuateurs dans leurs propres pays. L'art italien avait été enterré par les derniers Bolonais. Seule, la France possédait alors quelques artistes originaux et charmants, qui, d'ailleurs, ne tenaient pas un rang égal à celui des maîtres consacrés.

Où trouver des continuateurs de van Dyck, même de Lely et de Kneller? Des artistes indigènes, dépourvus de tout caractère, étaient donc chargés de la fourniture de portraits indispensable à l'aristocratie, — en attendant Reynolds et Gainsborough, sans qu'on puisse dire qu'ils en aient été les précurseurs: car le style de Reynolds et de Gainsborough, comme celui de Hogarth, fut une complète nouveauté.

Ces peintres nés à la fin du dix-septième siècle et au commencement du dix-huitième, et qui allaient s'éclipser devant la vraie école anglaise, sont, entre autres : Jonathan Richardson, né en 1665, mort en 1745, élève et neveu de John Riley, et auteur, en collaboration avec son fils, de plusieurs écrits sur les arts; Charles Jervas, 1675-1739, Irlandais qui s'était formé sous Kneller, et que son ami Pope ne craignit pas de comparer à Zeuxis; l'Écossais William Aikman, 1682-1731; Joseph Highmore, 1692-1780; Jan Vanderbanck, 1694-1739, qu'on suppose né en Angleterre, bien que son nom soit néerlandais: il a fait aussi un portrait de

Newton; George Knapton, 1698–1778. élève de Richardson; Thomas Hudson, 1701–1779. également élève de Richardson, dont il épousa la fille : c'est le maître de Reynolds : Francis Hayman, 1708–1776, maître de Gainsborough : et quelques autres, adonnés à diverses spécialités.

L'Exhibition de Manchester a montré des portraits de la plupart de ces peintres, et aussi des oiseaux de Cradock, mort en 1717, des chevaux de John Wootton, mort en 1765, des marines de Samuel Scott, mort en 1772, et que Walpole met en parallèle avec les van de Velde, etc.

Avec Hogarth, le peintre sarcastique et familier : avec Wilson, le paysagiste, qui d'ailleurs tient encore au style étranger ; avec Reynolds, le grand portraitiste tout à fait anglais, commence la série des maîtres dont les biographies ont été écrites séparément dans ce volume. Nous venons d'esquisser l'état de l'art en Angleterre avant eux ; mais il convient d'apprécier aussi la signification de cette école nouvelle, qui prend sa place désormais à côté des autres écoles de l'Europe.

V

Tant que les peuples du continent avaient eu de bons peintres, impossible de naturaliser l'art en Angleterre. Les enseignements de Holbein au seizième siècle et de van Dyck au dix-septième n'y avaient servi de rien. Même au temps de Shakespeare et de Milton, la peinture fut un produit exotique dans ce pays fertile en poëtes et en littérateurs, en savants, en politiques, en inventeurs de toute sorte, en hommes d'un génie profond et original. On eût dit — et l'on disait — que l'Angleterre, qui marque avec éclat dans l'histoire universelle, était fatalement impropre aux arts plastiques et surtout à la peinture.

Mais voilà que tout à coup paraît à Londres un esprit singulier, qui sait entremêler, dans une forme vive et populaire, la morale et la satire ; espèce de Jan Steen ressuscité chez un autre peuple et à une autre date ; très-sérieux au fond, et raillant les vices ou les ridicules, pour prêcher la vertu, le bon droit, la liberté, le savoir-vivre. Dans le pays de Swift, de Samuel Richardson, de Fielding et de Sterne, la peinture, sitôt qu'il y eut une peinture nationale, devait être surtout humoristique et familière. Le pamphlet et le roman sont dans le génie des Anglais. Hogarth inaugura cette peinture de mœurs, et à côté du caricaturiste il y a en lui le romancier et l'auteur dramatique. Il a voulu faire la comédie humaine, et assurément il a fait la comédie anglaise.

Reynolds se tourna vers une autre expression de la société particulière à son pays.

L'aristocratie anglaise est unique au monde. Reynolds fut le représentant de celle de son époque, comme van Dyck l'avait été pour la cour de Charles Ier et Lely pour la cour de Charles II. Au temps de Reynolds, la vie de château, le calme et la dignité dans la famille ont remplacé les mœurs chevaleresques et les mœurs galantes. Les ladies en robe de mousseline blanche se promènent, avec leurs enfants roses, sous les ombrages de leurs parcs ornés de statues et de fontaines. Une simplicité souverainement élégante, où perce la hauteur aristocratique, la beauté sereine et nonchalante d'une grande race inoccupée, une majesté tout aimable, voilà ce que Reynolds a exprimé dans la perfection, en peignant ses ladies, qui ont l'air de déesses terrestres.

Gainsborough en fit autant, avec le même génie et peut-être avec plus de tendresse; il a plus d'inspiration que Reynolds et plus de naïveté dans son élégance; il a souvent aussi une espèce de sauvagerie très-originale, car il y allait de franc cœur, sans se tourmenter de l'étude des maîtres, de la science et de la réflexion, qui avaient formé Reynolds. Gainsborough avait surtout une maîtresse, la Nature, et il la sentait vivement. Tous les spectacles si variés de la nature émouvaient sa « sensibilité, » et c'est pourquoi il a peint, outre ses portraits, des paysages et des scènes agrestes.

Lui qui comprenait si délicatement la distinction la plus raffinée, il avait compris également ce qu'il y a de poésie attractive dans l'existence rustique, et qu'une simple fille des champs peut posséder autant de noblesse et de beauté qu'une duchesse. Aussi ses paysanneries ont-elles un charme et une sincérité que n'offrent point les pastorales maniérées des gracieux peintres français de la même époque.

Quelquefois Gainsborough a fait des paysages pour la nature seule et presque sans y mêler de personnages; tout au plus un petit berger avec son troupeau, une charrette qui passe un gué, un petit cavalier qui fait boire son cheval à la rivière.

Gainsborough est le véritable initiateur de l'école anglaise dans le paysage *naturel*, que avaient délaissé les continuateurs de Poussin et de Claude, interprétant la nature à l'antique et comme un théâtre de scènes païennes et fabuleuses.

La peinture de mœurs, le portrait et le paysage, ces trois genres affectionnés des artistes anglais et où ils excellent, étaient donc décidément institués, dans un style original, par Hogarth, Reynolds et Gainsborough. Leurs compatriotes n'ont fait que les continuer jusqu'à nos jours.

Parmi les portraitistes de la même époque à peu près, et dont les biographies, écrites par Allan Cunningham, ont été omises dans ce volume, il faut citer Allan Ramsay, né à Edinburgh en 1713, peintre principal de George III et mort en 1784; Alexander Runciman, né à Edinburgh en 1736, mort en 1785; John Singleton Copley, né de parents anglais, à Boston, en 1737, mort en 1815;

John Hamilton Mortimer, né dans le comté de Sussex, en 1741, mort en 1777; Henry Raeburn, né à Edinburgh en 1756, créé chevalier par George IV et mort en 1823; John Hoppner, né à Londres en 1759, mort en 1810: William Owen, né à Ludlow, dans le Shropshire, en 1769, mort en 1825.

Hogarth, Reynolds et Gainsborough avaient vaincu le sortilége de l'art en Angleterre: mais, à peine l'école existant, plusieurs peintres s'imaginèrent qu'ils allaient dépasser le glorieux siècle italien. On ne parlait que grand art, idéal, épopée, style historique et autres grands mots qui, dit un critique anglais, « ne viennent jamais à l'idée des peuples où l'art est bien en vie. » Michel-Ange et Raphaël empêchaient de dormir les compatriotes de Milton. Pourquoi la haute peinture ne traduirait-elle pas les images surnaturelles de Milton et de Dante, et des nobles poëtes épiques?

Ce furent surtout deux étrangers qui devinrent les promoteurs de ce grand art allégorique, religieux, héroïque et fantastique, l'Américain Benjamin West et le Suisse Henri Fuseli. Plusieurs Anglais s'y aventurèrent avec frénésie, par exemple Barry, et cette ambition du sublime, de l'impossible peut-être dans les arts plastiques, entraîna encore vers la fantasmagorie nos contemporains John Martin et Danby.

Mais Shakespeare? est-ce qu'il n'a pas provoqué aussi les peintres de son pays? Sans doute, et quantité d'artistes essayèrent de le traduire. La superbe édition publiée par les Boydell et quantité d'autres éditions moins luxueuses conservent le souvenir de ces traductions plastiques, en général peu réussies. Il n'y a guère que Reynolds et Romney qui n'aient pas été tout à fait indignes de l'incomparable poëte.

Shakespeare, hélas! n'a point d'analogue dans la peinture anglaise, ni même dans les autres écoles, si ce n'est un Hollandais, qui vint un peu après lui, qui ne paraît pas s'être occupé de lui, et qui pourtant lui ressemble dans les traits profonds de son génie, — Rembrandt.

La fureur héroïque n'eut pas longue durée et elle ne produisit rien d'éminent, à peine quelques tableaux d'histoire, assez médiocres, par West, Opie, Northcote, Copley et autres, dont la gravure seule fit la popularité. Au commencement de notre siècle, l'école avait repris avec éclat ses trois genres favoris: le portrait, le genre, le paysage. Pendant que Lawrence continuait Reynolds, Wilkie et Newton continuèrent Hogarth. Le paysage eut surtout des interprètes puissants, depuis Morland et John Crome jusqu'à Constable, à Bonington et à Turner.

John Crome, *old Crome*, Crome le vieux, dont le talent n'a guère été révélé, même aux Anglais, que par l'Exhibition internationale de 1862, vivait dans le *country*, sans que Londres fît attention à lui. Né à Norwich en 1769, il est mort en 1821. Il a quelque analogie avec les anciens

Hollandais, non pas qu'il cherche à les pasticher, mais parce qu'il a le même sentiment profond de la nature. Ce grand paysagiste méritait place dans notre galerie biographique.

Turner est un génie exceptionnel, non-seulement dans l'école anglaise, mais comparé aux maîtres de toutes les écoles. Aussi poëte que peintre, idéaliste comme Claude et réaliste comme Hobbema, singulier mélange d'aspirations folles avec une pratique très-positive, surtout amoureux du soleil, il a fait des chefs-d'œuvre qui excitent à la fois l'enthousiasme et la surprise.

Turner est le dernier peintre qui marque glorieusement dans l'école anglaise. Nous n'avons point à nous occuper ici des vivants, plus ou moins habiles dans la peinture du portrait, des sujets familiers et du paysage, et dont la plupart semblent égarés à la recherche de qualités minutieuses, étrangères peut-être à la vraie et franche peinture.

Mais, quels que soient le présent et l'avenir de l'école anglaise, son passé suffit déjà à lui donner rang parmi les brillantes écoles de l'Europe. Hogarth, Reynolds, Gainsborough, Romney, Lawrence, Wilkie, Newton, Morland, Crome, Constable, Bonington, Turner, quelques autres encore sans doute, voilà une pléiade bien digne d'illustrer les galeries britanniques, et qu'il est regrettable de ne pas rencontrer jusqu'ici dans les musées et les collections du continent.

W. BÜRGER.

Septembre 1862.

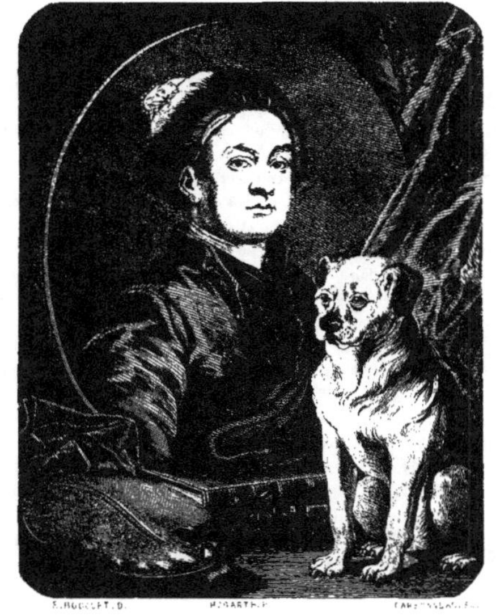

École Anglaise. *Scènes de Mœurs.*

GUILLAUME HOGARTH

NÉ EN 1697. — MORT EN 1764.

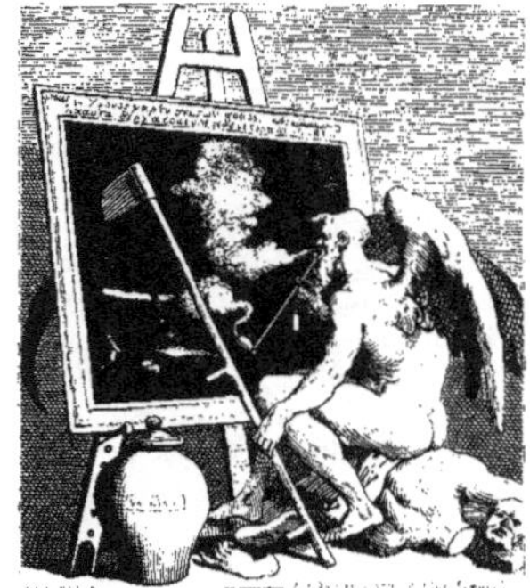

Rien ne prouve mieux le peu de progrès du goût en Angleterre jusqu'au milieu du dix-huitième siècle que l'autorité et l'influence dont se trouva maître, entre 1710 et 1750, un nommé Kent, alors célèbre, aujourd'hui profondément oublié. Les beaux arts obéissaient à sa direction. La mode n'existait que par lui. Il avait usurpé, au nom de l'aristocratie bourgeoise, la même dictature que Louis XIV en France venait de confier au peintre Lebrun.

C'était une époque confuse et féconde, où les esprits, surtout en fait d'art et de goût, avaient grand'peine à retrouver leurs principes et à fixer leur point d'arrêt. Le parti puritain atténué, le royalisme pur définitivement vaincu : la bourgeoisie et l'aristocratie liguées ; un peuple énergique au fond de la scène ; quelques familles puissantes et habiles s'emparant du pouvoir ; un trône qui tombe, se relève, tombe encore, et transformé trois fois, affaibli en apparence, renait plus fort que jamais ; les éléments les plus contradictoires bouillonnant ensemble dans le même cercle social ; voilà l'Angleterre. Les débauchés de la cour de Charles II et de Jacques II coudoyaient les petits enfants des têtes rondes et des partisans de Cromwell. Ce qui était anathème pour les uns semblait aux autres la condition nécessaire de la vie. Dans ce chaos de forces hostiles, sans règles, sans principes, sans antécédents certains, une vague aspiration vers l'élégance et les arts se faisait deviner ou pressentir, et il n'est pas étonnant qu'un homme adroit, un esprit actif ait fait tourner à son profit une situation aussi confuse. Sculpteur détestable, peintre de mauvais goût, ornemaniste ridicule, Kent mit tant d'aplomp et d'assurance dans sa conduite et devina si bien les instincts et les désirs de ce qui l'entourait, qu'on ne jura bientôt que par lui. Le courant des engouements qu'il servait le porta d'un élan à la gloire et à la fortune. Les grandes dames le consultaient, les poètes le chantaient, les princes et les seigneurs ne meublaient leurs appartements et ne composaient leurs galeries que d'après ses plans ou ses instructions, tant l'habileté de ses manœuvres s'accordait bien avec l'incertitude des idées anglaises relativement aux arts. Il dessinait des fauteuils et des jardins ; il bâtissait des colonnades et coloriait des kiosques ; il décorait des boudoirs et taillait des jupes : c'était l'arbitre universel.

La cause de ce succès bizarre se trouvait dans l'état des esprits et surtout des passions contemporaines. Le catholicisme méridional soutenu par Louis XIV et que la révocation de l'édit de Nantes prononcée peu d'années auparavant avait rendu profondément odieux aux populations septentrionales et protestantes, s'alliait dans l'esprit anglais (assez ignorant de ces matières) à tous les souvenirs païens, au sentiment même du beau, tel que Phidias et Praxitèle l'ont compris. Pour plaire à la population anglicane, il fallait donc inventer un nouvel art qui ne fût ni grec, ni romain, ni italien, qui s'éloignât surtout du style de Louis XIV. Les plantations régulières de Versailles, la façade rectiligne du Louvre et même la belle cour intérieure des Invalides paraissaient aux Hollandais et aux Anglais protestants le symbole même du despotisme et celui du fanatisme romain. Ce fut en Hollande que l'on imagina pour la première fois de se contenter des forêts et des gazons tels que Dieu les a faits, sans les soumettre à l'équerre. Pope suivit cet exemple, et Kent l'imita bientôt après. Il disposa des bosquets, groupa des arbres, arrondit des pelouses, devint le maître et le chef d'une école de jardinage anti-français, et fut mis en réquisition par tous les gens riches et les grands seigneurs anglais. L'Angleterre avait trouvé son Lenôtre, dont elle fit bientôt son Michel-Ange et son Raphaël. Kent n'avait ni coloris ni dessin ; il manquait d'étude comme de goût. Le sentiment de l'art lui faisait défaut ; la mode seule le favorisait. Westminster fut encombré de ses créations absurdes. Les églises se disputèrent ses ridicules tableaux où l'idéal rectiligne des Grecs était exagéré jusqu'à la parodie.

L'Angleterre, en 1720, n'avait encore rien produit qui fût de nature à constituer un art national et qui ressemblât à une école. Holbein et Van Dyck, comme Verrio et Laguerre, étaient des étrangers. Sir James Thornhill, homme d'imagination et de quelque talent, exécutait avec facilité de grandes machines dans le goût des derniers maîtres italiens. Personne n'était en état de renverser Kent du trône qu'avaient usurpé son savoir faire et son audace. Il prit le sceptre de l'architecture, de la peinture, de la statuaire comme du jardinage, et ne tarda pas à rester convaincu, avec toute l'Angleterre, que le monde n'avait pas produit de plus grand artiste que lui.

Il venait de décorer d'un nouveau chef-d'œuvre, représentant deux ou trois figures géométriques sous forme de Saints et de Saintes, l'église de Saint-Clément à Londres, et l'évêque anglican de la métropole lui avait assigné la place d'honneur au-dessus du maître-autel, quand on vit paraître chez les marchands d'estampes une gravure d'une dimension assez vaste qui reproduisait en caricature, avec une vivacité et une justesse merveilleuses, les lignes anguleuses et la fausse unité du maître à la mode. Tout le monde fut frappé. Les yeux se dessillèrent. Pendant que la foule s'attroupait devant la parodie, l'évêque lui-même faisait descendre de sa place glorieuse le tableau fatal en face duquel personne ne pouvait plus s'arrêter sans rire. Kent aussi descendit de son trône. Ce ne fut plus dès-lors ni Phidias ni Raphaël. On lui laissa seulement les jardins anti-français, qui employèrent désormais son temps, complétèrent sa fortune, furent imités par la France, chantés par Delisle et protégés par Rousseau.

L'auteur de la caricature qui venait de déterminer cette grande révolution, le dessinateur inconnu qui détruisait l'idole d'un seul coup de fronde, comme David tua Goliath, était un jeune homme de vingt-huit ans, nommé William Hogarth. Il essayait de vivre de son burin et n'y réussissait guère. Après avoir fait son apprentissage chez un graveur sur métaux et taillé dans le cuivre des noms et des adresses sur des plaques de portes, des écussons blasonnés et des monstres héraldiques, il avait fourni quelques vignettes pour une édition nouvelle du poëme satirique de Butler (*Hudibras*) et pour le roman comique d'Apulée (*l'Ane d'or*); son talent avait attiré l'attention de quelques amateurs dont les rares encouragements le tiraient à peine de la misère et ne l'arrachaient pas à l'obscurité.

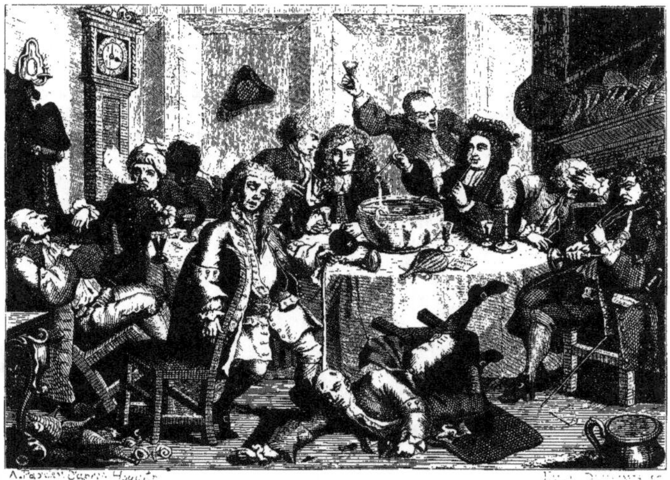

LES BUVEURS DE PUNCH.

Fils d'*yeoman*, c'est-à-dire d'un de ces petits fermiers indépendants qui joignent quelque chose de la fierté féodale à la liberté rustique, William Hogarth était né à Londres, où sa jeunesse pauvre s'était écoulée sévèrement. De vraie souche comme de nom et de caractère anglo-saxons, tous ses penchants étaient populaires. Souvent, avant l'année 1725, il avait quitté l'atelier du maître où il gravait des étiquettes de bibliothèques et des plaques d'enseigne, des armoiries et des billets de concert, pour promener son observation naissante et sa curiosité avide dans les spectacles et les tavernes, dans les carrefours et les cafés, à travers les rues et les faubourgs de la grande ville. L'étude variée du caractère humain l'absorbait; elle lui tenait lieu de plaisirs violents comme de passions ardentes et le protégeait contre les vices grossiers. Hogarth, dans la pauvreté et l'obscurité, s'apprêtait ainsi à devenir l'annotateur minutieux des variétés humaines, le peintre vulgaire et profond de la vie domestique, le vérificateur redoutable des laideurs morales et des difformités physiques. Tout concourait à cette éducation spéciale; tout l'éloignait de l'idéal grec, de l'unité, de la règle antique et du type sévère du beau. Tout le préparait à devenir non l'élève du Titien, du Corrège et de Raphaël, mais le satirique vigoureux et souvent brutal, le peintre moral et souvent cynique du dix-huitième siècle anglais, le violent adversaire de la convenance affectée et de la fausse élégance dans l'art, même du grand style et de l'idéal.

Telle fut en effet sa destination. Il s'y trouva entraîné non-seulement par son caractère propre et par l'éducation de sa jeunesse, mais par une sorte de résolution passionnée. Son premier exploit contre le grand Kent lui ouvrait brillamment la carrière. L'usurpateur perdit son pouvoir. Le peintre du roi, Thornhill, que la vogue de Kent avait gêné, battit des mains, voulut voir l'auteur de cette exécution trop légitime et lui donna l'accès de son atelier. Hogarth profita de l'occasion; mais dans l'atelier de Thornhill comme dans les tableaux de ce maître, il ne trouva que ce qu'il détestait le plus : poses académiques, allégories gréco-italiennes, nymphes galantes dans des bosquets de roses sous la lune argentée; tout le dernier reflet de l'idéal italien et les grâces solennellement fades d'une civilisation élégante et efféminée. Sir James Thornhill ne manquait pas de goût; il savait dessiner et composer, et sous ces deux rapports, il fut très-utile au jeune Hogarth, qui n'avait que trop de dispositions à mépriser la composition et le dessin. Entre lui et ses camarades d'atelier, c'était d'ailleurs une perpétuelle guerre. L'élève nouveau raillait sans pitié les théories du maître, la charmante langueur de ses déesses, la recherche voluptueuse de ses contours et le lieu commun mythologique de ses inventions. Hogarth préférait à toutes ces beautés la fille de Thornhill; car le peintre du roi avait une fort jolie fille qui plut à Hogarth et qu'il épousa sans le consentement du père.

Voilà bien des motifs de dissentiments. Le courroux paternel fut deux ans à s'apaiser, et comme la jeune fille n'apportait aucune dot à son mari, Hogarth se mit à faire des portraits pour vivre. Il avait l'œil juste, le crayon ferme et facile, et la partie technique de son art lui était devenue familière dans l'atelier de Thornhill. Seulement il aimait la vérité avec une passion qui ne plaisait guère à ses modèles; il reproduisait l'humanité avec une rigueur absolue, sans rien corriger ni omettre. Son système était celui de Cromwell, qui disait à son peintre : « Ne me flattez pas; n'oubliez ni une tache, ni une ride, ni une verrue. Je veux être peint absolument tel que je suis. » La bourgeoisie anglaise ne partageait pas l'avis de Cromwell. Elle trouva que les portraits de Hogarth étaient horriblement vrais et horriblement laids. Hogarth ne tarda pas à jouir d'une de ces réputations à rebours qui suffisent pour tuer un homme. La sécheresse du trait, l'accumulation des détails, un dessin trop accusé, une certaine brutalité âpre de pinceau, un coloris dénué de finesse et de transparence justifiaient les ennemis de Hogarth. Bientôt ils l'emportèrent. Son atelier resta désert : personne ne voulut se faire peindre par celui qui ne faisait grâce à aucun défaut.

Ce qui apparaissait clairement dans ces œuvres imparfaites de la jeunesse de Hogarth, aujourd'hui aussi recherchées qu'elles furent méprisées au moment de leur apparition, c'est la perception du caractère humain, c'est la naïveté profonde, la simplicité redoutable du peintre; c'est *l'œil simple* dont parle Lavater : « Ce « regard sévère qui ne retranche rien, n'ajoute rien, et voit les objets tels qu'ils sont. » Quiconque se faisait peindre par Hogarth était sûr d'avoir le catalogue de ses imperfections physiques indiquant ses laideurs morales. Bientôt l'impitoyable pinceau ou plutôt le scalpel terrible du jeune homme ne trouva plus à s'exercer.

Il fallait vivre; le père de madame Hogarth n'était pas réconcilié avec son gendre. Hogarth chercha son salut dans ce qui avait fait son premier succès et entr'ouvert pour lui la porte de la réputation et de la fortune, dans l'ironie. Malgré la confusion où étaient plongés les éléments contradictoires de la société anglaise, c'était une société forte, pleine d'avenir, ardente, active et favorable au moraliste; elle aimait la peinture des mœurs; elle encourageait le sarcasme délié d'Addisson; elle s'associait à la satire misanthropique du doyen Swift. Amoureuse de la vérité ingénue et de la libre reproduction de la nature et des choses humaines, elle se montrait peu sévère sur les convenances et sur l'agrément, sur la décence des détails, et s'arrangeait même du scandale, pourvu que la tendance générale d'une œuvre fût honnête, pourvu que la loi morale se trouvât respectée. Placé dans ce milieu et parfaitement d'accord avec son siècle et son pays, pressé par les éléments de cette société en fermentation, vigoureuse et un peu sauvage, Hogarth, à qui le genre du portrait faisait défaut, se replia sur l'observation générale et la critique des mœurs. Déjà il avait percé à jour la fausse réputation de Kent; il se mit à la chasse des folies et des travers. Il ne fut plus question désormais pour lui de l'idéal cherché, mais de la réalité trouvée; ni d'une perfection rêvée, mais de toutes les imperfections humaines immolées et punies. Les saisir au passage, les frapper

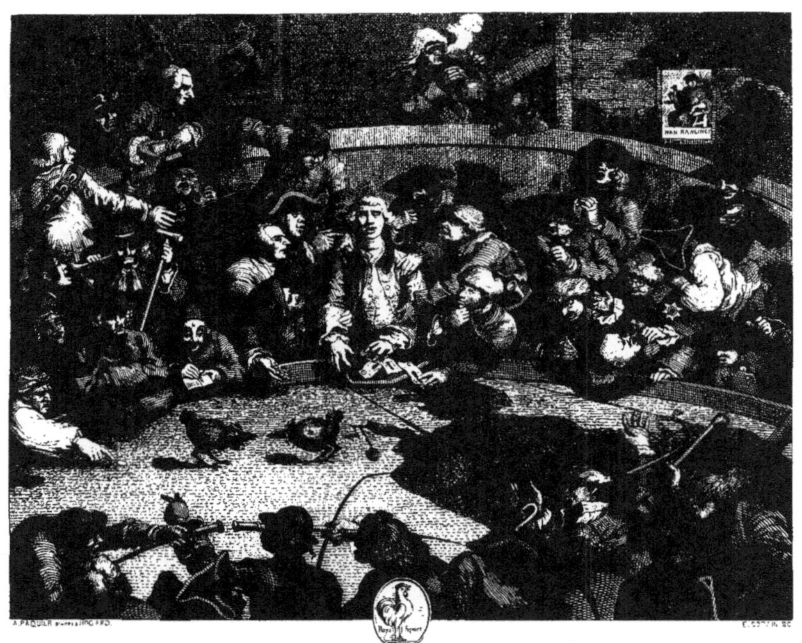

COMBAT DE COQS.

durement, les châtier aux yeux de tous, voilà son but. Il vécut, il mourut dans cette lutte, souvent ardente et douloureuse; car il n'avait ni ami, ni parent, ni fortune, et bientôt sa sévérité calviniste et son talent d'auteur comique armèrent contre lui tous les vicieux et tous les frivoles. Le théâtre anglais était en décadence. Il remplaça le théâtre, ou plutôt il en ouvrit un à son profit : tribunal aristophanesque où comparurent tour à tour les personnages célèbres, les misères, les douleurs, les ridicules contemporains. C'est cette entreprise hardie qui lui a donné la gloire et qui a gravé son nom d'une manière ineffaçable dans les annales intellectuelles et même dans l'histoire politique de son pays.

Génie réfléchi et logique, non involontaire et inspiré. Hogarth se rendit parfaitement compte de sa mission « Je suis résolu, dit-il, à faire de la comédie sur la toile, à peindre non pas des sujets classiques, « mais des personnages modernes, à leur donner un sens utile et un caractère moral. Je ne ferai plus de « portraits bourgeois. Je ne peindrai plus de héros imaginaires. Je serai utile. » Aussitôt il se met à l'œuvre. La prostitution, protégée par les cavaliers et les gens de l'ancienne cour, anathématisée par les puritains et souvent déguisée par l'élégance et le luxe des mœurs, avait pris un développement formidable qui effrayait les gens sévères. Daniel de Foë, l'auteur de *Robinson Crusoé*, avait déjà protesté dans plusieurs romans, devenus populaires, contre ceux qui négligeaient de guérir ou de signaler cette plaie douloureuse. C'était un des sujets les plus saisissants, une des thèses les mieux faites pour s'emparer des esprits et les frapper vivement. Hogarth créa sur le même texte son propre drame; dans une série de six gravures de grande dimension, il fit l'histoire d'une de ces malheureuses que l'attrait des plaisirs et le goût de la paresse arrachent aux travaux de la campagne pour les perdre et les plonger, de degré en degré, jusqu'aux dernières profondeurs de la misère et du vice. Deux fois le puritain de Foë avait traité ce sujet. Il avait surtout voulu reproduire ce qu'il y a d'aventureux, de douloureux et de bizarre dans ces existences placées hors de toutes les lois morales.

Hogarth, aussi original que de Foë, voulut démontrer la terrible logique de l'inconduite et les degrés souterrains qui font descendre l'âme de l'imprudence à l'abrutissement. La jeune paysanne débarque de la campagne; une vieille infâme la livre au vice opulent. La vie élégante s'ouvre pour elle; à un éclat passager succèdent de longs combats contre le dénûment et l'opprobre: enfin viennent l'ivresse, la prison, la maladie et le cercueil, ce cercueil à peine cloué sur lequel viennent rire et boire ses compagnes et ses rivales. Le *Harlot's progress* (les degrés dans le vice de la fille perdue) produisirent autant de sensation que la victorieuse attaque contre Kent en avait fait quelques années auparavant. La vérité des types était incontestable; on reconnaissait jusqu'à l'ignoble vieille qui faisait tous les matins les antichambres de la noblesse débauchée. La foule s'attroupait devant les gravures et nommait les personnages. Le peintre populaire, le vrai peintre de l'école anglaise était trouvé. Il était courageux, il était brutal et fin, passionné et sévère, ce pinceau trop appuyé peut-être, mais profondément significatif, ne laissant de doute ni sur ses intentions, ni sur son but, ni sur sa race. Bientôt les exemplaires du *Harlot's progress* ne suffirent plus à la demande des amateurs. Sir James Thornhill consentit à revoir son gendre, et la fortune de Hogarth fut assurée.

Quant au repos de la vie, il ne l'espérait pas. Toutes les luttes ardentes auxquelles un satirique s'expose, il les subit et les brava. Les six gravures contenant l'histoire dramatique de la femme perdue furent bientôt suivies de six autres planches qui servaient de pendant aux premières et qui avaient pour titre : *Progrès du Mauvais sujet dans la vie*. Se formaliser des sarcasmes lancés contre les demoiselles de mauvaises mœurs eût été difficile et hasardeux. Ici Hogarth prenait à partie les *mauvais sujets* de l'autre sexe; et la satire devenait périlleuse. On était convenu depuis Cromwell que les libertins et les mauvais sujets constituaient la classe bien élevée et élégante de la société. Une vive clameur s'éleva contre le peintre. Son crayon ne faiblit pas: sa verve amère ne recula ni devant les vices cachés ni devant les obscénités parées. Le nombre de ses admirateurs s'accrut, non celui de ses amis. Il s'imposait de force à l'admiration populaire et n'essayait pas de la capter et de la séduire. Cette société âpre et libre réunie par l'intérêt et le travail, esclave de l'idée morale, dominée par le devoir, allait à lui et le couronnait, comme la société française, si amollie et si aimable dans sa faiblesse, couronnait le peintre Watteau, ses grâces factices et ses nymphes, qui ne sont pas même folles d'amour, mais galantes, pimpantes, et comme assoupies sous la fatigue des voluptés. Hogarth et Watteau, ce sont les deux pôles extrêmes, la complète antithèse de l'Art. Le Français Watteau avait vainement essayé de passer quelques jours à Londres: il s'était enfui avec horreur de ce pays de la brume et du calvinisme. L'anglais Hogarth toucha seulement du pied la plage de Calais et s'empressa, plein de fureur, de remonter sur son navire.

D'ailleurs il n'était pas homme à s'effrayer des mauvais vouloirs qui pouvaient se mettre en travers de sa route. Il publia bientôt *le Mariage à la mode* (en six pièces) et *les Actrices nomades* (en une seule planche) ; enfin *les Quatre parties du jour* pour le directeur du Vauxhall (en quatre planches), œuvres qui continuèrent et accrurent son succès. L'artiste n'a rien conçu ni exécuté de plus parfait, dans le style qui lui est spécial, que *les Actrices nomades*, car c'est ainsi qu'il faut traduire cet exergue dont les mots *comédiennes ambulantes* ne reproduisent pas le sens véritable. On peut imaginer la hardiesse de Callot, la finesse de sa touche,

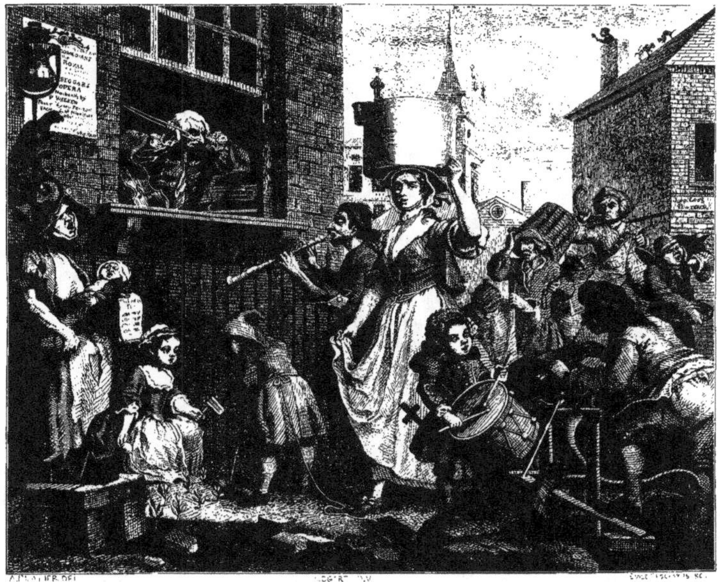

LE DÉSESPOIR DU MUSICIEN.

l'élégante désinvolture de ses poses, jointes au grotesque de Scarron et dominées par un parti pris énergique et une vigueur de trait moral tout à fait particulière à Hogarth. Rien de plus charmant et de plus comique que cet intérieur d'une grange de village où sont accumulés les oripeaux de la fausse grandeur, les sceptres de carton et les diadèmes de verroterie ; où Agrippine et Thisbé, lady Macbeth et Desdemone recousent leurs chemises délabrées, allaitent leurs enfants et se repaissent à la hâte de je ne sais quel débris qui leur tient lieu de déjeuner. Une belle Diane, occupée à rattacher sa jarretière, brille, idée peu voilée, au centre du tableau : apothéose à la fois et parodie de la Beauté.

C'est *le Mariage à la mode* (en six parties) qu'il faut étudier si l'on veut connaître à fond la société élégante de l'Angleterre à cette époque, apprécier l'intrépide liberté de l'artiste, et comprendre le besoin qu'avait un pareil monde d'un pareil moraliste. L'histoire doit beaucoup à Hogarth. Il a conservé fidèlement et le caractère des personnages et celui des intérieurs : meubles, costumes, jusqu'aux portraits célèbres ou connus, se retrouvent dans la série de ses œuvres. De là l'empreinte profonde et originale qu'il a laissée. Philosophe, historien, romancier, commentateur et critique, il fut en réalité le seul auteur comique de son temps. Son domaine ne s'étendait pas plus loin. Voulait-il le franchir, il échouait. Ses essais dans le genre noble et gracieux, *Moïse recueilli par la fille des Pharaons*, *l'Accordée de village* et *l'Heureux couple* attestent l'effort impuissant d'un génie qui veut contraindre sa nature propre et qui ne peut y parvenir. Dans un sens opposé, *les Scènes de cruauté* (en six pièces), la *Crédulité, le Fanatisme et la Superstition* (en une planche), *l'Angleterre et la France* (en deux planches) n'offrent que des caricatures exagérées, des déclamations violentes et des parodies sans valeur : tout un amas d'hiéroglyphes inintelligibles et d'épigrammes furieuses qui s'entre-heurtent contre des rébus de mauvais goût. Les détails s'accumulent et blessent le regard ; les accessoires étouffent le sujet, et leur multitude distrait l'attention. Ce n'est plus cette vie dramatique ni cette observation profonde guidées par un sens juste et droit. L'œil se fatigue de ces nuances multipliées qui toutes ont un rôle accentué et une signification satirique ; chaque pli de draperie accuse une intention de l'auteur, et le chien qui emporte un os devient une moralité.

Tel est l'excès, tel est l'écueil de ce puritanisme dans l'art, âpre révolte contre l'idéal et le type du beau. Les trois gravures de Hogarth, destinées à stigmatiser la France, les Catholiques et tout ce qui n'est pas anglais, véritables œuvres d'énergumène, répugnent au bon goût comme au bon sens. La France de Louis XV est-elle convenablement représentée par ce soldat maigre qui monte la garde sous la porte de Calais, entouré de grenouilles qui rôtissent pour notre nourriture, de chaines et de potences qui nous attendent, de donjons, de machicoulis et d'instruments de torture à l'usage de la monarchie française? Elle s'endormait et allait périr, mais avec bien plus de douceur et sur une pente bien plus fleurie. Utile témoignage néanmoins et preuve que l'histoire doit recueillir des différences profondes qui nous séparaient des mœurs anglaises et du sentiment populaire des races teutoniques à notre égard. A leurs yeux (et Voltaire pendant son séjour à Londres vers cette époque a dû s'en apercevoir) l'indépendance de l'âme et l'originalité de la pensée nous manquant, nous ne pouvions prétendre qu'à une place très-inférieure parmi les nations. Ce défaut d'indépendance morale et de liberté personnelle de jugement (trop rares en effet dans notre pays) devait surtout déplaire à un esprit original tel que Hogarth, qui n'admettait la règle que comme résultat de la pensée individuelle, et qui représenta, dans une de ses gravures les plus comiques, les cinq ordres d'Architecture sous l'emblème des *Cinq Ordres de Perruques*.

Le Combat de coqs, *les Élections parlementaires*, *Activité et Indolence* (Industry and Idleness) mirent le comble à sa popularité. *Industry and Idleness*, comme le *Harlot's progress* et le *Rake's progress*, forme une double série de dessins consacrés au double drame d'une vie de jeune ouvrier qui devient lord-maire, et de mauvais sujet qui finit par la potence : sujet sans rapport (comme on le voit) avec la traduction française qu'on en a donnée : *l'Industrie et la Paresse*. Ce drame réel et saisissant fut pendant longtemps le véritable poëme épique des classes inférieures anglaises, qu'un peu de brutalité n'étonnait pas et qui se retrouvaient elles-mêmes dans leur cynique moraliste. En effet il n'épargne rien, pas même les goûts militaires du roi. Georges II quand on lui montra une des gravures de Hogarth : *Soldats en marche et se rendant à Finchley* (March to Finchley), entra dans une véhémente colère et s'écria : « *Otez de devant moi cette infamie;* » comme Louis XIV, en face des rustres héros de Teniers, s'était écrié : « *Otez de devant moi ces magots.* »

Cette opposition même, qui plaisait au peuple, la variété, la liberté de ses inspirations, la ressemblance caractéristique des nombreux portraits dont il a semé ses tableaux, tout concourait à la gloire de Hogarth. C'est là un de ses principaux mérites. Son théâtre « *à cent acteurs divers* » s'enrichissait de tous ces personnages que le vice, le talent ou le ridicule avaient signalés à l'attention publique. Grâce à lui, leur fidèle image nous est restée. Voici l'impudente activité du directeur de théâtre, le Suisse Heidegger, le plus laid et le plus riche des hommes de son temps ; la débauche cynique et efféminée de ce colonel Charteris déjà cloué par Pope au pilori de ses vers; la terrible figure de lord Lovat, le maréchal de Retz des montagnes écossaises, Ulysse sauvage, armé d'une double ruse et d'une double férocité par la civilisation et par la barbarie; enfin la figure ignoble et mafflée de mistress Néedham, femme très-employée de son temps et dont il nous est impossible de signaler l'emploi. Voici les juges iniques, les geôliers barbares, les usuriers sans pitié : le ridicule Kent, cet artiste universel qui dessine pour les femmes des robes classiques, ornées de cinq ordres

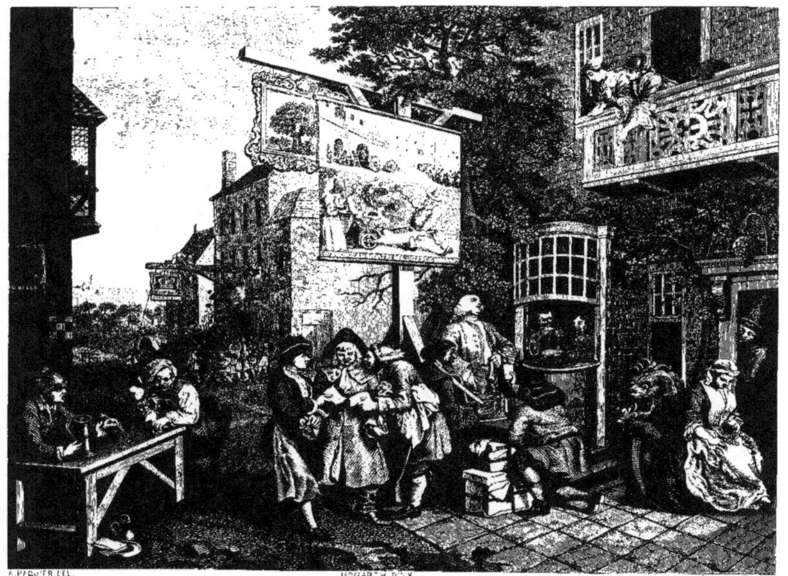

A. PAQUIER DEL. — HOGARTH PINX. — [illegible] SC.

LA BRIGUE DES VOTES.

d'architecture et soutenues par des colonnes; le faux littérateur Churchill, tour à tour ecclésiastique, viveur, whig et tory, versificateur puissant qui déshonorait la poésie en faisant d'elle un instrument brutal de pugilat politique. Voici enfin l'intrigant Wilkes, un chef-d'œuvre dans ce genre de portraits philosophiques. Examinez cette physionomie grossière et raffinée, sournoise et hautaine, violente et basse, et vous ne l'oublierez pas. Faux amour des lettres, amour faux de la patrie, noires manœuvres, viles malices, cupidités basses, rien n'y manque. Ce Cléon moderne, à demi-borgne, dont les paupières clignotent sous un sourcil qui voile sa pensée, et qui sourit avec un mélange de dégoût et d'ironie aux passions populaires qu'il exploite et qu'il met en jeu, a été jadis, du temps de Hogarth, une autorité, presque un héros.

L'assiduité du travail, la faveur générale, la parfaite analogie de Hogarth avec sa nation et son temps, enfin cette succession d'œuvres remarquables qui avaient tour à tour fixé l'attention publique, assuraient le bien-être du peintre, qui recevait dans son atelier l'élite de l'Angleterre et qui vivait dans une sorte de luxe.

Ses ennemis et ses rivaux l'accusaient de manquer de système et d'élévation, de reproduire avec une fidélité matérielle les saillies et les difformités de la nature, enfin de n'avoir pas le sentiment du beau. Ils affirmaient que le hasard de son organisation personnelle avait plus de part à son succès que le génie, et qu'il ne pourrait jamais faire école, n'ayant rien de sérieux, de logique ni de stable. Accusation très-mal fondée. Nul plus que Hogarth n'a su ce qu'il voulait et où il allait. Son but était de créer la peinture de caractère et des variétés du caractère. Il se rendait à lui-même un compte aussi exact de ses tendances que l'avait fait Albert Durer, le grand peintre allemand, méditatif et logique comme Hogarth, et qui écrivait au seizième siècle ces paroles remarquables : « *Toute recherche de la beauté me semble inutile.* » La liberté et non l'unité, la diversité et non le type, la vérité particulière et non la beauté générale; tout ce qui est varié, fugitif, mobile, incertain; rien de ce qui est idéal, impersonnel et absolu, telle est la base essentielle du système de Hogarth. Lassé des critiques qu'on lui adressait, il se mit à recueillir ses idées, et partant de ce principe que la vie est l'art même, que l'immobilité lui est contraire, que la variété en est l'essence, et que plus on s'écarte de la froideur rectiligne, plus on est fidèle à la grande loi de la beauté suprême, il composa ce singulier ouvrage qui fit beaucoup de bruit, souleva de nombreuses critiques, et fut mis à contribution ou plutôt au pillage par Diderot et ses amis : l'*Analyse de la beauté*.

Ce livre parut en 1753. Hogarth, qui maniait mieux le pinceau et le burin que la plume, s'était adjoint comme collaborateurs pour la composition de cette œuvre étrange les docteurs Benjamin Hoadly, Morell et Townsley.

« Je présente ici au public, dit-il dans son introduction, un essai concis, avec deux planches explicatives, « dans lequel je tâcherai de démontrer quels sont les principes de la nature d'après lesquels nous sommes « déterminés à regarder certaines formes comme belles et gracieuses, et d'autres comme laides et « désagréables.

« Pour parvenir à ce but, je porterai un regard plus attentif qu'on ne l'a fait jusqu'à présent sur la « nature des lignes et sur leurs différentes combinaisons, lesquelles servent à réveiller dans l'esprit les idées « de toutes les variétés de formes imaginables. Au premier coup d'œil, le plan de cet ouvrage ainsi que les « planches qui l'accompagnent ne paraîtront qu'un jeu de l'imagination plus propre à amuser qu'à instruire; « mais je me flatte que lorsqu'on aura examiné avec quelque attention les principes que j'y développe, qui « tous sont fondés sur la nature, on ne les regardera plus comme indignes d'un plus mûr examen.

« J'ose dire la même chose relativement aux deux planches, en priant le lecteur de ne pas considérer les « figures que j'y donne comme des modèles de grâce et de beauté, mais seulement comme des exemples « nécessaires pour indiquer les objets auxquels on doit avoir recours dans la nature et dans les productions des grands maîtres. »

Les principes fondamentaux qui servent à produire la grâce et la beauté dans les compositions, tant de l'art que de la nature, sont, selon Hogarth, quand on sait les marier convenablement ensemble, la *convenance*, la *variété*, l'*uniformité*, la *simplicité*, la *complication* et la *quantité*. Dix-sept chapitres sont consacrés par lui à l'examen de ces principes. Le titre que porte ce traité — où, suivant la remarque de Walpole, se trouvent beaucoup de vues excellentes, d'aperçus aussi neufs que vrais — ne rend point la pensée de l'auteur. C'est à bien dire *le Principe du Beau analysé*. Peu de personnes en ont pénétré le sens, et l'on est tenté de se demander si Hogarth lui-même s'est douté des bases philosophiques de son œuvre et des points divers auxquels elle touche.

La conception du beau peut avoir pour source ou la Variété ou l'Unité. L'art moderne ou gothique ne l'a compris que sous le premier de ces aspects. Hogarth, essentiellement gothique et septentrional, Hogarth, qui avait commencé contre Kent et le goût rectiligne l'attaque violente qu'il a continuée toute sa vie, la poursuivait dans cette œuvre didactique qui dut sembler aux fidèles de l'art grec la bible même du mauvais goût. L'emploi de la ligne droite, qui, s'harmonisant avec la splendeur du ciel et les cimes des monts, produisit en Grèce des effets si grandioses, fut représenté par Hogarth comme le témoignage de la définitive impuissance, comme la négation de la variété, comme le type de la nullité dans l'art. Il n'eut pas de peine à démontrer la grâce ondoyante de la ligne courbe, qu'il appelle *ligne serpentine*, et le charme suprême dont se trouvent douées les formes qui s'y rapportent. C'était ne rien prouver. Raphaël Mengs, ou tout autre défenseur de l'art hellénique, aurait pu, avec non moins de raison, soutenir que l'art est essentiellement

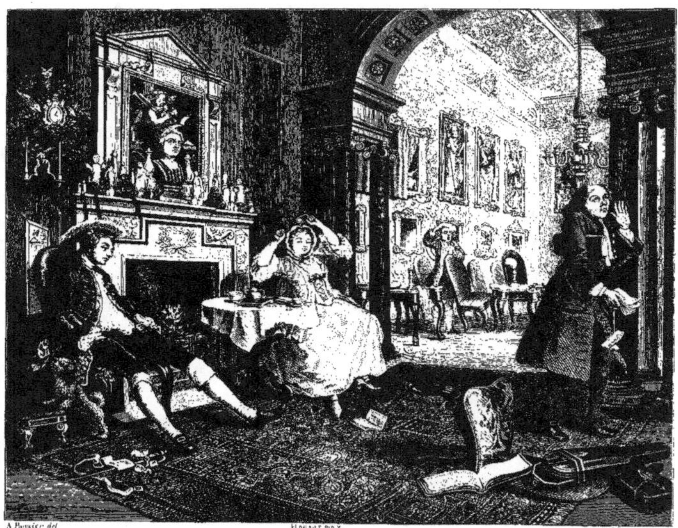

MARIAGE A LA MODE Nº 1.

rectiligne et unitaire, et que l'on doit s'écarter le moins possible de ce principe, sans lequel on n'obtient que diffusion et désordre. Question oiseuse; — querelle éternelle de la liberté contre l'ordre, de la vie centrale contre l'indépendance, de la diversité contre l'unité; — problème stérile, puisqu'il ne peut être résolu que par un troisième élément, l'harmonie, qui seule accorde et concilie les contraires.

Une grande clameur s'éleva. Une nuée de philosophes, d'esthéticiens et de peintres vint fondre sur l'auteur de la nouvelle théorie. Il déplaçait les bases de l'art. Déjà la netteté de ses opinions sur tous les points de politique et de peinture et la vigueur tranchante avec laquelle il les soutenait avait éveillé mille colères. Le combat devint plus violent encore, la mêlée plus acharnée. Cet effort pour renouveler ou transformer les principes de l'art le jetait dans l'arène ardente des gens de lettres. Il eut contre lui tous les amours-propres et toutes les rivalités. Ce fut pis encore lorsqu'il s'avisa d'attaquer de front l'homme politique le plus dangereux de l'époque, ce fameux Wilkes dont nous parlions tout à l'heure, et Churchill, son acolyte, tous deux engagés dans la voie d'une démocratie excessive, que le patriotisme éclairé de Hogarth repoussait et condamnait. L'un et l'autre prirent en main la cause de la démocratie et injurièrent Hogarth en le calomniant, Wilkes dans une phrase diffuse et envenimée, Churchill dans une pièce de vers satirique, étincelante de verve et de méchanceté. Hogarth répliqua par deux caricatures et par ce portrait admirable de Wilkes qui n'exagère aucun des traits de l'original, mais qui fait ressortir et apparaître la plus hideuse laideur morale à travers l'élégance apprise et la bonne grâce affectée.

Le peintre vieillissait. Fatigué de la lutte, ennuyé de la vie, rassasié de célébrité, ses forces ne suffisaient plus à l'âpreté d'un combat qui devenait plus redoutable au moment où le repos lui était nécessaire. La richesse et la réputation ne l'aidèrent pas à supporter les vives attaques de ses ennemis. Il les avait provoquées ; il aurait dû s'y résigner et les prévoir. Après avoir attristé ses dernières années et les avoir remplies d'inquiétudes secrètes, de mélancolie et d'amertume, elles le conduisirent au tombeau.

Les quelques mois qu'il lui restait à vivre, Hogarth les employa à retoucher ses planches, avec le secours de plusieurs graveurs qu'il fit venir à Chiswick. Le 25 octobre, sentant sa fin prochaine, il se fit transporter de Leicesterfields à Londres. Malgré l'état d'épuisement et d'extrême souffrance dans lequel il était tombé, il n'avait rien perdu ni de sa bonhomie railleuse ni de sa gaîté ordinaire. Ayant reçu le lendemain une lettre du docteur Franklin, des États-Unis, il s'empressa d'y répondre. Ce jour-là il mangea, ce dont il se faisait gloire, une livre de *beefsteak* à son dîner. Mais il était à peine au lit qu'il fut pris d'un vomissement de sang. Deux heures après il n'était plus. La maladie qui venait de l'emporter était un anévrisme. Il fut enterré à Chiswick. On éleva un monument à sa mémoire. Ce monument consiste en une pyramide sur laquelle est l'inscription suivante :

HERE LIETH THE BODY
OF WILLIAM HOGARTH, ESQ.
WHO DIED OCTOBER 26, 1764.
AGED 67 YEARS.

Sur la façade de devant sont sculptés en bas-relief un masque comique, une couronne de laurier, une palette, des pinceaux, un livre intitulé : *Analysis of beauty*, avec ces vers de Garrick, l'un des plus fidèles amis d'Hogarth :

FAREWELL, GREAT PAINTER OF MANKIND,
WHO REACH'D THE NOBLEST POINT OF ART;
WHOSE PICTUR'D MORALS CHARM THE MIND,
AND THROUGH THE EYE CORRECT THE HEART.
IF GENIUS FIRE THEE, READER, STAY;
IF NATURE TOUCH THEE, DROP A TEAR :
IF NEITHER MOVE THEE, TURN AWAY,
FOR HOGARTH'S HONOUR'D DUST LIES HERE.

Était-ce un peintre? Horace Walpole ne le croit pas. Sir Joshua Reynolds est de l'avis de Walpole. Passant en revue les peintres de l'Angleterre, il ne juge pas Hogarth digne de la plus simple mention ; il ne le nomme même pas. Il se refuse à placer sur la ligne des maîtres le dessinateur satirique, l'inventeur ingénieux dont le crayon nous a légué toute la comédie anglaise du dix-huitième siècle. Au point de vue technique et si l'on compare ce maître aux chefs des grandes écoles hellénique, italienne, espagnole, cette sévérité paraîtra justifiée jusqu'à certain point. Dans ses compositions trop souvent confuses, la multitude des accessoires désoriente le regard. Sa touche fine et savante a de la sécheresse et de l'âpreté; il ne peint point dans la pâte; il sacrifie au détail du caractère, à l'intention philosophique, à la vigueur du sentiment la beauté de la forme et de l'ensemble, la grâce et la magie du clair obscur. Il abuse de l'épigramme; il dédaigne la couleur et la ligne pour ne s'occuper que de l'homme et des variétés humaines. Moraliste avant tout, c'est le fils légitime, le successeur involontaire des maîtres septentrionaux qu'il n'avait point étudiés, mais dont la race était la sienne, des Durer, Kranach et Holbein; des Teniers, des Steen et des Van Ostade, qu'il continue sans les imiter. Avant lui, les Terburgh peignant des intérieurs ornés de femmes vêtues de soie et de satin; les Steen, des cabarets enfumés et des buveurs chancelants; les Metzu, de petites figures

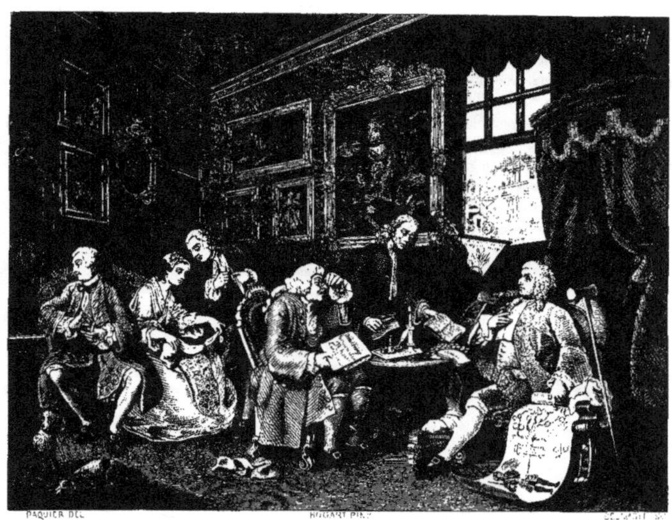

MARIAGE A LA MODE N° 2.

ravissantes, encadrées dans ces fenêtres que couronnent le chèvrefeuille et le pampre, avaient préparé ce nouveau mode de peinture accentuée, détaillée, philosophique, s'attachant aux caractères et aux idées plus qu'aux formes, et attentive à reproduire les mœurs dans leurs minuties, leur violence ou leur vulgarité. Hogarth se réserva ce dernier empire. Dernière expression des tendances de ces maîtres, il n'a fait que creuser dans une direction anglaise le sillon de l'art septentrional, sorte de protestantisme involontaire qui s'insurge contre l'idéal grec, contre l'unité, la règle et le type sévère du beau. Alors, entre les années 1720 et 1760, provoquée par les mêmes causes, la verve amère du grand satirique Swift jaillissait avec fureur, et ce fut au moment où Hogarth était le plus brillamment populaire, que Daniel de Foë, surnommé par

Pope *le romancier des écaillères*, publiait ses quarante volumes de *fac simile* presque serviles, reproduisant les accidents de la vie privée dans leur simplicité la plus nue. Hogarth a quelque chose de Swift pour l'amertume, de Daniel de Foë pour la vérité.

Lorsque la monarchie française se précipita vers sa décadence, lorsque Voltaire, Montesquieu et Jean-Jacques eurent imprimé à la civilisation de notre race une impulsion nouvelle et offert pour modèles à leurs concitoyens les institutions et les idées en vigueur dans la société britannique, on vit l'influence de Hogarth s'agrandir et se propager parmi nous. Toutes les ressources empruntées à l'Italie savante, à l'Espagne héroïque, à l'antiquité hellénique, nous les avions épuisées; une séduction irrésistible nous entraina vers le monde septentrional représenté par l'Angleterre. On vit le fougueux Diderot servir d'organe actif aux nouvelles théories de Hogarth, le paradoxal Mercier se jeter dans la même voie et Rétif de La Bretonne emprunter au *Harlot's progress* (la carrière de la fille publique) et au *Rake's progress* (la carrière du libertin) les sujets de ses deux meilleurs romans, *le Paysan* et *la Paysanne pervertis*. Tous, comme Hogarth, ils répudiaient le monde idéal et impersonnel pour se rapprocher de la réalité vivante et de la variété libre. La moralité leur manquait. C'est grâce à elle que Hogarth, implacable bourreau de tous les travers, a laissé dans l'histoire de l'art une trace si profonde et si originale. Pour frapper le vice, rien ne l'arrête; il ose tout, il brave toutes les convenances. Philosophe, conteur, romancier, cynique, doué de puissance dramatique et d'observation, il touche à la comédie, il atteint à la tragédie de la vie privée. Ne pas l'admirer serait injuste; l'imiter serait dangereux.

On ne peut rien imaginer de plus spirituel que la physionomie de ce législateur moral, de ce peintre des physionomies. C'est une figure vive, intelligente, très-harmonieuse dans sa laideur, fine et énergique d'accent, pleine de sens et de vie, de témérité et de mordant; le front beau et vaste plutôt qu'élevé; l'arcade sourcillère d'une élégance accomplie; l'œil grand, ouvert, hardi, la prunelle transparente et brillante; le nez petit, retroussé, malin surtout; le bas du visage sans délicatesse et le menton court. La bouche et les lèvres sont dessinées avec une grâce exquise, et les lignes de l'ensemble s'arrondissent comme pour corriger l'incisive audace et le caractère provoquant de l'original.

PHILARÈTE CHASLES.

RECHERCHES ET INDICATIONS.

Il serait difficile, pour ne pas dire impossible, de donner un catalogue complet des ouvrages d'Hogarth; on ne saurait également fixer avec certitude les dates de quelques-unes de ses productions.

Son œuvre comprend plus de 250 pièces, dont il a peint et gravé une partie.

L'édition la plus ample est celle de Londres, 1808, 2 vol. in-4°, avec 160 planches gravées par Cook, et les explications, souvent critiques et même hostiles à Hogarth, par Nichols et G. Steevens.

Voir aussi *Hogarth moralised, a complete edition, of all the most capital and admired works of William Hogarth*, accompanied with concise and comprehensive explanations of their moral tendency, by the late Rev. Dr Trusler, an introduction and many additional notes; London, 1831, in-8°.

Les figures qu'il peignit et grava en 1726 pour l'édition d'*Hudibras*, avec le portrait de Butler, furent le premier ouvrage qui fit remarquer le génie de Hogarth. Elles furent copiées dans l'édition donnée par Grey, en 1744, et dans la traduction française de ce poëme publiée en 1757.

L'Opéra des gueux eut une grande vogue. On remarquait, parmi les assistants, des ducs, des majors, des miss, que chacun nommait. On voyait figurer, derrière le directeur Rich, le poëte Gay, ce qui donna lieu à ce calembour qui courut alors : « Hogarth a fait Gay riche et Riche gai. »

Les Quatre parties du jour, pour le directeur du Vauxhall de Spring-Garden, dont Cooper a décrit le matin dans son poëme. On lit, entre le cadran d'une horloge et la vapeur qui s'élève de la cheminée : *Sic transit gloria mundi.*

Carrière d'une femme perdue (*Harlot's progress*). 6 gravures 1733-1734).

Marche du mauvais sujet (*Rake's progress*). 8 planches.

La Conversation moderne, ou *les Bureurs de punch*, où figurent les doctes personnages des quatre facultés. — Très-grand succès. — Contrefaçons qui donnèrent lieu à Georges II d'accorder aux artistes un privilége pour les productions du dessin et de la gravure, à la sollicitation de Hogarth.

Actrices nomades.

Le Mariage à la mode. 1745. 6 pièces.

Ébauche du Mariage heureux, esquisses coloriées.

Moïse devant la fille de Pharaon, pour l'hospice des Enfants-Trouvés, dont Hogarth fut l'un des fondateurs.

L'Accordée de village.

Scènes de cruauté. 6 pièces.

Activité et indolence. 12 planches. Vie opposée de deux artisans, dont l'un devient lord maire de Londres et l'autre est pendu à Tyburn.

La France et l'Angleterre. 2 caricatures, où il oppose ridiculement l'urbanité, la gaîté et la bonne mine du peuple anglais à la grossièreté triste et maigre de la nation française — pour se venger d'avoir été pris comme espion lorsqu'en traversant la France, après la paix d'Aix-la-Chapelle, il dessinait la porte de Calais.

Élection parlementaire.

Combat de coqs.

Crédulité, fanatisme et superstition, satire des sectes anglaises et de la religion catholique.

Cinq ordres de perruques.

Analyse de la beauté, 1755, aidé par le Dr Hoadly.

Fin de toutes choses, 1764. On voit le Temps couché et assoupi sur des débris de colonnes. Semble avoir inspiré ce vers de Gilbert :

Sur le monde détruit le Temps dort assoupi.

La rareté des bonnes épreuves des grands ouvrages de Hogarth doit être attribuée principalement à ce que, lors de leur publication, on les a collées sur de la toile ou sur du carton pour les mettre sous verre, de sorte que la fumée du charbon de terre en a gâté la plus grande partie: il en a passé aussi une quantité considérable dans les pays étrangers lorsque leur mérite y fut connu. L'immortelle Catherine II prenait un plaisir singulier à voir ces gravures, qui lui donnaient une idée exacte des mœurs anglaises.

Voici les prix auxquels furent vendus les tableaux suivants à un encan que Hogarth fit faire en sa maison :

	L. st.	sh.
6 de *la Vie d'une fille publique*, 14 guinées pièce	88	4
8 de *la Vie du libertin*, à 22 guinées pièce	184	16
Le Matin, 20 guinées	21	»
Le Midi, 37 guinées	38	17
Le Soir, 38 guinées	39	18
La Nuit, 26 guinées	27	6
Les Actrices nomades, 26 guinées	27	6
	427	7

Gravures publiées par W. Hogarth, dont les éditions originales se vendaient, en 1782, chez sa veuve, dans Leicester-Fields, à Londres :

	L. st.	sh.	d.
Frontispice	»	3	»
La Vie d'une fille publique, 6 planches	1	1	»
La Vie du libertin, 8 planches	2	2	»
Le Mariage à la mode, 10 planches	1	11	6
Les Quatre parties du jour, 4 planches	1	»	»
Avant et après, 2 planches	3	5	»
Conversation moderne à minuit	»	5	»
Le Poëte malheureux	»	3	»
Le Musicien enragé	»	3	»
La Foire de Southwark	»	5	»
Garrick dans le rôle de Richard III	»	7	6
La Porte de Calais	»	5	»
Paul devant Félix	»	7	6
— — avec des changements	»	6	»
Moïse devant la fille de Pharaon	7	6	»
Marche vers Finchley	»	10	6
Les Actrices ambulantes s'habillant dans une grange	»	5	»
Quatre planches d'une élection	2	2	»
L'Évêque de Winchester	»	3	»
La Paresse et l'industrie, 12 planches	»	12	»
Le lord Lovat	»	1	»
L'Assemblée endormie	»	1	»
La Cour d'une auberge de province	»	1	»
Paul devant Félix (Rembrandt)	»	5	»

	L. st.	sh.	d.
Différents caractères de têtes	»	2	6
Christophe Colomb cassant l'œuf	»	1	»
Le Banc	»	1	6
La rue de la Bière et l'allée de l'Eau-de-Vie de Genièvre, 2 planches	»	3	»
Les Quatre scènes de cruauté, 4 planches	»	6	»
La France et l'Angleterre, 2 planches	»	2	»
Le Combat de coqs	»	5	»
Les Cinq ordres de perruques	»	1	»
Le Pot-Pourri	»	5	»
Le Times	»	2	»
Wilkes	»	1	»
Le Meurtrisseur	»	1	6
Finis	»	2	6

La collection complète de ces gravures reliées coûtait alors 13 guinées, et l'*Analyse de la Beauté*, 1 vol. in-4°, avec 2 planches, coûtait 15 schillings.

Prix excessifs auxquels ont été vendues, à cause de leur extrême rareté, quelques-unes des plus mauvaises gravures de Hogarth :

	L. st.	sh.
Un ange tenant une palme à la main, carte d'adresse pour M. Gamble, le maître de Hogarth.	7	»
La Boucle de cheveux enlevée	33	»
La Nuit de recherche	40	»
Billet d'enterrement	40	10
Armes de la duchesse de Kendal	40	40
Carte d'adresse de Marie et Anne Hogarth	8	8
Carte d'adresse : *le Commerce de Florence*	9	9
Billet pour l'école de Tiverton, Devonshire	10	»
Carte d'adresse de Hogarth, graveur	25	»
Frontispice pour *l'Heureux ascétique*	2	2
Punition militaire des Romains	10	»
Billet pour le bénéfice de M. Walker	5	3
de M. Spiller (unique).	5	5
Épreuve d'une gravure faite sur le couvercle d'un pot à bière	10	»
Scènes du *Paradis perdu*	8	8
Une autre	8	8
Billet pour James Figg, le boxeur	8	8
Billet pour le bénéfice de M. Milward	7	7
— de M. Henri Fielding	5	5
La Découverte	7	7
Le Double Richardson	14	»
Billet pour le bénéfice de Joé Miller	8	8
— de M. Henri Fielding	5	5
Portrait du vicomte de Boyne	5	5
L'Oratoire	6	6
Le Pèlerinage de l'esprit de lord Lovat	2	7
Le Journal des jacobites	2	2
Frontispice	5	5
Satan, le Péché et la Mort	20	»

Estampes publiées pour tourner en ridicule l'*Analyse de la Beauté*, *le Times* et d'autres ouvrages d'Hogarth :

1. — *A New Dunciad, done with a view of fixing the fluctuating ideas of taste*, etc., etc.

2. — *A Mountebank demonstrating to his admiring audience that Crookedness is most beautifull.*

3. — *The Author run mad.*

4. — *An Author Sinking under the weight of his Analysis.*

5. — *The Analyst*, etc., etc., etc. "*In his own Taste.*" (Gravure ordurière et mauvaise.)

6. — *Pug's Graces, etched from his original daubing.*

7. — *The Temple of Ephesus in flames*, etc., etc., intitulé : "*A Selfconceited Dauber*, etc." (Bonne eau-forte.)

8. — *Burlesque sur le burlesque.* (Il y a une inscription française sur cette planche.)

9. — La seconde édition de la même planche avec quelques changements et une inscription anglaise.

10. — *Burlesque of the burlesque Paul: Magic lantern*, etc., etc.

11. — *The Painter's march from Finchley, dedicated to the king of the Gypsies, as an encourager of art*, etc., etc.

12. — *The Beautifier, a touch upon the Times*, plate I.

13. — *The Times*, plate II.

14. — *The Times*, plate I. 1762. (La tête d'Hogarth sur le corps d'un âne, à la tête d'une ballade.)

15. — *The rare-Show.* (Contraste politique du *Times*.)

16. — *The Boot and the Blockhead.*

17. — *John Bull's House in flames.*

18. — *The Vision or M-a-st-l Monster.*

19. — *The Bruiser triumphant.* (Il y a un rideau sur lequel on lit : *A Harlot blubbering over a Bullock's heart.*)

20. — *Tit for tat.*

21. — *The Bear and Pug.* (Petite estampe.)

22. — *The Snarling cur chastised.*

23. — *The Hungry Tribe of Scribblers and Etchers.*

24. — *The grand Triumvirate, or champions of liberty*, avec trois plaisants acrostiches sur les noms de Wilkes, Bute et Hogarth.

Les biographes de Hogarth sont Nichols (1782), Walpole (1771) et Allan Cuningham (1830).

Les notices explicatives les meilleures ou les plus pittoresques sont celles de John Ireland, en anglais : Londres, 1791, 3 vol. de texte in-8° et 2 vol. de planches ; celle du professeur Lichtenberg, en allemand : Gœttingue, 1776 ; 6 vol. in-12 et 44 planches in-fol.

L'*Analyse de la beauté*, traduite en allemand par Mylius, et une version italienne (Livourne, 1761) a été traduite en français par Jansen, et une notice biographique, chronologique, historique et critique : Paris, 2 vol. in-8°, an XIII (1805).

W.H. inv. et Sc.

Impr. Bénard et Comp., rue Damiette, 2.

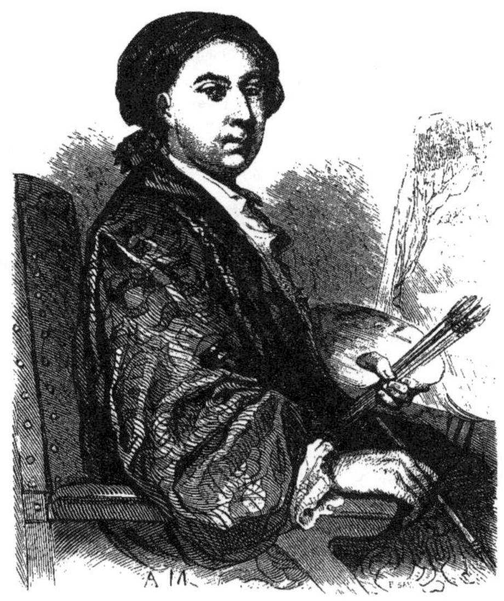

École Anglaise. *Paysages.*

RICHARD WILSON

NÉ EN 1713. — MORT EN 1782

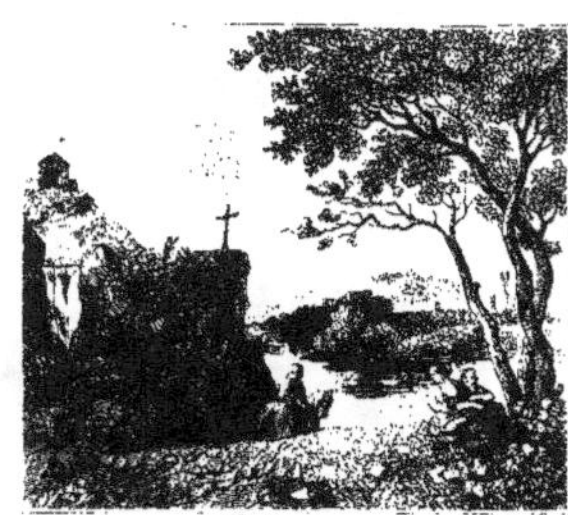

A Colomondie, près du village de Llanoerris dans le pays de Galles, les paysans montrent au voyageur deux vieux sapins échevelés, qui se balancent sur une hauteur et protégent deux vieilles pierres grises et moussues. On découvre de cet endroit une vue admirable, un vrai paysage du pays de Galles, sombre et lumineux, sauvage et riant. « C'est là que le vieux peintre venait s'asseoir, » disent les paysans dans leur patois.

Ce vieux peintre était Richard Wilson, grand paysagiste. Troisième fils d'un ministre anglican de race noble, il naquit en 1715, dans le comté de Montgomery. Un de ses parents, sir Georges Wynn, étonné de le voir, tout enfant, imiter les contours des objets, le conduisit à Londres et le confia aux soins d'un portraitiste obscur, nommé Wright. Il réalisa quelques épargnes, et, aidé d'ailleurs par ses amis, il partit pour l'Italie. Cette atmosphère transparente et chaude, ces feuillages immobiles et baignés de soleil, cette majesté suprême et ce repos passionné de la nature l'enivrèrent de leur magie. Il continuait cependant à faire des portraits, lorsque Zucharelli et Joseph Vernet le révélèrent à lui-même. « Qu'est-ce que cela ? » lui demanda le premier, qui rentrait dans son atelier, où Wilson, le pinceau à la main, l'attendait devant une esquisse qu'il venait d'ébaucher. — « C'est cette vue, qu'on aperçoit de votre fenêtre et qui m'a plu. — « Vous êtes paysagiste, » répondit l'Italien. Notre Vernet pensa de même : « Messieurs, disait-il à des « voyageurs anglais qui visitaient son atelier, ne parlez pas seulement de mes paysages, quand votre « compatriote Wilson fait de si belles peintures. »

Zucharelli et Joseph Vernet avaient rendu Wilson à son propre génie ; notre artiste, abandonnant les portraits, se mit à copier le Guaspre, Lorrain, Salvator Rosa, surtout le Lorrain, et bien plus intimement la nature italienne, qu'il étudia pendant six ans ; il revint, apportant à Londres ses cartons pleins de dessins, d'esquisses et d'ébauches. Sa *Niobé* et sa *Vue de Rome*, les premiers tableaux qu'il exposa, parurent des œuvres savantes et extraordinaires. Le duc de Cumberland acquit la première, le duc de Tavistock la seconde ; la médiocre place de bibliothécaire de l'Académie royale fut la récompense de ces premiers succès. Mais l'admiration passagère qu'il avait inspirée s'évanouit bientôt. Pour comprendre cette poésie, il fallait des poëtes ; l'Angleterre n'en avait plus.

Les silencieuses clartés du matin, l'éclat du midi qui fait désirer l'ombre et la fraîcheur, l'adorable retraite que le penseur et l'amant cherchent au bord des grands lacs abrités par de hauts rivages, n'avaient jamais été plus poétiquement idéalisés que par Wilson. Personne encore en Angleterre n'avait peint la nature poétique, et réalisé sur la toile l'idéal divin de Milton. Comme l'auteur du *Paradis perdu*, Wilson mêle la splendeur et la rêverie. Les grands bœufs mugissent en retournant à l'étable, passent d'un pied lent sur un fragment de ruine antique. Le soleil se couche entre de grands arbres aux troncs d'ébène, — les horizons sont vastes et les grottes profondes, — le couchant est rouge de clartés qui éblouissent. Presque toujours une nappe d'eaux paisibles, et les arbres majestueux qui les ombragent, font valoir l'éclat lointain des horizons baignés de lumière. Dans la *Vue de Rome*, les sept collines de la maîtresse du monde se dessinent au milieu d'une clarté sereine et vaste comme son passé historique ; et sous les arbres du premier plan, obscurs comme ses modernes destinées, des voyageurs assis contemplent un bas-relief de marbre, — une femme belle encore, mais brisée : — le symbole même de Rome. Tel est le caractère des œuvres de Wilson, peu variées, exécutées sans retouches avec une largeur quelquefois exagérée, et faites pour être vues de loin. C'est le plus savamment poétique des paysagistes, comme Milton est le plus savamment pittoresque des poëtes.

Wilson aime les contrastes vigoureux, et il en abuse. Tantôt, dans la *Vue d'une campagne anglaise*, le soleil rayonne derrière l'écran d'un vieux orme, et ses feux divisés se projettent en vastes nappes rectilignes, dont toute une partie de ciel est inondée ; tantôt, dans le *Phaéton*, la lumière s'échappe par sillons éclatants des ouvertures et des arcades d'un édifice plongé dans l'ombre. Ces effets puissants ajoutent au sentiment de mystérieuse grandeur dont Wilson est épris, et donnent un charme particulier, non aux plus tumultueux de ses paysages dramatiques, à *la Niobé*, au *Phaéton*, — mais à ses œuvres plus modestes, telles que *la Villa Mécène*, *Apollon et les Saisons*, une *Vue du Pô*, *Cicéron dans sa Villa*, *le Pont de Langallan*, et *la Tombe des Horaces*.

Malgré l'admiration que ces belles compositions inspirent et méritent, on y découvre l'effort du génie septentrional qui veut se rendre maître de la beauté italienne. Une certaine simplicité de la grandeur manque à Wilson. Dans l'arrangement et le contraste des lignes et des plans, des ombres et de la lumière, quelque chose d'artificiel se fait sentir ; quant au mélange idéal de la mélancolie du Nord et de la splendeur du Midi, nul ne l'a égalé parmi les maîtres.

Cependant ses contemporains étaient indifférents à ses mérites ; les juges de l'art l'estimaient à peine digne de leurs critiques ; les maîtres le prenaient en pitié. Ni le coloriste Reynolds, amoureux de l'école vénitienne, ni le grandiose Fuessli, que Michel-Ange séduisait, ne pouvaient protéger Wilson. Peu de commandes lui étaient faites. Un seigneur ayant intéressé George III en sa faveur, ce roi lui demanda une vue de ses jardins de Kew, dont il aimait les hautes futaies. Wilson élargit ses horizons et prêta aux feuillages des mystères plus profonds que la réalité. La toile fut renvoyée au peintre par le monarque, ami de l'exactitude. En vain sir William Beechy, un de ces populaires magistrats que l'Angleterre et les Flandres ont

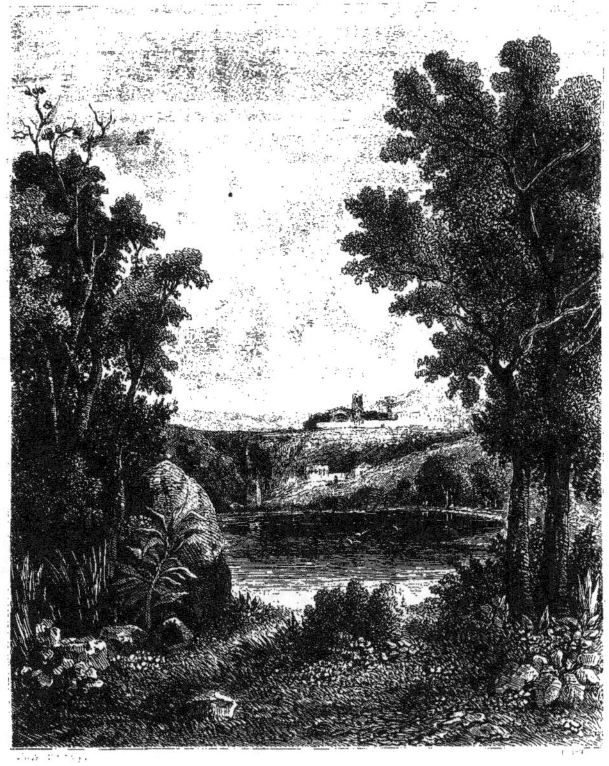

LE MATIN

souvent produits, essaya de le protéger. Le *pauvre Richard*, comme l'appelaient ses amis, ne vendait point de tableaux, ou les vendait quelques shellings. Son foyer était vide et son atelier délabré. Un jour qu'il avait faim et soif, il vendit une de ses toiles les plus belles pour un pot de *porter* et un débris de fromage de Stilton. Il se réfugia dans un grenier de Tottenham-Court-Road et continua bravement son œuvre. Un jour un fils de bonne maison, touché de sa pénurie, lui ayant amené une grande dame qui aimait les paysages, Wilson prit à part le jeune homme et lui dit : « Comment exécuterai-je un tableau? Je n'ai pas de quoi acheter des couleurs. »

Les membres influents de la Société royale, émus alors d'un beau sentiment de pitié, lui envoyèrent un ambassadeur, non pour lui offrir des secours, mais pour lui remontrer que sa manière était mauvaise, lourde et monotone, sans grâce et sans attrait. Wilson, homme rude et simple, se mit en grande colère. Renoncer à son génie, abjurer les rêves poétiques qui en étaient l'essence et la vie! Wilson n'en devint que plus obstiné dans son style et plus furieux contre les hommes; il lança quelques épigrammes nouvelles contre Reynolds et menaça de sa canne un caricaturiste que ses ennemis encourageaient. Cette nature forte et ingénue devint misanthropique et même cynique. Sa vue s'affaiblissait et sa touche devenait incertaine. L'hôpital l'attendait, quand un de ses frères mourut, lui laissant pour héritage un petit domaine et quelque fortune. Wilson, à qui son génie n'avait pas donné de quoi vivre, fut tout à coup riche au moment où l'âge et le chagrin commençaient à glacer son talent. Une mine de plomb, découverte dans sa propriété, lui assura un revenu considérable. Il fit ses adieux à sir William Beechy, et alla vivre à Colomondie, dont nous avons parlé, dans le pays de Galles, sans toucher désormais à ses pinceaux. Un soir, après une longue promenade où son chien l'avait suivi, Wilson, que le désappointement et le travail avaient usé, tomba évanoui. L'animal, effrayé, courut à la maison, força les serviteurs de le suivre et les conduisit à la place où son maître était gisant. On le rapporta chez lui; il languit quelques mois encore et mourut à soixante-neuf ans, en mai 1782, sans que personne en Angleterre ou en Europe se doutât qu'un peintre de génie avait disparu de la terre.

Son malheur fut d'être trop complétement artiste au milieu d'une société politique et commerçante. La nature même avait cessé d'exister pour lui. Un jour qu'il contemplait du haut de la terrasse de Richmond la belle perspective que l'on découvre de ce point, il s'écria : — « C'est un beau morceau. C'est bien composé! « Et ces *figures*, là-bas, près de ces maisons, comme elles font bien! » — En face de la cascade de Terni, il s'était écrié dans une extase : « Que cette eau est bien faite, mon Dieu! que cette eau est *bien faite!* » Le monde n'était que le cadre d'un grand paysage dont les hommes étaient les figures. Dieu pour lui n'était qu'un peintre.

PHILARÈTE CHASLES.

RECHERCHES ET INDICATIONS

Différents des autres peuples, les Anglais, dont le patriotisme pourrait s'appeler souvent égoïsme national, gardent pour eux les œuvres de leurs artistes. Les amateurs qui n'ont pas visité l'Angleterre ne peuvent se former une idée de l'école anglaise que sur des gravures souvent inexactes, car les artistes de cette nation tiennent plutôt au fini et à l'effet de leur planche qu'à la reproduction fidèle des maîtres qu'ils copient.

La galerie nationale de Londres possède deux tableaux remarquables de Wilson: l'un représente la vue de la *Villa Mécène à Tivoli*, exécutée pour le comte Tharel. Le point de vue de ce paysage est choisi avec un goût exquis; mais, pour un site méridional, le ton en est froid. L'autre, *la Mort des enfants de Niobé*, est un tableau d'une conception noble et poétique; mais, comme le pendant, il manque de chaleur, et l'exécution des détails est maniérée. Dans la galerie Bridgewater, on voit une répétition de la Famille de Niobé, et un autre paysage vrai de ton, mais d'une composition inférieure. M. Rogers possède un beau tableau de Wilson; on en voit deux autres dans la *galerie Grosvenor* : dans l'un, et au milieu d'une nature agitée par la tempête, le peintre fait apparaître les *sorcières de Macbeth*. Les figures en sont faibles. L'autre représente un paysage qu'arrose une rivière calme et limpide. On trouve chez M. Wynne Ellis, négociant à Londres, un paysage où se passe encore la scène de la mort de Niobé. Ce tableau capital et bien traité a appartenu au duc de Glocester. M. Artis, chapelier à Londres, possède un magnifique tableau, peut-être le plus beau de ce peintre; c'est un paysage avec une large rivière. Toutes les qualités se trouvent réunies dans cette composition, vérité, exécution et couleur. Enfin, dans la galerie *Broughton-hall*, on admire un paysage représentant une forêt, tableau exécuté avec une chaleur toute particulière. Payés à leur origine très-bon marché, nous ne saurions dire ce que les tableaux de Wilson se vendraient aujourd'hui : on n'en rencontre jamais dans les ventes publiques; conservés dans les galeries de l'aristocratie anglaise, ils y restent.

Les paysages de Wilson, gravés par Woolett, y ont gagné de la fermeté sans rien perdre de leur éclat. Les tableaux de ce maître, que nous avons vus, ne portent pas de signature.

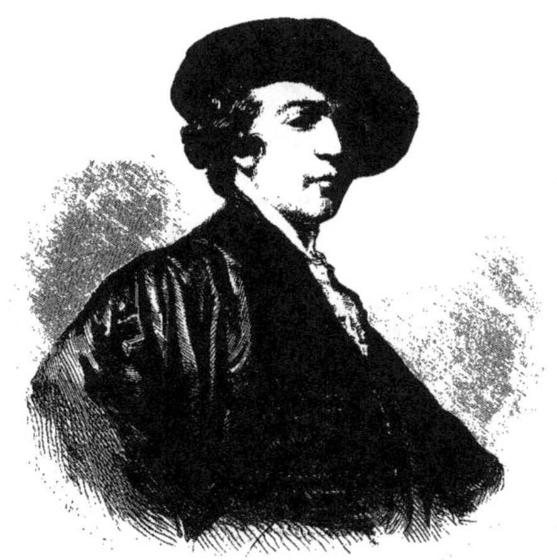

École Anglaise. *Histoire, Portraits.*

JOSHUA REYNOLDS

NÉ EN 1723. — MORT EN 1792

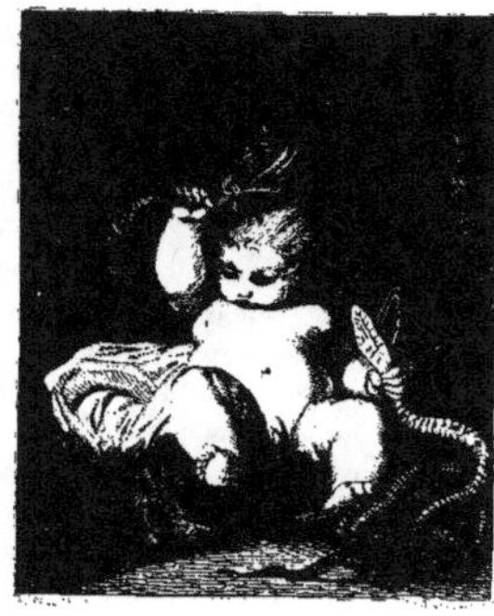

Sir Joshua Reynolds, né le 16 juillet 1723, était fils de Samuel Reynolds et de Théophile Potter. Son père dirigeait l'école de Plympton dans le Devonshire, et le modique revenu de cet emploi suffisait à peine aux besoins de sa famille, composée de douze enfants, dont le dixième était Joshua. « Samuel Reynolds, dit Malone dans sa notice de la vie de sir Joshua, avait l'esprit frappé de cette idée singulière qu'en donnant à l'un de ses enfants un nom de baptême peu ordinaire, il pourrait attirer sur lui l'attention et les bontés de quelque personne qui porterait un nom semblable, ce qui le détermina à faire donner à notre artiste celui de Joshua, lequel, sans être absolument rare en Angleterre, y est cependant moins commun que beaucoup d'autres. »

Bien que Reynolds ait eu un incontestable génie de peintre, on peut dire que ce génie ne fut point prime-sautier : qu'il eut même quelque chose de factice, et fut le résultat d'une volonté forte et d'un enthousiasme réfléchi. Reynolds devint peintre parce qu'il voulut le devenir. Il ne faut donc pas s'étonner que le chef de l'école anglaise ait puisé ses premières inspirations dans un livre. Le

Traité de la peinture de Richardson et les gravures d'une édition de Plutarque, traduit par Dryden, furent les initiateurs de Reynolds. Il fut également frappé des remarquables estampes qui ornent les *Emblèmes* de Jacob Cats, poëte hollandais, et tandis que les gravures lui ouvraient les yeux, la lecture de Richardson lui échauffa l'esprit au point de décider de sa vocation. A l'âge de dix-sept ans, il fut envoyé à Londres pour être mis à l'école de Hudson, et il remarqua que son entrée dans la peinture s'était faite le 18 octobre, jour de Saint-Luc. Il demeura trois ans sous la direction de ce maître, sans en retirer beaucoup de fruit, après quoi il retourna dans son comté de Devon, et y passa trois autres années, qui furent encore pour lui des années perdues. Revenu à Londres en 1746, il fit le portrait du capitaine Hamilton, père du marquis d'Abercorn, et ce morceau, où il avait abandonné pour la première fois la manière sèche et pauvre de son maître, était exécuté avec tant de vigueur et de franchise que Reynolds lui-même, l'ayant revu à la fin de sa carrière, fut surpris d'un tel début.

L'art était alors en Angleterre dans un si triste état, que Reynolds n'eut besoin que de ce portrait pour être distingué par l'élite des amateurs, George III, lord Edgcumbe, et le capitaine, depuis lord Keppel. Ce dernier ayant été nommé commandant d'une petite escadre dans la Méditerranée, Reynolds obtint de l'accompagner dans cette campagne, et s'embarqua à Plymouth le 11 mai 1749. Ils touchèrent à Lisbonne, à Cadix, à Gibraltar, à Alger et à Minorque, et après avoir passé deux mois à Port-Mahon, la capitale de cette île, ils allèrent gagner Livourne, d'où M. Reynolds se rendit à Rome. Il est curieux d'apprendre par l'artiste lui-même quelles furent les sensations qu'il éprouva en voyant pour la première fois ces chefs-d'œuvre célèbres et consacrés devant lesquels on apporte toujours une admiration prévenue : « Il est arrivé souvent, dit-il, ainsi que j'en ai été informé par le garde du Vatican, que ceux à qui il en faisait parcourir les différents appartements, lui ont demandé en sortant à voir les ouvrages de Raphaël, ne pouvant se persuader qu'ils avaient déjà passé par les salles où ils se trouvent, tant ces tableaux avaient fait peu d'impression sur eux. Un des premiers peintres français de nos jours me conta que la même chose lui était arrivée, quoiqu'il porte aujourd'hui à Raphaël la vénération que lui doivent tous les artistes et tous les amateurs de l'art. Je me rappelle fort bien que j'éprouvai moi-même ce désappointement lors de ma première visite au Vatican ; mais en faisant part de mon erreur à cet égard à l'un de mes compagnons d'étude, de qui la franchise m'était connue, il m'assura que les tableaux de Raphaël avaient produit le même effet sur lui, ou plutôt qu'il n'avait pas éprouvé à leur vue l'effet qu'il en avait attendu. Cet aveu tranquillisa un peu mon esprit, et en consultant d'autres élèves qui, par leur ineptie, paraissaient peu propres à apprécier ces admirables productions, je trouvai qu'ils étaient les seuls qui prétendissent avoir été saisis de ravissement au premier coup d'œil qu'ils y avaient jeté..... Ayant, depuis cette époque, réfléchi plusieurs fois sur cet objet, je suis à cette heure pleinement persuadé que le plaisir que nous causent les perfections de l'art est un goût que nous n'acquérons que par une longue étude et avec beaucoup de travail... La peinture en cela ne diffère pas des autres arts. Un goût sûr en poésie, une oreille parfaitement musicale ne s'obtiennent qu'à la longue. »

On le voit, Reynolds était avant tout une intelligence droite et ferme, un homme sincère, qui voulait remonter aux principes de son art et qui, avant de les avoir découverts, s'avouait franchement à lui-même son ignorance. Il entendait se créer une méthode, et comme Descartes, il détruisait l'édifice de ses croyances ou plutôt de ses préjugés, et volontiers il se faisait enfant pour mieux atteindre à la virilité du talent, pour mieux devenir homme, c'est-à-dire peintre. Il se livra donc à l'étude des grands maîtres avec la passion d'un artiste et la sagacité d'un philosophe. Tout fut observé, analysé, comparé, jugé ; chaque élan d'enthousiasme fut soumis au contrôle de la raison. Reynolds voulut savoir et sut pourquoi Michel-Ange était si imposant, Raphaël si parfait, Léonard si expressif, le Corrége si aimable et si gracieux. Au lieu de consacrer son temps, comme tant d'autres, à copier les œuvres de ces grands hommes, il se contenta de les contempler avec les yeux de l'esprit, de peur de laisser refroidir ou sommeiller en lui les facultés de l'invention, bien autrement précieuses que le talent d'imiter. Il ne cherchait donc qu'à pénétrer les conceptions des maîtres, à découvrir la route mystérieuse qui les avait menés au sublime, à vivre avec eux en pensée.

Mais Rome n'offrait pas encore un assez vaste sujet d'études à Reynolds. Après y avoir médité les lois du style, il s'en alla à Venise étudier la couleur, chercher les éléments du clair-obscur. Armé d'un esprit d'observation très-rare chez les peintres, qui sont ordinairement des hommes de pure impression, il sut dégager du coloris des Vénitiens les lois du clair-obscur, telles que les maîtres de leur école les avaient comprises, et cela en faisant abstraction des *tons* pour ne s'occuper que des *valeurs* : « Lorsque je remarquais, dit-il, quelque effet extraordinaire de clair-obscur dans un tableau, je prenais une feuille de papier dont je noircissais toutes les parties dans la même gradation de clair-obscur que présentait le tableau, en laissant intact le papier blanc pour représenter la lumière et sans faire aucune attention au sujet ni

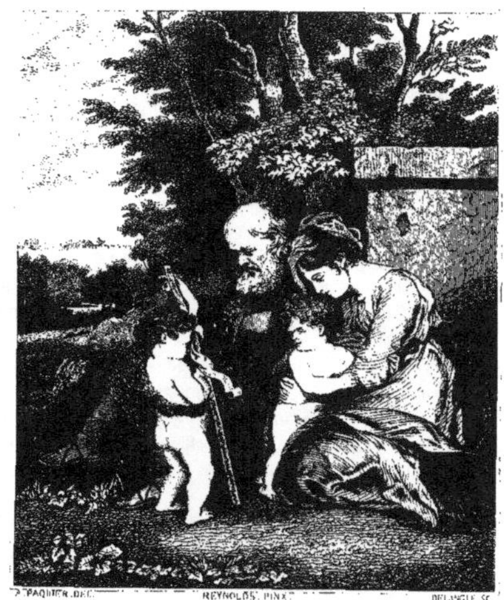

SAINTE-FAMILLE.

au dessin des figures... Un petit nombre d'épreuves me fit voir que le papier était toujours tacheté à peu près de la même manière, et il me parut que la pratique générale des maîtres vénitiens était de donner plus d'un quart du tableau à la lumière, en y comprenant le principal clair et les clairs secondaires, un autre quart aux plus fortes ombres possibles et le reste aux demi-teintes.... tandis que dans les ouvrages de Rembrandt, par exemple, la masse des bruns est huit fois plus importante que la masse des clairs... » Le bel effet que produisent les tableaux vénitiens, Reynolds en trouva la raison dans l'application de cette règle qui lui paraît sûre : que les tons chauds, tels que le jaune et le rouge, doivent être réservés pour les masses de lumière, et que les tons froids, tels que le gris, le bleu et le vert, doivent être tenus en dehors de ces masses pour les mieux faire valoir. Mais comme le tableau ne doit pas non plus être divisé en deux parties distinctes, l'une chaude et l'autre froide, il est nécessaire de rappeler les couleurs fières dans les masses fuyantes ou rembrunies, et de mêler quelques couleurs tendres à la masse des tons chauds qui colorent le principal groupe. Règle lumineuse! Et si les Vénitiens l'ont connue, c'est qu'eux-mêmes ils l'avaient puisée dans la nature, où l'on voit toujours les parties éclairées d'un objet présenter un ton plus chaud que celles qui se trouvent dans l'ombre. C'est pour cela que le blanc pur n'a guère été employé pour la principale lumière par les coloristes, qui, à l'exemple du Titien, la supposent réchauffée et dorée par un rayon du soleil couchant.

Reynolds enregistrait ces belles observations dans sa mémoire et dans son carnet de voyageur, lorsqu'un soir, étant allé à l'Opéra de Venise, il entendit exécuter par l'orchestre l'air d'une ballade anglaise qu'il avait souvent entendue dans les rues de Londres. Ce souvenir de la patrie le toucha si profondément qu'il en versa des larmes. Le lendemain il reprit la route de l'Angleterre. « A son arrivée à Londres, en 1752, Reynolds attira sur lui l'attention du public, et le portrait de l'amiral Keppel, son ami et son protecteur, offrit de si grandes beautés qu'il fut regardé comme le plus habile peintre qu'eût possédé l'Angleterre depuis Van Dyck. Tout l'intervalle qui séparait le règne de Charles Ier de la fin de celui de George II, quoique distingué par les ouvrages de Lely, de Riley et de Kneller, parut effacé de la mémoire, et l'on ne s'occupa plus que de savoir lequel méritait de tenir la première place, de Reynolds ou de Van Dyck. »

Sans aller aussi loin que l'engouement national des Anglais, et sans établir une comparaison entre Van Dyck et Reynolds, il faut reconnaître que celui-ci est l'artiste anglais qui a porté le plus haut la peinture de portrait, dans le sens le plus noble du mot. Et cette supériorité, Reynolds l'a eue dans un pays où ce genre de peinture, inauguré par Holbein et à jamais illustré par Van Dyck, s'est toujours maintenu à une certaine élévation, par cela seul que le génie individualiste et protestant du peuple anglais se prête mieux qu'un autre à l'interprétation et à la mise en scène des grandes personnalités. C'est ici du reste qu'il montra une force d'attention et une persistance de volonté qui eussent été suffisantes pour suppléer au génie. Quand il était en présence de ses modèles, il devinait leur caractère, leur tempérament, il pénétrait leur esprit, et son regard plongeait au fond de leur âme. La pose, le dessin, la couleur, le costume, le fond, les accessoires, tout lui servait à exprimer la ressemblance physique et morale. Bien que le dessin fût sa partie faible, il arrivait, à force de résolution, à saisir les contours décisifs, les traits importants d'une physionomie, et il les accusait avec une énergie singulière, souvent même avec une exagération bien calculée. Quelques caricatures qu'il avait faites à Rome, l'avaient mis sans doute sur la voie de ces habiles mensonges. Il me souvient qu'étant fort jeune et n'étant pas encore allé en Angleterre, je vis un jour, à l'étalage d'un marchand d'estampes, le portrait de George-Auguste Elliott, gouverneur de Gibraltar. De ma vie je n'avais été frappé d'une physionomie comme je le fus de celle-là. J'en conçus une idée du génie anglais, beaucoup plus nette et plus vive que n'aurait pu la donner la plume du plus incisif des écrivains. Un nez d'oiseau de proie, une bouche fermée et sans lèvres, arrêtée par des plis de marbre, de petits yeux ombragés par deux touffes d'épais sourcils, tombant sur les paupières comme des panaches de sauvage, tel est ce loup de mer. Il tient dans sa main la pesante et formidable clef de Gibraltar, et à ce masque rude et osseux, à cette figure ultrà-britannique, le peintre a choisi pour fond un ciel orageux et noir où monte la fumée des obus, et la mer, sur laquelle se penche du haut des rochers la gueule des canons de la citadelle, prête à dévorer les nations qui passent.

Horace Walpole a dit avec raison, de Reynolds, qu'il avait eu l'imagination assez féconde pour donner aux attitudes de ses portraits autant de variété qu'en ont celles des tableaux d'histoire, et que ses inventions en ce genre serviraient de rudiment aux peintres de portraits à venir. Reynolds a mis en effet beaucoup d'invention, et plus que personne peut-être, dans le genre de peinture qui semble en comporter le moins. Ses poses sont toujours conformes à la condition, aux habitudes, au tempérament du personnage. Tel amiral se tient debout au milieu des rochers, sur le rivage d'une mer furieuse. Tel capitaine, regardant le spectateur porte la main à la crinière de son cheval, vu de croupe, et va monter en selle pour aller se jeter dans la bataille qui se livre au fond du tableau. Si vous regardez le portrait du docteur Hunter, tout vous dit que c'est un savant qui médite : son regard fixe, la légère inclinaison de sa tête, son bras gauche accoudé, son bras droit pendant; et pour indiquer que ce savant est un physiologiste, il suffit au peintre de placer derrière son modèle une armoire à squelette. Quelquefois, cédant à l'influence du mauvais goût, Reynolds compose ses portraits avec emphase et tombe dans une exagération théâtrale, par exemple lorsqu'il représente la Vérité, une balance à la main, terrassant les monstres qui personnifient l'erreur, la fable et le mensonge, tandis qu'à côté d'elle le héros du portrait, James Beattie, porte un livre sur lequel est écrit le mot *Truth* (Vérité). Il est rare que ce mélange de la réalité et de la fiction ne soit pas malheureux. Une figure

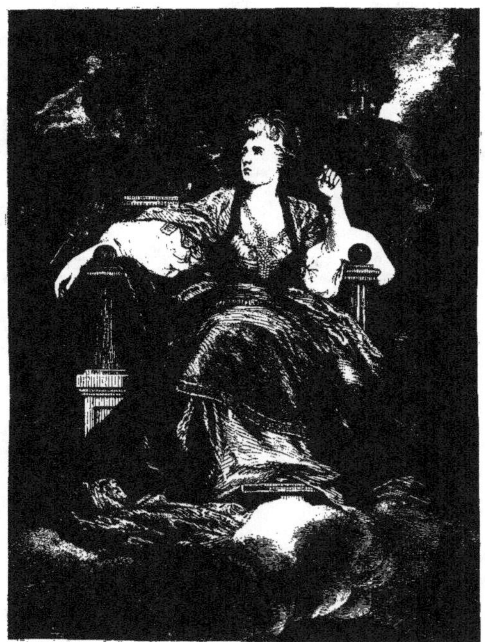

MISTRESS SIDDONS.

mythologique à demi nue est toujours assez mal placée dans le cabinet d'un homme en habit noir : témoin le portrait, d'ailleurs si beau, de Cherubini par M. Ingres. Mais ces taches sont encore assez rares dans l'œuvre de Reynolds, et en revanche il lui arrive parfois de s'élever, par la profondeur de l'intention, jusqu'au sublime. Je ne connais rien de plus saisissant, de plus expressif et de plus noble que le portrait du docteur Johnson. L'œil à demi clos, le front soucieux, les mains entrouvertes, comme si elles venaient de jouer sur une lyre imaginaire, il paraît plongé dans l'extase de la méditation et agiter quelque grand problème dans les replis de son intelligence, *in altâ mente*.

Ce docteur Johnson, qui fut un des grands esprits de son temps, était fort lié avec Reynolds; on ne sera pas étonné, en voyant son portrait, d'apprendre qu'il était sujet à la superstition et à la mélancolie. Ayant fondé en 1758 le journal l'*Idler* (*le Paresseux*), il invita son ami à y insérer quelques lettres touchant la question d'art. Le peintre y écrivit en effet, l'année suivante, et forcé pour la première fois de réunir ses idées, de leur donner une suite, une forme, il prit l'habitude de penser pour les autres. Dans l'intimité du docteur Johnson, qui avait été pour la Chambre des Communes un sténographe de génie, Reynolds connut les plus illustres orateurs du parlement anglais, les Burke, les Fox, les Sheridan, le grand historien Gibbon, le sensible et spirituel auteur de *Tristram Shandy*, Laurent Sterne, le romancier Goldsmith, le poëte Mason, traducteur de Dufresnoy, et le fameux comédien Garrick, l'élève et l'ami particulier du docteur. Avec la tendance naturelle de son esprit, Reynolds profita de la conversation de tous ces hommes d'élite: il les écouta en philosophe, il les regarda en peintre, et il n'est pas un d'entre eux dont il n'ait fait un portrait remarquable. J'en citerai pour exemple celui de Burke, avec ses yeux d'un éclat vitreux et sa peau mince sur laquelle brillent ces luisants qui accusent si bien le tempérament anglais, et que nous retrouverons plus tard chez Lawrence. Il convient de mentionner aussi le portrait de Garrick, heureuse et expressive composition qui nous montre le grand comédien entre la Tragédie et la Comédie. On le voit qui résiste en riant à la sévère Melpomène et se laisse entraîner par son vrai génie qui l'arrache à la muse de la terreur et des larmes. Malheureusement ces deux figures manquent de style : Reynolds a donné aux filles de Mémoire la physionomie et les allures des actrices de Drury-Lane.

Cependant le genre des portraits n'est pas le seul où se soit distingué Joshua Reynolds. Enrichi par le haut prix qu'il y mettait — il faisait payer jusqu'à cent cinquante et deux cents guinées pour un portrait en pied, — il put se livrer à la peinture historique, et s'il y fut bien souvent inférieur à ses propres théories, il fit du moins un chef-d'œuvre dans son tableau d'*Ugolin*. Rien ne pouvait, du reste, mieux convenir à son génie qu'un sujet pareil, qui n'exigeait pas de grandes connaissances anatomiques et dont toute la poésie était dans l'énergie de l'expression. Il faut avouer que la principale figure, celle d'Ugolin, est d'une beauté sublime. La douleur morale de cet infortuné qui souffre dans ses entrailles paternelles, non plus de sa faim, mais de la faim que lui crient tous ses enfants, cette tête pétrifiée, digne de Michel-Ange, ce regard fixe, ce muet désespoir d'un père, opposé aux gémissements de sa famille, l'angoisse des jeunes prisonniers se mesurant à leur âge, à la force de leur âme, tout cela est d'une beauté grande, d'un ordre élevé, et peut-être la lecture du Dante ne ferait-elle pas sur nous une impression plus terrible, plus profonde. Guérin dans son *Marcus Sextus*, et Géricault dans sa *Méduse*, se sont souvenus de cette admirable tête d'Ugolin.

Reynolds a été sans doute un peintre éminent, un artiste puissant par l'invention et l'expression, comme par la couleur; il a eu toutes les hautes qualités qui se peuvent acquérir; mais son plus bel ouvrage, assurément, et le grand fait de sa vie, c'est la série des discours qu'il prononça comme président de l'Académie royale de Londres, instituée en 1768. Nous donnons plus bas l'analyse de ces fameux discours[1].

[1] ESPRIT DES DISCOURS DE REYNOLDS.

Premier discours. — Il fut prononcé le 2 janvier 1769, pour l'ouverture de l'Académie. Il était donc naturel que l'orateur débutât par faire l'éloge des sociétés savantes. On peut se les représenter, dit-il, comme enveloppées d'une atmosphère de connaissances où chaque esprit se pénètre et se nourrit des idées analogues à ses propres conceptions. Reynolds recommande ensuite l'observation des règles comme le moyen le plus efficace de faire des progrès dans l'art. Loin d'être les entraves du génie, les règles ne sont des entraves que pour ceux qui n'ont point de génie; semblables à ces armures qui servent également de défense et d'ornement aux personnes robustes, mais dont le poids est un fardeau pour l'homme faible et mal conformé. Il arrive un moment toutefois où l'on peut se dispenser des règles; mais c'est seulement lorsqu'on s'est rendu maître de son art. Il ne faut pas abattre l'échafaudage avant que la clef de voûte ne soit posée. — L'orateur s'élève ici contre la tendance des maîtres à vanter la prestesse de leurs élèves et ces qualités faciles qui sont aussi dangereuses que séduisantes, puisqu'elles favorisent leur paresse et leur inspirent de la présomption. Un défaut de toutes les Académies que j'ai visitées, dit Reynolds (il fait allusion à l'Académie de peinture de France, conduite alors par Boucher), c'est que les élèves, loin de

Qu'il nous suffise de dire ici que Reynolds y professa les principes les plus élevés et les plus solides. La plupart des peintres n'eussent pas manqué, à sa place, d'émettre, pour toute idée sur la peinture, de simples commentaires sur leur propre style : l'artiste anglais n'eut garde de tomber dans ce défaut, et contrairement à l'opinion de Burke, l'on peut dire que rien ne ressemble moins aux discours de Reynolds que ses ouvrages. Du haut de la chaire académique, il vante sans cesse le grand style, et devant son chevalet il n'y put jamais atteindre. En théorie, il déprisait les Vénitiens; en pratique il n'avait pas de plus grande

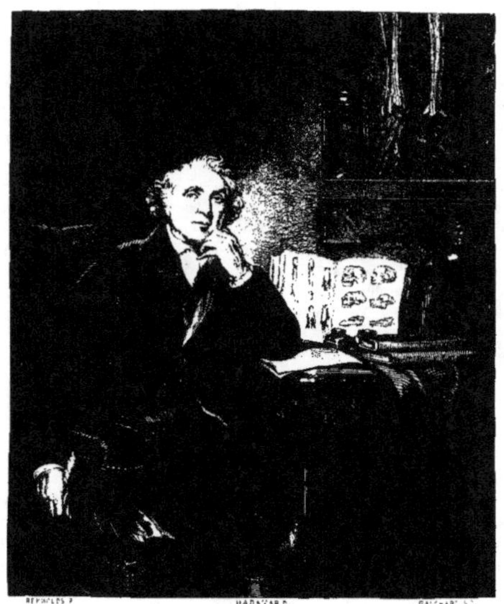
REYNOLDS P. HADAMARD D. J. BAUCHARD SC.

JOHN HUNTER.

ambition que de découvrir les secrets de leur manière de peindre. Professeur, il mettait le dessin bien

dessiner avec exactitude le modèle vivant, n'en ont pas même l'intention, et l'instruction qu'on leur donne ne les y porte pas non plus. Leurs dessins ne ressemblent aux modèles que par les attitudes; ils en corrigent les formes d'après les idées vagues qu'ils ont conçues de leur beauté, et font la figure non telle qu'elle est, mais telle qu'ils s'imaginent qu'elle devrait être.

Second discours, décembre 1769. — L'étude de la peinture se divise en trois périodes. La première se rapporte aux principes élémentaires: c'est, pour ainsi parler, la grammaire de l'art. La seconde est celle où l'artiste, sachant s'exprimer, cherche des sujets propres à l'expression, se forme des idées et les combine. Prenant pour guides, non plus un professeur, mais l'art lui-même, il sort des limites d'une admiration outrée pour un seul maître; il consulte les différentes beautés, choisit celles qui conviennent à son génie et sait encore discerner dans ces beautés ce qu'elles peuvent avoir de faible en certaines parties ou d'incohérent. Enfin, lorsque son jugement est ainsi affermi, il s'élève au rang des maîtres, il examine les au-dessus du coloris; peintre, il était coloriste brillant et faible dessinateur. Dans sa doctrine il portait aux nues Michel-Ange, et il imitait Rembrandt dans ses tableaux. Aussi, bien que les *Discours* de Reynolds laissent à désirer plus de méthode et souvent plus de clarté, ce n'en est pas moins un des plus beaux monuments qu'on ait élevés aux grands principes de l'art.

Peu de temps après la publication des sept premiers discours, l'impératrice Catherine fit présent à Reynolds

règles et les juge. Il passe de la comparaison des chefs-d'œuvre à l'étude de la nature, et cherche à découvrir si ceux qui l'ont interprétée avant lui, n'ont commis aucune erreur. Une fois parvenu à ce point, il peut s'abandonner à l'enthousiasme et avoir la conscience de sa dignité. — Ici Reynolds émet quelques idées qui semblent paradoxales et ne sont que vraies. Rien ne produit rien, dit-il, et l'invention n'est à bien dire qu'une combinaison nouvelle des images qu'on a rassemblées dans sa mémoire. Le jeune peintre qui ignore les travaux des maîtres antérieurs, croit à chaque instant découvrir des choses inconnues et prend pour du nouveau ce qui est déjà consacré par l'approbation des siècles. Il en conçoit une idée fausse de son mérite et il arrive qu'à part quelques saillies irrégulières et quelques succès qui sont le bénéfice du hasard, ses conceptions présentent beaucoup moins d'originalité qu'on ne s'y attendrait. Étudier les maîtres est donc une méthode sûre et sans danger, mais comment les étudier? C'est-là l'important. La plupart les copient et donnent toute leur attention à les reproduire exactement sans se douter que dans ces chefs-d'œuvre même, il y a quantité de lieux communs qu'il faudrait discerner pour n'y pas perdre son temps, et sans s'apercevoir que, par ce travail de patience, on engourdit les facultés de l'invention que l'on devrait tenir en haleine et faire agir. Le seul fruit qu'on puisse tirer de ces copies, c'est d'apprendre à disposer les couleurs, à les glacer, à les empâter, à employer enfin les procédés qu'ont mis en œuvre les bons coloristes. Encore faut-il savoir que les vieilles peintures sont tellement altérées aujourd'hui, qu'on est obligé d'apercevoir la beauté de leurs tons à travers le nuage dont le temps les a obscurcies. Il convient donc de faire choix des parties les plus saillantes dans l'ouvrage que l'on prend pour modèle. Que si l'artiste ose entrer en lice avec les grands maîtres et braver l'humiliation de sentir son infériorité, qu'il essaie de faire le pendant d'un de leurs tableaux et qu'il le place courageusement à côté de son modèle. Une telle comparaison lui fera mieux saisir leurs qualités et ses défauts : il aura fait un grand pas... Ajoutez que les talents distingués ne s'obtiennent que par un travail opiniâtre. Ayez toujours le crayon à la main ou plutôt le pinceau, car il vaut mieux peindre ses études que les dessiner simplement, et à force de labeur vous avancerez comme avance l'aiguille d'une pendule, qui marche d'un mouvement imperceptible et pourtant rapide.

Troisième discours, 1770. — La perfection de l'art ne consiste pas dans la simple imitation de la nature : ainsi l'ont pensé les poètes et les artistes de l'antiquité. L'homme porte en lui un principe supérieur à la nature : c'est ce qu'on appelle le *beau idéal* en France, le *gusto grande* en Italie, le *genius* ou le *great style* en Angleterre. Phidias ne trouva point dans la nature le modèle de son Jupiter; il le trouva dans son imagination échauffée par la lecture d'Homère. Mais que doit-on entendre par le *beau idéal ?...* le voici. Quand nous étudions la nature, nous découvrons dans ses formes même les plus belles, des parties faibles, mesquines, défectueuses. En faisant abstraction de ces défauts accidentels, en nous élevant, de la vue des imperfections particulières à l'intuition d'une beauté générale, nous arrivons à l'idée de formes plus parfaites, choisies peut-être dans divers modèles existants, mais réunies dans un modèle imaginaire. Cette faculté de concevoir une nature supérieure, faculté justement appelée *divine*, est ce qui engendre le beau idéal. La statuaire antique nous en a laissé des types immortels. Le grand Bacon traite il est vrai, de ridicule, la prétention de produire la beauté au moyen du choix, comme le voulait Apelles, et de dessiner la figure humaine d'après des proportions géométriques, ainsi que l'enseignait Albert Durer; mais en dépit de ce profond penseur, Reynolds affirme que la beauté ne saurait être l'effet d'un hasard, d'un *bonheur*, et il le prouve en disant : tout ce qui est fait avec certitude est fait en vertu d'un principe; autrement on ne réussirait point une seconde fois ce que l'on a réussi une première. Mais, dira-t-on, si la beauté a des règles, cette beauté dans chaque espèce d'êtres sera invariable. Comment expliquer alors les divers genres de beauté de la figure humaine? Par exemple, la beauté de l'Hercule n'est pas celle de l'Apollon ni celle du Gladiateur. — Il est vrai que ces statues sont parfaites chacune dans leur genre, mais c'est précisément parce qu'au lieu d'être la représentation d'un individu, elles résument les beautés d'une classe entière d'hommes. Du reste, quoique ces formes soient les plus belles dans leur genre, la plus haute perfection ne se trouve néanmoins dans aucune : elle se rencontrerait dans une statue qui réunirait l'activité du Gladiateur, la sveltesse de l'Apollon, la force de l'Hercule. — L'artiste qui s'est formé de la beauté une idée vraie, grande et simple (la simplicité étant une des conditions du grand style) n'a plus qu'à animer ses figures par un grandiose intellectuel, en leur imprimant l'air d'une sagesse philosophique ou d'une héroïque vertu. Voulant captiver l'esprit et non les yeux, il négligera les petits détails et verra tout en grand, ce qui ne le dispensera pas de prononcer les formes des objets, car un contour ferme et décidé est un des caractères du grand style. Quant aux peintres qui expriment avec talent les caractères bas et vulgaires, comme Teniers, Brauwer ou Ostade, et à ceux qui peignent des batailles comme Bourguignon ou des galanteries comme Watteau, l'estime qu'on en fait se proportionne à la distance qui les sépare de la belle nature.

Quatrième discours, 1771. — Le principe que la perfection de la forme et le grand style tiennent aux idées générales, ce

d'une tabatière en or et de son portrait enrichi de diamants, qu'elle lui envoya avec ce billet : *Au chevalier Reynolds, pour le plaisir que m'a fait la lecture de ses excellents discours.* Déjà Reynolds avait été chargé

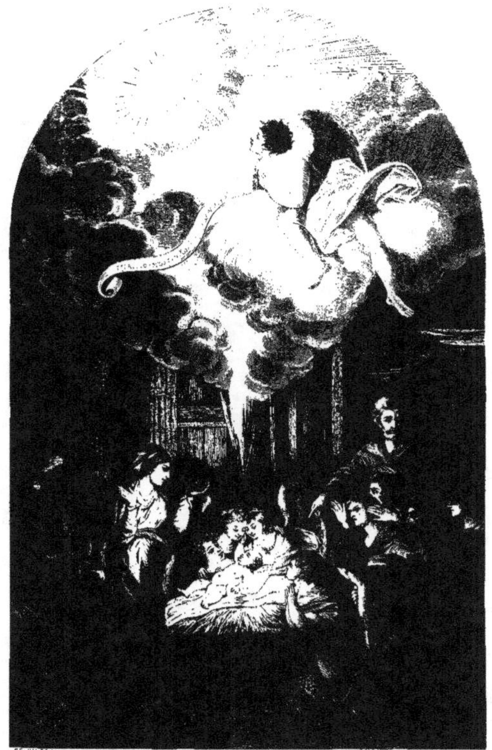

LA NATIVITÉ.

par la czarine de lui peindre un tableau historique de son choix. Il prit pour sujet *Hercule étouffant les serpents*, composition de plusieurs figures dans laquelle il représenta Tiresias sous les traits du docteur

principe s'étend à toutes les parties de l'art, à l'invention, à la composition, à l'expression, au coloris, aux draperies même. Ainsi le choix d'un sujet n'est heureux que s'il est universellement connu et s'il intéresse la généralité des hommes. Tels

Johnson. Par des raccourcis résolûment cherchés, trouvés avec bonheur, il sut donner un grand caractère à la figure du jeune dieu, figure énergique et gracieuse tout ensemble, qu'il peignit à part dans un petit tableau destiné au comte Fitz-Villiam.

J'ai dit que ce professeur de grand style n'avait pu lui-même y atteindre. En effet, soit qu'il aborde les sujets religieux, soit qu'il peigne les divinités de la fable, Reynolds redevient tout à coup un Anglais de pur

sont les sujets tirés de l'Écriture, de l'histoire ancienne, de la fable. Mais la donnée une fois choisie, il faut la traiter de manière à ne pas diviser ou embarrasser l'attention du spectateur. On devra donc sacrifier aux grandes parties les petits détails, les accessoires, les circonstances locales, à moins toutefois qu'ils ne prêtent un air de vérité au tableau et n'en augmentent par cela même l'intérêt. Encore l'artiste n'emploiera-t-il que les détails nécessaires, ceux dont l'absence serait remarquée et rendrait le tableau défectueux. En ajoutant au principal groupe d'une composition un second et un troisième groupe, et une seconde et troisième masse de lumière à la principale, il est essentiel de prendre garde que ces lumières et ce groupe soient d'une importance moindre. Ce n'est pas tout : il est quelquefois habile de s'écarter de la vérité historique, c'est-à dire de sacrifier la petite vérité à la grande. Saint Paul avait l'air commun, Alexandre était petit, Agésilas estropié : mais le peintre d'histoire, par une licence poétique, supprime ces défauts et nous fait connaître ces illustres personnages par la grandeur de leurs actions et non par la ressemblance de leur figure. — Pour l'expression, il en est de même. Bernin, dans sa statue de David, l'a représenté mordant sa lèvre inférieure au moment de lancer la fronde, et il a ainsi rendu l'expression triviale, parce qu'il a pris pour une règle générale ce qui n'était qu'une habitude particulière dont la nature lui avait fourni un ou deux exemples. — Quant au coloris, il est soumis à la même loi : si on le divise en une trop grande variété de teintes, si on n'évite avec soin tous les petits accidents de lumière, l'effet est manqué. Il y a deux manières d'obtenir un effet imposant par les couleurs : l'une consiste à les fondre et à les réduire à peu près au ton du clair-obscur, comme l'a souvent pratiqué l'école de Bologne ; l'autre à se servir de couleurs vigoureuses et tranchantes, ainsi que l'ont fait l'école romaine et l'école florentine. Ces écoles, par le rapprochement violent du bleu, du rouge et du jaune purs, ont produit un effet grandiose, de même que la musique guerrière secoue fortement nos âmes par des transitions soudaines d'une note à une autre. — Enfin le grand style n'admet pas non plus de bigarrure dans les draperies. Les étoffes du peintre d'histoire ne sont ni de laine, ni de toile, ni de soie, ni de satin, ni de velours : ce ne sont que des draperies. Tels sont les principes du style épique. Ils n'ont été connus qu'à Rome, à Florence, à Bologne et par les meilleurs peintres français, Poussin, Lesueur, Lebrun, qu'on peut regarder comme une colonie romaine. Ce n'est que dans un degré bien inférieur qu'on doit placer l'école de Venise et les écoles flamande et hollandaise, qui toutes trois se sont écartées du grand style et n'ont brillé que par des qualités de second ordre. — Ici Reynolds porte un jugement sévère sur les Vénitiens, particulièrement sur Véronèse et le Tintoret, car il ménage encore le Titien. Au fracas, au brillant de ces maîtres, à leur profusion inintelligente, à leurs bizarreries, il oppose la dignité simple, grave et majestueuse de Raphaël : « Les procédés de l'art sont appelés, dit-il, *le langage du peintre ;* mais il faut convenir que c'est une pauvre éloquence que celle qui nous prouve seulement que l'orateur est doué de l'usage de la parole. » Les Vénitiens ne trouvent pas même grâce auprès de Reynolds pour leur coloris éclatant, riche, harmonieux, qu'il déclare impropre au grand style et incompatible avec la noble et sévère simplicité que demandent les sujets vraiment héroïques. Il les accuse d'avoir mis dans leurs immenses toiles beaucoup de remplissage et, selon le mot d'Annibal Carrache, *des figures à louer*, enfin d'avoir créé le style purement théâtral, qui fut ensuite introduit en France par Vouet, en Flandre par Rubens, en Espagne et à Naples par Luca Giordano. De ces deux styles, le style sublime et le style théâtral, on en peut former un composite : mais c'est une entreprise dangereuse, dans laquelle ont réussi pourtant le Parmesan et le Corrége, deux hommes de génie que la haine du style froid et insipide a conduits sur les bords de l'abîme du ridicule et qui ont eu l'art de n'y pas tomber.

Cinquième discours, 1772. — Pline remarque au sujet d'une statue de Pâris, faite par Euphranor, qu'on y découvrait à la fois le juge des déesses, l'amant d'Hélène, le vainqueur d'Achille. Une statue dans laquelle on chercherait ainsi à réunir la dignité d'un juge, les grâces de la jeunesse et la fierté d'un vainqueur, ne posséderait certainement aucune de ces qualités à un degré éminent. Il y a des beautés qui s'accordent et qui gagnent à être unies. Il y en a d'autres qui sont d'une nature si contradictoire, que vouloir les unir c'est produire un plus grand désordre parmi des éléments déjà disparates. Mais si l'on peut associer dans une œuvre d'art divers genres de beauté, encore faut-il mettre chacune de ces beautés à son rang. Réduit à sa juste valeur, le style théâtral ou d'apparat peut s'employer utilement à adoucir la sévérité du grand style. C'est ainsi que Louis Carrache, après avoir étudié les Vénitiens et le Corrége, ne leur emprunta que ce qui pouvait embellir et non ce qui aurait détruit la mâle vigueur du style qui le distingue. — Passant des préceptes aux exemples, Reynolds parle à ce propos des principaux ouvrages de ceux qui ont excellé dans le grand style, et tout de suite il fait observer que ces ouvrages sont peints à fresque, procédé qui ne permet pas de s'arrêter à l'élégance des détails. Telles sont les peintures de Michel-Ange et de Raphaël au Vatican, celles de Jules Romain à Mantoue et les *Cartons* de Hamptoncourt, qu'on peut regarder comme des fresques. Raphaël s'est a jamais illustré par son excellence dans les parties les plus élevées de l'art et dans la fresque surtout, car son pinceau devenait raide et stanté quand il peignait à l'huile. Son génie, du reste, serait demeuré peut-être toujours sang. Lui qui recommandait à ses auditeurs de l'Académie de s'en tenir aux formes générales de la nature, il n'emploie dans ses œuvres que des formes individuelles, des modèles uniquement britanniques, des physionomies locales. Je crois reconnaître dans ses Vierges miss Vernon ou lady Caroline Montagu, et son enfant Jésus n'est peut-être que le plus jeune des fils du duc de Bedford. Son paysage même n'est pas celui qui devait encadrer sa *Sainte famille*, que les Anglais trouvent si belle ; il y a trop loin des sévères et miraculeuses contrées de la Palestine aux riants cottages de Richmond. J'en dirai autant de ses *Vertus cardinales* et de sa *Nativité* qu'il dessina d'abord et peignit ensuite pour la chapelle de New-Collége, à Oxford. Les *Vertus* ont une

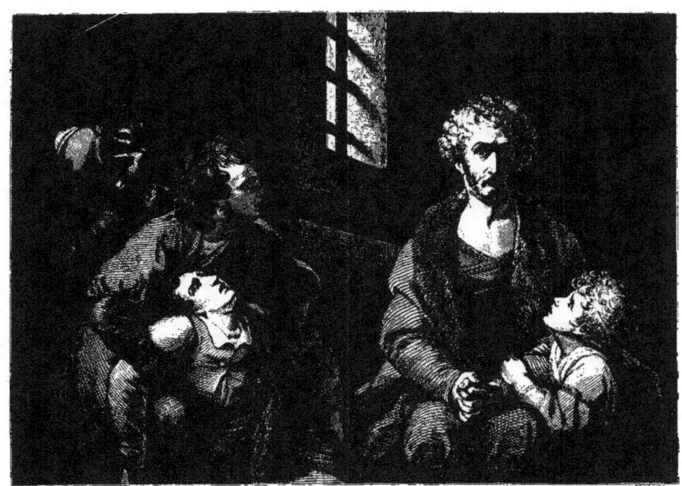

UGOLINO.

sveltesse exagérée, des formes mesquines, et elles manquent de dignité. On les prendrait plutôt pour des courtisanes repenties que pour des saintes immaculées. *La Nativité* fut le meilleur ouvrage de Reynolds

caché dans les ténèbres, comme le feu au sein des matières combustibles, si une étincelle du génie de Michel-Ange ne l'eût enflammé. Michel-Ange n'eut pas sans doute tant de belles qualités que Raphaël ; mais il eut celles du génie le plus sublime. Il est remarquable que la célébrité de ce grand homme a baissé à mesure que l'art déclinait lui-même. L'effet de ses ouvrages répond à ce que Bouchardon disait éprouver à la lecture d'Homère : « Quand je lis *l'Iliade*, je crois avoir vingt pieds de haut. » En comparant ces deux grands hommes, Raphaël et Michel-Ange, on trouve que l'un a plus de goût, l'autre plus de génie. Les personnages de Michel-Ange paraissent d'un ordre supérieur à l'espèce humaine. Il en a puisé l'idéal et le caractère en lui-même : ses conceptions sont vastes, sa poésie éclate avec véhémence. Raphaël s'est élevé moins haut, il n'a fait qu'ennoblir la race dégénérée des hommes. Sa poésie brûle d'une flamme moins vive, mais plus égale et plus pure. La dignité, l'exquise convenance de ses figures, la grâce de son dessin, l'art de s'approprier les pensées d'autrui, tout cela lui assigne la première place, s'il faut la donner à celui qui possède le plus grand nombre de qualités supérieures : mais si dans le genre religieux il en avait ennobli la composition en éclairant la scène par une lumière émanée du Christ: heureuse réminiscence de *la Nuit* du Corrège. Quant à la *Vénus* de Reynolds, ce n'est pas non plus la déesse de l'amour telle que l'ont chantée les poètes et sculptée les Grecs. C'est une beauté sans tradition, toute moderne, toute insulaire, et trop éloignée aussi de la Grèce et de l'Olympe.

Le retentissement qu'eurent les discours de Reynolds contribua presque autant que sa peinture à le mettre au premier rang des artistes anglais. De 1770 à 1792 il exerça une influence souveraine sur les arts; il vit

l'on admet avec Longin que le sublime est la plus haute perfection de l'esprit humain et qu'il suffit à lui seul pour compenser tout, c'est à Michel-Ange qu'appartient de droit le premier rang.

Sixième discours, 1774. — Le sujet de ce discours est l'imitation, c'est-à-dire le choix que l'on fait de tels ou tels maîtres qu'on se propose pour modèles. Reynolds s'élève avec force contre les écrivains qui affectent de représenter la peinture comme une inspiration, comme un pur don du ciel, semblables à ces Orientaux ignorants qu'on interroge sur les magnifiques ruines de leurs temples et qui répondent que ces édifices furent l'ouvrage d'un magicien. Si nous devions nous passer de nos prédécesseurs, la peinture ne ferait jamais que commencer, puisqu'il est certain qu'aucun art n'a été porté à sa perfection dès son enfance. L'imitation, c'est-à dire l'étude des maîtres, est donc d'une nécessité absolue. Elle seule conduit à l'originalité et enfante le génie même. Le génie est la faculté de produire des beautés qui ne sont point du ressort des règles. Mais le degré d'excellence qui constitue le génie est différent suivant les temps et les lieux. A l'origine de l'art, le simple talent de dessiner passait pour du génie. Cependant on s'aperçut que le dessin se pouvait apprendre, et le nom de génie ne fut plus donné qu'à ceux qui possédaient la grâce, l'expression, la dignité, tout ce qui n'était pas sujet encore à des règles bien claires. — Les grands artistes, qui ne produisent pas de belles choses par un simple effet du hasard, obéissent aussi à une règle qui n'est pas écrite, mais que l'intuition leur montre et qui est sûre pour eux. Or cette règle inédite est le résultat d'une expérience personnelle faite sur les ouvrages des autres, et l'invention même, qui est un des traits du génie, est une assimilation des pensées d'autrui.

Septième discours, 1776. — La faculté de distinguer le vrai du faux est dans les choses d'art ce qu'on appelle le *goût*. Cette faculté se peut-elle acquérir par l'étude? Reynolds l'affirme résolûment. Le proverbe qu'*il ne faut pas discuter des goûts* doit son origine et sa fortune dans le monde à la même erreur qui nous fait regarder le goût comme un don de Dieu. Le penchant naturel de notre esprit nous portant à la recherche de la vérité, nous n'avons de plaisir que partout où nous la trouvons. La source de nos jouissances, ayant ainsi une origine inaltérable, peut se découvrir par le raisonnement. Toute peinture qui n'est pas ressemblante à l'objet imité est fausse. Toute composition est mauvaise quand les parties n'ont pas entre elles une juste proportion et avec le tout un rapport exact. Le coloris est vrai lorsqu'il fait illusion et flatte l'œil. Mais outre les vérités réelles et fixes, il y a les vérités apparentes et de convention, qui sont variables comme le préjugé qui les enfante. Suivant que ces vérités sont plus généralement répandues, le goût qui s'y conforme approche davantage de la certitude. Il s'ensuit que le goût peut être mis sous la discipline de la raison, même dans l'appréciation des vérités secondaires. Et s'il y a des règles invariables pour l'artiste, il y en a aussi pour l'art du connaisseur, qui est le goût. La perfection consistant à trouver l'idée *générale* de la beauté, le goût doit se fonder sur la connaissance de cet idéal. — C'est encore du goût ou, si l'on veut, de la raison que relève le classement des divers genres de peinture. Les ouvrages qui excitent en nous des idées de grandeur ne sauraient être mis sur la même ligne que ceux qui nous rappellent la bassesse et la pauvreté de notre nature. La perfection dans un genre secondaire doit être préférée à la médiocrité dans le style sublime. Un paysage de Claude peut valoir mieux qu'un tableau d'histoire de Luca Giordano. — L'auteur se livre à une digression assez intéressante sur la mode dans les ornements et les vêtements, et veut que le goût s'en rapproche ou s'en éloigne suivant qu'elle est plus ou moins durable. Dans l'architecture, par exemple, il faut la respecter beaucoup moins à cause de la durée des matériaux. — En peignant un portrait, un portrait de femme, il est bon d'y mêler à la familiarité du costume moderne la dignité et le grandiose des draperies antiques. Mais rien de plus insensé que de vouloir heurter de front les préjugés d'un peuple, corriger tout d'un coup les idées reçues. Ainsi le sculpteur français qui, au temps même de Reynolds, fit une statue de Voltaire, alors vivant, et le représenta tout nu et par conséquent décharné comme l'est un vieillard octogénaire, n'excita que le rire des admirateurs de ce grand homme et tailla dans le marbre un modèle de mauvais goût.

Huitième discours, 1778. — Qu'est-ce que la beauté? Où faut-il la chercher? Plus bornée que la poésie, la peinture n'a qu'un seul moment donné pour agir sur l'esprit; mais en frappant ce coup décisif, le peintre peut affecter aussi fortement que le poète notre amour pour la variété, la nouveauté et le contraste. La variété réveille l'attention, la nouveauté nous impressionne plus vivement que les choses prévues, le contraste nous procure le plaisir de juger par comparaison. Mais si tout est varié, si tout est nouveau dans un ouvrage, si le contraste y excède certaines limites, l'indolence de notre esprit en reçoit une trop violente secousse et s'en trouve mal. Trop de variété embarrasse l'œil et le fatigue : de là l'expression *ce tableau manque de repos*. Enfin trop d'unité alourdit l'intérêt. Entre Rembrandt qui n'emploie souvent qu'une seule masse de clair, un seul groupe, et Poussin qui éparpille sa lumière et disperse ses figures, il y a un juste milieu à tenir. Le mauvais poser devant lui les grandes dames de l'Angleterre, si bien qu'il disait lui-même avoir peint *deux générations* de beautés. Le pinceau à la main, il oubliait ses théories transcendantes et ne songeait plus qu'à peindre ses portraits comme les Vénitiens, à les modeler comme Van Dyck, à les éclairer comme Rembrandt. Il alla jusqu'à sacrifier des tableaux du Titien pour découvrir par le frottement les diverses couches de couleurs que ce grand maître avait employées. Devenu fort habile dans la pratique de son art, il ne chercha plus qu'à varier les attitudes de ses portraits, à trouver pour chacun d'eux soit un effet piquant de lumière, soit

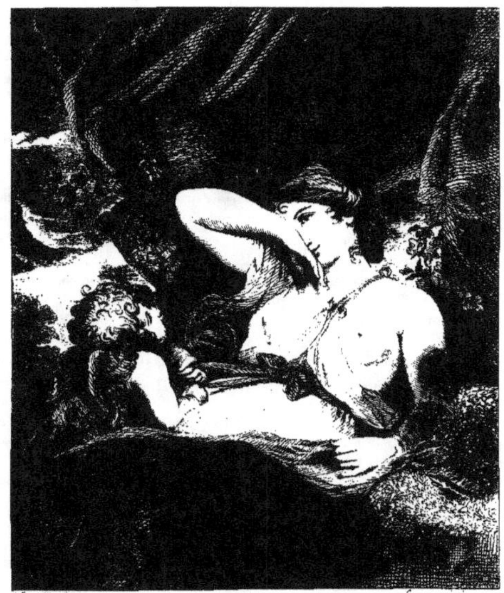

LE SERPENT SOUS L'HERBE.

une action imprévue, soit un costume étrange, visant toujours à les particulariser par quelque trait remarquable, de nature à se bien graver dans la mémoire. Intéressante galerie ! Lady Spencer y figure en

effet qui résulte de l'absence de repos nous conduit à l'idée de simplicité. Dire ce qu'elle est n'est pas facile ; il est plus aisé de dire ce qu'elle n'est point. De Piles s'en est écarté lorsqu'il a recommandé aux peintres de portraits de donner à leurs personnages des attitudes qui semblent dire : « Tiens, regarde-moi : je suis ce roi invincible... je suis ce redoutable capitaine... je suis ce grand ministre qui..., etc. » Et Rigaud en suivant de telles idées a manqué absolument de simplicité. Lesueur et Poussin au contraire en ont donné de bons exemples. En fait de lignes, la plupart des statues antiques présentent une simplicité qui approche beaucoup d'une tranquillité raide : mais *le Laocoon, le Gladiateur, la Vénus de Médicis* ont de l'expression et de la grâce, parce que ces statues sont composées et contrastées dans une juste mesure. En fait de coloris, amazone, laissant porter sur son épaule la tête de son cheval. La petite fille de lord Buccleugh passe, frileuse et enveloppée de fourrures, sur un fond d'arbres dépouillés, comme pour nous montrer le printemps de la vie dans l'hiver de la nature. Celle-ci porte une capeline qui projette sur son visage une ombre transparente, comme le célèbre *chapeau de paille* de Rubens. Celle-là (c'est miss Vernon) accourt du fond d'un jardin et vient sourire à l'action de son jeune frère, lord John Russell, qui, vêtu à l'antique, tue un monstre à coups de sabre! Reynolds, on le voit, n'est pas à demi barbare quand il donne dans le mauvais goût du

on commence par donner à la masse de ses figures un seul ton de couleur: ensuite on y observe une variété de teintes et une dégradation insensible de la lumière à l'ombre: plus tard on réduit toutes ces teintes à une harmonieuse unité. C'est l'histoire de l'art : il est simple dans son enfance, par pauvreté; ensuite il s'émancipe, et il tombe dans le luxe: enfin il est ramené à la simplicité par l'expérience. — L'académicien, qui a tant insisté sur les règles dans ses précédents discours, veut ici qu'on ne les prenne pas au pied de la lettre, qu'on s'en tienne à leur esprit. On enseigne, par exemple, qu'en groupant les figures, il importe de les faire contraster entre elles, et que les membres de chaque figure en particulier doivent contraster de même, de façon que si la jambe droite est en avant, le bras droit se porte en arrière. Que de fois, cependant, les plus grandes beautés ont été obtenues sans le secours de ces contrastes! Dans la *Prédication de saint Paul* de Raphaël, la figure du saint porte sur ses deux jambes également, et ses deux bras sont parallèles, ce qui n'ôte rien à la noblesse de l'apôtre. Dufresnoy donne pour règle : *que la principale figure soit placée au milieu du tableau, sous la principale lumière.* Toutefois Lebrun, dans son admirable composition de *la Tente de Darius,* ne nous montre pas Alexandre au milieu du tableau ni sous la lumière principale: mais l'attention des autres figures le désigne suffisamment à nos regards. — Le reste de ce discours roule sur des considérations que déjà nous avons fait valoir dans la présente biographie de Reynolds.

Dixième discours, 1780. — (Le neuvième n'est qu'une harangue d'ouverture, fort courte et sans aucune dissertation sur l'art.) Ce dixième discours, un des meilleurs de Reynolds, a pour objet la sculpture et trouvera plus naturellement sa place dans l'histoire de cet art que dans celle des peintres.

Onzième discours, 1782. — L'impression que laissent dans notre esprit les objets même qui nous sont le plus familiers se borne à leur effet général, qui suffit à nous les faire reconnaître. C'est en exprimant cet effet de l'ensemble qu'on imprime aux objets leur caractère distinctif et véritable. Il y a plus : on nous les présente ainsi d'une manière plus frappante que si on les imitait avec une scrupuleuse exactitude. La preuve en est dans le médiocre plaisir que nous font les ouvrages en cire. (Qu'eût pensé Reynolds du daguerréotype?) — Les artistes de génie ne doivent pas leur célébrité au fini de leurs ouvrages, mais à la faculté de généraliser, de voir tout en grand. Raphaël et le Titien ont possédé ce don précieux : le premier a cherché l'effet de l'ensemble dans les formes, le second dans le coloris. Les ignorants regardent comme le beau fini l'adoucissement excessif des couleurs, le perdu des contours; or il se trouve précisément qu'au lieu de produire la morbidesse, cet adoucissement prête aux objets l'apparence de l'ivoire : témoin les portraits de Corneille Jansen comparés à ceux de Van Dyck, et la froide manière de Van der Werff opposée au faire spirituel de Teniers. — Les personnes étrangères à la connaissance de l'art sont souvent étonnées du haut prix que les amateurs attachent à des dessins qui paraissent faits avec peu de soin et ne sont nullement arrêtés. C'est que les dessins des maîtres, ceux d'un Parmesan ou d'un Corrége, malgré la manière en apparence grossière et négligée dont ils sont exécutés, donnent une idée du tout, soit dans la composition, soit dans les formes générales de chaque figure en particulier, soit dans la grâce et l'élégance des attitudes. — Et ce principe de voir tout en grand s'applique aux diverses branches de l'art : au paysage par exemple, qui ne doit pas être fait pour un naturaliste, mais pour l'observateur ordinaire de la nature: au portrait, dont la ressemblance, c'est-à-dire le caractère, dépend plus de l'effet général que de la scrupuleuse distinction des parties : enfin à l'exécution même, qui dans de vastes machines sans intérêt pour l'esprit, comme *les Noces de Cana* de Paul Véronèse, les élève à la dignité de chefs-d'œuvre par la faculté qu'a eue le peintre d'embrasser le tout ensemble d'un seul coup d'œil.

Douzième discours, 1784. — L'orateur y parle des méthodes d'étudier, comme pour répondre aux questions que lui adressaient les élèves de l'Académie. Le commencement de l'éducation doit être pour l'écolier un temps de contrainte: mais plus tard il peut s'abandonner à lui-même, dût-il se livrer à des entreprises au-dessus de ses forces. La paresse et la timidité sont les défauts contre lesquels il devra dès lors se tenir en garde. Il faudra d'un autre côté qu'il se défie de sa facilité, s'il en a, car rien de ce qui passe à la postérité n'est fait aisément. Une statue parfaite, comme celle du *Gladiateur,* a demandé peut-être la vie d'un homme. Il est remarquable que les peintres improvisateurs, tels que Luca Giordano et La Fage, n'ont jamais rien produit de bien original ni de bien frappant. Ils ont pris peut-être fort peu aux autres: mais aussi un homme de goût ne leur empruntera pas grand'chose à eux-mêmes. — Reynolds oppose à la pratique de ces maîtres qui ont la prétention de tout puiser dans leur propre fonds l'exemple de Raphaël, qui en composant ses fameux *Cartons* n'a pas craint d'y transporter des figures dont il avait trouvé le motif dans les ouvrages de Masaccio, notamment celle qui, dans la *Prédication de saint Paul,* est placée parmi les auditeurs la tête baissée, les yeux fermés, comme une personne livrée aux plus profondes méditations. Après une digression sur Masaccio, Reynolds en revient à la nécessité terroir. Imaginez enfin toutes les modes françaises de nos grand'mères, chiffonnées à la manière de Greuze, mais alourdies et défigurées encore par les marchandes de modes du West-End, et vous aurez une idée de ce qui forme la partie la plus originale des portraits de femmes de Reynolds.

Nos lecteurs savent que Reynolds enrichit de notes curieuses le poëme de la peinture de Dufresnoy, lorsque ce poëme fut traduit en anglais par M. Mason. On y retrouve l'homme de ses *Discours*. Mais le voyage qu'il fit en 1781, en Flandre et en Hollande, avec son ami M. Metcalfe, modifia légèrement ses opinions sur l'école

de s'emparer par assimilation des beautés des grands maîtres..... *Serpens nisi serpentem comederit, non fit draco.*

Treizième discours, 1786. — Les arts s'adressent en nous à deux facultés seulement, l'imagination et la sensibilité. Aussi faut-il les soumettre à l'appréciation du sentiment. Il y a dans le commerce de la vie une sagacité supérieure à l'analyse et plus prompte qu'elle, c'est l'intuition, pouvoir merveilleux de l'esprit, qui est le résultat des expériences accumulées et des impressions générales que firent sur notre esprit les objets vus pour la première fois. Cette intuition, qui est une certaine raison d'habitude, doit souvent prévaloir sur la raison même, parce qu'elle a des vues plus étendues. — C'est elle qui nous doit éclairer sur le but de l'art et nous en faire juger. — Platon a commis une grave erreur en disant que la peinture est un art de pure imitation. Le talent d'imiter les objets visibles est sans doute le premier que l'artiste doit acquérir; mais il s'en faut bien que ce soit le dernier, c'est-à-dire le plus rapproché de la perfection. L'imitation de la nature n'est pas non plus le principe des autres arts. La poésie, par exemple, s'exprime dans un langage cadencé, purement artificiel, dont l'homme ne s'est jamais servi et ne se servira jamais. Cette convention une fois reçue, il convient que les idées revêtues d'un style aussi extraordinaire s'élèvent à leur tour au-dessus de la nature commune et que le ton même dont la poésie est récitée ne soit pas le ton du discours. L'art dramatique ne vit également que de fictions et d'invraisemblances. Est-il naturel qu'Hamlet parle anglais en Danemarck ou qu'Agamemnon s'énonce dans la langue de Racine? Il y a plus : l'expression des passions sur la scène n'est pas toujours la meilleure en raison de ce qu'elle est la plus naturelle, car il est tels cris, telles contorsions de membres qui nous causeraient les sensations les plus désagréables si l'acteur se bornait à imiter les accents et les attitudes de la nature..... Pour en revenir à l'art du peintre, on y distingue différents styles, qui sont réputés bas ou nobles, suivant qu'ils se rapprochent ou s'éloignent de la nature commune ou, si l'on veut, de la pure imitation. Un ignorant seul peut préférer un portrait léché de Denner à une tête de Van Dyck. Et dans le paysage même, combien la fidélité de l'imitation, telle que la donne la chambre obscure, paraît mesquine à côté du même site rendu par un grand artiste! Maintenant, si le peintre est supérieur à la nature quand le site est le même, que sera-ce quand il choisira ses matériaux, quand il nous transportera, comme Nicolas Poussin, aux environs de l'ancienne Rome ou qu'il nous fera parcourir, comme Claude, les campagnes enchantées de l'Arcadie?

Quatorzième discours. — Ce discours, prononcé en 1788, est consacré presque tout entier à l'appréciation du talent de Gainsborough, qui venait de mourir. Reynolds, en rendant compte des diverses pratiques de cet habile peintre, en tire quelques inductions générales, souvent ingénieuses et pleines de sens.

Quinzième et dernier discours, 1790. — L'orateur a le pressentiment que ce discours sera le dernier qu'il prononcera. Voyant venir la fin de sa carrière, il récapitule ses précédents discours et fait l'histoire de ses pensées. Son secret pour arriver à former une sorte de théorie, et à concilier les opinions contradictoires émises avant lui, a été de distinguer les grandes vérités des vérités moindres, les idées plus générales et plus libérales de la nature des vues plus rétrécies et plus bornées, enfin ce qui s'adresse à l'imagination de ce qui frappe simplement la vue. Il est parvenu ainsi à classer les diverses branches de l'art et à introduire un peu de clarté dans les doctrines confuses de ses prédécesseurs. — Le reste de ce discours roule sur Michel-Ange. Ce grand homme est celui qui a possédé au plus haut point le mécanisme et la poésie du dessin. Le caractère grandiose, l'air, l'attitude qu'il a donnés à ses figures, il les a trouvés dans son imagination sublime, et l'antiquité elle-même ne lui en avait point fourni de modèle. Homère de la peinture, ses Sybilles, ses Prophètes, son Moïse réveillent les mêmes sensations qu'on éprouve à la lecture du poete grec. C'est de lui que procède l'ampleur majestueuse de Raphaël comme la fière élégance du Parmesan. C'est lui qui répandit, à différents degrés, le grand style par toute l'Europe : à Bologne par Pellegrino Tibaldi, qui fut le plus digne héritier de son génie; à Venise par Titien et Tintoret, qui lui empruntèrent les motifs de leurs plus poétiques figures; en Flandre par François Floris, Michel Coxie et Jérôme Cock.... Mais que faire pour recouvrer ce grand style, cette langue morte qu'on pourrait appeler le langage des dieux? Il faut avoir continuellement sous les yeux les ouvrages de Michel-Ange, les plâtres de ses statues, les copies de ses dessins, les estampes même de ses peintures..... — Reynolds va jusqu'à recommander aux élèves de prendre toutes leurs figures, s'il est possible, de Michel-Ange, en les adaptant à la conception de leurs tableaux, comme l'a pratiqué le Tintoret, qui a transformé en Jupiter le *Samson* de Michel-Ange en mettant sous cette figure un aigle et dans sa main droite, au lieu d'une mâchoire, la foudre. — L'auteur se félicite, en finissant, sur le ton de l'enthousiasme, d'être placé non pas au rang des imitateurs, mais au nombre des admirateurs de Michel-Ange : « Ce n'est pas sans orgueil, dit-il, que je pense que tous mes discours portent l'empreinte de mon admiration pour cet homme vraiment divin, et je fais des vœux pour que les dernières paroles que je prononcerai dans cette enceinte soient, *Michel-Ange, Michel-Ange!* »

(Ch. Bl.)

des Pays-Bas. Il en revint émerveillé de Rembrandt, enchanté de Rubens, et les observations qu'il publia sur les maîtres dont il venait d'admirer les chefs-d'œuvre se ressentirent de la vivacité de ses impressions récentes beaucoup plus que de la rigueur de ses théories.

Parvenu à la fortune, Reynolds sut en user avec esprit et avec grâce. Ses manières douces, sa modestie naturelle, sa grande réputation attirèrent chez lui la meilleure compagnie de Londres. Souvent il invitait à sa table les personnes les plus distinguées des trois royaumes, et tandis qu'il pensait à jouir de leur conversation, il leur faisait, sans s'en douter, remarquer la sienne, toujours substantielle et colorée, pleine de sens et d'*humour*. Atteint de surdité sur la fin de sa vie, il écoutait ses amis au moyen d'un cornet acoustique, et par allusion à cette infirmité qui ne troublait point la sérénité de son âme, il s'est peint lui-même, une fois, tenant la main à son oreille en guise de cornet. En 1789, comme il achevait le portrait de milady Beauchamp, il sentit tout à coup sa vue s'affaiblir, et il perdit bientôt l'usage de l'œil gauche. Deux ans plus tard il fut attaqué d'une maladie grave dont il ne put indiquer la nature ni le siége : c'était un grossissement extraordinaire du foie; mais les médecins ne s'en doutèrent que peu de jours avant sa mort, qui arriva le 23 février 1792. Reynolds fut inhumé en grande pompe dans le caveau de l'église de Saint-Paul, près du tombeau de Christophe Wren, architecte de ce grand édifice. On donna à chaque personne du convoi une estampe, gravée par Bartolozzi, où l'on voit une femme qui embrasse une urne et le génie de la peinture qui montre cette inscription :

Succedet fama, vivusque per ora feretur.

CHARLES BLANC.

RECHERCHES ET INDICATIONS.

Nous avons dit que Reynolds était riche. Par son testament, il légua la plus grande partie de sa fortune à miss Palmer sa nièce, plus tard comtesse d'Inchiquin; 10.000 livres sterling dans les fonds publics à sa plus jeune sœur, Mme Gwatkin; un legs considérable à son ami, le célèbre orateur, Edmond Burke. En 1795, sa collection de tableaux d'anciens maîtres fut vendue à l'encan pour la somme de 10.319 livres sterling, et en avril 1795 on vendit plusieurs tableaux d'histoire et de genre de sa composition, ainsi que plusieurs portraits qui n'avaient pas été réclamés, pour 4.506 livres.

Quant à sa collection de dessins et d'estampes, qui était des plus riches, elle fut vendue quelques années plus tard. Nous n'avons pas pu nous en procurer le catalogue.

Voici une liste, dressée par le biographe anglais, des principaux tableaux de Reynolds, des prix qu'ils furent vendus et des noms des acquéreurs.

	guinées.	francs.
HALIFAX (comte d'), *Garrick entre la Tragédie et la Comédie*	350	9.100
ANGERSTEIN, esq. Même sujet	250	6.500
S. BOOTHBY. *Vénus grondant l'Amour de ce qu'il apprend l'arithmétique*	100	2.600
C. DE CHARLEMONT. *Cléopâtre faisant fondre la perle*	100	2.600
Doct. DORSET. *Ugolin*	400	10.400
Id. *Bohémienne disant la bonne aventure*	350	9.100
FITZ-MAURICE. *M. et Mme Garrick*	150	3.900
MOUNTJOY (vicomte). *Les grâces (la marquise Townshend, Mme Gardener, Mme Beresford décorant la statue de l'Hymen*	450	11.700
H. J. HOPPE, esq. *L'Espérance nourrissant l'Amour*	150	3.900
CARISFORD (comte de). *Le Serpent sous l'herbe*	200	5.200
POTEMKIN (prince). *Continence de Scipion*	500	13.000
RUTLAND (duc de). *Nativité*	1.200	37.200
BRYANT. *Mort de Didon*	200	5.200
LEEDS (duc de). *Moïse enfant sous les roseaux*	125	3.150
MACKLIN. *Sainte famille*	500	13.000
GWATKIN. Id.	700	18.200
MACKLIN. *La Vestale Tuccia*	200	5.200
Id. *Les Glaneuses*	500	13.000
S. WILLET, esq. *Saint Jean*	150	3.900
SHERIDAN, esq. *Sainte Cécile*	150	3.900
MARLBOROUGH (duc de). *La Famille du duc*	700	18.200
BOYDELL. *Le cardinal Beaufort*	500	13.000
Id. *Robin Goodfellow*	100	2.600
Id. *La Scène du chaudron* (Macbeth)	1.000	26.000
ANGERSTEIN, esq. *Vénus près d'un jeune garçon jouant de la flûte*	250	6.500
DESENFANS, esq. *Mistress Siddons*	700	18.200
FITZ-WILLIAM. *Hercule au berceau* (figure du tableau suivant)	150	3.900
CATHERINE II, impératrice de Russie. *Hercule étouffant les serpents*	1.500	39.000
CH. LONG, esq. *L'Amour et Psyché*	250	6.500

Le MUSÉE DU LOUVRE ne possède aucun ouvrage de Reynolds. On n'en trouve guère à notre connaissance que dans le MUSÉE DE L'ERMITAGE à Saint-Pétersbourg, qui possède l'*Hercule étouffant les serpents*. Mais la GALERIE NATIONALE de Londres renferme dix morceaux du maître : deux têtes, des études d'anges, les portraits de lord Heathfield, de lord Ligonier à cheval, de sir W. Hamilton, de Wyndham, *les Grâces*, *l'Enfant Samuel* et *la Sainte famille* de M. Macklin.

Impr. [illegible] et Comp. [illegible]

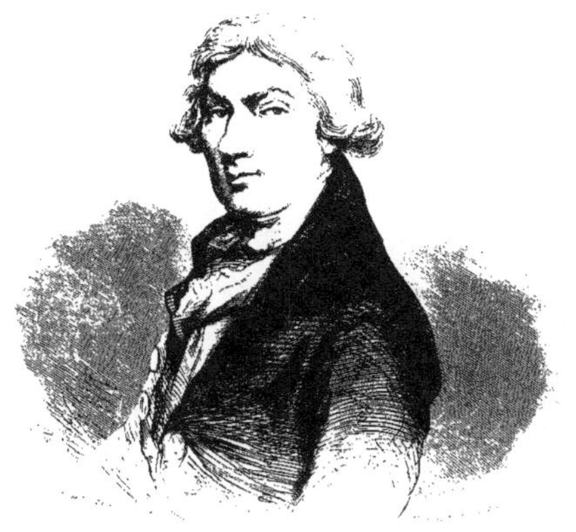

École Anglaise. *Paysages, Portraits.*

THOMAS GAINSBOROUGH

NÉ EN 1727 — MORT EN 1788

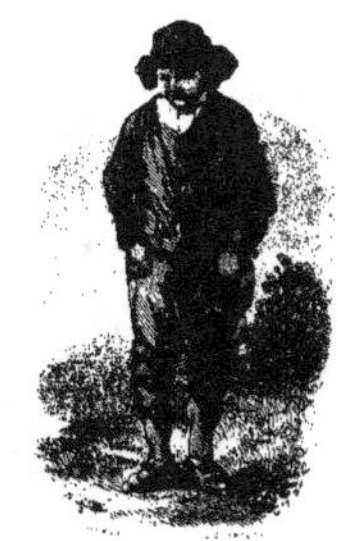

Richard Wilson ne doit pas conserver seul la gloire d'avoir créé le paysage anglais. Dans l'effort heureux qu'il a fait pour doter son pays d'un art nouveau, il eut un collaborateur, un émule, un rival. Pourquoi, puisqu'il y eut deux combattants à l'heure de la lutte, ne ferait-on pas deux parts dans la victoire et dans la renommée? C'est en effet l'honneur le plus réel de Gainsborough que d'avoir, à côté de Wilson, mais autrement que lui, travaillé à élargir le cercle étroit où l'école anglaise se tenait renfermée depuis tant d'années; c'est sa vraie gloire d'avoir appris à ce peuple oublieux de ses richesses, qu'il avait chez lui, sous ses yeux et presque devant sa fenêtre, une nature fraîche et verte, des perspectives baignées de vapeur et de lumière, en un mot les éléments réunis de cet art tour-à-tour grandiose ou charmant qui s'appelle le paysage.

Thomas Gainsborough n'est pas un enfant de la ville. Né en 1727, à Sudbury, dans le comté de Suffolk, il a grandi, il a étudié, il a aimé dans les bois qui entouraient la demeure paternelle. Les académies n'eurent rien à voir dans cette éducation aventureuse. Respirant de bonne heure l'air libre et fort qui souffle dans les solitudes, perdu dans les silencieuses clairières, assis près de l'étang où les oiseaux du ciel viennent boire. Gainsborough dépensa dans les environs de Sudbury les belles années que l'école nous prend d'ordinaire. Il regardait plus qu'il ne travaillait, révélant ainsi dès sa première jeunesse cette faculté, ce génie de l'observation que Reynolds devait lui reconnaître plus tard [1]. Plus d'une fois pourtant, il se servit du crayon, et il en usa librement, d'une main ferme, et qui, par un privilége heureux, se montra savante dès les premiers jours. A dix ans, — c'est Allan Cunningham qui l'assure [2], — il dessinait déjà de manière à étonner tout le voisinage : à douze, il était peintre. Le père de Gainsborough, aussi artiste que peut l'être un marchand drapier, s'inquiéta d'abord de cette enfance vagabonde, de cette éducation en plein air; cependant, lorsqu'il eut vu certain croquis que son fils lui avait caché jusque-là, il comprit que cet enfant indiscipliné avait mieux à faire que d'auner du drap dans une boutique de village, et, convaincu que de bonnes leçons féconderaient des dispositions aussi heureuses, il n'hésita pas à lui permettre de partir pour Londres.

Lorsqu'il quitta Sudbury, Gainsborough n'avait guère que quatorze ans. Malgré sa jeunesse, il eut toutes les peines du monde à plier sa sauvage nature aux habitudes de la ville : il en fut de même pour l'art, et tout en acceptant les enseignements qu'on lui donnait, il resta toujours fidèle à ses impressions premières. Quelques biographes assurent qu'il eut pour maître un certain Hayman dont la gloire discrète n'a point traversé le détroit, bien que, nourri dans la familiarité de Hogarth, il soit venu en France avec lui et qu'il ait été plus tard nommé bibliothécaire de l'Académie de peinture. D'autres, mieux informés peut-être, veulent que Gainsborough ait travaillé sous Gravelot. Ce nom n'a rien qui doive surprendre. Le fin graveur de vignettes, le spirituel dessinateur auquel les livres du dix-huitième siècle ont dû de si charmantes illustrations, était venu s'établir à Londres, vers 1732 et il y demeura jusqu'en 1745. Les libraires anglais mirent son crayon à contribution pour leur belles éditions de Pope et de Shakespeare. Gravelot fit mieux encore : associé aux travaux des artistes de Londres, il leur apprit ce qu'il savait, il leur révéla, sur les procédés matériels de la peinture, les secrets qu'il avait puisés dans l'atelier de Restout [3]. Nul doute que Gainsborough n'ait tiré quelque profit des leçons de ce professeur, d'autant plus écouté qu'il était moins académique et moins pédant. Nul doute aussi, — son œuvre le prouve surabondamment — qu'il ne se soit sincèrement préoccupé des maîtres hollandais et flamands, copiant volontiers ceux qui, comme Rubens et Van Dyck, ont le plus cherché la couleur lumineuse, la largeur du faire et le libre maniement du pinceau [4].

Quatre années se passèrent ainsi. Gainsborough, se sentant assez fort pour travailler seul et désireux peut-être de contrôler la valeur des recettes qu'il avait apprises dans les ateliers de Londres, retourna à Sudbury. C'était alors un élégant jeune homme de dix-neuf ans, d'une physionomie charmante et fine. Il reprit ses études d'après nature, et l'évènement prouva qu'il avait doublement raison de revenir à sa première institutrice. Un jour qu'il s'était égaré dans les bois et qu'il dessinait avec une attention passionnée un groupe d'arbres pittoresques au pied desquels paissaient quelques animaux, une femme, visiteuse inattendue, sortit tout-à-coup d'un massif et se trouva placée, comme par enchantement, aux premiers plans du paysage que dessinait le jeune peintre. Gainsborough était trop exact à reproduire la réalité pour omettre, dans son étude, cette figure qui semblait tombée du ciel pour animer son paysage. Allan Cunningham, qui ne déteste pas les *concetti*, dit que l'image radieuse resta à la fois gravée sur le papier de Gainsborough et dans son cœur. Pouvait-il en être autrement? Marguerite Burr, la jeune fée des bois de Sudbury, avait seize ans, des yeux sincères et doux, la parole intelligente, le cœur fidèle. De plus — je n'invente pas, je traduis — elle était riche. Gainsborough retourna le lendemain dessiner au même endroit; Marguerite y revint aussi, et sous le charme de ces beaux paysages pleins d'enivrements irrésistibles, Thomas et

[1] Dans le discours prononcé à l'Académie de peinture de Londres le 10 décembre 1788. Voyez *Discourses delivered at the Royal Academy* (1825), tome II, page 117.

[2] *The Lives of the most eminent British painters* (New-York, 1844), tome Ier, page 282.

[3] Voyez l'éloge de Gravelot dans le *Nécrologe* de 1774, page 131.

[4] *He very judiciously applied himself to the Flemish school... from that he learned the harmony of colouring, the management and disposition of light and shadow...* Reynolds, tome II, page 126.

Marguerite s'aimèrent. Cette liaison commencée comme un roman se termina comme une honnête comédie, — par un mariage (1746).

La cérémonie à peine achevée, Gainsborough et sa jeune femme allèrent se fixer à Ipswich. C'est là que l'artiste, encore ignoré, entra en relation avec celui qui devait le faire connaître. Philippe Thickness, qui était alors gouverneur de Landguard-Fort, et qui jouissait de quelque renom comme

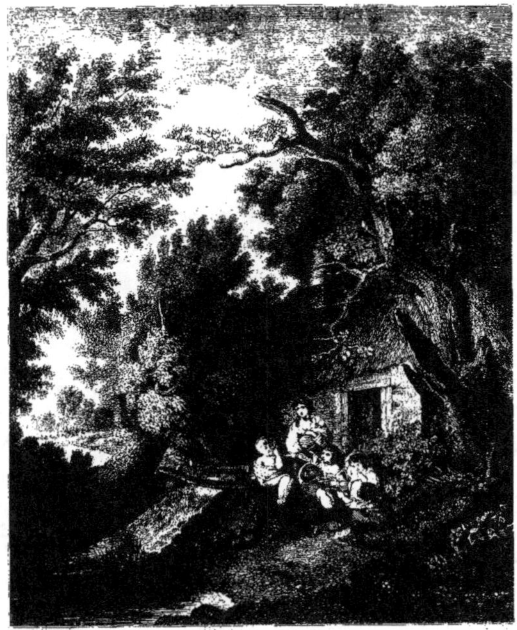

LA PORTE DE LA CHAUMIÈRE.

écrivain. Gainsborough trouva en lui un protecteur, mais s'il faut en croire Cunningham, qui entre à ce sujet dans de longs détails, Thickness fut le plus vain, le plus tyrannique des mécènes. Dès qu'il eut rendu au peintre quelques services, cet orgueilleux personnage s'imagina que la réputation de Gainsborough était son œuvre, sa propriété pour ainsi dire, et il essaya de le tenir sous une sorte de vasselage. Gainsborough qui, malgré tout son esprit, avait la naïveté d'un enfant, ne sut pas se défendre contre ces bienveillances hautaines et accepta d'abord cette situation fausse. Cependant, comme Thickness voulut bientôt surveiller jusqu'à ses études, l'artiste eut la force, non pas de rompre brusquement le lien qui l'attachait à son vaniteux protecteur, mais du moins de le dénouer peu à peu. Tout fier de sa liberté reconquise, il alla en 1758, s'établir avec sa femme, à Bath, dans le duché de Sommerset, laissant à Thickness la consolation de dire qu'il avait obligé un ingrat.

C'est à peu près à cette époque que la réputation de Gainsborough, longtemps circonscrite dans un cercle étroit, commença à prendre quelque accroissement. Il n'était pas seulement paysagiste : il s'était laissé séduire par le genre difficile que l'école anglaise avait de tout temps cultivé, par le portrait. Fort de ses études antérieures, et servi par une habileté instinctive, il s'habitua à saisir rapidement le caractère de chaque individualité, et il se fit dans l'art de la représentation du visage humain, une manière prompte, peut-être un peu lâchée et qui satisfit cependant les amateurs délicats, sans déplaire aux juges vulgaires. Il avait déjà peint avec succès l'amiral Vernon et quelques personnages d'un rang élevé : bientôt les financiers, les magistrats, les célébrités de l'armée ou de la politique vinrent frapper à la porte de l'atelier de Gainsborough. Grâce à ces visiteurs, de jour en jour plus nombreux, — car Bath était une ville à la mode où il était de bon ton de venir prendre les eaux — le bien-être entra dans la maison de l'artiste, qui, en devenant plus riche, devint plus libre, put se livrer à des études nouvelles et ajouta à son talent quelques-unes des qualités qui lui manquaient.

Dans des conditions pareilles, tout autre que Gainsborough eût fait rapidement sa fortune. Une passion, bien inoffensive en apparence, la musique, le perdit ; car, entraîné par les séductions de l'art qu'il aimait, il ne consacra plus à la peinture qu'une partie de ses forces et de son temps. Il n'était pas, du reste, sans habileté. Il jouait également bien, assure-t-on, du violon et de la flûte, ou du moins il le croyait. Dans l'excès de sa passion nouvelle, il disait avec un naïf enthousiasme qu'un bon musicien était le premier des hommes et qu'un instrument bien juste était la plus noble création de l'industrie humaine. Aussi tous les virtuoses qui visitèrent l'Angleterre au dix-huitième siècle devinrent-ils les amis de Gainsborough. Il fit successivement accueil à Fischer et à son hautbois, à Giardini et à son violon. Il causait musique en dînant ; à son chevalet, il en parlait encore avec les modèles qui posaient devant lui. Au moindre moment de répit, il quittait sa palette et courait à ses instruments, car il en avait de toutes sortes, et les murailles de son atelier en étaient si bien garnies, qu'en entrant chez lui on se croyait dans la boutique d'un luthier. Qui sait si des amateurs de peinture ne surent pas tirer parti de cette manie? Smith raconte que, pour avoir le plaisir d'entendre une fois le colonel Hamilton qui jouait du violon avec une perfection achevée, Gainsborough promit à l'habile instrumentiste de lui faire cadeau d'une de ses plus précieuses compositions. Le colonel, qui avait précisément envie de ce tableau, ne se fit pas trop prier ; il exécuta un air mélancolique, et le peintre, touché jusqu'aux larmes, lui laissa emporter la peinture promise. Un paysage pour une mélodie!.. C'est peut-être se montrer prodigue. Mais Gainsborough était une nature impressionnable : il comprenait, il aimait tous les arts.

Malgré la musique et ses enivrements, la peinture n'était pas tout à fait négligée. Le séjour de Gainsborough à Bath est peut-être même la période la plus féconde de sa vie. Quelles sont les œuvres qu'il produisit alors, on ne pourrait le dire d'une manière précise. En 1761, il exposa pour la première fois à Londres; en 1763, il peignit le portrait de sir Welbore Ellis (Lord Mendip)[1], et je trouve dans une lettre de Sterne, qui est vraisemblablement de 1765, une preuve de la haute estime que les bons juges d'alors avaient pour Gainsborough. Tourmenté par un de ses amis qui lui demandait son portrait, l'auteur de *Tristram Shandy*, qui s'était déjà fait peindre par Reynolds, ne voulut pas s'adresser une seconde fois au président de l'Académie, et c'est Gainsborough qu'il proposa de charger de ce travail[2]. Enfin l'artiste-musicien peignit le juge Blackstone, le comédien Quin, le colonel Saint-Léger, et vingt autres personnages, différents par le caractère, par l'âge, comme par leur situation dans le monde. Peintre de portraits, Gainsborough est

[1] Dallaway, *Anecdotes of the arts in England* (1800), page 578.

[2] *Lettres de Sterne à ses amis* (La Haye, 1789), page 136.

d'ailleurs assez difficile à classer, car son pinceau inquiet n'est pas toujours semblable à lui-même. Parfois, comme dans la charmante effigie de cet élégant en habit rouge qui a longtemps fait partie de la galerie Standish, il se montre attentif à la forme et recherche les détails les plus précis; plus souvent, il se contente d'indiquer largement les masses, il néglige les délicatesses de la touche, et peint même avec une mollesse extrême. M. Louis Lacaze possède une *Tête de vieillard* qui peut passer pour un excellent spécimen de cette manière affaiblie et sans accent. On connaît mal le maître dont nous racontons la vie quand on n'a pas vu cette étrange et curieuse peinture.

En 1774, Gainsborough vint demeurer à Londres, et parvint non sans peine à se loger dans Pall-Mall,

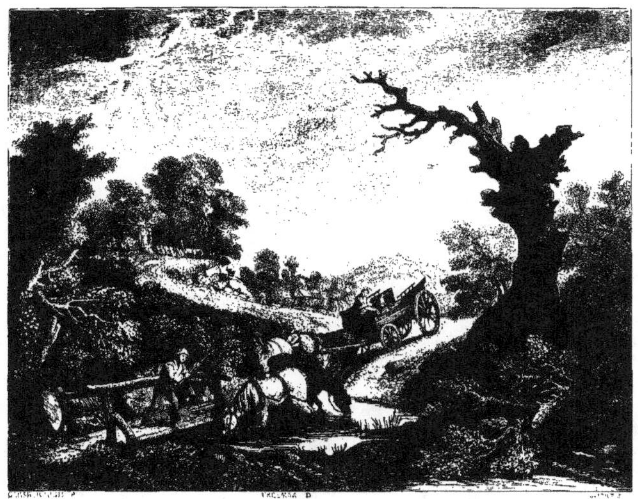

LE RUISSEAU.

avec sa femme, ses tableaux, ses violons et ses flûtes. L'artiste était alors dans toute la force de son talent; aussi son atelier se remplit bientôt de visiteurs illustres. Le grand portraitiste à la mode, c'était Reynolds; mais, malgré l'agilité de son pinceau, il ne pouvait satisfaire à toutes les demandes; si bien qu'il y avait encore, dans la faveur publique, une place pour un second peintre: Gainsborough essaya de la prendre. Cunningham prétend que, grâce à l'éclat de son coloris, à cet air de vie qu'il donnait à ses moindres peintures, il devint pour Reynolds un dangereux rival. L'éloge est exagéré; car Gainsborough n'a jamais su, comme l'illustre président de l'Académie, peindre ces chairs lumineuses et vivantes qui font de Reynolds un disciple attardé de Van Dyck.

Un détail peu connu prouve d'ailleurs combien Gainsborough, artiste sincère, était difficile à se contenter lui-même. La duchesse de Devonshire lui demanda un jour son portrait : elle était alors dans la fleur de sa beauté et de sa jeunesse, et nul n'ignore que c'était l'une des plus séduisantes femmes de la cour de Georges III. Ses yeux brillaient de cette langueur humide qui fait aimer, ses carnations avaient cet éclat éblouissant que possède seule la race aristocratique de l'Angleterre. Devant cette radieuse apparition, Gainsborough sentit trembler sa main ; sa touche fut moins hardie, moins délicate, moins savante. Douloureuse impuissance de l'art ! le portrait qu'il était sur le point d'achever lui parut si peu digne du charmant modèle, qu'il refusa de l'envoyer à la duchesse. Désespéré, il passa brutalement sur la toile humide son pinceau chargé de couleur ; il effaça ces yeux dont il n'avait pu rendre la douce fierté, cette bouche amoureuse que son talent n'avait pas su faire sourire, et s'avouant vaincu, il détruisit à jamais son œuvre. Si cette histoire est vraie, si elle n'a pas été inventée par quelque poète aux gages de la duchesse, on doit croire que Gainsborough était tourmenté par un idéal qu'il ne lui a pas été toujours possible d'atteindre. Son pinceau rugueux et trop empâté était loin de convenir pour rendre le teint uni, la peau satinée des ladies anglaises. Et puis, combien de fois lui est-il arrivé de laisser inachevé un portrait commencé avec délice, et cela sans raison apparente, par un dégoût subit de l'œuvre entreprise, par une idée fantasque de son esprit bizarre et malade !

Gainsborough avait en effet dans le caractère une inégalité d'humeur, des fantaisies étranges, des caprices imprévus, qui diminuaient de beaucoup sa valeur aux yeux des gens du monde. Comme tous ceux dont l'enfance a été solitaire, il avait grand'peine à se faire aux petits usages de la vie sociale. Ses singularités, ses distractions dépassaient quelquefois les bornes de l'excentricité permise. Il dînait un jour avec de joyeux convives, sir Georges Beaumont et Brinsley Shéridan. Le repas était des plus gais, et les trois amis, enchantés les uns des autres, prenaient jour pour recommencer de plus belle, quand, au milieu des éclats de rire, Gainsborough devient tout-à-coup rêveur, et s'arrête immobile devant son verre encore plein. Absorbé dans une mélancolie profonde, il n'entend pas ses camarades qui se regardent étonnés et s'attristent de voir leur repas troublé au dessert par ce convive de mauvaise humeur. Gainsborough semble à la fin sortir de son rêve, il entraîne Shéridan hors du salon, et là, de la voix la plus lugubre du monde : « Je dois mourir bientôt, lui dit-il, je le sais, je le sens ; un détail m'inquiète : j'ai beaucoup de connaissances, très peu d'amis. Je veux qu'un honnête homme, au moins, suive mon convoi. Répondez-moi franchement, Shéridan, puis-je attendre de vous ce service ? Viendrez-vous, oui ou non ? » Le poète eut peut-être envie de sourire, mais il fit à son ami la promesse qu'il réclamait de lui. Ils rentrèrent alors auprès de sir George Beaumont, et la soirée s'acheva au milieu des saillies et des traits d'esprit dont le mélancolique artiste fut le premier à s'égayer.

Gainsborough, on le voit, avait toutes les singularités du caractère anglais. Malgré sa bonne mine et l'élégance naturelle de ses manières, il ne put jamais devenir homme du monde. Au milieu des salons et des clubs littéraires de Londres — car il fut l'ami de presque tous les poètes de son temps, — Gainsborough ne fut jamais que le fils du drapier de Sudbury, le rude amant des solitudes, une intelligence dépaysée, regrettant dans son exil de Pall-Mall les prairies du Suffolkshire. C'est que les bois profonds, les rivages mouillés, les hautes herbes où paissent les vaches étaient son élément véritable. Paysagiste, Gainsborough ne se rattache pas à l'école académique. Bien que contemporain de Wilson, il suit une autre voie que la sienne, et c'est en ce sens qu'il a son originalité et sa puissance. Wilson, abordant de bonne heure au rivage italien, s'était épris des perspectives solennelles ; il essayait de peindre — après Claude et bien loin de lui — les horizons lumineux des campagnes romaines, les splendeurs du soleil couchant. Dans ses paysages aux lignes agrandies, il aimait à placer des personnages mythologiques : Niobé et ses fils expirant sous les flèches de Phœbus, Céyx et Alcione ou les nymphes de Diane. Gainsborough n'est pas si savant. Il avait bien entendu parler par ses collègues de l'Académie, des divinités du monde antique ; mais comme il ne les avait jamais rencontrées dans les bois du comté de Suffolk, il s'abstenait de les introduire dans ses paysages familiers. Avait-il tort ? Les héros dont il peuple ses perspectives, ce sont les enfants déguenillés du bûcheron, le mendiant qui s'arrête à la porte d'une chaumière, la petite fille du pâtre qui ramène à l'étable les vaches aux clochettes sonores. Tel est le monde que Gainsborough a connu, qu'il a aimé et dont, chose bien nouvelle alors pour l'école anglaise, il s'est fait le pittoresque interprète, le spirituel révélateur.

Quant à sa manière de peindre, elle est moins facile à caractériser. Les biographes de Gainsborough, ses contemporains surtout, vantent avec une certaine emphase la vérité parfaite de son style : « La nature, dit son protecteur Thickness, posa devant lui dans les plus attrayantes attitudes de sa beauté infinie. Son pinceau rendit avec une facilité sans égale ses détails les plus fins et les plus délicats. Soit qu'il essayât de peindre le

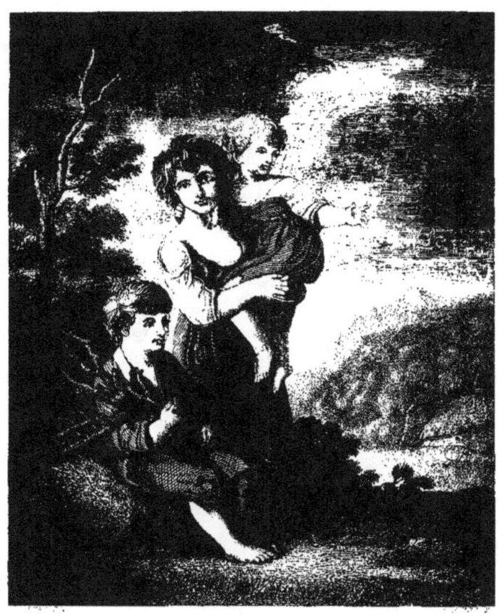

LES ENFANTS

chêne robuste, l'églantier aux branches tordues, le faucheur aiguisant sa faulx, le joyeux garçon de charrue ou le berger couché sous l'aubépine en fleur, tout était rendu avec la même fidélité par son pinceau à la fois plein d'adresse et de fantaisie[1] »

Fantaisie!.. C'est là le mot que les admirateurs de Gainsborough n'auraient pas dû écrire s'ils avaient

[1] Walpole s'accorde aussi à louer la vérité et la *franchise* des paysages de Gainsborough. — Reynolds, tout en reprochant à son collègue son manque de précision et de fini, ne fait pas un moindre éloge de sa manière : « Si Gainsborough, écrit-il, ne regardait pas la nature avec l'œil d'un poëte, il la regardait avec celui d'un peintre. Il a donné une représentation fidèle, sinon poétique, de ce qu'il avait devant lui. » (*Discourses delivered at the Royal Academy*, tome II, page 125.)

sérieusement voulu faire croire à l'exactitude absolue de sa manière. C'est qu'en effet, le peintre de Sudbury n'est pas un pur réaliste; il n'est point dans la vérité éternelle, car il voit le paysage en homme de son temps et comme le pouvait comprendre, sous Georges III, un élève de Hayman et de Gravelot. Il n'est pas vrai de dire non plus que Gainsborough soit sans précédents et qu'il se soit créé lui-même. Il a des origines certaines, et c'est dans l'art flamand qu'il faut les aller chercher. J'ai vu, je vois encore un des plus remarquables paysages de Gainsborough, une étude improvisée sans doute dans un de ces jours de spleen où il invitait Shéridan à ses funérailles. C'est une campagne triste et désolée, un enchevêtrement de broussailles que l'automne a assombries, des terrains déchirés et qui, tout chargés de bruns rouges et de bitumes, rappellent, par leur aspect un peu monochrôme, les premiers plans de Huysmans de Malines. La tradition flamande est ici tout à fait visible. Il faut se rappeler d'ailleurs que, dans ses portraits même, dans quelques-unes de ses têtes aux teintes chaudes et dorées, Gainsborough a pensé au maître des maîtres, à Rembrandt.

La vie de Gainsborough fut une vie de travail et de constante étude. Levé de bonne heure, il travaillait debout à son chevalet pendant toute la matinée; la musique, la promenade, mais une promenade féconde, prenaient le reste de ses heures. Le soir, assis auprès de sa femme, il dessinait, aux clartés de la lampe, des croquis d'imagination qui pour la plupart servaient de motifs pour de nouveaux tableaux. Il parvint ainsi jusqu'à l'âge de soixante et un ans, lorsque, contrairement à l'avis des médecins qui lui promettaient une longue vieillesse, il se vit atteint d'une maladie mortelle. Calme et résigné, regrettant moins la vie que la peinture, il dut se préparer à quitter l'une et l'autre. Au printemps de 1788, le mal fit des progrès rapides. Quand vint l'été, Gainsborough se sentit tout à coup plus faible, et alors il voulut revoir Reynolds, car longtemps séparés par de mesquines rivalités de métier, ils avaient mutuellement quelque chose à se pardonner. Reynolds accourut; la réconciliation fut touchante et sincère, et le 2 août, le vieux président de l'Académie vit s'éteindre dans ses bras celui qui avait vécu son rival et qui mourait son ami. « Nous allons tous au ciel, dit Gainsborough en expirant, et Van Dyck est de la partie!..... » Ces paroles n'éclairent-elles pas toute une existence d'artiste, ou mieux encore, en disant quel fut le rêve de l'un de ses peintres les plus distingués, ne trahissent-elles pas l'éternelle aspiration de l'école anglaise elle-même?

PAUL MANTZ.

RECHERCHES ET INDICATIONS.

Gainsborough ne peut être sérieusement étudié qu'en Angleterre, car ses œuvres les mieux réussies sont aujourd'hui dans les musées de Londres ou dans les collections des riches amateurs anglais. Nous indiquerons les principales productions de ce maître, qui fut à la fois un paysagiste épris de couleur et un savant peintre de portraits :

LONDRES (GALERIE NATIONALE). — *La Charrette, Animaux et figures.*

GALERIE VERNON. — *Soleil couchant, les Petits campagnards* (étude), *la Fontaine.*

HAMPTON-COURT. — *Le Colonel Saint-Leger, Fischer, l'Évêque de Worcester, un Rabbin* (d'après Rembrandt).

GALERIE BRIDGEWATER. — *Des Vaches dans une prairie.*

GALERIE GROSVENOR. — Un *Portrait de femme.*

CABINET DU MARQUIS DE LANDSDOWNE. — *Le Docteur Franklin, Paysage avec animaux et figures.*

Sir Th. Baring possède un paysage de Gainsborough et sir Ch. Meigh trois tableaux dont le sujet ne nous est pas connu.

Les œuvres de ce maître sont très-rares en France. Nous ne pourrions guère citer que le *Portrait d'homme* du cabinet de M. Lacaze, à Paris, et le *Paysage* de la collection de M. Grossard, à Bordeaux, dont il est fait mention dans la biographie de l'artiste.

Les tableaux de Gainsborough ne se rencontrent pas souvent dans les ventes publiques. Nos recherches ne nous fournissent sur ce point que les indications suivantes :

VENTE STEVENS (PARIS, 1847). — *Portrait d'homme*, 154 fr.

VENTE WELLS (LONDRES, 1852). — *Paysage*, 5,320 fr.

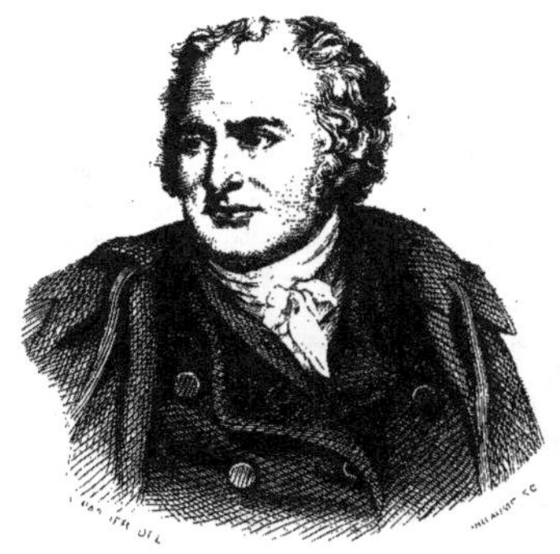

École Anglaise. *Portraits, Histoire, Poésie.*

GEORGE ROMNEY

NÉ EN 1734. - MORT EN 1802.

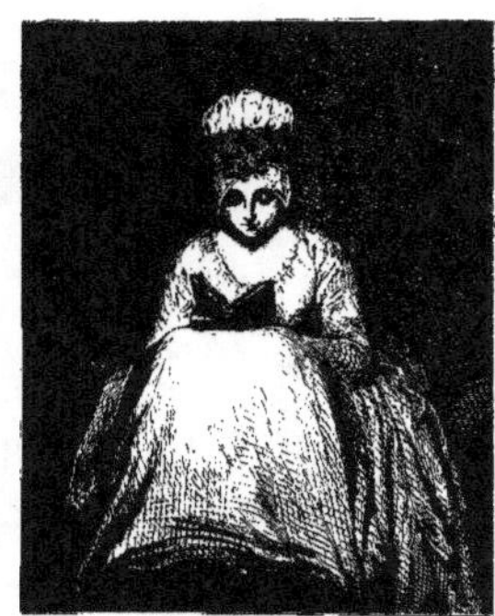

George Romney, si peu connu sur le continent, est un des meilleurs peintres de l'école anglaise [1]. On ne peut guère mettre au-dessus de lui que Reynolds et Gainsborough ; encore fut-il considéré par beaucoup de ses contemporains comme l'égal de l'un et le supérieur de l'autre. Souvent, en effet, sa peinture a les qualités pratiques de ces deux grands maîtres, et quelquefois elle a même, de plus, une pénétration intime des physionomies et du caractère des passions.

Reynolds et Gainsborough, et presque tous les portraitistes leurs compatriotes, exagérant en cela le style de van Dyck, si bien approprié à l'Angleterre, ont, d'habitude, compris le portrait comme un objet décoratif pour les somptueux lambris des châteaux. Aussi, se sont-ils appliqués à l'élégance des tournures, à la splendeur de l'effet, plus qu'à la signification profonde des têtes. Les nobles et gracieuses figures de leurs portraits représentent un personnage de l'aristocratie anglaise en général, plutôt qu'une personnalité déterminée, sauf dans quelques œuvres

[1] Dans les Biographies d'Allan Cunningham, George Romney occupe cent pages, comme Reynolds à peu près. Gainsborough n'a que vingt-huit pages et Bonington que quinze. Romney est un des peintres anglais à qui ses compatriotes, ses amis, ont consacré le plus de notices, et les plus détaillées. Cumberland et Hayley, deux poëtes de ses intimes, et son fils, le révérend John Romney, ont laissé de lui des biographies étendues, ou plutôt des panégyriques, dont Allan Cunningham a d'ailleurs résumé tous les faits, mais avec des appréciations très-différentes.

rares, par exemple la Nelly O'Brien pour Reynolds, la Mrs Siddons pour Gainsborough. Romney, tout en cherchant comme eux la magnificence ou la grâce, a cherché en outre et trouvé parfois l'expression personnelle et caractéristique de ses modèles féminins. Car c'est, à ce que lui reproche la pruderie un peu exagérée de plusieurs de ses biographes, à l'amour des femmes, singulièrement combiné avec l'amour de l'art, qu'il dut une partie de son talent, le sentiment de la beauté expressive. Dis-moi ce que tu aimes, je te dirai comment tu peins. Romney est presque le seul des artistes anglais dans la vie duquel les femmes s'entremêlent et ont une grande *influence*. Lawrence aussi, il est vrai, a beaucoup fréquenté les belles ladies, et ses histoires avec *misses* Siddons, avec la princesse de Galles, avec Mrs Wolfe, firent du bruit. Mais Lawrence apportait à ses galantes relations plus de coquetterie et de vanité que de sincère enthousiasme. Romney y alla de plein cœur, et les femmes lui ont appris des secrets que l'aimable Lawrence n'a jamais devinés. Même, à ne considérer que le métier de peintre, Romney est plus solide, plus substantiel que Lawrence ; il a, dans les chairs, une pâte drue et ferme, assez analogue à celle du Corrége ou à celle des Vénitiens, et par là il adhère à Reynolds, dont la touche est ample et magistrale dans les lumières. La place hiérarchique de Romney dans l'école anglaise est précisément la même que sa place chronologique : entre Reynolds, qui avait onze ans de plus que lui, et Lawrence, qui naquit trente-cinq ans après lui.

Les ancêtres de George Romney, bons fermiers du Westmoreland, avaient été jetés, par les troubles de la République, dans le comté de Lancaster, et son père, John, marié à Ann Simpson, de Sladebank, dans le Cumberland, était à la fois charpentier, menuisier, ébéniste, à Beckside, près de Dalton. C'est là que, le 15 décembre 1734, naquit George, le dernier de quatre fils. Dès l'âge de onze ans, on le retira de l'école pour l'employer à la profession paternelle. Puisqu'il s'agissait de faire des meubles de fantaisie, son instinct le poussa tout de suite à sculpter en bois des figurines et des ornements. Il était mécanicien et constructeur par nature ; *manu promptus*. Il était musicien aussi, et il se mit à se fabriquer des violons pour son propre usage. La musique le rapprocha d'un autre virtuose, horloger de son état, mais amateur de tous les arts, et particulièrement affolé de l'alchimie. Cet original, nommé Williamson, fut la première sympathie de Romney. Tous deux jouaient ensemble du violon, travaillaient le bois, dessinaient, et aussi s'enfonçaient dans les mystères du *grand œuvre*, la transmutation des métaux.

Ce qui suit a l'air d'une légende allemande, bien que ce soit une histoire véritable, qui ferait un roman, un drame, un tableau. Williamson et son jeune acolyte avaient poursuivi une expérience décisive : depuis neuf mois le feu brûlait sous leurs creusets, dont le contenu commençait à prendre une teinte jaunâtre ; le moment approchait où ils allaient retirer de l'or en barre ! Un jour de malheur, la femme de Williamson, en joyeuse compagnie, vint lui persuader de se divertir un peu et l'entraina hors du laboratoire. Pendant qu'il s'oubliait, le verre en main, son fourneau s'éteignit. « Jamais, dit plaisamment le poëte Hayley, condescendance conjugale ne fut plus funeste, depuis l'affaire de nos premiers parents. » Williamson désespéré prit sa femme en haine, l'abandonna pour toujours et disparut du pays.

C'est alors sans doute que Romney se consacra plus assidûment au dessin, n'ayant pour guide que le *Traité de la Peinture* de Léonard de Vinci, illustré d'estampes, et les gravures sur bois de l'*Universal Magazine*. Mais il avait aussi la nature, et il couvrait les murs de la boutique paternelle de croquis d'après ses compagnons de travail. Vers ce temps-là, une sorte d'aventurier, qu'on appelait le *comte* Steele, à cause de sa passion pour la toilette et les voitures, était venu résider à Kendal, non loin de Dalton. Il avait étudié la peinture à Liverpool, chez le peintre de marines Wright, puis à Paris, dans l'atelier d'un des van Loo, et il faisait assez adroitement des portraits à quatre £. la pièce. Romney entra chez lui, en s'engageant à y travailler quatre années et à payer pour cet apprentissage une somme de vingt £. — Il avait dix-neuf ans.

Le comte Steele ayant séduit une héritière l'enleva et la conduisit au mariage de Gretna Green. Pendant cet *elopement*, suivi d'une longue absence, Romney, laissé seul à la maison de son maître, devint amoureux d'une jeune fille, Mary Abbot, de Kirkland, qui l'avait soigné dans une maladie, et il l'épousa le 14 octobre 1756. Son engagement de quatre années avec Steele n'était pas encore expiré, mais il fut annulé un peu plus tard, et Romney commença de peindre pour son propre compte. Sa première œuvre à l'huile fut une *main tenant une lettre*, pour enseigne au bureau de poste de Kendal! Bientôt quelques portraits le firent connaître, même en dehors de sa province. Lui, se sentant un vrai peintre, rêvait d'aller tenter la fortune à Londres. Mais il fallait de l'argent. Au bout de quelques années, à force de brosser des têtes à deux guinées et de petits portraits en pied à six guinées, il avait économisé une somme de cent £. Il en laissa soixante-dix à sa femme, dont il avait déjà deux enfants, et avec trente £ seulement il partit pour Londres, au mois de mars 1762. — Il n'avait guère vu jusque-là d'autres tableaux de maîtres que deux portraits par Rigaud et un portrait par Lely.

A Londres, il prit un petit atelier et y exposa une ***Mort de David Rizzio*** et quelques compositions d'après

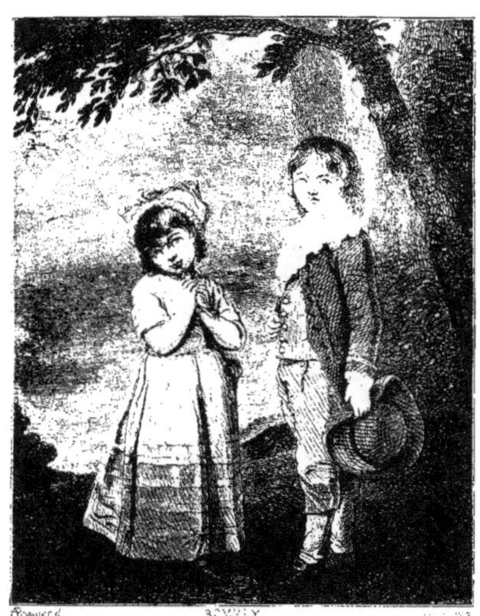

LORD DERBY ET SA SŒUR

le Roi Lear de Shakspeare. Londres ne s'en aperçut point. Mais, l'année suivante, une ***Mort du général Wolfe*** allait obtenir de la Société des Arts un prix de cinquante guinées, quand la jalousie de plusieurs peintres contre ce nouveau venu qui s'écartait du « style classique » fit attribuer le prix à Mortimer. Il paraît que Reynolds ne fut pas étranger à ce revirement. Il n'estimait pas beaucoup son jeune rival, et, depuis ces commencements jusqu'à la fin, Romney et Reynolds furent toujours ennemis. Cependant la *Mort de Wolfe* avait eu un véritable succès, et Romney éleva à cinq guinées le prix de ses portraits. Mais, comme on lui demandait toujours : — Avez-vous été en France, M. Romney? Avez-vous étudié à Rome? il pensa qu'un voyage sur le continent était nécessaire à sa réputation, et il s'en alla visiter Paris. L'école de Louis XV lui fit l'effet d'un art en décadence, et, au lieu d'étudier les œuvres des artistes français, il étudia les Rubens du Luxembourg et les italiens de la galerie d'Orléans, où Joseph Vernet l'avait introduit.

A son retour, de nouveaux succès dans le portrait et dans la peinture historique le décidèrent à s'établir dans un quartier fashionable, tout près de chez Reynolds, Great-Newport street, où il se mit à vivre luxueusement. Londres s'occupait de lui. Il y comptait des amis enthousiastes, qui prônaient déjà, en prose et en vers, « le prodige destiné à égaler les grands maitres d'Italie. » Un de ses fanatiques, le poëte Cumberland, lui amena la charmante actrice, Mrs Yates, dont le portrait en Muse tragique fut très-admiré. Garrick, au contraire, le familier de Reynolds, Garrick, qui s'était souvent amusé à tourmenter Hogarth et Gainsborough, se montra toujours très-malveillant pour Romney. Ainsi ballotté entre des adversaires puissants et de chaleureux approbateurs, Romney travaillait avec une verve croissante et produisait, outre quantité de portraits, de grandes peintures historiques, mythologiques, poétiques, qu'il envoyait à l'exhibition de la Société des Artistes Incorporés, où il continua toujours d'exposer, même après la fondation de l'Académie royale (1768), qui avait des exhibitions annuelles. Il est remarquable qu'il n'a jamais été de l'Académie. L'omnipotence de Reynolds l'en écartait. De son côté, Romney était trop fier pour essayer quelque rapprochement, et sans doute il avait même un certain plaisir à ce qu'on dit qu'un artiste de son mérite n'était pas académicien.

Dix ans s'étaient écoulés depuis son arrivée à Londres, où sa position était assurée désormais. On trouvait pourtant qu'il lui manquait un peu la pureté et le style des maitres italiens, et ses amis l'encourageaient à aller conquérir la perfection dans le pays de Raphaël et de Michel-Ange. Lui-même sentait intérieurement qu'il pouvait faire mieux que ses œuvres les plus admirées, et que l'étude des Italiens compléterait son talent. Il partit donc pour Rome, en mars 1773, avec une lettre d'introduction du duc de Richmond auprès du pape, et en compagnie du miniaturiste Humphrey. Ils traversèrent la France, s'arrêtèrent un moment à Gênes et arrivèrent à Rome au mois de juin. De ce voyage, qui avait duré trois mois, Romney a écrit quelques souvenirs charmants, principalement sur la beauté des femmes d'Avignon et des femmes de Gênes. Car son instinct fut toujours d'étudier la nature vivante et d'y chercher l'art directement, plutôt que de suivre les interprétations qu'en ont données les maitres. C'est un peu là son originalité dans l'école anglaise, où les peintres les plus habiles ne connaissent guère la forme humaine. Il a toujours été très-difficile en Angleterre d'avoir des *modèles*, surtout des modèles de femme. En Italie, Romney profita de la facilité des mœurs et il fit beaucoup d'études d'après les belles Italiennes, d'après une Romaine surtout, à laquelle il consacrait le temps qu'il n'employait pas à copier les œuvres de Raphaël ou de Michel-Ange. C'est elle qui posa pour une nymphe sylvestre, couchée toute nue au bord d'un ruisseau, dans lequel elle se mire ; grande peinture d'une exécution très-magistrale. Romney resta ainsi près d'un an à Rome, partagé entre les beautés de l'art et les beautés animées. Puis il passa à Venise, à Parme aussi, je suppose, travailla encore une année à s'assimiler les qualités des artistes du XVIe siècle, et revint à Londres en 1775.

Les poëtes célébrèrent son retour et les amateurs accoururent pour apprécier les progrès qu'il avait faits en Italie. Portraits, compositions de toute sorte, encombraient son atelier de Great-Newport street. Il le quitta pour une vaste demeure dans Cavendish square. Là commence véritablement sa grande existence comme peintre. On allait jusqu'à dire que Reynolds avait « perdu la moitié de son empire, » et l'opinion publique inclinait même à lui préférer Romney. Les plus fins connaisseurs étaient entrainés : on cite ce mot de lord Thurlow, dont les jugements avaient de l'autorité : — Il y a maintenant deux factions dans l'art, et pour moi je suis de la faction de Romney. — Reynolds ressentait amèrement ces injustices, et, lorsqu'on le poussait à parler de son rival, il le désignait seulement par ce nom : « l'homme de Cavendish square. »

Romney était alors dans la force de l'âge et il travaillait avec une ardeur incroyable, souvent depuis huit heures du matin jusqu'à minuit. Il avait jusqu'à cinq ou six séances de portrait par jour, peignait ses tableaux dans l'intervalle des séances, continuait à peindre à la lampe quand la nuit était venue, ou dessinait des projets de compositions. Il exécutait un portrait d'homme en trois ou quatre séances, d'environ une heure chacune. Le prix de ces portraits s'était bien élevé : pour une tête, vingt guinées; pour un buste, trente; à mi-corps, quarante ; jusqu'aux genoux, de cinquante à soixante ; en pied, quatre-vingts. En une seule année, 1785, le produit de ses portraits seulement monta au chiffre de 3,635 £ (plus de 90,000 francs), suivant le compte qu'un de ses élèves, Robinson, en avait tenu. Et c'était la fleur de l'aristocratie et tous les personnages illustres, qui posaient devant lui : les Stafford, les Gordon, les Albemarle, les Elcho, les Cavendish, les Craven, les Stanley, etc. Le portrait, comme on sait, est une fureur en Angleterre; car, au même temps, malgré cet envahissement de Romney sur le domaine de Reynolds, le glorieux président de l'Académie avait toujours une nombreuse et noble clientèle. Gainsborough encore était leur rival, sans compter le peintre attitré de George III, l'heureux Benjamin West, et bien d'autres.

Pour les compositions historiques, poétiques, mythologiques, allégoriques, la fécondité de Romney était également prodigieuse. Les ateliers, les galeries, toute l'immense maison de Cavendish square était pleine

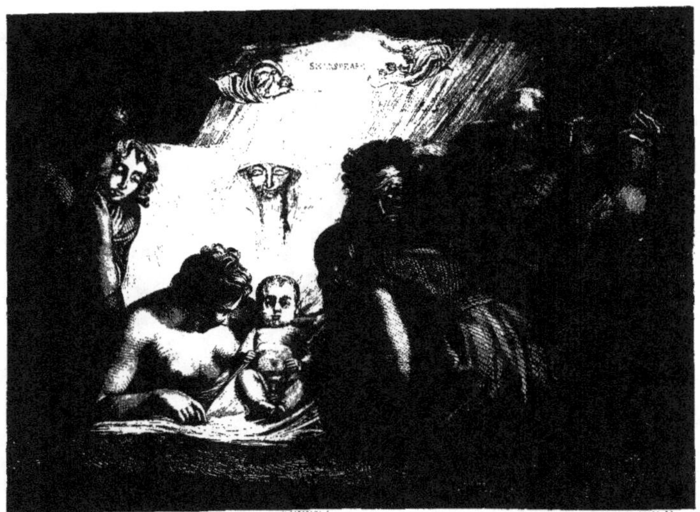

SHAKSPEARE ENFANT, SERVI PAR LES PASSIONS

de tableaux commencés, dont beaucoup ne furent jamais finis, souvent faute de modèles, car il aimait toujours à peindre d'après nature. Quantité de portraits ébauchés gisaient aussi contre les murs, jusqu'à ce que l'artiste eût trouvé un modèle pour les mains et les bras, les personnages du portrait ne posant que pour la tête. D'autres portraits, dit le révérend John Romney, dans la biographie de son père, étaient abandonnés « in consequence of *crim. con.* » (*sic*, pour *conversation criminelle*); ou bien il n'était pas rare — c'est toujours le révérend qui parle — « qu'une *chère amie* (*sic*, en français) ayant été amenée pour poser son portrait, elle et le portrait fussent laissés là, avant que la peinture eût été terminée. »

Aux fables grecques, aux poëtes antiques, aux poëtes anglais, Romney empruntait d'habitude les sujets de ses tableaux. Quelquefois c'était à sa propre imagination, d'autres fois à la suggestion de ses protecteurs, comme le chancelier lord Thurlow, ou de ses amis, comme le poëte Hayley, chez qui, à Eartham, il allait se reposer, en été, d'un travail excessif. La gracieuse *Serena*, dont nous donnons la gravure, une de ses œuvres les plus originales, une merveille comme exécution, est ressuscitée d'un mauvais poëme de son ami Hayley : *The Triumphs of Temper*[1]. Mais c'est surtout de Shakspeare que Romney s'inspirait. Il a traduit en peinture presque tout le poëte. On lui attribue aussi la première idée de la fameuse Galerie de Shakspeare, qui fut entreprise par les Boydell et à laquelle concoururent tous les peintres illustres de l'époque. Il fournit lui-même tout de suite deux tableaux, un sujet de *la Tempête* et *Shakspeare enfant, servi par les Passions*. Mais, *la Tempête* ne lui ayant été payée que six cents guinées, tandis que la *Macbeth* de Reynolds et *le Roi Lear* de West avaient été payés mille guinées, il n'exécuta pas cinq autres sujets dont il avait déjà fait les esquisses. Un peu plus tard, cependant, il envoya encore aux Boydell une *Cassandra*, peinte d'après une femme dont il était fou et qui a troublé des têtes plus solides que celle de l'artiste Romney.

Emma Lyon, fille naturelle d'une pauvre servante du comté de Chester, et qui, après avoir été elle-même servante de taverne à Londres, après avoir posé en déesse de la Santé aux séances publiques données par le docteur Graham, devait devenir la femme de sir William Hamilton, ambassadeur d'Angleterre à Naples, l'amie de la reine Caroline, la maîtresse de Nelson, — Emma Lyon était alors dans toute sa jeunesse et sa beauté. Romney fut un de ses premiers adorateurs, et, pendant plusieurs années, de 1785 à 1791, il transposa les charmes de l'irrésistible courtisane dans des peintures que s'arrachaient les grands seigneurs britanniques. Elle était bien séduisante, en effet, comme en témoignent encore les Circé, les Miranda, les Déesses, les Bacchantes, des tableaux de Romney. La bacchante allait à cette tête lutine et voluptueuse, et c'est sous cette forme qu'il se plaisait surtout à en faire des portraits. Il fit une de ces Bacchantes pour le prince de Galles; il y en a une de gravée par Young dans la Galerie de sir Fleming Leicester; il y en avait une à l'exposition de Manchester; il y en a une à Marlborough House (n° 312), pas bien loin d'un portrait en pied de l'honorable sir William Hamilton, par sir Joshua Reynolds, qui a peint aussi Emma Lyon, avec ses petits doigts jouant autour de sa bouche comme pour envoyer un baiser.

« Les traits de la belle Emma, dit le poëte Hayley, dans la biographie de son ami Romney, exprimaient, comme le style de Shakspeare, tous les sentiments de la nature et toutes les gradations de chaque passion, avec la vérité la plus fascinatrice. Elle exerçait par sa physionomie éloquente un empire prodigieux, que Romney avait du bonheur à observer, et, au travers des vicissitudes étonnantes de sa destinée, elle fut toujours fière de lui servir de modèle.»

En effet, après une absence qui avait mis le désespoir au cœur de Romney, elle reparut un jour, traînant à sa suite le vieil ambassadeur qu'elle venait de séduire à Naples, et elle n'en continua pas moins de poser dans l'atelier du peintre. « Maintenant, et pour une partie de l'été, écrit Romney, en 1791, je suis occupé à des peintures d'après *la divine lady* : je ne saurais lui donner un autre nom, car je la trouve supérieure à toute l'espèce féminine (*to all womankind*)... Les peintures que j'ai commencées d'après elle sont une *Jeanne d'Arc*, une *Madeleine* et une *Bacchante*, et je dois en commencer une autre, en pendant à la *Bacchante*. » Après avoir peint d'après elle le jour, Romney allait dîner avec elle et sir William, et, le soir, « la divine lady » chantait et jouait des scènes de drame ou d'opéra devant une compagnie intime de noblemen qu'elle fanatisait. Mais bientôt, hélas ! l'ambassadeur, retournant à son poste en Italie, emmena Emma Lyon, devenue lady Hamilton.

En cette année 1791, Romney fit une troisième visite à Paris, avec son compagnon assidu, le poëte Hayley. L'ambassadeur britannique, le comte Gower, depuis marquis de Stafford, leur facilita l'accès des ateliers et des salons. Romney se prit d'admiration pour David, qu'il fréquenta de préférence à tous les autres artistes parisiens. Le salon de madame de Genlis, où se réunissaient tant de jolies femmes, lui plut aussi beaucoup, et il ne manqua pas de peindre le portrait de la célèbre Française lorsqu'elle vint à Londres, un peu après.

La mort de Reynolds, en 1792, surexcita l'ambition de Romney. Gainsborough était mort déjà, quatre ans avant Reynolds. Barry, malgré tout le bruit qu'avaient fait un moment ses gigantesques peintures aux

[1] Elle a été exposée à Manchester (Voir *Trésors d'art exposés à Manchester en* 1857, par W. Bürger, p. 398).

Adelphi, ne pouvait être considéré comme un rival. Restaient West et Fusely, mais Romney était trop artiste pour compter parmi les artistes le favori de George III, et ce n'était pas lui non plus qui pouvait prendre cet audacieux bavard de Fusely pour « le Dante et le Michel-Ange de l'art moderne! » Romney se sentait alors—et il était véritablement— le premier peintre de son pays. Il se résolut donc à consacrer le reste de sa vie à de grandes œuvres, dignes de la postérité. Ah! si lady Hamilton était encore là pour lui poser des héroïnes ou des nymphes! Comment suppléer au manque de modèles vivants? Il imagina de réunir les reproductions des principaux chefs-d'œuvre de la statuaire et il chargea son ami, le sculpteur Flaxman, alors à Rome, de lui faire mouler les plus belles statues antiques. Flaxman, tout dévoué à Romney, qui l'avait deviné des premiers et

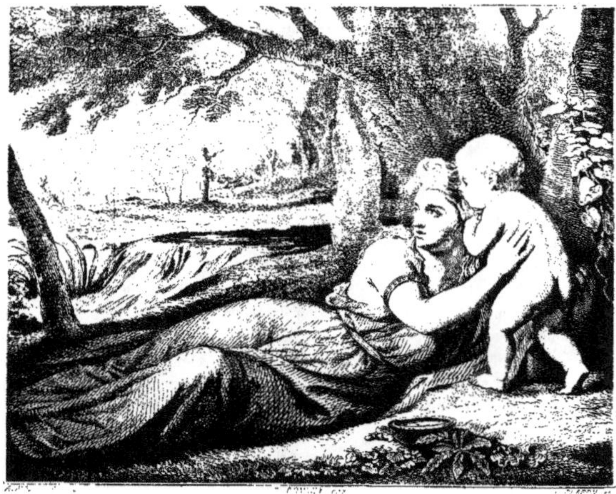

ALOPE.

avait encouragé ses débuts, envoya bientôt de Rome une immense cargaison de plâtres : le groupe du *Laocoon et ses fils*, l'*Apollon du Belvédère*, l'*Apollon Pythien*, le groupe de *Niobé et sa famille*, de *Castor et Pollux*, de *Cupidon et Psyché*, le vase *Borghèse*, quantité de bustes, de bras et de jambes, de bas-reliefs, etc. Mais, à présent, où ranger tous ces trésors? où dresser les séries de grandes compositions que Romney méditait depuis si longtemps et qu'il avait même esquissées : les *Sept Ages de l'Humanité*, les *Visions d'Adam*, douze sujets d'après Milton, des Titania, des Ophelia, d'après Shakspeare, que sais-je! — Romney trouva encore son palais de Cavendish square trop petit. Il acheta un vaste terrain sur la charmante colline de Hampstead, tout près de Londres, et dessina lui-même les plans d'un édifice dont il pressa l'érection. Il lui semblait qu'une ère nouvelle allait s'ouvrir pour son génie.

La fatalité, au contraire, se retourna contre l'homme qui avait eu vingt ans de prospérité continue dans sa demeure de Cavendish square. Ses amis étaient frappés les premiers : Gibbon mourait subitement; le poëte Cowper devenait fou. Lui-même, qui avait toujours été tourmenté de maladies nerveuses, sentait son esprit s'obscurcir, sa main trembler, sa force physique l'abandonner. Il essaya d'une promenade à l'île de Wight, d'un voyage dans le Hampshire, sans pouvoir se relever de cet affaissement. Sa maison de Hampstead était bâtie, avec des ateliers splendides, il vint s'y installer, organiser ses chevalets et ses vastes toiles; mais, à l'œuvre, ses facultés restèrent assoupies. Il ébaucha encore d'ambitieuses compositions et se débattit longtemps contre l'impuissance. Ses dernières peintures furent une scène de Macbeth et son propre portrait, qui resta inachevé. Car le vertige s'était décidément emparé de sa tête, et la paralysie de sa main droite.

Pauvre Romney! il errait, solitaire, dans ses galeries de Hampstead, entre les nobles statues qui ne lui avaient servi à rien, entre des charretées (*cartloads*) de tableaux qu'il n'avait plus le pouvoir de finir. Il regrettait le temps où affluait chez lui la foule des hauts personnages sollicitant la faveur d'un portrait. Il souffrait, il se désespérait, et, pensant à son pays natal, à sa femme [1], qu'il avait toujours laissée en province, à son fils, un homme distingué maintenant, il partit de Hampstead, dans l'été de 1799, et reparut inopinément au milieu de sa famille et de ses amis de Kendal. La fatigue du voyage, ses émotions en présence d'une femme qu'il avait aimée et qu'il n'avait revue que deux fois depuis trente ans, aggravèrent son mal. Il comprit qu'il ne retournerait jamais à Londres, donna ordre de vendre sa propriété de Hampstead Hill et acheta une maison à Kendal. Quoique malade et déjà troublé d'esprit, il essayait toujours de dessiner au crayon, et il continuait de correspondre avec son ami Hayley. Il lui vantait la tendre sollicitude de l'excellente femme qu'il avait retrouvée; il se flattait d'embrasser bientôt un frère qui allait revenir des Indes Orientales, où il avait conquis le grade de colonel; et, au mois de décembre 1800, il lui écrivait encore : « On dit que lady Hamilton est en Angleterre; un coup d'œil de cette aimable lady me serait bien salutaire; mais... je crains de n'être jamais capable de revoir Londres. » Peu après, il tomba dans une insensibilité complète, et, lorsqu'arriva son frère le colonel Romney, c'est à peine s'il le reconnut. Sa lucidité spirituelle était éclipsée pour toujours. Il traîna encore ainsi pendant presque deux années cette demi-existence et mourut à Kendal, le 15 novembre 1802. Il fut enterré à Dalton, où il était né.

George Romney avait été un « très-bel homme, » grand et fort, les traits largement dessinés et virils, les cheveux noirs, de grands yeux vifs et pénétrants, la bouche mobile et frissonnante; nature généreuse et franche, trop impressionnable peut-être, et dont l'extrême sensibilité explique les faiblesses et l'inconstance; toujours prêt à secourir les pauvres, à obliger ses amis, à encourager les jeunes artistes : « Je me rappellerai toujours avec reconnaissance, a écrit Flaxman, la bienveillance de M. Romney pour mes essais juvéniles, sa conversation originale et émouvante, ses compositions magistrales, grandioses, et toutes pleines de sentiments... »

Romney fut un maître, en effet : grand coloriste, élégant dessinateur, excellent dans toutes les parties de l'exécution. L'abondance de ses conceptions était inépuisable, surtout dans les sujets poétiques. Qu'il peignît l'allégorie, l'histoire, la vie familière, le portrait, il a toujours une qualité bien rare : le charme.

W. BÜRGER.

[1] Cet abandon de sa femme pendant trente années de prospérité est une grande tache assurément dans la vie privée de Romney, et Allan Cunningham ne le lui pardonne point. Il y revient à chaque page de sa biographie, et lorsqu'il raconte le retour de Romney à Kendal : « Sa femme, dit-il, avait survécu à ce long oubli, pour montrer au monde qu'elle eût été plus que digne de paraître près de son mari.... même au temps où lady Hamilton inspirait au peintre ses *Calypso* et ses *Cassandre*, qui enchantaient les lords... »

RECHERCHES ET INDICATIONS.

Pour Romney, — comme pour la plupart des peintres anglais, — il n'y a guère de renseignements supplémentaires à ajouter à sa biographie. Ses œuvres n'ont jamais été dans la circulation, et jamais, je pense, il n'en a paru aucune en vente sur le continent. Toutes sont immobilisées dans les demeures de l'aristocratie. Même à la National Gallery (à Marlborough house, où est l'école anglaise), on ne trouve qu'un seul tableau de Romney, « *Lady Hamilton en Bacchante*, » que nous avons cité p. 6. Tout ce qu'on peut dire concernant le prix de ses peintures, c'est qu'elles sont estimées très-haut, et avec raison, par la nobility et la gentry qui les possèdent. Quelques-unes de ses compositions poétiques et plusieurs de ses portraits ont été gravés par des artistes anglais, mais ces gravures sont très-rares hors de l'Angleterre.

IMP. POITEVIN ET Cie, RUE DAMIETTE, 2

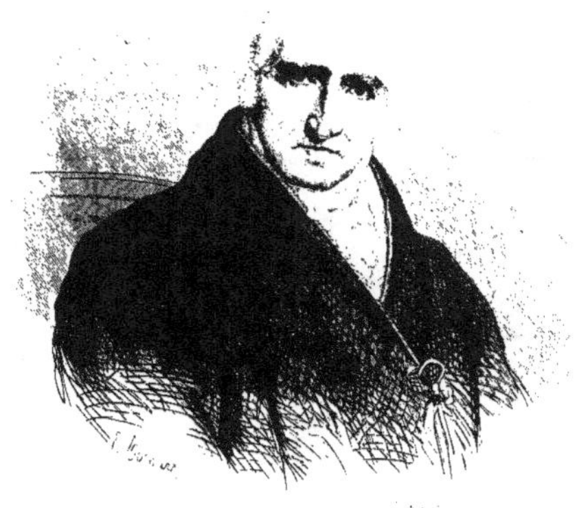

École Anglaise. Sujets pieux, Histoire, Portraits.

BENJAMIN WEST

NÉ EN 1738. — MORT EN 1820

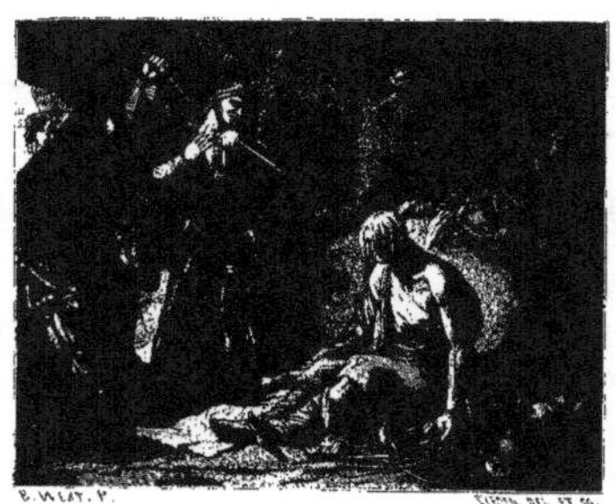

Quoique les Anglais le comptent comme un des principaux maîtres de leur école, Benjamin West n'est point Anglais. Il est né en Amérique, et dans le meilleur endroit, en *Pennsylvania*. Il a été élevé en Amérique. Il est Américain de caractère, d'esprit, de mœurs. Ah! les peintres anglais de ce temps-là étaient bien d'autres excentriques que l'honnête auteur de la *Mort du général Wolfe!* Ce Yankee représenta parmi eux un certain bon sens, — le calme, pendant que tous les autres, sauf Reynolds, étaient plus ou moins maniaques; Gainsborough lui-même était assez fantasque. Il y en avait de fous aux trois quarts, comme James Barry et George Morland; quelques-uns même tout-à-fait, comme William Blake le visionnaire. West était un contraste. A cela peut-être il dut son prodigieux succès. Car peu d'hommes au monde ont été aussi complètement heureux que lui, de tous les côtés : ambition et gloire, et richesses, et faveurs, et titres; l'estime générale, la paix domestique, une bonne femme à l'anglaise, des enfants dociles; bonne santé, bon tempérament, longue existence; tout, au mieux possible. Mais de génie, point. Pas même de talent, ni invention, ni inspiration, ni esprit, ni adresse; ni expression, ni tournure; ni poésie d'aucune sorte, ni originalité, ni rien. Et surtout, pas peintre.

Comment donc expliquer la fortune et la renommée de West? par quelques qualités américaines : une intelligence positive et exacte, une volonté opiniâtre, un travail continu. Voyez sa tête : haute et ferme, régulière, correcte : rien de gênant et qui contrarie une résolution arrêtée, ni passions, ni besoins : l'honnêteté, la sobriété, la discrétion, la réserve ; l'ordre dans les idées et dans la conduite ; un orgueil concentré sous une austérité inflexible. Le nez est noble et droit : la bouche strictement fermée, une bouche de probe financier. Dans la coupe du visage, dans l'ensemble des traits, dans la physionomie, quelque chose d'un ministre protestant. Aussi, Benjamin West était-il d'une famille de quakers, et quaker lui-même. La famille West, d'origine anglaise, avait émigré en Amérique vers 1667, après s'être jetée dans la secte des quakers. Elle venait de Long Crendon, Buckinghamshire. Ces West de Long Crendon descendaient, dit-on, de lord Delaware, qui s'illustra dans les guerres d'Édouard III et du Prince Noir.

John West, père de Benjamin, ayant épousé à Philadelphie Sarah Pearson, dont le grand-père avait été l'ami et le compagnon de William Penn, s'était établi à Springfield, dans l'état de Pennsylvanie. C'est à Springfield que Benjamin, dixième enfant de Mrs West, naquit en des circonstances qui furent interprétées comme un présage de haute destinée. Mrs West, fervente quakeresse, assistait, malgré sa grossesse avancée, au prêche d'un énergumène nommé Edward Peckover. Le terrible prédicateur déclamait contre la corruption de l'Europe et appelait sur elle la vengeance de Dieu, quand Mrs West, émue jusqu'au fond des entrailles, fut prise de douleurs prématurées et faillit mourir sur place. Quelques jours après, le 10 octobre 1738, elle accouchait de Benjamin.

L'enfance de ce prédestiné est racontée en détail dans la biographie qui a servi de guide à toutes les biographies subséquentes, et dont l'auteur, John Galt, fut l'ami du peintre. Cela commence par une merveille subite, alors que Benjamin était dans sa septième année. Un jour, pendant que sa mère cueillait des fleurs au jardin, le petit gardait, endormi dans un berceau, l'enfant de sa sœur aînée, et il se mit à le dessiner à l'encre rouge et noire. Enchantement de la mère et du bon père John, qui s'assurèrent que Benjamin deviendrait « *a wonderful man* » — un prodige! Il n'y avait malheureusement ni peintres, ni peintures, ni estampes chez ces habitants primitifs de la Pennsylvanie, pour aider au développement du génie précoce de Benjamin.

Des sauvages y suppléèrent. Une bande d'Indiens nomades vint à passer par Springfield, et ils lui enseignèrent à préparer les couleurs rouge et jaune dont ils barbouillaient leurs armes ; sa mère y ajouta l'indigo, et voilà le jeune artiste en possession des trois couleurs fondamentales. Bien plus, ces honnêtes sauvages lui apprirent encore « à tirer de l'arc, ce qui lui servit à abattre les oiseaux assez peu complaisants pour ne pas poser tranquilles à une distance convenable. » N'est-ce pas tout-à-fait Bernardin de Saint-Pierre! L'auteur de *Paul et Virginie* n'eût pas inventé mieux que cette réalité naïve et authentique.

Le premier maître de Benjamin West fut donc une tribu de Cherokees. Aussi, son talent a-t-il conservé jusqu'à la fin quelque chose d'assez iroquois. La première initiation est toujours décisive.

Outre les couleurs, il fallait des pinceaux. Benjamin en fit avec les poils d'un chat favori. Mais bientôt il reçut en présent, d'un cousin, une boîte à couleurs, des toiles préparées et six gravures par Grevling, d'après lesquelles il composa une espèce de peinture, sa première œuvre, qu'il conserva toujours. Soixante-six ans après, il la montrait encore à son ami Galt, en remarquant « qu'il y avait là, dans ce premier essai juvénile, certaines touches d'instinct que depuis, avec toute son expérience acquise, il n'avait jamais pu surpasser. » A neuf ans, il eut occasion d'aller à Philadelphie, où il peignit un paysage des bords de la rivière, et où il fut introduit dans l'atelier d'un artiste nommé Williams. Là, voyant pour la première fois de véritable peinture, il se mit à fondre en larmes. Williams s'intéressa à lui et lui donna deux livres sur les arts : Dufresnoy et Richardson. Le petit quaker n'avait encore jamais lu que sa Bible. De retour à Springfield, il travailla avec une nouvelle ardeur, et il eut la chance de vendre quelques-uns de ses dessins.

Ici se place une anecdote complaisamment racontée dans les biographies anglaises : un de ses camarades d'école lui propose une partie à cheval. « — Monte derrière moi! — Derrière toi! je ne veux aller derrière personne! » réplique Benjamin. L'autre saute en croupe, et tout en chevauchant : « — Je vais entrer en apprentissage pour être tailleur, dit-il. — Tailleur! s'écrie West. Il est impossible que tu te fasses tailleur. — Si vraiment. C'est un bon état. Et toi, que veux-tu être? — Peintre. — Peintre! qu'est-ce que cet état là? je n'en ai jamais entendu parler. — Un peintre est le compagnon des rois et des empereurs... Mais tu es fou! il n'y a ni empereurs ni rois en Amérique. — Bah! il n'en manque pas dans les autres parties du monde... Et tu es décidé à te faire tailleur? — Assurément. — Alors va tout seul, » dit le futur compagnon des rois et des empereurs, en sautant à bas du cheval : « je ne me soucie pas d'aller avec quelqu'un qui veut être tailleur. » Le jeune Yankee trahissait déjà l'orgueil et l'ambition qui, sous des airs simples et rigides, ont aidé à la fortune du peintre de George III

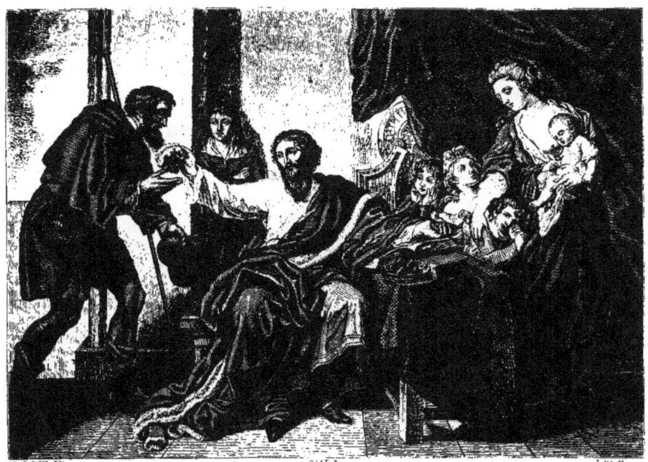

LE PÈLERIN

Cependant on parlait du petit prodige de Springfield. Un juge de Chester l'attira chez lui, où l'institutrice anglaise de ses filles l'initia à l'histoire grecque et romaine. C'était la mode alors, même en Amérique. A Chester, il fut mis en relation avec un avocat de Lancaster, dont il exécuta le portrait. Le portrait réussit, et une foule de Lancastriens sollicitèrent la faveur de poser devant ce boy extraordinaire. Un armurier de Lancaster imagina même de lui faire peindre la *Mort de Socrate*. West ne doutait de rien, et il improvisa aussitôt une esquisse : — « Mais, dit-il, je n'ai peint jusqu'ici que des têtes et des figures vêtues... Comment faire pour l'esclave qui présente le poison?... car, à mon idée, il devrait être nu. » L'armurier courut à sa forge et en ramena un superbe ouvrier demi-nu : — « Voilà le modèle! » — Et la *Mort de Socrate* fut ainsi bâclée par ce Poussin de quinze ans.

Au cours de ces belles prouesses, son éducation ayant été entièrement négligée, un savant homme, le docteur Smith, entreprit de lui donner quelque teinture classique; mais une maladie survint, et il fallut retourner à Springfield. Ses parents s'interrogèrent alors sur son avenir, et, pour la tranquillité de leur conscience, ils se décidèrent à soumettre la chose à la Société des quakers.

La séance fut solennelle. Le petit y assistait lui-même, entre son père et sa mère, au milieu de la Communauté des Amis. Un de ces illuminés démontra que l'enfant étant comblé des dons de Dieu, sa vocation était sainte; que si le quakérisme anathématisait la peinture, c'est qu'elle était employée d'ordinaire à des fins vaines et corruptrices; mais que l'art, dans des mains sages et pures, était digne de la contemplation de chrétiens, etc... Après ce speech mystique, toutes les femmes embrassèrent le jeune artiste; tous les hommes imposèrent leurs mains sur sa tête, en manière de bénédiction.

L'impression de cette scène ne s'effaça jamais de l'esprit de Benjamin West; et, intérieurement, il se considéra toujours comme sacré par ses frères et chargé d'une mission divine.

Malgré cette grave consécration, il suspendit un moment ses études pour se faire soldat, et il rejoignit les troupes à la recherche des restes de l'armée qui venait d'être détruite dans une expédition au milieu du désert. Ils en retrouvèrent les ossements au fond des forêts vierges. Ce fut la seule campagne du jeune soldat. Sa mère malade le rappela à Springfield, où il eut la douleur de la voir mourir. Alors il quitta sa maison natale et alla s'établir, comme peintre de portraits, à Philadelphie. Il avait dix-huit ans.

Après avoir fait à Philadelphie beaucoup de portraits, payés deux guinées et demie en buste, et cinq guinées à mi-corps, argent qu'il économisait avec ténacité, dans l'intention de visiter les pays privilégiés de l'art, il transporta son atelier à New York. Là, il reçut bientôt une lettre de son ancien patron, le docteur Smith, qui lui offrait les moyens d'aller en Italie! C'était son rêve. Ses préparatifs ne furent pas longs. Un généreux marchand de New York dont il était en train de faire le portrait ajouta au prix de la peinture cinquante guinées. Le docteur Smith aida aussi aux arrangements nécessaires, et le jeune Américain, muni de banknotes et de lettres de recommandation, partit pour Rome, où il arriva le 10 juillet 1760.

C'était le premier Américain qui venait étudier l'art en Italie. C'était le Nouveau-Monde qui venait rendre hommage à l'ancien, et y chercher les traditions de beauté et de poésie.

Benjamin West, à son arrivée, fut donc le *lion* de Rome, et lord Grantham eut « la bonne fortune d'exhiber ce lion du désert de l'Ouest. » Le noble Anglais invita le Pensylvanien à dîner, et l'emmena ensuite à une soirée où se trouvaient réunis presque tous les personnages distingués pour qui l'artiste avait des lettres de recommandation. De ce nombre était le célèbre cardinal Albani : — « J'ai l'honneur, dit lord Grantham, de présenter à Votre Éminence un jeune Américain qui est venu en Italie étudier les beaux-arts. — Est-il noir ou blanc? » demanda le vieux cardinal, presque aveugle, et qui connaissait mieux l'antiquité que le Nouveau-Monde; en même temps il avançait les mains pour palper ce prodige. — « Il est blond, très-blond, » répondit l'Anglais en souriant. — « Vraiment! Aussi blond que moi? » dit le prélat italien, dont le teint tirait sur l'olivâtre. West, qui était même extrêmement blond, se tenait debout auprès du cardinal. Tout le monde, en les regardant, sourit, et le mot courut : « Blond comme le cardinal. »

On était bien curieux de voir l'effet que produiraient sur ce « sauvage » les statues antiques et les peintures de Raphaël. L'aristocratie de Rome et l'élite des amateurs italiens et étrangers s'étaient donné rendez-vous pour conduire le jeune quaker au Vatican. On était convenu de lui montrer d'abord l'Apollon du Belvédère. Sitôt que West l'aperçut, il s'écria inconsidérément : — « Ah mon Dieu! un jeune guerrier mohawk! » Et comme les Italiens semblaient fort scandalisés de cette comparaison de leur noble statue avec un Indien barbare, West se mit à décrire les Mohawks, leur élégance naturelle, l'admirable symétrie de leurs formes, la liberté de leurs mouvements, et il ajouta : — « Je les ai vus souvent, debout, dans la même attitude que cet Apollon, suivant d'un regard profond la flèche que leur arc venait de lancer. »

Il faut avouer que « le sauvage » avait bien compris du premier coup d'œil *l'Apollon Pythien*, et sans doute on ne pouvait faire un plus précieux éloge de la statue, qu'en devinant si juste ce que le statuaire a voulu exprimer.

Parmi les artistes de Rome, il y avait alors un peintre qui, bien qu'étranger, et encore assez jeune, exerçait une sorte de dictature sur les arts. C'était l'Allemand Raphaël Mengs, pâle imitateur de l'école bolonaise et de l'école romaine, du Guide surtout, et que ses contemporains tenaient presque pour un nouveau Raphaël. Celui-là aussi avait été consacré dès sa naissance et baptisé des prénoms du Corrége et du Sanzio. West était bien désireux de conquérir l'approbation d'un maître si éminent, et dont les jugements faisaient autorité. Il s'en alla donc supplier son patron, lord Grantham, de lui accorder la faveur de poser pour un portrait qu'il pût montrer à M. Mengs. La chose fut tenue secrète, et, le portrait terminé, on l'exhiba dans une galerie où furent convoqués les artistes et les amateurs. On savait que Mengs avait commencé un portrait de lord Grantham, et l'on ne manqua pas de lui attribuer celui-ci. — « La couleur, cependant, remarqua un fin connaisseur anglais, est plus forte que celle de Mengs, mais le

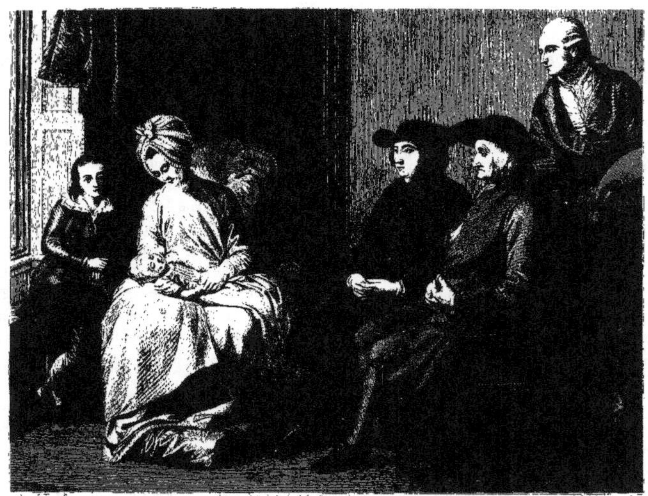

LA FAMILLE DE WEST

dessin n'est pas si parfait. » Grande discussion, quand quelqu'un se prit à dire : — « Mais ce n'est pas peint par Mengs! — Par qui donc alors? » s'écrièrent les plus enthousiastes; « il n'y a pas à Rome un autre peintre capable de faire une si belle œuvre, — par ce jeune gentleman, » dit le propriétaire de la galerie, et il désigna Benjamin West. L'illustre chevalier Mengs lui-même entra bientôt, et, après avoir complimenté le jeune artiste, il lui conseilla d'aller étudier les Carrache à Bologne, — c'était sa manie, — et aussi les maîtres de Florence et de Venise.

Une longue maladie empêcha West de suivre immédiatement ce conseil, et le retint près d'un an à Livourne, où les médecins l'avaient envoyé. Quand il fut guéri, sa bourse était épuisée. Mais ses amis de Philadelphie, à qui était connue l'histoire du fameux portrait de lord Grantham, lui avaient généreusement et spontanément ouvert un crédit, et il put alors visiter Florence, Bologne et Venise; après quoi il regagna

Rome, où il peignit un tableau de *Cimon et Iphigénie*, et commença un tableau d'*Angélique et Médor*. Son succès fut complet, et lui valut l'admission aux académies de Florence, de Bologne et de Parme. Le tableau qu'il offrit à l'Académie de cette dernière ville, en souvenir de sa réception, était une copie du *Saint Jérôme* de Corrège.

Qui croirait que le triste peintre du *Christ guérissant les malades* eût jamais étudié et copié le délicieux coloriste de Parme! Il avait même aussi étudié l'incomparable coloriste du Nord, Rembrandt! car, à sa vente, on retrouva une ancienne copie qu'il avait faite à Rome de la superbe grisaille de Rembrandt, *Jésus prêchant dans le Désert*, appartenant aujourd'hui à lord Ward.

Assurément, Benjamin West n'a jamais rien compris à Corrége, à Rembrandt, à Titien, pas plus qu'à Michel-Ange, de qui, étant à Rome, il écrivait : « Michel-Ange n'a jamais réussi à donner à aucune de ses œuvres un caractère vraisemblable : le *Moïse*, peut-être, excepté : tandis que les œuvres de Raphaël gagnent toujours en intérêt, en naturel, en noblesse » La noblesse de Raphaël a perdu bien des artistes depuis trois siècles. Il est vrai que, quant à West, rien n'eût pu en faire un peintre. Malgré tous les présages et le sacre des quakers, il n'avait point ce qu'il faut pour cela. Que ne s'est-il fait tailleur, comme le petit Yankee, si avisé, qui galopait en croupe derrière lui dans les champs du printemps — *Springfields!*

Cependant l'amour de la patrie remuait au fond du cœur de l'Américain. Il avait assez de l'Italie, et il croyait, d'ailleurs, avoir pénétré les secrets des grands maîtres. Il se mit donc en route pour retourner dans « l'autre monde, » mais en passant par l'Angleterre, le pays de ses aïeux. Il traversa la France, dont « il conçut une médiocre opinion. » Au rigide quaker la France parut « manquer de simplicité et du sublime esprit de la peinture. » En effet, dans ce temps-là, l'école française de Boucher et de Chardin n'était pas montée au ton du chevalier Mengs. Le sauvage, devenu Romain, eût été encore bien plus scandalisé s'il eût entendu causer Diderot dans quelque coin d'un atelier ou d'un salon.

Le 20 juin 1763, il fit son entrée dans Londres, où il ne croyait pas séjourner longtemps, et où il était destiné à régner plus d'un demi-siècle, avec une autorité comparable à celle de Raphaël Mengs en Italie.

Il eut la chance de rencontrer à Londres plusieurs de ses compatriotes, qui avaient été déjà ses plus zélés patrons, entre autres son ancien ami le docteur Smith. Il alla visiter Hampton Court, Windsor, le château de Bleinheim, aux ducs de Marlborough; il fit un tour à Bath au beau moment de la saison des eaux; il fut mis en rapport avec des hommes distingués : avec Wilson, le paysagiste, pour qui Mengs lui avait donné une lettre : même avec Reynolds, dont la position était principale, et la suprématie incontestée. Si bien qu'en peu de temps, il se trouva tout acclimaté en Angleterre, où il avait même trouvé un parent très-rapproché, un demi-oncle, Thomas West, le demi-frère de son père John. Avec sa perspicacité américaine, il comprit que la place était bonne et qu'il y pourrait faire ses affaires. Un jour donc, sans en prévenir personne, il loua un local dans Bedford street, Covent Garden, et y établit son atelier.

Le moment était favorable, en effet, au succès d'un nouveau venu, et West comptait aussi sans doute sur le bonheur qui ne l'abandonna jamais. Le vieux Hogarth était épuisé, et il mourut, l'année suivante, âgé de soixante-sept ans. Gainsborough était dans toute sa force, trente-six ans, mais il résidait dans le *country*, et il venait seulement, en 1761, d'exposer, pour la première fois, à Londres, où il ne s'établit qu'en 1774. Romney avait déjà de la réputation, mais il ne faisait que d'arriver à Londres (1762), et, en cette année 1763, il expérimentait la faveur publique avec une *Mort du général Wolfe*, ce sujet qui devait illustrer plus tard Benjamin West. Barry, tout jeune, était encore à Rome; Northcote, encore un écolier. Il n'y avait donc de véritable concurrent que Reynolds. A la vérité, Reynolds, alors âgé de quarante ans, et revenu d'Italie depuis onze ans, avait déjà produit tant de belles œuvres, qu'il eût été impossible, même avec du génie, de contrebalancer son talent dans l'opinion britannique. Mais on pouvait se caser après lui, sinon au-dessus, et peut-être à côté de lui Reynolds, d'ailleurs, s'était consacré surtout au portrait; et ce que West ambitionnait, c'était la haute et sévère peinture d'enseignement historique et religieux : à ses oreilles bourdonnait toujours le discours du quaker inspiré, dans l'assemblée des Amis.

L'avénement de George III au trône, il y avait seulement trois ans, semblait promettre aussi une destinée nouvelle aux arts de l'Angleterre. Depuis l'intronisation de la maison de Hanovre en 1714, c'était la première fois que l'Angleterre avait un souverain né chez elle. George Ier n'était qu'un vieil Allemand, transplanté, à l'âge de cinquante-quatre ans, dans une île étrangère. George II aussi était un étranger, puisqu'il était né à Hanovre, qu'il avait été *importé*, pour ainsi dire, tout formé pareillement à l'allemande, et qu'il demeura, durant son long règne de trente-trois ans, toujours Allemand de caractère, de mœurs et même de langage ; nature peu distinguée, et surtout antipathique aux arts. M. Scharf, dans ses excellents articles du *Manchester Guardian* sur l'exhibition de Manchester, a rapporté, d'après Ireland, au sujet de

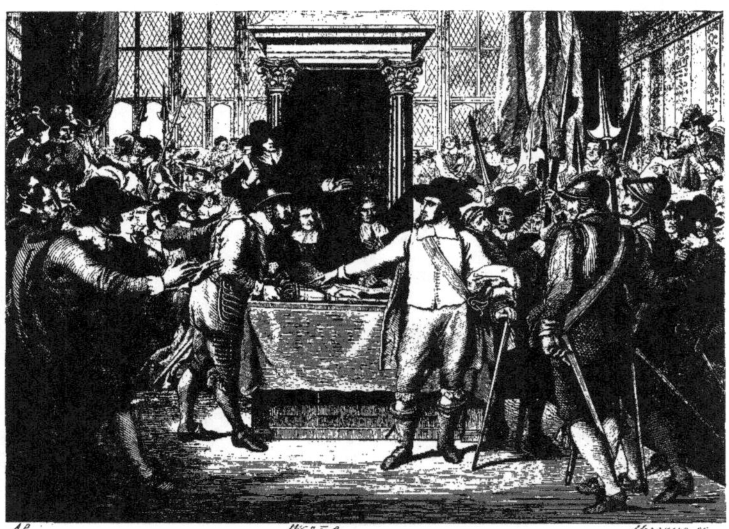

A.P. — WEST P. — [illegible] SC.

CROMWELL DEVANT LE PARLEMENT

Hogarth, une anecdote qui peint burlesquement le roi George II. La gravure du tableau si populaire de Hogarth, *la Marche des gardes allant à Finchley*, avait été dédiée d'abord au roi, et une épreuve lui en fut soumise pour obtenir son agrément. « Qu'est-ce que ce Hogarth? demanda George. — Un peintre, sire — *B*eintre! je déteste la *b*einture et la *b*oésie aussi. Ni l'une ni l'autre n'ont jamais fait aucun bien. Que lui prend-il à ce *c*arceur-là de railler mes gardes? — Assurément, avec le bon plaisir de votre majesté, ce tableau doit être considéré comme une moquerie. — Quoi! un *b*eintre ose se moquer d'un soldat! Il mériterait d'être mis en *b*rison pour son insolence.... [1]. »

George III, au contraire, annonçait des tendances libérales, un certain goût pour les arts et les lettres.

[1] Jeu de lettres et de sons, résultant de la prononciation allemande appliquée à la langue anglaise. Voici les passages anglais

Il n'avait alors que vingt-trois ans, et la nation, comme toujours, attendait beaucoup d'un prince jeune, façonné, cette fois, aux mœurs britanniques.

Peut-être Benjamin West calcula-t-il intérieurement toutes ces circonstances; peut-être eut-il un vague pressentiment de la haute et prompte fortune à laquelle il allait s'élever. Car le désir ambitieux du petit aspirant peintre, confié naguère au petit aspirant tailleur, était sur le point de se réaliser. Le peintre de Springfield allait être le compagnon d'un roi.

Nous nous sommes laissé aller à raconter les enfantillages du jeune sauvage dans son pays, et ses débuts de civilisé en Italie. Cette jeunesse singulière est plus curieuse et plus interessante que la vie du peintre royal, de l'académicien, de l'artiste devenu riche et illustre. Car le prodige américain ne sera, hélas! qu'un peintre vulgaire, malgré ses titres et sa fortune. Maintenant c'est l'histoire de ses productions qui va commencer.

Sitôt qu'il eut terminé son *Angélique et Médor*, dans son atelier de Bedford street, il envoya ce tableau, avec celui de *Cimon et Iphigénie* et un portrait, à l'exhibition annuelle de la Société des Artistes Incorporés (*the Society of Incorporated Artists*). Dès lors sa réputation fut établie. La sympathie et les commandes lui vinrent de toutes parts. Lord Rockingham voulut même l'accaparer, en lui offrant une pension annuelle de 600 £, pour lui faire exécuter des peintures historiques. Les dignitaires de l'Église lui demandaient des peintures religieuses; d'autres amateurs, des peintures poétiques. L'histoire, la religion, la poésie, — la grande peinture! — semblèrent ainsi être reconnues comme son domaine, sa spécialité, sa vocation. L'austère et ambitieux quaker ne pouvait avoir plus de chance.

Son établissement définitif en Angleterre se trouva donc fixé désormais. Il avait cependant conservé le souvenir d'une Pennsylvanienne, Elizabeth Shewell, et il avait l'idée d'aller la chercher en Amérique pour en faire sa femme. Ses amis estimèrent que son temps était trop précieux — *time is money* — pour qu'il prît la peine de se déplacer. On s'arrangea pour amener la fille à Londres, et, le 2 septembre 1765, Benjamin West épousait miss Shewell. L'heureux homme! tous les bonheurs venaient au-devant de lui. « Peut-être, dit Cunningham, fit-il une pauvre figure d'amoureux, car c'était un homme sans passion violente, froid et réservé; mais sa femme était douce et *obéissante*, et leur foyer eut le repos et la paix. »

Bonheur sur bonheur! Le docteur Drummond, archevêque d'York, se prit de passion pour West, lui fit faire un grand tableau du *Débarquement d'Agrippine* avec les cendres de Germanicus, et, afin que l'artiste pût se consacrer tout entier à la peinture historique, il provoqua une souscription de 3,000 £, souscrivant lui-même pour 1,500 £. La générosité des Anglais est merveilleuse, quand il s'agit de ce qu'ils considèrent comme la gloire de leur pays. La souscription cependant ne fut pas remplie, et l'archevêque, un peu blessé, s'adressa au roi. Il lui vanta le pieux Américain, dont les talents feraient honneur au trône et à l'Angleterre. Sur quoi George III dit, au rebours de son prédécesseur menaçant Hogarth de la prison: — « Faites-moi voir tout de suite votre jeune peintre et son *Agrippine*. »

Le roi reçut l'artiste avec une obligeante cordialité, l'aida à placer l'*Agrippine* en lumière convenable, renvoya ses courtisans, appela la reine, lui expliqua le sujet du tableau et s'extasia sur la simplicité du dessin et la beauté du coloris. — « Il y a un autre sujet romain qui ferait une belle peinture, ajouta-t-il: le *Départ de Regulus*. — Magnifique sujet! dit le peintre. — Eh bien! faites-m'en un tableau. »

Depuis ce jour-là, West eut ses libres entrées à la cour et dans l'intimité du roi.

En même temps, une circonstance futile, que les biographes de West se plaisent à raconter, le mit au mieux avec la fleur de l'aristocratie anglaise. L'Américain, s'il ne fut jamais bon peintre, était excellent patineur. Un jour qu'il déployait ses grâces sur Serpentine river, à Hyde Park, quelqu'un crie: — « West! West! » C'était un de ses anciens compagnons de patinage en Amérique, le colonel Howe, qui se distingua depuis comme général dans la guerre de l'Indépendance. Le colonel appela la foule des jeunes lords et

où les mots sont dénaturés: « *B*ainter! I hate *b*ainting, and *b*oetry too!... Does the *f*ellow mean to laugh at my guards?... What! a *b*ainter burlesque a soldier! He deserves to be *b*icketted for his insolence... etc. »

leur présenta son compatriote comme un prodige dans l'art de patiner. Il fallut que West exécutât ses plus vaillants exercices, et surtout « le salut philadelphien », — à la grande satisfaction de son noble entourage. Il fut ainsi, un moment, le lion de Serpentine, comme il avait été le lion du Vatican.

Toutes ces balivernes, étrangères, en apparence, à l'histoire de l'artiste, ne sont point indifférentes pourtant. La finesse du Yankee et la prudence du quaker, bien plus que le talent du peintre, ont fait le succès de West.

En Angleterre, à présent encore comme au dix-huitième siècle, les raisons qui décident de la valeur

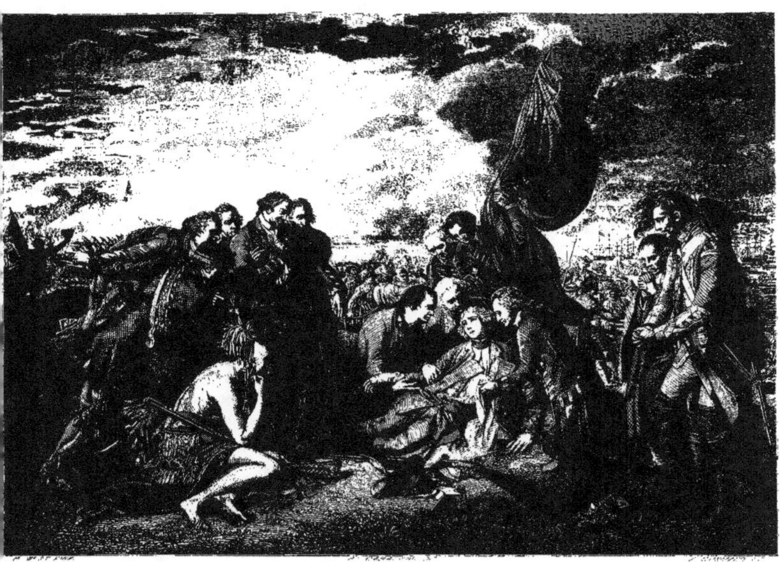

MORT DU GÉNÉRAL WOLFE

d'un artiste sont souvent très-bizarres : s'il lit la Bible et va au prêche, s'il se comporte bien avec sa femme, s'il vit en gentleman — *gentlemanly*, — s'il se connaît en chevaux et fréquente les *races*, s'il est orthodoxe sur tous les préjugés insulaires, bon Anglais — *very Englishman*, — il y a présomption qu'un pareil artiste, si respectable, ne peut être que l'honneur de la nation.

West était directeur des Artistes Incorporés, quand une discussion sur l'emploi des fonds de la Société motiva sa retraite et celle de Reynolds. Cela fit du bruit, et le roi, apprenant le sujet du mécontentement de son ami West, déclara qu'il était prêt à patroner une nouvelle association vraiment utile aux arts. On lui proposa un plan qu'il perfectionna, et l'Académie, telle qu'elle existe encore aujourd'hui, fut fondée, — en 1768. C'est à la première exhibition de l'Académie royale que parut le *Regulus* de West.

Ce *Regulus*, reste dans les galeries de la famille royale d'Angleterre, a été exposé à Manchester par la reine Vittoria. Misérable peinture, qu'on prendrait pour un pastiche, sans goût et sans aucune science, de la pauvre école française au temps de l'Empire. Point d'expression dans les têtes, point de tournure dans le dessin des personnages, point de couleur. Les Anglais artistes et intelligents en sont venus eux-mêmes à découvrir l'impuissance et la niaiserie de West, et le *Manchester Guardian*, après avoir traité de « détestables, de représentations en pierre et sans vie, » les autres tableaux de West, ajoute : « Pire encore, le *Regulus!* » La critique anglaise nous met donc à l'aise pour dire à West ses vérités.

C'est un peu après le *Regulus* que vint le *chef-d'œuvre* de West, la *Mort du général Wolfe*. Ce tableau, sans aucune valeur artistique, fut pourtant considéré alors comme « une révolution dans l'art. » Il provoqua en Angleterre un tapage dont on ne saurait donner l'idée. Il faut dire que l'Angleterre était alors abandonnée à des théories singulières sur l'esthétique, sur la plastique, sur la peinture, sur l'imagination et la poésie. C'était le sujet, l'intention, je ne sais quelle ambition idéale, insensée et fantastique, qui tourmentait les artistes. Il y avait les peintres des Dieux et les peintres du Diable, les peintres de la Mythologie et de l'Olympe, les peintres de la fantasmagorie et de l'enfer. Barry, revenu de Rome, s'évertuait en polémiques folles, très-spirituelles souvent, et ne faisait que de la peinture ridicule. Fuseli, de Zürich, qui s'était installé à Londres précisément la même année que West, en 1763, se démenait avec une humour toute britannique, et lançait les plus drôles de paradoxes, mélangés de Michel-Ange et de Milton. C'était lui qu'on appelait : « le peintre en titre du Diable. » Et c'est lui qui, à l'apparition de la *Mort de Wolfe*, appliqua à Benjamin West le sobriquet de : « peintre d'habits et de gilets — *painter in coat and waistcoat*. » Peintre de défroques! le nom resta à West et à quelques autres, qui avaient le bon sens d'habiller les personnages de leurs tableaux selon le temps et le pays où se passaient les scènes représentées.

C'était là le côté vraiment neuf — en Angleterre — de la composition de la *Mort de Wolfe*. Plusieurs autres artistes avaient déjà traité ce sujet populaire, Romney, Barry aussi, qui avait représenté le héros mourant sur le champ de bataille de Québec, dans l'attirail d'un héros d'Homère au siége de Troie!

West, se trouvant sur son terrain du Nouveau-Monde, répudia la tradition antique et risqua le costume moderne. Grand scandale parmi les classiques forcenés. Reynolds lui-même, amené par l'archevêque d'York devant le tableau non encore terminé dans l'atelier de l'artiste, démontra éloquemment qu'une pareille innovation était choquante. West se défendit assez bien, disant qu'il ne s'agissait pas de Grecs et de Romains, mais d'un fait célèbre, arrivé en l'an 1758, dans un pays justement que les Grecs et les Romains n'avaient point connu ; qu'il avait voulu montrer le lieu, l'époque et les personnages, conformément à la vérité historique, etc. Plus tard néanmoins, et quand le tableau fut fini, Reynolds revint chez West, examina longtemps la peinture, rétracta ses objections et ajouta : « Je prévois que ce tableau deviendra très-populaire et provoquera une révolution dans l'art... » Les autres n'en continuèrent pas moins à appeler West : *painter in coat and waistcoat*, et ce surnom grotesque de peintre-*tailleur* dut lui rappeler sa conversation avec son camarade, le petit Pennsylvanien.

On ne pardonnait pas plus à West la nudité du guerrier indien que le costume de Wolfe et de ses soldats. La théorie eût voulu qu'on habillât à l'antique le sauvage Mohawk aussi bien que les représentants de la civilisation moderne. Les vieux amateurs et les académiciens étaient ainsi en insurrection contre West, mais la foule lui donnait raison, et lord Grosvenor eut la hardiesse d'acheter le tableau. George III lui-même avait été ébranlé par l'animosité des artistes rivaux, et bientôt, se repentant d'avoir laissé échapper le *chef-d'œuvre*, il en demanda une copie au peintre. L'original est toujours à Grosvenor Gallery, chez le marquis de Westminster actuel, et la répétition chez la reine d'Angleterre, qui l'a exposée à Manchester[1]. Il paraît qu'il y en eut une troisième *replica*, qui se trouve aujourd'hui, cataloguée comme original, dans la galerie du prince Ezsterhazy à Vienne. Mais peut-être n'est-ce qu'une copie, étrangère à Benjamin West.

[1] Voir *Trésors d'art exposés à Manchester*, etc., par W. Bürger, p. 400-401. — Paris, V. J. Renouard, 1857.

La *Mort du général Wolfe*, malgré cette célébrité, n'en est pas moins une œuvre tout-à-fait insignifiante aujourd'hui, et nous nous en tenons pour la juger aux épithètes du critique anglais du *Manchester Guardian* : « Détestable, dur, sec, mauvais, porcelaine, sans vie, etc. » Il n'y a, en effet, dans ce tableau, pas plus que dans les autres œuvres de West, aucune des qualités techniques de la peinture : le dessin est maladroit et commun; les figures sont bêtes et ridicules; point de modelé, pas le moindre instinct de la distribution de la lumière et de l'ombre, une couleur crue, vide, désharmonieuse; l'aspect d'un papier de tapisserie. Ce faux chef-d'œuvre en a cependant fait produire un vrai : la gravure de

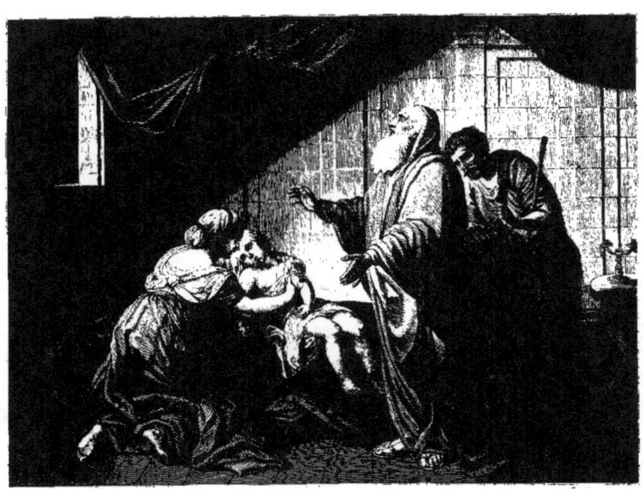

ÉLISÉE ET LA SULAMITE.

Woollett, dont une belle épreuve vaut, en conscience, plus cher que le grand tableau du marquis de Westminster, quand on donnerait par-dessus le marché la répétition de la reine Vittoria et la troisième replica du prince Ezsterhazy.

De cette mémorable bataille autour de Wolfe expirant, West sortit vainqueur et devint populaire. Les commandes abondaient, mais le roi George, plus affolé que jamais de son peintre, ne lui laissait guère le temps de travailler pour d'autres. C'est alors que furent brossés la *Mort d'Epaminondas*, en pendant à la *Mort de Wolfe*; la *Mort du chevalier Bayard*; *Cyrus et la famille du roi d'Arménie*; *Segeste et sa fille devant Germanicus*. Puis, huit grands tableaux du règne d'Edouard III, dont *l'Installation de l'ordre de la Jarretière*, aujourd'hui à Vernon Gallery.

L'infatigable West n'en avait jamais assez. Après cette série historique, il imagina une série religieuse, bien plus importante et presque indéfinie. Il s'agissait de représenter, dans une magnifique chapelle construite tout exprès, les progrès de la Religion révélée. George eut cependant un petit scrupule, sur l'introduction des images dans les temples. Il consulta les dignitaires de l'Église anglicane, qui déclarèrent que les vingt-cinq sujets proposés par le peintre étaient de nature « à édifier même un quaker. » C'était une allusion ironique à West, et le roi s'empressa de défendre son favori.

Le roi et le peintre s'entendaient à merveille pour cette fabrication de chefs-d'œuvre. « Le souverain et l'artiste, dit le *Manchester Guardian*, avaient plusieurs points de ressemblance... Tous deux aimaient ce qu'ils croyaient droit et bon, mais leur conception du bon et du juste était bornée; tous deux avaient confiance en eux-mêmes et en leur habileté... Sans doute il y a quelque chose de touchant dans l'ardeur avec laquelle ils travaillaient ensemble, le roi commandant, West peignant les plus hauts sujets religieux; mais le patron n'avait pas plus la capacité de les juger, que le peintre de les réaliser. Tous deux cependant étaient sincèrement convaincus qu'ils honoraient Dieu et la religion par des œuvres d'un génie extraordinaire. »

L'aplomb de West est, en effet, prodigieux. C'est même seulement ce qu'il y eut jamais de prodige en lui, malgré les oracles. Il n'hésita pas une minute pour la combinaison de ses tableaux sur ce sujet de la Religion révélée. Il prit son poëme à l'origine et le divisa carrément en quatre catégories : les compositions antédiluviennes, les patriarcales, les moïsiaques, les prophéticales. En tout, trente-six sujets, moitié empruntés à l'Ancien-Testament, moitié au Nouveau; neuf pour chaque division. Tous furent esquissés, et vingt-huit furent exécutés, pour lesquels il reçut £ 21,605 — soit environ 550,000 francs! Ces Américains sont incomparables quand il s'agit de gagner de l'argent. Plus d'un demi-million! George III n'était-il pas déjà troublé, à ce moment-là? Encore n'était-ce qu'un article du budget ruineux de ce quaker insatiable et robuste. Ses *antédiluviennes* et ses *patriarcales* ne l'empêchaient pas de peindre le roi, la reine, les jeunes princes et princesses, en portraits séparés ou en groupes. Neuf de ces peintures lui furent payées 2,000 guinées — 52,000 francs, près de 6,000 francs pièce! Les plus magnifiques portraits de Reynolds ne montaient pas à une pareille somme.

Survint la guerre de l'Indépendance américaine, qui ne brouilla point les relations presque journalières du Pennsylvanien avec le roi d'Angleterre. L'intérêt l'emportait sur le patriotisme chez ce froid compositeur d'images. « Sa religion lui enseignait la paix, sa situation lui suggérait la prudence, » et pendant que les Anglais et les Américains — les pères et les fils! — s'égorgeaient, l'imperturbable quaker et le faible souverain continuaient de concert leurs chefs-d'œuvre en l'honneur de la divine révélation. West était alors l'arbitre du goût à la cour et dans un certain grand monde. Comme il ne parlait guère et avait l'air très-grave et très-digne, il s'était fait, à la manière de Talleyrand, une réputation de profondeur et de génie.

Reynolds, qui partageait avec lui la suprématie, mais dont l'action s'étendait sur un cercle différent, vint à mourir (1792), et West hérita inévitablement de la présidence à l'Académie royale. Le roi eut alors l'idée de le créer chevalier et il le fit sonder par le duc de Gloucester. West sans doute espérait mieux qu'un simple titre sans dotation, — une baronie peut-être, suppose Allan Cunningham, — et sur sa réponse, mélange de modestie hypocrite et d'orgueil, la proposition n'eut pas de suites. La baronie ne vint pas, ni même la chevalerie, puisqu'elle ne l'avait pas satisfait.

Comme président de l'Académie, West n'eut guère d'influence appréciable sur l'école anglaise. Il fallait bien, selon l'usage, prononcer des discours et des *lectures*. Mais hélas! ce n'étaient plus ces enseignements, à la fois si attrayants et si substantiels, inspirés par un véritable amour et une véritable intelligence de l'art, qu'on avait admirés dans les discours de Reynolds. C'étaient de froides banalités, soutenues seulement par un fond raisonnable et une certaine somme d'observations résultant d'une longue pratique. Encore ses conseils valaient-ils mieux que ses tableaux.

A cette époque, West touchait au sommet de son étrange fortune. Il faisait bon le voir quand il allait de son atelier, alors dans Newman street, au château de Windsor, le regard sévère et mesuré, comme un de ses coreligionnaires allant à la chapelle, — c'est Allan Cunningham, son admirateur d'ailleurs, et son panégyriste, qui le peint ainsi, — tout confit dans son importance, portant sa glorieuse personne avec une dignité provoquante, affectant un langage voilé et diplomatique. Il ne sortait que rarement, sauf pour ses visites à la cour, et demeurait confiné dans la solitude de sa galerie, quelquefois envahie cependant par de grands personnages réclamant la faveur d'un portrait. Quand ils pénétraient par hasard jusqu'au sanctuaire de son atelier, il cessait aussitôt son travail divin et demeurait silencieux et immobile. Sa vie intérieure était réglée comme en un couvent, son temps strictement calculé : il se levait matin; étudiait

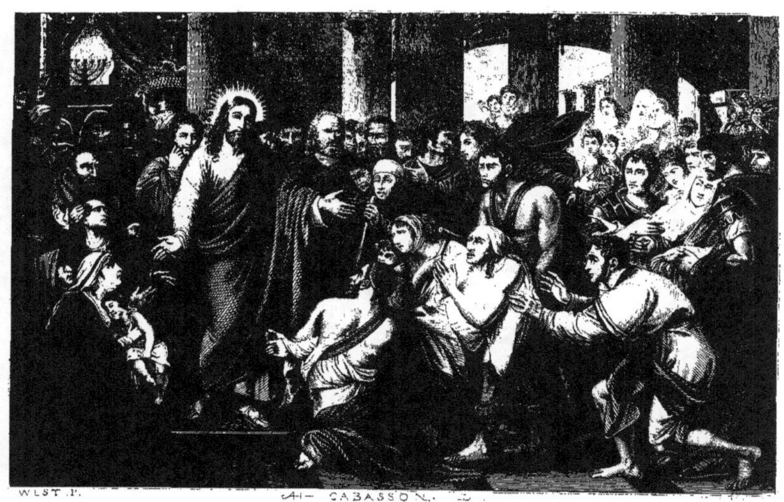

WEST P. — CABASSON

JÉSUS GUÉRISSANT LES MALADES.

avant déjeuner; se mettait vers dix heures à une de ses grandes peintures, presque sans interruption jusqu'à quatre; s'habillait et recevait un moment ses visiteurs; et, après son dîner, il reprenait encore ses études. Ces détails intimes ne signifieraient rien s'il s'agissait de faire connaître un grand artiste; mais ici, vraiment, ils sont caractéristiques, avec cet habile industriel qui sut conquérir en Angleterre une position plus dominatrice que celle de Holbein sous Henri VIII, que celle de van Dyck sous Charles Ier. Il est vrai que son patron, le débile George III, n'avait rien des qualités violentes ou distinguées des patrons de Holbein et de van Dyck.

Cela durait depuis plus de trente ans déjà, quand « un nuage mental tomba sur le roi » en 1801. Il n'y avait moyen de dissimuler plus longtemps le désordre de la tête de George. La raison du roi était décidément éclipsée, et on dut le séquestrer de toutes relations. Les affaires politiques n'en souffrirent point, et, pendant près de vingt ans de cette *maladie* incurable du souverain nominatif, la mécanique anglaise n'en fonctionna que mieux. Mais les affaires du peintre favori en furent bouleversées, et sa fortune compromise. Les portes du palais lui furent fermées, et l'architecte Wyatt fut chargé de lui annoncer que les peintures pour la chapelle de Windsor devaient être suspendues. West, d'abord atterré, eut quelque espoir de faire révoquer cet ordre en s'adressant au roi lui-même, et il lui écrivit, le 26 septembre 1801, une lettre flatteuse, où, entre autres énormités, il disait « que l'humanité entière attendait avec impatience l'achèvement de la grande œuvre de la Religion révélée;... que, si ces peintures n'étaient pas terminées, les beaux-arts, comme lui-même, auraient grandement à s'en lamenter.... etc. »

Cette supplique, bien entendu, ne parvint point au roi. West eut pourtant la faveur de le revoir, une dernière fois, dans une intermittence de la maladie : — « Continuez vos peintures, West, » lui dit George, qui ne savait rien et ne se souvenait de rien. « continuez, et j'aurai soin de vous. » L'opiniâtre quaker continua, en effet, sa fabrication, et il continua aussi à recevoir, pendant longtemps encore, sa subvention annuelle de £ 1,000.

Lorsque la constatation de l'état de George III fut devenue publique, on ne se gêna plus pour attaquer celui qu'il avait jusque-là couvert de sa protection. On fit circuler un compte des sommes fabuleuses que le peintre avait reçues pour ses œuvres : £ 34,187! près de 900,000 francs! et on insinuait, — toutefois avec ce respect cérémonieux que l'Angleterre réaliste affecte pour certains fantômes, — que le rapace Yankee avait dû abuser de la facilité du bon roi. Le compte était juste, mais il y avait à répondre que ces trente-quatre mille guinées avaient été gagnées en trente-quatre ans à peu près; c'est ce que fit West dans une pièce signée et certifiée par lui, et où les travaux fournis se trouvaient en regard des sommes reçues. Sur l'article du calcul, l'Américain ne pouvait manquer à la réplique.

Une bonne histoire est celle de son second voyage en France. C'était après la paix d'Amiens. Il profita de cet armistice entre les deux nations, pour aller oublier à Paris ses chagrins de courtisan expulsé par force majeure, et pour admirer les trésors d'art que Bonaparte avait entassés au Louvre. « Les fins politiques qui entouraient le futur empereur, » dit Cunningham, s'empressèrent de fêter le président de l'Académie britannique. Les ministres et les artistes, Talleyrand et Fouché, David et Denon, le comblèrent de flatteries, vantèrent avec lui la grande et noble peinture historique et son influence sur l'humanité, et l'entortillèrent si bien, que, cette fois, la France lui sembla un pays inappréciable, les Français, les plus aimables du monde, « et leur maître, le meilleur des hommes. » Le quaker, qui s'était effaré jadis aux mœurs de la France du dix-huitième siècle, trouvait assez de son goût cette France transfigurée déjà à la mode romaine. Comment l'auteur du *Regulus* n'eût-il pas été en sympathie avec l'auteur des *Horaces!* Et West n'avait-il pas peint aussi, dans son enfance, une *Mort de Socrate*, comme l'illustre M. David! Les Grecs et les Romains avaient remplacé madame de Pompadour et les bergeries.

Un jour que West se promenait dans les galeries du Louvre, il y rencontra Fox avec Sir Francis Baring, et il leur adressa une magnifique harangue « sur les vues sublimes de Napoléon, qui n'avait conquis des royaumes que par amour de la liberté, et rassemblé au Louvre les tableaux de l'Europe, que pour fournir des éléments d'étude aux artistes de toutes les nations. » Il conclut à l'avantage que les arts procurent aux peuples, et il fit promettre à Fox sa protection future pour l'art anglais

De retour à Londres, le vieux président ne pouvait se lasser de raconter ses succès à Paris, qui l'avaient confirmé dans sa propre estime. Sa vanité en fut poussée jusqu'à l'extravagance : « Partout où je me montrais, dit-il, j'étais entouré par les hommes les plus distingués... Un jour, au Louvre (c'est sans doute le jour de sa harangue), tous les yeux étaient fixés sur moi... et je ne pouvais assez faire remarquer à Charles Fox, qui par chance se trouvait avec moi, combien en France on aime les arts et combien on admire ceux qui les professent. » Le brave quaker s'était cru lui-même l'objet de la curiosité qu'inspirait le grand politique, le grand orateur, « qui avait la chance de se promener avec lui! »

Cet enthousiasme immodéré de West pour le chef de la France et l'ennemi de l'Angleterre put bien contribuer un peu à l'opposition qui s'éleva dans l'Académie contre son président. West crut devoir donner sa démission, fut remplacé par l'architecte Wyatt, et bientôt rappelé par un vote unanime, si ce n'est que le sarcastique Fuseli avait voté pour la vieille Mrs Mosex (les femmes pouvaient alors faire partie de l'Académie), voulant donner à entendre que le vieux West ne méritait pas une concurrence virile.

Il s'en fallait bien pourtant que West eût perdu ses forces. Quoiqu'il eût alors environ soixante-cinq ans, c'était toujours le robuste Américain, solidement bâti, toujours aussi travailleur et aussi volontaire que dans sa verte jeunesse. Tout en cherchant à fonder une association nationale pour l'encouragement des grandes œuvres d'art, plan qui n'aboutit pas et aida seulement à créer la British Institution, encore existante aujourd'hui, West se remit, avec plus d'ambition que jamais, à entreprendre d'immenses machines religieuses. Le premier de ces tableaux fut le célèbre *Christ guérissant les malades*, peint, sur la demande des quakers ses compatriotes, en vue de contribuer à l'érection d'un hôpital à Philadelphie. Quand il fut exposé à Londres, il obtint un succès fou, et la British Institution, nouvellement née, en offrit 3,000 £, près de 80,000 francs! Je ne crois pas qu'aucun peintre au monde ait jamais reçu pareille rétribution pour un seul tableau. On ne refuse pas 3,000 guinées. West *donna* son Christ à la British Institution et en fit pour ses amis les quakers une copie qui eut en Amérique autant de succès que l'original à Londres. Elle fut exposée avec grand fracas, et cette exhibition produisit une somme assez considérable pour permettre d'agrandir les bâtiments de l'hôpital de Philadelphie.

Le *Christ guerissant les malades* est le *chef-d'œuvre* de West dans la peinture religieuse, comme la *Mort du général Wolfe* est son chef-d'œuvre de peinture historique. Cette grande toile de 14 pieds de large sur 9 pieds de haut, *présentée* — quel cadeau! par la British Institution à la National Gallery, est aujourd'hui à Marlborough House, avec les peintures de l'école anglaise et la collection Vernon. Elle a été gravée par C. Heath. Un élève de l'École des Beaux-Arts en ferait autant, s'il en avait le courage. La critique n'a rien à examiner dans des œuvres d'une telle insignifiance. « Toutes les figures de ce tableau, dit le catalogue libre (rédigé, je pense, par M. Ruskin) des collections exposées à Marlborough House, ont l'air d'avoir été peintes d'après le même modèle, avec la même brosse et dans le même ton. » On voit que les Anglais eux-mêmes sont un peu revenus de leur admiration fanatique pour West. M. Waagen, dans ses *Kunstwerke und Künstler in England*, est encore bien plus sévère, et M. Viardot, dans ses *Musées d'Angleterre*, « affirme sérieusement que les jurys français excluraient le Christ de West, et en toute justice. »

Trois autres tableaux de West font encore partie des collections nationales : *l'Installation de l'ordre de la Jarretière* (Vernon Gallery); *la Cène*, présent de George IV, qui aimait tant les maitres flamands et hollandais, et fut sans doute bien aise de se débarrasser de cette grande toile de 9 pieds sur 6; et le *Cléombrotus banni par Léonidas*, présent de l'architecte académicien M. Milkins.

L'admiration que le *Christ guérissant les malades* avait excitée parmi les contemporains réconforta le vieillard dans l'idée de sa mission providentielle et de la sublimité de son génie. Il ne peignit plus que des tableaux d'une dimension gigantesque : un *Calvaire*, de 28 pieds sur 16; une *Ascension*, de 18 pieds sur 12 : une *Descente du Saint-Esprit sur le Christ dans le Jourdain*, de 14 pieds sur 10, etc., etc. ! Les toiles que cet indomptable brosseur a couvertes, durant sa longue carrière de soixante ans, s'étendraient de Londres à Windsor.

La mort de sa femme, qui lui avait tenu douce et fidèle compagnie plus de cinquante ans, vint toutefois mettre un terme à ces folies de vieillesse. Elisabeth Shewell mourut le 6 décembre 1817 ; et West, quoiqu'il continuât encore de peindre, commença à s'affaisser. De sa femme il avait eu deux fils, peintres tous les deux : l'un portant le même prénom que son père; l'autre, Robert, qui fit pour la collection Boydell une scène de Shakespeare, gravée par M. C. Wilson : « *As you like it* » (Comment l'aimez-vous) ? — Ni l'un ni l'autre, d'ailleurs, n'arriva à quelque renommée.

Enfin, le 20 mars 1820, ce rude vieillard, sans trouble dans ses facultés mentales, toujours égal et serein, mourut. Il avait près de quatre-vingt-deux ans. Son ancien patron, le roi George III, né la même année que lui, mourut aussi la même année. Le plus fou des deux n'était peut-être pas celui qu'on pense. Seulement, la manie de West avait été enveloppée des apparences d'une froide raison. L'illustre président de l'Académie fut enterré, en grande pompe, à Saint-Paul, près de Reynolds, et non loin de van Dyck.

Mais le talent du peintre, et son génie, et le sens de son œuvre, quelle qu'en soit la valeur, et son action sur l'école anglaise ? il reste à apprécier tout cela. — Quel peintre ? il n'y a point d'artiste ici. Ce qu'on peut dire de Benjamin West, c'est qu'il a gagné un million avec le sage George III, et peut-être autant avec l'aristocratie anglaise : qu'il a fait bon ménage avec sa femme, qu'il a toujours été sobre et vertueux, que sa vie a été longue, laborieuse et irréprochable.

W. BURGER.

RECHERCHES ET INDICATIONS

Le catalogue de son œuvre est énorme, comme on a pu en juger déjà. Outre plusieurs centaines de dessins, il a laissé quatre à cinq cents tableaux à l'huile, la plupart de grande dimension. A ceux que nous avons eu occasion d'indiquer, il faut ajouter le *Caveau du Désespoir*, d'après le *Chevalier de la Croix-Rouge*, de Spencer, et gravé par M. Green en 1772 ; le *Cromwell devant le Parlement*, *Élysée et la Sulamite*, *le Pèlerin*, *l'Intérieur de sa Famille*, dont nous donnons les gravures ; deux *Batailles célèbres* : celle de la Hogue, gravée par Woollett, et celle de la Boyne, gravée par J. Hall, appartenant toutes deux au marquis de Westminster, et exposées à Manchester ; le *Traité de William Penn avec les Indiens*, une de ses compositions les plus populaires, gravée par Hall ; la *Mort de Nelson*, de la série des Morts de héros ; quantité de compositions religieuses de la plus haute volée, la plupart pour sa série de la Révélation, comme *l'Ouverture des Sept-Sceaux apocalyptiques ; la Mort sur son coursier pâle ; Saint-Michel et les Anges triomphant du Grand-Dragon ; l'Ange tout-puissant, un pied sur la mer et l'autre pied sur la terre ; Moïse au Sinaï ; la Résurrection du Christ ; le Christ appelant à lui les petits enfants ; les Trois Marie au tombeau* ; des *Jacob*, des *Daniel*, des *David*, des *Saint Pierre* et des *Saint Paul* ; des *Saint Étienne* et des *Sainte Cécile* ; que sais-je ! Toute la tradition mystique y a passé.

Et ce n'est rien encore ! Le paganisme et la mythologie, l'histoire grecque et l'histoire romaine, l'antiquité tout entière figurent dans cet œuvre prodigieux, à commencer de l'Age d'Or. C'est Jupiter et Sémélé, Vénus et Adonis, Cupidon, Apollon, Céphale et Procris, Oreste et Pylade, Thétis, Achille, Calypso ; c'est Alexandre, Cyrus, Stratonice, Léonidas, Annibal, Pyrrhus, Cornélie, Agrippine, Pætus et Arrie, Marc-Antoine, etc., etc. Puis viennent les compositions empruntées à la poésie : *Roméo et Juliette*, *le roi Lear*, *Hamlet*, d'après Shakespeare ; puis, nombre de portraits, outre ceux de George III et de la famille royale ; les portraits de lord Grosvenor, du duc de Portland, de lord Benting, de lord Lyttelton, etc.

De West lui-même, il existe plusieurs portraits, par Harlow et autres : dans un de ces portraits, gravé par Green, on le voit avec son fils Robert. Mais le plus important est celui que Sir Thomas Lawrence peignit, en pied et de grandeur naturelle, pour l'Académie de New York. Il en fit une répétition, aujourd'hui dans la collection nationale à Marlborough House. Une excellente étude de la tête, peinte par Lawrence sans doute pour ces grands portraits, a été exposée à Manchester.

Et combien de graveurs, même des plus habiles, ont employé leur temps à traduire cet heureux producteur : J. Woollett, R. Strange, J. Hall, C. Heath, qui ont fait de belles choses avec de tristes compositions ; V. Green, W. Sharp, B. Smith, J. R. Smith, J. Watson, Th. Watson, R. Sandby, W. Dickinson, R. Dunkarton, R. Earlom, Graham, J. H. Lips, F. Ryder, J. Murphy, C. H. Hodges, Samebody, W. Ward, Liard, Bond, Middiman, E. Fisher, J. Fittler, Facius, A. Kessler, Falkeisen, C. Guttenberg, Th. Cook, Scorodomoff, F. Bartholozzi, J. Basire, F. Legat, J. B. Michel, Aug. Legrand, Canot, Grignon, Delaunay.... etc. !

West lui-même, selon Nagler, a gravé deux pièces représentant des anges.

Les tableaux de West n'ont jamais passé en ventes publiques sur le continent. En Angleterre, ils sont immobilisés dans les collections publiques et privées. Il n'y a donc point à citer le prix *commercial* de ses œuvres.

Bibliographie concernant West : D'abord, la biographie que nous avons citée, et qui a servi aux biographes subséquents : *the Life, studies and works of Benjamin West*, by John Galt, London, 1720. — La notice par Allan Cunningham, dans : *the Lives of the most eminent british painters, sculptors and architects*, London, 1830, t. II. — Quantité d'articles dans les divers *Magazine anglais*, dans les revues et journaux, notamment dans le compte rendu de l'exhibition de Manchester publié par le *Manchester Guardian*. — On trouve aussi des documents sur West dans des recueils généraux, comme : *the Fine Arts of the english school, illustrated by a series of engravings from paintings*, etc., by John Britton, London, 1812 ; — *the english School*, a series of the most *approved production in painting*, etc., by G. Hamilton, Paris, 1831 ; — *Anecdotes of painting in England* (suite à Walpole), by Edward Edwards, London, 1808 ; — *Anecdotes of the arts in England*, by Dalaway, London, 1800 ; — dans les Dictionnaires de Fusely, de Pilkington, etc., etc. ; — dans les albums d'eaux-fortes, avec un texte très-bref, publiées de 1820 à 1825, par John Young, sur les galeries du marquis de Westminster et autres.

En allemand, Nagler donne une biographie assez exacte de West, avec un long catalogue, mais pourtant fort incomplet de l'œuvre, dans son : *Neues allgemeines Künstler-Lexicon*, etc., München, 1842. Nagler n'a guère fait que copier le docteur Waagen, qui a souvent eu occasion de parler de West dans ses *Kunstwerke*, etc., et dans ses *Treasures of art*, etc., et qui apprécie très-rudement, mais très-justement le peintre anglais. — On trouve encore quelques renseignements dans le *Kundtblatt* de 1823, et dans le *Kunstreise* de M. Passavant.

En français, voir les *Musées d'Angleterre*, par M. Louis Viardot, Paris, 1855, p. 36, 106, 115.

Nous donnons ci-dessous la signature de West copiée sur la lettre qu'il adressa à l'Académie française en remercîment de sa nomination à ladite Académie.

Benj.n West – Pres.t of the Royal Academy of the Fine Arts in London

Impr. Renard et Comp., rue [illegible], 2

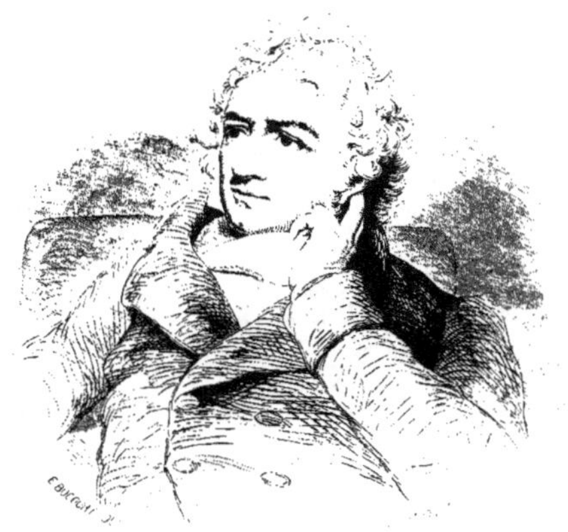

École Anglaise. *Allégorie, Poésie, Histoire.*

HENRY FUSELI

NÉ EN 1741 — MORT EN 1825.

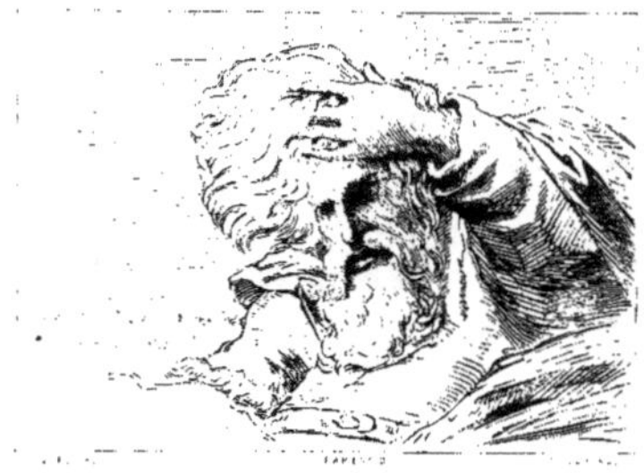

Il était d'une famille d'artistes suisses dont le nom s'est toujours écrit Füssli, mais lui-même, en Angleterre, adopta l'orthographe Fuseli : il avait la manie de dénaturer tout, dans les faits et dans les idées, comme dans les images et dans les arts. La date de sa naissance, il s'obstina aussi à la falsifier, prétendant qu'il était né en 1745[1]. En sa personne et en sa biographie, tout est grimé, théâtral, chimérique. Voyez : il compte parmi les maîtres et les académiciens de l'école anglaise, mais cependant il n'est pas Anglais ; il est né à Zürich, il a fait en Suisse et en Allemagne son éducation littéraire : en Italie, son éducation artistique. Son talent de peintre surtout est une illusion : ses contemporains le prirent pour un Michel-Ange, et lui-même s'estimait l'égal des grands hommes de la Renaissance ; mais

[1] La date 1741 est donnée par Allan Cunningham « d'après les registres de Zürich » t. II, p. 274, édition de 1830. Cependant Nagler, qui peut-être a consulté l'état civil de Zürich, dont Munich n'est pas loin, donne la date 1742.

cependant il n'est pas même peintre, j'entends par aptitude spéciale et décidée; il est littérateur, critique, pamphlétaire, poëte même et philosophe : il a une vive ingéniosité, des fantaisies originales, l'imagination la plus ambitieuse et la plus extravagante, des apparences de sublimité et de génie, mais non pas le sens plastique qui constitue le peintre. Ce Suisse de l'Académie anglaise, ce rival du Buonarroti, a les qualités d'un journaliste français, la verve et l'abondance, la hardiesse et la finesse, le paradoxe brillant, l'éloquence par hasard, presque toujours de l'esprit. Il a fait plus de bons mots que de bons tableaux. A la vérité, l'un est moins difficile que l'autre, et moins long.

Il était fils de Jean Gaspard Füssli *le vieux*, peintre de portraits et de paysages. Quelques œuvres de ce Gaspard le vieux et d'autres peintres de la nombreuse famille Füssli, par exemple de Mathias, qui avait étudié à Venise, ont été gravées. Le père Gaspard ne voulait pas que son fils fût artiste, et il le destina à l'Église. Henry dut à cette éducation classique des connaissances très-variées et très-étendues. Son enthousiasme pour la poésie grecque et latine le porta tout de suite à admirer les artistes italiens, et, la nuit, le petit écolier faisait des dessins d'après Michel-Ange et Raphaël. Il paraît qu'il illustra dès son enfance quelques livres alors populaires en Suisse et en Allemagne.

C'est au collége supérieur de Zürich qu'il se lia d'amitié avec le jeune Lavater, dont, plus tard, il interpréta les révélations physiognomoniques, dans une série de têtes dessinées au trait. Tout en terminant ses *humanités*, il étudia l'anglais, se passionna pour Shakespeare, traduisit le *Macbeth* en allemand, composa des pièces de vers dans le style de Wieland et de Klopstock, et son nom commença à être connu à Zürich.

Faire du bruit, ce fut toujours son instinct. Après s'être essayé à la poésie, il s'essaya au pamphlet politique. Un pamphlet, puis une satire, qu'il publia avec son ami Lavater contre l'administrateur d'une commune, les amenèrent devant les magistrats pour soutenir leur accusation. Dans sa défense, comme dans son attaque, il eut du succès, et le fonctionnaire fut exilé. Il paraît, toutefois, que cette équipée patriotique suscita beaucoup d'ennemis à Fuseli et le décida à quitter Zürich.

Ils partirent, lui et son compagnon Lavater, pour Berlin. Fuseli, en sa qualité de maître ès-arts, s'accointa avec Sulzer, l'auteur d'un *Lexicon des Beaux-Arts*, se faufila auprès de plusieurs hommes distingués, se fit présenter à l'ambassadeur d'Angleterre en Prusse, sir Andrew Mitchell, et lui exhiba ses traductions de Shakespeare, ses dessins d'après le *Roi Lear* et *Macbeth*. Le professeur Sulzer, désireux d'établir des communications entre la littérature allemande et la littérature anglaise, s'imagina avoir trouvé son instrument efficace, et il encouragea le jeune Zurichois à tenter une descente en Angleterre. L'aventure ne pouvait manquer de plaire à Fuseli.

Au moment des adieux, Lavater lui remit une pancarte sur laquelle il avait écrit en allemand : — Fais seulement la dixième partie de ce que tu peux faire : — et il ajouta, en manière d'horoscope : — Accroche ça à la tête de ton lit ; obéis à la prescription : renommée et fortune s'ensuivront.

Le bon Lavater, qui avait joué jusque-là dans ce premier acte de la biographie de son ami un rôle de comparse, prenait le rôle sibyllin, qu'il continua dans ses axiomes de physiognomonie. Sa prédiction, d'ailleurs, s'est accomplie même au delà de ce qu'il avait pressenti, mais peut-être dans un autre sens; car Fuseli devait sembler alors bien plus un littérateur ou un poëte qu'un peintre.

Il arrivait à Londres, — en 1763, — avec des recommandations auprès de quelques libraires, de Johnson, entre autres, qui resta toujours son ami. Mais, malgré son outrecuidance, l'ambassadeur occulte de la littérature germanique se trouva tout égaré dans la grande ville, et il fut réduit, pour vivre, à se mettre précepteur d'un jeune noble qu'il accompagna à Paris. Bientôt, cependant, il revint à Londres et produisit une centaine de brochures, traductions, critiques, essais divers, qui passèrent presque inaperçus. C'est néanmoins sa traduction de Winkelmann qui provoqua l'amère réponse de Barry, à propos du passage où Winkelmann conteste au génie anglais la faculté créatrice en matière d'art.

Que faire donc pour attirer l'attention ? — Vous devriez écrire sur la grande querelle de Voltaire et de Rousseau, lui dit un jour son ami le poëte Armstrong. — Aussitôt Fuseli emploie sa verve à glorifier son compatriote Rousseau et à confondre Voltaire. Toute l'édition fut détruite par le feu, très-heureusement sans doute pour l'auteur, qui, dans la suite, se reprochait cette diatribe et n'aimait pas qu'on lui en rappelât le souvenir.

Ne réussissant point dans les lettres, il se retourna vers la peinture : il alla trouver Reynolds et lui soumit quelques-uns de ses dessins. Après les avoir examinés : — Combien de temps avez-vous étudié en Italie? demanda Reynolds. — Je n'ai jamais étudié en Italie... J'ai étudié à Zürich... Je suis Suisse... Qu'est-ce qui vous fait croire que j'aie étudié en Italie?... Et, après tout, ces dessins ont-ils quelque mérite? — Jeune homme, dit Reynolds, si je les avais faits et qu'on m'offrît dix mille livres de rentes pour ne pas pratiquer les arts, je refuserais avec dédain.

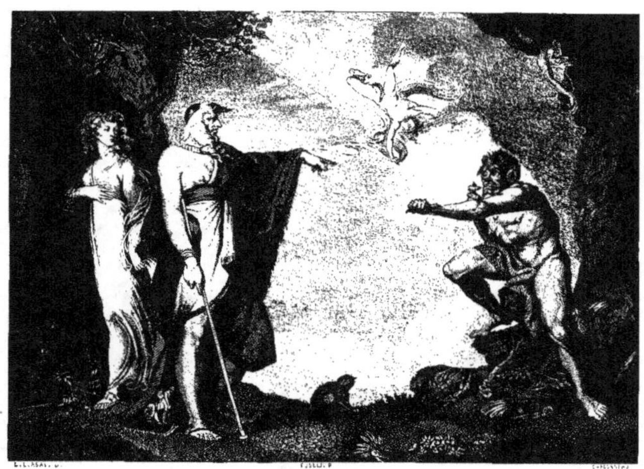

LA TEMPÊTE

Ce jugement de l'illustre président de l'Académie royale décida de la destinée de Fuseli, qui abandonna le métier littéraire et se consacra définitivement à la peinture.

Son premier tableau fut un *Joseph interprétant les songes*. A défaut de nobles amateurs, l'ami Johnson l'acheta.

Fuseli avait alors trente ans, et il habitait depuis huit ans l'Angleterre. Puisque l'art était désormais sa profession et que ses amis trouvaient plus de talent dans ses dessins que dans ses écrits, il pensa naturellement qu'il devait aller se perfectionner en Italie et voir enfin les chefs-d'œuvre de Michel-Ange dont les gravures avaient tourmenté son enfance. Armstrong s'embarqua avec lui. Leur vaisseau fit naufrage sur la côte de Gênes, mais ils se sauvèrent dans un bateau et prirent la route de Rome. Avant d'y arriver, ils s'étaient brouillés et séparés. Leur amitié se renoua dans la suite à Londres.

Quelles furent les extases de Fuseli dans « la Ville éternelle! » C'est lui qui inventa de se coucher à plat dos au milieu des églises et des palais pour en contempler les peintures aux voûtes. Il passait ainsi des journées entières, étendu sur les dalles de la chapelle Sixtine, plongé dans une sorte d'ivresse ou de somnambulisme, s'imaginant que le génie de Michel-Ange descendait sur lui et s'infusait en sa personne. Il singeait le prodigieux Florentin dans le costume et les manières, lui qui était tout petit, mince et grêle, avec un profil d'oiseau. Il s'efforçait de l'imiter dans ses dessins et ses pochades, exagérant, comme tous les imitateurs, l'énergie et l'ampleur du modèle, avec une telle extravagance, que Piranesi disait : — Fuseli ne dessine pas la figure humaine, il la bâtit.

Au lieu de faire des copies d'après les compositions de Michel-Ange et des autres grands maîtres, il se contentait de les regarder et d'en prendre quelques croquis, auxquels il ajoutait des notes manuscrites, très-subtiles et très-perspicaces : procédé de critique et non de peintre; car toujours, dans ses commencements comme dans la période de sa longue renommée en Angleterre, c'est le littérateur, l'orateur, le phraseur qui se trahit. Il regardait, il gesticulait, il s'extasiait, il causait; il causait avec tant d'enthousiasme et avec des saillies si originales et si attrayantes, que les artistes, les amateurs, les touristes faisaient groupe autour de lui. Il se forma ainsi une clientèle d'admirateurs parmi les Anglais qui affluaient à Rome, et qui lui achetèrent des tableaux. En 1774, il envoyait à l'exhibition britannique un dessin de la *Mort du cardinal Beaufort*, — en 1777, une scène de *Macbeth*. Shakespeare et Milton surtout convenaient à la tournure extranaturelle de son esprit.

Après huit années de séjour à Rome et à Florence, il quitta l'Italie et alla passer six mois dans sa famille à Zürich. Un de ses frères, Gaspard, s'était distingué comme naturaliste; l'aîné, Rodolphe, établi à Vienne, devint bibliothécaire de l'empereur; tous ces Fuseli étaient gens actifs et capables. C'est sans doute durant cette résidence passagère dans sa ville natale, qu'il peignit les deux tableaux conservés encore à Zürich : son propre portrait avec celui de son ancien professeur, Bodmer, sur la même toile, et la *Fédération des fondateurs de la liberté* en Suisse. En 1779, il rentrait à Londres, plein d'espoir, et dans les conditions les plus favorables.

A la vérité, l'école anglaise était alors dans tout son éclat, et les places semblaient prises par Reynolds et Gainsborough, par Benjamin West, par Barry, qui était en train d'exécuter ses gigantesques peintures aux Adelphi, par Romney, arrivant aussi d'Italie tout récemment, en 1775, et déjà célèbre. A eux cinq ils traitaient tous les genres : le portrait, l'histoire, la mythologie, la théologie, l'allégorie.

Fuseli ambitionna de s'approprier le genre de la poésie fantastique, et, après avoir débuté, aussitôt son retour de Rome, par un *Œdipe*, il exposa, en 1782, un *Cauchemar*, — *the Nightmare*, — c'est le titre de sa première œuvre qui entraîna la faveur publique. Cette composition bizarre prouva, dit Allan Cunningham, « une invention vraiment originale. Le sujet convenait à la fantaisie *débridée* du peintre, et peut-être l'ennemi qui torture notre sommeil n'apparut jamais à aucune autre imagination sous une forme plus poétique. » « Le génie extraordinaire et singulier qui s'y déploie, dit un autre biographe de Fuseli, fut universellement apprécié, et peut-être aucune peinture n'a jamais fait une plus grande sensation dans ce pays. Raphaël Smith en publia une belle aquatinte, qui devint si populaire, qu'elle produisit à l'éditeur un bénéfice de 500 £. » — Fuseli n'avait vendu le tableau que 20 guinées.

Le *Cauchemar*, ou mieux encore l'*Incube*, représente une femme nue, étalée de travers en travers de la toile, la tête déjetée en bas et les cheveux épars, la poitrine oppressée sous l'étreinte d'une sorte de singe accroupi, pendant qu'un autre monstre souffle une vapeur empestée entre les rideaux de cette couche maudite.

En effet, Fuseli se révèle tout entier dans ce « mauvais rêve. » Lui-même n'a jamais été qu'un *succube* tourmenté par je ne sais quel singe, à la fois grotesque et terrible.

Le voilà donc en veine et déjà soulevé par un flot sympathique. Nouvelle chance : à un dîner chez Boydell fut arrêté le plan de la publication d'une *Galerie de Shakespeare*, dont l'idée première a été attribuée à Romney, à West, à d'autres encore, et appartient probablement à Fuseli, qui, à Rome déjà, pendant ses rêveries horizontales sous les voûtes de la Sixtine, s'était figuré un magnifique palais dont il décorait les murailles avec les créations shakespeariennes. Cette *Galerie de Shakespeare* coûta bien des soins et bien de l'argent aux Boydell, à cause des rivalités et des caprices des artistes qui y contribuèrent. Personne ne s'y consacra avec autant de cœur et d'activité que Fuseli. Il choisit, par goût, dans l'œuvre du plus audacieux des poëtes, les passages les plus « sauvages, » et il les traduisit « avec une sorte de bonheur et de vigoureuse extravagance, qui épouvantèrent le vulgaire. » Sur les huit tableaux qu'il fournit à la *Galerie de Shakespeare*, les plus remarqués furent les sujets empruntés à la *Tempête*, au *Songe d'une nuit d'été*, au *Roi Lear*, et surtout la scène du fantôme dans *Hamlet*.

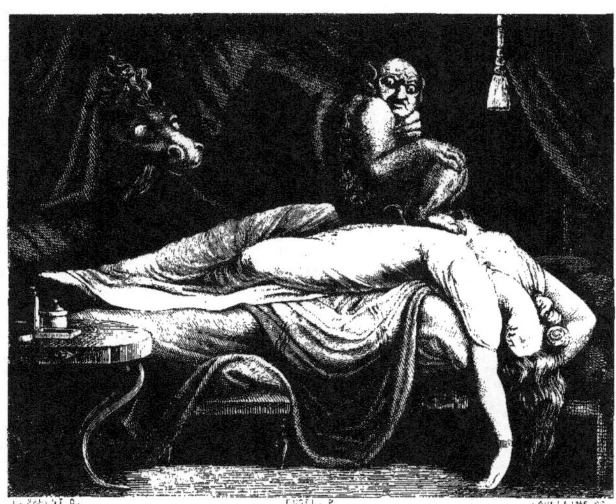

FUSELI P. — J. GUILLAUME SC.

LE CAUCHEMAR.

Suivirent d'autres peintures empruntées à Dante, une *Francesca e Paolo*, — à Virgile, une *Didon*, — à Sophocle, un *Œdipe*, — à Boccace, un épisode de *Théodore et Honorio*, exécuté pour Horace Walpole, sur la recommandation du peintre Cipriani. Dans tout cela Fuseli mettait son étrangeté hardie, et il étonnait du moins ceux dont il ne forçait pas l'approbation.

En dix années, depuis son retour d'Italie, il avait conquis une position éminente dans l'école anglaise, et l'Académie royale se l'adjoignit à titre d'associé. Vers le même temps, 1788, il prit une maison, avec atelier et galerie, dans un quartier distingué, Queen Ann street East, et une femme, Sophia Rawlins, qui se trouva faite comme exprès pour lui, qui ne s'effaroucha point de ses lubies et de ses accès fantasques. Opie a peint le portrait de cette bonne mistress Fuseli, si patiente, si discrète et si fidèle, dans la vie commune avec son terrible petit homme, si irritable, si bourru, si sarcastique, si orgueilleux et si théâtral.

Deux ans après, 1790, Fuseli entrait à l'Académie. Reynolds, toujours opposé aux artistes dont la popularité l'offusquait, soutenait la candidature de l'architecte Bonomi. Fuseli, le rencontrant un jour, lui dit : — Je désire être nommé de l'Académie ; j'ai été désappointé jusqu'ici par les intrigues de prétendus amis. Vous serait-il désagréable que je me portasse à la prochaine élection ? — Oh ! non, répondit Reynolds d'un air très-aimable, non; ça ne me contrarie pas... Mais vous ne pouvez cette fois, car il faut que nous ayions parmi nous un architecte. — Bon, bon, dit Fuseli avec ironie, vous déclarez que ma candidature ne vous blesse pas, alors j'en ferai l'expérience. — Et, malgré le président, Fuseli fut élu.

Il continuait toujours de fréquenter la maison de son vieil ami Johnson le libraire. C'est chez lui qu'il rencontra une femme très-excentrique, miss Mary Wolstonecraft, avec laquelle il eut une liaison romanesque qui ne laissa pas que d'inquiéter mistress Fuseli. Quoiqu'il eût alors la cinquantaine, miss Mary était tombée amoureuse de lui à première vue. Miss Mary était une sorte de philosophe sentimentale, formée par la lecture de la *Nouvelle Héloïse* et tout émouvée par le bruit de la Révolution française, qui commençait. Fuseli se prêta à ses avances, « prit les airs langoureux d'un Corydon » et s'enfonça dans les mystères de l'amour platonique. Leur intimité dura quelque temps, mais, sans doute, elle ne satisfit guère l'ardente Mary, qui, brusquement, en 1792, quitta Londres et alla chercher des distractions au milieu du mouvement révolutionnaire, à Paris. Ce qu'il y a de curieux, c'est que cette aventure a été racontée dans ses détails par un romancier anglais assez célèbre qui épousa plus tard l'étrange amoureuse du vieux Fuseli.

De son côté, Fuseli se consola en s'absorbant dans une gigantesque entreprise, dont l'ami Johnson était l'éditeur, avec le concours du poëte Cowper. Il s'agissait de publier un magnifique *Milton*, illustré de gravures, qui surpassât, s'il était possible, le superbe *Shakespeare* des Boydell. Cet ouvrage, commencé en 1791, fut terminé en 1800. Il contient quarante-six sujets gravés d'après Fuseli. Lorsque ces peintures de la *Miltonic Gallery* furent exposées publiquement, on s'aperçut, dit Allan Cunningham, « que le génie du peintre n'était pas du même ordre que le génie du poëte. » Je le crois bien! Encore les fantasmagories du *Paradis perdu* excusent-elles souvent les extravagances du traducteur plastique.

Durant l'exécution de ces nombreux tableaux, Fuseli avait eu souvent recours à l'obligeance financière du riche banquier Coutts, qui déjà l'avait aidé autrefois, quand il étudiait à Rome, et qui fut toujours de ses amis jusqu'à la fin. Par reconnaissance, il voulut un jour lui offrir la *Maison de Lazare*, qui passe pour la meilleure œuvre de sa *Galerie miltonienne*. — Mon ami, répondit M. Coutts, accepter cette peinture, ce serait vous voler et voler le monde. Je n'ai pas où la mettre convenablement pour qu'elle soit admirée. Envoyez-la à quelque riche amateur qui ait une galerie. Votre offre généreuse me suffit, et elle règle tout entre nous.

Quelques-unes de ces peintures restèrent longtemps sans trouver acquéreur. Lorsqu'en 1808, M. Knowles, qui, plus tard, publia une biographie de Fuseli, vint pour lui acheter le *Spectre de la nuit :* — C'est une de mes bonnes créations, et cependant personne jusqu'ici ne m'en avait seulement demandé le prix, dit tristement l'artiste. Il faut, jeune homme, un esprit bien poétique pour sentir et aimer un pareil tableau. — Fuseli, d'ailleurs, se flattait volontiers que sa traduction en peinture aurait le sort du poëme original : qu'après une période d'indifférence ou d'oubli, elle aurait des siècles de gloire.

Homère aussi l'avait occupé longtemps vers cette même époque. Cowper en préparait une traduction anglaise, et les savants commentaires de Fuseli sur le texte grec lui furent fort utiles : « Cet homme est vraiment extraordinaire, disait de lui Cowper dans une lettre à son éditeur, car non-seulement il est très-versé dans la langue grecque, mais, quoique étranger, c'est un maître dans notre langue, et il a un sentiment exquis de la poésie anglaise. » Pour les langues, en effet, Fuseli était prodigieux ; il parlait grec, latin, italien, espagnol, allemand, danois, hollandais, anglais et français, et quelquefois, dans ses boutades colériques, il entremêlait tous ces idiomes. Lui-même disait plaisamment : — Ça m'est bien commode de pouvoir laisser évaporer mes folies ou mes fureurs en neuf langues différentes !

Dans l'édition de l'Homère par Cowper, beaucoup de notes portent les initiales de Fuseli, qui pendant cinq années prêta son concours au traducteur, avec un désintéressement absolu et « par pur amusement ; » et lorsque parut l'*Iliade*, en 1793, il publia un article très-judicieux dans la *Revue analytique*, recueil auquel il donna souvent des écrits sur l'histoire naturelle, sur la littérature classique et sur les beaux-arts. Il s'amusait aussi à improviser des vers grecs et à embarrasser les hellénistes en feignant de se rappeler ces passages de quelque poëte antique.

Sa fécondité en toutes choses était inépuisable. Il a illustré de ses dessins une grande édition de Shakespeare, une Bible, et, en collaboration avec Richard Westall, une splendide édition du Nouveau Testament.

Lorsque la place de professeur de peinture à l'Académie eut été retirée à Barry en 1799, Fuseli, nommé par acclamation, fut bien heureux de remplir cette charge, surtout de prononcer des discours qui passionnèrent

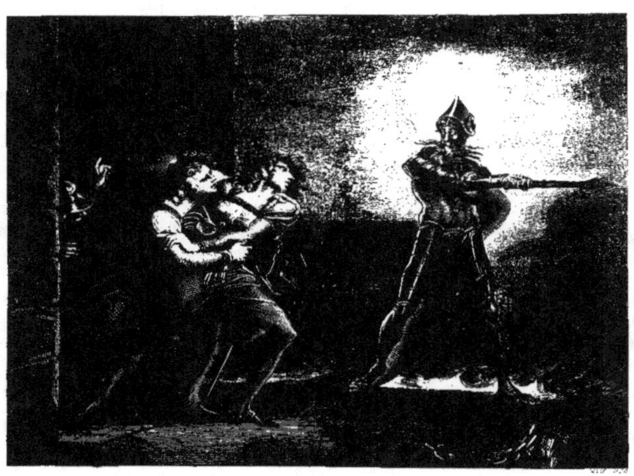

HAMLET ET LE SPECTRE

son auditoire. Sur neuf de ces *lectures* académiques, six ont été imprimées; elles traitent de l'Art ancien, de l'Art moderne, de l'Invention, de la Composition, de l'Expression et du Clair-obscur. Les *Discours* de Reynolds, ayant été traduits en français, sont assez connus en France; ceux de Fuseli mériteraient de l'être : une science encyclopédique, une esthétique quelquefois baroque, souvent très-profonde, les plus drôles de paradoxes à côté d'observations extrêmement sagaces, des élans poétiques et des bouffonneries, de la sensibilité et du sarcasme : il y a de tout. Michel-Ange, bien entendu, occupe un trône suprême au-dessus des autres grands dieux de l'art, mais les Italiens de la belle époque y sont glorifiés avec une originalité brillante. Rembrandt lui-même y est très-bien apprécié, comme un génie de premier ordre, « en tout ce qui ne concerne pas la forme, » et comme un pendant à Shakespeare.

C'était pour ses contemporains et ses rivaux, même les plus illustres, que Fuseli réservait sa causticité railleuse : il dédaigne les « banalités » de Hogarth ; il dédaigne Reynolds, un « peintre de portraits, et rien de plus[1] ; » il dédaigne Gainsborough, dont il affecte de ne pas même savoir le prénom ; il dédaigne les paysagistes, qu'il appelle des « topographes. » Le jour où il les qualifiait ainsi, Turner, précisément, assistait à la séance et, sur ce mot méprisant, Beechey le portraitiste, assis près de Turner, lui poussa le coude. Vint le tour des peintres de portraits, « à qui des badauds donnent quelques guinées pour faire peindre leurs têtes insignifiantes. » Turner, à son tour, pousse le coude à Beechey. La lecture terminée, Sir William Beechey l'académicien s'avance vers son confrère Fuseli : — Comment pouvez-vous abimer ainsi les pauvres ouvriers en portraiture ? — Ce n'est pas vous, Sir William, répondit le professeur, je ne parle que des détestables fous qui vous emploient.

Dans ses lectures, qui sont des espèces de prédications, dans ses écrits, dans sa conversation familière, comme dans sa peinture, Fuseli exprime sans cesse son horreur de tout ce qui adhère à la nature, de tout ce qui représente la vie réelle, de tout ce qui est simple et humainement vrai. — Il affirmait souvent que l'Académie volait les classes agricoles et industrielles, et que beaucoup de sculpteurs et de peintres seraient plus utiles à la société et à eux-mêmes en prenant la charrue du paysan, le rabot du menuisier ou les ciseaux du tailleur. Ce Fuseli était, on le voit, une sorte de romantique à sa manière et avant l'heure.

La paix d'Amiens ayant rouvert Paris aux Anglais, il alla visiter le Louvre, déjà plein de trésors ravis à l'Europe par les armes. Il avait l'intention de publier quelque « dissertation » sur le musée français, mais la reprise des guerres l'en détourna, et il se mit à un autre ouvrage, à une édition revue, corrigée et augmentée, du *Dictionnaire des Peintres*, de Pilkington, laquelle parut en 1805, avec environ deux cents nouveaux noms d'artistes, la plupart sans valeur historique, introduits dans cette nomenclature.

Vers cette époque, il s'amouracha des poésies scandinaves de Gray, et il leur emprunta plusieurs sujets : le *Barde*, la *Descente d'Odin*, etc. La mythologie barbare du Nord lui allait même bien mieux que la sereine mythologie de Milton, et le tableau qu'il donna à l'Académie, comme souvenir de sa réception dans le noble corps, fut le dieu *Thor terrassant le Serpent*, œuvre si peu saillante, malgré sa bizarrerie pastichant le grandiose, que personne ne l'a remarquée à Manchester. C'était pourtant, avec un autre sujet scandinave appartenant à M. Ambrose Lace, la seule peinture du glorieux Fuseli à cette exhibition universelle, où tous les maîtres de l'ancienne école anglaise ont en quelque sorte ressuscité, pour se faire voir et consacrer par l'Europe actuelle.

A la mort de Wilton le sculpteur, Fuseli devint directeur[2] de l'Académie royale, et il quitta Berners street, où il demeurait depuis environ deux ans, pour s'installer dans le domicile officiel de Somerset House. Cette fonction lui assurait, outre le logement, un salaire convenable ; elle l'obligeait, il est vrai, à résigner l'emploi de professeur, qu'il reprit, peu après, à la mort d'Opie, en 1807.

Comme directeur de l'Académie, il eut du succès et fit beaucoup parler de lui. Il avait pris la chose à cœur, et il jouait les plus réjouissantes comédies dans les ateliers d'étude et dans les salles d'exposition. On remplirait un volume de ses pasquinades et de ses saillies avec les élèves confiés à sa surveillance. Ils l'aimaient d'autant plus et s'en amusaient. Comme témoignage de leur sympathie, ils lui offrirent, en 1807, un vase d'argent ciselé d'après les dessins de Flaxman.

Vieillard maintenant, il avait toujours, et davantage peut-être, l'esprit mordant et satirique de sa

[1] Un soir, dans un salon, Lawrence, discourant sur ce qu'il appelait la grandeur historique de Reynolds, le comparait au Titien et à Raphaël. Fuseli, tout enflammé, s'écria : — Quel blasphème ! Vous me rendrez fou ! Reynolds et Raphaël ! un nain et un géant ! — Et il se sauva en murmurant des imprécations. Lawrence courut après lui et le ramena. Ils étaient d'ailleurs assez bien ensemble, sauf les boutades de Fuseli. Il faut remarquer que Lawrence était alors un jeune homme presque à son début, et qu'il avait vingt-cinq à trente ans de moins que Fuseli.

[2] Le mot anglais — *keeper* — devrait être traduit littéralement par *teneur*, celui qui tient l'établissement, qui y demeure, le conserve et le dirige. Le keeper de l'Académie est le surveillant général de l'institution et des classes d'élèves, le véritable instrument directeur des études, un fonctionnaire actif et de tous les jours, tandis que la *présidence* de l'Académie est plutôt une fonction honorifique qui joue son rôle dans les solennités.

jeunesse ; il en avait à profusion avec ses jeunes étudiants, il en avait surtout contre ses confrères. Son ami Northcote était de ceux qu'il épargnait le moins. Un jour que Northcote lui montrait un tableau représentant la *Rencontre de l'Ange et de Balaam* avec son âne : — Aimez-vous cela ? demanda Northcote? — Excessivement, répondit Fuseli. Vous avez peint comme un ange l'âne, mais vous avez peint comme un âne l'ange [1].

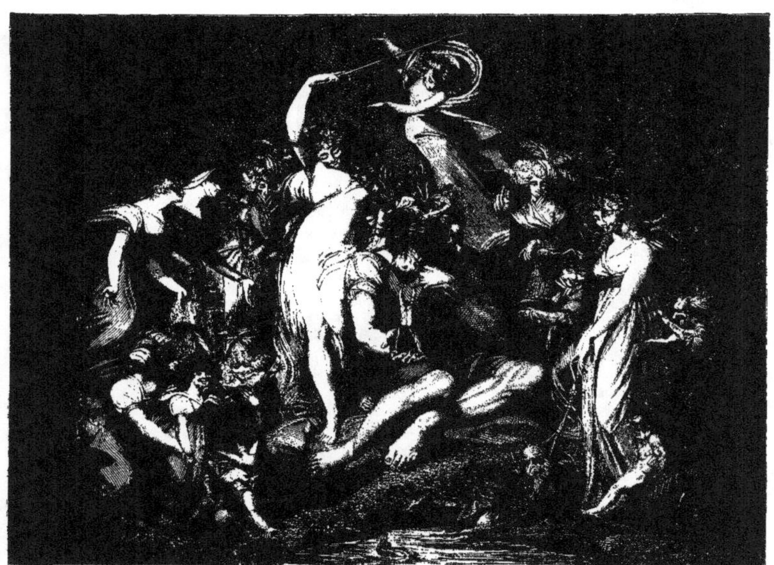

TITANIA ET BOTTOM [2].

Avec Nollekens, le froid sculpteur, il était encore sans merci. Un jour, à un dîner chez M. Coutts le banquier, mistress Coutts, costumée en Morgiana, entre en dansant et s'en va toucher de son poignard la

[1] Il est assez difficile de conserver dans la traduction l'esprit abrupt de ces bons mots : — *Vastly, Northcote, said Fuseli, you are an angel at an ass, but an ass at an angel.* Mot à mot : Vous êtes un ange pour faire un âne, — mais un âne pour faire un ange.

[2] *Le Songe d'une nuit d'été*, comédie de Shakspeare, a fourni ce sujet : on y voit, acte 4, scène 1, Titania, qui, agissant sous l'influence du charme qu'Obéron a répandu sur elle, épuise ses plus tendres soins auprès de Bottom : celui-ci est métamorphosé, et se trouve couché sur *un lit de fleurs*, pendant que les fées à l'entour se pressent de remplir ses volontés *asinesques*. Le génie poétique de Fuseli s'est saisi de cette scène avec un enthousiasme semblable à celui de l'immortel Barde. La reine

poitrine de chaque convive. Lorsqu'elle arrive près de Nollekens, faisant le geste de frapper : — Frappez, frappez sans crainte! s'écria Fuseli. Nolly (diminutif familier pour Nollekens) est connu pour n'avoir pas de sang.

Un jour que Blake, ce peintre encore bien plus excentrique que Fuseli, lui montrait une de ses œuvres mirobolantes : — Et, demanda Fuseli, quelqu'un vous a dit que c'était superbe? — Oui vraiment, répondit Blake, la Vierge Marie m'est apparue (Blake vivait au milieu de visions surnaturelles), et elle m'a assuré que c'était très-beau. Qu'avez-vous à dire contre cela? — Pourquoi pas! s'écria Fuseli. J'ai à dire que Sa Seigneurie la Vierge n'a pas un goût immaculé.

Une scène très-amusante, et qui ferait bien dans un vaudeville du Bourru spirituel, est celle-ci : un monsieur très-honnête, ayant affaire au directeur de l'Académie, entre chez Fuseli sans laisser au concierge le temps de l'annoncer : — J'espère, dit-il, avec d'humbles salutations, que je ne vous dérange pas... — Vous me dérangez, répond Fuseli d'une voix revêche. — Oah... Alors, monsieur, je reviendrai demain, s'il vous plaît. — Non, monsieur, car alors vous m'importuneriez une seconde fois... Contez-moi votre affaire tout de suite.

En 1817, Fuseli reçut de Rome le diplôme de première classe de l'Académie de Saint-Luc. En conscience, il le méritait bien. Personne n'était plus Italien que lui, à ce moment-là, et n'avait un pareil fanatisme pour la quintessence de l'art[1].

De 1817 à 1825, il exposa à l'Académie une douzaine de tableaux; les plus admirés furent un *Persée*, une scène de *Théodore et Honorio*, de Boccace, le *Dante apercevant les ombres de Paolo et Francesca*, *Thésée, Ariadne et le Minotaure*, *Comus* d'après Milton, et un sujet d'après Théocrite.

fée est représentée sous la forme la plus aimable et la plus attrayante; elle appelle à son secours une troupe d'esprits aériens qui se précipitent joyeusement autour d'elle pour remplir les ordres de leur fantasque maîtresse et de Bottom le tisserand, *la joie de son cœur*. Le lutin chevaleresque qui entreprit le combat avec *le bourdon aux cuisses rouges sur une fleur de chardon*, et *la fée déterminée qui osa fouiller dans le magasin de l'écureuil pour en apporter des noix nouvelles*, reçoivent chacun leurs différentes commissions: le très-complaisant Fleur-de-Pois gratte la tête d'âne avec une gaieté malicieuse; Grain-de-Moutarde, sur la pointe des pieds, dans la main de Bottom, se prépare à aider de toutes ses forces *le cavalier Toile-d'Araignée à gratter*; un esprit follet apporte *le picotin d'avoine, cette bonne avoine sèche* dont le tisserand athénien désirait si ardemment se régaler. Ils sont environnés d'une multitude d'êtres fantastiques, chacun occupé selon que le dicte le caprice du moment; tout respire le plaisir et la joie. La fertile imagination du peintre a produit un tableau qui aurait pu satisfaire Shakspeare même. G. H.

[1] C'est surtout dans sa *Lecture* sur l'Invention qu'il a formulé son esthétique ambitieuse : « Le principe de l'Invention, dit-il, est la forme dans sa plus large signification, c'est-à-dire l'univers visible qui enveloppe nos sens, et sa contre-partie, cet univers invisible qui n'apparaît qu'à notre esprit. L'esprit découvre, choisit, combine le possible et le probable, de manière à frapper par un air de vérité et de nouveauté. Le possible, strictement parlant, signifie un effet résultant d'une cause, un corps composé d'éléments matériels, une combinaison de formes qui n'impliquent en elles-mêmes ni contradiction, ni absurdité. Mais, relativement à l'art, le possible prend un sens plus étendu : il s'entend de formes composées d'éléments hétérogènes et incompatibles par eux-mêmes, mais rendus plausibles à nos sens... à ce point que les anciens ont représenté ce qui semble impossible, etc. » — Et par suite de ces belles théories sur la représentation de l'impossible, Fuseli s'égara dans un véritable mysticisme pittoresque.

Avec de pareilles idées, il est très-singulier qu'il ait pu comprendre Rembrandt, qu'il ait apprécié avec justice ce grand génie si sincère, si humain, si naïf dans son incomparable originalité. « Rembrandt, dit-il, est un génie de première classe en tout ce qui ne concerne pas la forme. Malgré des difformités monstrueuses, et sans tenir compte de son clair-obscur, telle fut la puissance dont il était naturellement doué, telles la grandeur et la simplicité de ses compositions, dans les sujets les plus élevés et les plus vastes, ou les plus modestes ou les plus familiers, que la sensibilité la plus épurée et le goût le plus raffiné sont forcés à l'admiration. Shakespeare seul excepté, personne n'a amalgamé avec des qualités si sublimes tant de fautes impardonnables à d'autres hommes, mais que lui et Shakespeare savent se faire pardonner. Rembrandt posséda le souverain empire de la lumière et de l'ombre, et de toutes les teintes intermédiaires entre l'une et l'autre. Tous les caprices de la lumière, il a su les rendre, et il a fait voir clair dans les ténèbres. Il a exprimé les phénomènes les plus fantasques de la nature, il l'a saisie dans ses profondeurs, il a donné de l'intérêt même à la vulgarité, il a fait éclore des fleurs dans chaque désert. Personne n'a jamais su comme Rembrandt interpréter la variété dans ce qui est beau et donner de l'importance aux moindres bagatelles. S'il n'a jamais eu de maître, il n'a point eu non plus de continuateurs. La Hollande n'était point faite pour apprécier toute sa puissance, etc. »

La gravure aidait beaucoup à la réputation de Fuseli, en donnant seulement la composition et le dessin de ses œuvres, et en quelque sorte un carton monochrome de ses peintures, car il n'eut jamais aucune qualité quelconque de praticien en général, ni surtout de coloriste.

Ce Suisse naturalisé Anglais fut ainsi le précurseur de l'école allemande, si vantée — et si contestée — en ces derniers temps. Je ne sais plus quel critique a écrit : « Le gigantesque pris pour le grandiose, la bizarrerie pour l'originalité, l'exagération pour la hardiesse, sont le cachet du style de Fuseli. » Comme les génies de l'école de Munich, il imaginait les plus hauts symboles et croyait que la peinture pouvait exprimer tous les mythes de la philosophie transcendante, toutes les rêveries plus ou moins poétiques. — A chaque art son domaine.

Moses Haughton fut un des meilleurs interprètes de Fuseli, et il a gravé, sous les yeux du maître, la *Maison de Lazare*, le *Fantôme* d'Hamlet, et quelques autres sujets de Milton et de Shakespeare, dont les épreuves sont très-rares aujourd'hui. Le cabinet des Estampes de Paris n'a qu'une demi-douzaine de gravures d'après Fuseli : le *Cauchemar*, la *Sorcière* de Macbeth, un *Falstaff* du Roi Henry IV, une *Vision du prince Arthur, Caïn et Abel*, et deux ou trois *fac-simile* de dessins très-énergiques, dans le style de Michel-Ange. On trouve aussi dans le quatorzième volume de Reveil, consacré à l'école anglaise, la *Mort d'un réprouvé*, d'après Milton.

Jusqu'à son extrême vieillesse, Fuseli conserva toujours la santé et l'activité : — J'ai été un homme heureux, disait-il, âgé de plus de quatre-vingts ans, car j'ai toujours été bien portant, et j'ai toujours fait ce qui m'a plu. — Ses habitudes de vie avaient toujours été simples et régulières. Il se levait très-matin, — comme tous les hommes qui réussissent dans le monde ; il peignait tout le jour et il lisait le soir.

Son ancien camarade Lavater a laissé de lui un portrait assez juste, quoique très-exagéré : « La courbe que décrit son profil est assurément des plus remarquables; elle indique un caractère énergique et indomptable. Le front, par ses contours et son inclinaison, annonce le poëte plus que le penseur, la force plus que la grâce, le feu de l'imagination plus que la froideur de la raison. Le nez semble être le siége d'un génie intrépide. La bouche promet un esprit appliqué et précis, bien qu'il faille à cette individualité les plus grands efforts pour finir la moindre œuvre. Chacun peut voir que ce caractère n'est pas dénué d'ambition, et que le sentiment de son propre mérite ne lui échappe point. On peut deviner aussi qu'il est enclin à des émotions impétueuses, mais on dira qu'il aime avec tendresse, avec une chaleur même excessive. Quoique capable des plus grandes actions, la moindre complaisance lui coûte. Son imagination aspire toujours au sublime et se délecte avec les prodiges. La nature l'a destiné à être un grand poëte, un grand peintre et un grand orateur, mais, pour emprunter ses propres expressions, « le destin inexorable ne proportionne pas toujours la puissance à la volonté; elle accorde parfois une volonté immense à des esprits dont les facultés sont bornées, tandis que bien souvent elle associe aux plus hautes facultés une volonté faible et impotente. »

Allan Cunningham a peint Fuseli en quelques traits plus réels : « Fuseli était petit, svelte, toujours en mouvement, et, par la véhémence de ses gestes, il semblait chercher à occuper autant de place qu'un homme de plus grande stature. Son front était haut, son regard orgueilleux et sarcastique, quoiqu'il eût la vue très-basse ; sa voix était forte et impérieuse... Trop souvent il était morose, désagréable, dédaigneux... etc., etc. » — Et le biographe raconte quantité d'anecdotes qui confirment cette appréciation.

Comme artiste, Allan Cunningham apprécie Fuseli de la manière suivante : « Ce n'était pas un timide aventurier dans les régions de l'art, mais un homme singulièrement audacieux. Il ne se plaisait que dans les sujets grandioses, sauvages, merveilleux... Les humbles réalités de la vie, il les considérait comme indignes de son pinceau, et il ne le consacrait qu'aux drames terribles où l'imagination peut déployer toute son énergie... Il ne sympathisait qu'avec les demi-dieux de la poésie, et il *rôdait* à travers Homère, et Dante, et Shakespeare, et Milton, pour y trouver de nobles inspirations. Il aimait à se mesurer avec ce qu'il croyait trop fort pour les autres hommes. Il s'établissait exprès au milieu du chaos, et il s'efforçait d'y introduire l'ordre et la beauté... etc. »

Le comte de Guildfort avait été un des principaux patrons de Fuseli. Un jour que le vieux peintre était en visite chez la comtesse, à Putney Hill, et qu'il se préparait à retourner à Londres, pour dîner avec quelques amis, Rogers, le banquier poëte, le savant Ottley et Thomas Lawrence, tout à coup il se sentit indisposé. On le mit au lit, on appela les plus habiles docteurs, lady Guildford et ses filles l'entourèrent de soins; mais sa vie était à bout. Il vit bien que c'était fini, et il contempla la mort avec un calme parfait : — Mon ami, dit-il à M Knowles, qui était accouru de Londres, je pars pour un voyage dont aucun voyageur ne revient.

Lawrence, qui l'admirait et l'aimait, ne le quitta presque plus. Le matin du cinquième jour, Lawrence n'étant pas encore là, Fuseli fut pris d'agitation, jeta des regards égarés tout autour de la chambre, et cria plusieurs fois : — Lawrence est-il arrivé? — Il crut entendre le bruit de la voiture qui chaque jour amenait de Londres son ami, il se souleva un peu et retomba mort. C'était le 16 avril 1825.

W. BÜRGER.

RECHERCHES ET INDICATIONS

Fuseli a exposé aux exhibitions de l'Académie environ soixante-dix tableaux, mais il en a peint plusieurs centaines, qui entrèrent dans les collections des amateurs les plus distingués, chez lord de Tabley, chez lord Guildfort (plus de quarante), chez M. Roscoe, l'auteur de la *Vie de Léon X*, chez Thomas Lawrence, etc., etc.

Le nombre de ses esquisses dépasse huit cents! Car il employait toutes ses heures de loisir à faire des esquisses ou des dessins d'après ses lectures, ou d'après les fantaisies qui lui passaient par la tête. « Ceux qui n'ont vu que les peintures de Fuseli, dit un de ses biographes, ne connaissent guère l'étendue de son génie. Pour avoir une idée de sa science et de son imagination, il faut avoir vu ses dessins. La variété, le sentiment poétique et la grandeur historique de ces ébauches sont vraiment prodigieux. On s'étonne de n'y point rencontrer les extravagances de tournure et de mouvement qui offusquent dans ses tableaux de large dimension; au contraire, la plupart de ses dessins sont d'une exécution simple et sereine... » — Lawrence en possédait plusieurs portefeuilles très-curieux.

Outre ses *Lectures*, outre l'édition nouvelle du *Dictionnaire des Artistes*, et sans parler des brochures de toute sorte que Fuseli avait publiées dans sa jeunesse, il a encore écrit un volume d'*Aphorismes sur l'Art*, et il avait commencé une *Histoire de la Peinture*; mais ce travail, qui s'arrête à Michel-Ange, n'a jamais été publié.

Nous avons déjà cité, comme ses biographes principaux, Allan Cunningham (80 pages de son ouvrage) et J. Knowles (2 volumes, London, 1831); on trouve encore un résumé de sa biographie dans Nagler, t. IV, 1837, et divers renseignements dans Fiorillo, dans le *Kunstblatt*, année 1826, dans le *Kunstreise* de M. Passavant, dans les livres de M. Waagen, etc., etc.

Voici la signature de Fuseli :

Hy Fuseli

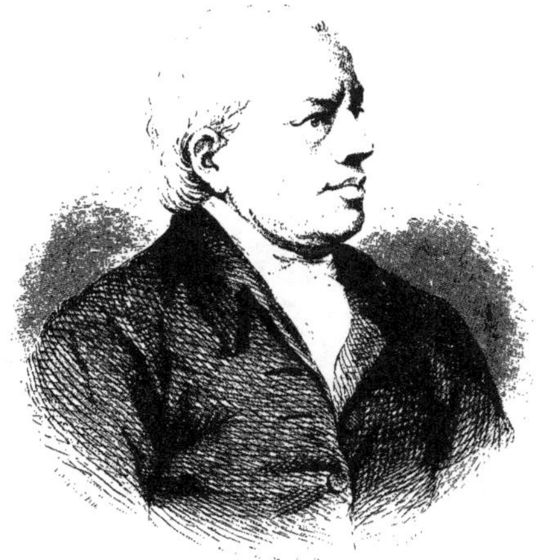

École Anglaise — *Allégorie, Poésie, Histoire*

JAMES BARRY

NÉ EN 1741. — MORT EN 1806.

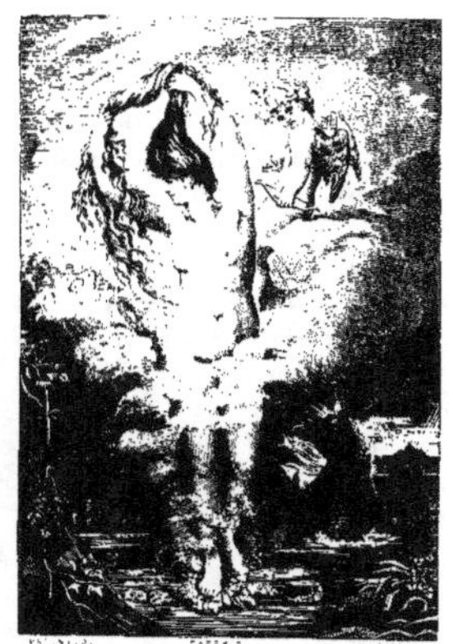

Le tourment de l'école anglaise fut toujours pour la grande peinture, historique, allégorique, poétique. Un peuple qui a produit Shakespeare, Milton, Byron et tant d'autres génies littéraires, peut bien avoir cette prétention-là. Que de tentatives firent les peintres anglais, à la fin du dix-huitième siècle, pour créer des œuvres sublimes comme celles de Michel-Ange, pour interpréter la Bible et Homère, Dante et Shakespeare, pour fixer en images les plus hauts faits de la tradition ou les rêves les plus audacieux de la poésie! Depuis Fuseli jusqu'à Martin et Turner, que de fantasmagories ont été ébauchées sur des toiles immenses! Et c'est une chose admirable de voir comme la nation anglaise a toujours exalté ces ambitieux chercheurs de quintessence. Tous, ils eurent leurs fanatiques, leurs explicateurs, leurs biographes, leurs panégyristes.

James Barry est le représentant le plus inflexible de cette tendance de l'école anglaise. Sa vie entière fut consacrée à prêcher, par ses écrits et ses tableaux, un art grandiose, surhumain, — impossible peut-être, — et assurément en dehors des moyens de la peinture. Maniaque héroïque, qui, avec une intelligence profonde et son dévouement absolu, avec du génie même, n'existe pas cependant comme peintre[1], quoiqu'il ait eu la chance de couvrir de ses compositions gigantesques les murs d'un vaste édifice et qu'il ait laissé quantité de tableaux où il se flattait d'avoir réalisé son utopie. Lui aussi fut un précurseur de ces peintres allemands — « qui ne peignent pas. » — mais qui font peindre par des praticiens leurs combinaisons métaphysiques. Barry exécutait de sa propre main, il est vrai, ses épopées mirobolantes, mais il affectait de mépriser les procédés mêmes de son art, et Constable a pu écrire de lui : « Barry pense que pour être grand il doit rejeter les qualités propres à la peinture : de là, son dessin cerclé de fer (*iron bound*) et ses lumières cuivrées (*brazen lights*)... etc. »

Ce qui explique le succès de Barry à son époque[2], c'est que l'Angleterre était alors dans l'enfantement d'une école nationale. Elle avait eu Hogarth, un caricaturiste; elle avait bien Reynolds, un vrai peintre, mais surtout portraitiste; Gainsborough, un vrai peintre, mais que l'on considérait surtout comme un paysagiste. Elle aspirait à s'élever au dessus des spécialités et des genres, à produire de la grande peinture. Aussi les « grands morceaux » ambitionnant de représenter de grandes idées ou de grandes actions étaient-ils alors applaudis avec un orgueilleux aveuglement. C'est à cette même cause qu'il faut attribuer également la popularité de Benjamin West, de Fuseli et de quelques autres.

Barry est donc, pour l'esthétique et pour la critique en général, un type très-curieux dans l'histoire de l'école anglaise, et sa biographie est extrêmement intéressante quand on veut étudier les drames de l'esprit et du caractère des artistes.

Son père, d'abord architecte constructeur, puis capitaine d'un navire marchand, descendait, à ce que prétend un biographe, de la famille des comtes de Barrymore. Il voulut faire un marin du petit James, né à Cork, le 11 octobre 1741. Mais l'enfant, au lieu de manier les agrès, s'esquivait pour dessiner ou pour lire. Force fut de le rendre à la terre ferme, et à la bonne mère qui acceptait ses fantaisies.

De son enfance, mille contes : comme quoi il achetait des couleurs et passait les nuits à barbouiller du papier; comme quoi il débitait à ses camarades d'école des maximes originales, se costumait singulièrement, affectait des habitudes austères et se complaisait surtout dans la compagnie des hommes d'âge et de savoir, etc. — A tout prodige, ses petites légendes.

Il paraît qu'à douze ou quinze ans il faisait déjà des dessins pour un éditeur; puis, ce furent des tableaux à l'huile : *Énée*, le *Christ*, *Suzanne*, *Daniel*, *Abraham*; puis, un sujet emprunté à la tradition de l'Église irlandaise : la *Légende de saint Patrick* : car James avait été élevé dans le catholicisme par sa mère, quoique le père fût protestant, et cette première éducation par des prêtres romains, livrés alors aux plus subtiles discussions, contribua sans doute à préparer le terrible ergoteur en matière d'esthétique.

La *Légende de saint Patrick*, exposée à Dublin, à l'exhibition de la Société pour l'encouragement des arts, des manufactures et du commerce, fut remarquée, et valut à Barry la sympathie et la protection d'Edmond Burke, qui demeura son ami et son conseiller, au travers de bien des vicissitudes ultérieures.

Barry s'établit donc à Dublin, y eut quelques succès, et fut bientôt appelé à Londres par Burke, qui le présenta au savant Stuart — Stuart l'*Athénien* — et à Reynolds. Il avait alors vingt-trois ans, et, se sentant « peintre d'histoire, » il se désespérait de ne pas aller perfectionner son talent à Rome, « dans la chapelle Sixtine, » suivant le conseil de Reynolds, quand son généreux patron Burke lui fournit les moyens d'un voyage en Italie, et lui assura une pension pendant le temps nécessaire à ses études.

En passant à Paris, il copia un *Alexandre* de Lesueur, qu'il envoya à Burke et qui eut l'approbation de

[1] « Avec de grandes prétentions et un véritable enthousiasme, il a laissé de belles leçons sur la peinture, — et des tableaux fort médiocres. » Amédée Pichot : *Lettres sur l'Angleterre*, 1826.

[2] « Jamais, dans aucun pays, l'art n'offrit de plus belles espérances qu'à l'époque où Reynolds présidait à la peinture du portrait, où Barry ennoblissait l'école historique, et où Flaxman répandait sur la sculpture son antique et sublime majesté... » E. L. Bulwer : *l'Angleterre et les Anglais*, 1833, traduction Cohen.

Reynolds. A Rome, il fut touché surtout par la statuaire antique, et il se permit des appréciations très-indépendantes sur Michel-Ange et Raphaël[1], et sur les autres demi-dieux de la Renaissance. Ses lettres excentriques à Burke scandalisèrent surtout Reynolds. Elles prouvent cependant un esprit très-perspicace, mais très-affolé d'une certaine majesté sereine et spiritualiste, aussi étrange que vraiment supérieure. Avec ses fantaisies baroques et sa fièvre de dispute envers et contre tous, il en était venu à s'aliéner tout son entourage en Italie, et presque son protecteur, si intelligent et si froid, le philosophe et politique Burke. Leur correspondance attache, émeut et fait beaucoup penser, à la fois sur les arts et sur la conduite de la vie[2].

Après cinq années de séjour à Rome, Barry en partit, le 22 avril 1770, pour visiter, en s'en retournant à

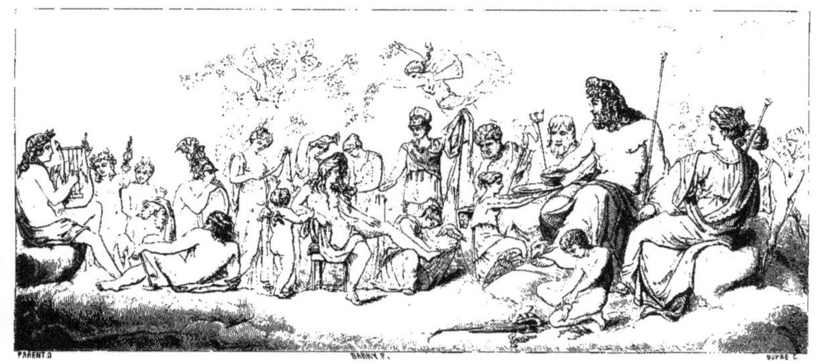

PANDORE.

Londres, la Haute-Italie. A propos de la galerie de Turin, il écrit : « Rubens, van Dyck, Teniers,

[1] Il se refusait à reconnaître dans leurs œuvres les proportions parfaites, la grâce et la simplicité qu'il admirait dans la statuaire grecque : « Je ne vois nulle part chez Raphaël, écrit-il, une figure que je puisse appeler vraiment et correctement bell., comme sont l'Antinoüs et la Vénus de Médicis, ni vraiment bonne, comme le buste d'Alexandre, ou sublime, comme l'Apollon. Pour des œuvres telles que le Torse, le Laocoon, et autres de caractere analogue, Raphaël n'avait rien de ce qu'il faut pour y réussir. Quant à ses cartons et à ses peintures du Vatican, ils ont sans doute plus d'expression passionnelle et plus de correction dans une certaine médiocrité de caractère : — un peu plus que dans ses autres productions et même que dans sa *Transfiguration*. Michel-Ange me semble encore moins près du prototype que Raphaël... etc. »

[2] Dans une des lettres de Burke on trouve la prédiction de ce qui devait arriver par la suite à Barry. Après l'avoir grondé de ses éternelles disputes avec tout le monde, Burke ajoute : « Vous viendrez ici (à Londres) : vous verrez ce que font les autres artistes et vous en direz votre avis : peu à peu vous produirez aussi vos propres œuvres. Elles seront soumises à des critiques diverses et vous les défendrez, et vous maltraiterez ceux qui vous auront attaqué. Il s'ensuivra des discussions et des défis. Vous fuirez vos confrères, et vos confrères vous fuiront. Pendant ce temps-là, les gentlemen et les amateurs éviteront votre accointance, de crainte de se trouver engagés dans vos querelles. Vous tomberez en détresse, ce qui augmentera encore vos dispositions querelleuses. Pour vous soutenir, vous serez obligé de produire à tout prix. Votre incontestable talent s'évanouira faute d'encouragement, et vous disparaîtrez du monde, désespéré et ruiné. Songez que vous êtes né pour servir et honorer notre pays, et non pour vous chamailler avec vos concitoyens, — et surtout que votre affaire est de peindre et non de disputer... »

Rembrandt, etc., sont hors de mon église!... etc. » Le rêveur idéal reniait ainsi, comme en mille autres occasions, les maîtres praticiens de son art, non pas toutefois sans une appréhension mélancolique : « Que Dieu vous soit en aide, mon pauvre Barry! s'écrie-t-il dans cette lettre. A quoi bon vos raffinements et tous vos antiques? Dans le pays où vous allez, c'est aussi le prestige de la couleur qu'il faudrait! Oh! puissé-je avoir le bonheur, en rentrant dans mon pays, de trouver quelque coin où peindre à ma guise, au milieu de mes esquisses, de mes livres, de mes plâtres d'après l'antique, et avoir seulement du pain à manger et un vêtement pour me couvrir!... »

Cette apostrophe personnelle, si triste et si touchante, se trouva être la prophétie du sort qui attendait Barry à Londres.

A son passage à Milan, se rattache une anecdote assez importante pour l'histoire de l'art, et qu'il a longuement racontée. — Il entre dans le réfectoire du couvent de Santa-Maria-delle-Grazie, pour voir la *Cène*, de Léonard. La moitié de la fresque était couverte par une ample draperie. Dans la moitié visible, la peinture était craquelée et se détachait du mur, mais sans que « rien fût perdu matériellement. » Tandis qu'il examine la partie découverte, arrivent deux hommes qui montent sur l'échafaudage et tirent le grand rideau, — sous lequel le reste de la fresque était tout repeint! Stupéfaction, « horreur, » et grande colère de l'enthousiaste Barry, qui lance des imprécations contre la « main stupide qui a détruit cette peinture... etc. » On lui répond que c'est seulement une première couche de couleur neutre, mais que le peintre s'y reprendra une seconde fois : — « Malédiction! s'écrie l'Anglais. Ce sera bien pire! S'il s'est égaré ainsi, quand il pouvait suivre encore les lignes et les couleurs de Léonard, que sera-ce quand il n'aura plus de guide et sera abandonné à sa propre ignorance? » Et, se retournant vers deux moines qui étaient là : — « Vous avez été chercher, pour brosser une autre peinture sur ce chef-d'œuvre, un imbécile (*a beast*), qui ne s'y connaît pas plus que vous-mêmes. Il n'y avait pas lieu de couvrir cette peinture avec de nouvelles couleurs. Il eût été aisé de refixer les parties qui se détachaient du mur, et probablement elles auraient duré aussi longtemps que votre ordre. » Un des moines s'excuse sur ce que la restauration avait été faite par ordre du comte de Firmian, secrétaire d'État. — « Alors, répliqua Barry, le monde aura bien de l'obligation au comte de Firmian! mais il serait désirable que, malgré ce noble seigneur, vous pussiez épargner ce qui reste de la fresque, et jeter bas immédiatement votre échafaudage. »

En Italie, Barry avait perdu à ces controverses une grande partie de son temps. Il en avait employé un peu à des recherches consciencieuses sur les origines de l'architecture gothique, et à recueillir des matériaux historiques, qui lui servirent plus tard à sa réfutation de Winkelmann. De peinture, il n'en avait guère copié, mais il avait dessiné au trait presque toutes les belles statues antiques. Les seuls tableaux qu'il ait peints alors, de sa propre invention, étaient un *Philoctètes* et un *Adam et Ève*.

Le premier tableau qu'il exposa à Londres fut une *Vénus sortant de la mer*. Il exposa ensuite *Jupiter et Junon*, et l'*Adam et Ève* rapporté d'Italie. Comme ses sujets olympiques et paradisiaques n'excitaient aucune sympathie, il se retourna vers un sujet moderne, qu'il traita à l'antique : la *Mort du général Wolf*. Ses soldats anglais tout nus parurent à l'exhibition de l'Académie, dont il venait d'être nommé associé. C'est vers cette époque qu'il fit un portrait de Burke, puis quelques nouvelles peintures grecques : un *Mercure* et un *Narcisse*[1], une *Éducation d'Achille par le Centaure*, une *Stratonice*, etc. — Mais il avait l'ambition d'entreprendre des œuvres d'une bien autre portée.

Il était question de décorer de grandes peintures bibliques Saint-Paul, de Londres. La proposition en

[1] Ce fut Edmond Burke qui, tout en posant pour son portrait, donna à Barry l'idée du *Narcisse* : — « A quoi s'occupe votre fantaisie? demandait-il un jour. — A cette pensée légère, répondit Barry, en montrant son tableau du *Mercure inventant la lyre*. Vous savez que Mercure ayant trouvé sur le bord de la mer une carapace de tortue, s'amusa à la façonner en instrument de musique. — Je connais l'histoire, dit Burke ; ce Mercure est une divinité ingénieuse et un modèle pour les hommes. Laissez-moi vous proposer un pendant à votre tableau : faites Narcisse qui perd son temps à se contempler dans le miroir d'une fontaine, véritable symbole de la paresse et de la vanité... » — L'idée, le symbole, l'utopie, c'est toujours, on le voit, ce qui préoccupait alors l'esprit anglais, à propos de beaux-arts.

avait été faite gratuitement par l'Académie au chapitre de la cathédrale, et aussitôt Barry avait présenté une esquisse du *Christ insulté par les Juifs*. Malheureusement, l'évêque de Londres repoussa le projet[1]. Pour profiter des intentions généreuses de l'Académie, la Société des arts, des manufactures et du commerce offrit alors les murailles de son vaste établissement : les *Adelphi*, dans le *Strand*. A son tour, l'Académie refusa.

Voyant ainsi s'évanouir les chances de peinture « dans le grand style, » Barry, exaspéré, publia sa

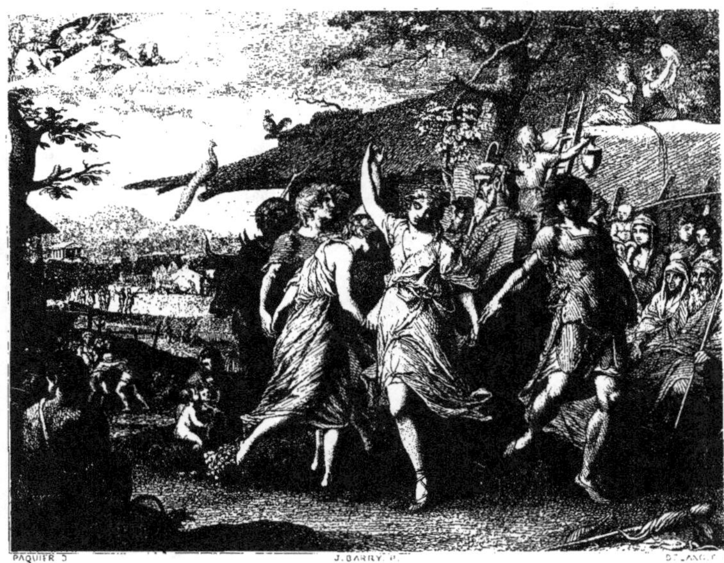

PAQUIER J. — J. BARRY P. — DELANGLE

LA FÊTE GRECQUE DE CÉRÈS

Dissertation sur les causes réelles et imaginaires qui s'opposent au progrès des arts en Angleterre. La première partie de ce pamphlet réfute Winkelmann, Montesquieu et les autres écrivains qui considèrent le génie artiste comme le produit des latitudes méridionales et qui le dénient aux peuples du Nord. La seconde partie est la glorification exclusive de la haute peinture, historique et allégorique, avec un semis

[1] Il s'agissait pourtant d'exécuter ces énormes peintures, non pas aux frais de l'église, mais aux frais des académiciens. L'empressement de Barry montre bien son désintéressement absolu. C'est à cette époque qu'il écrivait : « J'ai pris bien de la peine pour me façonner à cette sorte de donquichottisme. J'ai dû resserrer et simplifier mes besoins jusqu'au degré le plus extrême... etc. »

de satires contre les tendances de l'école anglaise en ce temps-là, et contre les maîtres qui exploitaient le portrait, le genre, le paysage et autres « misères ». L'inimitié contre Barry s'en augmenta dans un certain monde, et Burke lui-même, son vieil ami, s'écarta de lui.

Barry sentait d'autant plus que, pour prouver ses sublimes théories, il fallait joindre l'action à la parole « exhiber la preuve visible aussi bien que l'argument raisonné, » comme il le dit lui-même. C'est pourquoi il demanda à la Société des arts l'autorisation d'exécuter, à ses frais, dans la grande salle des *Adelphi*, une série de tableaux historiques; il stipulait, pour toute convention, qu'il ferait l'œuvre à sa guise et qu'on lui fournirait seulement les modèles nécessaires. Il était alors, le pauvre enthousiaste, dans un dénûment absolu, et il ne possédait pour toute fortune que seize shillings.

Depuis l'éclat qu'avait fait son amère Dissertation, ses habitudes et son caractère avaient changé graduellement. Il s'était retiré dans la solitude, négligeant tous les soins de sa personne, et comme plongé dans une continuelle rêverie. — Le temps était venu de sortir de ces vagues contemplations.

Le sujet qu'il choisit, pour ses peintures aux *Adelphi*, fut tout simplement : les *Progrès de l'Humanité*, « en commençant par l'homme à l'état sauvage, dans son imperfection et ses misères, et en le conduisant à travers une civilisation successive jusqu'à la récompense ou au châtiment. » Six tableaux, longs de 12 pieds chaque ; trois empruntés à la poésie, les trois autres à l'histoire.

Le premier représente *Orphée*, à la fois législateur, pontife, philosophe, poëte et musicien, inaugurant la civilisation en Grèce. Orphée est debout, au milieu d'une contrée inculte, entouré de sauvages couverts de peaux de bêtes et armés de massues, auxquels il chante ses révélations, en s'accompagnant de la lyre. Comme épisodes, on voit une femme occupée à traire une chèvre, pendant que ses enfants sont menacés par un lion; deux chevaux sont poursuivis par un tigre; une jeune fille porte un faon mort. Au fond, Cérès descend du ciel.

Le second représente la *Glorification de l'Agriculture*. La jeunesse danse en chœur autour de la statue de Pan; des groupes de paysans boivent et chantent; des enfants s'amusent; des vieillards regardent. Des bœufs traînent le chariot de la moisson. Des instruments agricoles sont épars sur le sol. Du haut des nuages, Cérès, Bacchus et Pan contemplent cette scène.

Le troisième est le *Couronnement des vainqueurs aux jeux Olympiques*. Sur un trône sont assis les juges, Solon, Lycurgue et autres législateurs. Devant eux passe le groupe des vainqueurs couronnés. Tous les héros, les sages, les poëtes et les philosophes de la Grèce sont là : Pindare, Hiero de Syracuse, Diagoras de Rhodes, Périclès, Cimon, Socrate, Anaxagoras, Euripide, Aristophane, etc.

Le quatrième arrive aux temps modernes et concerne l'Angleterre. C'est le *Triomphe de la Tamise*, sous le patronage de Mercure, le dieu du Commerce, escorté de néréides qui portent « des articles de manufacture et d'industrie. » Le plus curieux est qu'à cette mythologie s'ajoutent des personnages réels, Drake, Raleigh, Cabot, Cooke, et le musicien Burney, qui leur joue un petit air de sa composition.

Le cinquième est une *Assemblée des membres de la Société des arts*, distribuant leurs prix annuels. On y reconnaît tous les promoteurs de l'institution, hommes et femmes, et même des personnages étrangers à la société, Burke et Johnson.

Enfin, le sixième tableau offre une *Vue de l'Élysée*, où la Vertu, conséquence du développement intellectuel et moral, est récompensée par une béatitude éternelle. La Grèce et Rome, l'Italie, la France, l'Angleterre, ont fourni à l'artiste la foule de ses bienheureux.

Lorsque, toutes peintures terminées, la salle des *Adelphi* fut ouverte au public, ce furent de vives controverses : on ne manqua pas d'admirer le génie extraordinaire de Barry [1], mais cependant beaucoup de

[1] Un de ces admirateurs fanatiques, lord Aldborough, écrivit à Barry : « Je ne puis me lasser de voir et de revoir vos productions sans égales.... Originalité du dessin, science, coloris, énergie et arrangement des figures, profondeur d'invention... vous avez pris dans tout les perfections; vous avez amalgamé toutes les qualites de Raphaël, du Titien, du Guide et des plus célèbres artistes des écoles de la Grèce et de l'Italie. Vos œuvres littéraires prouvent que vous possédez tous les arts libéraux, aussi bien que l'art de peindre.... Vous êtes l'honneur de notre siècle... Ma maison et ma fortune sont à votre disposition,

visiteurs ne comprenaient rien à cette belle épopée où s'entremêlent des divinités païennes, des figures symboliques et des gentlemen anglais costumés à la mode du temps [1]. L'auteur fut donc obligé d'expliquer lui-même sa pensée et ses images, dans une brochure détaillée, absolument comme, de nos jours, M. Overbeck a dû faire pour son fameux *Triomphe de la Religion dans les Arts*, qui est au musée de Francfort-sur-Mein. La brochure de Barry, très-vive et émaillée de sarcasmes contre Reynolds et les autres confrères de l'Académie, lui valut une réponse où l'on s'accorde à reconnaître le beau style et le bon sens d'Edmond Burke. — Son ancien patron et ami était devenu ainsi son antagoniste et son critique.

A faire ces chefs-d'œuvre, qu'on peut voir encore aux *Adelphi*, le pauvre Barry consacra six années,

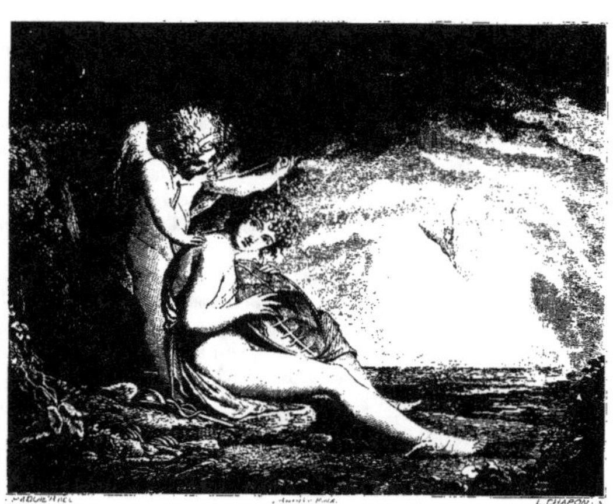

MERCURE INVENTANT LA LYRE.

de 1777 à 1783, peignant le jour et passant les nuits à graver ou à dessiner, pour gagner sa vie. Lui-même grava ainsi ces compositions, et les six gravures, terminées en 1792, lui produisirent 200 £. Les deux exhibitions publiques des peintures avaient produit 500 £. La générosité de quelques nobles amateurs

jusqu'à ce que votre fortune soit égale à votre talent... » — Raphaël et Titien! mais c'était surtout à Michel-Ange que l'on comparait Barry. Dans le *Monthly Repertory* de 1810, on lit encore : « La série de peintures sur le *Développement de l'Humanité*, dans la grande salle de la Société des arts, aux *Adelphi*, assure à Barry le rang le plus distingué dans l'école de Michel-Ange.

[1] Ce fut un sujet de surprise et de raillerie que de « voir côte à côte la Tamise traînée par des Tritons, et le docteur Burney, en habit de 1778, faisant de la musique en l'honneur de Drake et de Raleigh. — On cite ce mot d'une douairière toute scandalisée « de voir le bon docteur Burney en compagnie d'une bande de jeunes filles nues, barbotant dans une mare. » — Une autre lady jeune, belle et spirituelle, après avoir contemplé gravement la composition de l'Élysée, où il n'y a que des hommes, dit à Barry : — « Les femmes ne sont donc pas encore arrivées dans votre paradis ? — Oh que si! répondit Barry, en souriant ; elles y sont déjà : mais, pour des créatures si brillantes et si belles, je n'ai pas trouvé d'autre place plus convenable que là-loin, en arrière de ces nuages éblouissants : elles y sont, et très-heureuses, je vous assure. »

ajouta encore 2 à 300 £. si bien qu'en définitive Barry recueillit de son énorme travail environ 1,000 guinées.

Il avait été nommé, en 1782, professeur à l'Académie, et, selon l'usage, il prononça des Discours, qui excitèrent une vive curiosité. Dans ses six *Lectures*, on retrouve toutes ses théories sur l'art et toute l'amertume de ses polémiques contre ses confrères, notamment contre Reynolds, qui, de son côté, l'avait pris en haine. — « S'il y a au monde un homme que je déteste sérieusement, c'est *ce* Barry ! » disait un jour Reynolds au sculpteur Bacon. Cependant, lorsque Reynolds mourut, Barry fit, au sein de l'Académie, le plus brillant éloge du président qu'elle venait de perdre. Par reconnaissance, la nièce de Reynolds, la marquise de Thomond, le pria d'accepter la chaise qui avait toujours servi à Reynolds devant son chevalet. Cette relique passa plus tard dans l'atelier de Sir Thomas Lawrence.

Dans ses rapports avec les académiciens, Barry était vraiment insupportable. Non-seulement il les attaquait de sa parole et de sa plume, non-seulement il soulevait mille tempêtes dans leurs séances, mais il alla même jusqu'à les accuser d'un vol de 400 £, qui avait été commis dans son atelier de Castle street. Toutes ces luttes finirent par son expulsion de la Compagnie, à propos d'un virulent pamphlet : la *Lettre à la Société des dilettanti*, qui parut en 1797.

Pour le dédommager de la perte de ses appointements de professeur, ses amis ouvrirent une souscription, qui monta à 1,000 £. Il avait entrepris alors, sous le titre : les *Progrès de la Théologie*, une suite de compositions analogues à celles des *Adelphi*, et qui commençait par un tableau de la *Naissance de Pandore*. Cette *Pandore*, vendue 230 £ à la vente mortuaire de Barry, en 1807, ne monta qu'à 11 guinées et demie, dans une vente publique en 1846 ! Elle appartient aujourd'hui à l'Institution royale de Manchester, qui l'a payée 60 guinées seulement. Elle a figuré — très-modestement — à l'exhibition de Manchester. Les dessins et esquisses de l'épopée sur la *Théologie* l'occupèrent plusieurs années, et l'Angleterre attendait encore de lui des œuvres glorieuses, quand il tomba subitement sans connaissance, à la porte de son restaurant habituel. Quelques jours après, le 22 février 1806, il mourut dans la maison d'un de ses amis, et son corps, transporté dans la salle des *Adelphi*, — au lieu d'être exposé en pompe à l'Académie, — fut ensuite inhumé dans la cathédrale Saint-Paul, où il a une pierre funéraire.

W. BÜRGER.

RECHERCHES ET INDICATIONS

Allan Cunningham donne une longue et curieuse biographie de Barry, 82 pages, avec un portrait. L'*Edimburg Review* a publié aussi un bon article sur Barry, volume 16.

La *Pandore* était la seule peinture de Barry exposée à Manchester. Il n'a d'ailleurs fait qu'un petit nombre de peintures destinées aux galeries, et c'est dans les grandes salles des *Adelphi* qu'on peut apprécier son talent.

Comme valeur de ses œuvres, il n'y a donc point à se renseigner par un prix public, puisqu'elles n'ont point passé dans la circulation. On a vu quelle triste rémunération il tira de son épopée sur l'*Histoire de l'Humanité*. Allan Cunningham dit qu'à cette époque où il faisait le plus de bruit, il gagnait à peine 80 £ par an.

Une anecdote originale fournit ce renseignement sur le prix que Barry lui-même attachait à son travail : Le tableau d'*Achille éduqué par le centaure Chiron* avait été acheté par M. Palmer au taux de 20 *guinées par figure*. C'était Barry qui avait inventé ce mode de rétribution et qui le proposa encore au duc de Richmond, à propos d'un tableau de *Stratonice* : « Mes finances sont très-bas pour le moment, écrit Barry au duc, et si vous vouliez m'envoyer un à-compte sur le prix du tableau, ça viendrait bien à point. Je compte y mettre six figures, et j'ai eu 20 guinées par figure dans le tableau vendu à M. Palmer.... etc. » Le duc de Richmond répondit : « Si j'ai bonne mémoire, il n'y a dans la *Stratonice* que quatre figures principales, les deux autres n'étant que des accessoires, des accompagnements (*the other two being only companions*). Je n'ai point d'ailleurs l'intention d'évaluer un tableau d'après le nombre des figures. Je vous envoie sur mon banquier un bon de 100 guinées, qui, je l'espère, vous sembleront un prix suffisant.... etc. »

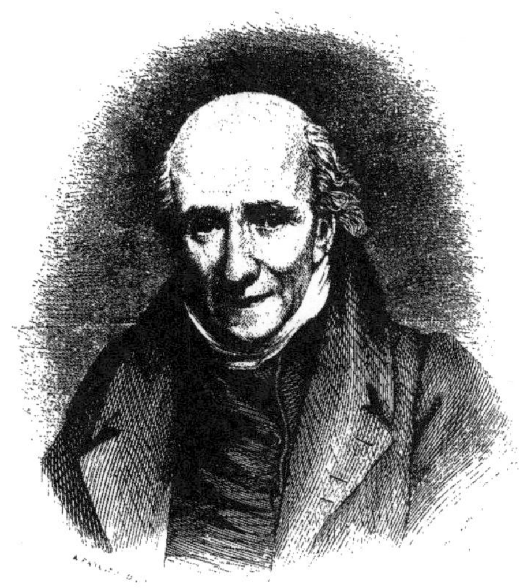

École Anglaise. *Histoire, Portraits*

JAMES NORTHCOTE

NÉ EN 1746. — MORT EN 1831.

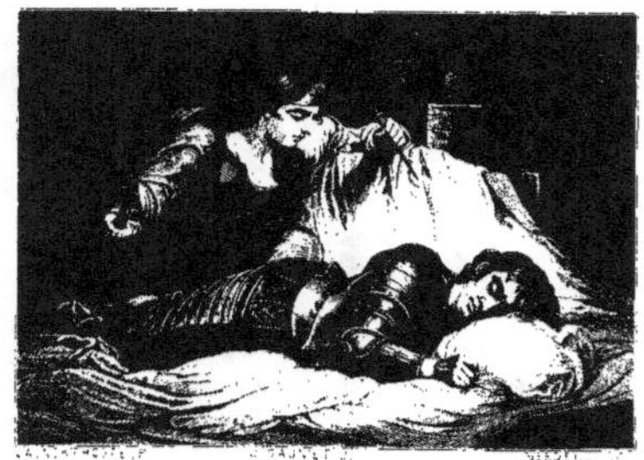

« C'était un de ces hommes qui s'élèvent dans le monde par une certaine capacité appliquée à des spécialités diverses plutôt que par une aptitude supérieure, unique et originale. Il se flattait d'être à la fois peintre, critique, biographe et fabuliste. » Ainsi commence la biographie de Northcote dans l'ouvrage d'Allan Cunningham sur les artistes anglais. Cette fois encore, nous n'aurons donc pas affaire à un vrai peintre, de tempérament bien décidé. Les artistes par vocation irrésistible sont très-rares en Angleterre. Gainsborough, Morland, Constable, Bonington, Turner, sont de ceux-ci. On n'en compterait pas beaucoup d'autres après eux.

James Northcote naquit à Plymouth, dans le Devonshire, le 22 octobre 1746. Il prétendait descendre d'une très-ancienne famille, et il laissa même par son testament 1,500 £ à un archiviste qui lui avait dressé une généalogie remontant jusqu'à l'époque de Guillaume le Conquérant. Son père, cependant, n'était qu'un simple horloger en boutique, et lui-même passa son enfance et sa première jeunesse à travailler des montres. Ce fut la réputation de Reynolds, dont on parlait beaucoup à Devonport, qui lui donna le désir de devenir peintre. Il n'en continua pas moins à aider son père, mais, entre temps, il faisait des dessins et des portraits qui lui procurèrent quelque argent, et, au moyen de ses économies, il put enfin prendre un modeste atelier. De vingt à vingt-cinq ans, il végéta ainsi obscurément dans sa province, lorsque, en 1771, il obtint la faveur d'être admis comme élève chez Reynolds.

« Il est impossible d'exprimer ce que je ressentis en me trouvant dans la maison de sir Joshua, que je considérais comme le plus grand peintre qui eût jamais existé, » dit Northcote lui-même. Reynolds, cependant, n'avait pas eu bonne idée de son disciple d'après les rudes essais qu'on lui en avait montrés, et il ne l'avait admis que sur l'insistance d'un ami intime, le docteur John Mudge, du Devonshire; mais, lorsqu'il le vit étudier avec une obstination extraordinaire, bien que sans aucun enthousiasme, il le prit en affection. Northcote ne quittait pas le travail: il dessinait dès le matin, il dessinait encore le soir et la nuit; il expérimentait la valeur des ombres et des lumières; il avait même des saillies étranges; si bien que le monde artiste s'entretint d'un « prodige » *importé* du Devonshire par Reynolds, et qui était destiné à faire du bruit dans l'école anglaise.

L'atelier de Reynolds, outre l'enseignement de l'art, procurait encore à ses disciples des relations journalières avec quantité d'hommes éminents. Northcote prétend que, durant les cinq années qu'il passa chez Reynolds, il fut toujours traité comme un membre de la famille, et qu'il dînait « à la table où brillaient l'esprit de Burke et la sagesse de Johnson. » Une des nièces de Reynolds, miss Gwatkin, assure cependant que les élèves de son oncle ne dînaient point à la table de famille quand il y avait compagnie étrangère, et elle se scandalise des conversations rapportées par Northcote dans ses Mémoires et qu'il ne saurait avoir entendues.

Tout en étudiant chez Reynolds, Northcote fréquentait aussi l'Académie, où il dessinait d'après la statuaire et d'après le modèle vivant, à grand'peine et avec des contours indécis, car il n'eut jamais de facilité, d'abondance, de bravoure dans son exécution. Il était digne du sobriquet que porta Louis Carrache : *le Bœuf*.

Parfois, néanmoins, il avait une certaine sincérité qu'on appellerait aujourd'hui *réalisme*, et qui donnait à sa peinture une apparence très-naturelle. Il paraît qu'un jour, d'une des servantes de Reynolds, il fit un portrait si ressemblant, qu'un perroquet la reconnut. Ce perroquet, affectionné de Reynolds et qu'il a souvent introduit dans ses tableaux, n'aimait point la jeune servante, et, lorsqu'il vit le portrait, il battit des ailes et s'élança avec fureur contre la toile. C'est Northcote lui-même qui raconte cette anecdote, et il ajoute que Reynolds s'écria : — C'est aussi extraordinaire que la vieille histoire de la grappe de raisin becquetée par des oiseaux, dans le tableau du peintre grec !

Northcote n'avait aucun sentiment de vrai coloriste, et c'est pourquoi il raisonnait à perte de vue sur les couleurs, sur leurs propriétés, leurs relations, leurs harmonies. Il alla même jusqu'à discuter avec Reynolds à propos de l'emploi des laques et du carmin, que le grand peintre affectionnait pour ses tons de chair. Comme il soutenait que le vermillon était bien plus inaltérable, sans peut-être donner la nuance exacte de la nature, Reynolds se regarda la main et dit : — Je ne vois point de vermillon dans la chair. — Mais, répliqua Northcote, sir Godfrey Kneller employait pourtant toujours le vermillon dans ses chairs. — Ça ne signifie rien, dit Reynolds. Vous êtes libre de vous en servir, si vous voulez.

Reynolds, qui était si tourmenté de la composition chimique des couleurs et qui a fait là-dessus les expériences les plus excentriques, tenait d'ailleurs à ce que ses élèves employassent toujours les couleurs communes, telles que les fournissait le marchand. Tous vernis et autres innovations étaient strictement prohibés dans son atelier. Mais lui-même usait de préparations particulières, qu'il enfermait sous clef dans des tiroirs, et dont il ne communiquait le secret à personne. En résultat, sa peinture n'y a guère gagné en éclat ni en durée, car beaucoup de ses tableaux sont déjà ternis et tout écaillés.

Il y avait cinq ans que Northcote travaillait chez Reynolds et il avait près de trente ans. Le moment était venu de se produire pour son propre compte, et il fit ses adieux, avec force excuses de n'avoir pas aidé son maître autant qu'il l'eût voulu : — Mais, répondit Reynolds, je n'ai jamais eu d'élève qui m'ait été plus utile que vous. — Northcote, cependant, n'a jamais mis la main aux œuvres de Reynolds, si ce n'est dans des parties absolument insignifiantes et dans la préparation des fonds; il en fit aussi quelques copies, bien qu'il affectât de mépriser « la vile profession des copistes, » disant que c'était « du domaine des femmes. »

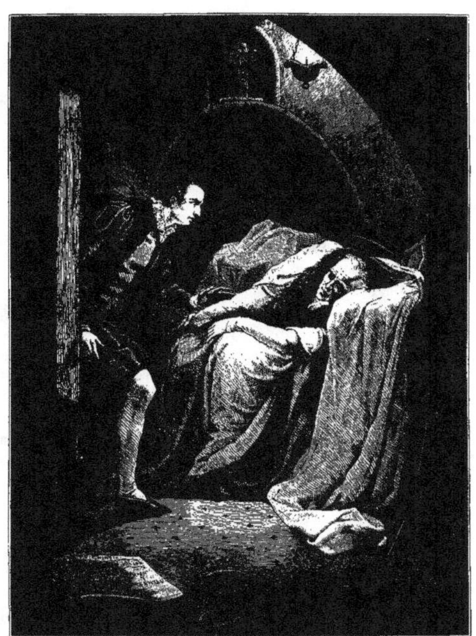

MORTIMER ET RICHARD PLANTAGENET.

Avant de tenter la fortune à Londres, Northcote comprenait qu'il devait avoir vu l'Italie : c'était alors le préjugé, en Angleterre et ailleurs, qu'on ne pouvait être grand artiste sans avoir étudié sur les lieux Raphaël et Michel-Ange. Il retourna donc dans son pays, le Devonshire, y peignit quantité de portraits à dix ou quinze guinées, et, quand il eut amassé une somme suffisante, il partit pour Rome, avec quelques lettres d'introduction, une confiance absolue dans son avenir, et aussi, comme il le conseilla plus tard aux jeunes artistes allant en Italie, avec le projet de « voler tout ce qu'il pourrait aux maîtres italiens. » C'était là encore une conviction de l'époque, que l'artiste devait se former par l'emprunt d'idées et de pratiques étrangères ! Reynolds ne s'était pas gêné pour transposer dans ses tableaux et dans ses portraits bien des motifs qu'il avait eu soin de copier à cette intention, dans les œuvres de l'école vénitienne surtout.

A Rome, tout en faisant sa recette de souvenirs et de croquis, Northcote parle cependant très-bien de l'originalité dans les arts. En général, ce que les artistes anglais ont écrit sur leur profession est excellent, et tout autre que les résultats qu'ils ont obtenus dans leurs œuvres : « Nous sommes fatigués de l'antique, dit-il : le monde attend et espère quelque chose de neuf. Les œuvres qui passeront à la postérité sont seulement celles où est infusé l'esprit nouveau. Voici Michel-Ange, combien il est différent de l'antique ! Sa statue de Cosme de Médicis (le *Pensieroso*) a une réalité si frappante qu'elle terrifie presque tous les spectateurs. N'en est-il pas de même avec Titien, Corrége et Raphaël? Ces peintres ne se sont point imités les uns les autres, et ils sont même les plus différents qu'on puisse imaginer, mais néanmoins ils sont tous admirables. Originalité n'est pas caprice ni affectation : c'est une certaine perfection qu'on peut rencontrer parfois dans la nature, mais qui n'avait jamais été produite dans l'art auparavant. »

Pendant trois années, Northcote étudia les maîtres italiens, avec la double idée d'être peintre d'histoire et portraitiste. Pour le portrait, Titien lui semblait, comme à Reynolds, le premier de tous les artistes, et il courut l'Italie à la recherche des Titien. Quarante ans plus tard, il utilisa ces investigations spéciales, dans son écrit sur *la Vie et le Temps du Titien.*

En revenant par Florence, il laissa dans la célèbre collection des portraits des peintres, à la galerie royale, son propre portrait, qu'on y voit encore.

Il rentrait à Londres en 1780, et Reynolds l'accueillit avec sympathie, l'engageant à s'établir près de lui dans Leicester Fields. Mais, par prudence et par économie, Northcote préféra prendre un atelier dans un quartier moins fashionable, Old Bond street. Il redoutait avec raison la concurrence de tant de peintres qui avaient dès lors conquis la faveur publique, Reynolds, Gainsborough, West, Romney, Fuseli, Barry. Vers cette époque, arrivait aussi à Londres un autre rival, le jeune Opie, « la merveille du Cornwall, » qu'on opposait au « prodige du Devonshire. » Reynolds soutenait timidement son ancien disciple Northcote, qu'il ne craignait point ; mais Opie, ayant pour lui un poëte satirique, Wolcot, qui le célébrait chaudement dans ses vers et dans la presse, conquit promptement une « terrible popularité, » dont, il est vrai, la durée ne fut pas très-longue. Opie avait quinze ans de moins que Northcote, mais il mourut assez jeune, en 1807, vingt-quatre ans avant son rival. Ce qui n'empêche pas que tous deux se font pendant, si l'on peut ainsi dire, dans l'école anglaise, à la fin du XVIIIe siècle. Tous deux forment une sorte de parenthèse entre la pléiade qui illustre le milieu du XVIIIe siècle et la nouvelle génération qui va briller au commencement du XIXe : Lawrence, Turner, Constable, Wilkie et autres.

C'est en 1783 que Northcote exposa pour la première fois ; l'année suivante, le *Naufrage du vaisseau le Centaure* eut du succès, on admira surtout les portraits fort ressemblants du capitaine Englefield et de onze hommes de son équipage, se sauvant en canot, et la foule vint se faire portraiturer chez ce nouveau favori. Alors il prit un atelier plus confortable dans Clifford street, tout en conservant ses habitudes de simplicité et de frugalité. Il commença aussi alors à écrire dans les journaux, et même à faire des vers. Ses critiques en peinture sont très-âcres et n'épargnent personne, si ce n'est Reynolds. On devine qu'il se défend contre des adversaires coupables d'avoir contesté son mérite, et naturellement il les accuse d'ignorance ; il leur reproche de ne rien connaître de Michel-Ange et du « grand style » ; c'est toujours là le refrain de Fuseli, de Barry et des autres artistes anglais, plus forts en polémique qu'en peinture.

En 1785, Northcote avait huit tableaux à l'exhibition, cinq portraits et trois compositions de fantaisie : la *Charité*, la *Jeune fille aux fruits* et la *Visite à la grand'mère* ; ce n'était pas encore là de la peinture historique ; il y vint l'année suivante, avec la *Mort du prince Léopold de Brunswick* et le *Roi Edouard V et son frère, tués dans la Tour par ordre de Richard III*. Ces *Enfants d'Edouard* firent sensation, furent habilement gravés, comme l'avait été déjà le *Naufrage du capitaine Englefield*, et décidèrent l'admission de l'auteur à l'Académie, en qualité d'associé. Boydell aussi s'empressa de lui demander son concours pour la *Galerie de Shakespeare*, et particulièrement un grand tableau de la *Mort de Wat Tyler*.

Northcote raconte en détail ses hésitations et ses terreurs lorsqu'il fut mis en demeure de représenter sur une immense toile cette scène si dramatique ; il s'imagina pourtant avoir produit un chef-d'œuvre comparable à ceux du Titien et des maîtres italiens. En fait, la *Mort de Wat Tyler* obtint l'approbation générale, et Fuseli, qui ne manquait jamais aucune occasion de sarcasme contre ses confrères, dit : — A présent, Northcote peut rentrer chez lui, mettre un morceau de charbon de plus sur son feu et être presque tenté de déboucher sa seule bouteille de vin, puisqu'il vient de s'entendre vanter ainsi. — Ce trait du Suisse

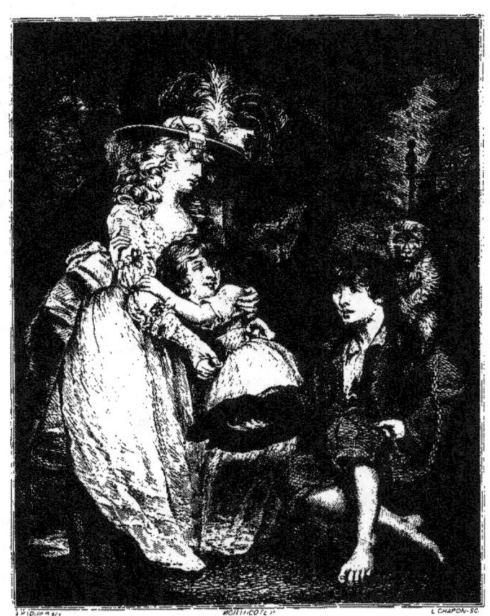

NORTHCOTE P. — L. CHAPON SC.

LA CHARITÉ.

Fuseli contre les habitudes parcimonieuses de « son ami » Northcote est tout anglais : en Angleterre on ne pardonne guère à un homme de quelque notabilité de ne pas vivre avec largesse, « en vrai gentleman. »

Le *Wat Tyler* fut suivi de l'*Enterrement des jeunes princes tués dans la Tour de Londres*, qui ajouta encore à la réputation de Northcote, si bien qu'en 1787 il fut nommé membre de l'Académie et officiellement intronisé dans le noble corps par le président Reynolds, son maître et son ami.

Vers ce temps-là, croulait la noble spéculation que les Boydell avaient tentée avec leur *Galerie de Shakespeare*, pour développer en Angleterre la peinture et la gravure. Le « grand style » n'avait plus guère moyen de se produire, et Northcote, comme bien d'autres, se rejeta sur le portrait, sans abandonner pourtant les sujets de fantaisie, tels que une *Jeune fille grecque*, un *Moine dominicain*, et diverses esquisses de Caractères d'après Shakespeare.

Depuis une dizaine d'années il avait toujours prospéré, et en 1791 il émigra de Clifford street dans Argyll street. Ces noms de rues sont comme les degrés successifs de l'échelle de la fortune. Northcote, vraiment, songeait alors qu'un avenir prochain lui réservait peut-être la succession de Reynolds dans les fonctions officielles et dans l'estime publique. La mort de Reynolds arriva, en effet, l'année suivante, 1792, mais il ne paraît pas qu'elle ait rien changé à la situation de Northcote ; il n'avait point ce qu'il fallait pour remplacer son maître, comme talent, outre que son atelier manquait du luxe convenable pour attirer les ladies et la gentry anglaise.

En 1796, parut à l'exhibition de l'Académie une suite de peintures dont il avait pris l'idée un peu dans la *Paméla* de Richardson, un peu dans les inventions de Hogarth, espèce de sermon en dix épisodes, pour montrer que la vertu conduit à la félicité et le désordre au malheur. Deux jeunes filles servent dans la même maison ; la vicieuse en est chassée et meurt misérable, la vertueuse finit par épouser son maître. Ça ne ressemble guère à l'histoire de la servante de taverne qui finit par être lady Hamilton, la maîtresse adorée du glorieux Nelson, et qui tient tant de place dans la biographie de Romney. Mais le contraste est moral sans doute. En peinture, hélas ! comme dans tous les arts plastiques, l'intention ne saurait être réputée pour le fait.

Le souvenir de Hogarth, qui, sans être un grand peintre, a tant de caractère et d'humour, nuisit un peu au drame sentimental de Northcote. Quelques tableaux qui vinrent ensuite furent mieux accueillis : le *Débarquement du prince d'Orange à Torbay*, les *Léopards*, *Jacob bénissant les fils de Joseph*, un *Saint François*, la *Prière de la mère*, et surtout le *Duc d'Argyll endormi dans sa prison*.

Les portraits allaient toujours, et Northcote prétendait les élever à la hauteur de la peinture historique, par leur arrangement et leur expression : « La plupart des groupes de Raphaël au Vatican, disait-il, ne sont que des réunions de beaux portraits. Si West, Barry et autres feignent de mépriser le portrait, c'est qu'ils sont incapables d'en faire, et cela seul prouve qu'ils manquent du sentiment de la vérité et de la nature. » — Il a laissé de lui-même plusieurs portraits, où il se déguisait majestueusement avec des toques de velours, pour se donner un air titianesque.

Quelle fut sa jalousie, lorsque surgit une nouvelle génération de portraitistes, Lawrence en tête ! Contre Lawrence il se montra implacable : il s'opposa à son admission au sein de l'Académie ; il lui refusait tout génie, même les qualités de dessinateur et de coloriste. Et avec Fuseli, quelle petite guerre de sarcasmes et de mots cruels ! Mais il n'était pas de force contre le piquant Zurichois.

De 1800 à 1812, — sans compter les portraits, parmi lesquels celui de Godwin, — il exposa environ soixante tableaux de tout genre : les *Anges apparaissant aux bergers*, *Joseph et ses frères*, *Romulus et Remus*, la *Mort du comte d'Argyll*, *Mortimer et Richard Plantagenet*, une *Bacchante*, *Prospero, Miranda et Caliban*, une *Lady passant les Alpes*, et quantité de compositions avec des animaux, qu'il croyait peindre à merveille : une *Chasse au tigre*, une *Chasse au chevreuil*, un *Vautour avec un serpent*, etc.

Au cours de ses travaux comme peintre, il s'était déjà fait connaître comme écrivain, par des articles de critique, sur l'originalité en peinture, sur les imitateurs et sur les collectionneurs, sur les désappointements du génie ; par des études sur Reynolds et sur Opie, même par des vers ; mais sa prose et ses vers n'avaient guère attiré l'attention, quand fut annoncée, avec un certain fracas, sa *Vie de sir Joshua Reynolds*.

Cette biographie, sans avoir aucun mérite littéraire, est cependant précieuse en ce qu'elle conserve beaucoup de traits et de mots du grand peintre de l'Angleterre. On a dit que Northcote n'en était pas le seul auteur, et lui-même déclare que son ouvrage a été revu et corrigé à l'impression par M. Laird.

Les tableaux de cette époque sont un *Jugement de Salomon*, le *Mariage de Richard*, frère d'Edouard V, avec lady Anne Mowbray, la *Princesse Bridget Plantagenet*, confiée aux soins de l'abbesse de Dartford l'*Ensevelissement du Christ* et une *Pêche miraculeuse*, le dernier tableau religieux qu'il ait exposé (1823).

Northcote avait toujours fait de la peinture *difficile*, pour employer un mot spirituel appliqué naguère à la littérature. Toujours son invention avait été lente, pénible, confuse, sa pratique hésitante et lourde. C'était bien pire alors ! Un plâtrage froid, sans aucune expression, sans l'apparence de la vie. Jeune, il n'avait eu ni imagination, ni poésie, ni ardeur, ni adresse ; vieillard maintenant, il maçonnait pesamment des toiles dont, à défaut d'amateurs, il faisait hommage à des églises. Ses amis intimes n'en continuaient pas moins d'admirer un artiste qui avait su gagner par son talent quelque chose comme un million.

Sa liaison avec William Hazlitt date de ce dernier temps. Ce Hazlitt, qui d'abord avait été peintre, était

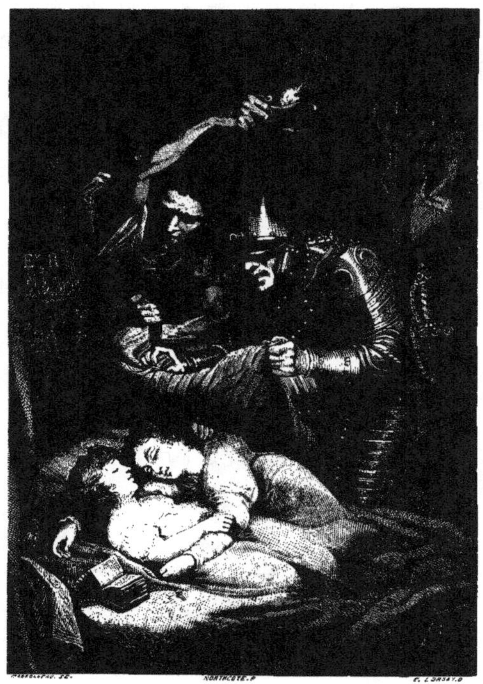

MORT D'ÉDOUARD V ET DE SON FRÈRE.

devenu homme de lettres, journaliste, critique, biographe. Il se fit le panégyriste du vieux Northcote, recueillit quantité de ses préceptes sur l'art et de ses saillies, et les publia dans *the New Monthly Magazine*, édité par Campbell. Ces conversations, où il était question de tout, des morts et des vivants, aiguisées par le malin esprit de Hazlitt, firent grand bruit et provoquèrent de vives polémiques. Northcote y paraissait peu reconnaissant pour ceux qui l'avaient protégé dans sa carrière, peu fraternel pour les artistes ses contemporains. Il essaya de décliner toute responsabilité dans ces boutades agressives, affectant même de renier son ami Hazlitt; mais chacun savait qu'ils continuaient à vivre dans les meilleures relations. C'était même Hazlitt qui lui corrigeait alors ses *Cent Fables*, qui parurent bientôt, et qui lui mettait en ordre son ouvrage intitulé *Titien et son temps*, publié en 1830.

Le volume des Fables était illustré de dessins, la plupart de Northcote lui-même, dans la manière de Bewick. Elles ne manquent pas d'une certaine originalité et elles arrivèrent promptement à une seconde édition. Ce succès encouragea la mise au jour du volume sur *Titien*. On peut croire que Northcote n'y est guère que pour l'invention du sujet, et que la rédaction, très-différente, comme style, de la *Vie de Reynolds*, est entièrement de Hazlitt. Le fond en est d'ailleurs assez banal, quoique fort prétentieux; ramassis de lieux communs, sans nouveauté saisissante; parfois cependant, de bonnes remarques sur le caractère de certains artistes et sur la pratique de l'art.

Malgré ses tracas littéraires, Northcote n'avait point quitté le pinceau et il peignait encore le portrait avec assurance. Il en fit une soixantaine dans les quinze dernières années de sa vie. De ce nombre fut le portrait de Walter Scott, commandé par sir William Knighton. Un jour que l'illustre romancier posait : — On a souvent fait votre portrait? demanda Northcote. — Oui, répondit Walter Scott, ma chienne Maida et moi nous avons posé bien souvent.... si souvent que Maida, qui est peu philosophe, a pris les peintres en grippe. Sitôt qu'elle voit un homme saisir un pinceau et la regarder, elle pousse un hurlement et se sauve à Eildon Hill; son infortuné maître pourrait bien crier, mais il n'a jamais été fort à la course, et donc il faut qu'il se résigne à l'aventure... Oh! oui, j'ai posé souvent pour mon portrait.

« J'aimai tout de suite sir Walter, dit Northcote à son ami Hazlitt, parce qu'il a des manières aisées et sans affectation. Si je l'avais trouvé roide et pédant, peut-être n'eussé-je pas conçu une si haute opinion de lui; » et il rapporte quelques traits de leurs causeries : — J'admire la façon dont vous commencez vos romans, lui disait-il un jour; vous entrez si abruptement en matière, que vous me surprenez tout à fait; et je ne saurais point deviner ce qui va survenir. — Ma foi, ni moi non plus, répondit sir Walter. — La première fois que je lus *Waverley*, ajouta Northcote, je me dis que ce ne pouvait être un roman; personne n'aurait jamais inventé cela; l'auteur doit avoir recueilli cette histoire de la bouche de quelqu'un des personnages survivants, ou bien en avoir emprunté les éléments à un manuscrit caché dans quelque vieux coffre. — A quoi Walter répliqua : — Vous n'êtes peut-être pas très-loin de la vérité, en disant cela.

En 1830, Northcote cessa absolument de travailler, et, dans l'attente d'une mort prochaine, il fit ses dispositions testamentaires : outre les dons particuliers, il laissait 3,000 £ pour assurer la publication d'un second volume de *Fables*, et 1,000 £ pour son tombeau, avec injonction que le monument fût exécuté par Chantrey, dont il avait toujours été l'ami. Il est singulier que, lorsqu'il léguait à de vieux serviteurs des sommes importantes, — 1,000 £ à une vieille domestique, par exemple, — son ami Hazlitt, qui lui avait rendu tant de services, ne figure dans le testament que pour 100 £; encore Hazlitt ne les reçut-il point, car il mourait le 18 septembre 1830, dans l'isolement et dans une extrême misère.

Northcote lui-même mourut le 13 juillet 1831, ou plutôt il s'éteignit tranquillement, après cette longue vie de quatre-vingt-cinq ans. Il fut enterré dans la nouvelle église de Saint-Mary-le-Bone.

W. BÜRGER.

RECHERCHES ET INDICATIONS.

Le nombre des tableaux de Northcote est considérable : nous avons cité les principaux, dans le cours de la biographie. Il n'a rien à Marlborough House, où sont réunies les œuvres des artistes anglais. Mais, à Dulwich College, il a deux portraits, celui de sir Francis Bourgeois, fondateur de la galerie, et celui de M. Noël Desenfans, ami de Sir Francis. A l'exhibition de Manchester, on voyait de lui le *Lafayette dans le donjon d'Olmutz*, appartenant à lord de Tabley, *Jael et Sisera*, appartenant à l'Académie royale, et son propre portrait, appartenant aussi à lord de Tabley. Dans Britton, on trouve la gravure de son *Duc d'Argyll en prison*, avec une lettre de M. Hoare sur ce sujet; dans Reveil, t. XIV, la composition d'*Arthur et Robert*, peinte pour la *Galerie de Shakespeare* et gravée par R. Thew. — Rien à dire sur le prix de ses tableaux, qui n'ont pas une valeur fixée par des ventes publiques.

[illegible printer's line]

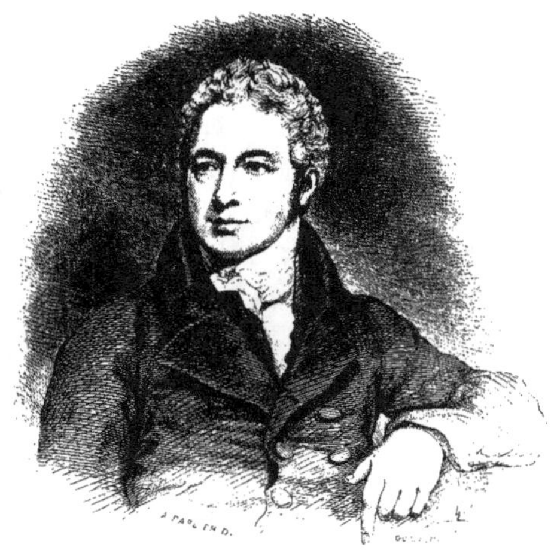

École Anglaise. *Histoire, Genre.*

ROBERT SMIRKE

NÉ EN 1752. — MORT EN 1845.

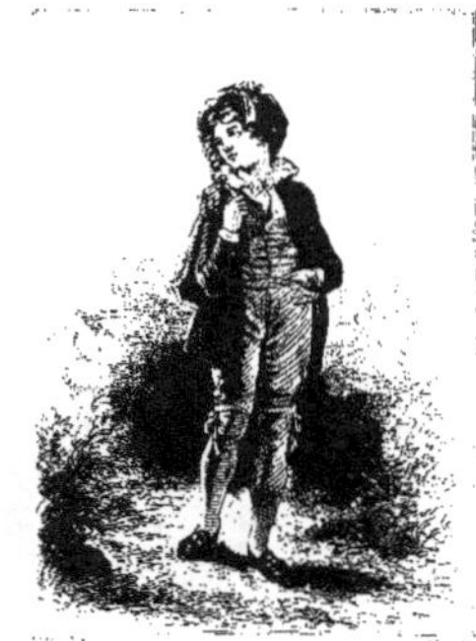

L'Angleterre se glorifie, à juste titre, d'avoir produit quantité d'illustrateurs féconds, spirituels et humoristiques, qui ont traduit en images les créations de la poésie et de la littérature. C'est surtout l'Angleterre, en effet, avec ses grandes publications illustrées, avec ses keepsakes et ses magazines, qui a répandu en Europe le goût des interprétations pittoresques accompagnant les textes des auteurs célèbres.

L'instinct de cette alliance du dessin et de la littérature est d'ailleurs aussi vieux que l'humanité elle-même. Un poëte crée une figure ou un drame; aussitôt un artiste a l'idée de donner une forme matérielle à cette forme intellectuelle jusque-là, d'arrêter en lignes positives les phrases flottantes, de poser le ton réel des couleurs indiquées vaguement par des mots approximatifs; car les langues sont bien plus bornées que les arts.

Le meilleur dictionnaire aurait peine à spécifier vingt nuances de la couleur rouge ou de toute autre, et les écrivains les plus artistes sont obligés d'aller chercher leur palette sur les divers objets de la nature, sur les fleurs ou les pierreries. En peinture, la couleur est infinie : le mot rouge ne signifie rien, puisqu'il suffit d'ajouter à un rouge quelconque une dose infinitésime de n'importe quoi, pour en modifier le ton.

En fait de dessin, les langues sont encore bien plus impuissantes. Il n'y a guère que deux lignes exprimables par des mots, la ligne droite et la ligne courbe, et, avec ces deux formules presque géométriques, il faut qu'un littérateur mouvemente toute la création, ses personnages, même au milieu des passions les plus violentes, l'univers sous tous ses aspects, le paysage, mer, forêts, montagnes, et tous les accessoires du paysage, et tous les caprices de l'abondante nature!

On peut croire qu'au premier poëte correspondit immédiatement un premier *illustrateur*.

Personne ne sait plus l'histoire des temps homériques, mais tenez pour certain que, si l'on chantait les vers d'Homère, ses poëmes étaient également popularisés par les arts plastiques, et que l'antique Grèce avait son imagerie triviale, destinée à répandre les légendes du poëte aveugle, comme l'imagerie moderne a vulgarisé les légendes du Juif Errant avec les bourgeois de Bruxelles et du grand Marlborough s'en allant en guerre.

La Bible et le christianisme n'auraient pas conquis le monde, si les traditions de l'Ancien Testament et le drame de la vie du Christ n'avaient pas été incorporés dans des milliards de représentations pittoresques.

L'art est l'universel canal de circulation des sentiments et des idées de la société.

Au moyen âge, l'illustration des manuscrits n'est-elle pas un des agents habituels d'éducation et de propagande? Puis vient la xilographie; puis la gravure sur bois, à laquelle se rattachent les noms des plus grands artistes, tels qu'Albert Dürer et Lucas de Leyde; puis la gravure sur métal, qui a fait des chefs-d'œuvre, depuis le burin magistral de Marc-Antoine jusqu'à la pointe fantasque de Rembrandt; puis, un mélange de ces procédés, ou des applications nouvelles, comme le camaïeu, l'aquatinte, la lithographie; enfin, la photographie, qui a le mérite de fac-similer les œuvres originales; et bientôt viendra l'héliographie, qui les fixera instantanément et sans frais, de manière à jeter dans la circulation, presque pour rien, à des nombres énormes, les images de tout ce que le génie humain pourra inventer.

Au dix-huitième siècle, la France a publié quelques beaux livres avec de gracieuses et spirituelles illustrations, dues à de fins artistes comme Eisen, Bernard Picart et autres. Récemment, à l'époque du romantisme, elle a repris avec succès la gravure sur bois et même l'eau-forte, pour illustrer les romans, les revues et les ouvrages périodiques.

Cette *Histoire des Peintres*, où nous écrivons, est elle-même un témoignage des efforts de la France pour universaliser l'enseignement par les yeux.

Depuis un siècle aussi, l'Angleterre s'est adonnée, avec une sorte de passion prodigue, à l'art de l'illustration. En attendant que le soleil lui-même creuse subitement le calque des œuvres à reproduire, espoir que semble autoriser l'héliographie naissante, — dans une époque transitoire, où la gravure par la main de l'homme exige encore tant de patience, de dépenses et de temps, — l'Angleterre a fait ce qu'elle a pu pour activer et perfectionner les moyens reproductifs, et c'est à elle surtout qu'on doit la plupart des procédés hâtifs dans la gravure sur métal et aussi la plupart des progrès dans la gravure taillée sur bois. Il fallait cela pour satisfaire aux innombrables et prodigieuses publications que les éditeurs anglais ont entreprises depuis la magnifique *Galerie de Shakespeare*.

C'était alors, et c'est encore l'usage assez fréquent en Angleterre, de faire faire un tableau par un peintre, au lieu d'un croquis par un dessinateur, comme modèle du sujet à graver en illustration. Lorsque le projet de la *Galerie de Shakespeare* fut arrêté par Boydell [1], ne mit-il pas à contribution tous les grands

[1] Nous avons raconté, dans la Biographie de Fuseli, comment l'idée première de cette publication incomparable avait été attribuée tantôt à George Romney, tantôt à Benjamin West, à d'autres encore, et surtout à Fuseli, à qui probablement elle appartient. — Voir aussi les Biographies de Benjamin West, de George Romney, de James Northcote, de John Opie, de Thomas Stothard, qui tous ont contribué de leur talent à la galerie shakespearienne.

peintres contemporains, et ce fut l'occasion pour Sir Joshua Reynolds, pour George Romney, pour Benjamin West, pour Henry Fuseli, pour James Northcote, pour John Opie, de peindre, d'après les scènes du poëte immortel, de vrais tableaux, de grandes compositions, qui sont classés aujourd'hui dans les principales collections de l'Angleterre. Stothard lui-même, qui fut aussi un des illustrateurs du *Shakespeare*, et qui

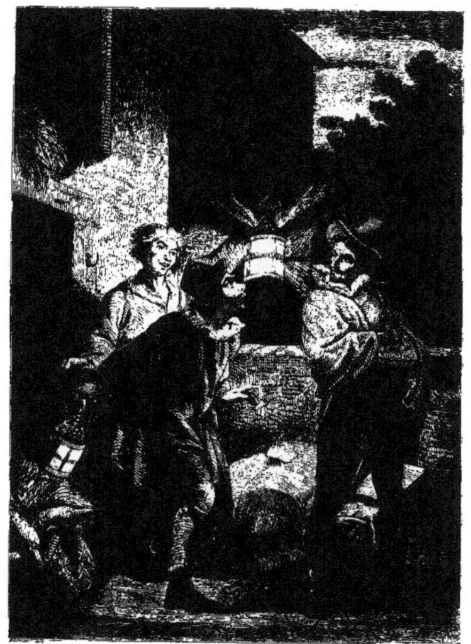

LES DEUX CHARRETIERS ET GODSHILL (HENRI IV)

compte plutôt dans l'école anglaise comme un dessinateur que comme un vrai peintre, exécutait à l'huile et sur toile, de petite dimension, il est vrai, les scènes dont l'interprétation lui était confiée.

Smirke, ainsi que Stothard, se conforma souvent à cette habitude, et comme il a fait d'ailleurs, surtout dans sa jeunesse, des tableaux non destinés à la gravure, on peut le classer parmi les peintres. Mais cependant l'ensemble de son œuvre, non moins que sa vocation, montre qu'il fut simplement un illustrateur de livres, un traducteur de scènes d'après les génies de la littérature.

Robert Smirke était né à Wigton. — en 1752, suivant le Dictionnaire biographique de Bryan complété par Stanley; — en 1751. suivant la notice nécrologique que lui a consacrée l'excellent journal intitulé l'*Art-Union*.

Sur presque tous les peintres anglais abondent les renseignements. notices biographiques, brochures, articles de revues ou de publications périodiques. même de longs panégyriques en plusieurs tomes, édités par leurs parents. leurs femmes ou leurs fils, par leurs amis, leurs disciples ou leurs admirateurs. Sur les grands peintres du dix-huitième siècle spécialement. et sur leurs successeurs jusqu'à 1830, il y a le livre d'Allan Cunningham. auquel nous avons souvent emprunté pour la plupart de nos précédentes biographies. sauf pour celles de Turner, de Constable. de Stothard et autres, qui, vivant encore en 1830. époque où parurent les premiers volumes de Cunningham. ne sont pas compris dans son ouvrage.

Sur Robert Smirke. les documents écrits sont très-rares. On en trouverait sans doute, épars dans les journaux et les revues de son temps; mais. comme il mourut extrêmement vieux. — dans sa quatre-vingt-quatorzième année. — comme il n'avait plus exposé depuis plus de trente ans et qu'il était presque oublié. il ne se rencontra personne, à sa mort. pour le célébrer dans quelque notice spéciale. personne des contemporains de sa jeunesse ou même de sa virilité. pour en rappeler les faits plus ou moins marquants.

Combien. en 1845. année de sa mort. combien restait-il d'hommes qui eussent vécu à la belle époque de Smirke. dans cette dernière moitié du dix-huitième siècle, où brillèrent Reynolds et Gainsborough. et toute la pléiade constituante de l'école anglaise?

La vie de Smirke. il faut donc se contenter de la retrouver presque uniquement dans ses œuvres, et il ne paraît pas qu'elle ait été bien agitée, ni traversée par des événements exceptionnels. On peut croire que ses commencements furent difficiles. de même que ses dernières années furent monotones et obscures. On dit qu'il avait peint d'abord des armoiries sur des panneaux de voitures. et ce fut seulement à l'âge de dix-neuf ans qu'il entra étudiant à l'Académie royale de Londres.

A dix-neuf ans. les artistes prédestinés sont généralement déjà de grands hommes. Raphaël peignait, à dix-sept ans, son *Mariage de la Vierge*: Rembrandt gravait. à vingt ans. le portrait de sa mère. un petit chef-d'œuvre; Van Dyck. à dix-neuf ans. égalait presque son maître Rubens.

Que fit Smirke dans sa jeunesse? Que fit-il pendant les quinze années qui suivirent son admission aux études de l'Académie? Il ne paraît. pour la première fois. aux exhibitions de l'Académie royale. qu'en 1786, alors qu'il avait déjà trente-quatre ou trente-cinq ans. Un de ses deux tableaux exposés en 1786 représentait *Narcisse*. Cinq ans plus tard. en 1791. il exposait un tableau intitulé : *La Veuve*. Ces trois peintures suffirent pour le faire associer à l'Académie en 1792, et, la même année. il avait l'honneur d'être nommé académicien en titre. Le tableau qu'il donna pour sa réception était un *Don Quichotte avec Sancho*.

C'est aussi en 1792 que Thomas Stothard. dont Smirke est une espèce de pendant. fut associé à l'Académie. La génération des grands artistes commençait à disparaître : Sir Joshua Reynolds mourait à ce moment-là; Gainsborough était mort en 1788. Ce n'étaient pas les nouveaux académiciens. Northcote et Fuseli, l'un reçu en 1787. l'autre en 1790. qui étaient de force à maintenir l'école au point où Reynolds et Gainsborough l'avaient élevée.

Il est vrai que Romney vivait encore. et qu'un jeune peintre, tout récemment associé à l'Académie. — en 1791, — Thomas Lawrence. devait avoir bientôt une renommée égale à celle de Reynolds. Il est vrai que Turner et Constable. alors encore tout jeunes. allaient bientôt devenir de vrais peintres. Pour Wilkie. il n'avait que sept ans.

La situation était donc propice. vers cette fin du dix-huitième siècle. et le moindre génie pouvait y marquer. puisque les premières places furent prises par des hommes médiocrement doués de facultés artistes. tels que Fuseli. entre autres. Mais Smirke non plus n'avait point ce qu'il fallait pour continuer la glorieuse tradition de Gainsborough et de Reynolds. Le continuateur de Gainsborough. du moins quant au paysage. devait être Constable. et le continuateur de Sir Joshua Reynolds fut Sir Thomas Lawrence.

De 1792 à 1801, Robert Smirke ne négligea point les exhibitions de l'Académie. Presque toutes ses œuvres peintes datent de cette période.

En 1792, il exposait deux sujets empruntés au poëme des *Saisons*, de Thompson : le *Rêve de l'amoureux*, d'après le *Printemps*, et *Musidora*, d'après l'*Été* ; — en 1793, une *Lavinia*, d'après l'*Automne*, du même poëme ; — en 1796, la *Conquête*, *Cattarina et Petruccio*, *Juliette et sa Nourrice*, d'après Shakespeare ; — en 1797, deux sujets de *Don Quichotte* : la *Bonne Aventure* et la *Découverte*. — L'année suivante,

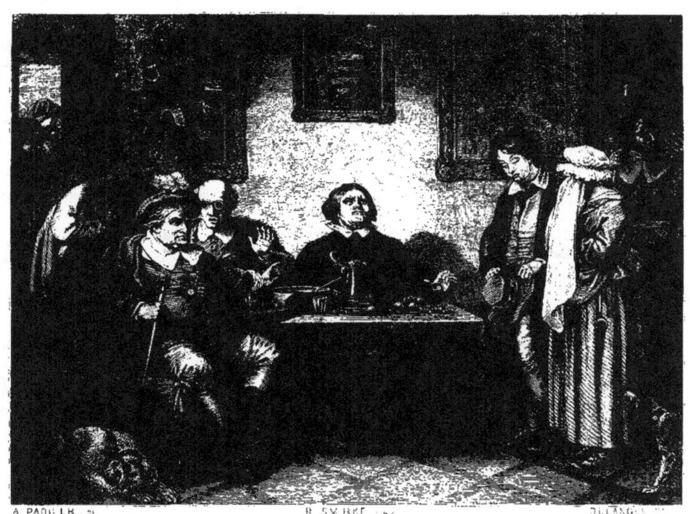

LE CINQUIÈME AGE.

il peignait les *Sept Ages*, de Shakespeare, une de ses suites les plus célèbres. — En 1799, il reprend *Don Quichotte* et il expose un tableau représentant la scène où le chevalier de la Triste Figure se laisse laver la barbe à la table de la duchesse. Il y avait, de plus, à cette exhibition de 1799, la *Réception du capitaine Wilson à Otahiti*, et *Mrs Peachem s'évanouissant* à l'idée que sa fille se marie par amour. En 1800, — quelle fécondité ! — six tableaux de Smirke : une seconde *Musidora*, la *Plaie des Serpents*, la *Gipsy*, l'*Ange justifiant la Providence*, d'après l'*Hermite*, de Parnell, et encore deux scènes de Cervantes : *Don Quichotte avec Dulcinée* et le *Combat contre les Géants* dans l'hôtellerie. En 1801, paraît seulement un *Bacchus enfant*. Pendant quatre ans, rien. Mais en 1805, une *Psyché* ; et huit ans après, à l'exhibition de 1813, la dernière où Smirke ait exposé, un tableau intitulé l'*Enfance*.

Ce sont là, je suppose, tous les *tableaux* un peu importants que Smirke ait peints, car cette liste, donnée par l'*Art-Union*, est relevée d'après les livrets des expositions académiques.

Entre temps, il s'était livré aux illustrations pour les libraires, et ses peintures destinées aux graveurs sont extrêmement nombreuses : « Sur celles-ci, dit Bryan, il ne cherche pas la variété de la couleur, mais il est « particulièrement attentif au clair-obscur ; il en est de même d'ailleurs dans ses compositions plus vastes, « où cette absence de coloris est encore plus notable : elles paraissent *faibles*. Mais Smirke se rachète « amplement par son habileté à ordonner les sujets, par beaucoup d'humour dans les caractères, qui jamais « ne dégénèrent en bouffonneries ou en farces. Il fut toujours convenable et distingué (*gentleman*), même « en reproduisant des personnages ridicules ou grotesques. Il fait penser et sourire le spectateur, mais d'un « rire contenu et qui rarement tourne à l'excès... Il a bien compris Shakespeare... Beaucoup de ses petits « dessins pour les livres illustrés ont de la chaleur et du sentiment. Il était sévère critique de ses propres « œuvres et il hésitait à les livrer à la publicité. Il se défiait des soi-disant connaisseurs et de ceux qui ont la « prétention d'admirer les vieux maîtres, bien que lui-même sût apprécier le mérite des écoles « anciennes, etc. »

Ce jugement d'un Anglais sur Smirke est assez équitable, et puisque les compatriotes de Smirke reconnaissent que sa peinture est faible, nous sommes à l'aise nous-même pour en parler avec sincérité.

Il faut croire que les tableaux de Smirke sont devenus extrêmement rares, car la National Gallery n'en possède pas un seul, et l'on n'en a vu que trois à la riche exposition de Manchester. Pour notre compte, nous ne croyons pas en avoir jamais rencontré une demi-douzaine ; encore, c'étaient des peintures presque monochromes, des espèces de grisailles destinées aux graveurs.

En ce genre-là, et pour la même destination, les coloristes ont fait quelquefois des chefs-d'œuvre, Van Dyck entre autres, et ses grisailles pour les Portraits d'artistes, gravés par lui-même, ou par les habiles graveurs d'Anvers qui complétèrent cette suite précieuse, sont exquises de couleur, seulement avec des tons d'or ou d'argent.

Smirke, hélas! Bryan le dit bien, Smirke ne « cherchait point la variété des tons, » ni leur harmonie; il se préoccupait seulement de la juste dégradation du noir au blanc, pour guider ses traducteurs-graveurs dans la taille, plus ou moins profonde, plus ou moins légère, du cuivre.

Laissons donc Smirke comme peintre, et prenons-le seulement comme illustrateur.

On voit qu'il a cherché des sujets dans l'Écriture sainte, dans l'histoire d'Angleterre et dans les poëtes et littérateurs. Pour la mythologie, c'est à peine s'il y a touché : Narcisse, à son commencement; Bacchus et Psyché, à sa fin. Mais, pour les poëtes, antiques et modernes, — presque tous, y compris Homère et Virgile, lui ont fourni des scènes qu'il a interprétées avec goût. Ses illustrations du *Gil Blas* et des *Mille et une Nuits* passent en Angleterre pour des merveilles ; on vante surtout, dans les *Mille et une Nuits*, l'épisode du *Bossu*, dont les dessins, gravés par Daniell, sont des mieux réussis.

Mais les deux créateurs littéraires qui ont le plus occupé Smirke, c'est Shakespeare et Cervantes. Il a donné des compositions nombreuses pour les grandes éditions de Shakespeare et même pour les petites, et il a richement illustré *Don Quichotte*.

Qui peut bien comprendre Shakespeare, si ce n'est les Anglais? Et pourtant il faut oser reconnaître que même la magnifique *Galerie* de Boydell est infiniment au-dessous du génie de ce grand poëte, un des inventeurs les plus originaux de toutes les littératures. Si Shakespeare est anglais dans sa forme, dans son style, à l'extérieur pour ainsi dire, il est profondément humain et universel, à l'intérieur des caractères. Ses types sont des hommes premièrement et foncièrement, et l'enveloppe anglaise n'est qu'un accessoire. Sous ses draperies à la mode d'un certain peuple et d'une certaine époque, s'agite une âme éternelle qui appartient à l'humanité de tous les pays et de tous les temps.

C'est ce caractère humain et en quelque sorte impersonnel qu'il faudrait dégager et mettre surtout en relief, lorsque, par un art plastique, on essaye de réaliser et d'incorporer l'image des figures auxquelles le poëte a communiqué la vie spirituelle et idéale que comporte seulement l'art littéraire.

Eh bien! c'est ce caractère substantiel d'humanité qui ne se remarque guère dans les traductions que les artistes compatriotes de Shakespeare ont faites de ses drames et de ses comédies. Sous l'Anglais trop accusé, l'homme s'efface presque. Même quand il s'agit de Juliette et de Desdemona, ces Vénitiennes deviennent des Anglaises, dans les interprétations de Smirke et des dessinateurs britanniques. L'Anglais a une individualité si nationale, que son esprit et ses mains façonnent tout conformément à la fashion anglaise.

Il s'est trouvé en France un grand artiste qui s'est ingéré aussi de traduire une des plus belles et des plus mystérieuses créations de Shakespeare : M. Eugène Delacroix a publié autrefois un *Hamlet* illustré. Sans opposer un pays à un autre, il est permis de penser que les illustrations de cet Hamlet, où M. Delacroix

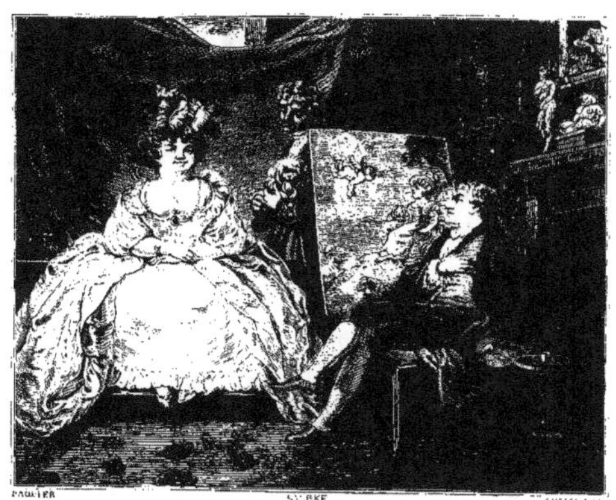

LE PORTRAIT FLATTÉ.

s'est élevé à une hauteur purement poétique, en dehors de l'espace et du temps, correspondent plus intimement au génie shakespearien que toutes les illustrations publiées en Angleterre, et que celles de Smirke particulièrement.

Pour *Don Quichotte*, qui compte aussi dans les grands livres de l'humanité, malgré son attirail tout espagnol, il faudrait également un interprétateur cosmopolite, car cette haute fantaisie est encore un symbole de l'âme humaine, dédoublée en ses deux facultés essentielles : l'idéal et la réalité. Sancho est tellement de tous les pays, malgré sa casaque espagnole, qu'il a ses analogues dans toutes les littératures : Panurge, Sganarelle et bien d'autres, en France; Falstaff, en Angleterre, chez Shakespeare précisément. Et quant à Don Quichotte, il vit encore, partout, et il vivra toujours, bien que Sancho le distance cruellement dans les mœurs de l'Europe actuelle.

Il me semble que Velazquez aurait pu traduire Cervantes, car son art touche aussi aux deux bouts de l'humanité et de la nature : à ses aspects fantastiques, dans certaines peintures étranges et un peu folles; à son côté réaliste, dans d'autres tableaux où la vie a tout son épanouissement, par exemple dans les

Bibadores du musée de Madrid. Goya encore, parmi les compatriotes de Cervantes, aurait fait une curieuse suite d'images avec le *Don Quichotte*, bien qu'il soit postérieur de deux siècles à Cervantes.

Pour ce qui est de Smirke et de ses illustrations, tout ce qu'on en peut dire, c'est qu'à l'adresse de l'arrangement elles joignent un certain esprit dans les attitudes et les physionomies, mais qu'elles ne vont jamais au fond des caractères. S'il fait « sourire » parfois, comme l'observe Bryan, il ne fait guère « penser. » Une bonne illustration devrait aider à pénétrer l'esprit du littérateur que l'artiste entend traduire; au contraire, pour bien comprendre Smirke, il faut relire ses auteurs. Shakespeare et Cervantes, qui, dans leur langue écrite, sont mille fois plus expressifs que le peintre dans sa langue plastique.

Smirke avait des fils qui furent architectes, et il leur fournit des dessins de bas-reliefs pour le *United Service Club*, au coin de Regent street et de Charles street, dont l'édification leur avait été confiée. Ses derniers dessins étaient encore destinés au fronton d'un club construit par ses fils, *Oxford and Cambridge Club House*, dans *Pall Mall*.

Dans la biographie de Stothard, nous avons rappelé l'âge avancé auquel parvinrent beaucoup de peintres anglais : Turner, à soixante-seize ans; Stothard, à soixante-dix-neuf; Benjamin West, à quatre-vingt-deux; Fuseli, à quatre-vingt-quatre; Northcote, à quatre-vingt-cinq. Robert Smirke les a tous dépassés : il mourut, dans sa maison de Osnaburg street, Regent's Park, le 5 janvier 1845, âgé d'au moins quatre-vingt-treize ans. Depuis un quart de siècle il ne faisait presque plus rien, mais quantité de livres illustrés rappelaient son nom et témoignent encore d'un talent facile et spirituel.

Nous avons déjà dit que les peintures de Smirke sont extrêmement rares et que la collection nationale, à Marlborough House, n'en possède aucune. Il n'en est pas question non plus dans les principales galeries particulières.

Le véritable catalogue de l'œuvre de Smirke serait une liste bibliographique des nombreuses publications auxquelles il a fourni des dessins.

W. BURGER.

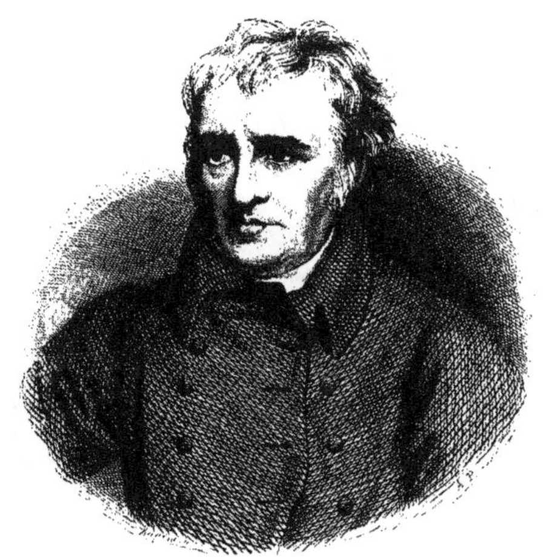

École Anglaise. *Ornements, Paysage, Poésie*

THOMAS STOTHARD

NÉ EN 1755. — MORT EN 1834.

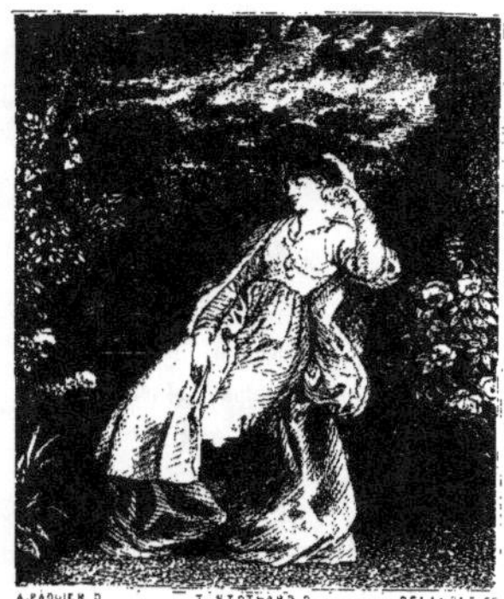

A. PAQUIER D. T. STOTHARD P. DELANGLE SC.

De tous les tableaux de l'école anglaise, un des plus connus sur le continent est peut-être le *Pèlerinage à Canterbury*, par Stothard, chance que le peintre doit d'abord au poëte qu'il a traduit, et surtout au graveur par qui il fut traduit à son tour. Le peintre était bien au-dessous du poëte, mais le graveur se trouva surpasser de beaucoup le peintre. C'était aussi un graveur, Woollett, qui, avec son chef-d'œuvre d'après la *Mort de Wolfe*, avait attiré l'attention de l'Europe sur Benjamin West.

La peinture originale des *Pèlerins de Canterbury*, appartenant aujourd'hui à M. J. Towgood, a été exposée à Manchester. Elle n'a pas un pied de haut, sur environ trois pieds de large. Stothard en avait fait aussi une aquarelle, qui a passé également à l'exhibition de Manchester. La gravure, signée de J. Heath, avait été commencée par L. Schiavonetti. Reveil en a donné un trait dans sa courte série des artistes anglais. Cette composition est acceptée unanimement en Angleterre comme le chef-d'œuvre de Stothard.

C'est assez original, en effet, — dans la gravure. Les personnages ont de la naïveté et un certain caractère. Ils s'en vont pèleriner comme une file d'oies qui va aux champs. C'est tranquille et humoristique à la fois, assez intime et très-amusant à voir, — dans la gravure. On croirait y deviner un peintre comme Wilkie, même avec plus de style.

Hélas! dans la peinture il n'y a rien : une petite image débile et incorrecte, au lieu de l'image énergique et substantielle de Chaucer, le vaillant poëte : une vignette, comme en faisait le gracieux Johannot. Car Stothard n'est qu'un délicat et spirituel *illustrateur* de livres, une espèce d'ornemaniste pour les éditions de luxe, les keepsakes et les magazines. Au surplus, c'a été là son œuvre, et, à le prendre comme dessinateur d'illustrations, de vignettes, d'arabesques et d'ornements, c'est un artiste adroit, plaisant, distingué, qui ne manque ni de charme, ni d'invention.

Seul enfant d'un aubergiste du Yorkshire, qui était venu demeurer à Londres, Thomas Stothard était né le 17 août 1755, dans Long-Acre, la rue des carrossiers (*coachmakers*).

Comme il était de santé délicate, son père l'envoya, dès l'âge de cinq ans, à York, chez un oncle qui le confia aux soins d'une vieille dame habitant le village d'Acomb, près d'York. Cette première résidence à la campagne le fortifia, outre qu'elle lui insinua pour toujours l'amour de la nature. Il y avait chez la bonne lady des gravures de Strange et des portraits de Jacob Houbraken. Le petit Thomas s'ingéra de les copier au crayon, et même avec des couleurs qu'un peintre en bâtiments lui avait données dans des coquilles d'huîtres. A huit ans, on le transféra à Stutton, lieu de naissance de son père ; à treize ans, dans une élégante pension, à Ilford en Essex, « où il apprit à danser, sous la direction du père de la pantomime, le célèbre Grimaldi. » Il avait quinze ans quand son père mourut, laissant à la mère une certaine aisance, et alors il entra apprenti chez le dessinateur d'un marchand de brocard. Quoiqu'il ne s'agisse encore que de dessin industriel, là cependant commence sa carrière d'artiste.

Quand il avait fini les entrelacements de feuillages, les bouquets de fleurs surnaturelles, que la profession commandait, sa jeune fantaisie s'occupait déjà de plus nobles sujets, empruntés à la *Reine des Fées* de Spencer, aux autres poëtes anglais, et même à Homère. Quelques-unes de ces compositions poétiques, accrochées dans le salon du maître dessinateur, furent remarquées par l'éditeur du *Novellist's Magazine*, M. Harrison, qui, pendant quelques années, employa Stothard à illustrer sa revue et ses autres publications. On a retrouvé dans les papiers de Stothard les comptes de ces premiers travaux. 148 dessins pour le *Novellist's Magazine* lui furent payés une guinée chaque : même taux pour 26 dessins du *Poetical Magazine* : 7 schellings seulement pour des frontispices d'œuvres théâtrales, portraits d'actrices et d'acteurs, et 6 schellings pour les encadrements séparés.

Après avoir illustré des feuilles périodiques et des romans, Stothard concourut à l'illustration du grand et magnifique Shakespeare des Boydell. Entre temps, il s'adonnait aussi à la peinture, traduisant les sujets gracieux qu'ont inventés les poëtes, ou inventant lui-même des féeries et des pastorales. Il semble, à voir ses tableaux de cette époque, qu'il se soit un peu inspiré de Watteau et des successeurs de Watteau, tels que Pater et Lancret. Ce sont souvent des groupes d'élégants personnages au milieu de paysages assez impossibles, heureusement conçus, mais faiblement exécutés.

L'année même où mourut Reynolds, en 1792, Stothard fut *associé* à l'Académie royale, et, deux ans plus tard, il devint académicien.

Il n'y a guère d'événements ni de vicissitudes dans la longue vie de cet artiste placide. Il se marie, il a des enfants, il va se promener avec eux dans la campagne, étudiant la botanique par plaisir et comme motif d'ornementation. Il allait souvent, accompagné de son fils Alfred, visiter une vieille tante à Iver, à 18 milles de Londres. Ils partaient à pied et vagabondaient à travers champs, et il s'arrêtait partout, dessinant des plantes et des feuilles, déclamant contre le mauvais goût des architectes et des décorateurs d'édifices, qui ne savaient pas profiter des modèles qu'offre la nature dans sa variété infinie. Plus tard, Constable, cet autre amoureux de la campagne, fut parfois son compagnon de promenades : Stothard prenait des papillons et s'extasiait devant les insectes : Constable étudiait le ton des arbres ou des nuages.

Stothard s'occupait aussi d'archéologie, en sa qualité de dessinateur d'ornements et de vignettes. Les vieux monuments de la Normandie l'avaient attiré en France, et ce fut lui qui signala au ministre de l'intérieur des statues de Richard Cœur de Lion et des Plantagenets, enfouies dans je ne sais quel coin d'un département et abandonnées aux mutilations. « C'est lui encore qui vint découvrir en France et restituer au tombeau de Clisson la statue du personnage [1]. »

Il était « très-négligé dans sa toilette. » La remarque est d'une lady, de mistress Bray, qui a écrit une biographie de Stothard [2], et qui raconte de curieuses distractions de l'artiste, en fait de costume. Un jour qu'il était invité à dîner chez Rogers le banquier, le poëte et l'amateur de tableaux, avec Mme de Staël, il s'empresse de courir à la somptueuse maison de la place Saint-James. Arrivé à la porte, il se sent froid au cou, et il s'aperçoit qu'il avait oublié de mettre une cravate. Il n'eut que le temps de se sauver avant qu'on l'eût introduit ; mais, après s'être cravaté convenablement, il revint bien vite contempler la célèbre femme qui était alors la *lionne* de Londres.

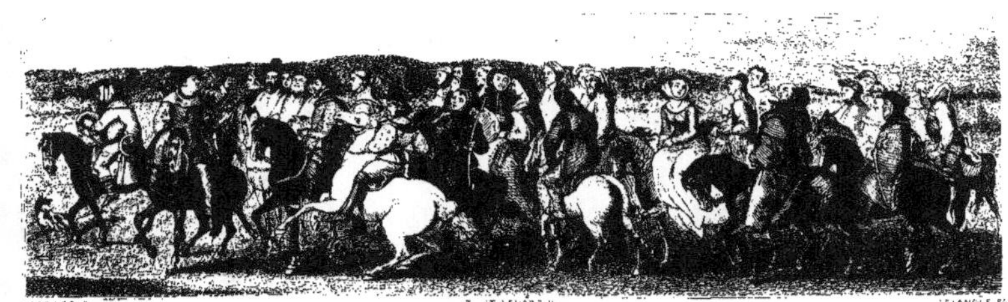

PELERINAGE A CANTERBURY

Suivant mistress Bray, Stothard n'a jamais montré aucune jalousie contre ses confrères. Il est vrai qu'il n'eut jamais les ambitions prodigieuses qui caractérisent la plupart des artistes anglais de la fin du dix-huitième siècle. Mais il était assez sévère dans ses appréciations, surtout en ce qui concerne la perfection du dessin, lui dont le dessin est faible, lâché, approximatif. Étant venu voir, un jour, le célèbre tableau de Martin, *le Festin de Balthasar*, dont toute l'Angleterre était affolée, il loua d'abord la conception comme effet d'ensemble, et spécialement le grandiose qui résulte de la lumière surnaturelle jaillissant de l'écriture fatidique sur la muraille et faisant pâlir toutes les lumières de la terre, même les feux allumés pour le sacrifice à Moloch, — il exalta le génie de Martin, puis il tourna le dos à la peinture et s'éloigna en disant : — « Le mauvais dessin de ces figures offusque mes yeux ! »

Il est remarquable que presque tous les peintres anglais, excepté Morland, sont morts à un âge avancé :

[1] *Voyage historique et littéraire en Angleterre*, par M. Amédée Pichot. Paris. 1826.

[2] *Life of Thomas Stothard*, with personal reminiscences, by Mrs Bray... with numerous illustrations from his works. Murray, London. — C'est la biographie la plus complète de Stothard. Comme il n'est mort qu'en 1834, il n'est point compris dans l'excellent ouvrage d'Allan Cunningham, *the Lives of the most eminent british Painters*, etc. Ses principales peintures sont cataloguées dans le livre de Mrs Bray, qui donne aussi les prix de ses œuvres à la vente après décès.

L'*Athenæum* (1851, page 1261) a publié une longue analyse du livre de Mrs Bray. Il avait publié aussi une notice nécrologique sur Stothard, dans l'année où le peintre était mort (1834, page 1634).

Gainsborough, Lawrence et Constable moururent à soixante et un ans; Barry, à soixante-cinq; Hogarth, à soixante-sept; Romney, à soixante-huit; Reynolds et Wilson, à soixante-neuf; Blake, à soixante et onze; Turner, à soixante-seize, West, à quatre-vingt-deux; Fuseli, à quatre-vingt-quatre; Northcote, à quatre-vingt-cinq. — Stothard mourut à soixante-dix-neuf ans, en 1834. Il avait connu toute la génération de Reynolds et de Gainsborough. Il connut aussi la génération qui illustre le dix-neuvième siècle; par exemple, Constable, Turner et Wilkie.

Il a laissé des dessins innombrables, plus de dix mille, à ce qu'on assure, et une certaine quantité de tableaux. Il avait à Manchester quatre peintures, outre le *Pèlerinage à Canterbury*: une *Danse en plein air à Sans-Souci*; un *Pique-Nique*, appartenant à miss Burdett Coutts; *la Paix*, *la Charité*, appartenant à l'Académie royale; une trentaine d'aquarelles et dessins, dont le fameux *Bouclier d'Achille*, les autres provenant des séries d'illustrations pour Shakespeare, Chaucer, Spencer, Rogers, et même pour le *Gil Blas* de Le Sage. On y voyait aussi diverses gravures d'après lui, par J. Heath, J.-K. Sherwin, etc. A la galerie Vernon (Marlborough House), il a six tableaux, des Chœurs de nymphes, des Baigneuses, et même une Bataille. Mais c'est surtout chez un amateur, M. Windus, à Tottenham, qu'on retrouve la plus grande collection de ses œuvres.

Tout cela, peintures, aquarelles et dessins, est assez agréable. Talent féminin, délicat, mais débile. N'était-ce pas une lady qui avait élevé Stothard? N'est-ce pas aussi une lady qui a écrit sa vie et son panégyrique?

W. BÜRGER.

RECHERCHES ET INDICATIONS.

Nous renvoyons à la biographie publiée par Mrs Bray, *Life of Thomas Stothard*, etc., pour la nomenclature des œuvres de ce peintre, d'ailleurs très-secondaire, malgré l'admiration qu'il inspire à ses compatriotes. Le prix de ses œuvres a beaucoup monté, depuis la vente publique qui suivit sa mort. Tel de ses dessins s'est vendu, en Angleterre, jusqu'à 100 guinées. Nous ne croyons pas qu'on en rencontre dans la circulation en France, ni sur le continent. Peut-être laisseront-ils, si la collection de M. Windus est livrée, quelque jour, aux enchères publiques.

Lorsque parut le fameux *Pèlerinage à Canterbury*, il s'éleva une discussion très-vive entre Stothard et William Blake, qui avait traité le même sujet, juste au même moment. Blake accusait Stothard de s'être fait communiquer son dessin original. Stothard affirmait que Blake n'avait fait que l'imiter, par un sentiment de jalousie. Toutefois il semble certain que la priorité de l'invention appartient à Stothard.

Comme renseignement bibliographique sur Stothard, il y aurait bien peu à dire. Pour notre part, nous ne connaissons que le livre de Mrs Bray, les notices de l'*Athenæum* et quelques articles égarés dans des revues anglaises.

[illegible] ET Cie, RUE DAMIETTE 2.

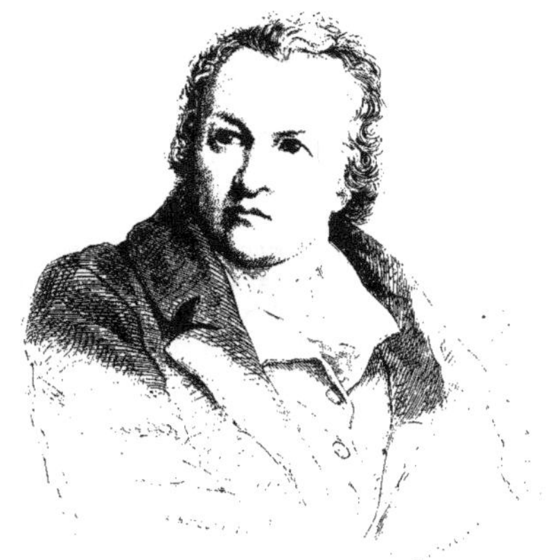

École Anglaise. *Allégories, Sujets bibliques*

WILLIAM BLAKE

NÉ EN 1757. — MORT EN 1828.

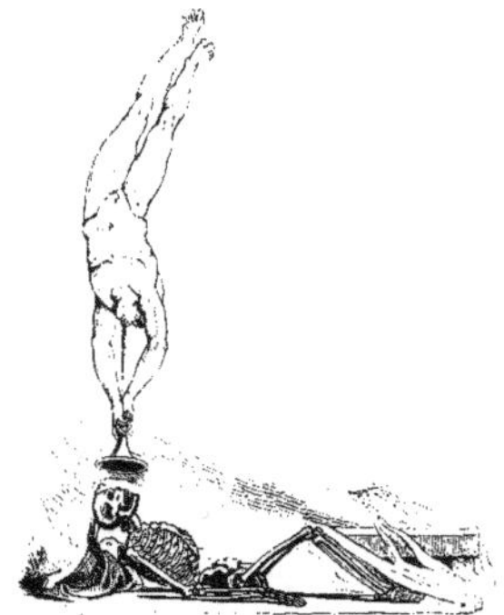

Blake est assurément le plus excentrique de tous les artistes de l'école anglaise, qui compte pourtant des originaux comme Turner, Barry, Morland, Fuseli et bien d'autres. Il est né à Londres, le 28 novembre 1757, dans Broad street, Carnaby market. Son père, un respectable bonnetier, essaya de l'élever pour le commerce : mais le petit, dès l'âge de dix à douze ans, couvrait de dessins et même de vers tous les papiers de la boutique. Entrer dans l'atelier d'un peintre, c'était cher; à quatorze ans, on le mit chez un graveur, Basire, qui le reçut comme apprenti, avec un long engagement. Tout en apprenant à graver, il ne cessait d'écrire des vers, et John Flaxman le statuaire, qui admirait beaucoup ces productions premières, en fit imprimer plus tard un recueil à ses frais. Flaxman et Fuseli doivent passer, à meilleur titre que le graveur Basire, pour les maîtres de Blake, car ils lui donnèrent aussi des leçons dans les commencements. A vingt ans, Blake put vivre de son métier de graveur; il y travaillait tout le jour, et le soir il se consacrait au dessin et à la poésie, mêlant ces deux arts ensemble, traduisant à la fois son sentiment par des lignes et par des rimes. En lui le peintre et le poëte ont toujours été inséparables.

A vingt-six ans, il épousa une jeune fille, de très-modeste condition, Katherine Boutcher, voisine de la maison de son père. C'était juste la femme qu'il lui fallait · une compagne dévouée et enthousiaste, qui l'estimait comme le plus grand génie du monde et s'inclinait devant ses fantaisies les plus folles. Lui aussi l'adorait, l'appelait sa bien-aimée et la célébrait dans ses poëmes lyriques Elle imprimait les planches gravées, coloriait les épreuves et dessinait même très-habilement dans le style de son mari. Cette intimité bienheureuse ne fut jamais troublée et consola souvent le pauvre Blake, à travers les détresses que l'avenir lui réservait. Le père Blake étant mort, tous deux, William Blake et sa femme, montèrent un magasin d'estampes, en société avec un certain Parker, qui avait aussi été apprenti chez Basire. La femme veillait au commerce et Blake continuait à graver, aidé d'un de ses frères, Robert. Mais leur spéculation n'eut pas de chance : le frère mourut; une brouille survint avec l'associé Parker, et la boutique fut abandonnée. C'est alors que Blake commença cette série d'œuvres singulières auxquelles il doit d'être « compté parmi les hommes de génie de son pays. »

Le singulier homme, en effet, et qu'on ne saurait comparer à aucun autre artiste des autres écoles : une forme plastique lui inspirait toujours instantanément un rhythme et un son analogues, si bien que, en dessinant ou en gravant, il composait à la fois des strophes avec leur mélodie. Par malheur, on n'a rien conservé de sa musique, qu'il chantait sans la noter. Mais, dit Allan Cunningham, « elle devait avoir un mérite réel, si elle égale quelques-uns de ses poëmes et beaucoup de ses dessins. » Sa bonne femme était toujours là près de lui, applaudissant à ses improvisations.

Sa première *invention*, comme il se plut à appeler ses œuvres, est intitulée *Chants d'Innocence et d'Expérience*, environ soixante-dix scènes, offrant les images de la jeunesse et de la virilité, les joies de l'enfance, les bonheurs de la famille, — chaque scène accompagnée de strophes, d'un sentiment très-poétique, qui s'élance au-dessus des aspirations terrestres. Ses tendances mystiques sont déjà curieusement indiquées dans les dessins et dans le texte. Bientôt il s'imagina qu'il subissait des influences surnaturelles, qu'il communiquait avec un monde idéal, qu'il voyait et qu'il entendait les grands hommes des anciens temps, que le passé et l'avenir n'avaient point de mystères pour lui. Ces hallucinations devinrent chroniques et il ne vécut plus que dans une continuelle rêverie. C'est à cet état de somnambulisme lucide que ses créations doivent leur originalité et quelquefois leur beauté naïve, mais aussi une sorte de sauvagerie et de démence, souvent une obscurité impénétrable.

Lorsqu'il eut terminé les dessins de ses *Chants d'Innocence*, comme il songeait à les graver d'une manière neuve et saisissante, le fantôme de son défunt frère et collaborateur Robert lui apparut et lui révéla un secret pour obtenir des résultats inconnus sur le cuivre, au moyen de certains liquides. Il est sûr que Blake employa des pratiques particulières qu'il ne fit jamais connaître à personne. L'œuvre fut gravée avec ces procédés « de l'autre monde », et les épreuves teintées avec des couleurs brillantes et d'un effet vraiment magique. Sa seconde production, les *Portes du Paradis*, a seize planches. Ces petites estampes coloriées eurent du succès parmi les amateurs raffinés, mais elles n'étaient pas de nature à devenir jamais populaires.

La gêne dans sa vie domestique, ses luttes avec le goût public, plongèrent de plus en plus Blake dans ses manies visionnaires. Il se confina dans la solitude, n'ayant plus de familiarité qu'avec les esprits célestes, qui conversaient avec lui, commandaient ses œuvres et lui en fournissaient les éléments merveilleux. La misère lui importait peu : « Le désir du gain tue le génie de l'homme, disait-il. Mon affaire n'est pas de gagner de l'or, mais de créer des œuvres glorieuses et d'exprimer des sentiments sublimes. » Mistress Katherine l'approuvait toujours.

La troisième *invention*, en vingt-six scènes, est intitulée *Urizen* et datée de « *Lambeth*, 1794. » C'est aussi incompréhensible que terrible. On croit y démêler quelque chose comme la chute de Lucifer et la création de l'homme.

Le nom de Blake cependant commençait à être connu et un éditeur demanda au pauvre artiste d'illustrer les *Nuits* d'Young. Le livre parut, orné de fantaisies sur toutes les marges, à la façon des anciens manuscrits. Flaxman en fut tellement enchanté, qu'il présenta son protégé au poëte Hayley, pour illustrer *la Vie et les œuvres de Cooper*. Hayley demeurait dans le comté de Sussex, où Blake vint s'installer avec sa femme, dans un petit cottage, à Felpham. Il y resta trois années, consacré à ses dessins du *Cooper*. Le jour, il travaillait ou causait avec Hayley. Le soir, il s'en allait au bord de la mer évoquer les grands hommes qu'il prétendait

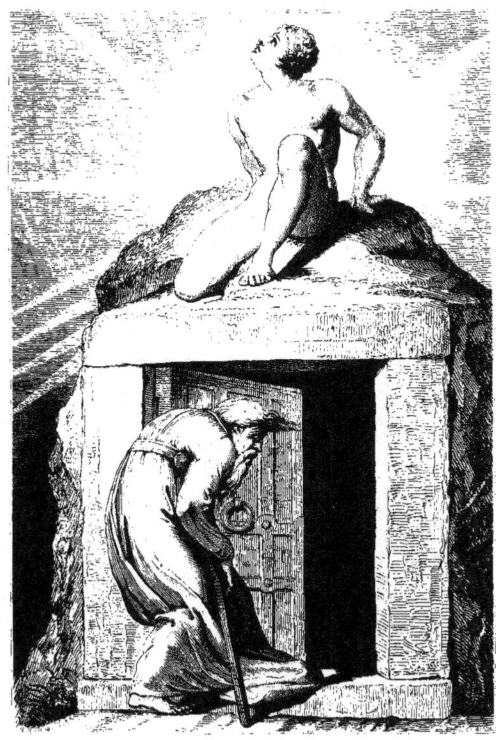

LE VIEILLARD A LA PORTE DE LA MORT.

avoir connus autrefois, Homère et Moïse, Pindare et Virgile, Dante et Milton. Celui-ci même lui récita tout un poëme inédit et dont le monde n'a jamais eu connaissance. La femme de Blake l'accompagnait dans ces promenades nocturnes, et, bien qu'elle-même ne vit jamais rien, elle était convaincue que son mari voyait et entendait.

A son retour à Londres, Blake, surexcité par ces trois années de rêverie en face de la mer, dessina et grava une de ses œuvres les plus étranges, *Jérusalem*, dont on ne saurait expliquer la signification : une centaine de pièces! où l'on trouve parfois des effets superbes. Un écrivain anglais ne craint pas de dire que plusieurs figures de cette suite sont « dignes de Michel-Ange. »

Viennent ensuite les illustrations du *Tombeau*, de Blair, douze dessins qui furent payés vingt guinées à l'auteur. Il entreprit de les graver lui-même, mais son éditeur en confia l'exécution à Louis Schiavonetti, dont la manière plaisait davantage au public. On vante encore certaines pièces de cette série, par exemple le *Vieillard à la porte de la Mort*.

C'est aussi vers cette époque que Blake composa son *Pèlerinage à Canterbury*, qui souleva tant de controverses pour savoir qui de Blake ou de Stothard avait pris à l'autre l'heureuse idée de ce sujet. L'un et l'autre cependant pouvaient bien l'avoir pris dans Chaucer tout simplement. Ce *Pèlerinage* de Blake parut à une exhibition de ses œuvres principales, en 1809. Il y avait seize dessins, où le mysticisme était mêlé à l'histoire et à la politique. Le tableau lui-même est présentement exposé à la grande exhibition de Londres.

Les conversations que Blake tenait « en prose avec les démons » et « en vers avec les anges » rempliraient des volumes, et les têtes qu'il dessina d'après ses apparitions rempliraient une galerie, dit un de ses biographes. Sa folie était si convaincue et si communicative, qu'on finissait par le trouver un homme extraordinaire et par croire qu'il pouvait bien y avoir quelque chose de réel là-dedans.

Au travers de toutes ces élucubrations, Blake cependant composait des œuvres plus sensées. Le *Livre de Job*, en vingt et une pièces, est une de ses *inventions* les plus heureuses : il y est « toujours simple, souvent sublime. » Il était alors réduit à la dernière misère, travaillant dans une petite pièce qui lui servait à la fois de cuisine, de chambre à coucher et d'atelier, vivant avec quinze à vingt shellings par semaine, n'ayant d'autre compagnie que sa fidèle Katherine, toujours dévouée et toujours enthousiaste. Lui, ne se plaignit jamais, accepta virilement cette détresse et conserva jusqu'à la fin sa fière indépendance et son ardeur. Peut-être serait-il mort de faim, si quelques amis n'étaient venus à son aide. Un d'eux lui fit graver le *Livre de Job*. Les estampes en sont devenues très-rares, et, dit Cunningham, elles sont vraiment dignes de figurer dans les collections de tous ceux qui aiment la nature et l'imagination. Parurent ensuite les *Prophètes*, deux suites, l'une de dix-huit planches concernant l'Amérique, l'autre de dix-sept concernant l'Europe; avec un texte en vers, comme d'habitude. En 1823, il entreprit d'illustrer le Dante; de cette suite il fit cent deux dessins et en grava sept. Mais ses forces commençaient à décliner et il pressentait une mort prochaine : « — Chère Kate, disait-il à sa femme, nous avons toujours été ensemble et je n'ai jamais eu un reproche à vous faire; nous avons été parfaitement heureux; mais nous allons bientôt être séparés. Pourquoi craindrais-je de mourir? Non, je ne crains pas la mort! »

Malade et alité, il continuait à travailler, ou bien il improvisait des vers avec leur musique. Trois jours avant sa mort, il coloriait encore une de ses pièces d'affection, et, voyant toute en larmes sa femme : « — Ne bougez pas, Kate! posez comme vous êtes. Je veux faire votre portrait, car vous avez toujours été pour moi un ange. » — Et l'artiste mourant dessina un beau portrait de sa vieille compagne. Il s'éteignit le 12 août 1828, à l'âge de soixante-onze ans.

Comme peintre et comme poëte, Blake « *le Visionnaire* » fut d'une prodigieuse fécondité. Il a laissé en manuscrits une centaine de volumes de vers, et le nombre de ses dessins s'élève à plusieurs milliers. Oui, c'est un homme de génie, mais extravagant. — Le génie n'est-il pas presque toujours une certaine excentricité?

W. BÜRGER.

IMP. POITEVIN, RUE DAMIETTE, 2

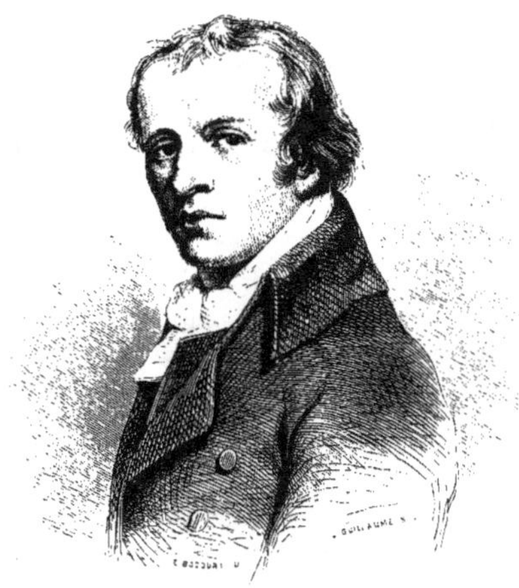

École Anglaise. *Portrait, Histoire, Poésie*

JOHN OPIE

NÉ EN 1761. — MORT EN 1807.

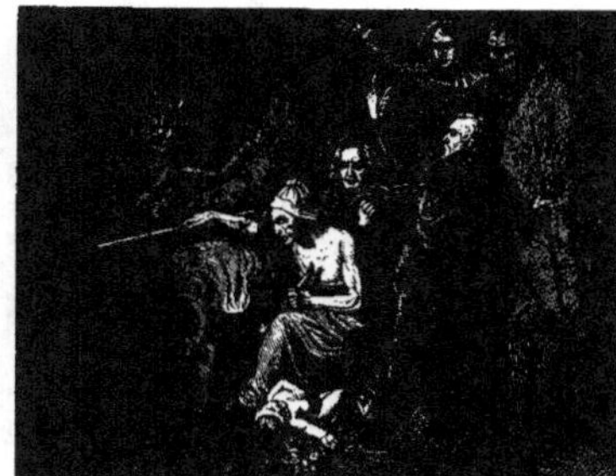

Comme son rival Northcote, Opie s'est formé lui-même. Il était né, en 1761, dans la paroisse de Sainte-Agnès, près de la ville de Truro, dans le Cornwall. Son père était charpentier, et il écrivait son nom « Oppy ». Ce fut à son arrivée à Londres que le jeune peintre, trouvant cette orthographe peu musicale à la prononciation, la changea en « Opie ».

Dès son enfance, il annonçait des aptitudes rares : à douze ans, il possédait les mathématiques, au point de les enseigner le soir aux paysans de sa paroisse ; à dix ans, voyant un de ses camarades dessiner un papillon, il se prit à dire qu'il en ferait bien autant, et il y réussit; une autre fois, ayant aperçu, dans une maison où il travaillait avec son père, un tableau qui représentait une cour de ferme, il le copia de souvenir.

Un dimanche, pendant que sa mère était à l'église, il se met en tête de faire le portrait de son père, assis dans le *parlour* et lisant la Bible; il s'installe avec des couleurs dans une pièce voisine, barbouille son ensemble et les entourages; puis, afin de saisir la physionomie, il se glisse à plusieurs reprises dans le petit salon, jette son coup d'œil et se sauve. Le père s'impatiente de ces interruptions répétées et le menace d'un air courroucé : c'était justement l'expression que cherchait le malicieux *boy*. Le portrait se trouva si ressemblant, que la mère, rentrant de l'église, reconnut aussitôt le personnage; le rude bonhomme, lui-même, en fut enchanté, et il se plaisait à montrer à tout le monde le chef-d'œuvre de son fils.

Tels furent les exploits enfantins de « la merveille du Cornwall ».

Son père, cependant, n'approuvait guère cette propension vers les arts, mais son oncle l'encouragea, et le poëte *satirique* Wolcot, alors médecin à Truro, — Peter *Pindar*, comme on l'appela de son nom poétique, — le prit sous son patronage. Le petit John put dessiner, faire des ébauches d'après nature et des portraits; on les lui payait 6 shellings 6 pence (environ 8 francs!). Lord Bateman l'employa aussi à peindre des vieillards et des mendiants. Toutes ces études sans façon développèrent ses facultés de praticien et assurèrent à son talent futur une certaine originalité.

Il avait vingt ans, lorsqu'il vint s'établir à Londres, — et 30 guinées dans sa poche; mais Peter Pindar, avec ses relations dans la presse, avec sa verve d'écrivain, le mit tout de suite en évidence. Tout Londres courut chez le petit génie provincial, que Reynolds avait reçu avec son affabilité ordinaire. Les portraits et les commandes affluèrent, et quoique cette vogue n'ait pas été de longue durée, Opie se trouva bientôt établi très-confortablement dans Orange Court, Leicester Fields. Il avait beaucoup de bon sens et cette fermeté tranquille que donne parfois le commerce avec les classes laborieuses. Loin d'être énervé par un succès si prompt, il continua, tout en produisant des œuvres qu'on admirait, à pénétrer de plus en plus les secrets de sa profession et à interroger la nature. Il chercha aussi à compléter son éducation si imparfaite, en apprenant les langues, en lisant les poëtes, en fréquentant des personnes de qualité. Sans que ses manières un peu rudes en aient jamais été changées notablement, son esprit y gagna de l'élévation et de la clairvoyance. Il avait une façon de parler originale et saisissante; tous ses biographes vantent sa vigueur intellectuelle et sa simplicité virile, et Sir James Mackintosh a écrit de lui : « S'il eût tourné sa puissance du côté des études philosophiques, il aurait été un des premiers philosophes de notre siècle. »

Vers cette époque, il eut le malheur de se marier avec une femme difficile et infidèle, et il fut bientôt contraint de recourir au divorce.

Dans les commencements de son séjour à Londres, la peinture historique, en pleine faveur, avait décidé les succès de West, de Barry, de Fuseli et de bien d'autres; mais, peu à peu, le goût public s'en était écarté, et Opie trouvait bien plus de ressources dans le portrait : il en fit un grand nombre, largement peints, avec une sorte « d'audace rustique », et très-accentués de caractère. Son portrait de Charles Fox, le chef des Whigs, est un des plus célèbres. Pendant qu'il travaillait à cette peinture, une foule d'amis venaient le tourmenter, les uns sur la pose, d'autres sur l'expression, d'autres sur l'exécution. Fox s'amusait de ces critiques divergentes, et il dit à l'artiste : — « Ne faites pas attention à ces propos, vous savez mieux que personne ce que vous faites. » Un peu après, à un dîner d'académiciens, auquel assistait Fox, comme le portrait terminé obtenait des applaudissements unanimes, Fox, qui n'avait pas pu poser aussi longtemps que l'eût désiré le peintre, lui dit spirituellement : — « Vous voyez bien, monsieur Opie, que j'avais raison : tout le monde est d'accord que ce ne saurait être mieux. Si je vous avais écouté, et si je vous avais donné de nouvelles séances, peut-être auriez-vous gâté votre peinture. »

Pour les portraits de femme, le talent d'Opie n'avait pas assez de flexibilité ni de charme. Dans ses compositions historiques, il manque aussi d'élégance et de poésie, mais il y apporte une certaine énergie sauvage qui n'est point vulgaire. Il avait l'esprit spontané, la main prompte. D'ailleurs, peu d'efforts d'imagination; il ne faisait guère que copier la nature avec une sincérité très-opiniâtre. « *Il a peint ce qu'il a vu*, dit Benjamin West, et d'une manière très-magistrale. Aucun peintre n'a jamais mieux rendu que lui la perspective aérienne qui classe les objets à leur plan respectif. Il a reproduit exactement la couleur locale dans tous ses tons variés. La plupart des peintres prêtent aux objets deux couleurs différentes, selon qu'ils sont en lumière ou dans l'ombre; — Opie, jamais. Avec lui, aucune couleur blanche ou noire, primitive ou composée, ne perd nulle part sa teinte relative. » L'éloge est exagéré, sans doute, et West était lui-même trop peu coloriste pour être bon juge sur ce point-là; mais la vérité est qu'Opie fut bien plus fort comme praticien que Benjamin West, que Barry, que Fuseli, que tous ces ambitieux poursuivants du style héroïque, auxquels faisait défaut la faculté du peintre précisément. Lui, du moins, était assez peintre, — sans être un grand artiste par ses inventions ou ses interprétations.

Ses meilleurs tableaux d'histoire sont le *Meurtre de Jacques Ier d'Écosse*, la *Mort de David Rizzio*, le

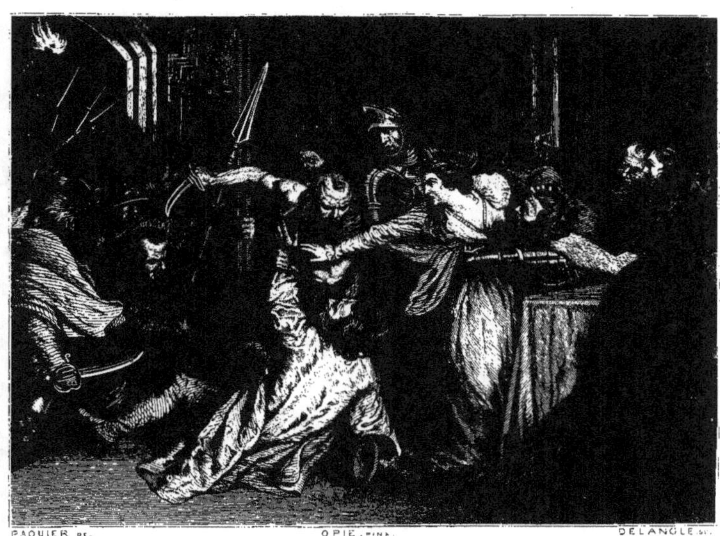

PAQUIER del. — OPIE pinx. — DELANGLE sc.

MORT DE DAVID RIZZIO

Jeune Arthur fait prisonnier, *Arthur et Hubert*, *Bélisaire;* en tableaux religieux : la *Présentation au Temple* et le *Vœu de Jephté ;* en tableaux de fantaisie : *Juliette dans le Jardin* et une *Musidora*.

En 1797, Opie s'était remarié, et il eut le bonheur, cette fois, de rencontrer une excellente femme, qui le soutint dans ses moments difficiles, et à laquelle on doit une notice détaillée sur le caractère et sur les œuvres de son mari. C'est elle qui raconte qu'Opie, malgré sa réputation, se trouvait parfois presque sans travail lucratif, notamment dans les années 1801 et 1802. Il n'en continuait pas moins à peindre, avec une égale ardeur, pour son propre perfectionnement, ébauchant des sujets historiques ou des portraits de sa femme. Il était toujours à l'ouvrage dès huit heures du matin, et il ne quittait son atelier que vers cinq heures du soir. Son mobile n'était point l'argent, mais un véritable amour de l'art. Northcote a dit de lui qu'il « vivait pour peindre, tandis que bien d'autres artistes peignent pour vivre. » Jamais, d'ailleurs, il n'était content de ses œuvres, et souvent il venait se jeter sur un sofa dans le salon de sa femme, s'écriant avec désespoir qu'il ne serait jamais peintre ! Cette sévérité qu'il avait pour lui-même il l'avait aussi, très-naïvement, pour ses confrères, qui, d'ailleurs, ne le ménagaient guère. L'art, en Angleterre, a toujours été une arène de combattants, où le pugilat lui-même n'est pas absolument de mauvais goût.

Opie avait prononcé autrefois des Discours (*lectures*) sur l'art, à la British Institution; il avait écrit une Notice sur Reynolds, dans l'édition du *Dictionnaire des Peintres*, de Pilkington, publiée par son ami Wolcot. C'étaient là, outre son talent de peintre, des titres pour entrer à l'Académie. Il aspira donc à être nommé professeur, lorsque Barry fut destitué de cette place, en 1799. Fuseli l'emporta sur lui; mais, quatre ans après, Fuseli ayant passé directeur de l'Académie, Opie obtint enfin le professorat.

Comme professeur, il donna quatre *lectures :* — sur le Dessin, sur l'Invention, sur le Clair-obscur, sur le Coloris, — qui ont été publiées en 1809 [1]. Elles lui valurent beaucoup de compliments, et le rédacteur de l'*Artist*, M. Prince Hoare, lui demanda des articles pour ce journal. Mais Opie se sentait fatigué et malade; il était atteint, en effet, d'une inflammation de la colonne vertébrale, à laquelle les plus habiles médecins ne connurent rien, — si ce n'est après l'autopsie. Pendant qu'il gisait sur son lit de douleur, ses amis l'entouraient avec sollicitude. Il avait chargé Henry Thomson de finir les draperies d'un portrait du duc de Gloucester. Le jour où ce tableau devait être envoyé à l'exhibition, il le fit apporter au pied de son lit, demanda qu'on ajoutât un peu de couleur dans les fonds, puis, avec un sourire, il dit à Thomson : — « A présent, c'est fait, et parfait... Si vous n'aviez pas pu faire cela, personne n'eût pu le faire ! » Dans les derniers jours, le délire étant survenu, il s'imaginait toujours qu'il continuait à peindre. Cette hallucination dura jusqu'à sa mort, le 9 avril 1807. Il fut enterré, le 20 du même mois, à Saint-Paul, — dans le bon coin, — près de Reynolds.

Il a laissé de lui-même un excellent portrait, conservé aujourd'hui à Dulwich Gallery. Sa tête a de l'accent, une certaine fierté, mêlée de mélancolie. C'était un homme, — et même un peintre. « Il n'est pas un chef (*a leader*) peut-être, dit Allan Cunningham, mais il ne fut le sectateur servile d'aucun maître ni d'aucune école. »

W. BÜRGER.

[1] *Lectures on Painting*, delivered at the Royal Academy of Arts; with a Letter on the proposal for a public memorial of the naval glory of the Great Britain; by the late John Opie, Esq., Professor in Painting to the Academy; to which are prefixed a Memoir by Mrs Opie and other accounts of M. Opie's talents and character. — C'est ce Mémoire de Mrs Opie que nous avons cité précédemment. — L'ensemble de la publication est l'ouvrage le plus intéressant à consulter sur Opie.

RECHERCHES ET INDICATIONS

Opie n'a aucun tableau dans la Galerie Nationale de l'Angleterre. C'est regrettable. Nous venons de citer son portrait par lui-même à la galerie de Dulwich College. A l'exhibition de Manchester, il n'avait que deux peintures : *Age and Infancy*, appartenant à l'Académie royale, et la *Maîtresse d'école*. « L'âpreté de sa couleur, dit M. Scharf, dans le *Handbook* sur l'exposition, la violence de ses empâtements, son mépris des dégradations délicates, sont encore préférables au sentimentalisme conventionnel de Northcote... etc. » Et il ajoute : « Peu de peintres, dans notre école, méritent mieux que John Opie d'être appréciés avec respect par leurs compatriotes. »

On voyait aussi à Manchester quelques gravures d'après Opie, notamment un bon portrait de Girtin l'aquarelliste, gravé par S. W. Reynolds (n° 1475).

La *Musidora* et une *Miranda* sont gravées par J. Young, dans la Galerie de Sir Fleming Leicester.

Dans Reveil, t. XIV, on trouve, gravé par J. Taylor, le plus célèbre des tableaux d'Opie, la *Mort de Rizzio*, dont nous avons donné ici la gravure en bois.

Le *Monthly Repertory* (avril 1810) a publié des extraits des *Lectures on Painting*, qui venaient de paraître en 4 volumes, avec le Mémoire de Mrs Opie. London. 1809.

IMP. POITEVIN, RUE DAMIETTE, 2.

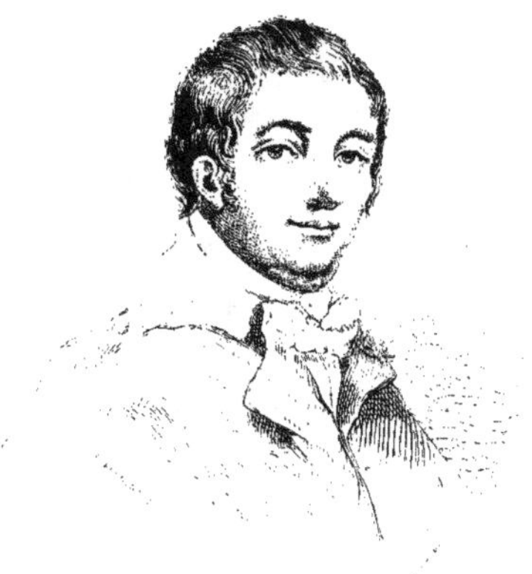

École Anglaise. Paysages, Animaux, Scènes rustiques et familières

GEORGE MORLAND

NÉ EN 1763. — MORT EN 1804.

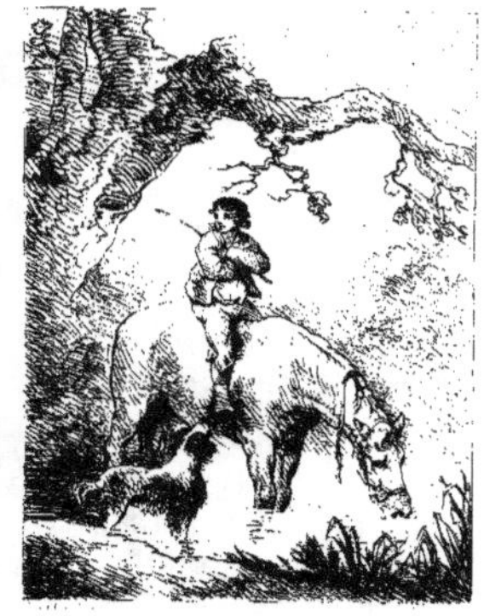

Au moment où arrivaient à Londres, de l'ouest, de l'est et du nord, trois peintres encore inconnus, mais destinés à une grande célébrité, — l'un venant d'Amérique, après avoir passé par l'Italie, Benjamin West, « le Raphaël moderne, » — l'autre, de Suisse et d'Allemagne, Henry Fuseli, « le rival de Michel-Ange, » — le troisième, d'un comté septentrional de l'Angleterre, George Romney, « nouveau Corrège [1], » — en l'année 1763, le 26 juin, naissait, au cœur même de Londres, dans Hay Market, un futur peintre qui devait faire le plus singulier contraste à ces ambitieux artistes et rappeler, dans l'aristocratique Angleterre, certains maîtres hollandais du dix-septième siècle. En lui se retrouve un peu de Brouwer, sauf les différences de mœurs et habitudes des deux peuples auxquels ils appartiennent : un peu de Jan Steen, à part la profondeur du génie. Des facultés d'artiste extraordinaires; une vie toute désordonnée. Une facilité d'improvisation qui a produit quatre mille tableaux, quoiqu'il soit mort à quarante ans : un abandon à tous les excès, qui le conduisit à la folie. Excellent peintre, terrible débauché! Mettez estaminet au lieu de taverne, bière au lieu de sherry, femmes au lieu de chevaux, et vous avez Brouwer : très-gentlemen tous les deux, à leur manière, et non pas infimes bohêmes comme

[1] Leurs contemporains, en effet, avaient l'habitude de comparer West à Raphaël, Romney à Corrége, et Fuseli à Michel-Ange.

on pourrait se les figurer d'après les lieux qu'ils fréquentaient : tous les deux commençant de même, dans un esclavage où leur talent est exploité ; tous les deux finissant de même, dans la misère, l'un à l'hôpital, l'autre à la prison pour dettes !

George Morland était de race artiste : son grand-père avait été peintre, et son père, Henry Robert Morland, faisait aussi de la peinture, en même temps que le commerce de tableaux. Tous les vrais artistes donnent des signes enfantins de leur futur génie, mais de George Morland l'enfance est, je pense, la plus prodigieuse qu'on trouve dans les légendes de l'art. A l'âge de quatre ans, il dessinait déjà. Quelques dessins qu'il fit à quatre, cinq et six ans, ayant été exposés à la Société des Artistes, trouvèrent des acquéreurs. Le père Morland ne manqua pas de mettre en serre chaude ce phénomène, et, pour qu'il poussât vite et produisît des fleurs, il l'enferma dans un galetas, tout près du ciel. Ne voilà-t-il pas déjà une ressemblance avec le pauvre Brouwer sequestré par son maître, Frans Hals? Ah! les bons sujets que cela fera! Décidément le système cellulaire n'est pas favorable aux mœurs. Servitude excite à licence.

Dans son grenier, le petit George exécutait, d'après des tableaux ou des plâtres, des dessins que le père vendait trois demi-couronnes (environ neuf francs et demi) pièce ; il composait aussi, d'après des ballades populaires, des ébauches originales qui se vendaient jusqu'à cinq guinées. Mais la réclusion lui inspira bientôt des tours de prisonnier. Dès l'âge de dix ans, il s'esquivait de sa cellule et allait courir avec les polissons de Londres. Comme il fallait de l'argent pour ces équipées, il trouvait moyen de faire en cachette des dessins, les descendait par sa lucarne, — comme des billets doux, — au bout d'une ficelle, à ses camarades, qui en tiraient quelque monnaie, et, la nuit, l'enfant échappé allait boire et chanter dans les tavernes avec cette bande d'enfants perdus. Ce fut là sa vie, de dix à seize ans. Qui croirait que dès lors on gravait ses œuvres!

Cependant le père Morland avait découvert les escapades de son poussin aux œufs d'or, et, pour continuer à exploiter un talent si productif, il se relâcha de son système des travaux forcés. Il se mit à favoriser les mauvais penchants de ce drôle merveilleux, le laissa fréquenter des compagnies perverses, l'entretint de vin et de bonne chère, l'affubla d'un superbe costume, « dans le style de l'ultra-dandisme, » habit vert à très-longues basques, avec d'immenses boutons jaunes, culotte en peau de daim, bottes à revers, avec des éperons! Et, dans cet attirail, il l'exhiba devant les amateurs, empressés d'admirer le jeune peintre à son chevalet.

A cette époque, George Morland fut présenté à Reynolds, qui lui fit copier de grandes peintures, notamment le portrait de « Garrick entre la Tragédie et la Comédie. » Mais, comme son père, l'accompagnant toujours lorsqu'il allait peindre au dehors, continuait à confisquer presque tout l'argent produit par ce travail, il aspirait à une liberté complète. Il se sauva donc de la maison paternelle, emportant sa palette et ses pinceaux, et son bel habit vert pomme, et ses bottes à retroussis. Il n'avait pas encore dix-sept ans!

Il était curieux à voir, dit M. Hassell, un de ses biographes[1] : « Sa tête, quand il était coiffé à son goût, ressemblait à une pelotte de neige, à laquelle pendait une queue courte et épaisse, assez pareille à une grosse brosse de peintre. » Il partit, ainsi accoutré, pour Margate, avec un peu d'argent et beaucoup de confiance en lui-même. L'exagération de sa toilette, son extrême jeunesse, sa facilité surprenante, tout contribua à lui amener des pratiques pour le portrait. Mais il laissait là les plus riches personnages ou les belles ladies pour ses amusements favoris, si bien qu'il revint à Londres sans avoir fini presque aucun de ces portraits.

Un grand seigneur très-connu le chargea alors de peindre une série de sujets assez libres, qui allaient bien aux goûts et aux habitudes du petit artiste, car il vivait en intimité avec des prostituées et des prêteurs sur gage, avec des boxeurs et des maquignons. Au milieu de ces désordres, son talent se développait tout de même et sa réputation grandissait. Beaucoup d'excellentes œuvres datent de cette première époque : elles représentent, en général, des scènes rustiques, des cours de fermes, des étables, des animaux, des

[1] Les principales biographies de Morland sont celle de son ami Hassell, celle de Smollett et celle d'Allan Cunningham, qui résume les autres.

paysages; sortes d'ébauches extrêmement vives, largement peintes, très-justes de lumière et de couleur. « Leur vérité fait leur beauté, » dit avec raison Allan Cunningham.

Il demeurait en ce temps-là sur la route de Harrow, à Kensall Green, dans la même maison que son ami, le peintre Ward, qui lui faisait bien inutilement de la morale. Mais l'amour fut plus puissant que l'amitié et convertit — pour un moment, hélas! — le jeune débauché. Ward avait une sœur, charmante femme, modeste et bien élevée. George se prit de passion pour elle et l'épousa. Un mois après, Ward

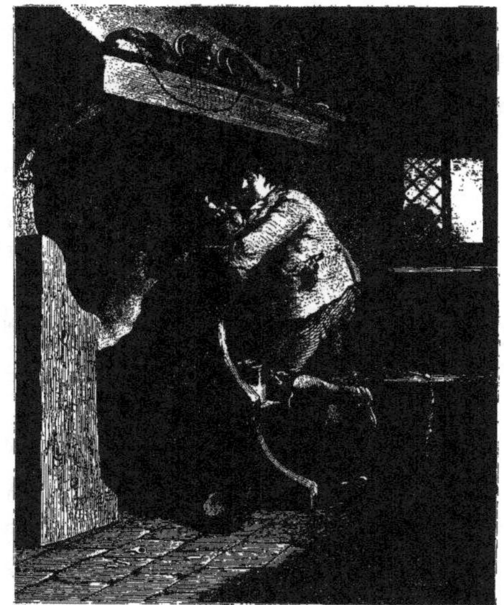

LE COURRIER

épousait une sœur de George, Maria Morland, et les deux jeunes couples s'établirent ensemble dans une belle maison de High Street, Marylebone. Durant la lune de miel (*honey-moon* : les Anglais ont aussi cette singulière expression, empruntée à un proverbe arabe), George sembla tout transformé. Il ne quittait plus son atelier et composait des scènes familières, avec des travailleurs agrestes, des enfants, des troupeaux, surtout des chevaux, qu'il peignait très-bien. Ward grava quelques-unes de ces compositions; d'autres, gravées par un artiste célèbre, Raphael Smith, eurent un succès sans exemple. Tout allait au mieux, quand la discorde survint dans le ménage des deux belles-sœurs. Morland, qui peut-être avait assez de cette vie tranquille, profita de la brouille, pour se retirer dans un garni de Great Portland Street et recommencer tous ses excès.

On le revit bientôt avec ses amis les *pugilists* et les *jokies* en renom, avec les marchands de chevaux et les usuriers, passant les nuits dans l'ivresse, peignant quelquefois à la taverne, quand l'argent manquait : car il était toujours entouré de spéculateurs en tableaux, très-empressés d'enlever ses pochades rapides, ou de lui faire des avances remboursables en peinture. Lui, prenait des deux mains, sans s'inquiéter du reste, et dépensait tout en prodigalités folles.

Il aimait aussi à aller à l'île de Wight, où il se mêlait aux pêcheurs, les accompagnait en mer et partageait leurs orgies au retour. Un soir, à Freshwater Gate, dans un mauvais *public-house* (cabaret) nommé *la Cabine* (*the Cabin*), des marins, des paysans, des pêcheurs, faisaient cercle autour de lui, en chantant et en braillant ; un de ses amis le trouve là, l'entraîne un peu à l'écart, non sans peine, et lui dit gravement : — « George, vous devez avoir vos raisons pour fréquenter une pareille société? — Des raisons! sans doute, et de bonnes! répond l'artiste en ricanant. Tenez : où pourrais-je trouver, ailleurs que parmi les originaux de *la Cabine*, une peinture de la vie comme celle-ci? » Et, ouvrant son livre de croquis, il y montra une esquisse exacte de la scène précisément dont tout à l'heure il était le centre. Un de ses meilleurs tableaux représente l'intérieur de cette taverne, avec la bande des habitués. Il a peint très-souvent aussi la côte de l'île de Wight, avec des pêcheurs et des marins.

Les marchands de tableaux furent les mauvais génies du pauvre Morland. Ce qu'on raconte de leurs *tricks* — *trucs* — *truccages* (le mot est devenu français), — autour de cet homme dont les coups de pinceau valaient des guinées, qu'il transmutait, par une alchimie inverse, en alcool, en *brandy* et en sherry, rappelle à la fois les fantasmagories de Hoffmann et les réalités de Balzac. Ils l'accompagnaient dans ses excursions hors de Londres, ils lui montaient des parties de débauche, ils le comblaient de provisions de vins, ils l'ensorcelaient dans son atelier, « avec une bourse dans une main et une bouteille dans l'autre. » Ils lui faisaient apparaître des chevaux, — ou des femmes. Ils imaginaient toutes les séductions pour le tenter et s'emparer de son âme, — de son génie. On ne saurait lire les biographies de Morland sans penser aux *Tentations de saint Antoine* peintes par Teniers.

Les trafiquants de Londres ont gagné des millions avec Morland. Ils lui enlevaient, pour quelques guinées, des peintures qu'ils vendaient vingt, trente, quarante livres. Les tableaux de Morland trouvant toujours acquéreur, ils en étaient venus à organiser des fabriques de copies qu'ils brocantaient comme des originaux. Dans les années 1790, 1791, 1792, — le plus beau temps de l'artiste, qui avait alors près de trente ans, — c'était à qui lui ferait accepter des sommes, pour s'assurer la capture de ses œuvres présentes et futures. Morland n'était pas homme à refuser. Il y allait sans cérémonie et sans scrupule. Il n'en avait jamais assez, car sa passion d'orgie était inépuisable, comme aussi son abondance de production.

Ses amis cependant, et sa bonne femme, s'efforçaient de lui démontrer que son talent ne résisterait pas à tant de désordres et que sa prodigalité le conduirait tôt ou tard en prison. Mais il souriait à leurs remontrances, se confiant dans sa robuste constitution et dans son adresse à éviter les poursuites de ses créanciers.

Une invitation d'un grand amateur d'art, *Claude Lorrain* Smith, qui voulut l'avoir dans sa résidence du comté de Leicester, lui permit de disparaître un peu de Londres. Il partit avec son fidèle ami, un triple bohème, à qui une toilette trop négligée avait valu le surnom de *Dirty Brookes* (le sale Brookes). Claude Lorrain Smith reçut à merveille George Morland, et même Dirty Brookes. Il faut croire qu'il n'y avait pas de ladies dans le château. Le jour, on chassait le renard, et le soir on banquetait pour se reposer des fatigues de la chasse. Il paraît que les deux amis faisaient plus de prouesses à table que dans les bois. La généreuse hospitalité du gentleman n'était pourtant qu'à moitié du goût de George, et on l'entendit se complaindre, dans le sein de Dirty Brookes, que de si bon vin fût consommé sans accompagnement de chants joyeux, et avec une étiquette antipathique aux mœurs de leurs compagnons ordinaires.

La disparition de Morland avait jeté l'alarme dans l'honnête bande des marchands de tableaux. Quand il revint, avec des études qu'il avait trouvé le temps de faire dans le Leicestershire, ils affluèrent autour de lui et recommencèrent leurs captations. Son habileté ne souffrait point encore de ses dérèglements, et la promptitude de son exécution semblait augmenter. Il demeurait alors à Paddington, recevant dans son atelier les boxeurs fameux et les plus fins maquignons, entretenant chez lui une ménagerie de chiens, d'ânes, de cochons d'Inde, de lapins et d'écureuils. Les chevaux étaient aussi sa passion, et il eut jusqu'à huit chevaux de selle, qu'il logeait dans une auberge voisine, *le Lion Blanc*, dont il voulut repeindre lui-même l'enseigne. Malgré sa prétention d'être connaisseur en chevaux, il se ruinait à cette fantaisie, donnait de bonnes peintures pour de mauvaises bêtes, faisait des billets, les renouvelait en offrant le tableau qui se

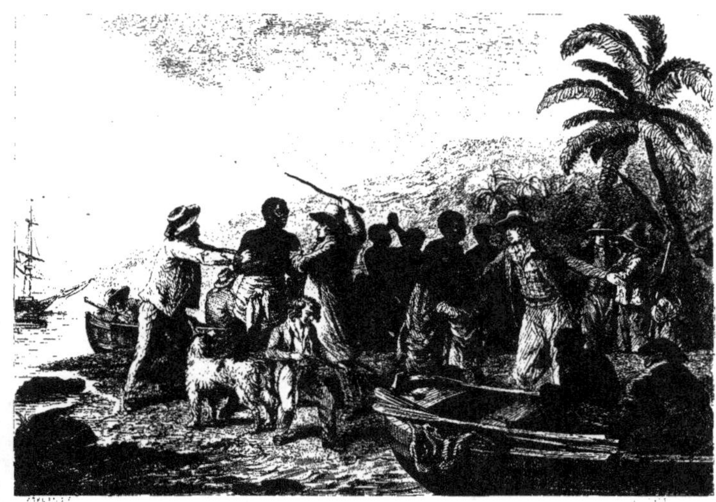

TRAITE DES NÈGRES.

trouvait sur son chevalet, agissait de même avec son marchand de vin et les autres fournisseurs, entassait folies sur folies, si bien « qu'un revenu de dix milles livres n'eût pas suffi à ses profusions. »

Singulier homme ! on le voyait se pavaner, une pipe à la bouche, — rare excentricité pour un anglais ! — à la porte d'une auberge de High Gate, recherchant les applaudissements des valets, saluant les cochers qui passaient, racontant la généalogie des chevaux, arrêtant les voyageurs pour leur payer du *gin* ou du *brandy*. Quelquefois cependant la bassesse de ses relations offusquait son amour-propre. Un jour qu'il se promenait avec Hassell et un autre de ses amis, il s'entend appeler familièrement par deux hommes conduisant une charrette. Un de ces hommes, un boxeur, accourt lui secouer la main et, se retournant vers son camarade, un ramoneur ! — « Eh quoi, Dick, vous ne connaissez pas ce gentleman ? c'est mon ami, M. Morland. » Force fut au peintre de serrer aussi la main du ramoneur, et l'histoire ayant fait du bruit lui attira souvent des plaisanteries.

Un autre jour, un sarcasme de Raphael Smith lui fut très-sensible. Ce graveur, qui continuait toujours à reproduire les œuvres de Morland et tirait de ces estampes des sommes considérables, était venu, avec Bannister l'acteur, voir un tableau en train. En partant, il dit : — « A présent, je vais monter à cheval. — Attendez, attendez, je vais avec vous. — Impossible, répond Smith, j'ai rendez-vous avec un *gentleman.* »

Le temps n'était plus des beaux costumes de dandy ! Sa tenue avait perdu même les apparences de la propreté. Quand il se hasardait dans les rues de Londres, si quelqu'un le regardait avec certaine attention, s'attristant peut-être des ravages de l'inconduite sur le génie, il s'imaginait être poursuivi par un créancier et se sauvait. Cette terreur des créanciers le faisait changer de demeure à tout instant et il allait chercher des refuges dans les comtés qui entourent Londres. Fatigué de ce mouvement perpétuel, il eut l'idée de visiter la prison du Banc du Roi, pour se renseigner sur l'établissement où il risquait sans cesse d'être enfermé. — Tous ses vagabondages lui semblèrent préférables à cette réclusion forcée.

Une fois, qu'il était caché à Hackney, ses yeux inquiets, le mystère de son intérieur, ayant fait supposer aux voisins qu'il devait être un fabricateur de fausses banknotes, les directeurs de la banque dépêchèrent deux émissaires qui commencèrent à tourner autour de sa retraite. Prenant ces agents de mauvaise mine pour des recors, il s'échappa d'un côté pendant qu'ils approchaient de l'autre, et ne s'arrêta que lorsqu'il eut gagné une nouvelle cachette à Londres. Les agents ne trouvèrent dans la maison, au lieu de fausses banknotes, que des toiles ébauchées, — et la pauvre mistress Morland, qui leur apprit le nom de son mari.

Il n'est sorte d'anecdotes que les chroniqueurs et les journalistes n'aient publiées sur Morland. Fuseli a été le plus cruel, en imprimant, dans sa nouvelle édition du Dictionnaire de Pilkington, un conte atroce où il représente Morland « dans un taudis de Somer's Town, une bouteille de gin à son côté, sifflant devant une peinture qu'il était en train de finir sur son chevalet, pendant que son enfant, *mort depuis trois semaines*, gisait là dans un cercueil, et qu'un âne broutait de la paille éparse hors du berceau vide... » Fuseli, qui avait connu parfaitement son malheureux confrère, savait bien qu'il n'eut jamais d'enfant. Mais Fuseli était trop mauvais peintre pour n'être pas jaloux des qualités innées de Morland. Que reste-t-il aujourd'hui de Fuseli? Son nom, son titre d'académicien royal, ses faibles illustrations de la *Physiognomonie* de Lavater et quelques autres, des écrits prétentieux, sans valeur esthétique ni historique. De Morland, il reste des peintures qui le classent parmi les maîtres de l'école anglaise, et aussi, hélas! un triste souvenir de vices néfastes et incorrigibles. Pardonnons à ce misérable insensé, et rendons justice à sa généreuse organisation d'artiste.

On pourrait remplir un volume avec les anecdotes qui ont circulé sur Morland. Mais il suffit ici de suivre sa biographie.

Ses créanciers cependant eurent l'habileté de le faire arrêter, au milieu d'une orgie. Mais ce malheur n'abattit point son caractère. Son ami Hassell, qui alla le visiter, le trouva toujours le même, vivant, dans la compagnie scabreuse des détenus, avec son sans-souci habituel, continuant à se réjouir et à s'abandonner aux caprices les plus bizarres. Son talent et son activité ne se ressentirent même point de cette contrariété de la fortune. Il travaillait toujours, et ses productions n'étaient pas moins belles. Il avait pris pour favori un batelier, « son cher Dicky, » qui avait mission de vendre ses tableaux. Si quelque amateur n'envoyait pas chercher, au jour dit, une peinture commandée, le cher Dicky la portait aussitôt chez le *pawnbroker* (prêteur sur gages). Un jour que Dicky avait ainsi obtenu une avance de trois guinées sur une peinture toute fraiche, le prêteur, ayant effacé par accident la tête d'un chien, renvoya le tableau, en priant très-poliment l'artiste de retoucher la partie endommagée. Morland restaura en quelques minutes la tête du chien et, appelant son cher Dicky : « — Allons ! retourne chez l'usurier et dis-lui qu'il me faut cinq guinées de plus, sans quoi je le ferai poursuivre : cette peinture vaut trente guinées ! » On lui accorda le supplément demandé.

Il était toujours surchargé de commandes et n'avait plus le temps de *finir* ses œuvres ; mais les acheteurs les prenaient telles quelles, et faisaient souvent renforcer les premiers plans par des artistes de second ordre : c'est ainsi que beaucoup de ses tableaux ont été *drogués* et dénaturés par les marchands. Son prix habituel, durant cette période de réclusion, était quatre guinées par jour, plus ce qu'il buvait : *with his drink!* Et il buvait beaucoup! Les spéculateurs qui l'employaient à forfait le surveillaient eux-mêmes pour obtenir « de bonnes journées; » car il avait le verre en main avant le pinceau et il continuait à alterner de l'un à l'autre, jusqu'à ce qu'il eût assez du travail ou de l'ivresse.

Il tenait cependant à ne pas laisser croire au public qu'il vivait en prison, et, profitant d'un jour de liberté accordé à une certaine catégorie de détenus, il courut à cheval visiter tous ses amis, nia effrontément

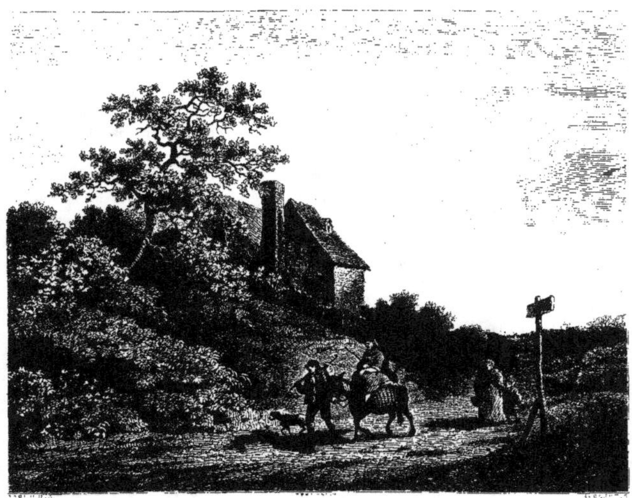

PAYSAGE.

l'histoire de son incarcération, et alla se montrer dans les tavernes. « Il n'en fallait pas plus pour satisfaire sa vanité, dit Allan Cunningham, et il eût préféré un applaudissement passager dans un *public-house* à tous les blasons héraldiques. » N'avait-il pas répondu autrefois, dans son meilleur temps, à un homme de loi, qui lui annonçait l'héritage d'un titre de baronnet et l'engageait à s'en assurer la possession : — « Sir George Morland! Oui, cela sonne bien, mais à quoi ça sert-il? George Morland tout court vendra toujours mes tableaux, et il y a plus d'honneur à être un bon peintre qu'à être le meilleur gentleman. »

Une déclaration d'insolvabilité (*insolvent debtors'act*) le rendit enfin à la liberté : mais, il n'était plus apte à en jouir. Sa santé était délabrée, et le mépris public avait fait le vide autour de lui. Survint, de plus, la paralysie, quoiqu'il n'eût encore que trente-neuf ans! Il avait des intermittences, mais souvent il s'affaissait évanoui devant son chevalet, ou bien il s'endormait la palette en main. Il dut renoncer à peindre. Sans se décourager, il se mit à faire des dessins au crayon, légèrement teintés, œuvres toujours hardies et originales. Jusqu'à la fin, cet homme singulier, si puissant et si faible, sembla défier la maladie et le malheur.

C'est dans ce triste état qu'il fut incarcéré pour dettes, une seconde fois. Il chercha encore à se consoler par l'ivresse, mais l'excès des spiritueux lui causa une fièvre violente, et il mourut bientôt dans la plus extrême détresse, à l'âge de quarante ans. Sa femme, que des dissensions de famille avaient séparée de lui depuis longtemps, ne lui survécut que peu de jours.

Morland avait une tête remarquable, et ses amis comparaient son front à celui de Napoléon; des yeux sagaces et ardents; les traits forts et sensuels. Comme peintre, il a quelque chose de ses camarades les *pugilists*. Son exécution est une sorte de pugilat : il attaque résolument, et touche juste aux endroits décisifs. Tous ses coups marquent sur la toile avec laquelle il se bat. Il a ce qui ne s'acquiert point : la bravoure, la vivacité, l'instinct de la lumière et de l'effet, beaucoup de naturel et même de naïveté; le dessin faible, un peu lourd, mais dans le sentiment de la forme; un modelé intérieur, seulement indiqué par plans, mais solide et suffisant à la réalité; une couleur bornée, mais dans un accord harmonieux; un libre maniement de la brosse, partout. C'est, en un mot, un vrai peintre, quoique secondaire et incomplet.

Comme paysagiste, il tient un peu de Gainsborough, qui, lui aussi, traitait le paysage en ébauches magistrales, rappelant les fonds de certains grands tableaux du Titien ou du Corrége. Mais Gainsborough est généralement bleuté, dans les tons aériens et légers de Watteau, de Boucher surtout, et des autres paysagistes français du dix-huitième siècle, tandis que Morland est jaunâtre et toujours automnal dans ses arbres et ses feuillages; le printemps vert et frais n'a jamais existé pour lui. Il est du même ton jaune sale dans ses terrains, analogues parfois à ceux de Huysmans de Malines. Mais à qui il ressemble le plus, c'est à un artiste français, bien peu connu, je pense, à Michel, qui eut comme Morland une existence très-excentrique, et qui a peint tant de fois avec originalité les buttes Montmartre, en allant boire aux cabarets des barrières.

Morland aimait assez les animaux pour les représenter très-bien dans leur caractère. Aussi faisait-il à merveille les ânes, les cochons, les chiens et les chevaux. Ses gros chevaux de ferme ont certaines analogies avec ceux de Géricault : sincérité de la tournure, ampleur de l'exécution. Dans la peinture des animaux, comme dans celle du paysage, des intérieurs familiers, des scènes rustiques ou des scènes de pêcheurs, il n'a jamais été plus loin que le premier jet : il était toujours trop pressé par l'argent et il a peint presque toutes ses œuvres « entre deux vins. » J'ai vu une quantité prodigieuse de ses tableaux, je n'en connais pas un que les amateurs de la peinture *finie* ne pussent, avec quelque raison, traiter d'ébauche. Mais, tels qu'ils sont, ils ont cependant des qualités si expressives, que son talent était et est encore très-populaire en Angleterre. Il fut le peintre du peuple, qui connait ses compositions et son nom. Tout artiste appréciera aussi cette peinture facile, leste, abondante, énergique et spirituellement sentie. C'était « avec cette précieuse monnaie, dit Allan Cunningham, que l'infortuné Morland payait le gin, se procurait les compagnies les plus abjectes, faisait patienter ses créanciers, écartait les sergents de justice. Les annales du génie n'offrent pas une plus déplorable histoire que celle de Morland. »

W. BURGER.

RECHERCHES ET INDICATIONS.

Il est étonnant que George Morland n'ait aucun tableau dans les collections nationales de Marlborough House. A l'exhibition de Manchester, il en avait dix, appartenant à des amateurs distingués, tels que M. John Tollemache, qui a de si beaux Reynolds et de si beaux Gainsborough, M. I. H. Galton, M. Bonamy Dobree, M. A. Dennistoun, etc. : les meilleurs étaient un *Cheval blanc*, à M. Dobree, et des *Gipsies*, à M. Tollemache.

On rencontre très-souvent des Morland dans les ventes anglaises et chez les marchands. Le prix n'en est pas très-élevé, relativement aux prix des Reynolds, des Wilkie, des Turner. Les plus beaux ne passent guère, je crois, 200 £. J'ai vu de lui des pochades, très-artistes, qu'on pouvait avoir pour 20 à 25 £. Morland n'est pas un peintre de galerie aristocratique, ni de collections très-choisies; ses œuvres conviennent surtout aux artistes et aux ateliers.

Il a été beaucoup gravé, et les estampes d'après lui sont très-répandues.

Il signait quelquefois en toutes lettres, mais le plus souvent, je pense, de ses initiales G M.

IMP. [illegible] ET Cie, 2, RUE [illegible].

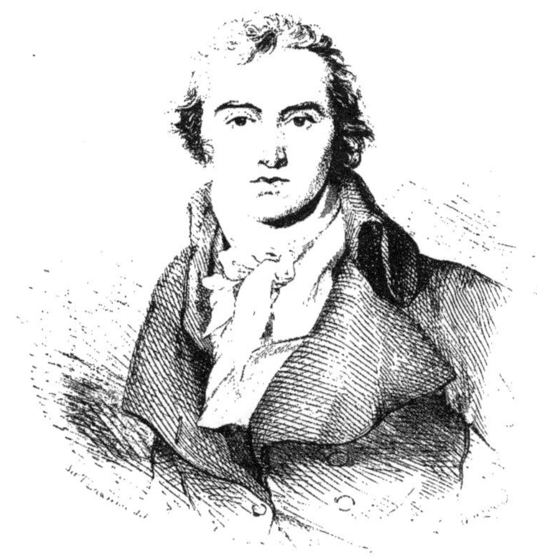

École Anglaise. *Portraits.*

THOMAS LAWRENCE

NÉ EN 1769. — MORT EN 1830.

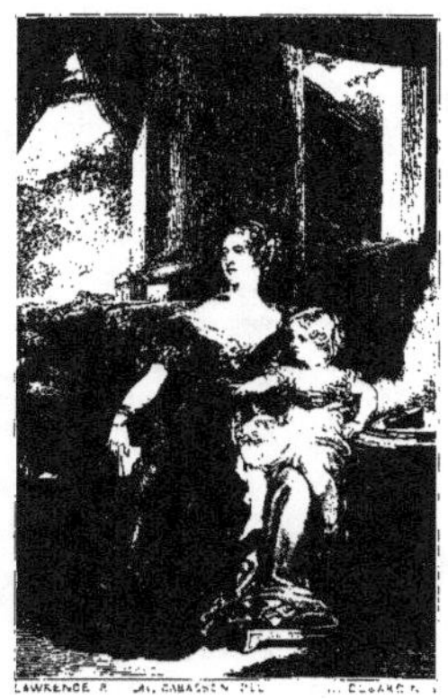

LAWRENCE P. — CABASSON DEL. — ... ÉDOUARD ...

Quelle magnifique carrière que celle de Lawrence! Exciter, à cinq ou six ans, une admiration tendre et passionnée; pleurer de jalousie, à neuf ans, devant une toile de Rubens; avoir eu pour père un apprenti comédien, un coureur d'aventures manquées, un aubergiste incapable de faire fortune, et se trouver de prime saut, sans frais de patience et de savoir-faire, le peintre favori des rois, des grands ministres, des enfants gracieux, de ces *ladies* enfin au doux et fier visage, au regard céleste, qui demandent grâce au monde pour l'aristocratie anglaise: passer sa vie à disposer de l'immortalité en faveur de tout ce qui la mérite par le génie ou par la beauté; ne connaître de l'amour que ce qui ne laisse pas de blessure dans le cœur; épuiser chaque jour l'opulence de la veille, à force d'être sûr de l'opulence du lendemain; puis, après soixante ans d'honneurs et de triomphes, s'éteindre doucement en écoutant la lecture de quelques nobles pages employées par le génie d'un poëte à célébrer celui d'un statuaire..... voilà qui s'appelle être heureux!.... Du reste, rien en ceci qui doive étonner, Lawrence ayant non-seulement tout le mérite, mais le genre particulier de mérite requis pour le succès, dans le pays qui lui valut la renommée.

L'Angleterre est la patrie du portrait : où donc le portrait serait-il recherché s'il ne l'était pas chez cette nation si personnelle, et qui, par ses mœurs, par ses institutions, par sa religion même, accorde tant d'importance à l'individu? Or il se trouva justement que Lawrence n'était propre qu'à faire des portraits. Vainement essaya-t-il à plusieurs reprises de tourner sa vocation, de tromper sa destinée : il eut le bonheur d'échouer assez complétement pour n'avoir pas le prétexte de l'illusion. En 1797, il exposa un tableau qui représentait *Satan évoquant de l'enfer ses noires légions;* et chacun de remarquer que le Satan de Lawrence est un célèbre danseur du temps, nommé d'Egville. Lawrence n'avait pu tirer du *Paradis perdu* de Milton que le portrait d'un musculeux acrobate. En 1798, autre déconvenue. Il s'agissait, cette fois, de *Coriolan au foyer d'Aufidius*, et l'on n'aima de ce Coriolan que sa ressemblance avec le grand tragédien John Kemble. De sorte que Lawrence fut forcé de rester fidèle à son génie. On n'est pas plus heureux.

Voilà donc Lawrence faisant des portraits, et cela du vivant de sir Joshua Reynolds. Mais entre Reynolds et lui, quelle différence! Autant Reynolds était grave et sobre, autant Lawrence se montre maniéré. C'est un coloriste éblouissant; mais il ignore la naïveté, et souvent le naturel lui échappe. Il excelle à reproduire la grâce, non pas cette grâce involontaire qui n'est que le mouvement de la beauté, mais la grâce de convention, celle qu'on apprend ou qu'on se donne, celle qui commence par être une étude et finit par être un secret. Cet art que Lawrence possède d'allumer un charmant regard, de l'égarer dans la rêverie, d'étendre sur de jolies lèvres des sourires auxquels on ne résiste pas, cet art n'a-t-il rien de factice? Un mot répond à tout : Lawrence eut des défauts qui, autant que ses qualités, étaient de nature à charmer ses modèles. La société qui venait poser dans son atelier n'était-elle pas une société factice elle-même? Dans toutes les aristocraties du monde, dans l'aristocratie anglaise surtout, le faux éclat ne se trouve-t-il pas à côté de la grandeur, et le fard ne fait-il point partie de la beauté? Ajoutons que Lawrence s'éleva jusqu'à l'idéal de la distinction; que s'il apporta dans ses portraits une coquetterie tant soit peu coupable, cette coquetterie du moins fut exquise; qu'il sut habiller ses modèles avec une habileté féminine; que toutes celles qui étaient amoureuses et belles, il les fit plus belles encore et plus amoureuses. Et c'est justement pourquoi toutes les élégantes de Londres en firent leur premier peintre.

Il était né, le 9 mai 1769, à Bristol; mais le premier théâtre de ses succès fut à Devizes, dans une assez pauvre auberge, l'auberge de *l'Ours noir*. C'est là que, monté sur une table, le petit Tommy faisait à cinq ans l'admiration des pratiques de son père. Car il savait dès cinq ans de longs passages de Shakespeare, de Milton, et il les récitait avec un son de voix naturellement mélodieux, que rendaient plus touchant les grâces de l'enfance. On le voit, il se familiarisa de bonne heure avec le bruit des éloges. Sans compter que déjà il se montrait fort habile à crayonner ses courtisans. Il grandit ainsi dans sa vanité, et c'est assurément une des bonnes fortunes de sa vie qu'il n'ait pas été un homme ordinaire, ayant été un enfant-prodige. Une visite aux galeries de Corsham-House fut l'étude initiale de Lawrence; son vrai maître, ce fut un tableau de Rubens. Devant ce grand peintre, Lawrence pleura de jalousie, comme nous l'avons dit, mais il se jura dès ce moment d'être peintre, et il se tint parole. Il avait neuf ans!

A dix ans, il était à Oxford, ayant un atelier, ma foi! se faisant payer une guinée, deux guinées même par portrait, et se donnant pour modèles, qui le croirait? des évêques, des comtes, des comtesses, les principaux personnages de la ville. Après Oxford, ce fut le tour de Bath, où il dessina toute la partie de la population qui était à dessiner : « En moins de sept à huit minutes, dit M. Feuillet de Conches[1], sa main alerte avait esquissé le crayon frappant de ressemblance, d'un dessin qui n'était dépourvu ni de liberté ni d'élégance et de grâce suivant le personnage. Plus tard il se ressentit toujours de cette pratique de sa jeunesse, et à l'époque de sa grande carrière, il se plaisait à faire, à la pierre d'Italie rehaussée de blanc, de ces légères esquisses où il se livrait à toute la verve d'un premier sentiment. Cette habitude des deux crayons était

[1] Ce spirituel amateur a consacré au peintre Lawrence, dont il fut l'ami, un opuscule brillant qui a été inséré dans le supplément à la *Biographie universelle*, et qui a été l'objet d'une publication séparée. C'est à ce document que nous avons emprunté la plupart des faits de cette monographie, lesquels étaient disséminés dans les *Revues* anglaises. Nous avons aussi consulté et quelquefois traduit l'*Histoire des peintres* d'Allan Cuningham.

même si forte qu'il l'étendit à ses tableaux à l'huile, et qu'il exécutait de la sorte sur le canevas son dessin considérablement terminé avant de l'empâter de couleurs. C'est toujours ainsi qu'il procéda jusqu'à la fin de sa vie, couvrant la toile de deux portraits dont l'un devait se perdre sous l'autre; mais trop souvent, il faut le dire, le fini fit regretter l'expression plus vraie et plus saisissante du premier jet. » Mais hélas ! une grave imprudence faillit perdre dans ce temps-là le jeune Lawrence. Il rêva d'être à la fois peintre et acteur.

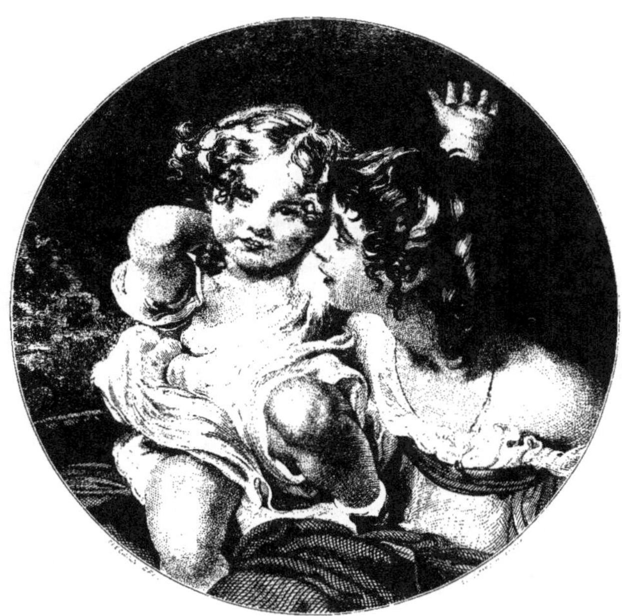

NATURE.

Heureusement, son père eut le bon sens de comprendre le péril de cette double ambition, et une chute, que lui ménagea la tendresse paternelle, l'arracha pour jamais aux hasards de la vie du comédien. D'accord avec l'acteur Bernard qui devait donner la réplique au débutant, le vieux Lawrence choisit pour son fils le rôle de Jaffier dans *Venise sauvée*. Les commencements furent heureux ; mais on en vint bientôt à une scène qui demandait de la passion, du feu, et c'est là précisément que le jeune tragédien se troubla, perdit la mémoire, balbutia quelques vers, et s'arrêta. « Affaire jugée! » s'écria Bernard, et tous les spectateurs qu'avait apostés le père du débutant, répétèrent en chœur : « Affaire jugée!... Tuez donc un conspirateur avec ce Jaffier à l'eau de rose! » Ah! c'est bien dommage en vérité, se dit Lawrence. Le théâtre m'aurait bien plus tôt que la peinture donné des ressources pour ma famille.

Londres semblait appeler ce généreux jeune homme, ce comédien maniéré et sans vocation, qui avait si bien réussi à échouer : il s'y rendit et s'y trouva d'abord comme égaré. Mais il était plein de riants souvenirs ; son pinceau avait toujours été pour lui un capital sûr ; et puis il avait dix-huit ans, l'âge des grands projets et de l'espérance. Nous avons déjà fait entrevoir ce que fut le peintre : voici ce qu'était l'homme : visage aimable, regard brillant, doux et bleu, cheveux superbes retombant sur les épaules en longues boucles, voix musicale, caractère extrêmement facile, manières précieuses, sensibilité toute de surface, esprit tourné au Dorat. Ainsi le peintre et l'homme, en Lawrence, se ressemblaient on ne peut mieux. Dans l'un et l'autre, même éclat, même charme sans profondeur, mêmes qualités séduisantes mais empruntées ; si bien que le plus complet de tous les portraits de Lawrence, c'est Lawrence.

Cette harmonie singulière entre son talent et sa personne le servait à merveille : en lui l'homme du monde patrona le peintre, le fit accepter, désirer et presque aimer. Il récitait d'une manière charmante les admirables vers des grands poètes de son pays ; lui-même il en faisait de très-agréablement mauvais et que les dames ne manquaient pas d'applaudir, parce qu'ils étaient toujours parfumés de galanterie ; il n'eut donc qu'à se laisser aller pour réussir. En fait de portrait, son coup d'essai à Londres fut un triomphe. Il lui échut tout d'abord cette bonne fortune d'avoir à peindre une des plus belles Anglaises de son temps, une artiste à la mode, une actrice dont le public raffolait : miss Farren. Or que fit Lawrence ? Il imagina de représenter la célèbre actrice avec un manchon et les bras nus. Quoi ! un manchon et les bras nus ! Oui, et je soupçonne fort que tant de mauvais goût fut de la part de Lawrence le calcul d'une courtoisie raffinée. Miss Farren, en exposant au froid de l'hiver des bras que chacun se sentait heureux d'admirer, ne faisait-elle pas héroïquement son devoir de jolie femme ? Des bras nus quand on est dans la saison des fourrures, c'est le dévouement de la coquetterie : et il était tout simple que de pareilles inspirations vinssent à un peintre qui faisait des vers dignes du plus musqué des poètes français du XVIIIe siècle. Toujours est-il que le *Portrait de miss Farren* souleva une tempête de bravos féminins. Toutes voulurent ressembler à miss Farren ; beaucoup essayèrent ; l'engouement commença.

Lorsque Vanloo était allé s'enrichir à Londres, il avait vu, peu de semaines après son arrivée, la ville entière, celle qui paie s'entend, courir à son atelier. Les voitures stationnaient à sa porte par longues files, ni plus ni moins qu'à la porte d'un ministre ou d'un spectacle. Les portraits commencés se comptaient par centaines : on était obligé de prendre quotidiennement jusqu'à cinq séances, et celui qui en tenait registre fit fortune, rien qu'en accordant au poids de l'or des tours de faveur[1]. Eh bien, l'histoire de Vanloo fut aussi celle de Lawrence. Car il se trouve que de tous les peuples enthousiastes, celui qui l'est le plus, quand il s'en donne la peine, c'est le peuple anglais, en dépit de la gravité de ses quakers et des brouillards de son île.

Ce n'est pas que Lawrence n'eût des rivaux, et fort redoutables. John Hoppner, pour en nommer un, l'emportait évidemment sur lui par la simplicité de la composition, par le sérieux et l'élévation du style. Mais il s'agissait bien de cela aux yeux des belles Anglaises ! Ce qu'il leur fallait, c'était un peintre aux tons fins et éclatants, un peintre qui sût rendre sans reproche, ou plutôt avec une habile exagération, ce que peut avoir de plus doux le satin du visage et de plus vainqueur l'expression d'un œil bleu. Aussi Lawrence eut-il de son côté les femmes ; ce qui revenait à avoir tout le monde, tout le monde se composant des femmes, de ceux qui les possèdent et de ceux qui les aiment. Mais ce qu'il y eut de piquant dans la destinée de Lawrence, c'est que lui, le peintre de la *fashion*, par excellence, il eut pour patron à son début le grave George III, la reine et leur cour attristée, pendant que John Hoppner, l'artiste sage et convaincu, était le talent préféré par ce prince de Galles, si follement amoureux, si prompt aux plaisirs, si élégant lorsqu'il ne cessait pas tout à fait de l'être. Il est vrai que Hoppner se mêlait de politique ; il était de ceux que le prince de Galles, en attendant la couronne, amusait de son libéralisme d'héritier présomptif, il était whig enfin : Lawrence n'était que peintre. Mais c'est justement ce qui fit que Lawrence prit le dessus ; d'autant que le prince de Galles devint roi, et, naturellement, ennemi des whigs selon l'usage.

[1] Voyez l'opuscule intitulé : *de l'Etat des arts en Angleterre*, par M. Rouquet, de l'Academie de peinture et de sculpture. Paris, 1755.

Quoi qu'il en soit, ce fut à la protection de George III que Lawrence dut, en 1791, d'entrer à l'Académie, comme associé honoraire, qualification créée tout exprès en sa faveur, attendu qu'il n'avait alors que

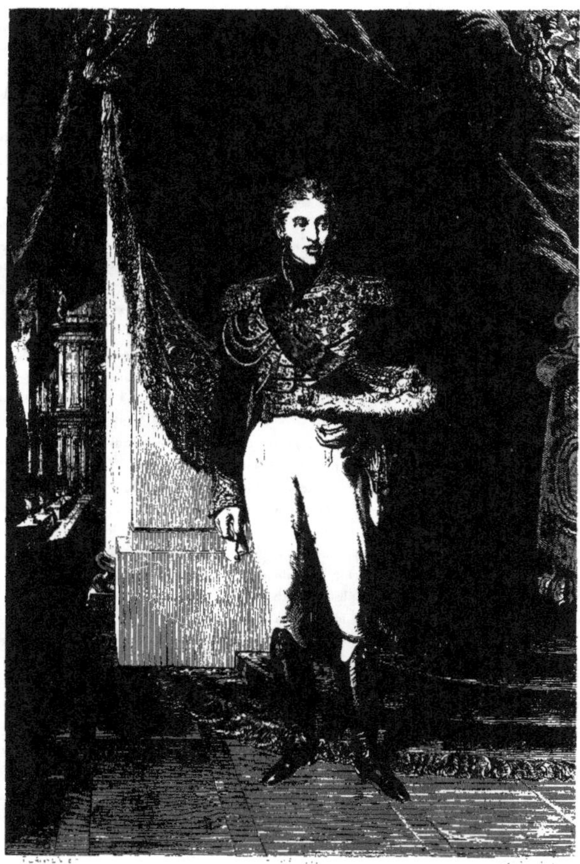

CHARLES X, ROI DE FRANCE.

vingt et un ans, et qu'il en fallait vingt-quatre pour être admis comme membre définitif. Ce n'est pas tout. Reynolds, étant mort, laissa vacante la place de premier peintre du roi : Lawrence obtint cette charge au préjudice de Hoppner, qui put se convaincre alors de l'inconvénient qu'il y a à posséder deux mérites à la fois. Dès ce moment, Lawrence monta, pour n'en plus descendre, au haut de la roue. En 1795, il est nommé membre de l'Académie: en 1797, le *Portrait en pied de mistriss Siddons* lui vaut la plus lucrative des popularités, et ses expositions de Somerset-House attirent la plus ravissante foule qui se puisse imaginer.

Il faut savoir qu'au dix-huitième siècle, chaque peintre de portraits avait, en Angleterre, une salle d'étalage distincte de son atelier. Là se donnaient rendez-vous tous ceux que tourmentait l'embarras des heures oisives. Un laquais introduisait les curieux dans le musée en question. Partout des portraits commencés ou finis, auxquels le laquais avait soin d'appliquer de pompeux noms propres, de manière à appeler la clientèle. Alors les uns d'applaudir, et ceux-là bruyamment, les autres de censurer, et ceux-ci avec plus de discrétion. Après récompense convenable donnée au laquais, on sortait, on s'échauffait pour ou contre le peintre, on s'y connaissait, et le chemin des ateliers popularisés devenait le grand chemin.

La liste des personnages qui se livrèrent au pinceau de Lawrence serait vraiment trop longue à dresser. Et quels personnages! Tous ceux qui honoraient l'Angleterre par le génie, tels que l'Irlandais Curran et sir Walter Scott: par la science, tels que Astley Cooper et sir Humphrey Davy, et tous ceux qui en composaient l'aristocratique grandeur : lord Grey, par exemple, Canning, Castlereagh, Aberdeen, William Pitt, etc., etc. Ici est le côté important de la vie de Lawrence. Grâce au nom de ses modèles, ses portraits furent des tableaux d'histoire, et lui, il fut mieux qu'un peintre d'histoire : il fut un peintre historique. Né dans un pays où il n'aurait pas trouvé cette société fausse et brillantée qui sembla faite toute exprès pour ses pinceaux, sir Thomas Lawrence eût été un peintre inoccupé, un peintre inutile, impossible.

Eh! comment en effet Lawrence aurait-il pu se passer d'une aristocratie et de tout ce que présente de factice mais d'éblouissant le luxe dont s'environnent les heureux. On sait combien, avant Lawrence, les accessoires étaient négligés en Angleterre dans les portraits. Depuis que Kneller avait donné l'exemple d'abandonner les draperies au premier venu, les peintres de portraits se faisaient une sorte de point d'honneur de ne s'attacher qu'à la figure. Si bien qu'il y eut à côté de l'artiste qui dessinait le modèle celui qui avait charge de l'habiller. De ces derniers, le plus célèbre était le peintre flamand Van Haken, que les artistes de l'autre côté de la Manche se disputaient avec plus d'emportement que les coquettes du temps de Louis XVI n'en mettaient à s'arracher un coiffeur à la mode. Sir Thomas imita-t-il les imitateurs de Kneller? Il s'en donna bien de garde. Voyez ses portraits! *lady Gower*, par exemple, le petit *Lambton*, *lady Grey et ses enfants*, les accessoires y sont traités avec une complaisance de pinceau presque puérile. Personne qui sache mieux nouer une robe, mistriss, ou jeter un boa sur vos épaules d'albâtre, ou garnir de point d'Angleterre le mouchoir qui va s'échapper de vos blanches mains. Évidemment Lawrence adore les riches habits, ou plutôt il ne les trouve jamais assez riches. Le velours ne lui paraît pas encore assez velouté, ni le marbre des palais suffisamment poli, ni le vernis des chaussures assez luisant. Il veut moirer la moire et satiner le satin.

C'est le peintre de l'opulence; elle le passionnait, et il est presque inutile de demander s'il la conquit. Un homme qui en vint à faire payer sept cents guinées un portrait en pied ne pouvait pas être pauvre.... Mais que dis-je? pauvre, il le fut de deux jours l'un. Jamais dissipateur ne dévora tant de fois sa fortune; jamais aventurier ne sut tant de fois la rétablir. Et cependant, chose étrange! son faste n'avait rien d'extérieur, rien de bien aisément appréciable. Il ne tenait pas maison, il ne donnait à dîner qu'à d'assez rares intervalles; à le voir chez lui, on eût juré qu'il menait sagement la vie. Il est vrai que sa bourse aimait à s'ouvrir à tous les besoins de l'amitié, qu'il protégeait à grands frais les talents pauvres, et qu'il fut toujours excellent fils, ayant eu un père prodigue. Les objets d'art avaient d'ailleurs pour lui des séductions irrésistibles. D'immenses richesses dormaient chez lui dans des cartons où étaient rangées des eaux-fortes de Rembrandt, des dessins de Léonard de Vinci, de Véronèse, de Van Dyck. Sa demeure était comme présidée par les statues de Michel-Ange et de Raphaël, de la main du fameux statuaire Flaxman, son ami intime, et les murs de son hôtel tapissés de magnifiques estampes, couverts de tableaux anciens et modernes, donnaient à sa demeure la physionomie d'un musée. On y voyait aussi, suspendus çà et là, des portraits commencés où l'artiste s'était arrêté à l'ébauche d'un manchon, à l'indication spirituelle d'une main, et ceux-là seuls s'expliquaient la présence de tant de toiles inachevées, qui, connaissant d'assez près la vie du peintre, savaient que bien souvent, après le paiement anticipé de la moitié du prix, Lawrence, pressé par la gêne, abandonnait un portrait non fini pour en commencer un nouveau, et toucher un nouvel à-compte. Du reste, par une habitude qui n'a rien de choquant chez le peuple anglais, les prix étaient affichés à l'entrée, comme en un magasin à prix

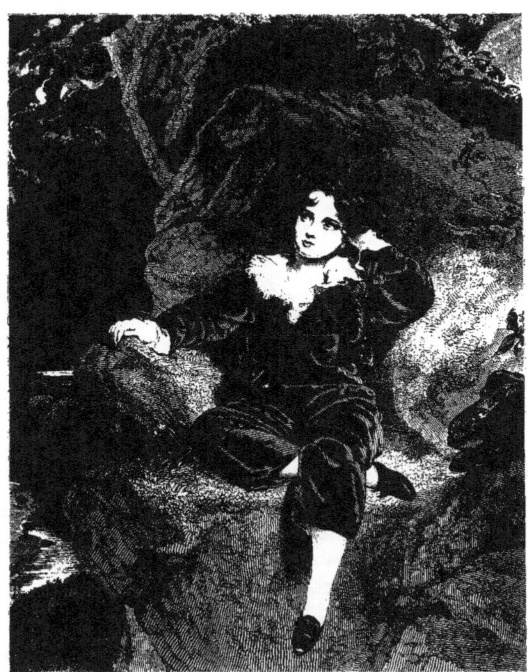

MASTER LAMBTON.

fixe. La tête de trois quarts coûtait deux cents guinées, le portrait à mi-corps quatre cents, et à mi-jambe cinq cents.

Il y avait, nous l'avons dit, dans le caractère de Lawrence, quelque chose de factice et de romanesque qui tient un peu à sa nation, mais qui chez lui était plus marqué peut-être que chez tout autre. Il était aussi Anglais qu'aucune Anglaise, s'il est permis de parler ainsi, car c'était par le côté féminin qu'il rappelait si vivement le type britannique et le personnifiait. Sa vie était comme une sorte de meuble à tiroirs. Levé de grand matin, il se mettait sans retard au travail, et à son zèle, à son ardeur, on l'eût pris pour un de ces maîtres des temps passés qui vivaient seul à seul avec leur art, et s'y enfermaient comme dans un monastère, loin des bruits du monde et de ses plaisirs; mais quand la tâche du jour était finie, le laborieux artiste redevenait l'homme des salons, le causeur élégant et musqué, tout entier à ces riens précieux dont se composent les loisirs d'un millionnaire. S'il parlait à une femme c'était dans un style fleuri, tendre et sentimental, qui a été celui de nos aïeux, avec plus d'esprit; s'il écrivait une lettre insignifiante, une banale invitation, comme il s'en écrit chaque jour, aussitôt le simple billet devenait une flatterie gracieuse, tournait à la galanterie et prenait les formes d'une de ces déclarations affadies et parfumées, que déjà l'on oublie en les cachetant. Pour plaire aux dames, pour briller dans le monde, Lawrence ne négligeait aucune des séductions de la politesse; il faisait des compliments, des vers, des croquis sur des albums, ou bien il improvisait des portraits au crayon au milieu de la causerie, et y ajoutait parfois le prix de sa signature. Enfin il lui arrivait souvent de jouer la comédie avec les grandes dames, en présence du prince de Galles, du duc de Devonshire et de Sheridan. Mais alors l'illustre peintre se vengeait de la défaite qu'il avait jadis essuyée chez son père, dans le rôle de *Jaffier*, et il était plus aise des applaudissements de Leurs Seigneuries, qu'il n'avait été heureux de les peindre avec tant d'éclat pour la postérité.

Que l'histoire d'un tel homme n'ait pas été sans mélange de roman, on le devine. Londres parla beaucoup, mais à voix basse, de la mort de l'aînée des filles de mistriss Siddons. On racontait qu'après lui avoir touché le cœur, Lawrence l'avait délaissée pour la cadette, d'où était résulté un de ces chagrins d'amour dont on meurt. Mais des biographes bien informés s'inscrivent en faux, sinon contre la première partie de cette aventure, du moins contre la seconde. Ils admettent l'amour, ils nient la trahison et la tragédie. Les mêmes biographes, hommes austères, j'imagine, se montrent fort disposés à donner un tour platonique au sentiment que sut inspirer à notre peintre une madame Wolfe, charmante infidèle, femme d'un consul danois qui fut très-peu son mari. Ce qui est certain, c'est que de cette liaison de Lawrence naquirent... beaucoup de billets doux. Et puisque nous en sommes sur ce chapitre galant, nous n'oublierons pas ici la plus bruyante aventure d'une vie si romanesque. Tout le monde a connu l'histoire et le double procès de la princesse de Galles, de cette trop fameuse Amélie-Élisabeth-Caroline, que le prince de Galles épousa sans le vouloir, et seulement à condition que, pour la troisième fois, on lui paierait ses dettes, lesquelles ne s'élevaient du reste qu'à douze millions. Le lendemain de ce royal marché et sans qu'on ait jamais rien su des mystères de la première nuit, le mariage se trouva dissous : bien plus, les deux époux n'hésitèrent pas à vivre d'une vie publiquement séparée, au risque des commentaires. Un enfant naquit à la princesse, et il est de notoriété historique que le prince, son mari, fut le seul Anglais qui en témoigna du mécontentement. Tout cela finit, par aboutir au plus scandaleux procès qu'aient jamais affronté têtes couronnées ou destinées à la couronne. Triste procès, après tout, où le prince de Galles parut jaloux de prouver à l'Europe entière son déshonneur. Or notre peintre y figura. N'était-il pas allé peindre la princesse à Montagne-House? N'avait-il pas une fois demandé à passer la nuit au château, pour se trouver le lendemain dès l'aube du jour à son chevalet? La princesse ne l'avait-elle pas retenu souvent de longues heures? Il est vrai, et cela fut prouvé, que c'était pour jouir des agréments de sa conversation; mais cela même dut paraître fort grave à un peuple qui appelle l'amour défendu une *conversation criminelle*. Toutefois Lawrence fut déclaré innocent. Mais lui, par un raffinement de loyauté un peu suspect, il s'avisa de certifier, par lettres publiques, la pureté de ses relations avec Caroline, comme s'il eût craint qu'on ne s'en rapportât à la parole des juges. L'indiscrétion, en pareille matière, ne résulte pas moins quelquefois d'une négation retentissante que d'un aveu. Les dames s'émurent : Lawrence eut un moment contre lui ce même beau sexe qui avait fait sa fortune et qui lui devait tant. Par bonheur, il avait encore beaucoup de portraits à faire et la coquetterie avait encore besoin de la complicité de son pinceau.

Rien de plus éclatant que la dernière période de la vie de Lawrence. Et d'abord, ce fut lui qui, après la chute de l'Empire, reçut mission de peindre pour la galerie de Windsor tous les héros controversés du grand hasard de Waterloo, depuis Wellington jusqu'à Blücher : l'empereur Alexandre, le roi de Prusse, le prince de Metternich et le Russe Platow... Lawrence peignit toutes les célébrités européennes du temps. Inutile de dire ce que sa réputation, à lui, devait y gagner : elle n'était qu'anglaise, elle devint cosmopolite. Après la seconde

Restauration, nous le trouvons à Aix-la-Chapelle fixant sur la toile les principales figures du congrès :

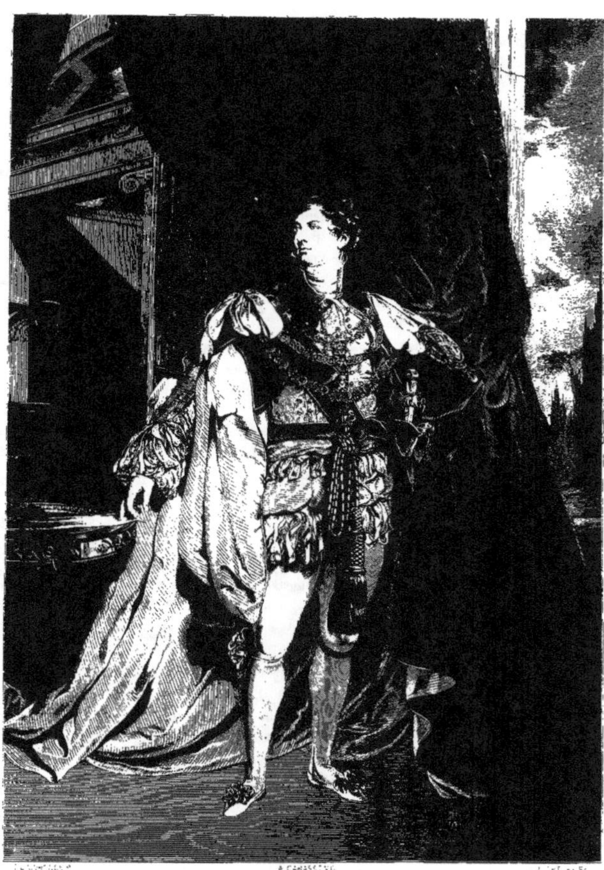

GEORGE IV, ROI D'ANGLETERRE

l'empereur d'Autriche, George Canning, le baron de Hardemberg, le comte de Nesselrode, l'archiduc Charles. Un seul nom manque à la liste : celui du prince de Talleyrand. Peut-être celui-là pensa-t-il qu'il n'y avait pas de peintre au monde qui pût saisir et rendre cette physionomie mielleusement ironique qui fut la moitié de son prétendu génie.

Une fois sur le continent, Lawrence le parcourut avec la sainte curiosité de l'artiste, marquant par des portraits, tantôt nobles et fiers, tantôt pleins de grâce, les illustres étapes de son voyage. C'est ainsi qu'il peignit : à Vienne, le prince de Schwartzemberg et le comte Capo-d'Istria; à Rome, le pape Pie VII et le fameux cardinal Gonsalvi; à Parme, une femme qui ne vaut pas qu'on la nomme, quoique Napoléon, du lit de mort de Sainte-Hélène, lui ait légué son cœur; à Paris, Charles X, le Dauphin, la duchesse de Berri, et enfin un autre célèbre peintre, Gérard.

Quelle que fût l'importance des accessoires dans les portraits de sir Thomas, il serait injuste de dire que l'essentiel leur fut sacrifié. Pas une de ses toiles où la tête de l'original ne respire, où elle ne vive, non pas de cette vie tranquille où ne reluit que la santé, mais d'une vie fiévreuse qui escarboucle le regard et lui fait jeter des flammes. Toujours Anglais, même lorsqu'il peint des Italiens, tels que le pape Pie VII, si fin sous l'épaisseur de son masque, des Suisses, tels que le peintre Fuseli, un des intimes de Lawrence, des Prussiens, tels que Blücher, des Français, tels que le duc de Richelieu et Charles X, Lawrence prête à chacun de ces modèles une peau lisse, mince et luisante comme de la pelure d'ognon. Ses touches lumineuses qui accentuent la côte du nez, passent sur les pommettes, s'arrêtent aux développements du crâne, effleurent la lèvre et tremblent comme des larmes dans les paupières, ses touches font de tant d'originaux différents des variantes du tempérament britannique. Charles X a chez Lawrence la tournure d'un lord de la Trésorerie; le souverain pontife a le sourire anglican d'un évêque de Cantorbery; et il semble que la pommade anglaise, avec ses parfums et ses mensonges, ait rehaussé l'éclat des chevelures. Quant au portrait de Blücher, c'est une chose bien remarquable qu'il ait été le mieux réussi de tous, comme si Lawrence eût oublié cette fois d'appliquer le cosmétique de sa peinture à la moustache d'un des vainqueurs équivoques de Waterloo.

La beauté, l'éclat, la grâce — une grâce artificielle, il est vrai — voilà par où se distingue Lawrence. Il sut donner à tout un certain idéal qui, dépassant la vérité, tombait parfois dans l'afféterie. Mais il a laissé des chefs-d'œuvre, d'incontestables chefs-d'œuvre. On citera toujours, comme une inspiration ravissante, ce groupe de deux enfants que George Doo a gravé sous le titre de *Nature;* charmants petits êtres qui se réveillent dans les bras l'un de l'autre, se regardent avec bonheur, ouvrent à la lumière leurs grands beaux yeux ombragés de longs cils, et sourient d'une bouche adorable que l'on voudrait couvrir de baisers. Rubens n'est pas allé au delà pour la fraîcheur des carnations, et il n'est pas allé si loin pour la finesse de la race, et pour cette incomparable distinction qu'on peut appeler la distinction de la peau. De tant de portraits innombrables, on peut dire que les meilleurs, ou du moins les plus renommés, sont ceux de sir Francis Baring, de la duchesse de Sutherland, du pape Pie VII [1], de lady Cooper et de lady Gower. L'enfant de lady Gower est si tendre, si rose, si blond, qu'on dirait d'un petit ange tombé des cieux ou d'un prince oublié là par une fée. Le moins heureux des portraits de l'artiste fut celui d'Alexandre, et cela par la faute de l'empereur, qui voulut lui-même en fournir le programme. Le plus bizarre enfin est celui du petit *Lambton*, jeune, charmant et absurde Byron de dix à onze ans, sur qui tous les astres se lèvent à la fois, le soleil d'un côté, la lune de l'autre, et qui semble rêver à une certaine heure fantastique, impossible, qui est tout ensemble midi et minuit.

Jusqu'alors il n'avait rien manqué au bonheur de Lawrence. Il avait vu pleuvoir sur lui les présents officiels, les billets parfumés, tout ce que donnent les princes de plus précieux, tout ce que les femmes écrivent de plus doux. Les titres? il ne les comptait plus. Il était membre de l'Académie de Saint-Luc, des Académies de Florence et des Beaux-Arts d'Amérique. Celles de Vienne, de Venise, de Copenhague, l'avaient pour associé; le roi Charles X l'avait décoré de la Légion-d'Honneur. Et ce même prince de Galles, dont la femme avait été traînée sans pudeur à cet humiliant procès, à ce procès humiliant pour les juges, et dans lequel Lawrence

[1] Voyez ce que nous avons dit de ce portrait célèbre dans l'histoire de Louis David, à propos du portrait de ce même Pie VII qui est au Louvre.

fut compromis, ce même prince de Galles, devenu George IV, accabla le peintre de gracieusetés, le nomma chevalier, lui donna, le lendemain de la mort de West, la présidence de l'Académie de Londres, et lui confia la mission dont nous avons parlé, avec une indemnité annuelle de vingt-cinq mille livres. Le jour où le choix des académiciens alla au-devant des désirs du monarque, George IV fit présent à Lawrence d'une chaîne et d'une médaille d'or, comme avait fait jadis Charles Ier pour Rubens.

Cependant Lawrence voyait approcher le terme de sa carrière. Un fonds de tristesse commençait à voiler son visage. Quand il vint à Paris, en 1825, à son front devenu chauve, à son regard pénétrant, il était pris souvent pour Canning. On le voyait quelquefois dans les salons de madame Cuvier, à laquelle il offrit le

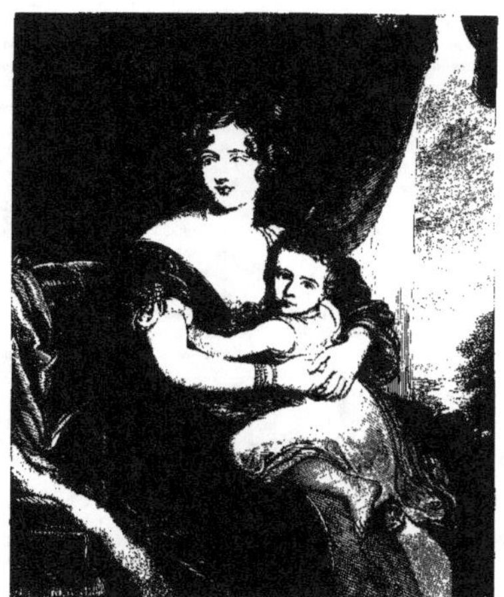

LADY DOWER.

portrait de sa charmante fille, mademoiselle Duvaucel. Et c'est par les soins de son gracieux modèle que Lawrence reçut, quatre ans après en Angleterre, un article qu'Eugène Delacroix avait inséré dans la *Revue de Paris*, touchant le portrait de Pie VII. Le peintre anglais répondit à cet envoi par une longue lettre affectueusement polie et bien tournée; mais qui, d'ailleurs, ne contenait aucun de ces lumineux aperçus qu'on aurait pu attendre du président de l'Académie de Londres, écrivant à un de nos grands peintres. Lawrence, du reste, touchait à sa fin. Pâle, découragé, mélancolique, depuis la mort de madame Wolfe surtout, il ne lui restait plus qu'à bien mourir. Le 30 janvier 1830, comme il écoutait la lecture de quelques pages du poète Campbell sur Flaxman, Lawrence rendit le dernier soupir.

Le poète Samuel Rogers disait : « Je choisirais Philipps pour peindre ma femme, et Lawrence pour peindre ma maîtresse. » Lawrence fut en effet le peintre des femmes aimées, et celles-là sont toujours plus belles que les autres... Coloriste brillanté, dessinateur insuffisant, mais très-habile à dissimuler ses défauts, apprêté dans ses arrangements, mais toujours d'une grande distinction, il eut toutes les apparences et tous les prestiges du talent, sans en avoir la sincérité. Il imagina une nature artificielle qui n'était ni la vérité ni l'idéal ; que s'il fallait maintenant caractériser en deux mots le génie de ce maître illustre, et tant de fois adoré, nous dirions qu'il fut un grand peintre à côté du vrai ; qu'il substitua le galvanisme à la vie : qu'il fut sublime... dans la manière.

CHARLES BLANC.

RECHERCHES ET INDICATIONS.

Il serait peu intéressant pour l'histoire de l'art et fort peu instructif pour les lecteurs eux-mêmes, de connaître date par date, exposition par exposition, tous les portraits exécutés par sir Thomas Lawrence ; ce qui est moins indifférent, c'est de signaler ceux dans lesquels il nous a montré toutes les ressources de son rare talent, et d'indiquer les noms des personnages fameux dont son pinceau nous a conservé l'image.

Depuis 1787 jusqu'en 1830, ce fécond artiste a produit l'incroyable nombre de cinq cent seize portraits, s'il faut s'en tenir au relevé que nous en avons fait dans l'ouvrage en deux volumes publié en 1831, un an après la mort de Lawrence, par D. E. Williams, sous le titre *The Life and correspondance of sir Thomas Lawrence*.

Il n'a pas vécu en Angleterre, nous pourrions dire en Europe, un seul grand personnage qui n'ait posé dans l'atelier de Lawrence.

En 1792, il fit le portrait de George III qui lui fut payé 300 guinées, prix extraordinaire pour l'époque ; il peignit ensuite la reine, le duc d'York, la princesse Amélie, la princesse de Galles, la princesse Charlotte, deux ou trois fois, la célèbre actrice mistriss Siddons, depuis lady Burdett-Coutts et plus tard duchesse de Saint-Albans, l'éloquent irlandais Curran, sir James Mackintosh, lord Erskine, lord Thurlow, miss Wyndham, sir William Grant, lord Grey, lord Amherst, sir Joseph Banks, le comte d'Aberdeen, William Pitt, lord Castlereagh, George Canning, lord Melville, lady Elisabeth Forster, depuis duchesse de Devonshire, lady Hood, les peintres West et Fuseli, Thomas Campbell, sir Walter Scott, sir Francis Baring, le fameux financier, la comtesse Charlemont et ses enfants, lady Ellenborough, si célèbre par sa bonté et par ses faiblesses, la duchesse de Sutherland, la grâce et la beauté même, lady Cowper. Les mieux réussis de ces portraits étaient ceux de Baring, de lord Aberdeen : celui de lady Cowper est un morceau éblouissant de couleur, ce portrait fut payé 500 guinées, et celui de mistriss Arbuthnot, qui est un chef-d'œuvre de goût et d'adresse. Lawrence peignit, d'ordre du roi, le portrait de l'empereur de Russie Alexandre, le roi de Prusse, le feld maréchal Blücher, le prince de Metternich, le duc de Wellington et Platow. — Après la seconde Restauration, Lawrence reçut la mission d'aller au congrès d'Aix-la-Chapelle peindre les principaux personnages de l'Europe. — Il fit là les portraits de l'empereur François Ier d'Autriche, de l'archiduc Charles, du duc de Cambridge, du général Tschernicheff, de M. de Hardenberg, du général Souvaroff, du comte Nesselrode, du baron de Gentz, du comte Bathurst, de Robert de Londonderry, du comte de Liverpool, et celui-ci est un de ses plus beaux ouvrages. A Vienne, où il se rendit en quittant Aix-la-Chapelle, il peignit le prince Schwartzemberg et la noble figure de Capo d'Istria ; il fit le portrait de la princesse Rasumowski, de madame Esterhazy et de son mari ; enfin celui du roi de Rome (ce fut le meilleur de tous). Après ces travaux, il se rendit à Rome, le 15 mai 1819, pour peindre le pape et quelques-uns de ses cardinaux. Le portrait du pape, si généralement connu par la belle gravure qu'en a donnée Cousins, est un chef-d'œuvre, mais celui du cardinal Gonsalvi n'est pas moins précieux sous d'autres rapports. Lawrence revint à Londres, le 20 mars 1820, rapportant pour la galerie de Windsor vingt-quatre portraits, entre autres celui de Canova. Dans un voyage qu'il fit à Paris en 1825, toujours par ordre du roi George IV, il fit le portrait de Charles X, celui du Dauphin et de la duchesse de Berri ; enfin il fit poser le premier peintre du roi, François Gérard. — Rentré à Londres il y peignit lady Peel, élégamment coiffée d'un chapeau à plumes, dans l'intention bien évidente de faire un pendant au fameux chapeau de paille de Rubens ; Thomas Moore, le célèbre chirurgien sir Astley, lord Brougham, le jeune Lambton (fils de lord Durham), dont la gravure est si belle et si connue : ce portrait coûta à lord Durham 500 guinées ; les deux enfants de George Calmady, si admirablement gravés, sous le titre de *Nature*, par George Doo.

Lawrence avait fait suivre aux prix de ses portraits la progression de sa renommée. En 1802, il faisait payer une tête 30 guinées, le mi-corps 60, le portrait en pied 120. — En 1806, la tête s'éleva à 50 guinées, et le portrait en pied à 200. — En 1808, nouvelle augmentation ; la moindre grandeur fut de 80 guinées, et la plus grande de 320. — En 1810, après la mort d'Hoppner, son concurrent, le portrait en pied fut porté à 400 guinées, la simple tête à 100. — Enfin, dans les derniers temps, la tête fut de 200 guinées, le portrait à mi-corps de 400, à mi-jambe de 500, en pied de 600 et même de 700 guinées.

Sir Thomas Lawrence possédait une admirable collection de tableaux anciens des peintres les plus célèbres. Nous lisons dans son testament, au sujet de sa collection, une clause que nous demandons la permission de citer, parce qu'elle est bien digne d'un Anglais.

« La galerie des tableaux que je possède, dit-il, des œuvres « des anciens maîtres, est par le nombre comme par la valeur « sans rivale en Europe. Elle vaut à mon sens 20,000 livres. « Je désire qu'elle soit d'abord offerte à sa très-gracieuse « majesté George IV, pour la somme de 18,000 livres : si elle « ne convenait pas à Sa Majesté, elle serait offerte au même « prix au commissaire du musée anglais, ensuite au très-« honorable Robert Peel et au très-honorable comte de Dudley ; « et si aucun ne l'accepte, je désire qu'elle soit annoncée dans « les principales capitales de l'Europe, et s'il s'écoule deux « ans sans qu'il se présente un acquéreur pour 20,000 livres, « elle sera livrée aux enchères publiques. »

La galerie de Lawrence fut vendue publiquement, et le produit ne s'éleva qu'à 15,445 liv. 17 sch. 6 p., environ 400,000 francs.

Voici la signature de sir Thomas Lawrence.

Les Recherches et Indications ci-dessus sont de M. Armengaud.

Thos. Lawrence

Impr. [illegible] et C[illegible], rue [illegible]

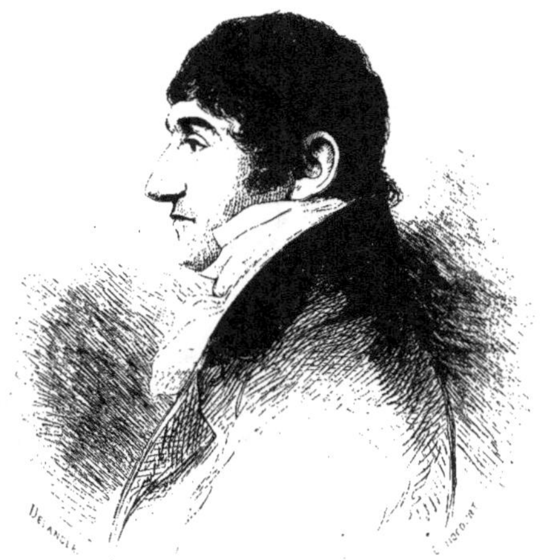

École Anglaise. *Portraits, Histoire, Mythologie.*

HENRY HOWARD

NÉ EN 1769. — MORT EN 1847.

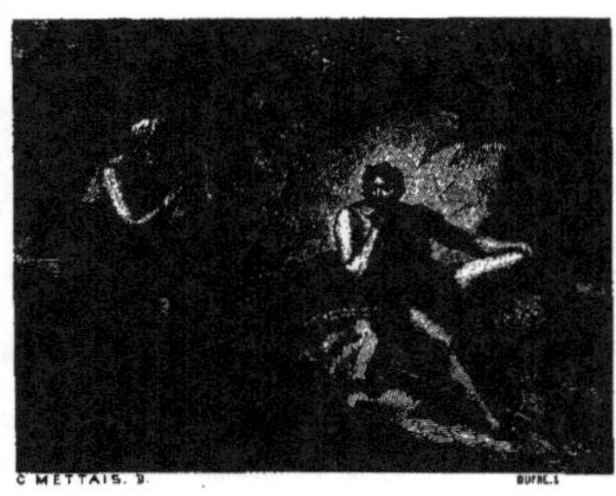

C. METTAIS. D. DUPRÉ. S.

Les succès scolaires sont rarement une garantie de talent original. Au concours académique de 1790, Henry Howard eut l'honneur d'obtenir la médaille d'argent pour un dessin d'après nature et la médaille d'or pour la meilleure peinture historique : il avait représenté *Caractacus reconnaissant le cadavre de son fils*, sujet emprunté au poëme dramatique de Mason. C'est le premier et presque le seul exemple en Angleterre des deux prix remportés par un même élève au même concours. Howard n'avait encore que vingt et un ans, car il était né à Londres le 31 janvier 1769. Il avait fait d'abord des études classiques dans un collége à Hounslow. Durant son adolescence, il accompagnait souvent son père à Paris; c'est là qu'il prit le goût des arts et de la littérature; et, à l'âge de dix-sept ans, il entrait dans l'atelier de Philip Reinagle, membre de l'Académie royale de Londres.

Ce Reinagle, né en Angleterre de parents allemands, peignait surtout les animaux et les paysages, mais il avait une aptitude prodigieuse pour contrefaire tous les maîtres, principalement les Hollandais, et l'auteur du Mémoire[1] sur la vie de Henry Howard va jusqu'à dire : « La moitié des Ruisdael, des Hobbema et des

[1] *Lectures on painting*, delivered at the royal Academy of Fine Arts. By Henry Howard, Esq., R. A., etc. Edited, with a Memoir of the Author, by Frank Howard. London, 1848.

« Wynants, qui sont considérés comme des perles dans les collections récentes, sont de Reinagle. » Bien plus, quelques-uns de ses pastiches de Hogarth furent vendus, à Londres même, comme originaux!

En 1788, Henry Howard fut admis étudiant à l'Académie royale. Le double succès que ce tout jeune homme remporta, deux ans après, au concours académique, semblait promettre à l'école anglaise un bon peintre ; et cependant Howard, quoique fort estimé de ses compatriotes, ne s'est illustré par aucune qualité saillante. Le jeune lauréat partit presque aussitôt, le 21 mars 1791, pour s'achever en Italie. Rome et Florence devaient convenir à l'heureux auteur de *Caractacus*. L'école anglaise n'aspirait-elle pas au grand art classique, renouvelé des anciens? Toute l'Europe alors s'était également passionnée pour cette espèce de résurrectionnisme mythologique : Allemands, Italiens, Français, — critiques, statuaires, peintres, — Winkelmann, Canova, Louis David, — tous s'accordaient à glorifier et à imiter le passé.

Howard a minutieusement raconté les détails de son voyage, dans des notes de son album reproduites par le Mémoire publié en 1848. On y apprend à quelle heure il dîne, boit le thé, monte en diligence; car alors on ne voyageait pas vite, et il fallait bien des étapes pour aller seulement de Londres à Paris.

A Paris, il s'arrête quelques jours et il est bien étonné de tout ce qu'il voit et de tout ce qu'il entend : la Révolution était en train, et les Français parlaient un peu plus de politique que de beaux-arts.

Il s'arrête encore à Genève, où résidaient plusieurs membres de sa famille; il passe le Mont-Cenis, visite Milan et la Lombardie, les États vénitiens, Parme, Modène, et arrive à Florence.

Parmi les lettres de recommandation que Howard avait emportées en Italie, il y en avait une de Sir Joshua Reynolds, datée du 19 mars 1791 et adressée à lord Hervey, ministre britannique à Florence. Le célèbre président de l'Académie disait : « M. Howard a gagné le premier prix de notre Académie en décembre « dernier, et, en lui délivrant sa médaille d'or, j'eus le plaisir de lui apprendre que les académiciens « avaient trouvé que son tableau était le meilleur qui eût été présenté à l'Académie depuis sa fondation. »

Howard fut donc bien accueilli et patronné par lord Hervey, qui le mit en rapport avec Flaxman. Ce rigide statuaire, installé à Rome depuis quatre ans, étudiait tous les antiques, en prenait des dessins et préparait déjà ses publications de gravures au trait, où l'Antiquité paraissait restituée par un véritable génie. On se rappelle l'admiration qu'excitèrent partout ces reproductions et ces pastiches de la sculpture grecque et romaine. Flaxman employa son jeune compatriote à ces dessins *linéaires*, qui sans doute peuvent éduquer le goût en ce qui concerne le galbe extérieur des figures, mais qui ne tiennent point compte de la forme intérieure, du modelé, ni de la couleur. Exercice périlleux pour un peintre, et peut-être même aussi pour un statuaire. Howard y devint fort habile, et, après son retour en Angleterre, il continua longtemps à faire de tels ouvrages pour la Société des Dilettantes, ou pour des orfèvres qui les reproduisaient en ciselure.

A Rome, cependant, il étudiait aussi les maîtres de la Renaissance, copiait leurs tableaux et ne négligeait pas la peinture. Les élèves subventionnés par l'Académie de Londres doivent envoyer quelque ouvrage aux exhibitions académiques. Howard entreprit donc un immense tableau, avec personnages plus grands que nature, le *Rêve de Caïn*, d'après Gessner, dans son poëme intitulé la *Mort d'Abel*. Cette machine énorme fut exposée en 1794, ne trouva point d'acquéreur, et, en 1848, elle appartenait encore à l'auteur du Mémoire, M. Frank Howard, un des héritiers de Henry Howard.

Au bout de trois ans, tout imprégné de souvenirs classiques, Howard quitta l'Italie, s'en alla visiter Vienne et Dresde, et regagna l'Angleterre au mois de septembre 1794. Reynolds était mort deux ans auparavant, et Benjamin West lui avait succédé comme président de l'Académie. Gainsborough aussi était mort, dès 1788. C'étaient donc Benjamin West et Fuseli qui gouvernaient souverainement l'école anglaise lorsque Howard fit sa rentrée à Londres. Dans la peinture du portrait, il y avait pour concurrents George Romney, déjà vieux et malade, et un jeune artiste, né la même année que Howard, mais qui avait brusqué le succès et remplacé Reynolds comme peintre du roi, — Thomas Lawrence. Howard néanmoins se fit bientôt connaître comme portraitiste, tout en cultivant la peinture allégorique et poétique.

En 1795, il expose trois petits tableaux, dont *Puck et Ariel*, d'après Shakespeare, et qui fut acheté par Flaxman. En 1796, parut l'esquisse du fameux *Système solaire*, dont nous parlerons plus loin; il avait, de plus, trois portraits et quelques autres peintures à la même exhibition. En 1797, encore des portraits, un sujet de Milton, un autre d'après Ovide, et un *Hylas avec les naïades*, acheté par M. Thomas Hope. Le même amateur distingué achetait, à l'exhibition suivante, le tableau intitulé le *Premier navigateur*; des portraits et des mythologiades figuraient encore à cette exposition de 1798. La série des dessins d'après l'antique, publiée en gravure par la Société des Dilettantes, parut en 1799, avec diverses

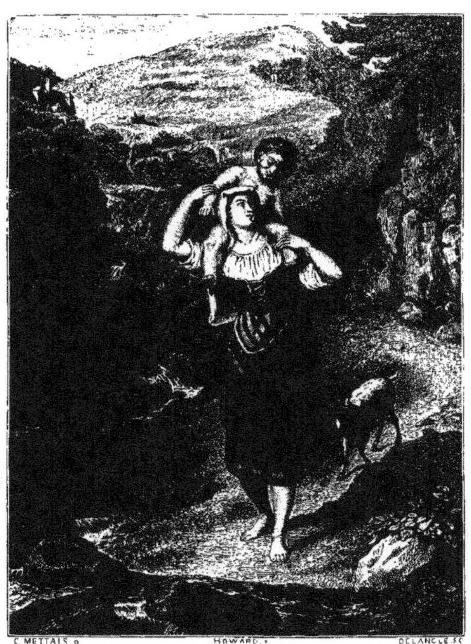

LA PAYSANNE SUISSE.

compositions d'après Shakespeare; en 1800, plusieurs portraits et quelques tableaux allégoriques; en 1801, le *Timon d'Athènes*, d'après Shakespeare, pour la noble série que commandaient les éditeurs Boydell et qu'ils faisaient graver splendidement. Howard montrait encore, la même année, une de ces compositions qu'il exécutait pour la fabrique de poterie des Wedgwood; car, s'il ne fut pas excellent peintre, il est de ceux qui ont approprié les arts à leurs applications industrielles, notamment dans la céramique et l'orfévrerie; il a même peint sur les faïences des Wedgwood. *L'art industriel*, si favorisé maintenant en Angleterre, grâce à l'initiative intelligente de feu le prince Albert, doit un souvenir à Henry Howard.

L'année 1801 marque dans la vie de Howard, à cause de son mariage avec la fille de son maître, Philip Reinagle, et de son élection comme associé à l'Académie royale. Sept ans plus tard, en 1808, il était nommé académicien. Son tableau de réception (*diploma picture*) fut, je pense, un grand *Saint Michel*, appartenant à l'Académie, et qui parut à l'exhibition de Manchester, en 1857.

Howard, on le voit, avait surtout choisi pour domaine la mythologie, et même l'astrologie : Vénus, Diane, Hébé, Pandore, déesses et nymphes, n'ont point à se louer de lui, non plus que le soleil, la lune et les étoiles. Il a fait des Vénus sans beauté, des Diane sans élégance, des Pandore sans mystère, des Hébé sans jeunesse, des soleils sans lumière et des lunes sans attraction.

Malgré son insignifiance et sa vulgarité, ses œuvres eurent cependant la chance d'orner des collections distinguées. Sa ridicule composition, le *Système solaire,* dont l'esquisse avait été exposée en 1796, reparut en tableau terminé à l'exhibition de 1823 et fut achetée par M. J. Watts Russell ; le même sujet, arrangé en forme circulaire, fut adapté au plafond d'un boudoir à Stafford House, aux ducs de Sutherland ; il y en eut même une troisième répétition pour M. J. Morrison. Son *Histoire de Pandore* fait plafond dans une des salles du Soane Museum, Lincoln's Inn Fields, où l'on voit encore, à un autre plafond, une espèce de pastiche de l'*Aurore* du Guide, sans compter des sujets pris à Shakespeare, à la mythologie et aux poëtes. Une *Naissance de Vénus* appartient à Sir M. W. Ridley ; la *Maison de Morphée*, au comte d'Egremont. Lord Colbourne, lord Kennedy et autres nobles amateurs possèdent aussi plusieurs de ses peintures. Une *Diane et ses nymphes*, appartenant à Mrs Morrison, figure à l'exhibition internationale de Londres, et l'on voit dans la galerie Vernon (South Kensington Museum) la *Jeune Fille aux fleurs* (*the Flower Girl*), qui est le portrait de la fille de l'artiste, costumée à la mode florentine.

Howard a peint aussi une série d'images empruntées à Milton et il a illustré de dessins plusieurs poëtes anglais, Pope et Spencer, entre autres ; il s'est même essayé dans le paysage.

Dès 1811, Howard avait été nommé secrétaire de l'Académie. En 1833, il fut nommé professeur de peinture. Tel qui exécute mal peut professer assez bien. Fuseli, peintre détestable, rendit de grands services en dirigeant l'école académique à Somerset House. Il paraît que Howard s'acquittait très-honorablement des fonctions de sa charge. Il la conserva pendant quatorze ans, presque jusqu'à son dernier jour.

Il mourut à Oxford, le 5 octobre 1847, par conséquent dans sa soixante-dix-neuvième année. Ce n'est pas trop vieux pour un artiste anglais. Les peintres de cette nation possèdent le privilége d'une extraordinaire longévité : Hogarth, Wilson, Reynolds, Romney, touchèrent presque à soixante-dix ans ; Turner passa soixante-seize ; Benjamin West atteignit quatre-vingt-deux, Fuseli quatre-vingt-quatre, Northcote quatre-vingt-cinq, et Robert Smirke quatre-vingt-seize !

En sa qualité de professeur à l'Académie, Henry Howard, comme c'est l'usage, « délivrait des lectures publiques, » c'est-à-dire qu'il lisait des discours relatifs à la peinture, devant une assemblée d'élèves, de confrères et de curieux. Ces Discours, publiés l'année d'après sa mort, contiennent des réflexions assez judicieuses sur les beaux-arts. En général, les peintres anglais, même sans talent, parlent toujours à merveille de leur profession. — La critique, sans doute, est plus aisée que l'art.

W. BÜRGER.

RECHERCHES ET INDICATIONS

Peu de tableaux de Howard ont été gravés, mais il a beaucoup dessiné pour les graveurs, pour Forster, entre autres, qui avait épousé la fille du célèbre sculpteur Banks. Il a fourni aussi beaucoup de dessins pour *the British Gallery of Engravers, the British Gallery of contemporary portraits, the Spectator, the Tattler*, pour une Encyclopédie, etc.

En 1814, lors des fêtes et réjouissances, à l'arrivée des alliés, qui avaient triomphé de Napoléon, Howard fut chargé des peintures décoratives du *Temple de la Concorde*, élevé dans Hyde Park. La même année, ses *Pléiades*, envoyées à un concours de la British Institution, lui valurent le second prix de 100 guinées, et le tableau fut acheté 200 guinées par le marquis de Stafford, un des juges du concours.

Il avait visité la Belgique, Anvers, les bords du Rhin, Cologne, et, en 1838, Munich, où il admira vivement les peintres, si célèbres alors, Cornelius, Schnoor et autres.

En 1845, il avait commencé un grand tableau, avec des figures de 12 pieds, les *Cyclopes*, qui ne fut jamais terminé.

Dans la dernière année de sa vie, on lui avait nommé un adjoint, M. Knight, dans ses fonctions de secrétaire de l'Académie, et c'est ainsi qu'il put quitter Londres et qu'il s'en alla mourir à Oxford.

On a très-peu écrit sur lui. Après le volume de ses Discours, auquel est adjoint le Mémoire sur sa biographie, nous n'avons guère à citer que la notice du Catalogue de la National Gallery, quelques articles de l'*Athæneum* et la notice du Dictionnaire de Bryan et Stanley.

IMP. POITEVIN, RUE DAMIETTE, 2

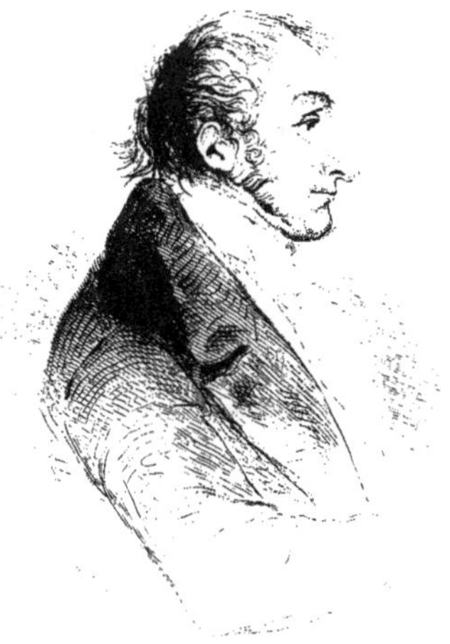

École Anglaise. *Paysage, Mythologie, Allégorie.*

J.-M.-W. TURNER

NÉ EN 1775. — MORT EN 1851.

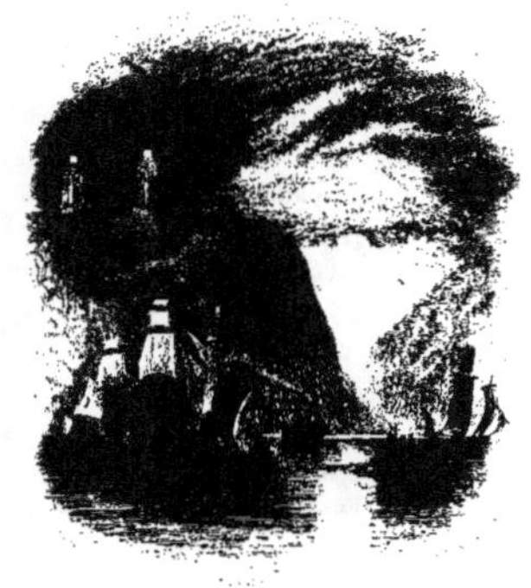

Il s'agit d'un grand artiste, très-étrange, quelquefois sublime, souvent bizarre jusqu'à la folie, jamais vulgaire. Son idée était de peindre la lumière elle-même, indépendamment des objets sur lesquels elle rayonne, — est-ce une idée de peintre? — et il y a presque réussi dans certains chefs-d'œuvre. Aussi les Anglais le mettent-ils, pour le moins, à la hauteur de Claude et de Cuijp.

On ne sait pas bien précisément la date de sa naissance, et, si l'on sait quand et où il est mort, ce n'est pas sa faute. Nous adopterons, avec la plupart de ses biographes, et notamment avec les auteurs du catalogue officiel de la National Gallery (1857), la date de naissance 1775[1]. Ce qu'il y a de sûr, c'est que Joseph Mallord William Turner a été baptisé le 14 mai 1775 à l'église Saint-Paul, dans le quartier de Londres appelé Covent Garden, où son père, qui portait aussi le prénom de William, était coiffeur et barbier, n° 26, Maiden lane, côté nord de cette petite rue, au coin de Hand court.

[1] Sur son cercueil a été inscrit l'âge de soixante-dix-neuf ans, qu'il aurait eu à sa mort (1851), ce qui reporterait la date de sa naissance à 1772; quelques biographes ont prétendu qu'il était mort à l'âge de quatre-vingt-un ans, soit 1770 comme date de sa

Naturellement il montra de bonne heure son amour pour les riches combinaisons de la couleur, pour les effets baroques, avec lesquels, dans la suite de sa vie, il devait « étonner et amuser tour à tour le public [1]. » Un jour qu'il accompagnait son père allant en ville exercer sa profession, il remarqua un lion héraldique, flamboyant sur des armoiries. Son instinct de coloriste en fut émerveillé, et c'est ainsi que sa vocation lui fut révélée. — Il faut bien qu'à tout grand homme soit attachée une petite légende de sa première initiation.

En Angleterre les jeunes artistes trouvent toujours des protecteurs. On raconte qu'un célèbre collectionneur, le docteur Munro, devina l'avenir de Turner sur quelques dessins qu'il vit exposés à une boutique de Maiden lane. Il était lié avec John Cozens, fameux aquarelliste d'alors, dont le père, Alexander, fils naturel du czar Pierre le Grand et d'une jeune actrice de Drury Lane, avait également été peintre. Il possédait quantité d'œuvres de Cozens et d'autres maîtres. Il ouvrit ses collections et même sa bourse au jeune Turner, lui donna des conseils et du travail.

Chez le docteur Munro, Turner rencontra un autre jeune artiste, du même âge que lui, Thomas Girtin, qui bientôt, comme lui, devint célèbre. « Nous allions souvent, — racontait plus tard Turner au peintre David Roberts, quoiqu'il n'aimât guère à parler de ses jeunes années, — nous allions, Girtin et moi, à Bushey (près de Londres), faire des dessins pour le bon docteur Munro, à une demi-couronne la pièce (3 francs 15 c.), plus de quoi souper, quand nous rentrions à la maison. »

D'autres amateurs, M. Thomkison, facteur de pianos, et le révérend M. Crowle, patronèrent encore les débuts de Turner, qui entra, dès 1789, étudiant à l'Académie royale; Reynolds, qui allait bientôt mourir, en était encore président. L'année suivante [2], Turner exposait à l'exhibition de l'Académie une *Vue du palais de l'Archevêque* à Lambeth, sur le bord de la Tamise, aquarelle, comme toutes les œuvres de ses premiers temps; en 1791, 1792, 1793, une succession de vues architecturales, assez détaillées, très-fines et déjà très-savantes, qui lui produisirent quelque argent pour aller vagabonder un peu et voir du nouveau. De ses incursions dans les comtés de l'Angleterre, il rapporta pour les exhibitions de 1794 et de 1795 des vues de cathédrales et diverses scènes prises à Wrexham, à Schrewsbury, à Tintern, etc. Tout en continuant ses dessins archéologiques, qu'il vendait facilement, il commençait à varier ses sujets et à étudier les effets capricieux de la nature. En 1797, il exposait des *Pêcheurs gagnant le rivage* au coucher du soleil, et la première peinture qu'on ait conservée de lui (dans la *Turner Collection*, à Marlborough House) : un *Clair de lune*, imitation timide d'Aart van der Neer.

En 1798 il court encore le *country*, visite le Yorkshire, le Westmoreland, le Cumberland, le Northumberland, observant le soleil, les nuages et l'orage, la pluie et le vent.

Une *Matinée d'été* (avec des animaux par Sawrey Gilpin) et la *Bataille du Nil*, au moment où le vaisseau *l'Orient* saute en l'air, exposées en 1799, eurent un grand succès, et aux élections qui suivirent cette exhibition, Turner fut nommé associé à l'Académie. C'est un peu après qu'il quitta la maison paternelle pour s'établir dans une rue assez fashionable alors, Harley street, n° 64.

Aux expositions de 1800 et de 1801 parurent quelques tableaux qui ajoutèrent à sa réputation, si bien

naissance; on a aussi raconté qu'il disait être né dans l'année féconde 1769, qui produisit tant de grands hommes. Mais il est plus probable qu'il est né l'année même dans laquelle il a été baptisé. — Son prénom Mallord est quelquefois écrit : Mallard. Turner ne signait jamais tout au long, mais, un jour, sur une note adressée à Callcott, il eut la fantaisie de dessiner un canard (*mallard*), à la place de son M. habituel; d'où l'on a supposé qu'il eût écrit son prénom : Mallard, s'il eût signé en toutes lettres. Le catalogue de la National Gallery et presque tous les biographes anglais écrivent Mallord.

[1] M. Peter Cunningham, dans la Notice biographique et anecdotique, publiée en tête du magnifique ouvrage de John Burnett : *Turner and his works*, illustrated with examples from his pictures and critical remarks on his principles of painting: London, 1852. C'est dans ce livre, dans ceux de M. John Ruskin, dans les catalogues de la National Gallery et des tableaux réunis à Marlborough House, dans l'*Athenæum* et l'*Art-Union*, qu'on trouve le plus de renseignements sur Turner et sur ses œuvres.

[2] Le *Magasin Pittoresque* (1854) et aussi M. Scharf, dans son *Handbook* sur l'exhibition de Manchester, disent, à tort je pense, que Turner exposa dès 1787.

qu'en 1802 il fut élu académicien. Sa peinture de réception était une *Vue du château de Dolbadern*, qui a passé à l'exhibition de Manchester.

C'est de 1800 à 1802 que commence véritablement la carrière du peintre. Jusque-là, il s'était adonné presque exclusivement à l'aquarelle, en concurrence de son ami Girtin, qui mourut en cette année 1802, âgé seulement de vingt-sept ans. A Girtin et à Turner les Anglais rapportent surtout la fondation de leur école *in water colours*, dont ils ont fait une spécialité distincte de la peinture à l'huile. Avant Turner et

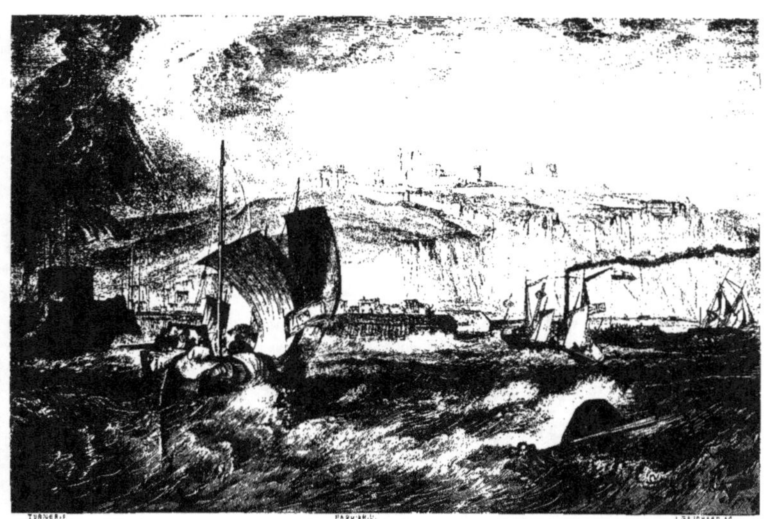

TURNER P. — PAQUIER D. — J. GAUCHARD SC.

DOUVRES.

Girtin, il n'y avait eu d'aquarellistes notables que Cozens et Paul Sandby, né en 1725; car les Anglais ne comptent pas dans la généalogie des peintres *in water colours* les peintres à l'huile qui, par occasion, se sont amusés aux lavis, tels que Reynolds et Gainsborough, dont Manchester a pourtant montré des chefs-d'œuvre en ce genre, bien supérieurs aux productions des aquarellistes exclusifs. Sandby n'avait été qu'un froid dessinateur de plans et d'architecture; Cozens avait animé davantage le paysage et réchauffé la couleur; Girtin et Turner cherchèrent de nouveaux effets et un nouveau style. Turner surtout obtint dès lors plus de profondeur dans les ombres et plus de brillant dans les lumières, grâce à l'emploi des couleurs minérales qu'il imagina de substituer aux végétales, reprenant ainsi la tradition des vieux miniaturistes, dont les œuvres ont traversé des siècles, sans se détériorer.

Il connaissait déjà presque toutes les contrées de l'Angleterre et il avait grand désir de voyager hors de son île, pour s'initier aux maîtres anciens, et aussi sans doute pour saisir dans un ciel méridional de nouvelles combinaisons de la lumière. En 1802, lord Yarborough, grand-père du lord actuel, et deux noblemen lui en fournirent les moyens. Il parcourut très-rapidement la France, la Suisse et les bords du Rhin, et, à l'exhibition de 1803, on vit de magnifiques résultats de ce premier voyage sur le continent. Il est remarquable que la plupart de ses peintures de cette époque sont dans la manière de quelque grand maître. Chose singulière, que cet original, qui plus tard ne devait ressembler à personne, ait commencé par contrefaire tout le monde!

A l'exhibition de 1807 se rattache une anecdote concernant Wilkie : le jeune peintre écossais, dont on avait admiré, à l'exposition précédente, *les Politiques de village*, avait envoyé, cette fois, son *Aveugle joueur de violon*. Ce petit tableau tranquille fut placé, peut-être par le mauvais vouloir des académiciens, entre deux feux, — entre un soleil et une forge! — deux tableaux de Turner : *le Soleil se levant dans le brouillard* et *le Maréchal ferrant* en dispute avec un boucher de village, dont il vient de ferrer le poney, tableau connu sous le nom de *la Forge;* peintures lumineuses et éclatantes qui tuèrent (*killed*) la peinture un peu grise de Wilkie. Turner avait même eu, dit-on, la charité, pendant un des jours réservés aux académiciens, de réchauffer encore la couleur de ses tableaux pour assurer la défaite de l'auteur des *Politiques de village*.

En contraste à cette anecdote, on raconte que, plus tard, un de ses paysages favoris faisant du tort à un portrait de Thomas Lawrence accroché tout auprès, il éteignit l'effet de sa peinture en glaçant un peu ses empâtements de jaune de chrome. Le jaune de chrome fut toujours sa manie, et Chantrey, le sculpteur, qui était de ses rares amis, se moqua, un jour, assez spirituellement, de cette recherche de *chaleur* excessive dans le coloris. Ils se promenaient tous deux à l'exhibition. La température était très-froide, et, en passant près d'un des tableaux de Turner, Chantrey s'arrêta, dressa ses deux mains devant une terrible lumière jaune, dans l'attitude de quelqu'un qui se chauffe, et dit avec un air de bien-être : « Mon cher Turner, c'est vraiment ici la seule place confortable de la salle. »

L'un de ces tableaux de 1807, *le Soleil se levant au milieu du brouillard*, après avoir appartenu à différentes collections, fut racheté par Turner, qui le considérait comme un de ses chefs-d'œuvre, et qui le donna, de son vivant, à la National Gallery, avec la *Didon bâtissant Carthage* (peinte en 1815), à condition que ces deux peintures fussent placées entre deux Claude Lorrain. Elles sont, en effet, maintenant, à la galerie de Trafalgar square, près des paysages de Claude et s'y soutiennent très-bien. Le combat du soleil et du brouillard est surtout une œuvre de grand maître.

En cette même année 1807, Turner fut élu professeur de perspective à l'Académie royale. L'année suivante, il commença la publication de son *Liber studiorum*, ou livre d'esquisses, à l'imitation du *Liber veritatis*, de Claude. Seulement, le *Liber studiorum*, au lieu d'être une réunion de dessins originaux, fut la reproduction de dessins gravés par Turner lui-même ou par les meilleurs artistes, dont il avait toujours soin de retoucher et de perfectionner les planches. Grand ouvrage, qui fut poursuivi durant longues années et qui renferme des merveilles. L'exhibition de Manchester a montré un choix (environ cinquante) de ces épreuves, de différents états, eaux-fortes pures ou épreuves successives, retouchées par Turner. Plusieurs de ses aquarelles à Manchester étaient aussi des dessins originaux pour ce *Liber studiorum*. A Marlborough House on voit encore une douzaine d'autres aquarelles de cette même série. Les fanatiques de Turner ont dit souvent que tout Claude, tout Poussin, tout Salvator, étaient contenus dans le *Liber studiorum*, et que les effets prodigués dans ce volume suffiraient à illustrer la plus longue carrière d'un grand paysagiste.

A chaque exposition Turner envoyait toujours des peintures, étonnantes par la variété des sujets et la variété des styles, tantôt des effets de soleil sur les grands arbres, comme *le Park de Greenwich* (1809), tantôt la *Chute d'une avalanche* sur un chalet (1812); — et l'aquarelle, et l'eau-forte, tout allait en même temps.

En 1812, il quitta Harley street pour une grande maison, 47, Queen Anne street West, Cavendish square, dans laquelle il organisa des ateliers et une galerie où plusieurs fois il fit des exhibitions de ses œuvres.

C'est en 1812 aussi que commence la curieuse série de strophes dont il accompagna souvent, dans les livrets des exhibitions de l'Académie royale, la description de ses peintures, et qui compose une sorte de poëme sous le titre : *the Fallacies of Hope* (*les Tromperies de l'Espérance*). Jusque-là, pour expliquer ses sujets, il avait emprunté des citations à Milton, à Ossian, à Ovide, à Pindare, à Homère, etc.; mais, en 1812, à l'*Annibal passant les Alpes* il attacha des vers de son invention[1], et depuis il ne recourut plus que rarement aux poëtes, à Thomson par hasard, une fois à Walter Scott, et quelquefois à Byron qu'il aimait

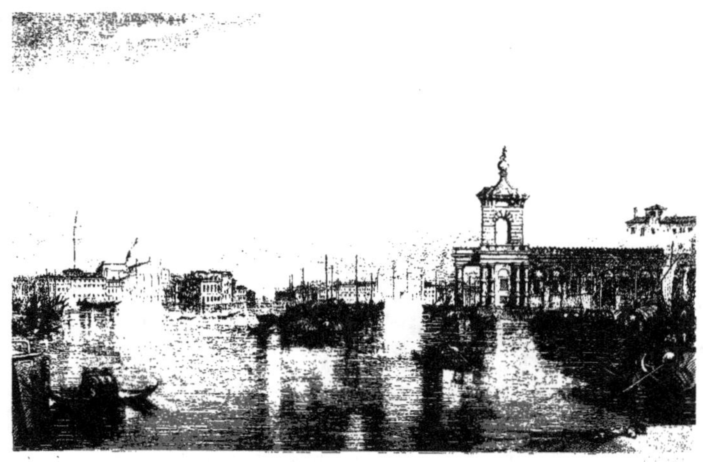

VENISE.

particulièrement. Une des dernières strophes de ces *Illusions de l'Espérance* s'applique au singulier tableau de 1842 : *Napoléon à Sainte-Hélène*.

En 1814, sans négliger la peinture, il entreprenait, en collaboration avec les frères Cooke, excellents graveurs, une de ses premières grandes séries d'estampes : *Scènes pittoresques de la côte méridionale* (*Picturesque Scenery of the southern coast*), où George Cooke surtout a fait des chefs-d'œuvre.

Vers 1819, il alla en Italie, où il resta environ deux années, ce qui ne l'empêcha point encore d'envoyer aux exhibitions de 1819 et de 1820. En 1821, rien. L'infatigable artiste qui, dans le cours de sa carrière, a exposé plus de trois cents œuvres aux Salons périodiques de l'Académie, se repliait sans doute sur

[1] L'*Athenæum* raille les prétentions poétiques de Turner dans *the Fallacies of Hope*, « qui, pendant tant d'années, ont diverti les lecteurs des catalogues de la Royal Academy. » — Contrairement aux habitudes des peintres anglais, qui presque tous ont écrit, ne fût-ce que des discours académiques, Hogarth, Reynolds, Opie, Northcote, Barry, Fusely, West, Wilkie, etc., Turner n'a jamais composé que ces strophes en accompagnement à ses tableaux. Il écrivait même rarement des lettres, et ses biographes n'ont retrouvé de lui ni manuscrit, ni correspondance, ni notes quelconques à publier.

lui-même, et c'est à cette époque, en effet, que commence une nouvelle manière, ou plutôt son véritable style personnel, dont *la Baie de Baïes* (1823) est le premier exemplaire distingué.

Il était alors dans toute sa force, suivant l'appréciation de ses compatriotes, et ses œuvres les plus admirées se rangent surtout entre ce premier voyage en Italie et le second voyage qu'il y fit en 1829[1]. Son principal panégyriste, M. John Ruskin, étend, il est vrai, la période de cette maturité du génie de Turner jusqu'au troisième voyage d'Italie, vers 1840.

Quantité de tableaux d'une magnificence extraordinaire datent de cette période antérieure à 1829, ainsi que beaucoup de dessins gravés dans diverses séries : les *Scènes de rivière* (*River Scenery*), les *Vues d'Angleterre*, etc., etc.

La période de 1829 à 1839 est encore bien plus féconde en illustrations ; on en compte près de quatre cents dans cet espace de dix années : environ quatre-vingts sur l'Angleterre, soixante-deux pour les œuvres de Walter Scott (1833), vingt-six pour la *Bible* (1834), soixante-six pour les *Rivières de France* (1835), cinquante-sept pour les œuvres de Samuel Rogers (1836), trente-trois pour les œuvres de Byron, vingt pour les poëmes de Campbell, sept pour l'édition du *Milton* de Sir Egerton Brydges, quatre pour *l'Épicurien* de Thomas Moore, vingt-quatre pour des Keepsakes, et bien d'autres pièces détachées, telles que les *Funérailles de Sir Thomas Lawrence* (1830) et l'*Incendie du palais du Parlement* (1834), dans la collection d'aquarelles de Marlborough House, où sont aussi beaucoup des dessins originaux gravés dans les publications ci-dessus mentionnées.

Ces illustrations de livres furent, comme on le voit, une grande affaire dans la vie de Turner et qui lui produisit des sommes énormes. En général il recevait, pour chaque dessin, de 20 à 25 guinées, quelquefois beaucoup plus : ceux pour l'*Italy* de Samuel Rogers devaient être payés 50 £ ; mais, quand il sut que le poëte-banquier, ayant dépensé 15,000 £ (375,000 francs) à cette édition splendide, allait y perdre, il reprit sans indemnité ses dessins déjà livrés et gravés, se contentant de 5 £ par sujet, comme droit de gravure.

Les éditeurs traitaient d'ailleurs avec lui aux conditions les plus libérales et lui laissaient faire comme il l'entendait ses conventions, où il avait toujours soin de stipuler qu'on lui donnerait un nombre d'épreuves de chaque planche et même toutes les épreuves d'essai retouchées par lui.

Les histoires qu'on raconte de son âpreté dans ses relations avec ses éditeurs ne semblent pas confirmer le trait de désintéressement qu'on lui attribue vis-à-vis de Rogers[2]. Un jour, réglant une nouvelle affaire avec les éditeurs Hurst et Robinson, le prix de chaque dessin fut fixé, après beaucoup de débats, à 25 £, et Turner, pleinement satisfait en apparence, s'en alla. Mais presque aussitôt il revient, glisse sa tête à la porte et crie : — « *Guineas!* — Des guinées au lieu de livres sterling, soit, » répondent les publicateurs. Quelques minutes après, ils entendent un pas rapide, et Turner rentre disant : — « Mes frais (*my expenses*) ! — Oh ! certainement, monsieur. » Mais ce ne fut pas tout : une troisième fois, Turner, hors d'haleine et fort inquiet, car il craignait résistance à sa nouvelle demande, se présente à la porte : — « Et vingt épreuves ? » Les vingt épreuves encore furent accordées.

C'est George Cooke le graveur qui rapportait cette anecdote, à quoi il ajoutait : « J'ai entendu dire que le père de Turner, qui était barbier, comme on sait, ayant un jour été payé d'un *penny* (deux sous) pour une barbe, suivit sa pratique jusqu'au bas de Maiden lane, réclamant de plus un demi-penny pour le savon ! »

M. Peter Cunningham a inséré dans sa Notice une autre bonne histoire, relative, cette fois, à une peinture : Turner avait fait un tableau pour M. Jack Füller qui le pria de venir déjeûner chez lui en apportant le tableau. Il accepte, apporte son œuvre dans une voiture de place, en reçoit le prix convenu

[1] C'est en cette année 1829 que mourut son vieux père, âgé de quatre-vingt-quatre ans, dans la maison filiale de Queen Anne street. Il fut enterré dans l'église Saint-Paul, Covent Garden, où l'on voit une petite tablette commémorative, érigée par le fils.

[2] Ce fait est d'ailleurs raconté autrement par M. Peter Cunningham qui dit que les dessins avaient été prêtés seulement et que Turner en retira un droit de gravure très-élevé.

et s'en va après déjeuner. Mais bientôt il revient frapper à la porte : — « Je dois voir absolument M. Füller. » On l'introduit : — « Oh ! j'avais oublié ; il y a trois schellings pour le louage de la voiture. » M. Füller paya en riant les trois schellings, et ne manqua pas de raconter ce trait de maniaque.

Malgré ces *manies* de Turner, expliquées par la gêne et les difficultés qu'il avait rencontrées en ses premiers temps, son habileté et sa réputation lui attachaient les éditeurs de gravures et de livres. La spéculation de l'album lui-même ou du livre illustré n'était pas toujours fructueuse, quoiqu'on y employât le burin des premiers graveurs de l'Angleterre, Goodall, Miller, les deux Cooke, Pye, Wallis, Willmore etc.,

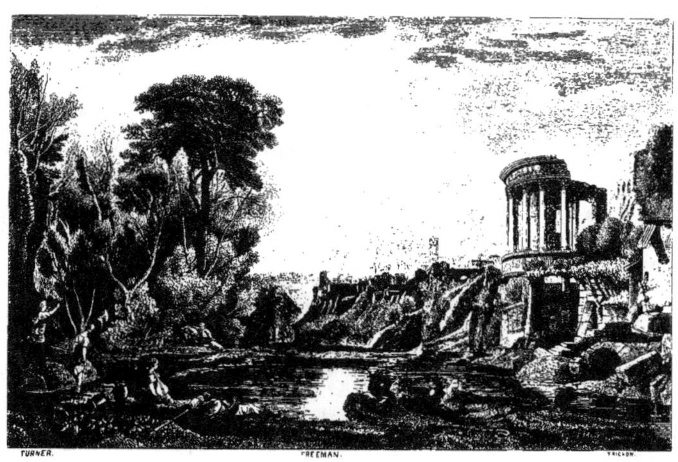

TURNER. FREEMAN. TRICHON.

TIVOLI

et que Turner lui-même retouchât avec passion toutes les épreuves, en y ajoutant des coups de maître ; mais il n'y avait pourtant jamais de risque à acheter les dessins du grand artiste ; car les éditeurs n'étaient pas embarrassés d'en récupérer le prix en les revendant aux collectionneurs. Les illustrations du *Richmondshire* (comté de Richmond), ainsi revendues à peu près au prix coûtant, ont monté, depuis, jusqu'à 80 et 100 guinées la pièce, plus de 2,600 francs ! Les meilleures de toutes passent pour être celles de l'*Italy* de Rogers et celles des œuvres de Byron. Celles du *Milton*, exposées à Manchester par M. Munro, à qui Samuel Rogers écrivait : « Je vous envie le courage avec lequel vous achetez des Turner, » sont des moins réussies.

Ce que Turner a dépensé d'invention et, on peut le dire, de génie dans ces innombrables caprices est prodigieux. Et cette abondance de dessins, qui sont souvent de vrais tableaux, n'avait point empêché la production de grandes peintures. Entre 1829 et 1839 s'échelonne une série de ses tableaux les plus importants, depuis le *Pèlerinage de Childe Harold* (1832) d'après Byron, jusqu'au vaisseau *le Téméraire*

1839, que plusieurs critiques considèrent comme l'expression suprême de sa force : une des *Vues de Venise* 1833 de la galerie Vernon, *le Rameau d'or* 1834, même galerie, dont nous donnons la gravure, etc., etc.

Après le retour d'Italie, vers 1840, en même temps que l'imagination s'était de plus en plus exaltée, la main et peut-être aussi la perspicacité de la vue avaient faibli. Dès lors, l'égarement et presque la folie annoncent, hélas! la période de décadence. Mais c'est seulement en 1845 que la métamorphose fut décisive et évidente, sans toutefois que le génie ait jamais, jusqu'à la fin, abandonné le vieux maître. On voit, à Marlborough House, une douzaine de tableaux de cette époque, dont le dernier, *la Visite à la tombe*, est de 1850, l'année qui précède la mort du peintre. Nous les retrouverons tout à l'heure, en appréciant l'ensemble de l'œuvre.

Turner avait toujours conservé, depuis 1812, sa maison de Queen Anne street. Dans les derniers temps, elle avait l'apparence d'une construction maudite et désertée, où quelque grand crime eût été commis, où le percepteur des taxes eût cessé de se présenter, et sur laquelle le propriétaire lui-même eût perdu tout espoir. La porte de la rue n'avait pas été peinte depuis plus de vingt ans, et les fenêtres étaient maculées par des couches successives de poussière et de pluie. Je m'étonnais toujours, dit M. Peter Cunningham à qui nous empruntons cette description, que les fenêtres ne fussent pas brisées, car l'aspect général de la maison rappelait le misérable logement de James Barry dans Castle street. Les passants reconnaissaient la maison de Turner à ce qu'une des portes de la rue n'avait pas été ouverte depuis des années : « Mais cependant, disaient les policemen, on croit que quelqu'un vit là. » La vérité est que Turner demeurait rarement chez lui, et il laissait la charge de sa maison à une vieille femme qui avait servi chez le père dans Maiden lane, et qui s'était formée à la double économie des deux établissements. Elle avait peu de besoins et ne dépensait presque rien. Quand une personne connue frappait à la porte, si c'était un gentleman ou une lady, elle les laissait attendre jusqu'à ce qu'elle eût couvert sa robe, vieille et sale, d'un immense tablier accroché pour cet usage à un clou derrière la porte de la rue.

C'est dans cette maison que Turner avait entassé secrètement ses propres tableaux, les uns inconnus au public, d'autres rachetés aux amateurs, comme la *Didon* de la National Gallery. De plusieurs, il refusa des sommes fabuleuses, son projet étant de s'assurer la postérité en léguant à la nation la meilleure part de son œuvre. C'est là aussi qu'il a exécuté presque toutes ses grandes et belles peintures, dans une solitude mystérieuse : car il ne put jamais souffrir qu'on le vît travailler, ses confrères surtout. Son ami Chantrey lui-même ne réussit à le surprendre qu'en employant la ruse : encore n'était-ce pas dans la forteresse de Queen Anne street. Turner était alors occupé au château de Petworth, où il a laissé des trésors. Comme il verrouillait sa porte en dedans, lord Egremont, le châtelain, avait une manière convenue de frapper au sanctuaire quand il désirait y entrer. Chantrey, habitué du château, imite le pas et le toc-toc du patron; Turner ouvre, se fâche, puis s'adoucit en pensant que du moins Chantrey, qui autrefois avait fait de la peinture, n'était plus alors que sculpteur.

Cette antipathie de Turner pour les peintres s'étendait à la généralité de ses contemporains. Il n'admirait guère que Joshua Reynolds et Thomas Girtin, — deux morts. Il avait acheté la palette de Reynolds pour en faire présent à Shee l'académicien. Dans un autre accès de générosité, il déclara qu'il voulait élever un tombeau à son ancien ami et rival, le grand aquarelliste Girtin, enterré dans la cour de l'église à Covent Garden; mais, quand il apprit que le marbre coûterait une dizaine de £, il haussa les épaules, et il ne fut plus jamais question de monument.

On avait peine à le faire parler sur les œuvres d'art. Rarement il donnait son opinion. Quelquefois pourtant une saillie plus ou moins fantasque lui échappait. On parvint, un jour, à l'emmener voir les peintures de Thomson, *le Turner écossais*, comme l'appelaient ses compatriotes. Qu'allait penser et dire le vrai Turner de son représentant en Écosse? L'ami qui l'accompagnait et Thomson surtout étaient bien inquiets. Turner examine avec attention les tableaux, marmotte quelques semblants d'approbation et finit par demander : — « Où vous procurez-vous vos cadres, monsieur Thomson? »

Mais ces brusqueries et ces excentricités, même sa rapacité doublée de parcimonie, que fait tout cel contre une longue et glorieuse vie, exclusivement consacrée aux arts avec une sorte de fureur sauvage? Point de fréquentation du monde, peu de relations familières et même peu d'amis, malgré la foule de ses admirateurs; point de femme! aucune passion en dehors de la peinture. L'isolement continu, et la création continue. N'est-ce pas que ce Turner, non-seulement par son aspiration aux images grandioses, mais encore par certains traits de son caractère, fait songer à Michel-Ange?

Sa manie de retraite augmentant encore avec l'âge, il en était venu, à la fin, à trouver sa maison de Queen Anne street trop connue et trop fréquentée. Ne voulant plus qu'on sût où il logeait, il s'en alla

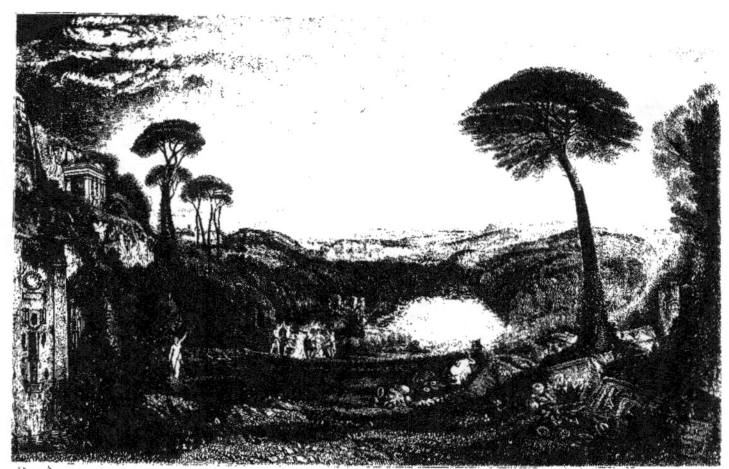

LE RAMEAU D'OR.

chercher quelque gite dans les quartiers éloignés. A Chelsea, de l'autre côté de Westminster, il découvrit un obscur garni qui lui parut à sa convenance, en demanda le prix et fut séduit par le bon marché. Mais la propriétaire, comme c'est l'habitude, exigeait une *reference*, ou caution quelconque: car il n'avait pas d'ailleurs très-bonne mine et sa toilette était fort négligée. Il était court et trapu, avec des jambes arquées. Sa face rouge et bourgeonnée était encore illuminée par des yeux impérieux et avides. Sa parole était saccadée et murmurante. Il avait quelque chose d'un patron de barque hollandaise[1]. Ses mains cependant étaient petites, comme celles des gens adroits, mais, à cause de la longueur de ses manches d'habit, on n'apercevait jamais que le bout de ses doigts. Tout cela sans doute frappait la bonne dame de Chelsea plus que le génie qui éclatait aussi dans ces yeux sauvages, et elle insistait pour une référence

[1] C'était Sir William Allan qui l'appelait ainsi: et c'est M. Peter Cunningham qui en a tracé le portrait ci-dessus. — Turner lui-même a peint plusieurs fois son propre portrait. M. Ruskin en possède un, à l'âge de soixante-dix ans. On dit qu'il y en a un autre, d'une époque postérieure, dans la collection nationale: mais il n'est pas encore exposé à Marlborough House.

respectable. Alors Turner impatienté : — « Je vais vous acheter votre maison tout de suite, ma brave femme! » Et en même temps il étale des poignées de *sovereigns* et de banknotes, offrant de payer d'avance ce qu'on voudra. La caution parut suffisante, mais restait encore une difficulté. Turner fut assez embarrassé quand l'hôtesse lui demanda son nom, « au cas où quelques gentlemen viendraient pour le voir : — Mon nom, mon nom.... mais.... et vous, quel est votre nom? — Mistress Brook. — Oh!... alors je suis M. Brook. » Et c'est sous ce nom de M. Brook qu'il habita quelques années Chelsea, et qu'il y est mort, le 19 décembre 1851.

Qu'il eût alors soixante-seize ans, quatre-vingts ou même quatre-vingt-deux ans, toujours était-il le plus ancien membre de l'Académie royale, et, s'il eût vécu trois mois de plus, il aurait eu juste un demi-siècle de maîtrise académique. Il avait encore exposé l'année précédente, — soixante ans après son premier Salon de 1790!

Il avait demandé d'être enterré près de Reynolds. C'est là, en effet, qu'il repose, le vaillant homme! à la cathédrale de Saint-Paul, dans la partie de la crypte appelée : *Painters' corner*, le coin des peintres, comme à Westminster il y a le coin des poëtes : *Poets' corner*. Autour de lui sont Lawrence, West, Opie, Barry, et les autres maîtres de l'école anglaise.

Son testament[1] clôt généreusement cette vie laborieuse, et il en efface tous les traits d'avidité ou d'avarice. Si Turner avait disputé sur le prix de ses créations, s'il en avait amassé parcimonieusement le produit, s'il avait travaillé sans relâche et sans distraction, c'était pour donner le tout aux artistes et à son pays; aux artistes, ses propriétés foncières et l'argent accumulé, pour fonder à leur profit une institution de secours; à son pays, ses œuvres, pour la propagation et le développement de l'art lui-même; tout, sans réserve, si ce n'est, à chacun de ses exécuteurs testamentaires 19 *pounds* 19 *shillings* 6 *pence!* Pourquoi pas 20 £? Mais il fallait bien que cet original mêlât quelque excentricité à sa magnifique donation.

La fortune léguée au soulagement des artistes malheureux, et qu'on s'attendait à trouver encore plus grande, montait à environ 100,000 £, plus de deux millions cinq cent mille francs! La profession d'artiste, en Angleterre du moins, peut donc donner des résultats financiers comparables aux résultats des professions industrielles ou commerciales. Il est vrai, cependant, qu'en Angleterre, comme partout, de grands artistes meurent quelquefois misérables, faute d'avoir su se défendre dans la bataille sociale. Décidément, la rapacité de Turner avait du bon, d'autant qu'il n'eut point en vue de vaines jouissances personnelles, mais l'affranchissement des artistes ses successeurs, et aussi sans doute, ce qui est bien légitime, sa propre gloire comme peintre.

Les œuvres léguées à la National Gallery, à la charge toutefois de leur consacrer, en un temps donné, un local convenable, montaient à un chiffre incroyable, 20,000! suivant le *Handbook* de Manchester, par M. Scharf. Mais dans ce nombre étaient compris les tableaux finis et les tableaux commencés, les esquisses et pochades peintes, les aquarelles et dessins de toute importance jusqu'aux plus légers croquis, des épreuves différentes ou les planches mêmes des gravures exécutées par Turner ou d'après lui.

Il paraît que les *Trustees* (administrateurs fidéicommissaires) de la National Gallery, effrayés de la condition d'un local pour ce musée gigantesque, hésitèrent un moment à accepter une donation qui menaçait d'être bien onéreuse. Ils s'y décidèrent néanmoins, dans la pensée sans doute que la clause d'exposition publique ne devait s'appliquer qu'aux œuvres principales.

D'un autre côté, le testament ayant été attaqué en justice, un accord entre les parties litigieuses, ratifié par la cour de Chancellerie en 1856, a partagé les œuvres en deux catégories, attribuant à la nation toutes les peintures et les esquisses, toutes les aquarelles et tous les dessins, finis ou non finis; et au parent le plus proche de Turner toutes les gravures, — une fortune aussi! C'est cette incomparable collection d'épreuves qui est aujourd'hui disséminée dans les cabinets des amateurs anglais.

[1] On en trouve la reproduction dans le *Livre des Fleuves* (*Turner's Liber Fluviorum*, or *River Scenery of France*); in-8°; avec une notice (très-interessante) sur Turner, par M. Alaric A. Watts. — Ce testament a été publié aussi dans plusieurs journaux anglais du temps.

Les tableaux terminés sont au nombre d'une centaine, et, en attendant que tous puissent être exposés, y compris même les esquisses et les dessins, selon la volonté du testateur, on en a du moins accroché provisoirement environ quarante dans de nouvelles salles de Marlborough House, tandis qu'un choix d'aquarelles, plus de cent, sont pendues contre des écrans dans les salles de la galerie Vernon.

Les tableaux ont été choisis aussi de manière à représenter toute la carrière du peintre, de son origine à sa fin, de 1790 à 1850! Si bien que là on peut déjà étudier complétement le style de Turner dans ses

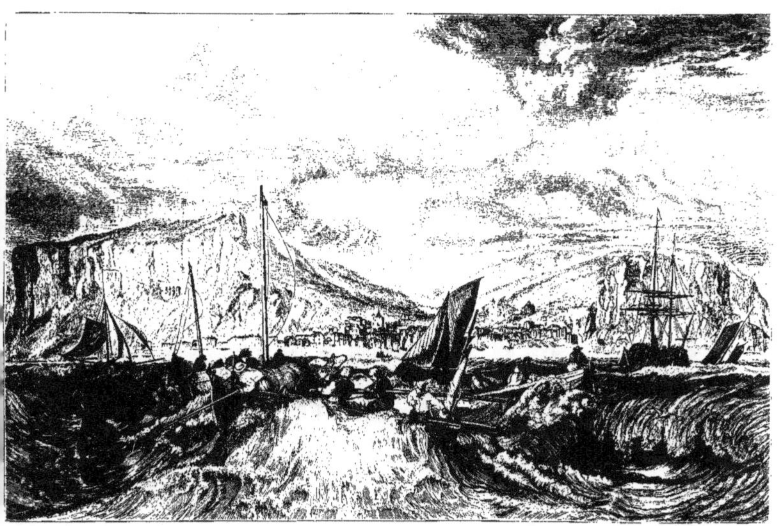

HASTINGS.

phases diverses. Quel autre peintre au monde a ce privilége, que la succession essentielle de son œuvre soit ainsi rassemblée dans un seul palais public!

Comme aquarelliste, Turner est certainement le plus fort de toute l'école anglaise *in water colours*, l'alpha et l'oméga de ce genre, l'initiateur qui l'a porté à la perfection, le seul qui en ait tiré tous les effets, depuis les correctes représentations d'architecture et les fins paysages de sa jeunesse jusqu'aux magistrales imaginations de sa virilité, jusqu'aux éblouissantes fantasmagories de sa vieillesse. Sur les cent dessins qu'on a vus à Manchester, où étaient le premier qu'on connaisse de lui et le dernier qui soit sorti de ses mains, sur les cent qui sont exposés à Marlborough House, et parmi les autres qu'on est à même d'admirer dans les collections privées, il y en a beaucoup qui sont aussi beaux que des Claude, d'autres, que des Willem van de Velde, d'autres, que des Bonington, le plus charmant aquarelliste peut-être du dix-neuvième siècle, d'autres, qui sont incomparables à qui que ce soit. Aucun des artistes qui font aujourd'hui en Angleterre des aquarelles hautes d'un mètre, très-admirées et payées des prix fous, n'approche de lui. On doit même dire qu'en général ses prétendus continuateurs sont perdus dans une imagerie à laquelle l'art véritable est étranger. Lui, dans ses aquarelles comme dans ses eaux-fortes, fut toujours peintre et poëte : le métier n'est que le serviteur de l'impression qu'il veut traduire. Aussi peut-on suivre sur ses dessins, de même que sur ses peintures, les variations de son génie.

En peinture, sauf le premier tableau de 1797, Turner, préparé d'ailleurs par dix ans de pratique de l'aquarelle et par son étude passionnée de la nature, est tout de suite maître des procédés. On considérait alors en Angleterre comme un paysagiste hors ligne Wilson, mort depuis vingt ans, et on l'appelait le Claude anglais. Turner ne voit donc rien de mieux d'abord que d'emprunter à cet habile homme son *faire*, et en quelque sorte sa langue, comme quelqu'un qui, pour s'exprimer, va chercher ses phrases dans le dictionnaire de l'Académie ou dans les auteurs consacrés, tout en se réservant de dire sa propre pensée. Il emploie la *grammaire* classique de Wilson : des lignes correctes et sobres, une pâle clarté et des ombres noires. Il y ajoute même parfois des traits du large *patois* de Morland. Mais il s'aperçoit bien vite, surtout après son premier voyage en France et en Suisse, que ces moyens-là ne correspondent point à ce qu'il ambitionne dans son art. N'était-il pas précisément l'inverse de Wilson s'écriant en face d'une cascade : — « Que cette eau est bien faite! » Lui, au contraire, trouvait tout imparfait, et voulait tout refaire. Et puis, qu'est-ce que cette manière, qui est le procédé habituel de Wilson et de bien d'autres peintres plus forts que lui, de toujours demander l'effet au contraste de l'ombre et de la lumière? L'instinct de Turner était de trouver l'effet dans la lumière seule et de supprimer l'ombre. En plein jour, est-ce que la lumière n'est pas partout? à des degrés différents, il est vrai; mais d'ombre, il n'y en a point. — Ce fut là, je suppose, le raisonnement de Turner, sinon à son début, du moins dans la suite de ses expériences.

Mais il y a un peintre qui n'oppose point le sombre au clair, et dont les tableaux sont baignés dans une douce harmonie égale partout, un grand mariniste, Willem van de Velde. — Après avoir fait noir et gris avec Wilson, Turner se mit à faire uniformément gris perle avec van de Velde.

Ce n'est pas cela encore : car, s'il y a peu d'ombres dans ces fines peintures presque monochromes, il y a peu de soleil aussi. Le ciel hollandais, comme tout autre, a pourtant son soleil. Turner passa à Cuijp et commença à se trouver plus à l'aise dans ces flots de lumière; puis à Claude, le plus lumineux des peintres. Un autre grand artiste le tourmenta encore un moment, après qu'il eut vu les montagnes : Poussin, par son côté grandiose sans doute; car ce que Turner cherchait dans la lumière, c'était justement l'immensité.

Il faut ajouter quelques autres maîtres avec qui Turner a parfois des analogies, sans qu'il y ait songé peut-être : Salvator, à cause de son amour des effets terribles; Philip Koninck, à cause de l'étendue merveilleuse de ses paysages; et même, en passant, Ruijsdael, Canaletti, etc.

Ses premières œuvres rendent témoignage de ces épreuves successives; mais cependant il n'y a jamais imitation directe d'aucun maître. C'était d'après la mer elle-même qu'il peignait ses marines dans la manière de van de Velde; c'était en présence des Alpes qu'il peignait ses montagnes dans la manière de Poussin. Et, observe ingénieusement M. Ruskin, « tel est le terrible pouvoir des préjugés sur l'esprit de l'homme le plus original, que c'est Willem van de Velde qui empêcha d'abord Turner de voir que la mer est *humide*, selon le mot d'Homère; que c'est Poussin qui l'empêcha longtemps de voir que les Alpes sont rosées et que l'herbe est verte. » Turner s'en est bien dédommagé plus tard, en épandant les mers dans toute l'atmosphère, en mettant le feu aux montagnes.

De 1800 à 1802, c'est Wilson qui domine dans ses paysages; mais, dans un *Jason*, « où se révèlent pour la première fois son mysticisme et son amour de l'horreur, » Salvator se trahit un peu. En 1803, *le Quai de Calais* est d'une bravoure d'exécution toute personnelle. C'est le premier tableau de maître dans son œuvre. « Il porte déjà, dit M. Ruskin, le signe manuel et le signe intellectuel de la colossale puissance de Turner. » Dans un *Naufrage*, de 1805, il y a de la grandeur et de la force. Dans le *Jardin des Hespérides*, de 1806, on retrouve encore un peu Salvator et beaucoup Poussin. Les admirateurs de Turner font remarquer qu'il avait deviné les animaux antédiluviens, découverts postérieurement à ce tableau, et que le Dragon qui garde le jardin fabuleux ressemble à l'*Iguanodon* dont on voit un fac-simile en pierre à Sydenham Palace. Dans le *Park de Greenwich* (1809), la fermeté des plans du terrain, l'éloignement de l'horizon, rappellent Philip Koninck. Dans une *Vue d'Abingdon* (1810), c'est le charme et la tranquillité qui séduisent. Dans un

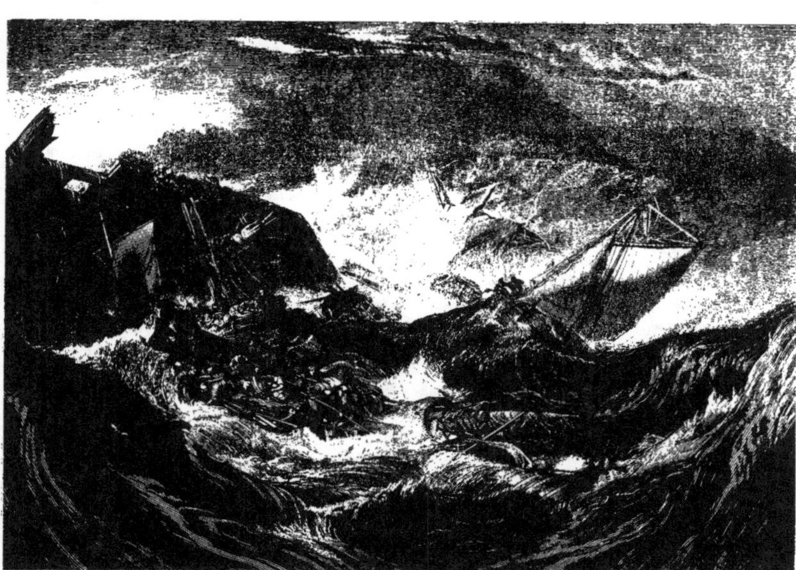

NAUFRAGE DU MINOTAURE.

Paysage avec des ruines et des troupeaux (1811), vive étude d'après nature, aucune préoccupation de système, aucun écart d'étrangeté; la nature saisie par un vrai peintre. Dans le *Chalet détruit par une avalanche* (1812), grand effet; des pierres « *qui volent;* » les Alpes sens dessus dessous. Pour ces convulsions des éléments, Turner est unique. Dans *Bligh Sands* près de Sheernees (1815), un rivage sablonneux et mélancolique, la mer comme un Canaletti. Un des derniers tableaux de cette période, la *Chute de Carthage* (1817), en pendant à la *Didon* de la galerie de Trafalgar square, est un des plus mauvais ouvrages de sa vie.

Outre cette série de Marlborough House, il avait encore produit, dans cette période de vingt ans, bien d'autres tableaux excellents et de styles divers; les uns précisément inspirés par Claude, comme la

Vendange à Mâcon et *Saltash*, exposés à Manchester; d'autres, par Willem van de Velde, comme le *Naufrage du Minotaure*, comme la grande et superbe marine de Bridgewater Gallery (gravée dans la *Stafford Gallery*), en pendant à un van de Velde de cette riche collection; d'autres, assez analogues à Cuijp et même à Ruijsdael. Mais, dorénavant, il n'imitera plus personne : tout au plus aura-t-il par accès des ressouvenirs de Claude, son rival intime, parce que tous deux eurent une commune aspiration. Désormais il se possède lui-même. Nous entrons dans l'époque de ses œuvres originales.

M. Ruskin analyse ainsi les caractères distinctifs de cette seconde manière, vraiment *turnérienne :* Turner avait enfin découvert que les ombres, comme les lumières, sont, en réalité, de tons différents et, souvent, très-brillants (Corrége, Titien, Velazquez et Rembrandt avaient déjà fait cette découverte de l'obscur-clair). Il varie donc et il éclaire ses ombres. — La couleur partout remplace le gris. — Il avait découvert aussi que la délicatesse du dessin est plus difficile que la fermeté, et que dans les plus belles choses de la nature les lignes sont toujours extrêmement fines et exquises (Léonard de Vinci, Raphaël et même Watteau connaissaient cela). Il chercha donc la finesse des formes et la légèreté de la touche. — Le raffinement remplace la force. — Troisièmement, il s'était convaincu qu'il n'y a point de vide dans la nature, qu'elle est infiniment remplie, et qu'aucun des anciens peintres n'avait compris ce pouvoir d'accumulation. Il avait vu qu'il y avait dans tout ciel bien plus de nuages, dans toute forêt bien plus d'arbres, dans tout terrain bien plus de rugosités, qu'on n'en avait jamais peint, et il s'efforça d'exprimer ce grand fait de la *quantité* dans l'univers.

Oh! pour cela, oui! Le critique anglais a touché le trait caractéristique de Turner : le sentiment de l'infinité de la nature. Aucun peintre n'a eu et n'a communiqué mieux que Turner l'impression du mélange universel des choses. C'est cette sorte de panthéisme poétique qui lui a fait faire ses chefs-d'œuvre, mais c'est aussi ce qui l'a précipité dans ses extravagances, faute de percevoir la diversité au sein du grand tout. Après avoir perdu l'homme dans les montagnes, le navire dans les mers, il a fini par perdre la terre et l'eau dans le ciel, l'univers dans un rayonnement de lumière. Son aboutissement fatal a été la confusion et le chaos.

Mais que de superbes peintures se pressent dans cette phase d'originalité virile! Avec quel enthousiasme il jette le soleil sur ses toiles! Avec quelle pénétration passionnée il exprime le tempérament de la nature dans ses effets les plus imprévus et les plus fantasques! C'est la grande vue de *Baïes*, où il a mis une sibylle pour en faire le pendant de la sibylle du *Rameau d'or*. C'est *Cologne*[1], où tout est ensoleillé, maisons, bateaux, personnages, qui n'ont plus leur couleur propre, car il n'y a plus de ton local, mais un seul ton général, la lumière. C'est une *Scène de Boccace*, composée comme les *Bohémiens* de M. Diaz, avec des édifices tout blancs, au fond du ravin, avec une fraîcheur de coloris en certaines parties comme dans les plus fins morceaux de Rubens ou de Watteau. C'est *Barnes Terrace*[2], où le soleil est éblouissant. C'est un lever de soleil sur la mer fabuleuse où *Ulysse* vient de rencontrer l'île du Cyclope. C'est un monde tout aussi fantastique dans le *Pèlerinage de Childe Harold*, grand tableau décoratif, d'un effet extraordinaire, avec un peu de folie déjà, car nous sommes en 1832. Au noir, au gris, au bleu, ont succédé le rouge et le jaune, qui seuls suffirent à tout désormais, avec le blanc pur, — étalés sur un fond de préparation blanche!

A toujours contempler la lumière, on se pervertit la vue. Quand on a regardé fixement le globe du

[1] Ce tableau a été acheté en 1854, à la vente de M. Wadmore, par M. John Naylor, 2,000 guinées, plus de 52,000 francs.

[2] *Barnes Terrace* et *Cologne* sont décrits spécialement dans W. Burger : *Tresors d'art exposés à Manchester*, etc., où l'on trouve une étude sommaire sur Turner et sur ses tableaux qui ont paru à cette exhibition. — Depuis, j'ai appris un fait curieux concernant *Barnes Terrace*. Il paraît qu'il y a dans ce tableau un chien dressé contre le parapet de la terrasse. Il n'y en avait pas d'abord. Mais, la peinture terminée, Turner s'imagina, un jour, que quelque objet sombre contre ce parapet scintillant reculerait encore les fonds, et ajouterait à l'effet de la perspective aérienne. N'ayant pas sans doute de palette sous la main, il découpa aussitôt en papier foncé un fantôme de chien qu'il colla au premier plan de la peinture. Plus tard, il ne pensa point à remplacer cette decoupure par quelques coups de pinceau, et le chien de papier y est encore. Eh bien, j'ai regardé ce tableau tous les jours pendant un mois, et je n'ai jamais aperçu ce chien parasite, tant est dominant le prestige de l'effet de soleil.

soleil et qu'on en détourne les yeux, on ne voit pendant un certain temps qu'un combat de rayons colorés qui s'entre-croisent, hachent les objets ambiants et les rendent imperceptibles. Turner avait presque toujours vécu dans cet éblouissement, qui, à la fin de sa carrière, devint chronique. Dans tous les tableaux qui suivent, on est effrayé de son affolement de couleur : *Apollon et Daphné*, *Régulus*, *Phryné*, *Agrippine*, *Bacchus et Ariadne*, etc., rêves fantastiques, impossibles, décorations splendides où les objets n'ont plus de formes, où les arbres ressemblent à des jets de feux d'artifice, où les personnages deviennent grotesques à force d'incorrection. Les têtes sont rarement sur les épaules, et les jambes semblent courir pour rattraper un corps; les yeux sur la même ligne, jamais. Phénomène inexplicable pour M. Ruskin lui-même[1], qui serait heureux que ces tableaux à figures, comme l'*Ariadne* et le *Régulus*, et quelques œuvres des derniers temps, ne fussent plus exposés à la moquerie du public.

Il y a cependant, autour de 1840, quelques tableaux de haute qualité, malgré l'exagération des lumières. Tel est *le Téméraire*, *the Old Temeraire*, s'en allant périr, avec Nelson, à la bataille de Trafalgar. Lorsqu'il fut exposé en 1839, le prix de vente fixé n'était que 150 guinées, et aucun acquéreur ne se présenta; car, alors encore, le génie de Turner était très-contesté même chez ses compatriotes. Aujourd'hui *le Vieux Téméraire* se vendrait 2 à 3,000 guinées. — Tel est un petit tableau octogone, d'un effet saisissant, les *Funérailles de Wilkie*, exposé en 1842[2].

Après cela, illumination complète. Des fournaises où flamboient les fantômes, des toiles de trois mètres, plaquées de jaune et de blanc, pour simuler on ne devine pas quoi. C'est peut-être ainsi que les aigles planant dans l'éther voient l'espace. Mais ce n'est plus fait pour les yeux de l'homme.

Je ne sais si l'on connaît bien la chronologie de l'œuvre de Claude, qui vécut au moins aussi vieux que Turner. Il serait curieux d'apprendre si son amour de la lumière s'exagéra aussi avec les années, et si ses dernières peintures n'offrent pas, comme celles de Turner, ce singulier phénomène d'une ambition idéale qui augmente à mesure que les yeux et la main perdent leur énergie.

Turner a peint pendant plus d'un demi-siècle, toujours avec la même ardeur, sinon avec le même succès[3]. On le considère comme un paysagiste, parce que ses compositions quelconques ont toujours un théâtre d'importance, plus important que le sujet principal : chez Turner, l'homme est de peu sur la terre, et les dieux eux-mêmes sont noyés dans l'univers. Il a fait de tout cependant : « Aucun sujet n'était trop bas ou trop haut pour lui. Un jour on le trouvait dans une cour de ferme, s'acharnant à rendre avec toute son adresse le plumage d'un coq; le lendemain, il dessinait le *Dragon de Colchide*. Tout à l'heure il s'amusait du vent qui enlève le bonnet d'une vieille femme, et le moment d'après il peint la *Cinquième plaie d'Égypte*. Avant lui, chaque paysagiste avait concentré ses efforts sur une seule classe de sujets : Ruijsdael peignit surtout des cascades; Cuijp, des rivières ou des pâturages; Salvator et Poussin, des montagnes, telles que pouvaient les concevoir *les habitants des villes au dix-huitième siècle*. Dans l'œuvre de Turner, aucune prédominance d'une classe sur l'autre : il y a de l'architecture; des scènes

[1] « Tout ce que je puis deviner là-dessus, dit M. Ruskin, c'est que, — ayant pris l'habitude de pétrir les formes naturelles, rochers, arbres et flots, pour les ajuster exactement à ses conceptions, — quand il rencontrait dans l'homme ou dans l'animal une forme rebelle, il ne pouvait souffrir de résistance, culbutait les traits indociles, rompait un cou sans plus de scrupule que s'il eût tortillé un branchage, pour le repousser à sa fantaisie dans la lumière ou dans l'ombre. » — On voit par ce passage, et par les autres déjà cités, que M. Ruskin est un critique très-ingénieux, et aussi original qu'il est spirituel.

[2] A cette exposition de 1842, il y avait une autre marine de Turner, intitulée: *une Bourrasque de neige*, et la note du catalogue mentionnait que Turner était sur le vaisseau qui subit cette tempête. Le vieux maître, alors âgé d'au moins soixante-sept ans, allait encore contempler son élément chéri. La presse avait beaucoup critiqué ce tableau, disant que les vagues ressemblaient à de l'eau de savon et de lessive *(soapsuds and whitewash)*. Turner dînait ce jour-là chez le père de M. John Ruskin, et, le soir, assis devant le feu, il murmurait toujours : — *Soapsuds and whitewash!* M. John lui ayant demandé pourquoi il se tourmentait de ce qu'on pouvait dire, sa colère éclata : — « De l'eau de savon! Que diable ont-ils! Je serais curieux de savoir à quoi ils s'imaginent que la mer ressemble!... Je voudrais qu'ils fussent au fond de la mer! » — *Notes on the Turner Collection*, p. 15.

[3] J'ai vu pour ma part une centaine de tableaux de Turner, parmi lesquels de détestables, mais pas un de commun ou de médiocre. J'ai vu de lui aussi peut-être mille aquarelles ou dessins, dont les moindres offrent toujours quelque intérêt, soit l'habileté de la pratique, soit la singularité de l'effet.

rustiques, comprenant tous les travaux de la campagne : labourer, herser, tailler les haies, creuser les fossés, abattre les arbres, etc.; des scènes de la ville : cours d'auberge, départs de voyageurs, intérieurs de boutiques, constructions d'édifices, foires, élections, etc.; des scènes de la vie domestique : intérieurs d'appartements, études de costumes, de nature morte et d'armoiries, comprenant une multitude de vignettes symboliques; des scènes de marine de toute sorte, pêche, navigation, combats sur mer, etc.; des scènes de montagnes; des chasses; des compositions classiques, mythologiques, historiques, allégoriques : nymphes, monstres, spectres, héros, divinités, etc., etc.[1] »

Cette énumération, il est vrai, ne prouve que la fécondité ou l'audace de Turner. C'est, si l'on veut, un de ses titres au grand livre de mémoire que tient la postérité. Mais son titre principal et ineffaçable, quels que soient d'ailleurs ses imperfections et ses égarements, c'est qu'il a fait du nouveau. Aucun peintre, dans aucune école, n'a peut-être aussi merveilleusement peint les effets de la lumière subtile et impalpable. Sa folie de la lumière lui a fait imaginer des combinaisons de couleur que les plus grands coloristes n'avaient point prévues. Son sentiment de l'infinité de la nature l'a conduit à prouver par des œuvres l'infinité de l'art, et à montrer ainsi qu'il y a encore, et qu'il y aura toujours, un nouvel art après les maîtres du passé.

W. BURGER.

[1] *Pre-Raphaelitism*, par M. Ruskin, p. 41.

RECHERCHES ET INDICATIONS.

BIBLIOGRAPHIE. L'auteur le plus curieux à consulter sur Turner est M. John Ruskin, qui le considère comme un des plus grands artistes du monde. Dans presque tous ses ouvrages il en parle avec une prédilection fanatique, dans *Modern Painters*, dans *Pre-Raphaelitism*, etc., et il a consacré une brochure de cent pages in-8°, *Notes on the Turner collection*, etc., London, 1857, à interpréter les tableaux de Turner exposés à Marlborough House. — Nous avons indiqué aussi le bel ouvrage de M. John Burnett : *Turner and his works*, etc., London, 1852, avec la notice biographique par M. Peter Cunningham. — Après cela il faudrait citer, outre quantité de brochures, tous les journaux et toutes les revues de l'Angleterre, qui ont parlé de Turner depuis un demi-siècle.

En Allemagne, le *Kunstblatt* a donné plusieurs fois des articles sur Turner, en 1846 notamment, à propos d'un tableau que Turner avait exposé à Munich, et qui fit beaucoup de bruit. C'est la seule fois, à notre connaissance, que le grand paysagiste anglais ait exposé sur le continent.

M. Waagen revient souvent sur Turner dans ses *Kunstwerke in England*, et c'est à lui surtout que Nagler a emprunté les documents pour sa notice du tome XIX de son *Lexicon* (1849), dans laquelle il y a d'ailleurs beaucoup d'erreurs. — Nagler suppose que les gravures du Catalogue Denon, Paris, 1826, signées M. Turner, peuvent être du grand Turner. De cela, je n'en sais rien, n'ayant pas pu me procurer ce Catalogue Denon illustré.

En français, on trouve dans les *Lettres sur l'Angleterre* de M. A. Pichot (1827), une juste appréciation de Turner, qui était alors dans toute sa célébrité. Je suppose qu'il doit y avoir aussi des renseignements sur Turner dans les divers comptes rendus de l'exhibition de Manchester.

Outre les tableaux de Turner, dans les deux collections nationales de Pall Mall et de Trafalgar square, il y en a partout en Angleterre, dans tous les châteaux de la *nobility*, dans toutes les collections. Il y en a même dans la circulation commerciale, — et beaucoup d'apocryphes; car après la mort de Turner tout le monde voulait de ses œuvres, et les marchands en ont fabriqué, la dernière manière de Turner n'étant pas très-difficile à contrefaire.

Parmi les collections les plus riches en Turner, l'*Athenæum* mentionne spécialement, en 1852, celle de M. Windus, à Tottenham Green, où, dit ce journal, « on peut le mieux étudier et admirer Turner. »

Un assez bon catalogue de l'œuvre se trouve en appendice au livre de John Burnett : *Turner and his works*.

Le prix de ses belles peintures est prodigieux : on a vu que *Cologne* a coûté à M. J. Naylor plus de 50,000 fr., le prix d'un superbe Rembrandt. C'est trop, et ça baissera. Un des dessins vendus le plus cher en vente publique a été une *Vue d'Edimburgh*, payée 200 guinées (environ 5,300 francs), à une vente par M. Christie, à Londres, en 1852, un peu avant la vente Redleaf, où une *Scène de labour* monta à 640 guinées.

Nous avons déjà cité dans le texte quelques-uns de ses principaux graveurs, les Cooke, W. Miller, Willmore, Goodall, Pye, Wallis, etc.; il faut ajouter W. Finden, J. Fisher, Higham, J. Lupton, R. Brandart, Quiley, T. Jeroom, J. Le Keux, W. Wilson, J. Cousen, etc., etc.

Turner signait, le plus souvent, de ses initiales : J.M.W.T. A plusieurs de ses tableaux il a ajouté des inscriptions, par exemple à celui de *Saltash* exposé à Manchester, à la *Didon* de Trafalgar square, signée de son nom entier, etc.

IMP. GUNAND ET Cie, 2, RUE DAMIETTE.

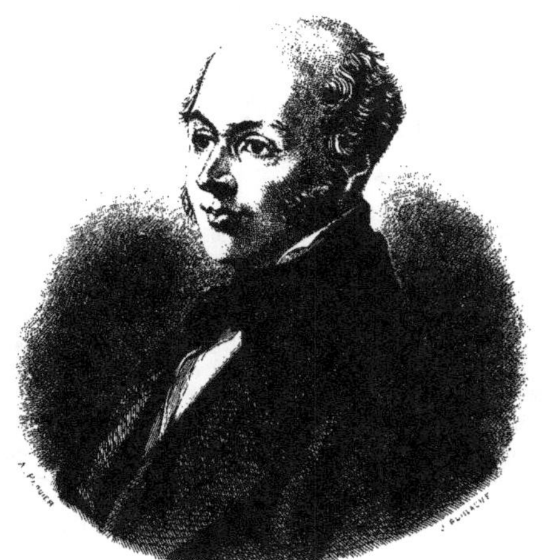

École Anglaise. *Paysages.*

JOHN CONSTABLE

NÉ EN 1776. — MORT EN 1837.

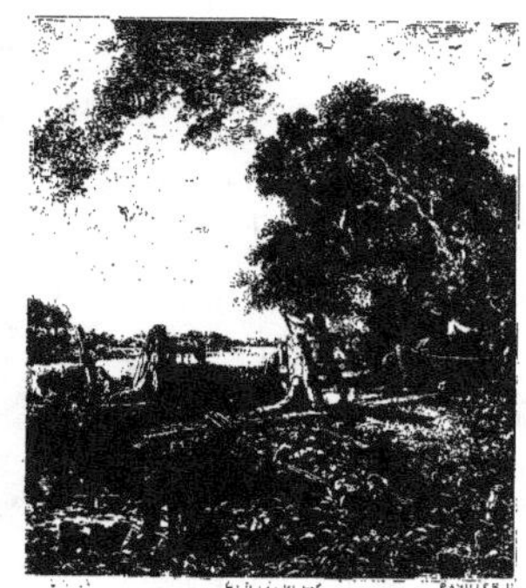

Constable est un peintre très-singulier dans l'école anglaise, et ce qui l'y singularise, c'est sa simplicité.

Il faut bien convenir que l'art est une excentricité dans le génie anglais, une rareté, et c'est pourquoi tout artiste anglais a de certaines bizarreries. Constable tranche sur ses confrères par sa sérénité précisément et par sa naïveté. Son mobile, au lieu d'être je ne sais quelle ambition démesurée, était le pur amour de la nature. C'est un amoureux discret, qui jouit en contemplant les charmes de ce qu'il aime, et qui se contente souvent d'en emporter le moindre souvenir. Il se plaisait plus à faire des études, des études de ciel surtout, d'eau, de feuillages, qu'à composer des tableaux. Par là encore, il ne ressemble guère aux abondants producteurs de l'école anglaise, dans les genres les plus différents, Reynolds, West, Romney, Morland, Barry, Fusely, Lawrence, Turner, qui ont laissé, les uns des milliers de tableaux ou de portraits, les autres quantité de compositions gigantesques.

Les idées de Constable sur la nature, sur le paysage, sur la manière de l'interpréter pourraient être signées par quelque paysagiste français de la moderne école. Il est vrai que Constable est incontestablement un des initiateurs de la pléiade qui a régénéré le paysage en France[1], il y a environ trente ans. « Le monde est infiniment varié, disait Constable. Jamais deux jours ne se ressemblent, ni même deux heures. Il n'y a jamais eu deux feuilles d'arbre pareilles depuis la création. Les vraies productions de l'art, comme celles de la nature, sont toutes *distinctes* l'une de l'autre. »

Constable est donc absolument au rebours de Turner : celui-ci s'affole de l'ensemble, y pêle-mêle tous les détails, y noie tous les tons particuliers : l'autre voit le ton local et le pose sur sa toile comme il l'a vu, sans se tourmenter des localités voisines. Mais, cependant, s'il étudie les formes et les couleurs dans leur particularité, il s'en faut qu'il les traduise petitement, et, s'il sait très-bien distinguer, il sait aussi très-bien harmoniser. Comme Wynants, Ruysdael, Hobbema, il peint, d'habitude, des *morceaux*, un cottage, un moulin, une mare, un gué, un bouquet d'arbres, jamais de ces mirages féeriques qui se perdent dans l'infini, à la façon de Turner, ni de ces aspects à vol d'oiseau, avec des horizons lointains, tels que les paysages poétiques de Rembrandt.

En France, à présent, on dirait que Turner est l'idéaliste et Constable le réaliste.

Constable est bien moins estimé en Angleterre que Turner La popularité de ses œuvres est assez limitée. On lui reproche de « n'avoir joué que sur une seule corde de la nature, de n'avoir pas la *dextérité* à laquelle beaucoup d'artistes ont dû leurs succès. » On le trouve monotone et borné « C'était un vrai limaçon, dit originalement un critique : il portait sa maison sur son dos. Toujours même ciel et même terre, même moulin, même rivière, mêmes prairies. »

Vraiment non, il n'a point les ailes de la fantaisie qui ont enlevé Turner dans des mondes fantastiques et impossibles ; il n'a point, comme Wilson, représenté les campagnes de l'Italie ou de la Grèce. Il n'a point, comme eux, peuplé ses paysages avec des héros antiques ou des nymphes de la Fable. Il n'a représenté qu'un seul pays, le même toujours, un pays qu'il connaissait à merveille, le sien ; que des personnages de son temps et de sa nation, des meuniers, des bateliers, des pâtres, des paysans.

Comme Gainsborough, — avec qui il a plus d'une analogie, et dont même il procède, suivant nous, — John Constable a passé toute sa jeunesse aux bords de la Stour. Il était né le 11 juin 1776, à East Bergholt, sur la colline boisée d'où l'on aperçoit cette petite rivière qui sépare le comté de Suffolk du comté d'Essex. Son père, Golding Constable, d'une ancienne famille du Yorkshire, exploitait des terres, des moulins à eau et à vent, non-seulement à East Bergholt, mais dans les environs, à Flatford et à Dedham. C'est là que le paysagiste devait prendre presque constamment les sites de ses tableaux, et, plus tard, on appela cette contrée le *pays de Constable* (*Constable's country*).

Le petit John était très-faible, dans son enfance. On le destina à l'église, et on le mit à l'école à Lavenham, puis à Dedham. Mais le fils du meunier de la Stour ne se prêta pas plus aux études théologiques que le fils du meunier du Rhin, Rembrandt, ne s'était prêté à l'étude du droit. Tout ce qu'il apprit à l'école, ce fut à écrire dans la perfection, et l'on citait son talent de calligraphe. Son goût pour le dessin et la peinture était déjà irrésistible, et, quand son maître le voyait distrait au milieu d'une leçon, il lui disait :

— Allons, John, il ne faut pas vous enfermer dans votre *atelier !*

Son père, cependant, ne voulait pas consentir à ce qu'il devînt artiste de profession, et il ne lui permettait pas de peindre chez lui. Mais John, qui s'était lié avec un fanatique de peinture, simple vitrier de village, allait courir les champs et dessiner d'après nature, en compagnie de son ami Dunthorne. Ce n'est pas dans le livre de la nature qu'on apprend la scolastique. On ne pouvait plus songer à faire de Constable un évêque : on en fit un meunier.

[1] Cette influence de Constable sur la nouvelle école des paysagistes français est très-bien expliquée dans un article de M. Villot sur les *Memoirs of the life of John Constable*, composed chiefly of his letters, by C. R. Leslie. London, 1844 (*Revue universelle des Arts*, t. IV, p. 289). Cet ouvrage de M. Leslie, composé principalement, comme l'annonce le titre, avec des extraits de correspondances, est le meilleur livre à consulter sur la biographie, le caractère et le talent de Constable.

« *Le beau meunier*, » c'est ainsi, en effet, qu'on appela bientôt dans les environs le jeune homme, qui avait de grands yeux noirs, une tournure élégante, un air rêveur, et qui sans doute regardait plus souvent, en plein air, couler l'eau du moulin, qu'il ne s'inquiétait de la mouture.

Meunier, c'est un bel état pour un peintre! On se lève matin, on va voir le temps qu'il fait, on remonte le ruisseau pour s'assurer que le courant n'est pas barré par des branchages tombés des arbres, on s'assied sur le petit pont pendant que la roue tourne et travaille, et le soir on conduit ses gros chevaux chargés de sacs vers la ferme voisine, en contemplant le coucher du soleil.

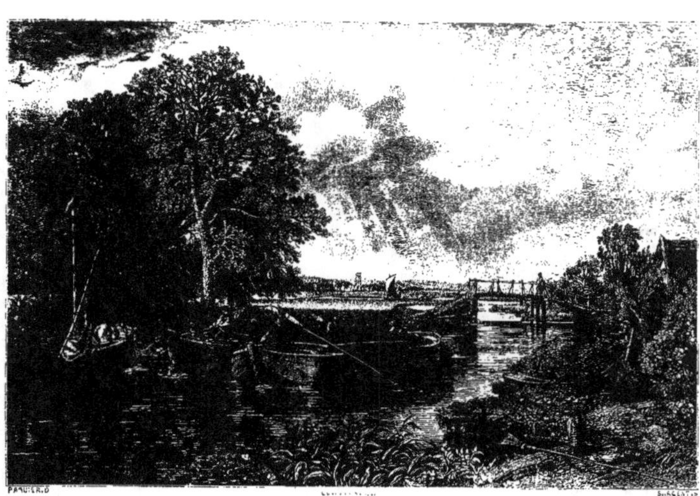

RIVIÈRE DE LA STOUR.

Constable avait alors dix-huit ans. Il passa ainsi une année à observer les effets pittoresques du ciel et de la terre, sous prétexte de meunerie; à s'entretenir de paysage avec le voisin Dunthorne, à qui il conserva toujours son amitié, et même à peindre d'après nature, ou à copier des dessins de l'habile aquarelliste Girtin, que lui avait prêtés Sir George Beaumont. Car, dès ce temps-là, il avait fait la connaissance de ce baronnet, si grand amateur de tableaux, et qui, plus tard, par son initiative et par une généreuse donation, contribua tant à fonder la National Gallery de Londres.

Sir George venait souvent visiter sa mère, habitant Dedham, où il rencontrait le *beau meunier* artiste, dont il devina le talent. Ce patronage, sans doute, et la vocation indomptable de John décidèrent enfin ses parents à le laisser aller à Londres, en 1795, pour achever son éducation de peintre chez Farrington. Un peu après, cependant, il fut rappelé dans sa famille, partagea encore quelque temps les travaux de son père, et ne retourna à Londres qu'en 1799.

Admis comme élève à l'Académie royale, très-encouragé par le président West, qui parlait assez bien de peinture, quoiqu'il en fît de détestable, — par le savant amateur J.-T. Smith, surnommé Smith-Antiquité, — par George Beaumont, qui avait dès lors une belle collection de dessins et de tableaux, — son talent fut vite formé, et un de ses paysages parut à l'exhibition de l'Académie, en 1802.

En voyant son œuvre parmi tant d'autres, il s'aperçut que l'enseignement classique l'avait déjà un peu égaré hors de son instinct de la nature, car il écrivit aussitôt à son confident Dunthorne : « Ces deux dernières années, j'ai couru après les peintures et cherché la vérité de seconde main (*the truth at second hand*), en m'efforçant d'imiter la manière des maîtres... Mais je vais revenir à Bergholt et chercher une manière naïve et sans affectation. »

Durant les années qui suivent, il demeure tous les étés dans son cher pays, « vivant presque toujours au milieu des champs et ne voyant personne que des moissonneurs; » et il envoie aux exhibitions de l'Académie et à celles de la British Institution des paysages, des études, même un clair de lune, même une marine.

Il fut aussi entraîné deux fois, je ne sais comment, à peindre pour des églises des compositions religieuses, avec des figures de grandeur naturelle : en 1804, un Christ bénissant les petits enfants; en 1809, un Christ bénissant le pain et le vin. Je ne crois pas qu'il ait plus jamais recommencé ces tentatives de grande peinture sacrée, dernières réminiscences de ses études à l'Académie. Il s'en tiendra désormais au paysage le plus simple, et il fera bien. Car là seulement est son aptitude et son originalité. Il le comprenait lui-même à merveille : « Le grand n'est pas fait pour moi, et je ne suis pas fait pour le grand... Mon art limité se trouve sous chaque haie, dans chaque sentier... Qu'on en pense ce qu'on voudra, du moins il m'est propre (*it is my own*), et j'aimerais mieux posséder le moindre petit domaine, ne fût-ce qu'un cottage, que de vivre dans un palais appartenant à autrui. »

Il allait donc dans son sentiment personnel, sans s'occuper de la mode ni du goût des amateurs, qui d'abord ne l'appréciaient guère et n'achetaient point ses tableaux. Il était tout aussi dégagé des moyens pratiques employés par ses confrères; il posait ses couleurs à sa manière, pour en obtenir l'effet qu'il souhaitait; empâtait souvent et maçonnait certaines parties de ses tableaux avec une résolution si franche, qu'on avait baptisé son procédé de peinture : *palette knife painting*, — peinture avec le couteau à palette.

Il était lié alors avec deux jeunes artistes dont Sir George Beaumont avait aussi été le protecteur, avec John Jackson, qui d'ouvrier tailleur était devenu peintre de portraits, avec Wilkie, déjà célèbre. Mais les scènes agrestes du meunier de la Stour étaient loin de plaire à l'aristocratie anglaise autant que les spirituelles scènes de mœurs si adroitement peintes par l'*humorist* écossais. Les Anglais n'ont jamais très-bien compris cette qualité particulière des paysages de Constable, qui transmet l'impression même de la nature et qui faisait dire au Suisse Fusely, plus familiarisé avec la campagne : « J'aime cette peinture... belle couleur, aspect pittoresque... elle me donne toujours l'idée de demander mon grand *paletot* et un parapluie — *my great coat and umbrella*. »

Depuis longtemps Constable était amoureux d'une jeune miss, assez riche, du Dorsetshire, et il entretenait avec elle une correspondance, où, à la vérité, il est plus question d'art que de passion. Ils se marièrent enfin, en 1816, et Constable eut bientôt conquis la sympathie de la famille, qui s'était d'abord opposée à cette alliance avec un artiste. Le père, M. Bicknell, devint un de ses admirateurs, et le grand-père, le docteur Rhudde, légua aux mariés une donation de 4000 £.

Trois ans après, aux élections de novembre 1819, Constable fut nommé associé à l'Académie.

Plus son talent se développait et plus il se réconfortait dans ses idées, très-particulières alors, non-seulement en Angleterre, mais dans toute l'Europe, sur la nécessité de prendre pour point de départ unique la nature, de l'observer directement sans cesse, au lieu de se former une manière d'après les grands artistes de la tradition : « Quand je m'assieds pour peindre une esquisse d'après nature, dit-il, la première chose que j'essaye de faire, c'est d'oublier que j'aie jamais vu de la peinture. » Et alors, en effet, il oubliait tout, non-seulement les galeries d'anciens tableaux, et les enseignements de l'Académie royale, et les préceptes classiques, et les superbes déclamations de ses confrères, mais il s'oubliait lui-même, se transfusait pour ainsi dire dans la nature, objet de sa contemplation, et demeurait tellement immobile, qu'un jour,

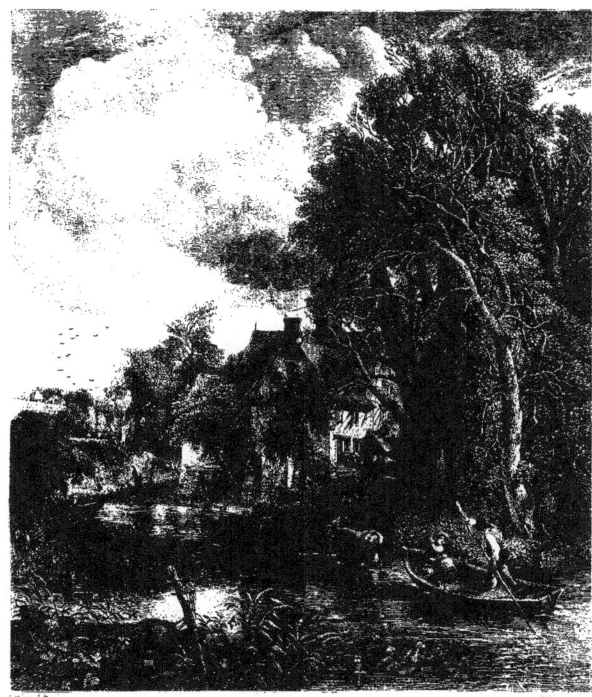

LA FERME DE LA VALLÉE.

après avoir peint en plein air, il trouva dans la poche de son habit un mulot qui s'y était installé comme en une petite retraite tranquille.

C'était l'horreur du maniérisme, qui le poussait à cette protestation exagérée contre l'étude des maîtres. Car, si la nature est l'élément essentiel et principal de la peinture et de tous les arts, les œuvres des hommes de génie, qui ont interprété la nature avec leur propre originalité, sont aussi un enseignement précieux pour l'artiste.

Il y a certainement trois choses qui concourent à la création d'une œuvre d'art : la nature extérieure, le sentiment intime qu'on en a, et le sentiment qu'elle a inspiré aux créateurs précédents. Mais Constable était à un véritable état de révolution contre les doctrines fallacieuses qui dominaient son époque, et, comme tous les novateurs ardents, il exaltait en lumière son principe essentiel et rejetait dans l'ombre l'élément secondaire, que la série des imitateurs avait d'ailleurs perverti.

Il faut se rappeler qu'au commencement de notre siècle le dogme de l'imitation était souverain. Imiter l'école romaine et l'école bolonaise, qui en est elle-même un pastiche, — imiter Raphaël, dont le mérite était censé d'avoir imité l'antique, — imiter les Carrache et le Poussin, qui avaient imité Raphaël, — imiter David, qui croyait imiter le Poussin, — imiter les imitateurs, c'était la loi et les prophètes, dans le paysage aussi bien que dans les autres genres de la peinture, aussi bien que dans tous les autres arts.

Cette fureur régnait en Angleterre comme partout, et jusque-là tous les artistes de l'école anglaise avaient choisi dans le passé leurs types d'affection. Reynolds, un peu éclectique, avait été à la fois pour les Vénitiens, pour Rembrandt et pour van Dyck. West croyait ressusciter Raphaël! Tel autre était pour Michel-Ange ou pour Corrége. Wilson n'avait fait que copier Claude, maître absolu du paysage. Turner lui-même n'avait encore produit, à ce moment-là, que des pastiches, de Claude surtout, et aussi de bien d'autres.

L'idée de Constable était donc une idée véritablement nouvelle dans l'école de son pays, et, si elle avait été comprise et pratiquée, sans doute elle y eût produit une génération d'artistes vigoureux. A preuve, l'école française, qui s'est approprié l'inspiration de Constable, et qui est aujourd'hui, en paysage, la première du monde contemporain, on peut dire la seule.

En Angleterre, au contraire, il n'a pas paru un vrai paysagiste depuis Constable. L'action de ce réformateur n'a point influencé son pays, où le caractère national entraîne encore aujourd'hui les peintres, sous le titre de *preraphaelistes*, à tenter l'imitation des maîtres prédécesseurs de la Renaissance italienne. C'est le grand courant actuel de la peinture anglaise, sauf le genre familier que suit Wilkie. Phénomène analogue à celui qui se passe en Allemagne, dont l'école, endormie depuis deux siècles, cherche vainement à renaître sous une double forme d'imitation, avec le dessin de Michel-Ange, ou avec le sentiment de fra Angelico.

Toute la vie de Constable a été une propagande de ses tendances vers la nature. Ses lettres à l'archidiacre Fisher, de Salisbury, à son autre vieil ami, John Dunthorne, sont pleines de fines observations, d'une esthétique naïve mais juste, sur les qualités du paysage et sur les procédés de l'exécution. On en ferait un petit formulaire très-instructif. Dans ses rapports avec les amateurs ou avec ses confrères, dans ses conversations, partout il affirmait et expliquait la théorie très-simple que révèlent encore bien mieux ses tableaux.

Avec son premier protecteur, Sir George Beaumont, qu'il fréquenta toujours intimement, il avait quelquefois des prises courtoises très-amusantes. M. Leslie rapporte plusieurs de ces anecdotes. L'excellent baronnet ne se contentait pas de protéger les artistes et les arts et de recueillir ses collections : il faisait lui-même de la peinture, du paysage, et il a l'honneur d'avoir sa Notice dans « *les Vies des plus éminents peintres britanniques*, » par Allan Cunningham! en sa qualité d'amateur certainement, plus que de praticien. Constable allait souvent le voir à sa résidence de campagne, à Coleorton Hall. Un jour, il le trouve en extase devant un paysage du Guaspre, exposé sur un chevalet :

— Ah! mon cher Constable, dit Sir Beaumont, en montrant le tableau du Guaspre et un paysage que lui-même était en train de peindre, si je puis maintenant attraper ces tons-là, je suis sûr d'aller bien!

— Mais, répondit Constable, supposons que Gaspar puisse se dresser hors du tombeau, est-ce que vous croyez qu'il reconnaîtrait son œuvre dans l'état où elle est maintenant?

Car c'était sur la qualité du ton qu'ils ne pouvaient jamais s'accorder. Le noble gentleman blâmait la hardiesse de Constable à donner trop de fraîcheur aux arbres et aux prairies, et Constable assurait que le baronnet se laissait tromper par les effets du temps sur la peinture, par des accidents quelconques, étrangers à la volonté des anciens artistes, par des retouches et des vernis, et même par les mille *tricks* (*trucs*, fourberies) des marchands.

Une autre fois donc, que Sir George recommandait « la couleur d'un violon de Crémone, » comme le ton dominant de chaque objet, Constable, en manière de réplique, alla poser un vieux violon sur une pelouse bien verte devant la maison. Tout cela ne convertissait point l'admirateur des anciens tableaux, et il s'obstinait à considérer les teintes d'automne comme nécessaires, du moins dans certaines parties d'un paysage :

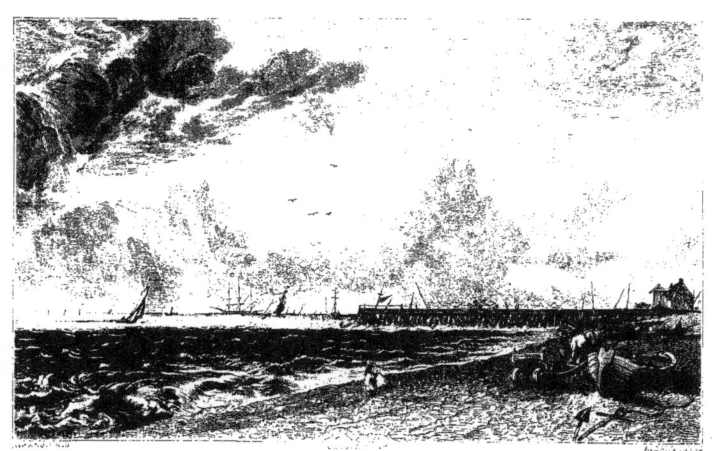

PORT DE YARMOUTH

— Est-ce que vous ne trouvez pas très-difficile, disait-il, de décider où placer *votre arbre brun?*

— Point du tout, répondit Constable, car je ne mets jamais pareille chose dans un tableau.

L'orthodoxie classique exigeait encore alors la vieille *ficelle* des repoussoirs, qui fut en usage dans presque toutes les écoles, — même dans l'école hollandaise, où Gérard Dow aimait à déployer un rideau en avant de ses intérieurs pour leur donner de la profondeur, où Everdingen et même Ruysdael reculaient leurs cascades par l'artifice de quelque roc ombreux au premier plan, — et surtout dans l'école des savants compositeurs de paysage *historique* dont Nicolas Poussin fut le chef.

Les tableaux de Constable commençaient cependant à être recherchés, et un spéculateur français qui en avait acheté trois à l'exhibition de l'Académie à Londres les envoya au Salon de 1824, à Paris. C'étaient la *Charrette à foin*, gravée par S.-W. Reynolds, une *Vue près de Londres* et un *Canal en Angleterre*. Je suppose que ce Canal est une des deux *Écluses* qui furent exhibées à Manchester ; car, dans une des lettres à Fisher, Constable appelle ce tableau : *my Lock* (mon Écluse).

Cette peinture anglaise fit grand bruit au Salon de Paris et les artistes français[1] en furent émerveillés. Constable, qui d'abord avait redouté « les gais Parisiens, » se félicite de ce succès assez imprévu : « Mes tableaux sont à une place d'honneur... On a reconnu la richesse de la texture... On a été frappé de la fraîcheur et de l'éclat des teintes, qualités introuvables dans les tableaux des Français. Sans doute les peintres français étudient, et même beaucoup, mais seulement les œuvres des maîtres, et, comme dit Northcote, ils ne connaissent pas plus la nature que les chevaux de fiacre ne connaissent les pâturages. » Cette boutade s'appliquait à la triste école de l'Empire, toujours souveraine alors, même en paysage. Le révolutionnaire Constable n'en eut pas moins une médaille d'or à ce Salon de 1824, et il envoya encore un autre paysage au Salon de 1827.

C'est de cette année 1827 que date un de ses principaux chefs-d'œuvre, le *Champ de blé*, exposé à la British Institution, où il soutint très-bien le voisinage de Claude et de Cuyp. Composition très-simple, mais d'une exécution très-ample et d'une couleur magnifique. En avant, un chemin sur lequel monte un troupeau de moutons, suivi d'un chien noir. A gauche, le petit berger, en gilet rouge, boit dans une mare, couché à plat ventre. Au second plan, les campagnes blondissant sous les moissons.

Cette belle peinture, splendidement gravée par David Lucas, fut achetée par les admirateurs de Constable, qui l'ont offerte à la National Gallery. Il n'y a qu'en Angleterre que la sympathie pour les arts provoque de ces souscriptions et inspire de ces générosités.

Le plus curieux est que, dans le catalogue (qui, à la vérité, n'est pas un catalogue officiel) des collections rassemblées à Marlborough House, où est aujourd'hui le *Champ de blé*, ce tableau est durement critiqué : « Copie fidèle, mais grossière (*coarse*), d'un site anglais... Les premiers plans manquent de charme, de moelleux... Les lointains sont lourds et sans perspective... La rudesse de la touche et les empâtements gâtent tout... Vu à travers un *verre teinté* ou sous plusieurs *couches de vernis*, ce pourrait être une belle peinture... »

Les Anglais préféreront toujours à la peinture profonde et magistrale les images plates et vitreuses de leurs aquarellistes fashionables.

Quel malheur que le *Champ de blé*, au lieu d'être assez dédaigné à Marlborough House, ne soit pas au Louvre, où les artistes français ne feraient pas tant de façons pour admirer la franchise d'une exécution abondante et la solidité de la couleur dans les terrains !

A Marlborough House, dans la collection spéciale léguée par M. Vernon (Vernon Gallery), est un autre paysage de Constable, la *Ferme de la vallée*, grand tableau de cinq pieds de hauteur. Cette ferme est la maison où naquit l'artiste, dans le comté de Suffolk. Le bâtiment, au pied duquel circule un cours d'eau, est au second plan, vers le milieu. L'eau occupe presque tout le premier plan : trois vaches s'y baignent, et dans un bateau sont un homme et une jeune fille. A droite, un bouquet d'arbres; à gauche, une campagne unie, sur un ciel gris, extrêmement vigoureux. Bon pays, plantureux, bocager, avec une végétation d'un ton clair et frais.

C'est là que Constable avait pris son amour de la rosée. Sur la rosée de ses tableaux, il n'entendait point du tout contradiction. Chantrey, le sculpteur, qui avait d'abord été peintre et qui conservait toujours des prétentions en peinture, le trouvant, un jour réservé, dans les salles d'une exhibition de l'Académie, occupé à retoucher une vue de Hadleigh Castle, se mit à critiquer la froideur du coloris, et, lui prenant des mains la palette et les brosses, il étendit un lourd glacis de bitume sur l'avant du tableau.

— Ah! dit tout bas Constable à son ami Leslie, qui était près de lui, ah! c'en est fait de toute ma rosée!

Et, quoiqu'il respectât beaucoup les jugements de Chantrey, il enleva bien vite le brun glacis ajouté par le sculpteur.

[1] Dans son article, cité plus haut, M. Villot raconte que M. Eugène Delacroix, après avoir vu ces tableaux de Constable, modifia beaucoup son *Massacre de Scio*, qui était presque terminé.

Constable fut toujours très-entier dans ses convictions sur son art. M. Vernon, qui lui avait acheté la *Ferme de la vallée* et qui sans doute convoitait encore d'autres œuvres de lui, lui demandait un jour si le tableau qu'il terminait était peint « pour une personne très-particulière. »

— Oui, répondit Constable, en répétant les mots de M. Vernon, pour une personne très-particulière (*for a very particular person*), la personne pour qui j'ai peint toute ma vie.

Constable, en effet, n'a jamais peint que pour lui-même, sans s'inquiéter des amateurs ni des

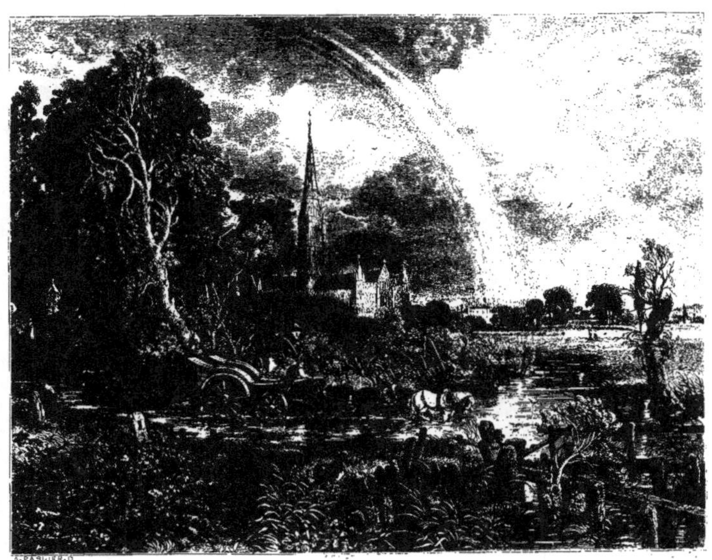

LA CATHÉDRALE DE SALISBURY

critiques. Une fois cependant, sur le conseil d'un de ses visiteurs, il essaya de modifier quelque détail d'un de ses tableaux, mais, s'arrêtant tout à coup :

— Vous avez raison, sans doute.... Je pourrais pousser plus loin ma peinture, et la rendre si bonne.... qu'elle ne serait plus bonne à rien.

En 1827, il avait établi son domicile à Hampstead, charmante colline dans le voisinage de Londres, « son doux Hampstead, » comme il l'appelle. « Notre petit atelier, dit-il, domine une vue sans pareille en Europe, depuis Westminster Abbey, jusqu'à Gravesend. » Hampstead lui a fourni plusieurs sites de ses tableaux, — ainsi que le pays de sa femme, Osmington, et le pays de son ami Fisher, Salisbury.

Le grand paysage intitulé : *la Cathédrale de Salisbury*, exposé à Manchester, était même une de ses œuvres qu'il estimait le plus. Qui a vu l'exhibition de Manchester[1] et les deux tableaux de Marlborough House, le *Champ de blé* et la *Ferme de la vallée*, connaît à peu près Constable; car il y avait à Manchester, outre cette *Cathédrale de Salisbury*, appartenant à M. Samuel Ashton, plusieurs autres chefs-d'œuvre de l'artiste : le *Passage de l'écluse*, vue prise en amont, appartenant à l'Académie de Londres; une autre Vue de la même écluse, prise en aval, appartenant à M. W.-O. Foster; le *Cheval blanc*, appartenant à M. Richard Hemming; le *Pont rustique*, appartenant à M. F.-T. Rufford, et un sixième paysage avec animaux, appartenant à Sir G.-H. Beaumont.

La Cathédrale de Salisbury devrait plutôt s'appeler *the Rainbow*, car il y a un arc-en-ciel, comme dans le fameux paysage de Rubens. Le premier plan est occupé par des terrains incultes, des broussailles, des pieux, d'une large exécution. Au-delà coule une rivière que traverse une charrette à trois chevaux, le premier blanc, les deux autres rouges. A gauche, de grands arbres, derrière lesquels, sous de fortes ombres, plusieurs édifices ; à droite, des prés. Sur un plan reculé, vers le milieu, pointe la flèche de la cathédrale qui a donné le nom au tableau. Le ciel est très-tourmenté, car il y a de l'orage dans l'air, de la pluie là-loin, du vent parmi les feuillages. Tout cela est senti profondément et peint avec un emportement magistral; seulement, la touche, en certains endroits, est un peu tapotée. La toile a 2 mètres de large sur 1 mètre 60 centimètres de haut.

Dans le *Passage de l'écluse*, appartenant à M. Foster, un homme en gilet rouge lève le barrage devant la barque qui arrive de droite sur le canal bordé d'arbres. Très-beaux terrains en avant, dans le coin droit. A gauche, on voit le bas de l'écluse avec des pieux dont les rudes silhouettes se couchent dans l'eau. Sur l'autre rive de cette partie inférieure du canal, l'homme de halage, en bonnet rouge, attend, avec son cheval et ses câbles, que la barque ait glissé mollement dans le défilé du barrage. Tous les fonds à gauche offrent un pays découvert. Ciel toujours très-accidenté. Belle pâte, touche libre et ample, superbe couleur. Ce chef-d'œuvre a été admirablement gravé par David Lucas.

L'autre *Passage d'écluse* montre de nouveau l'éclusier en gilet rouge. Sur la droite se prolonge au loin le canal ombré par sa bordure d'arbres. A gauche, le bateau se prépare à remonter. Toujours ciel d'orage et très-belle exécution.

Le *Cheval blanc* est encore un paysage de même importance. Tout le premier plan est couvert d'eau jusqu'au bord du cadre. Sur cette sorte de lac, le beau cheval blanc navigue dans une barque. Au second

[1] Nous avons déjà décrit ces tableaux dans *Trésors d'art*, etc., où nous disions de Constable : « Quoique partant du même point que Gainsborough, Constable était un novateur à sa manière. Il apporta dans le paysage un élément assez nouveau et très-rare même chez les grands paysagistes hollandais : la variété de la couleur.

« Chez Ruysdael et Hobbema, les premiers maîtres du Nord, la gamme des tons est assez bornée. Quelque contrée, quelque saison, quelque effet de la nature qu'ils traduisent, la dominante du coloris est presque toujours un brun bitumineux. Eux et les autres paysagistes ne se sont guère risqués jusqu'à des verts francs, à des bleus hasardeux, à des rouges vifs, à des éclats très-distants du ton mitoyen et rendant ainsi l'harmonie générale extrêmement difficile.

« Constable eut l'audace d'accepter toutes les combinaisons de nuances comme les offre la nature. En général, les paysagistes, quand ils regardent la nature, y voient un tableau qu'ils rêvent d'une façon particulière, et, quand ils sont en train de le peindre, ils éteignent par-ci, ravivent par-là les effets qui se produisent dans le ciel et sur la campagne. Constable y alla tout bonnement, et mit sur ses toiles ce qu'il vit en l'air ou par terre, sans s'inquiéter du résultat. Le résultat se trouva être des paysages d'une variété presque inusitée dans les autres écoles, et l'harmonie de l'ensemble n'y perdit rien.

« ..... Dans les paysages de Constable, il y a du vert, du bleu, du rouge, du jaune, effrontément posés là où le peintre en a vu, en étudiant le site qu'il a représenté. Cette naïveté hardie serait périlleuse, si l'artiste n'était pas doué, en même temps, de l'instinct des harmonies et de cette rare faculté en vertu de laquelle on saisit et on exprime le caractère saillant d'un morceau quelconque, détaché de l'ensemble de l'univers.

« Constable possède aussi cette unité précieuse qui domine la variété des détails, et ses paysages, si multicolores, donnent d'abord l'impression de la contrée qu'il a voulu rendre. Après quoi l'on admire l'abondance et la richesse de son interprétation..... etc. »

plan, contrée agreste, avec un groupe de chaumières au milieu : de grands arbres à gauche, et vers la droite un chemin aboutissant à l'eau, où trois vaches boivent. — Cette eau, le ciel, les arbres

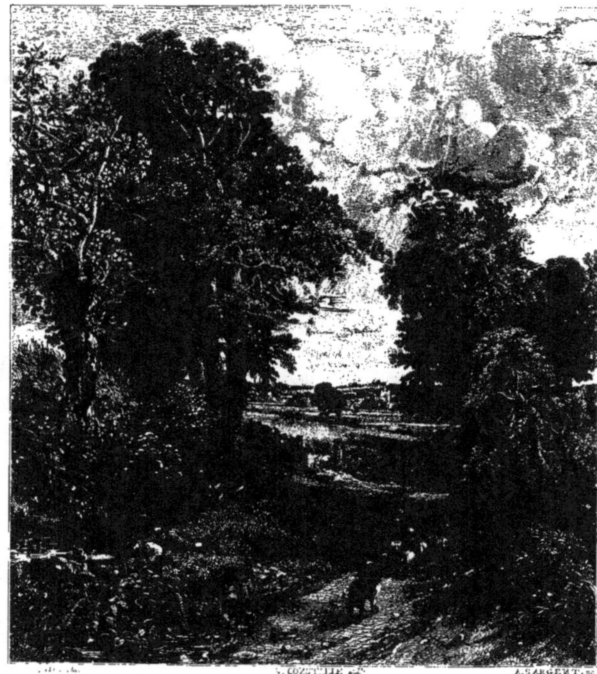

LE CHAMP DE BLÉ.

très-franchement verts, mais glacés, en certaines lumières, de gris argentin, l'harmonie générale, tout est parfait.

Dans le *Pont rustique*, Constable a des qualités qui font songer à Velazquez, quoiqu'il n'en ait pas cependant la légèreté. Au delà d'un ruisseau, surmonté d'une passerelle, et où boit une vache, de grands arbres, vigoureusement peints, sont pailletés par des éclats de rayons entre les feuillages. Effet splendide, un peu sauvage et très-poétique.

En 1828, Constable note « trois faits d'importance dans sa vie : la naissance d'un petit garçon, l'exécution d'un grand tableau, — il n'en produisait pas des douzaines par an, — et l'héritage de la fortune de son beau-père, M. Bicknell, 20,000 £. » Ce demi-million ajoutait encore à son indépendance d'artiste, et c'était là surtout ce qu'il aimait dans l'argent : « Merci Dieu! s'écrie-t-il. Je puis maintenant me mettre devant les toiles de six pieds, avec l'esprit à l'aise. » Mais, hélas! la même année il perdait sa bonne femme, et ce fut pour lui un coup terrible, dont son art seul le consola un peu par moments. Quelques mois après, il écrivait : « J'ai été malade... Je m'efforce en vain de me remettre au travail, pour me dérober à moi-même... » Ses deux enfants, « le petit Lionel et la petite Minna, » dont il parle souvent dans ses lettres, lui apportaient aussi quelque distraction. Quand, l'année suivante, il apprit qu'il venait enfin d'être élu membre de l'Académie, il dit avec amertume, et par allusion à la perte de sa femme : « Ils ont attendu que je fusse tombé dans l'isolement! »

Son élection à l'Académie n'eut pas l'approbation de la presse, et le président Sir Thomas Lawrence, qui se considérait comme infiniment supérieur à ce peintre de moulins, le traita aussi avec quelque hauteur, dans une visite de réception. Surcroît de chagrins pour le naturaliste ingénu, s'imaginant, avec raison, que ses herbages couverts de rosée valaient bien les satins chatoyants des aristocratiques portraits de Lawrence. Après un instant d'humeur, qui lui conseillait de ne plus s'exposer avec des collègues peu bienveillants, il n'en reprit pas moins sa sérénité d'artiste convaincu, et il continua d'envoyer aux exhibitions de l'Académie ses paysages *grossiers*, — jusqu'à sa mort, arrivée subitement le 31 mars 1837. Une autopsie légale ne put faire découvrir de quoi il était mort ainsi tout à coup. — De chagrin, peut-être.

Constable n'a pas laissé beaucoup de tableaux. Je crois qu'on serait embarrassé pour en cataloguer plus d'une centaine, classés dans les collections anglaises. Mais ses études à l'huile sont nombreuses et très-intéressantes pour les peintres. M. Leslie mentionne vingt études de ciel peintes en une seule saison, peut-être pour un tableau de la côte d'Osmington, et qu'il possédait au temps où il a écrit les Mémoires sur son ami (1844, 1re édition). Ces pochades singulières, où le ciel est étudié pour lui-même[1], sans relation avec ses effets sur le paysage, portent en notes l'indication minutieuse du temps qu'il faisait, de l'heure du jour,

[1] Dans une lettre à son ami Fisher, Constable exprime très-artistement cette importance des ciels dans le paysage :

« Hampstead, 23 octobre 1821.

« Mon cher Fisher,

« Je suis bien impatient de retourner dans mon atelier à Londres, car je ne me considère à l'œuvre que lorsque je suis devant une toile de six pieds. J'ai peint quantité de ciels, car je suis résolu à vaincre toutes les difficultés, et celle-ci surpasse tout le reste. Et, à propos de ciels, c'est divertissant de voir comme vous me défendez bien là-dessus ; vous avez certainement pris le meilleur terrain possible (l'exemple des vieux maîtres). Le paysagiste qui ne fait pas de ses ciels une partie dominante — *material* — de sa composition, néglige un des principaux moyens de son art. Sir Joshua Reynolds, parlant des paysages du Titien, de Salvator, de Claude, dit : « Même leurs ciels sont en harmonie avec leurs sujets. »

« On m'a souvent conseillé de considérer mon ciel comme *un linge blanc derrière les objets*. Assurément, si le ciel est trop en relief, — *obstrusive*, — comme sont les miens, c'est mauvais ; mais s'il est escamoté, — *evaded*, — comme ne sont pas les miens, c'est pire. Pour moi, je tiens à en faire une partie essentielle, — *effectual*, — de la composition. Il serait difficile de citer un paysage quelconque dans lequel le ciel ne soit pas le diapason, l'indicateur de la gamme, le principal organe du sentiment. Imaginez alors ce que signifie pour moi « un linge blanc » en manière de ciel, convaincu comme je le suis de ces notions, qui ne peuvent pas être erronées. Le ciel est la source de lumière dans la nature, et il gouverne toute chose : il nous guide même dans nos observations habituelles sur la qualité du temps.

« La difficulté des ciels en peinture est très-grande, à la fois comme composition et comme exécution, parce que, malgré leur éclat, ils ne doivent pas venir en avant, mais être plus loin que les objets les plus éloignés. Tout cela ne s'applique point aux phénomènes ou effets accidentels du ciel, parce qu'ils sont toujours une exception. Je vous donne ces explications, quoique vous n'ayez pas besoin d'être assuré que je sais très-bien ce que je fais là-dessus, et que mes ciels n'ont jamais été négligés, si imparfaits d'exécution qu'ils soient.... etc., etc. » — *Memoirs of the life of John Constable*, etc., by Leslie, 2e édition, p. 92.

de la direction du vent, de la couleur des nuages, et, pour ainsi dire, du tempérament général de l'atmosphère.

J'ai vu moi-même quelques vives études, analogues à celles dont parle M. Leslie : le ciel tout seul, pas même une bande d'horizon. Il y en a qu'en clignant de l'œil on prendrait pour des marines, dans ces effets où la grande eau et le grand air sont confondus. Mais c'est d'une touche superbe, d'une pâte audacieuse et d'un effet surprenant.

Cette manie d'étudier à part le ciel et la terre est sans doute ce qui a quelquefois trompé Constable dans l'ensemble de ses tableaux. Son ciel paraît souvent tout d'une pièce, détaché, un peu compacte, trop matériel, et appliqué comme une cloche sur le paysage. On n'y sent guère la distance, la diaphanéité,

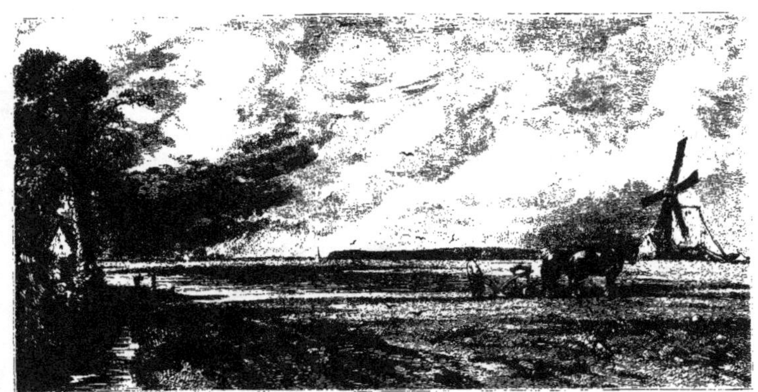

LE PRINTEMPS

la profondeur infinie. Ces nuages en l'air ont autant de réalité que les herbes et les broussailles par terre. Il est vrai que la nature en Angleterre donne souvent l'impression qu'on pourrait toucher le ciel avec la main. L'air ayant peu de transparence ne laisse pas voir très-loin, et, tout de suite derrière le turf du premier plan et quelque rideau d'arbres foncés, se dresse un autre rideau sombre et impénétrable à l'œil : c'est le ciel anglais, durant une partie de l'année. Si les Anglais adorent Claude et ses horizons perdus dans la lumière, c'est par contraste à la qualité de leur climat. Les bords de la Tamise, ni ceux de la Stour, ne ressemblent point aux bords du golfe de Naples.

Constable a fait aussi de l'aquarelle, mais assez rarement, et l'exhibition de Manchester n'en a montré qu'une seule. Les couleurs à l'huile, plus solides de ton que les *water colours*, se prêtaient mieux à exprimer les qualités qu'il cherchait dans la peinture, et que ses graveurs, surtout W. Reynolds et D. Lucas, ont très-heureusement traduites : une pâte exubérante, qui éclate en lumière comme des pierres précieuses, un certain papillotement de tons vifs, qui réveille trop également partout le regard ; car c'est là le vice de ce puissant coloriste, trop amoureux de tout détail et jamais résigné à ces sacrifices habiles d'où résulte un ensemble tranquille et véritablement grand.

Les premiers plans de Constable, terrains, halliers, souches d'arbres, flaques d'eau, sont parfaits; c'est gras, riche, ferme, réel: on peut s'y promener, — avec des guêtres, crainte de sa rosée; on peut y cueillir des herbes parfumées et de frais rameaux; on peut palper tous les accessoires agrestes de la ferme qui est là près; on donnerait presque un coup de main à l'éclusier en veste rouge qui soulève ses barrages pour laisser passer un bateau plat, du ton, bien approprié ici, d'un « violon de Crémone; » on aurait plaisir à baigner ses pieds sous le bouillonnement de l'eau au bas de l'écluse. Dans le tableau du *Champ de blé*, on a envie de se pencher comme le petit pâtre et de boire à la source vive. Dans le tableau de *Salisbury*, on se sent tout affroidure, comme Fusely demandant son manteau et son parapluie, car l'air est plein de tourmentes jusqu'au bord du cadre, et l'arc-en-ciel qui dessine sa courbe au-dessus de la flèche de la cathédrale montre bien qu'il pleut du côté de la ville, mi-cachée derrière de grands arbres courbés par le vent. Dans le *Cheval blanc*, on traverserait volontiers avec lui, sur la barque qui le porte, ce petit lac où boivent à l'autre rive des vaches fauves. — Constable fait toujours aimer la campagne. N'est-ce pas la plus exquise qualité d'un paysagiste?

Par malheur, le feuillé de ses arbres, même un peu reculés, est souvent tapoté, brillanté, agacé, trop plastiquement émaillé de reliefs qui ont la même valeur que les terrains ou les chaumières et autres objets immobiles, et il perd ainsi la légèreté et cette apparence d'agitation perpétuelle à quoi tient beaucoup le charme des arbres. La ramée d'un de ses chênes ou de ses saules, transportée par terre au premier plan, y ferait un gazon court et dru. Pareillement, ses ciels sont exécutés avec les mêmes procédés que ses eaux et ne sont pas plus impondérables. Le reproche de pesanteur que lui adressent les Anglais serait donc assez mérité, s'ils ne l'appliquaient qu'à ses masses de feuillages et à ses lointains.

Ce défaut qu'avait Constable l'empêchait d'apprécier la profondeur lumineuse et subtile des paysages de Turner, qui, disait-il, semblait peindre avec de la vapeur colorée, immatérielle, évanescente. Mais Turner regardait toujours du côté du Midi, et son imagination s'élançait vers les sphères tropicales. Si Constable avait du « limaçon, » aimant la rosée des haies, Turner avait de l'aigle, planant à perte de vue.

Comme Turner, son rival et son contraste, Constable a aussi publié un album d'études, *the english Landscape — le Paysage anglais*[1]. Parlant de ces compositions pittoresques, qui n'eurent qu'un succès limité, l'*Athenæum* les trouve « plus spontanées, plus naturelles que les sujets gravés dans le *Liber studiorum* de Turner, mais fort inférieures comme invention, variété et imagination; » et il ajoute, après un parallèle des deux artistes : « Turner est de beaucoup le plus grand. »

C'est vrai que Turner a infiniment plus de génie que Constable, ce qui n'empêche pas celui-ci d'être un

[1] Comme la plupart des membres de l'Académie de peinture, il a aussi prononcé des discours. — ce que les Anglais appellent des *lectures*. — sur le paysage. Mais, par malheur, ses *lectures*, au nombre de six, n'ont jamais été publiées. M. Leslie en donne des fragments à la suite de son ouvrage sur Constable : ils offrent des observations très-justes sur les anciens maîtres. Claude Lorrain et Rubens y sont particulièrement bien appréciés, ainsi que dans des notes rassemblées aussi par M. Leslie. En voici quelques phrases détachées :

« Les plus parfaits de tous les maîtres dans le clair-obscur réel sont Claude et Ostade. Le clair-obscur de Rembrandt est décidément un *trait artificiel* dans ses œuvres. Il peignait expressément pour cela. C'était son langage propre et original, au moyen duquel il avait coutume d'exprimer son sentiment... »

« Quelles étaient les habitudes de Claude? Quoique entouré de palais remplis de peintures, la campagne était cependant le principal siége de ses études. »

« En aucune autre branche de l'art, Rubens n'est plus fort que dans ses paysages... »

Il n'estime guère les peintres « qui ont perdu de vue la nature, et se sont égarés dans les *champs vides de l'idéalisme*, tels que Wouwermans, Berghem, Both, Vernet, Zuccherelli, Loutherbourg, etc.: » mais il admire beaucoup les maîtres naïfs et sincères, Ruysdael, Cuyp, Jan Steen, et surtout Pieter de Hooch : « Je n'ai jamais rien vu en art dont je sois satisfait. Les peintures les moins maniérées, et par conséquent les meilleures, que j'aie vues, sont quelques tableaux de de Hooge, particulièrement un sujet de plein air, chez Robert Peel, etc.»

excellent peintre dans le cercle où son instinct l'a renfermé. Constable, du moins, a fait et bien fait ce qu'il a voulu faire. L'ambitieux Turner, comme tous les hommes de génie, à la vérité, s'est débattu contre l'impossible, et son idéal radieux l'a rendu fou, après avoir éclaté toutefois dans quelques œuvres merveilleuses. Je propose à l'Angleterre de les admirer tous les deux. Constable n'a-t-il pas dit ce mot sensé et profond, avec lequel on devrait toujours juger les arts et les artistes : « Chaque belle chose est unique? » — Une belle chose n'a pas besoin de ressembler à une autre, et il lui suffit d'être belle en ce qu'elle est.

C'est à propos d'un tableau de Gainsborough, qu'il vit au château de Petworth, que Constable avait exprimé cette idée si juste... « Jamais, dit-il, je n'ai pu me rappeler cette admirable peinture, sans que les larmes me vinssent aux yeux. Qu'avait-elle donc de particulier? rien; mais l'artiste avait voulu rendre un beau sentiment, et il y avait réussi... »

Constable, qui se refusait si vivement à toute influence de la peinture des autres, avait trouvé son maître! On est toujours le fils de quelqu'un. Sans le savoir, et surtout sans le vouloir, il était le sectateur de Gainsborough.

Oui, il est juste de dire que Gainsborough, — l'égal de Reynolds dans le portrait, selon nous, — eut encore le mérite de ressusciter le paysage *naturel*, en opposition au paysage historique et mythologique, représenté, de son temps, en Angleterre, par l'habile et malheureux Wilson. C'est Gainsborough, le poète indépendant et le grand praticien, qui osa, le premier, peindre une campagne avec un pâtre qui n'était pas Apollon gardant les troupeaux d'Admète, avec des vaches qui n'étaient pas la vache Io, avec des chaumières au lieu de temples antiques, avec des paysannes au lieu de nymphes, avec de petits enfants jouant parmi les fleurettes, sans porter à leurs épaules les ailes des Amours. Le paysage de Gainsborough est franc et simple comme la nature. Tout y est véritable : la forêt et ses bûcherons, le ruisseau et les animaux qui le traversent pour aller au pâturage, la cour de ferme et les personnages qui vaquent à leurs occupations rustiques. Et quel sentiment dans l'interprétation de ces images, aussi intéressantes finalement qu'une vue d'Arcadie, composée dans un atelier de Londres, avec un chœur de Muses emprunté à l'Albane! Et quelle liberté dans l'exécution! On est plus à l'aise pour tourner une campagnarde ramassant une gerbe, qu'un Diogène jetant son écuelle aux orties, qu'un Hercule terrassant le fleuve Achéloüs.

En Gainsborough la révolution du paysage était faite. Mais, comme il peignait surtout le portrait, et des portraits de nobles ladies, qui ornèrent les castels, on fit peu d'attention à son talent de paysagiste, et la renommée ne consacra guère que le peintre de portraits.

Au moment où Gainsborough mourait, le petit Constable dessinait sur ses beaux cahiers d'écriture et il courait les bords de la Stour qu'avait foulés Gainsborough. Il semble que ce soit ce pays qui leur ait donné la même inspiration. Si Constable, avant que son talent fût formé, avait vu des peintures de son compatriote, on n'en dit rien. Mais, malgré son antipathie contre « la vérité de seconde main, » il est un élève indirect — de seconde main — du grand Gainsborough. S'imaginant innover, il ne faisait que continuer.

A sa gloire suffit cependant qu'il fut le vulgarisateur, ou, si l'on veut, un des plus fervents résurrectionnistes du paysage tel que l'offre toujours la nature vivante, mais tel que les peintres avaient renoncé depuis longtemps à le représenter.

W. BÜRGER.

RECHERCHES ET INDICATIONS.

On n'a pas beaucoup écrit sur Constable en Angleterre, et, comme il n'est mort qu'en 1836, sa biographie ne se trouve pas dans l'excellent ouvrage d'Allan Cunningham, *the Lives of the most eminent british Painters*, etc., dont la seconde édition avait paru en 1830.

Un auteur français, M. Amédée Pichot, dans ses *Lettres sur l'Angleterre*, Paris, 1826, parlait de Constable avec enthousiasme et, à propos de lui et de quelques autres artistes de ce temps-là, il « proclamait la supériorité des paysagistes anglais sur les paysagistes français. »

C'est, en effet, un peu après 1826 que l'école de paysage en France commença à se modifier dans le même sens que les maîtres du paysage en Angleterre, Gainsborough et Constable.

Nagler, dans son *Kunst Lexicon*, etc., Munich, 1836 (t. III), ne consacre à Constable que vingt-trois lignes; mais il vante beaucoup son talent naturel et sa couleur harmonieuse. « Tout en lui, dit-il, est caractéristique d'un excellent artiste. »

M. Waagen, dans ses écrits sur l'art en Angleterre, a fait aussi un vif éloge de Constable.

Une recherche curieuse serait celle des articles publiés dans les revues et journaux français à propos du Salon de 1824, à Paris. On y rencontrerait des appréciations très différentes de la manière de cet artiste *étranger*, qui paraissait alors si *étrange*.

Constable a aussi exposé une autre fois en France : son fameux *Cheval blanc* parut au Salon de 1825, à Lille, et lui valut une médaille d'or. Constable lui-même raconte, dans ses lettres, publiées par Leslie, le succès qu'obtint à Lille cette éclatante peinture et les compliments officiels que les autorités de la ville adressèrent à l'auteur.

Le catalogue des œuvres de Constable, qu'on pourrait relever facilement dans les *Memoirs* de Leslie, n'offrirait aucun intérêt, quantité de ses productions ne portant que le titre banal : *un Paysage*, ou bien : *Vue d'un moulin*, *Vue d'une rivière*, etc.

Depuis sa première exposition à l'Academie royale, en 1802, sauf une petite lacune au commencement, Constable envoya de ses œuvres presque tous les ans à l'exhibition académique. En 1812, il expose deux portraits : le portrait de l'évêque de Salisbury et le portrait de M. Watts; en 1815, il avait huit paysages; en 1817, un autre portrait : celui de M. Fisher; en 1818, quelques dessins, outre des peintures; en 1819, c'était le *Cheval blanc*; en 1831, c'était la *Cathédrale de Salisbury*; en 1835, c'était la *Ferme de la vallée* : nous ne citons que quelques-uns des tableaux les plus importants.

Et, en même temps qu'il montrait ses œuvres à la grande exposition académique, il en montrait d'autres à la *British Institution* : en 1813, en 1815, en 1817, etc.; en 1821, il avait quatre tableaux à une exhibition de Sommerset House.

L'année qui suivit sa mort, ses amis, profitant d'une disposition du règlement de l'Académie royale, exposèrent encore un tableau qu'il avait laissé, terminé à peu près : *Vue du château et du moulin d'Arundel*.

Outre les portraits mentionnés ci-dessus, Constable fit encore ceux du général Rebow et de la femme du général.

Nous avons cité, comme rareté, ses deux tableaux d'autel pour les églises de Brantham et de Neyland

Il paraît qu'il commença aussi par essayer la peinture de genre, car il parle, dans ses lettres, de deux petits tableaux représentant un *Chimiste* et un *Alchimiste*, qu'il avait peints en 1797, probablement à l'époque où il étudiait à Londres chez Farrington.

Bien plus tard, en 1825, il eut encore occasion de peindre une composition familière, qui lui avait été demandée : *Trois Enfants avec un singe*.

La valeur actuelle de ses tableaux serait difficile à fixer, car ils ne passent point dans les ventes publiques, pas plus que les tableaux des autres maîtres anglais, presque immobilisés dans les familles. On peut croire que leur prix a décuplé, au moins, depuis le temps où l'artiste les vendait lui-même. Le *Cheval blanc*, par exemple, lui fut payé 100 guinées. Il en vaut assurément plus de 1000 aujourd'hui.

Nous avons déjà dit que les principaux paysages de Constable ont été admirablement gravés, surtout par son ami David Lucas et par W. Reynolds.

Dans la seconde édition des *Memoirs*, par Leslie, London, 1845, in-4°, on trouve un très-intéressant portrait de Constable tout jeune, à l'époque sans doute où on l'appelait *le beau meunier*.

Voici sa signature autographe :

John Constable

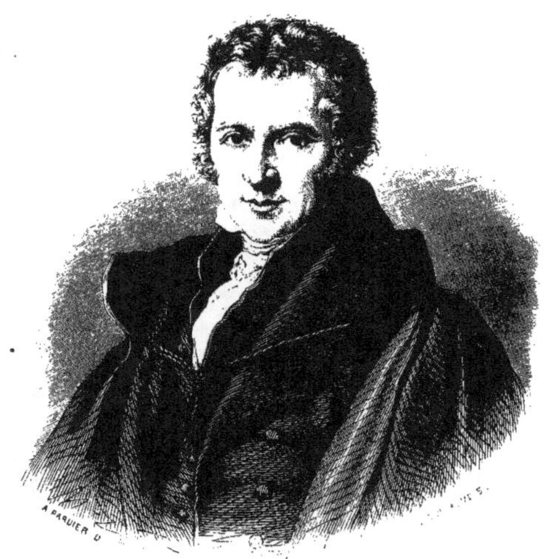

École Anglaise — *Marine, Paysage*

AUGUSTUS WALL CALLCOTT

NÉ EN 1779. — MORT EN 1844.

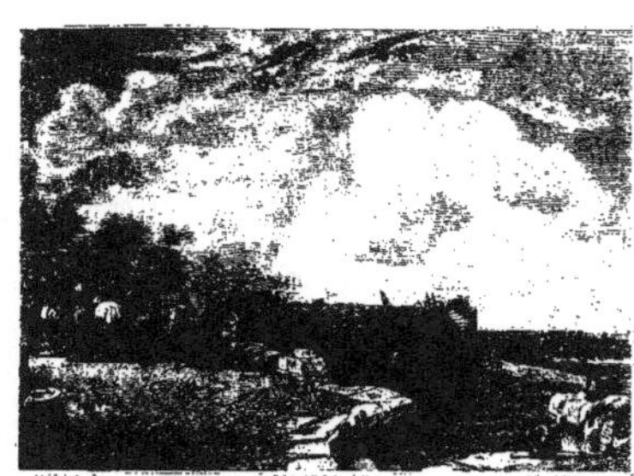

Callcott est un contemporain de Turner (1775-1851) et de Constable (1776-1837). Il faut le compter aussi comme un bon peintre de marine et de paysage, non pas, toutefois, au même rang que ces deux grands maîtres. Turner est un homme de génie, aussi poëte que praticien; Constable joint à une large et splendide exécution le plus sincère instinct de la nature. Callcott est froid, sans beaucoup de passion ni de fantaisie; mais sa peinture est souvent large, ferme, juste, et parfois lumineuse, au point que ses compatriotes ont eu la hardiesse de l'appeler « le Claude anglais, » qualification également appliquée à Turner, qui la mérite mieux.

Augustus Wall Callcott naquit à Kensington, en 1779. Il s'adonna d'abord à la musique, sous la direction du docteur Cooke, et il a même chanté, comme enfant de chœur, à l'abbaye de Westminster. On dit que sa vocation pour la peinture lui vint après avoir vu et admiré quelques dessins de Stothard, pour les illustrations du *Robinson Crusoë*, de Daniel de Foë.

En 1797, on le trouve étudiant à l'Académie royale. Il paraît qu'il se forma aussi dans l'atelier de John Hoppner, alors académicien, après avoir été choriste à la chapelle royale. C'était sans doute cette commune sympathie pour la musique qui avait rapproché l'élève et le maître.

John Hoppner était fort à la mode pour la peinture du portrait[1], et il rivalisait presque avec Lawrence, qui en parle très-honorablement. Hoppner étant mort en 1810, Lawrence écrivit à un ami : « Vous pensez que j'ai été affligé de la perte d'un confrère dont les œuvres m'ont souvent instruit, et qui a marché à mon côté dans la carrière pendant dix-huit ans. »

Influencé par le talent de Hoppner, Callcott, dans les commencements, peignit le portrait et la grande figure.

Le paysage lui convenait mieux, cependant, et il conquit vite le succès en ce genre, qui, peut-être, n'exige pas la même hauteur de pensée que les compositions historiques et allégoriques, ni la perspicacité du portraitiste. En 1810, il fut élu membre de l'Académie royale, et, depuis lors, il ne cessa d'envoyer des œuvres très-appréciées aux exhibitions publiques.

C'est entre 1810 et 1835 que se classe la bonne série de ses paysages et de ses marines.

Les Anglais, naturellement, aiment la mer, et ils en comprennent les divers aspects, comme tous les peuples riverains de « la grande eau. » Naples eut Claude et Salvator; Venise, les Canaletti; Anvers, les Peeters; la Hollande, cette terre qui est comme un navire à l'ancre, eut la plus glorieuse série de marinistes : les Van de Velde, Van de Capelle, qui les égale à peu près, Albert Cuyp, qui les surpasse par la maîtrise de son exécution, et Jacob Ruisdael, par son sentiment poétique; Van Goien et Salomon Ruisdael, qui viennent des premiers; Backhuisen, qui parfois est dramatique dans ses Tempêtes; Rembrandt lui-même, à qui rien du monde n'est étranger, — *nil humani et terræ a se alienum putat;* — et bien d'autres. L'Angleterre a d'abord Wilson, qui est timide; puis Turner, qui est terrible; Bonington, qui est lumineux et charmant; aujourd'hui encore, elle a M. Stanfield, qui, sans être comparable aux maîtres du passé, ne le cède à aucun peut-être des marinistes contemporains dans les autres écoles.

Lorsque l'Angleterre ne produisait pas elle-même des peintres de marine, elle en appelait du dehors, principalement de la Hollande, le vieux Vroom, les Van de Velde, Van de Capelle, etc., et surtout elle accaparait les Claude et même les Joseph Vernet. — Depuis Turner, elle tient en Europe le premier rang dans cette spécialité.

Callcott a parfois quelque chose de Turner; ailleurs, quelque chose de Bonington. Dans ses grands tableaux, il est très-solide d'exécution, il peint à pleine pâte, charge un peu les premiers plans, mais obtient la simplicité par la projection d'un ciel lumineux; ce sont surtout les fonds et les ciels qui donnent l'effet et l'harmonie à ses marines et à ses paysages, par exemple dans une vaillante peinture appartenant au marquis de Lansdowne et exposée à l'Exhibition internationale de 1862 : *Vue de la Tamise couverte de navires*, ou dans une grande marine du Soane Museum. Ces toiles, d'au moins deux mètres et demi de large, ne dépareraient aucun musée de maîtres anciens. Dans ses petits tableaux, il est fin de ton et de lumière, presque comme Bonington, par exemple dans un *Port de mer* et une *Scène de côte*, avec des pêcheurs de crevettes, appartenant au Musée de Kensington. C'est surtout dans ses ébauches qu'on sent le peintre habile, par exemple dans les deux esquisses, d'un beau jet et d'une belle couleur, qui font partie de la précieuse galerie de lord Overstone.

On voit que les œuvres de Callcott sont honorablement casées en Angleterre : à la National Gallery, au South Kensington Museum, au Soane Museum, chez le marquis de Lansdowne, chez lord Overstone, chez la

1 La National Gallery possède un bon portrait de William Pitt, par Hoppner, qui était né précisément la même année que l'illustre ministre d'Angleterre, et qui l'a peint une seconde fois pour la galerie de lord Wellington. Hoppner a fait aussi des portraits de plusieurs membres de la famille Wellington, également conservés dans la galerie d'Apsley House, et de plusieurs princes et princesses de la famille royale, par exemple ceux des princesses Sophia et Mary, appartenant à la reine d'Angleterre, et exposés à l'Exhibition internationale de 1862. Le portrait du peintre par lui-même figurait à l'Exhibition de Manchester. La galerie de Bridgewater et beaucoup d'autres collections célèbres ont encore des portraits peints par Hoppner.

duchesse de Sutherland, à Stafford House, chez le duc de Bedford, chez le comte de Durham, chez Sir Ridley, chez M. John Naylor, à l'Académie royale, etc. Il a fait aussi quantité d'aquarelles, distribuées dans les collections des amateurs les plus raffinés, chez MM. Frank Dillon, Thomas Birchall, Lewis Loyd, etc.

Je ne trouve point dans les biographies de Callcott qu'il ait été en Italie; cependant plusieurs de ses paysages et de ses marines représentent des vues italiennes, par exemple, l'*Entrée de Pise*, exposée à l'Académie royale en 1833 et appartenant à la National Gallery (collection Vernon), un *Paysage italien*,

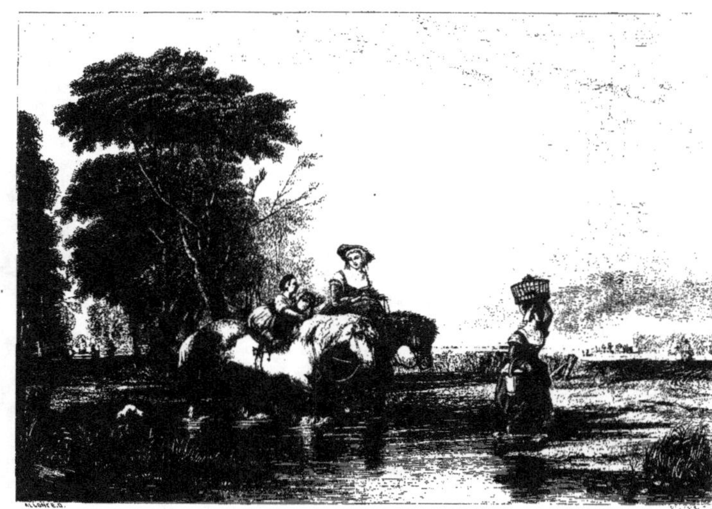

LE GUÉ

appartenant au Musée de Kensington (collection Sheepshanks), la *Tombe de Cicéron* et un *Paysage italien*, exposés à Manchester, le *Golfe de Salerne*, exposé à l'Exhibition internationale de Londres, un *Site italien*, à Stafford House, la grande marine du Soane Museum, représentant une *Côte italienne*, etc.

Callcott doit donc avoir voyagé en Italie vers 1832 ou 1833, puisque la *Vue de Pise* porte la date de cette dernière année. Il paraît également certain qu'il a visité la Belgique, la Hollande, l'Allemagne, puisqu'il a peint une *Vue de l'Escaut près d'Anvers* (Exhibition de Manchester), une *Vue de Gand* (Exhibition internationale), plusieurs *Vues de Dordrecht et des côtes de la Hollande* (collections Vernon et Sheepshanks). Probablement même, il revint de ce tour d'Europe, — Belgique, Hollande, Allemagne, Italie, — par l'Espagne, puisqu'une *Vue du nord de l'Espagne* a été exposée à l'Exhibition internationale. De plus, il faut croire qu'il a couru les montagnes d'Écosse avec Sir Edwin Landseer, puisqu'il a peint de concert avec cet artiste une *Scène de moisson dans les Highlands*, appartenant à M. John Naylor et exposée à Manchester.

On apprend beaucoup en voyageant, mais quelquefois aussi la vive impression des choses étrangères et nouvelles entraîne les artistes hors de leurs naturelles propensions. Après son retour d'Italie, — n'est-il pas sûr qu'il y était en 1833? — Callcott se remet à peindre les sujets poétiques ou de fantaisie, qu'il avait abandonnés depuis vingt-cinq ans; il se hasarde dans Shakespeare, avec Falstaf, Simple et Anne Page, des *Joyeuses commères de Windsor*, et même avec Raphaël, qu'il représente près de sa chère Fornarina,— devenue *Margarita*, depuis le savant livre de Passavant sur le peintre de Léon X. Ce tableau de *Raphaël et la Fornarina*, exposé à l'Académie en 1837, fut gravé par Lumb Stocks et donné comme prime, en 1843, aux souscripteurs de l'*Art-Union* de Londres. Milton aussi fut exploité vers cette époque par Callcott, et le tableau de *Milton et ses filles* parut à l'Exhibition académique de 1840.

En 1837, Callcott avait eu l'honneur d'être créé chevalier par la reine, et, sept ans plus tard, en 1844, il succédait à M. Seguier, comme conservateur des collections royales. Mais il n'occupa cette place que quelques mois seulement, car il mourut le 25 novembre 1844, et il fut enterré dans le cimetière de Kensal Green.

W. BÜRGER.

RECHERCHES ET INDICATIONS.

Les Anglais, qui vantent presque toujours outre mesure leurs artistes, ne paraissent pas estimer très-haut Callcott. Le critique de l'Exhibition de Manchester, M. Scharf, lui reprochait d'avoir été chercher des sites étrangers, au lieu de peindre des sites anglais. Le critique de l'Exhibition internationale de Londres (1862) le trouve trop *artificiel* et point original.

L'excellent catalogue de la National Gallery, rédigé par M. Ralph N. Wornum, sous la direction de Sir Charles Eastlake, donne une biographie sommaire et très-exacte de Callcott. L'*Art-Union* de 1845 contient aussi sur Callcott un article nécrologique.

M. Layard, à qui l'on doit tant de savantes publications sur les arts, raconte, dans un article de la *Quarterly Review*, ce fait qui intéresse l'œuvre de Raphaël: « Callcott, étant allé à Dresde, pour voir la *Madone de Saint-Sixte*, eut le chagrin de trouver qu'elle avait été enlevée de sa place pour être nettoyée. Après avoir obtenu à grand'peine la permission d'entrer dans la salle où se faisait l'opération, il vit l'œuvre immortelle sortie de son cadre et détachée de son châssis, étendue sur une table et saturée d'un liquide dissolvant, tandis que le restaurateur, armé d'un instrument tranchant, grattait ce qu'il lui plaisait d'appeler la saleté, etc... »

Nous avons indiqué, dans le cours de la biographie, les principales collections où l'on rencontre des œuvres de Callcott. Ajoutez les collections de MM. H. Mc Connel, W. Gibbs, J. E. Fordham, W. Marshall, etc.

Les prix des tableaux de Callcott sont assez élevés: à la vente de lord Northwich, en 1859, une *Marine* a été payée 7,100 francs; à la vente de M. Thomas Agnew, de Manchester, en 1861, la *Plage d'Hastings*, 4,125 francs.

Voici la signature de Callcott:

A W. Callcott 1841

Imprimerie Pillet, rue Damiette, 2

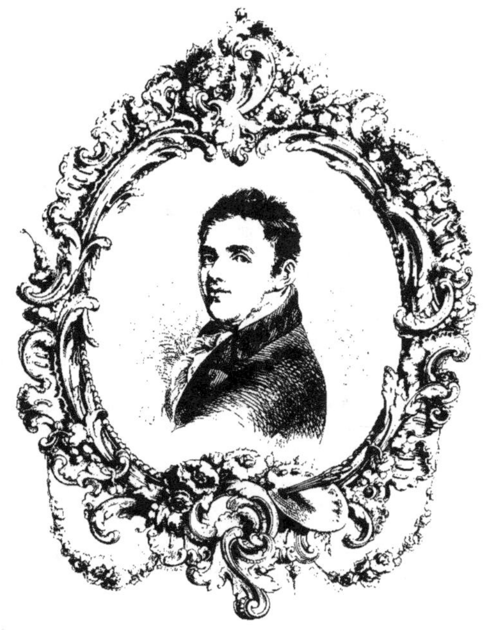

École Anglaise. *Scènes d'intérieur.*

DAVID WILKIE

NÉ EN 1785. — MORT EN 1841

ÉCOLE
écossaise

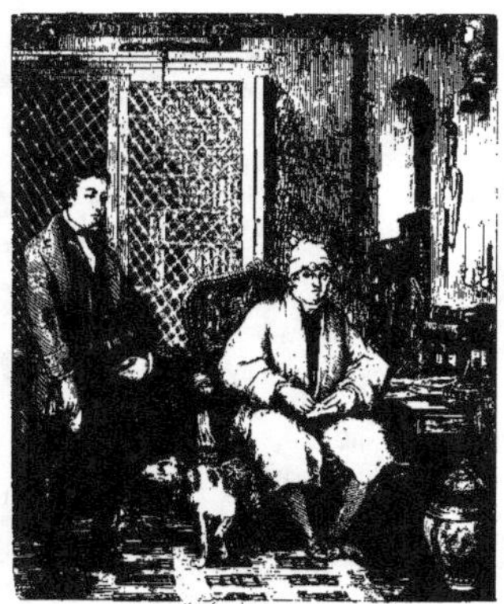

Le 1er juin 1841, par le degré de latitude 36°,20, de longitude 6°,42, le navire à vapeur *l'Oriental* se trouvant en vue de Gibraltar sur les huit heures et demie du matin, ordre fut donné d'arrêter la vapeur et de suspendre le jeu des machines; les matelots, tête nue, s'échelonnèrent sur le pont pour assister à un service funèbre qui fut lu à haute voix par le ministre protestant, James Vaughan; et sous un soleil splendide, tempéré par la brise maritime, au milieu du silence des flots, des vents et des hommes, un cadavre fut solennellement enseveli dans la mer.

C'était celui de David Wilkie. L'homme dont les débris inanimés allaient rejoindre les éléments primitifs de la nature, avait été l'artiste le plus célèbre et le plus populaire de son pays et de sa race. Fils d'un modeste ministre presbytérien, peintre des cabanes écossaises, sa vie n'avait été qu'une longue étude, un progrès, modeste et continu. Jamais l'enfant de la *manse* presbytérienne de Cults, l'adolescent qui à quinze ans copiait de son mieux et avec tant de peine les physionomies des moutons et celles des *Prédicans* de son village, n'eût pu prévoir qu'il mourrait comblé d'honneurs, ami de sir Robert Peel, chevalier et baronnet, peintre de George IV; qu'il serait enseveli dans les flots de la mer et que sa mort ferait plus de bruit en Europe que celle d'un roi.

Né le 18 novembre 1785, il était le troisième fils d'un ministre presbytérien du comté de Fife en Écosse, chargé du soin d'une petite paroisse et recevant une faible somme pour salaire. La famille était ancienne et de souche rustique; l'austérité patriarcale y régnait. On dit que pendant plus de trois siècles les mêmes terres furent exploitées par la même race, sans diminution comme sans accroissement. La vénérable famille se composait d'un père, d'un grand-père, d'une mère, de cinq enfants, tous marqués de la même empreinte modeste, frugale et laborieuse; chacun prenait à son tour la charrue, la herse, la bêche et la Bible. On était pauvre et doux, sobre et énergique, simple et un peu ironique: on ne pardonnait guère aux vices et aux sottises de l'humanité. Telle fut la première éducation morale de Wilkie, et elle ne s'effaça jamais: toujours on reconnut chez le peintre populaire, chez le Hogarth de l'Écosse, l'enfant sévère et doux de la Manse presbytérienne.

Il y a deux grandes subdivisions dans l'histoire des arts plastiques; l'une comprend la beauté de couleur ou de forme, l'autre s'attache particulièrement au caractère et à l'expression. La première est le partage de la Grèce et de l'Italie; elle naît du soleil même qui les dore de sa lumière éblouissante;

. . . . qui lumine vestit
Purpureo[1]. . .

La seconde appartient au Nord et tient moins compte de la beauté et de la volupté que de l'observation et de la philosophie. Ces deux domaines, on doit le penser, ne sont point séparés par des limites infranchissables; bien des modifications et des mélanges s'opèrent entre ces deux fractions de l'art. L'italien Léonard de Vinci s'occupe de l'expression et du caractère; Rembrandt joint la couleur à l'expression; Hogarth ne possède que l'expression sans la couleur.

Par une complication de motifs que les philosophes essayeront d'analyser, la race issue des régions scandinaves, des régions sans soleil, ce grand peuple teutonique, subdivisé en mille tribus, n'a jamais pu effacer de ses mœurs et de son âme le caractère originel d'une volonté indépendante et d'un respect profond pour l'individualité humaine. De là chez les maîtres septentrionaux deux tendances dominantes: — sacrifier la beauté à l'expression; — et reproduire des individus plutôt que des types.

Pendant que les hommes des régions favorisées tiennent leurs yeux fixés sur le type suprême, sur l'idéal du beau et rêvent la forme pure revêtue de splendeur lumineuse, l'observation du caractère humain, celle des accidents et des caprices de la lumière, la reproduction accentuée de la réalité la plus complète et la plus exacte constituent pour les hommes du Nord une seconde espèce d'idéal. Rembrandt, Rubens, Albert Durer, Hogarth sont les représentants de cette seconde école. Wilkie, au commencement du dix-huitième siècle, est venu y occuper une place importante, nouvelle, à la fois calviniste et moderne. Le sentiment profond de la pureté morale, c'est là son caractère propre; c'est ce qui le distingue des Brauwer et des Jean Steen.

On peut étudier dans l'œuvre de sa première manière, la seule dont il faille tenir compte, le fond sévère de l'art septentrional, modifié par les idées chrétiennes, par le puritanisme, la sévérité écossaise et l'amour de l'humanité. Il nous sera facile de le suivre dans cette voie. Chez Wilkie en effet rien ne dépend du hasard: rien ne flotte au gré du caprice. Dès dix-huit ans il sait où il va et son esthétique est tracée. « Aucune peinture « n'est bonne, écrit-il en 1805, si elle n'est la nature même. — J'abhorre le partage des arts, dit-il à la même « époque. Il faut *faire* et non dire. » Le sage qui s'exprime ainsi n'a pas vingt ans.

De là cette activité de l'artiste qui n'ayant pour guides que lui-même, la nature et l'étude, poursuivit

[1] *Purpureus* ne signifie pas « empourpré » comme le veulent les traducteurs, mais *éblouissant, étincelant.* On lit dans plusieurs poètes latins « *purpureæ* » *nives*, mots qui n'indiquent ni les neiges roses du *Schreckhorn* ni les glaces teintes en rouge par la présence de milliers d'insectes, mais bien *la splendeur de la neige.* Ce mot curieux se compose peut-être de πῦρ, feu, et de φέρειν apporter; — étymologie probable qui assigne à *purpureus* son vrai sens: *porte-lumière.*

jusqu'à sa quarantième année avec une admirable énergie l'expression, le caractère, la vérité chaste, fraya une voie nouvelle et se plaça tout à fait à part, comme symbole des idées de son pays et de sa race parmi les maîtres de l'école du Nord.

L'école du Nord proprement dite peut se diviser en trois sections dont chacune se subdivise elle-même en diverses fractions : 1° École allemande ; 2° écoles hollandaise et flamande ; 3° écoles anglaise et écossaise.

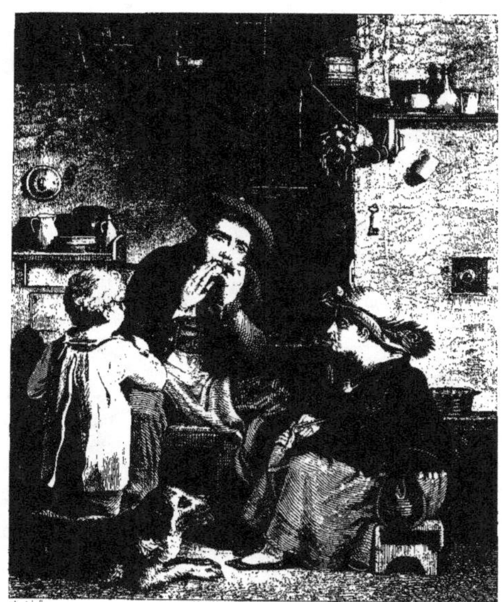

LA GUIMBARDE.

L'ancienne école allemande est naïve, la nouvelle école allemande est archaïque. L'école hollandaise recherche surtout le détail, l'école flamande la couleur.

Née au dix-huitième et continuée au dix-neuvième siècles, l'école anglaise s'inspire de toutes les écoles du Nord, en mêlant à leurs inspirations plus d'une étude espagnole et vénitienne.

L'école écossaise, qui avait déjà produit en 1800 des peintres de talent, Jamesone, Ramsay, Raëburn et Runciman, se résume dans Wilkie, plus détaillé, plus idyllique, plus chaste, plus grave qu'eux tous, par conséquent plus national.

On sait que les peuples septentrionaux de souche teutonique respectent dès l'enfance et protégent avec un soin pieux le libre développement de l'individualité humaine. Ce respect, devenu superstition aux États-Unis où les jeunes filles tiennent la maison et où les enfants sont souvent les maîtres, s'accorde avec le courant général des mœurs privées, fidèles en beaucoup de points à la primitive indépendance sauvage. Wilkie fut élevé sans contrainte. Nul ne s'opposa aux premières tendances de l'enfant qui dessinait tout ce qui frappait ses yeux; quand il déclara qu'il avait résolu d'être peintre, l'austère famille s'inquiéta : le grand-père essaya quelques remontrances amicales, le père pria, la mère plus indulgente, pleura et consola David. « Je voulais absolument devenir dessinateur et peintre, je ne sais pas pourquoi, » dit-il dans une lettre.

Placé à quatorze ans, selon son désir, à l'*Académie de dessin ornemental* instituée pour l'amélioration des manufactures et fondée à Édimbourg, il commença par dessiner d'après la bosse et la gravure, et remporta un prix : c'est là tout ce que la ville d'Édimbourg et ses parents pouvaient faire pour lui. Les modèles vivants et les leçons anatomiques lui manquaient.

Jamais le calvinisme presbytérien n'avait permis cette abomination payenne, si nécessaire néanmoins à la culture des arts. Dessiner la forme nue, observer le jeu et le détail des muscles, étudier le corps humain et la merveilleuse unité de son organisme, crimes impardonnables. En Angleterre même on se résout avec peine aujourd'hui à disséquer les morts. En Écosse c'étaient toujours les mêmes calvinistes dont l'austérité avait poussé le spiritualisme chrétien à ses plus extrêmes limites; ils n'avaient pas changé depuis le jour où le prédicant John Knox apostrophait si vivement les dames d'honneur de Marie-Stuart, parce qu'elles portaient sur leurs poitrines découvertes d'abominables pièces d'orfévrerie. On ne trouvait pas, à Édimbourg et l'on y trouve avec peine aujourd'hui un seul modèle d'homme, excepté pour la tête et les mains; je doute qu'un modèle de femme s'y rencontrât pour or, argent ou prières. Offrir au dessinateur sa poitrine nue ou même son bras, c'est une indécence à laquelle personne ne consent.

Au surplus les modèles vivants qui posaient autour du jeune homme, les singularités et les accidents de la vie humaine qui avaient éveillé et nourri le génie de Hogarth suffisaient à alimenter le trésor secret du jeune Wilkie. Observateur infatigable, il n'y avait pas de paysan, de *souter*, de *bonnie lassie*, de petit enfant allant à l'école ou de vieux *cronie* endormi au coin du feu, qui ne se gravât dans sa mémoire. Il avait dix-huit ans et il était encore à l'Académie, quand il traça la première esquisse de son charmant tableau : *les Politiques de village*. Le groupe principal, très-accentué et très-net, s'y trouvait déjà. Sans avoir vu un seul tableau de Van Ostade, de Hogarth ou de Greuze, il avait deviné la peinture de caractère.

Ses amis s'étonnèrent : il continua. L'adolescent pauvre et privé des ressources les plus vulgaires, n'ayant ni palette, ni mannequin, ni chevalet, que personne ne renseignait sur les procédés techniques de l'art, triompha de toutes les difficultés par la patience et la volonté. Un traité médiocre d'Ibbotson sur la peinture à l'huile tomba dans ses mains; il le copia d'un bout à l'autre. Son premier tableau fut peint sur une vieille commode, dont il avança le second tiroir pour soutenir le canevas, de manière à s'en servir comme d'un chevalet postiche. Lui fallait-il un modèle de pied, de coude ou de main, il plaçait devant le vieux miroir son propre coude, sa main ou son pied, les copiait résolûment, et se servait à lui-même de modèle. « Entrez, dit-il un jour à l'un de ses « amis, je copie un assez vilain mollet; mais le modèle ne me coûte pas cher. »

Tous les ans, dans le village de Pitlessie, voisin de la *Manse* de Cults desservie par son père, se tenait une foire où affluaient de dix lieues à la ronde laboureurs, magistrats, prédicans, jeunes garçons et jeunes filles. Il voulut donner à ses concitoyens un portrait complet de cette *Foire de Pitlessie*, avec tous ses acteurs en mouvement. Dès qu'on le vit errer, un crayon à la main, dans la grande rue du village, les vénérables habitants qui ne voulaient pas être *pourtraits* au naturel se mirent à le fuir. Il eut recours à mille stratagèmes. La figure d'un ancien (*Elder*), qu'il désirait saisir au passage dans sa rigidité bonhomière, fut croquée dans le *Kirk* (à l'église), au crayon rouge, sur la feuille de garde de la Bible, pendant un somme auquel l'*Elder* s'abandonna d'aventure. La chose s'ébruita. Il fallut, pour échapper à une admonestation que notre peintre allait subir, employer la controverse : son « bon grand-père » (*douce*[1] *grand-father*) se mit de la partie, défendit

[1] *Douce*, « aimé, courtois, bonhomme, » dans le dialecte des « Lowlands ; » de même que *bonnie*, dans ce dialecte, veut dire « charmante, belle, gracieuse, gentille. » Ce sont les adjectifs français « doux » et « bon » détournés de leur sens et prenant une acception plus morale, plus intime et plus attendrie.

son petit-fils et prouva aux presbytériens que tout peintre n'est pas nécessairement damné, et que, l'œil de l'artiste étant seul engagé dans le travail matériel du dessin, l'oreille et l'esprit n'en sont pas moins attentifs au service divin : distinction subtile dont les ministres se contentèrent. Quant à Wilkie, il se vengea en artiste et composa le portrait général de la congrégation endormie : les nuances variées du sommeil s'y trouvaient reproduites : l'un ronflait, l'autre bâillait, celui-ci se pinçait le nez, cet autre cachait le sien dans sa bible. Chose singulière, Hogarth, cet autre Wilkie, plus satirique et moins tendre, avait eu la même idée, et son

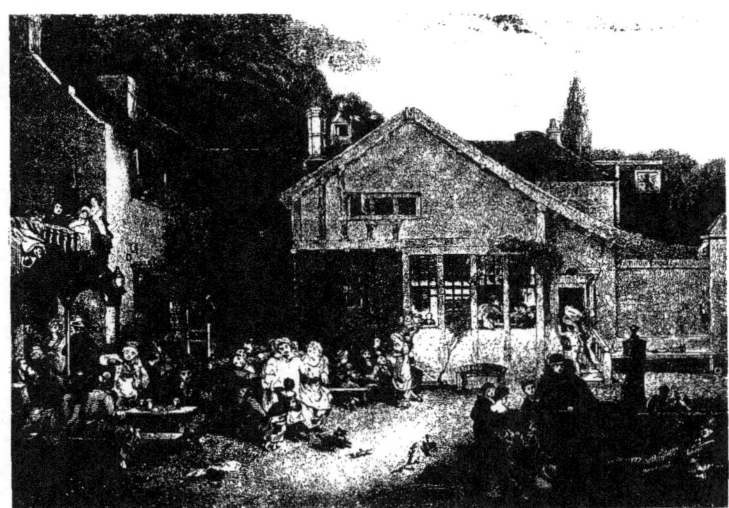

FÊTE DE VILLAGE.

portrait de la congrégation endormie lui avait fait beaucoup d'ennemis. Wilkie plus prudent comprit le tort que pourrait lui faire sa malice innocente, et le panthéon du sommeil calviniste fut jeté au feu.

Un ami de la famille, frappé des dispositions du jeune homme, acheta pour lui, à Londres, un mannequin articulé ; un autre lui montra quelques tableaux de Reynolds et d'Allan Ramsay. On lui donna des portraits à faire. Son second tableau, le *Recruteur de village*, assez mal peint, mais inventé, composé, groupé infiniment mieux que le premier essai de son pinceau novice, étonna bien davantage ses amis, et la famille se hâta de l'envoyer à Londres, pour qu'il étudiât à loisir et devint élève de l'Académie royale de peinture.

C'était un long et pâle jeune homme aux grands yeux bleus, et dont le sourire doux et singulier exprimait ce caprice observateur que les Anglais appellent *humour ;* ses lèvres, fermement dessinées, annonçaient une volonté peu commune. Paisible et calme dans ses actes, inébranlable dans ses résolutions, d'une sensibilité délicate, il voyait les ridicules sans s'irriter contre les hommes, et s'intéressait à tout sans se passionner de rien. Sa modestie était réelle jusqu'à l'humilité. Quand on lui disait qu'un de ses tableaux n'était pas réussi, il le recommençait. Il ne se croyait pas de génie, ne sentant pas en lui ces élans vigoureux et passionnés qui emportent les gens d'imagination. C'est qu'en effet il n'avait pas du tout d'imagination. Il se contentait d'accumuler les souvenirs, et sa maturité devint plus féconde que sa jeunesse; son trésor s'était grossi. Aussi lent à créer que Salvator Rosa ou l'Espagnolet étaient fougueux, il retrouvait à trente ans l'image, l'attitude, la pose ou le profil dont il avait observé à vingt ans le caractère spécial. Chaque débris de passé revenait prendre sa place et se poser sous sa lumière : c'était le violon d'un aveugle, le vieux bahut du ménage, le chapeau à plumes de coq du dandy de campagne. Il n'avait jamais fini, tant il avait mis en réserve de petits détails de ce genre. Pas de fait, si petit qu'il fût, dont l'image ne restât fixée dans son esprit avec une netteté parfaite. Économe de ce trésor, il thésaurisait chacune de ses acquisitions, pour les placer à intérêt. De là cette variété infinie de ses compositions et l'intérêt dramatique que leur prêtent mille détails animés qui en font ressortir l'unité fondamentale. C'est comme dans la vie humaine. Une même chambre réunit vingt scènes diverses : le feu pétille, l'enfant pleure, le père ne revient pas, la mère est inquiète, le vieil oncle moralise ou dort, le jeune homme pense à ses amours et les poursuit, l'espoir de souper appelle vers l'âtre le vieux chien du logis qui grogne en attendant, la servante, le corps à moitié hors de la chambre, entr'ouvrant la fenêtre comme pour fermer le volet, se penche dans la rue et livre une de ses mains aux rustiques tendresses d'un galant ignoré. Le génie de Wilkie ne se contente pas de ces souvenirs qui eussent suffi à Van Ostade ou Bega; il s'élève jusqu'à la comédie, l'élégie ou la tragédie. Le pauvre mobilier est saisi; le lit du ménage va être enlevé; le jeune laboureur pleure tout bas, en face des *baillis* à la figure de pierre; ou bien, dans *Duncan Gray*, la jeune fille qui vient de frapper au cœur son amant dévoué, s'attendrit tout à coup, parce que le rustique s'est écrié : « *Ma foi, c'est fini, elle peut aller au diable !* »

Pour mieux approfondir ses sujets, Wilkie cherche sans cesse des ressources nouvelles. Cet artiste sans élan et sans caprice travaille comme un ouvrier, du soir au matin, reprenant chaque jour sa tâche de la veille avec l'exactitude monotone d'un commis, avec une imperturbable patience. Sans cesse il retouche, écoute tous les avis et appelle tous les souvenirs à l'aide de sa sagacité personnelle. C'est par ce côté même qu'il représente l'art de son pays, et cette pénétration lente, incisive, philosophique plutôt que railleuse, qui caractérise le génie écossais. S'il est une qualité spéciale de la race écossaise, c'est cette *Keenness*[1] mêlée d'une ironie sans amertume : on la retrouve dans le scepticisme de Hume, dans la satire élégiaque de Burns, même dans les poésies du vieux roi Jacques Ier[2].

Wilkie arrivé à Londres prit un petit logement bien modeste et travailla comme à son ordinaire, sans relâche et sans penser à autre chose qu'à son art. Il refit ses *Politiques de village*, ajouta plusieurs détails à sa première composition et ouvrit son atelier aux amateurs. Dès lors son génie fut reconnu. Il était impossible de ne pas saluer en lui le descendant légitime de Hogarth et de Holbein, du Bamboche et de Teniers, de Van Ostade et de Metzu.

L'Angleterre était disposée à l'accueillir; les peintures villageoises du poëte Crabbe et les scènes familières dont Walter Scott avait semé ses compositions venaient de préparer les esprits, qui depuis un demi-siècle gravitaient vers cette région de l'art. Non-seulement c'était un artiste de génie, mais il avait l'avantage de venir à temps. La peinture de caractère et d'observation où Wilkie excellait, ses tableaux de mœurs septentrionales et rustiques coïncidaient avec les idées et les goûts de la génération anglaise qui luttait contre Napoléon et qui méprisait souverainement le goût classique de David et l'idéal de la beauté, tel que le Midi le recherche et l'adore depuis Phidias et Praxitèle.

A dater du jour où les *Politiques de village* furent exposés, ce fut à Londres un véritable engouement

[1] *Keenness*, de « keen » (aigu). *Cannieness* ou *Kannieness*, mot charmant et tout écossais, indique l'homme qui sait le monde, *canny* qui le comprend et en use. C'est le *Knowing* des Anglais, avec une teinte de hasard heureux, déterminé par la prudence.

[2] *Christ's kirk on the Green*, satire populaire.

en faveur du peintre des mœurs domestiques. La foule se pressait dans l'atelier de Wilkie, pauvre atelier triste et dégarni ; car l'artiste, bien que sobre et rangé, avait fait des dettes. « Quarante livres ! écrit-il à son père, avec « une exclamation et un soupir arrachés à son économie écossaise ! Vraiment je ne pourrai jamais m'enrichir. « Je passe plus de temps à préparer un tableau que d'autres à en terminer douze. » — Il cherchait sans cesse, retouchait, effaçait, recommençait, et sa vie n'était qu'une étude. « Je me livre, écrit-il à sa mère, à une

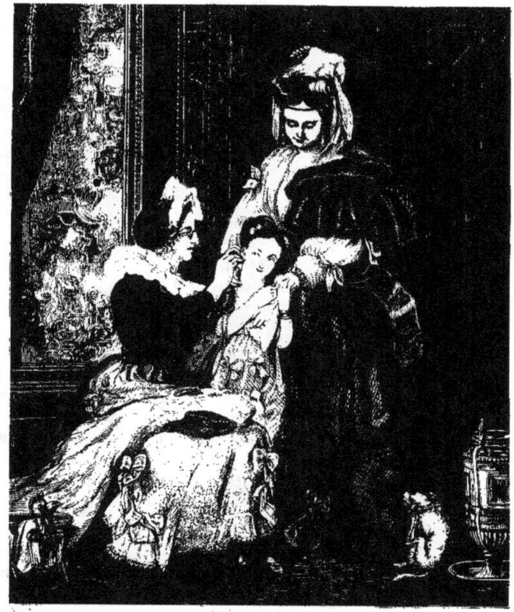

LA PREMIÈRE BOUCLE D'OREILLE

« espèce de peinture qui fera envie à Jeannette et à Nancy (servantes de la maison). Les frais de cirage pour « mes bottes et mes souliers étant trop considérables, j'ai acheté les instruments nécessaires ; et tous les « matins je cire mes chaussures. J'arrive à de très-beaux résultats : elles reluisent, que c'est une merveille.

Cependant il avait trouvé des protecteurs. L'aristocratie anglaise se mit à soutenir cet humble aventurier, créateur d'un nouveau genre dans l'art, la *Satire élégiaque*. Sir George Beaumont lui donna non-seulement de l'argent, mais ce qui vaut mieux, de l'amitié, des égards, de l'honneur, des secours intellectuels, d'excellents conseils. Je ne sache rien de plus touchant que la longue liaison de Wilkie et de sir Georges Beaumont. Le ton de leurs lettres se maintient sur un niveau parfait d'égalité ; la protection du seigneur reste inaperçue ; la dignité de l'artiste est sans morgue. Sir George ose tout lui dire, et Wilkie sait tout comprendre. « Prenez garde à vos « fonds, lui dit le gentilhomme, ils sont lourds..... Vous voulez être brillant, vous devenez sec et cuivré..... « étudiez les grands coloristes..... Peignez dans la pâte, jetez de l'air dans vos toiles. Quant à la finesse du dessin « et de l'observation, jamais cela ne vous fera défaut. » Wilkie discutait et profitait des avis. Son introduction dans les parages du grand monde où l'artiste en faveur fait aisément fortune fut l'ouvrage de sir George. Un jour qu'il était malade, après avoir beaucoup travaillé à plusieurs tableaux (souvent une œuvre lui coûtait deux ans), il reçut de sir George la lettre suivante : « Vous savez que ceux de vos tableaux qui valaient cent livres il y a un « an, ont doublé de prix, et se vendent deux cents et même deux cent cinquante : ainsi ceux dont je suis possesseur « et dont j'ai fait l'acquisition avant que vous eussiez acquis votre juste réputation me rapportent un bénéfice « considérable, à moi ou à mes héritiers. Je crois qu'il serait tout à fait indélicat de votre part, mon cher Wilkie, « de vous refuser à recevoir la différence qui existe entre la vraie valeur de vos œuvres et ce que j'ai payé... » — A quoi Wilkie répondit : « J'ai reçu, cher sir George, la traite que vous m'avez envoyée sur votre banquier. « Je ne puis que l'accepter, moins comme une rémunération juste et une chose due, que comme une preuve et « un témoignage touchant de votre confiante et bienfaisante amitié... » — Le même artiste avait tout récemment refusé deux cents livres sterling d'un tableau qu'il avait promis d'exécuter pour cent cinquante ; et il avait très-résolûment bataillé contre lord Mansfield, qui voulant tirer avantage d'une promesse prétendue, espérait acquérir ses tableaux pour rien. Après la mort de sir George, nous verrons le célèbre Robert Peel devenir, aux mêmes titres et avec la même délicatesse, le patron de Wilkie.

Ce fut alors et sous l'influence de cet encouragement qu'il produisit successivement son *Aveugle qui joue du violon*, pour le duc de Gloucester, et son *Payement des fermages*, pour le duc de Mulgrave. Sa réputation grandissait. On ne se lassait pas d'admirer le pinceau éloquent et naïf qui disait si bien, sans emphase, la dignité du paysan, la noblesse de sa charrue, la grâce et l'humble grandeur de cette communion perpétuelle avec la nature et Dieu. *Le Payement des fermages* et *l'Aveugle qui joue du violon*, suivis bientôt de la *Dame malade* et de la *Coupure au doigt*, sont autant de gaies et profondes idylles, drames charmants et philosophiques, où la vie rustique, la vraie vie de l'homme, n'est ni flattée ni calomniée, mais simplement reproduite. Ici un petit bonhomme qui sera quelque jour amiral et qui a voulu lancer une frégate sur l'Océan qui remplit une jatte d'eau s'est coupé le doigt, et la sœur lui applique gravement les remèdes que son art de ménagère tient en réserve ; là toute une chaumière est heureuse, attendrie et égayée par les sons d'un violon d'aveugle auquel on a donné l'hospitalité. Il n'y a d'autre idéal pour Wilkie que l'humanité rustique, soumise à la moralité épurée par le travail, ennoblie par l'indépendance : heureux le pays qui produit un tel peintre! La grâce voluptueuse le préoccupe peu; jamais il ne s'adresse aux sens, ou pour les irriter comme Boucher, ou pour les offenser comme Brauwer. Son œuvre n'a pu naître que d'une société saine et forte. Il n'appartient au dix-huitième siècle que par son amour intime et son culte enthousiaste et calme de l'humanité : culte involontaire, sincère, qu'il exprime dans la variété de ses plus fins détails. S'il aime à peindre les intérieurs, s'il lui arrive rarement de se hasarder en plein air, c'est que la vie domestique fait voir l'homme plus complet, plus seul, moins dominé par la nature, moins absorbé dans son vaste sein.

Wilkie abusa des intérieurs. A ce peintre rustique il manque l'horizon des campagnes et le silence murmurant des bois. C'est le poète de la cabane, qui pour lui est un temple modeste, tout rempli d'une saveur frugale et religieuse : jamais, comme quelques flamands et hollandais, il ne demande aux prestiges de l'art une excuse et un prétexte pour la trivialité des scènes et la grossièreté des mœurs. La moralité puritaine ne l'abandonne pas : de là des traits touchants et graves, d'une finesse qui côtoie la sécheresse et d'une pureté profonde.

Dans *la Dame malade*, un pauvre chien, l'œil triste et fixé sur sa maîtresse alitée, pendant que le médecin lui tâte le pouls, attend les oreilles basses le jugement du docteur. Dans *le Payement des fermages*, vrai chef-d'œuvre, une mère, jeune et triste veuve, accompagne ses deux enfants ; bonne ménagère, elle a pris la clef de sa maison ; le second enfant assis dans son giron mord la clef de toutes ses forces : c'est qu'il fait ses dents, et l'on est trop pauvre pour lui acheter un morceau de corail ; pauvreté voilée et fière qui apparait profondément touchante et qui se révèle au spectateur, malgré le chapeau bien propre et la tenue excellente de la jeune femme.

Cette sobriété philosophique de l'observateur ne tourne pas toujours à l'avantage de l'art. Sir Georges Beaumont eut raison de reprocher à la première manière de Wilkie des tons gris et lourds, des teintes ardoisées et métalliques, une sorte de sécheresse brillante, peu de largeur, de facilité ou d'empâtement, des glacis laborieux et multipliés. Ces défauts, il n'a pas cessé de les combattre et de les corriger, et s'il n'est point parvenu à les détruire, il a su les affaiblir.

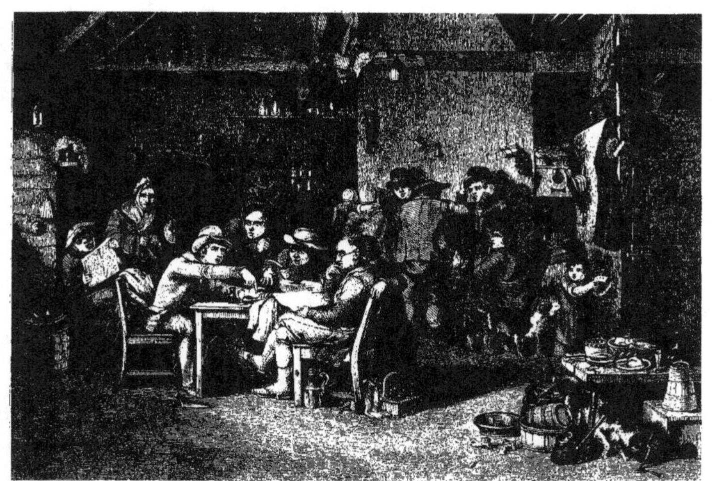

LES POLITIQUES DE VILLAGE.

Élu d'abord associé, puis membre de l'Académie royale de peinture, il continua la même vie de labeur modeste et produisit tour-à-tour la *Garde-robe au pillage*, la *Fête de village*, le *Colin-Maillard* et la *Lettre de recommandation*, autant de petits chefs-d'œuvre.

Les peintres anglais qui se trouvaient alors en possession de la renommée et de la fortune se plaignirent, comme toujours, d'un succès peu conforme aux règles qu'eux-mêmes avaient posées : les épigrammes n'épargnaient pas Wilkie. « Qu'avez-vous fait là, lui dit un jour le grandiose Fuessli[1]? un saut périlleux, « dans le vulgaire, mon cher ami. De deux choses l'une : ou votre fortune est assurée ou vous êtes perdu. « — A la bonne heure, répondit Wilkie tranquillement ; nous verrons. » Northcote, esprit ingénieux et froid,

[1] Ce peintre, né en Suisse, avait altéré l'orthographe de son nom (*Fuseli*), pour le rendre plus facile à prononcer en Angleterre.

« trouva un mot qui fit fortune. Avant vous, dit-il à Wilkie, nous avions l'école de la couleur et celle de la « forme ; vous avez créé l'*École de la gueuserie*. » — Les gueux de Wilkie vivent ; les dieux de Northcote et de Fuessli sont morts. Hazlitt, homme d'esprit et de caprice, répandit et commenta le mot de Northcote. Cependant le public prenait parti pour « les Gueux » ; Wilkie marchait toujours avec cet enthousiasme grave et calme que rien ne pouvait distraire de son but : ni les sourires de la fortune, ni les railleries des rivaux.

Sa vie était celle d'un séminariste ou de Grandisson devenu peintre. Il écrivait son journal ainsi que le veulent Locke et Franklin. « Cette jeune personne qui est venue ce matin visiter mes tableaux m'inquiète, dit-il : « pourquoi venait-elle ? Ses intentions ne sont pas claires. Je la consignerai. » De temps à autre, cependant, lui échappe une malice tranquille : « J'ai dîné chez lord *** ; il y avait là un homme très-instruit et très-« occupé de le faire voir. C'était divertissant. »

Ses amours platoniques ne ressemblent guère à celles de Teniers ou de Van Dick. « O l'admirable attache de « cou et l'incomparable épaule, dit-il un jour (en montrant la jeune fille d'un noble, beauté digne du Corrège, « à mistriss Thompson qui raconte l'histoire). — Vous l'aimez ! Pourquoi ne pas vous déclarer ? — Je n'ose pas. » — Il n'en parla plus et ne se maria jamais.

Cette sévérité puritaine, incompatible avec l'idéal de la beauté, devenait un défaut grave, appliquée au genre du portrait. Non-seulement la sécheresse de son pinceau mécontentait les modèles, surtout les femmes quand elles commençaient à vieillir, mais il abusait de la fidélité des accessoires et de la servilité de l'imitation qu'il n'élevait pas à une harmonie suprême. Loin de se montrer comme Boucher, Watteau ou l'Albane, trop aimable et trop joli, il était comme certains Allemands du quatorzième siècle, trop rigide et trop vrai. Aussi, le grand tableau représentant la *famille de Walter Scott* son ami, est-il une œuvre manquée, malgré tout le soin qu'il y apporta. Ses figures, sans tomber absolument dans la caricature, offrent le *fac simile* minutieusement exact de la nature vivante et de ses défauts.

C'était dans les scènes domestiques qu'il était maître. La plupart des sujets d'intérieur traités par Gérard Dow, les Ostade, Terburg et Teniers ont été repris en sous-œuvre par l'artiste écossais. Comparez ses *Politiques de village* à ceux d'Adrien Van Ostade. Il n'y a que trois personnages dans le tableau du Hollandais ; personnages ingénus pleins de mouvement, admirablement posés, sillonnés, surtout le vieillard en lunettes, de charmantes et profondes rides, et peints on ne peut mieux. Passez au tableau de Wilkie. — La Révolution française vient d'éclater et ses lointaines foudres sont venues tomber au fond d'un village ou *Clachan* des *Low-lands* d'Écosse. Voici l'hôtellerie, ou *change-house*, voici la chambre, cuisine, salon, salle de jeu, chambre à coucher, estaminet (propre néanmoins), où viennent danser et boire forgerons, charretiers, fermiers, laboureurs. La grande cheminée est chauffée au charbon de terre ; la table longue est au milieu, avec pots de bière, fromage et journal ; car le maître fournit à ses hôtes, avec la boisson et les gâteaux du pays, le journal de la liberté populaire. Ce vieillard sagace et calme qui tient son menton dans sa main gauche, continue à haute voix la lecture de la gazette ; un cordonnier, un tisserand et un laboureur l'écoutent ; celui-ci, jeune et ardent, se penche, et le corps en avant, les sourcils contractés, la bouche ouverte, l'index de la main droite appuyé dans la paume de sa main gauche, propose à ses voisins la solution dernière du grand problème politique. Le soc de sa charrue est à ses pieds ; une plume de paon, passée dans la ganse de son bonnet, prouve son élégance. Il est fort animé ; mais le tisserand ne l'est pas moins. Pendant que le tranquille regard du Nestor de village arrête la fougue du laboureur, le tisserand se lève à son tour : son vieux bonnet jeté de travers et la grimace véhémente de sa bouche annoncent l'ardeur de son opposition. Quant au cordonnier, dont le chapeau est orné d'un débris de plume à écrire et dont le couteau suspendu va bientôt attaquer un reste de fromage placé sur la table, il semble moins irrité que son ami le tisserand. Le vieillard qui les regarde étend la main vers un pot de bière placé par terre, à portée du lecteur ; l'apparition de la maîtresse qui entr'ouvre la porte, tenant à la main un beau renfort de rafraîchissements ; un brave paysan qui écoute sans comprendre et qui se gratte la tête ; un vieillard que le présent n'intéresse plus et qui se contente de relire un vieux journal ; enfin un *montagnard* aux jambes nues, au tartan écossais, qui se chauffe paisiblement sans donner la moindre attention à ce qui se passe, comme s'il représentait le vieux monde et qu'il n'eût que faire de tout cela, complètent cette admirable scène.

Il faut avouer qu'on regrette ici un peu de ciel et cet air pur dont Teniers aime et reproduit la magie. L'air libre fait peur à Wilkie l'Écossais : il s'aventure rarement sur la place publique ou dans la forêt qui tressaille sous l'ombre et la lumière ; et quand cela lui arrive, un écran de maisons noires ou un grand rideau d'arbres lui cachent le jour. Les profondeurs diaphanes des horizons l'épouvantent autant que l'élégance du grand monde ou la vigueur de la satire. Le terrible burin de Hogarth échappe de sa main. Une ou deux fois il a essayé la

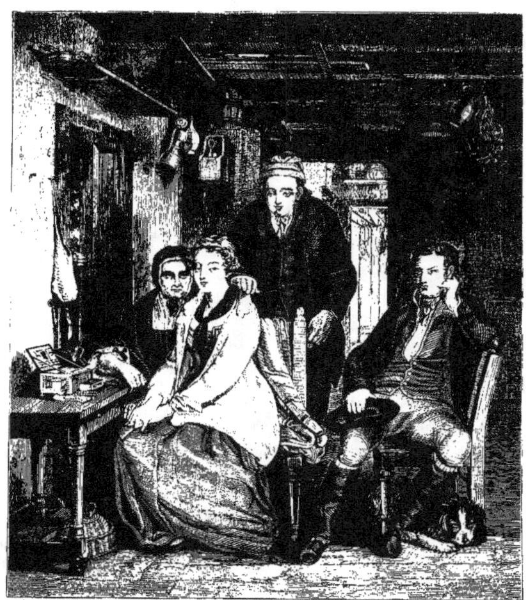

DUNCAN GRAY.

caricature, et sans succès ; son vrai talent c'est le sourire mêlé aux larmes, l'intérêt dans le calme, la dignité dans la simplicité ; — là il est sans égal.

Sa *Noce de village* et sa *Fête de village* laissent bien loin d'elles les aimables compositions de Greuze, si charmant et si faux, moral à la façon de Marmontel, rustique à la façon de Florian, vrai à la façon de Diderot et de Crébillon fils ; idylles artificielles et parées qui ressemblent à quelque duchesse jouant la bergère.

Dans *la Noce de village*, l'idéal de pureté morale chez la femme, l'élégance et la rustique grâce de la jeune danseuse écossaise ; — dans *Duncan Gray*, l'expression passionnée, sérieuse et coquette de la jeune fiancée, au moment où la résistance de son orgueil est vaincue par son dépit, — doivent être placés parmi les plus aimables créations de l'art moderne. Voilà ce que produit une société organisée et forte. Étrangère à l'art dans son essence, l'Écosse puritaine l'a créé ou plutôt l'a renouvelé selon ses désirs, en dépit du climat, des doctrines et des habitudes.

Les Raccommodeurs de porcelaine, *Duncan Gray*, *les Invalides de Chelsea*, *Devinez qui je suis*, *la Lecture du testament* et *le Bedeau de la paroisse* attestèrent la vigueur constante du pinceau de Wilkie et son infatigable activité. *Les Invalides de Chelsea* lui étaient commandés par le duc de Wellington, qui fournit lui-même toutes les indications nécessaires, approuva ou modifia l'ordonnance des groupes et paya généreusement l'artiste, non sans sourire un peu de la *Canniness*[1] écossaise. — « Quelle somme vous dois-je, M. Wilkie, lui demanda le « duc, qui n'avait rien stipulé d'avance ? » — « Douze cents guinées, Votre Grâce, répondit *Canny Davrid !* » — Lord Wellington, sans mot dire, se mit à compter l'énorme somme en billets de banque. — Votre Grâce « peut s'épargner cette peine, reprit Wilkie : je passerai chez son banquier. — Oh ! reprit le duc, souriant encore, quand je fais des sottises je ne veux pas qu'on le sache ? » Au surplus, Wilkie avait consacré près d'une année à ce travail. Celui qui représente la *Lecture de la gazette après la bataille de Waterloo* offre le développement du même sujet. Les groupes de ce dernier tableau, tout animés qu'ils soient, nous semblent moins naturels et moins ingénus que l'artiste n'a coutume de les faire ; le lieu de la scène en est admirablement choisi. A Chelsea, près de l'hôpital des Invalides, se trouvait une rue aujourd'hui détruite, dont les maisons dataient du seizième et même du quinzième siècles : chaque jour Wilkie allait étudier et copier ces pignons, ces moulures, ces entablements, ces combles qui projetaient sur la rue les bizarreries de leurs profils et leurs ombres. « Il avançait bien lentement dans ce travail, dit mistriss Thompson, et chaque soir il revenait prendre « le thé chez moi et me rapporter les essais sur papier teinté; ici une moulure, plus loin une corniche. « Vous n'aurez jamais fini, lui dis-je un jour. — Tout ce qui est paysage m'embarrasse, me répondit-il, je n'en « finis pas ; quant au reste, je l'ai là dans ma tête. »

A cette peinture qui flattait l'orgueil national au point qu'il fallut la protéger par un grillage pour empêcher les curieux de la détruire, nous préférons le *Testament*, admirable élégie, mêlée d'ironie douce et étincelante de vérité, commandée par le roi de Bavière et qui fut l'objet de notes diplomatiques échangées entre son cabinet et Georges IV, qui désirait en rester possesseur. Wilkie ne protégea point le roi d'Angleterre, qui perdit son procès et qui commanda au peintre un tableau difficile d'exécution, contraire à ses goûts et à ses études : « *L'Entrée solennelle de S. M. dans le palais d'Holyhood.* » L'esquisse que Wilkie soumit à l'approbation royale, montrait le monarque recevant avec courtoisie les clefs de l'antique résidence. « Ce n'est pas cela, » s'écria Georges IV, qui prit une pose théâtrale, se plaça dans une attitude toute royale, et dit au peintre : — « Voici ! » — Wilkie garda le silence et dessina Georges IV comme il voulait être reproduit; la jambe étendue, le corps renversé, la main sur la hanche. Ce ne fut rien que ce premier désagrément, auprès des rivalités et des prétentions rivales des seigneurs, tous réclamant la plus honorable place dans la procession, en raison, ceux-ci de leur race, ceux-là de leurs emplois ; il fallait montrer les armoiries de l'un, embellir la physionomie rude ou bizarre de l'autre, rajeunir celui-ci, présenter celui-là, non de profil mais de face. Pour un ami de la vérité tel que Wilkie, que d'obstacles à la fois ! La patience de l'Écossais en vint à bout, et l'effet pittoresque du vieux palais sauva son tableau.

Il avait alors sur son chevalet une œuvre à laquelle tout son cœur de presbytérien écossais était voué, une « *Prédication de John Knox.* » Le roi qui en avait vu l'esquisse s'était écrié : « Je n'aime pas ce puritain. » — « Je vous supplie, écrivit aussitôt Wilkie à lord Liverpool, de ne plus parler de cette œuvre à Sa Majesté. » — Il ne la continua pas moins et chercha de tous côtés les documents historiques qui lui étaient nécessaires. Ses amis d'école découvrirent dans une cave d'Édimbourg la vieille chaire d'où Knox avait foudroyé les papistes, chaire vermoulue et renversée près d'un gibet mis à la réforme. A l'annonce de ce tableau de Wilkie le presbytéranisme s'émut tout entier ; de mille côtés on lui envoya des esquisses, des gravures, des portraits de vieux puritains et des débris de costumes. Nourri dans l'adoration de ces dogmes austères, écossais avant tout, le bonheur de plaire à ses presbytériens chéris lui semblait le plus beau de ses succès. Quand les notables de

[1] Voir la note de la page 6.

Copar lui envoyèrent le diplôme de bourgeois avec les franchises de cette localité écossaise, il en fut plus profondément touché que de la *Barontecy* envoyée par le roi et par Robert Peel. Son orgueil naïf éclata, quand il reçut un peu plus tard le titre national d'*Enlumineur* (Limner) *de Sa Majesté pour le royaume d'Écosse*. Aussi tout le temps qu'il consacra au tableau qui représentait *la Prédication*, c'est-à-dire l'Apothéose de Knox, fut-il un temps de bonheur et de joie ; et grâce à ce sentiment profond, du sujet le plus froid que l'on puisse imaginer il fit un chef-d'œuvre.

Laborieusement, sans interruption, par un constant progrès, Wilkie depuis sa quinzième année avait marché d'étude en étude, de chef-d'œuvre en chef-d'œuvre, de succès en succès ; la gloire était venue avec l'aisance.

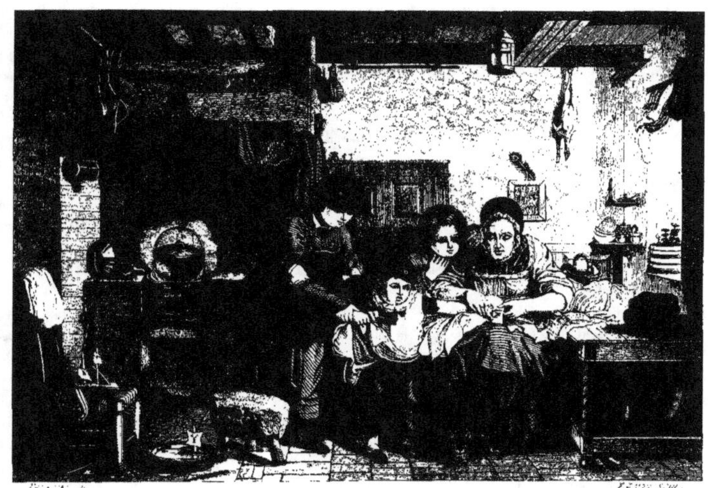

LE DOIGT COUPÉ.

Cette vie douce et honnête, soutenue par des travaux persévérants, fut tout-à-coup frappée de calamités cruelles. Il avait une sœur nommée Hélène, d'une grande beauté, qu'il aimait beaucoup, qui allait se marier, quand son jeune fiancé mourut de mort subite sous le toit de Wilkie ; peu après la mère de Wilkie mourut entre les bras de son fils. Il perdit dans le même mois deux frères ; l'un, aux Indes Orientales ; l'autre, officier, à son retour du Canada, où il laissait, comme agent comptable, un déficit de mille livres sterling payables par son frère. Le dernier des frères de l'artiste, établi à Londres dans le commerce, tomba en déconfiture, au même moment où la faillite Hurst et Robinson, qui détruisait la fortune de son ami et de son compatriote Walter Scott, enlevait à Wilkie dix-sept cents livres sterling, fruit de ses travaux.

Il reçut ce dernier coup avec autant de sérénité que Walter Scott ; mais une maladie nerveuse s'empara de lui et le rendit incapable de tenir le crayon et le pinceau.

Frappé dans sa santé, sa fortune et ses affections, l'artiste défaillant devint critique. Il parcourut l'Europe et même l'Orient, cherchant partout des adoucissements à sa peine, des leçons nouvelles pour son art, des objets d'étude, des points de comparaison, des renseignements sur l'esthétique de la peinture et sur les procédés des grands maîtres. Il se mit à écrire, et son style, dont il avait négligé l'exercice, devint net, vigoureux et expressif. On retirerait beaucoup d'instruction, d'agrément et d'utilité de ses notes de voyage si une main judicieuse les mettait en ordre : l'observateur, l'artiste acharné que rien ne rebute, qui veut tout voir et qui tend à la perfection par un effort constant y apparaissent. On y découvre aussi les mobiles réels de son talent et le secret de ses deux manières.

En France il admire peu de peintres, le Poussin et le Lorrain exceptés. L'idée qu'il se fait de l'art se rapporte si exclusivement au vrai et aux développements du caractère dans l'humanité, que l'emploi de la peinture dans les grandes constructions monumentales lui semble un scandale. Versailles lui déplaît : « Ces colonnades et ces dorures, ces portiques et ces marbres écrasent le peintre, » dit-il avec humeur. Il exècre la peinture d'apparat ; à peine admet-il les tableaux de Paul Véronèse. Vérité ; il ne demande et ne veut qu'elle. Tout en convenant que David dessinait bien, il s'arrête devant ses tableaux sans les comprendre. C'est Teniers examinant les grands cadres de Charles Lebrun. Avec quel dégoût le poëte des kermesses eût-il détourné les yeux de ces orgueilleuses images ! A Rome, Raphaël et Michel-Ange appellent son observation sans conquérir son amour ; à Venise, il étudie Titien et Giorgione ; en Espagne, Murillo et Velasquez le ravissent.

Quant à la Hollande, elle l'enivre, bien qu'il ne la voie pas. Il en visite seulement les musées, qui lui semblent le paradis et l'apothéose de l'art de peindre. Teniers et Van Ostade lui dérobent la nature. Il lui semble que ces grands *Polders* sont copiés d'après Paul Potter et non que Potter les a copiés. En face des sites merveilleusement idéalisés par Ruysdaël et Karl Dujardin, il sent tout ce qui lui manque ; il se rappelle le Titien, Murillo, Velasquez et s'aperçoit enfin qu'il a beaucoup à faire encore pour devenir un grand peintre dans la suprême acception du mot. En effet, sans la vigueur et la profondeur, sans l'harmonie du coloris, on peut être un dessinateur ingénieux ou charmant, non un peintre complet.

Il reconnut aussi qu'il n'est point permis de pécher contre les lois de l'anatomie, du dessin et de l'unité, défauts fréquents chez les artistes anglais. « Il faut avouer, dit-il, que si nous dessinions mieux les bras et les « jambes, cela vaudrait tout autant. Je ne puis souffrir cette négligence et cette incorrection. Je n'aime pas « davantage l'éparpillement de lumières et de personnages dont nos peintres font abus ; ils croient ainsi obtenir de « *l'espace* (c'est leur mot), et ils n'obtiennent que la confusion. Ils composent mal. Presque jamais leurs accessoires « ne se subordonnent au sujet principal. L'unité est sans cesse blessée. Une boîte à coudre ou une bobine ont « plus de valeur dans leurs tableaux que la figure qui en est le centre. Voyez Reynolds ; chez lui les plus beaux « costumes ne font aucun tort aux figures ; il ne sacrifie jamais ce qui a plus de valeur à ce qui en a moins. »

Sous le rapport de la composition et du dessin seulement, Wilkie concède quelque mérite à l'école française : « Cette pureté de dessin est incontestable, dit-il ; mais je ne puis m'accoutumer aux tableaux de M. Guérin, « qui ressemblent à des papiers peints et qui manquent de profondeur et d'empâtement. Ce sont plutôt des « dessins légèrement frottés de couleur que des peintures riches. Où sont les accidents et la magie de l'ombre ? » — Les peintures d'Herculanum lui laissèrent la même impression : « Je soupçonne que les anciens, dit-il, « n'avaient pas deviné les secrets du coloris moderne, et que leurs peintures si vantées manquaient de « clair-obscur, de profondeur et de solidité. » — Séduit par les chefs-d'œuvre de Rembrandt, de Murillo et de Velasquez, il résolut de se faire une seconde manière, plus élevée de sentiment et plus puissante de couleur. Il y réussit, au détriment peut-être de son vrai génie, dont la naïve empreinte disparut pour faire place à une touche plus savante, mais laborieuse.

Il avait visité la France, l'Espagne, l'Italie, et s'y était livré à de continuelles et profondes études, sans que sa douleur ressentit aucun soulagement. Il passa en Allemagne par Inspruck ; dès qu'il sentit sous ses pieds le sol teutonique, une douce saveur de la famille antique et de la race primitive vint le ranimer : « Ces Allemands « sont de vieux Anglais bien conservés, » dit-il quelque part. — Le Tyrol lui rappelle sa chère Écosse ; il est ravi de reconnaître que les paysans tyroliens comprennent le patois des *Lowlands* ; demande-t-il son chemin dans les montagnes, on lui répond : « *Der recht*, » et il se croit au pied des monts Grampiens, où le mot *right* se prononce *recht*. Même propreté sévère, mêmes mœurs économes et riantes, même hospitalité grave et digne : « Voilà donc, s'écrie-t-il, le vieux sanctuaire de nos mœurs primitives ! » Et il a raison ; son esprit observateur ne le trompe pas.

Peu à peu sa santé se rétablit; ses amis sir Robert Peel, Thomas Lawrence l'aident, le soutiennent, l'encouragent, le consolent. Il se met alors à peindre dans sa seconde manière, beaucoup plus grasse, plus solide et plus forte, *Christophe Colomb*, les *Quatre épisodes de la guerre d'Espagne*, l'*Insurgé irlandais* (*Prep o'day Boy*), enfin *le Premier conseil d'État de la reine Victoria*. Épuisé de travail, il part ensuite pour l'Orient où il exécute ses derniers ouvrages, *l'Écrivain public de Constantinople* et *le Tartare apportant la nouvelle de la prise de Saint-Jean-d'Acre*. Il avait vu Jérusalem et venait de quitter Alexandrie quand cette existence fatiguée de labeur s'éteignit paisiblement à bord de *l'Oriental*, à cinquante-six ans.

Quel que soit le mérite d'imitation et de coloris qui distingue les œuvres de sa seconde manière, c'est Wilkie l'Écossais, c'est le peintre profond et naïf du *Testament* et de *la Noce de village* qui se recommande à la postérité : c'est l'enfant calviniste qui dans *la Manse presbytérienne* a entendu lire et a lu les prières et la Bible à haute voix ; c'est le moraliste de village ; riant doucement ou plutôt souriant en dedans avec une finesse élégiaque, sans amertume. C'est le peintre philosophe, supérieur à Béga, Jean Steen et Hemskirk, non par la verve franche et la vigueur, mais par la compréhension variée de l'humanité. C'est le poète des ateliers, des granges, des cuisines et des intérieurs; celui dont les chaudrons et les ustensiles de ménage ne sont pas seulement vrais et vigoureux comme ceux de Kalf, mais empreints d'une vive saveur de bien-être moral. Que ces chaudrons écossais sont luisants et moraux ! comme ils font honneur à la ménagère ! — Wilkie, fidèle à la rigueur des habitudes chrétiennes et calvinistes, n'introduit pas une nudité dans ses tableaux, pas une des ingénuités indécentes de Teniers, des obscénités satiriques de Hogarth ou des séductions trop coquettes de Watteau. Cette nuance fait de lui le peintre écossais par excellence et le classe à part dans la grande école du Nord.

Il est le Léonard de Vinci de la peinture du Nord. En revanche quelques-unes des qualités suprêmes que ces maîtres possédaient lui font défaut. La nature extérieure semble le toucher fort peu; l'air manque à ce peintre des cuisines et des ateliers d'Écosse. On ne doit chercher dans son œuvre ni les douces forêts penchées dont Hobbéma ombrage ses lacs, ni les élégies tristement adorables de Ruysdaël, ni les folâtres gaîtés de Berghem, ni les lointains diaphanes qui jaillissaient du pinceau transparent de Teniers. Dans la nature Wilkie n'a vu que l'homme, et parmi les hommes un seul, le plus grand, selon lui, le *gudeman*[1] (paysan) écossais. Il a étudié depuis sa quinzième année ce *roi de sa cabane*, l'œil fixé sur la compagne de son labeur et de ses joies, sur la *bonnie lassie* aux yeux bleus, au front haut, à la physionomie plus intellectuelle que sensuelle. — Il ne reproduit pas avec moins de bonheur le beau type féminin du Nord montagnard ; -- celle dont le regard, fier devant l'étranger, s'humilie devant le père et devant l'époux, -- belle et blonde, aux cheveux couleur noisette, moins massive et plus blanche que les nymphes de Rubens, avec de plus fines attaches et des chairs moins morbides; fleur sauvage, vigoureuse, ferme sur sa tige.

On retrouve dans son œuvre mille traits qui rappellent la finesse de Ferdinand Bol et de Holbein, le mouvement et la vie bruyante de Wouvermans, l'énergique rusticité de Van Ostade, le fini délicat de Terburg, le détail achevé de Metzu, l'accent ingénu, philosophique et profond de Corneille Béga. On voit qu'il est de leur famille; mais il ne les imite pas; il ne les a jamais étudiés. Il les dépasse en plusieurs points. Il a de plus qu'eux la grâce morale, le sentiment de la pureté et de la rectitude idéalisées.

PHILARÈTE CHASLES.

[1] *Goodman*, « bonhomme », expression charmante. Nous avons eu tort de faire d'un « bonhomme » un sot.

RECHERCHES ET INDICATIONS.

M. Louis Viardot, dont nous consultons avec fruit les recherches cosmopolites, traite avec une grande sévérité l'école anglaise dans ses *Musées d'Europe*. Voici cependant ce qu'il accorde à David Wilkie.

« L'auteur de *Colin-Maillard*, du *Jour des loyers*, des *Politiques de village*, procède un peu d'Hogarth pour les intentions, et beaucoup, pour le *faire*, des petits flamands, surtout d'Adrien Ostade qu'il semble avoir pris particulièrement pour modèle. Il est spirituel, vif, enjoué, et l'on trouve dans tous ses détails l'œil d'un observateur exercé; son exécution est fine et soignée, mais elle n'a pas le charmant naturel de ses maîtres, elle est déparée par un fâcheux abus du ton rose, et ce défaut ou cette affectation ferait dire de Wilkie, avec une sorte de justice, qu'il n'est qu'un Ostade enluminé. » (Musées d'Angleterre, 2e édit., p. 38).

En regard de ce jugement d'un écrivain qui fait autorité, nous aimons à rappeler l'opinion d'un artiste éminent, Guéricault, dont le talent original paraît procéder bien plus de l'étude de la nature que de l'imitation des maîtres, écrivait en 1821 à M. Horace Vernet :

« Je disais il y a quelques jours à mon père qu'il ne manquait qu'une chose à votre talent, c'était d'être trempé à l'École anglaise, et je le répète parce que je sais que vous « avez estimé le peu que vous avez vu d'eux. L'exposition qui « vient de s'ouvrir m'a plus confirmé encore qu'ici seule- « ment on connaît ou l'on sent la couleur et l'effet. — Que je « voudrais pouvoir montrer aux plus habiles mêmes plusieurs « portraits qui ressemblent tant à la nature, dont les poses « faciles ne laissent rien à désirer, et dont on peut dire qu'il « ne leur manque que la parole. — Combien aussi seraient « utiles à voir les expressions touchantes de Wilky (*sic*). « Dans un petit tableau, et d'un sujet le plus simple, il a su « tirer un parti admirable. La scène se passe aux Invalides; « il suppose qu'à la nouvelle d'une victoire, ces vétérans « se réunissent pour lire le bulletin et se réjouir. Il a « varié tous ses caractères avec bien du sentiment. Je « ne vous parlerai que d'une seule figure qui m'a paru « la plus parfaite et dont la pose et l'expression arrachent les larmes, quelque bon que l'on tienne. C'est une « femme d'un soldat qui, tout occupée de son mari, parcourt « d'un œil inquiet et hagard la liste des morts..... Votre « imagination vous dira tout ce que son visage décomposé « exprime. Il n'y a ni crêpes, ni deuil, le vin au contraire « coule à toutes les tables et le ciel n'est point sillonné d'é- « clairs d'un présage funeste. Il arrive cependant au dernier « pathétique comme la nature elle-même. Je ne crains pas « que vous me taxiez d'anglomanie; vous savez comme moi « ce que nous avons de bon et ce qui nous manque. » (*Archives de l'art français*, recueil publié par M. Th. de Chennevières, tome 3, p. 189.)

Quoi qu'il en soit, les œuvres de Wilkie, vantées dans toute l'Europe, ne sont connues sur le continent que par les gravures qui reproduisent ses principaux tableaux. — La Bibliothèque impériale de Paris possède une collection assez incomplète de sujets gravés d'après *Wilkie*, dont nous citerons les principaux :

Les Politiques de village, gravé par Marris. — *Le Jour du loyer*, par le même. — *Colin-Maillard*, par le même. — *L'aveugle joueur de violon*, gravé à Londres par Beyer. — *Même sujet*, par Marris. — *La Saisie*, par Jazet. — *Lecture d'un testament*, par Marris. — *Même sujet*, par Jazet. — *Le Petit Commissionnaire*, par Joly. — *Même sujet*, par Jazet. — *Le Doigt coupé*. — *La Noce de village*. — *La Fête de village*. — *Les Moissonneurs*. — *L'Orage pendant la moisson*. — *Le Lapin sur le mur*. — *La Lettre de Recommandation*, par le même. — *Les Délices de la musique*, — *Les Plaisirs de la danse*, par Moreau. — *Indécision*, par Maille. — *Le Retour inattendu*, par Debucourt, etc.

On doit regretter que notre Cabinet des estampes, si riche sous d'autres rapports, ne soit pas mieux pourvu des belles reproductions que la gravure anglaise a faites des plus célèbres tableaux de ce peintre.

Les sujets que nous avons choisis pour l'*Histoire des Peintres* sont variés et traités surtout dans le sentiment des gravures anglaises. Ces spécimens seront d'autant plus intéressants pour nos lecteurs qu'ils trouveraient à peine quelques tableaux de Wilkie en parcourant les musées de l'Europe. Les catalogues des plus riches collections ne contiennent pas même son nom. Il n'y a pas un Wilkie au musée du Louvre! Les œuvres de ce maître sont accaparées par les riches galeries de l'Angleterre, où elles sont comme immobilisées. — On trouve à la Galerie nationale : *Guess my name* (Devinez mon nom). Une jeune fille debout, placée derrière un jeune homme assis, lui pose la main sur les yeux. — *Village festival* (la Fête de village), dont nous donnons la gravure exécutée par M. Sargent sur le dessin de M. Freeman.

Galerie de S. M. la Reine. *George IV recevant les clefs d'Édimbourg*. — *Les Invalides de Chelsea* recevant la nouvelle d'une victoire. — *La Princesse Doria* lavant les pieds des pèlerins.

Galerie Vernon. *Peep of day Boy's Cabin* (la Cabine de l'insurgé irlandais). — *Reading the news* (la Lecture du journal). — *Wood-Land view* (Paysage. Vue d'une forêt. — Wilkie, qui affectionnait les sujets d'intérieur, s'est bien rarement essayé dans l'étude du paysage. — *The bag piper* (le Joueur de cornemuse). — *The first ear ring* (la première boucle d'oreille), composition remplie de fines intentions dont nous donnons la gravure.

Galerie du marquis de Normanby. *The rent Day* (le Jour du loyer.)

Galerie de Grosvenor. *La première boucle d'oreille*, répétition du tableau déjà cité.

Collection Lansdowne. *La Guimbarde*, gravé dans notre recueil par M. Gauchard, sur le dessin de M. Freeman. *La Confession*. — Collection de S. J. Clow, esq., à Liverpool. *John Knox administring the sacrament* (John Knox administrant la cène), grande composition inachevée. — Collection de S. J. Swinburne, bar[t]. *The errand Boy* (le petit Commissionnaire). — Collection de S. W. Wells, esq. *The Jews harp* (le Joueur de guimbarde). — Collection de S. J. Sheepshanks, esq. *Duncan Gray*, sujet tiré d'une ballade anglaise. Nous avons reproduit cette jolie composition. — Collection de S. Sam. Dobree, esq. *La Lettre de recommandation*, qui sert de frontispice à notre texte.

Les tableaux de Wilkie ne sont pas comme ceux de l'École hollandaise, la monnaie courante qui circule dans les ventes publiques, et on pourrait à peine indiquer un prix d'enchère pour une de ces précieuses toiles conservées avec l'égoïsme bien légitime du sentiment national par leurs heureux possesseurs.

Nous donnons ci-dessous le fac-simile de sa signature.

David Wilkie

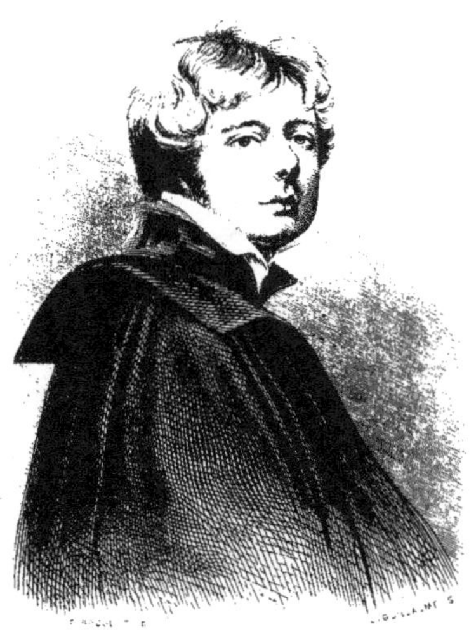

École Anglaise. *Portraits, Histoire, Poésie*

GEORGE HENRY HARLOW

NÉ EN 1787. — MORT EN 1819.

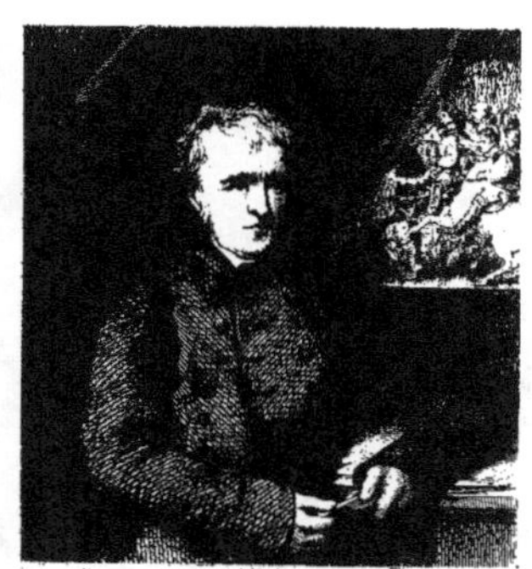

Sir Thomas Lawrence a eu beaucoup d'imitateurs; mais de tous les peintres anglais celui qui lui ressemble le plus, c'est George Henry Harlow, né à Londres, St-James's street, le 10 juin 1787. Lawrence d'ailleurs n'est pas très-difficile à imiter, parce qu'il manque de profondeur et de caractère et que son talent est presque uniquement dans une certaine majesté des tournures, dans l'élégance un peu théâtrale du dessin, dans la splendeur d'un coloris décoratif. Il y a déjà loin de Van Dyck à Holbein comme portraitistes, mais quelle distance infinie de Lawrence à Van Dyck!

Harlow était fils d'un marchand qui avait longtemps commercé dans les Indes et qui mourut laissant une jeune veuve avec six petits enfants. Sa première éducation fut assez soignée et il suivit des études classiques jusqu'à l'âge de seize ans. Sa vocation se prononçant alors pour la peinture, sa mère le mit chez un paysagiste peu connu, Henry de Cort, d'Anvers, qu'il abandonna bientôt pour entrer dans l'atelier du portraitiste Drummond, où il travailla avec ardeur pendant plus d'une année.

Puis, par l'entremise de la belle duchesse de Devonshire, il obtint la faveur, très-enviée, d'être admis dans le célèbre atelier de Lawrence. Les clauses de cette admission, relatées par Cunningham, sont assez dures, — et curieuses. L'élève payait cent guinées par an, « moyennant quoi la maison de Lawrence lui était ouverte à neuf heures du matin, avec permission de copier ses peintures jusqu'à quatre heures du soir, mais sans recevoir du maître aucun enseignement d'aucune espèce. » En Angleterre, l'artiste, comme tout le monde, doit se former seul, par sa propre initiative. C'est son affaire. Il y a peut-être du bon dans cette application professionnelle du *self-government*.

Lawrence cependant, lorsqu'il eut remarqué les aptitudes de ce jeune homme, l'utilisa pour la préparation ou la reproduction de ses portraits. C'est à cela sans doute que Harlow dut la facilité avec laquelle il s'assimila les procédés et la manière de Lawrence; mais son orgueil ne s'accommoda pas longtemps à la sujétion d'un travail presque mécanique, et il aspirait à mettre en œuvre ses inventions personnelles. Les biographes de Lawrence ont conservé l'anecdote relative à la brouille et à la séparation du disciple et du maître. Dans le portrait de Mrs Angerstein, un chien de Terre-Neuve, que Harlow avait dessiné et préparé en grisaille, excita l'admiration des connaisseurs, et Harlow ne manqua pas de crier partout que c'était lui-même qui l'avait peint. Ennuyé de ces prétentions, Lawrence finit par lui dire : — Cet *animal*, dont vous vous proclamez l'auteur, est une des meilleures choses que j'aie jamais faites. Vous n'avez donc plus besoin de recevoir mes leçons. Quittez tout de suite mon atelier.

Harlow s'en alla à Epsom, dans une auberge intitulée « A la Tête de la Reine — *Queen's Head*, » et, pour acquitter sa dépense, comme avait fait autrefois Morland, il exécuta une enseigne, où l'on voyait Sa Majesté la Reine, par devant et par derrière, dans un style caricaturant celui de Lawrence, dont le monogramme était écrit au-dessous, avec l'adresse : T. L. *Greek street, Soho*. Peu après, dit-on, Lawrence l'ayant rencontré, le traita de coquin — *scoundrel* — et le menaça d'une correction brutale. Mais cette violence ne s'accorde guère avec les habitudes réservées du peintre de la cour et des nobles ladies.

Livré à lui-même, Harlow s'essaya d'abord aux compositions historiques, comme l'*Entrée de Bolingbroke à Londres*, qui ne justifia pas ses hautes ambitions, et il se retourna vers la peinture des portraits. Pour cela il était très-habile et il eut promptement du succès. Plusieurs artistes illustres vinrent poser devant lui : Northcote, Nollekens le sculpteur, et le capricieux Fuseli, qui fut le seul à lui donner sa voix pour le rang d'associé à l'Académie, disant qu'il votait « pour l'artiste et non pour l'homme ; » car la vanité et l'impertinence de Harlow l'avaient brouillé avec tout le monde, avec ses confrères et surtout avec les académiciens.

A l'époque où il faisait le portrait de Fuseli (1817), il avait commencé un grand tableau dans lequel son talent de portraitiste devait aider le peintre d'histoire. Choisissant pour sujet le *Démêlé de la reine Catherine et du comte d'Essex* devant Henry VIII, il imagina de prendre pour modèles de ses personnages historiques les membres de la famille de Kemble l'acteur, et ce fut la belle Mrs Siddons qu'il métamorphosa en reine Catherine. Aussi ce tableau, qui demeure son chef-d'œuvre, est-il souvent désigné sous le titre : *la Famille Kemble*. L'invention d'ailleurs n'était pas nouvelle : Reynolds, Barry, Romney, avaient donné parfois les traits de leurs contemporains célèbres à des héros de l'ancien temps ou à des divinités mythologiques. Il paraît que Fuseli, tout en posant pour son portrait, ne ménagea pas les critiques à la mise en scène et au dessin des figures, et que Harlow, qui d'habitude n'écoutait guère les conseils, profita cependant des remarques du savant académicien. L'esquisse de cette *Famille Kemble* a été exposée à Manchester par lord de Tabley, et le grand tableau, appartenant à Mr Morrisson, fait partie de l'Exhibition internationale de 1862, à Londres.

En 1818, au mois de juin, Harlow, quoiqu'il eût toujours affecté un orgueilleux dédain pour l'étude des anciens maîtres, se décida inopinément à aller visiter les Italiens du Vatican. Son intention principale était de se fortifier dans le dessin de la forme humaine, sur lequel l'école anglaise n'a jamais excellé, parce que — dit Allan Cunningham — « notre pruderie (*modesty*) nationale se refuse à endurer la vue de la beauté nue. » C'est grand dommage pour les Vénus grecques, pour les nymphes italiennes, et même pour la beauté vivante.

A Rome, Harlow commença par copier la *Transfiguration* de Raphaël, de la même grandeur que l'original; — en dix-huit jours ! et Canova, qui fut émerveillé de cette copie, s'écria : — On croirait plutôt que c'est l'ouvrage de dix-huit semaines! L'artiste anglais rencontra donc tout de suite un chaud protecteur dans le célèbre statuaire : « Après ma copie de la *Transfiguration*, écrit-il de Rome à un de ses amis à Londres, j'ai composé un tableau de quinze figures, qui a fait sensation ici. Canova m'a prié de l'envoyer pour quelques

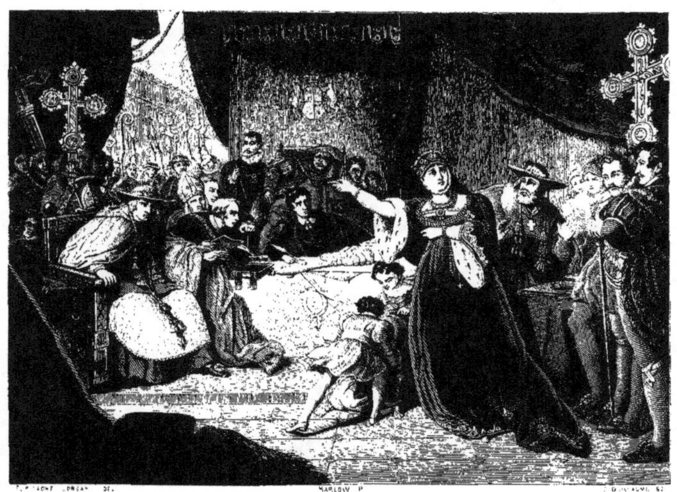

JUGEMENT DE LA REINE CATHERINE DEVANT HENRY VIII.

jours à son atelier, où plus de cinq cents personnes l'ont vu. De là, ma peinture a été exposée publiquement à l'Académie de Saint-Luc, dont je viens d'être nommé membre, à l'unanimité... Élection bien honorable pour moi!... West, Fuseli, Lawrence et moi, nous sommes les seuls artistes anglais qui soient de l'Académie de Saint-Luc. Raphaël, les Carracci, Poussin, Guido, Titien et les autres grands maîtres en étaient membres. Je suis fier de voir mon nom inscrit sur la même liste que ces illustres génies ; c'est pourquoi je désire qu'on ajoute à mon nom, sur la gravure de la *Reine Catherine :* Membre de l'Académie de Saint-Luc, à Rome. » Il raconte ensuite qu'il a visité Naples, Portici, Herculanum, Pompéi et le Vesuve ; qu'il a été, en toilette de cour, à des bals splendides ; qu'il va être présenté au pape par le cardinal Gonsalvi ; après quoi, il quittera l'Italie ; mais « qu'il parlera de ce pays avec la plus fervente admiration jusqu'à la fin de ses jours. »

Ayant donc offert à l'Académie de Saint-Luc un tableau de *Wolsey recevant le chapeau de cardinal* à l'abbaye de Westminster, puis laissé son propre portrait dans la collection des portraits de peintres à l'Académie de Florence, où il est encore [1], il revint à Londres, au mois de janvier 1819; mais, à peine s'était-il réinstallé dans son atelier de *Dean street*, 83, *Soho*, qu'il fut emporté par une esquinancie, le 4 février, n'ayant pas encore accompli sa trente-deuxième année. On l'enterra sous l'autel de l'église de Saint-James, dans Piccadilly.

Lawrence, qui sans doute avait généreusement oublié les mauvais procédés de son ancien disciple Harlow, a dit de lui : « qu'il était de tous les peintres anglais celui qui promettait le plus. » Faisons réserve de Bonington, mort plus jeune que Harlow, et bien plus grand artiste. Mais il n'est pas étonnant que Lawrence ait exagéré l'éloge de l'homme qui approcha le plus de lui. Il y a, en effet, des portraits de Harlow qu'on prendrait, à première vue, pour des Lawrence. Nous avons vu des Anglais s'y tromper, à l'Exhibition de Manchester. La manière de peindre est absolument la même, si ce n'est que Harlow est encore un peu plus lâché que son maître, plus faible de dessin, plus creux dans le modelé. Ses femmes n'ont pas non plus un si grand air, mais elles ont presque autant d'élégance et de charme. Après tout, Lawrence, malgré son immense renommée, n'est pas un portraitiste aussi éminent que Reynolds et Gainsborough, j'ajouterais volontiers que Romney.

Harlow n'est donc qu'un artiste très-secondaire, sans génie particulier, sans originalité dans l'exécution, par conséquent sans influence sur l'art de son pays. Talent superficiel, mais adroit, facile, brillant, il attire l'œil et plaît tout d'abord; mais à peine s'est-on retourné, qu'on n'y pense plus.

W. BÜRGER.

[1] *Nuovo Catalogo dell' I. e R. Galleria di Firenze*, 1854 : « Harlow Giorgio Enrico fece nel 1818 » (p. 75).

RECHERCHES ET INDICATIONS

Allan Cunningham, dans le tome V de ses *Vies des peintres anglais les plus éminents*, donne une assez longue biographie de Harlow; vingt et une pages.

Outre l'esquisse de la *Famille Kemble*, on voyait encore, à l'Exhibition de Manchester, le portrait de Mrs Siddons, arrangée en reine Catherine, pour ce tableau où toute la famille Kemble représentait le Démêlé de Catherine et du comte d'Essex devant Henry VIII; les petits portraits de Northcote et de Fuseli, et deux compositions de fantaisie où sont groupées des têtes de femme.

L'auteur du *Guide à l'Exhibition de Manchester*, M. Scharf, traite assez sévèrement Harlow : « Il exagéra les défauts de son maître, dit-il, ainsi qu'il arrive toujours aux imitateurs... Sa gentillesse est encore plus conventionnelle que celle de Lawrence... Toutes les critiques qu'on peut faire de la manière théâtrale de Lawrence, Harlow les mérite encore mieux... Son dessin est mauvais... Il ne voulut jamais étudier sérieusement..., etc. »

Nous ne savons rien des prix que pourraient valoir aujourd'hui les tableaux de Harlow.

Le grand tableau de la *Famille Kemble*, exposé à l'Exhibition internationale de 1862, a deux mètres de large environ et les figures n'ont guère que 70 centimètres de haut. C'est une flagrante imitation de Lawrence, surtout la Mrs Siddons, qui représente la reine Catherine.

Imprimerie Pillet..., rue Dance...

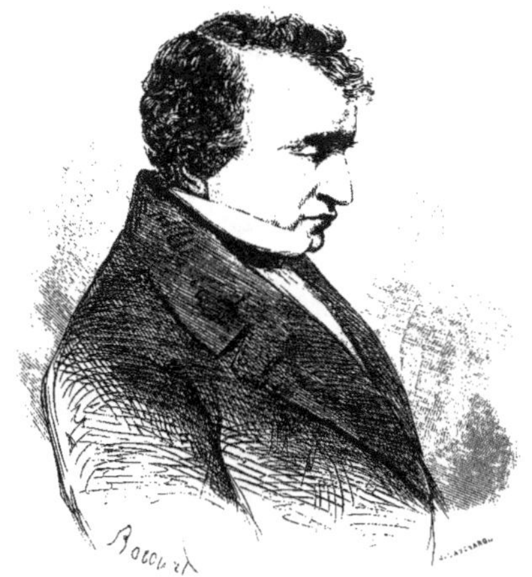

École Anglaise. Sujets bibliques, mythologiques, poétiques, etc

WILLIAM ETTY

NÉ EN 1787. — MORT EN 1849.

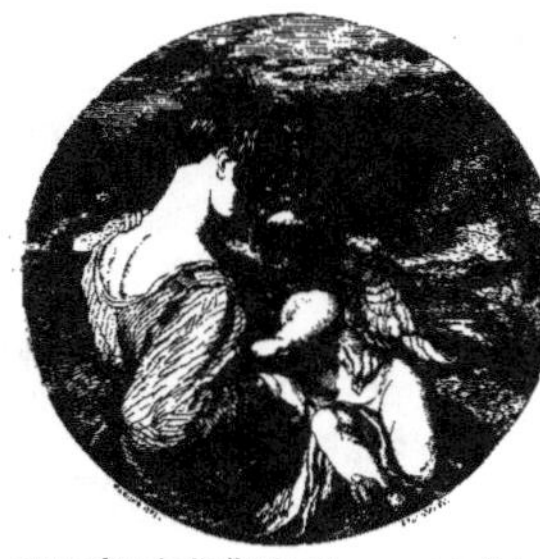

Etty, comme en France Decamps, mais non pas avec autant d'esprit, a écrit son autobiographie sous forme épistolaire, et cette intéressante notice a été publiée dans l'*Art Journal* de 1849[1]. Elle est datée de « York, novembre 1848. » Un an après, le 13 novembre 1849, il mourait dans cette ville d'York, où il était né le 10 mars 1787.

William Etty, comme Rembrandt et Constable, — c'est lui-même qui en fait l'observation, — était fils d'un meunier. Le moulin de son père était situé sur la vieille route d'York à Londres. Ces fils de meunier ont de la chance pour être coloristes, car Etty est affolé de couleur, non pas toutefois à la manière de Rembrandt, qui ne se sert de la couleur que pour obtenir l'effet lumineux, mais à la manière anglaise, qui se plaît aux tons vifs et contrastés.

A la fin de 1798, Etty fut placé en apprentissage dans une imprimerie de Hull, et après sept années de ce métier de compositeur, — « ce n'était pas un lit de roses, » — il put enfin s'adonner au dessin, qui avait été sa vocation dès son enfance.

[1] Autobiography in letters adressed to a relative (*the Art Journal*, p. 13 et p. 37, année 1849). On trouve encore dans le même journal quelques articles sur Etty, notamment sa notice nécrologique, année 1850, p. 33. On peut consulter aussi *the Life of W. Etty*, by A. Gilchrist. 2 volumes in-8°. London. 1855. et la notice du Catalogue de la National Gallery.

En 1806, il vient demeurer à Londres, chez un de ses oncles, étudie d'après nature, d'après des estampes, d'après l'antique. Un peu plus tard, il va montrer un dessin de *Cupidon et Psyché* à Opie, qui l'encourage et le recommande à Fuseli, et, en 1807, il entre étudiant à l'Académie royale, la même semaine que William Collins. Ils avaient encore pour camarade le pauvre Benjamin Robert Haydon, qui devait finir par le suicide. Tous trois dessinaient à l'envi d'après la statuaire, copiant et recopiant le *Laocoon* ou le *Torse* de Michel-Ange : singulier exercice, usité dans toutes les académies, pour former des peintres! Etty désirait autre chose, et, grâce à Fuseli, il fut admis dans l'atelier de Lawrence, moyennant cent guinées pour un an.

Lawrence, comme on sait, ne s'occupait guère de ses élèves, et, sans les guider ni leur fournir aucun enseignement, il les laissait copier ses œuvres.

Etty prétend qu'après avoir employé son année à copier des Lawrence, il trouva très-facile de copier les vieux maîtres à la Galerie Britannique.

Peu d'artistes eurent autant d'obstination à l'étude que William Etty. Outre ses copies d'anciens tableaux et des copies d'après Reynolds, dont Lawrence lui avait procuré les commandes, il travaille l'anatomie et les sciences accessoires de son art; il peint, le jour et la nuit, préoccupé sans cesse des effets de la lumière et de la couleur; il concourt pour toutes les médailles et tous les prix, sans jamais rien obtenir; il envoie des tableaux aux exhibitions, six d'une seule fois, tous refusés; il persévère, malgré de nouveaux refus, à l'exposition de l'Académie et à celle de l'Institution Britannique; il se replie sur lui-même, il se modifie, se perfectionne, et il violente enfin l'Académie royale et l'attention publique aux exhibitions de 1820 et 1821.

Quelle longue lutte, — une douzaine d'années, — pour un artiste vraiment doué, et que l'Angleterre estime si haut maintenant!

Cette première victoire obtenue sur l'indifférence, Etty s'en va visiter l'Italie, Rome, Naples, Florence, Venise, « la patrie de la couleur, l'espérance et l'idole de sa vie d'artiste : *cara Venezia! dear Venice!* » Il y copie Titien, dont il copie même aussi à Florence la superbe *Vénus* de la Tribune, et il est élu membre honoraire de l'Académie vénitienne, « une des mieux tenues et des plus complètes de toute l'Europe. »

En revenant par la France, il s'arrête à Paris, travaille quelque temps au Louvre, et il rentre à Londres, au commencement de 1824, après une absence d'environ deux ans. Une *Pandore formée par Vulcain et couronnée par les Saisons*, d'après Hésiode, eut du succès à l'exposition de cette année-là et le fit élire Associé de l'Académie royale. Le tableau fut acheté par Sir Thomas Lawrence.

Viennent ensuite le *Combat*, avec des femmes implorant la pitié des vainqueurs, et neuf compositions colossales, en trois séries, de trois tableaux chacune : *l'Histoire de Judith; l'Histoire de Jeanne d'Arc; Benaiah*, un des capitaines de David, *Ulysse et les Sirènes*, et l'*Origine du mariage*, d'après Milton.

Etty a expliqué lui-même les hautes ambitions morales qu'il avait en vue dans ces énormes peintures. Les trois épisodes de Judith sont censés prêcher « le patriotisme, le dévouement au pays, au peuple et à Dieu; » Jeanne d'Arc également est le symbole du « patriotisme, de la religion et de la loyauté; » Bénaiah représente « le courage; » Ulysse montre qu'il faut « résister aux délices sensuelles, » etc. Ce qu'il y a de sûr, c'est que ces œuvres prétentieuses sont les plus mauvaises qu'Etty ait jamais peintes; elles appartiennent à l'Académie royale d'Écosse et elles ont paru à l'Exhibition internationale de Londres, sauf la série de Jeanne d'Arc. Les figures sont de proportion extra-naturelle. Cela fait songer aux compositions classiques de l'école française sous l'Empire et aux derniers tableaux de Gros, par exemple à son *Diomède*. Etty, comme Gros, a de la science : presque seul dans l'école anglaise, il a su peindre la figure nue, qu'il avait longuement étudiée d'après le modèle vivant. Audace un peu choquante pour la pruderie d'outre-Manche, et qu'il cherche à justifier dans son autobiographie : « Mon caractère, dit-il, n'a point été compris... J'ai été vivement blâmé, « parce que j'ai préféré de peindre la divine forme humaine, mâle et femelle, plutôt que les productions « des tisserands, ou, tout simplement, les glorieuses œuvres de Dieu, plutôt que les draperies, œuvres de « l'homme. Et j'ai été accusé d'être un homme *shocking* et immoral!... Adorateur de la beauté... dans sa

« forme la plus intéressante pour l'humanité, une femme charmante... si jamais j'ai tendu à la volupté, « j'implore le pardon de Dieu... Je n'ai jamais eu l'idée d'égarer les autres hors des pratiques de la vertu, « qui seule conduit au bonheur dans cette vie et dans l'autre... Si quelqu'une de mes peintures trahit un « sentiment immoral, je consens à ce qu'on la brûle... Que la forme féminine, dans sa plénitude, beauté de « couleur, modelé exquis, puisse, représentée dans sa nudité, exciter la passion jusqu'à un certain point, « comme pourrait le faire la nature, je dois l'accorder; mais, quand on ne se propose pas un sentiment « immoral, j'affirme qu'une figure nue est innocente.— Pour qui a le cœur pur, toute chose est pure, etc. »

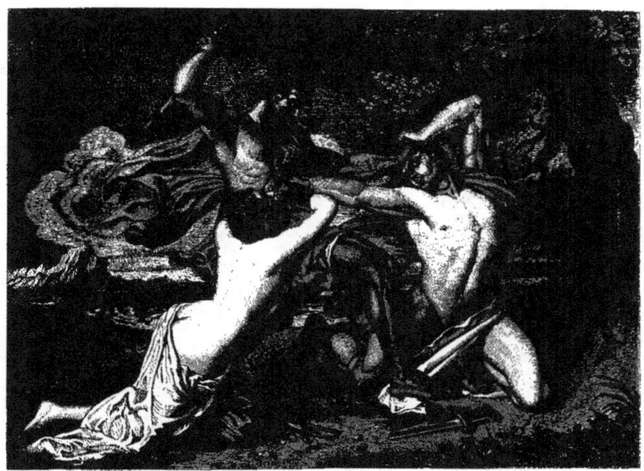

FEMME IMPLORANT LE VAINQUEUR

Ce beau sermon, digne d'un ministre puritain, montre combien, en Angleterre, certains préjugés sont toujours puissants, et qu'il y faut excuser Vénus de sa beauté sans voile. Mais pourquoi donc les Anglais osent-ils exposer à la National Gallery l'adorable *Vénus* du Corrége!

En 1827, Etty fut nommé membre de l'Académie royale.

En 1830, il se trouvait à Paris lors des « trois glorieuses journées de Juillet, » et il en parle avec horreur dans sa longue autobiographie, où s'entremêlent de saintes tirades et des préceptes de dévotion : « L'artiste, dit-il en finissant, doit être fidèle serviteur de Dieu, être attentif à lui rendre un culte public, « à observer son sabbat... Autrement, nous nous attachons trop au monde, nous sommes trop terrestres et « matériels... Or, l'artiste, entre tous les hommes, doit surtout être *intellectual, spiritual, virtuous*, etc. » — Singulier testament d'un peintre qui avait toujours été l'*adorateur* de la forme féminine et qui n'a guère représenté que des Baigneuses et des Nymphes!

Depuis son retour d'Italie, en 1824, Etty n'avait cessé de produire, et le nombre de ses tableaux est considérable. On en avait réuni cent trente à une exhibition dans la grande salle de la Société des Arts, aux Adelphi, en 1849. Ce fut la consécration du talent de ce grand coloriste, qui mourut quelques mois après.

Il fut enterré avec pompe à Saint-Olave, dans Marygate, son convoi suivi par le lord maire d'York et par toutes les corporations de ville. Comme il ne s'était jamais marié et qu'il avait mené une vie simple et solitaire, il avait accumulé une fortune considérable, sans compter que ses esquisses et tableaux inachevés, vendus publiquement chez Christie, au printemps de 1850, montèrent à plus de 5,000 £.

Une fois mort, William Etty trouva des apologistes exagérés : « Comme conception poétique et couleur, dit l'*Art Journal*, il n'a jamais été surpassé par aucun peintre ancien ou moderne. » Et ailleurs : « *Godefroy de Bouillon*, peint en 1835, est une œuvre que Rembrandt eût été fier d'avoir produite. » Le même journal remarque que l'extérieur d'Etty ne révélait guère « l'étendue et la direction de son génie ; il avait cependant « le front haut et large, et une expression de physionomie indiquant l'*intellectualité*. »

Ainsi qu'un autre brillant coloriste qu'il semble avoir un peu influencé, William John Muller, mort en 1845, à l'âge de trente-trois ans, ainsi que son ami et condisciple William Collins, mort en 1847, Etty avait succombé à une maladie du cœur.

W. BÜRGER.

RECHERCHES ET INDICATIONS

Les prix des tableaux d'Etty ont monté prodigieusement depuis ses débuts : son premier tableau, exposé en 1820, fut payé 30 livres par un facteur de pianos, M. Tomkinson ; en 1849, à une vente publique chez Christie, il atteignit 370 guinées. Le second tableau, qui décida son succès, la *Cléopâtre*, qu'on a vue aux Exhibitions de Manchester et de Londres, fut acheté 200 livres par Sir Francis Freeling ; à la vente de ce baronnet, M. Farrer s'en rendit adjudicataire et il l'a revendu, je crois, 1,000 guinées, au propriétaire actuel, lord Taunton. Le *Combat*, peint en 1829, resta longtemps dans l'atelier de l'artiste et ce fut John Martin qui finit par l'acheter 300 livres. Ces grands tableaux convenaient à peu d'amateurs. La série de *Judith*, trois immenses toiles, ne fut payée que 500 livres ; une seule de ces peintures a, depuis, été assurée pour 2,000 livres. Les *Sirènes* et la *Dalila*, exposées en 1837, ne trouvaient point non plus d'acquéreur, quand un de ses amis, Daniel Grant, déjeunant avec lui, au retour de courses, d'où il rapportait beaucoup d'argent, lui proposa 200 livres ; des *Sirènes* seules, Etty demandait 300 livres ; le marché fut conclu cependant, pour les deux tableaux, à 250 livres. Ses peintures de petite dimension montaient toujours bien plus haut ; elles ont monté depuis sa mort, et elles montent encore. Une petite *Baigneuse*, une petite *Nymphe*, se vendent souvent 500 livres et même 1,000 livres.

Tous les critiques anglais vantent avec raison Etty comme coloriste : « Etty est, certainement, le premier coloriste de « l'école anglaise, et cette seule qualité élève souvent ses « tableaux jusqu'à la poésie, » dit M. Scharf, dans son excellent travail sur l'Exhibition de Manchester. « Etty, dit « M. F. T. Palgrave dans sa brochure sur l'Exhibition inter- « nationale de Londres, est un des plus grands coloristes, « peut-être le plus grand de toute l'école anglaise ; il avait « beaucoup étudié et il dessinait avec soin ; il eut un sens « délicat de la grâce des lignes, un vif instinct du paysage ; « seul, parmi ses contemporains, il se consacra à représenter « la pure forme humaine, qu'il sut peindre avec un éclat et « une transparence dignes des Vénitiens, etc. »

Outre ses grands tableaux appartenant à l'Académie royale d'Écosse, on a vu d'Etty les tableaux suivants à l'Exhibition internationale de Londres : *Psyché donnant une cassette à Vénus*, et *Sabrina*, appartenant à M. Thomas Baring ; *Nymphes et Satyres*, appartenant à l'Académie royale (ce fut le tableau de réception du peintre à l'Académie) ; une *Vénus*, à M. G. Young ; un *Déluge*, au duc de Sutherland ; *Hylas et les Nymphes*, à M. Farrer ; la *Cléopâtre*, à lord Taunton, et les *Danses* décrites dans le bouclier d'Homère, à M. J. Tennant.

Ses autres œuvres principales, Etty les a indiquées dans son autobiographie : le *Jugement de Pâris*, *Vénus et les Grâces*, *Vierges sages et Vierges folles*, l'*Enfant prodigue*, *Enlèvement de Proserpine*, le *Pont des Soupirs*, à Venise, *Diane et Endymion*, *Héro et Léandre*, *Zéphire et Aurore*, *Adam et Ève*, la *Madeleine*, le *Bon Samaritain*, etc., et divers sujets d'après Shakespeare, Milton, Spencer, Gray, etc.

Voici la signature de William Etty :

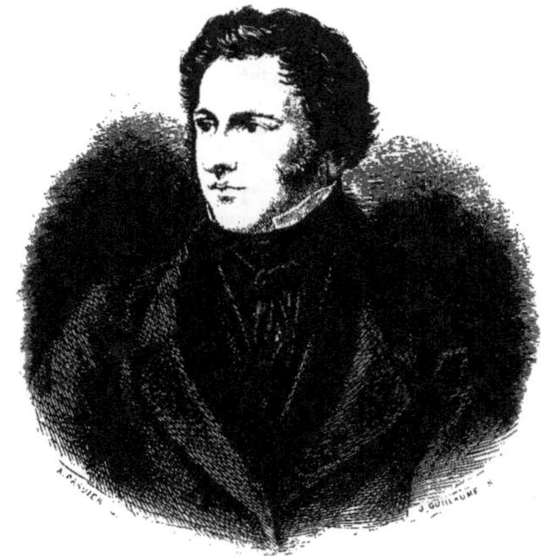

École Anglaise. *Paysage, Marine, Genre*

WILLIAM COLLINS

NÉ EN 1788. — MORT EN 1847.

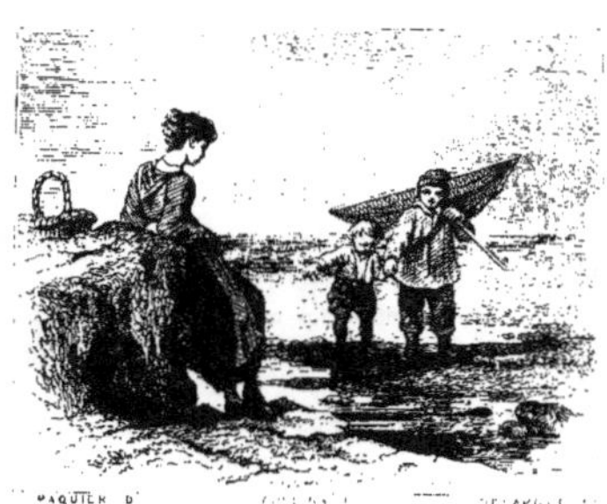

Collins est un peintre médiocre, qui sut plaire et qui plaît encore aux gens du monde. Si nous lui accordons une certaine importance dans ces notes biographiques sur l'école anglaise, c'est qu'il fut lié avec la plupart des artistes illustres à son époque, qu'il fut patronné par des amateurs tels que Robert Peel, et que les *Mémoires de sa vie*[1], publiés par son fils, M. Wilkie Collins, contiennent beaucoup de choses intéressantes sur l'art anglais au commencement du dix-neuvième siècle.

Il naquit à Londres, Great Titchfield street, le 18 septembre 1788, d'un père irlandais et d'une mère écossaise. Le père était à la fois homme de lettres et marchand de tableaux. Ses principaux ouvrages sont les *Mémoires d'un tableau*, la *Vie de George Morland*, dont il fut l'ami, et un *Poëme sur le Commerce des esclaves*, illustré par deux compositions de Morland.

[1] *Memoirs of the life of William Collins*, Esq., R. A. (Royal Academy), with selections from his journals and correspondence, by his son, W. Wilkie Collins. 2 vol. in-8°, avec vignettes. London. 1848. Avec dédicace à Robert Peel. — C'est à ces Mémoires du fils, qui devait être bien informé, que nous empruntons la date de naissance 1788, quoique l'excellent catalogue de la National Gallery (école anglaise), par M. Ralph N. Wornum, revu par Sir Charles Eastlake (10e édition, 1862), donne la date 1787 : faute typographique sans doute.

gravées par J.-R. Smith. L'idée de ces *Mémoires d'un tableau*, souvent imitée depuis, était assez originale : il s'agit d'un « inestimable joyau peint par l'immortel Guide, » volé dans la Collection royale de France par un chevalier Van der Wigtie, et dont les pérégrinations et aventures sont merveilleuses. Si les tableaux pouvaient voir et parler, imaginez ce que verrait et ce que dirait un tableau accroché successivement dans le salon d'un diplomate, dans l'alcôve d'une courtisane, dans la cellule d'un couvent, dans la halle d'un cabaret! — N'a-t-on pas fait parler aussi quelquefois l'épingle qui noue le fichu sur le cœur d'une grande dame ou d'une soubrette ?

Ce père Collins était un homme ingénieux et très-remuant dans son double commerce en belles-lettres et en beaux-arts. S'il n'y fit pas fortune, son fils, du moins, y prit le goût de la peinture, qui l'introduisit plus tard jusqu'au sein de l'Académie royale. Tout jeune, le petit William était bien à même de copier de vieux tableaux et d'écouter des conversations sur les anciens maîtres. Son père le dressait aussi à dessiner d'après nature. Un jour qu'il l'avait conduit à Brighton, au bord de la mer, l'enfant, enthousiasmé, essaya de reproduire le grand spectacle qu'il avait sous les yeux; mais, aussitôt, sentant son impuissance, il fondit en larmes.

Quand il eut acquis une certaine pratique, on songea naturellement à l'ami Morland, ce génie facile, qui peignait en buvant et qui buvait en peignant. Le petit était fort empressé d'être mis en rapport avec son futur maître. Mais où prendre Morland, presque toujours égaré dans de mauvaises tavernes? Un soir pourtant, le père Collins, avec une gravité mystérieuse, vient annoncer à son fils, occupé au travail, que Morland est en bas, mais qu'il vaut mieux retarder la présentation. William descend en cachette, ouvre par instinct la porte de la cuisine, et il aperçoit, étendus sur de vieilles chaises, aux coins du foyer, deux hommes endormis du pesant sommeil de l'ivresse. L'un, à qui les ravages de la débauche n'avaient point encore fait perdre sa mâle beauté, c'était George Morland; l'autre, de stature colossale et grossière, c'était un célèbre lutteur que Morland avait adopté pour compagnon, à ce moment-là. Un tel souvenir de « la première vue » resta toujours dans l'esprit de Collins, sans détruire l'estime qu'il avait pour le talent du pauvre grand artiste.

La vie désordonnée de Morland ne lui permettait guère d'avoir des élèves; le jeune Collins eut cependant le privilége de le voir peindre souvent, avec son aisance toute magistrale, et ces leçons pratiques en valaient bien d'autres. Morland étant mort en 1804, Collins suivit le convoi jusqu'à la chapelle de Saint-James, attendit que tous les assistants fussent partis du cimetière, enfonça profondément son bâton dans la fosse, l'emporta précieusement chez lui avec l'espèce de fourreau de terre humide qui s'y était attachée, le laissa sécher, le vernit et le conserva comme une relique. Sa première peinture à l'huile, un portrait de lui-même, en habit bleu et gilet à raies jaunes, est encore un témoignage de son fanatisme pour Morland, qui s'était représenté autrefois dans un pareil costume de dandy excentrique.

En 1807, il est admis étudiant à l'Académie royale, et, dès cette année-là, il expose deux Paysages, vues prises près de Millbank. En 1808, il envoie à la British Institution cinq petites peintures. En 1809, il obtient la médaille d'argent pour un dessin d'après nature, et il expose à l'exhibition de l'Académie deux tableaux de genre, dont l'un, *Enfants avec un nid d'oiseaux*, eut la chance d'être acheté par un riche amateur, M. Lister Parker.

Le voilà lancé, et depuis lors il expose toujours à l'Académie et à l'Institution Britannique, et, même à son début, il trouve souvent pour ses œuvres des acquéreurs distingués : M. Mills, M. Sheepshanks, le généreux légateur de la collection de tableaux classée au South Kensington Museum, Sir Thomas Heathcote, et même le marquis de Stafford, qui acheta le *Jeune Fifre*, exposé en 1811. Plusieurs de ces peintures de sa première époque furent même gravées plus tard, dans le *Forget me not* de 1830, dans l'*Annuaire* de 1831, etc.

Au commencement de 1812, mourut le père Collins, presque dans la misère, et William eut désormais à soutenir toute sa famille. Heureusement que sa réputation progressait à chaque œuvre nouvelle. La *Vente de l'agneau favori*, exposée en 1812, fut reproduite par deux graveurs, et, de la plus petite de ces gravures, le public enleva aussitôt 14 à 15,000 exemplaires.

En 1813, parurent à l'exhibition de l'Académie et à celle de l'Institution Britannique quatre peintures, dont les « *Attrapeurs d'oiseaux* (*Bird Catchers*, » son chef-d'œuvre peut-être, dans toute sa carrière. Ce tableau décida son élection comme Associé à l'Académie royale et fut acheté 100 guinées par le marquis de Lansdowne ; on le voit présentement à l'Exhibition internationale de Londres.

En 1815, avec son ami Stark, qui avait été élève du grand paysagiste John Crome, de Norwich, il fit une excursion dans le Norfolk. Sa manière en fut un peu modifiée, et il y prit surtout le goût des marines et des

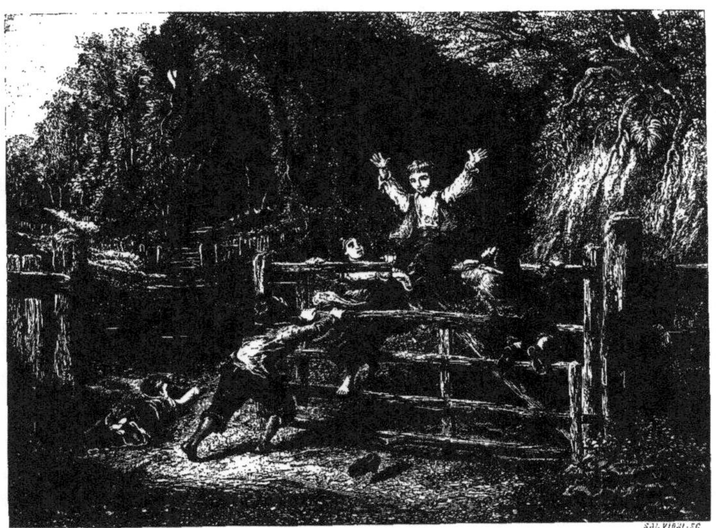

C. METTAIS — SAL. VIGRI. SC

HEUREUX COMME UN ROI.

scènes de pêcheurs, en résidant deux mois au petit port de Cromer, sur la mer du Nord, à peu de distance de Norwich.

Ce penchant à peindre des scènes maritimes, quelques embarras d'argent, le décidèrent, l'année suivante, à s'en aller passer l'automne à Hastings, sur la côte de la Manche, non loin de Douvres. Il en revint avec de belles études, qu'il utilisa successivement dans ses tableaux de marines.

Il avait alors pour intimes et pour conseils, — outre son frère Francis, plus jeune que lui, et qui s'adonnait aussi à la peinture, — David Wilkie et Robert Leslie ; celui-ci n'était pas encore célèbre, mais Wilkie était déjà membre de l'Académie royale depuis cinq ans.

Le succès de ses tableaux exposés en 1817, surtout de deux grandes *Marines*, effet de soleil levant, dont l'une fut achetée par Sir J.-F. Leicester (lord de Tabley), lui permit d'aller se distraire à Paris, en compagnie de Leslie et du peintre américain Washington Allston. Deux tableaux dont les sujets étaient pris en France, le *Départ de la diligence de Rouen* et une *Scène sur les boulevards, à Paris*, parurent à l'exhibition de l'année suivante, avec une *Scène de côte* dans le Norfolk et le *Nid d'oiseaux*. Le prince régent et lord Liverpool se trouvèrent en concurrence pour acheter 150 guinées la *Scène de côte*, qui finalement passa dans la galerie de Windsor Castle. Le *Nid d'oiseaux* fut acheté par la comtesse Grey ; la *Scène des boulevards de Paris*, par le duc de Newcastle ; la *Diligence de Rouen*, 200 guinées, par Sir George Beaumont. — C'est dire assez combien le talent de Collins était apprécié dans la haute aristocratie anglaise.

Lord Liverpool, ayant cédé la Marine au prince régent, en commanda une autre et devint un des protecteurs les plus enthousiastes de Collins. C'est chez lui que Collins fut présenté à Robert Peel. Le duc de Newcastle se passionna aussi pour Collins, le reçut à son château de Clumber Park et lui fit faire des portraits de famille. De chez lord Newcastle, Collins s'en allait chez Sir George Beaumont, où il se liait avec les poëtes Wordsworth, Southey, Coleridge. De chez Sir George, il partait pour Edinburgh avec Sir Francis Chantrey, le sculpteur. Que de belles accointances, sans compter ses relations avec Sir Thomas Lawrence, son intimité avec Allston, Wilkie, Leslie, Constable, Danby, Samuel Joseph le sculpteur, et autres ! Aussi les Mémoires publiés par le fils de Collins contiennent-ils d'intéressantes lettres de Coleridge, de Sir George et de lady Beaumont, de Sir J.-F. Leicester, de Wilkie [1], etc.

La nouvelle Marine pour lord Liverpool, *Scène de Pêcheurs*, — à propos de quoi Wilkie déclara son ami « supérieur à tous les peintres contemporains, » — et les portraits de la famille du duc de Newcastle furent exposés en 1819. L'année suivante, Collins exposait encore d'autres portraits [2], peints pour lord Liverpool ; car il ne redoutait point d'attaquer les figures de grandeur naturelle, et nous verrons qu'en ses dernières années

[1] Ces lettres de Wilkie, qui a tant d'importance dans l'école anglaise, seraient bonnes à publier dans quelque journal d'art. En voici quelques traits épars dans cette longue correspondance.

Août 1823, au retour de son voyage en Ecosse avec Collins : « Il est clair maintenant que ce n'est pas pour rien que nous avons « été en Ecosse. En me risquant avec un homme comme vous, je savais bien que je n'avais pas chances égales, quoique j'eusse « pris pour auxiliaire un costume galant. Vous voilà revenu marié, et moi toujours célibataire ; ce qui prouve que j'aurais bien « vainement cherché à rivaliser avec vous auprès du beau sexe. Si tel eût été mon but, assurément vous avez eu l'avantage sur « moi ; mais j'ai le plaisir de vous annoncer du nouveau, pour montrer que mon costume de cour et ma bonne mine à Holyrood, « s'ils n'ont pas eu de succès près des ladies, n'ont pas été pourtant une *spéculation* inutile (*an idle speculation*) : M. Peel vient « de m'informer que la charge de peintre (*limner*) du roi, pour l'Ecosse, vacante par la démission de Sir Henry Raeburn, m'avait été gracieusement conférée par Sa Majesté. Cette place, que je n'avais pas sollicitée, je l'ai acceptée avec joie, comme un grand honneur. Me voilà donc fonctionnaire de la couronne... un homme en place, un pensionnaire, un non-résident, un sinécuriste. Et « ce n'est pas sans rémunération, car il y a des émoluments attachés à la place.... etc. »

Ses lettres d'Italie, et surtout celles de Rome en 1825, sont les plus curieuses, en ce qu'elles font connaître ses impressions devant les chefs-d'œuvre des grands maîtres italiens.

A Genève, 1827, il résume ainsi ses impressions : « Après avoir vu toutes les belles peintures en France, en Italie et en Allemagne, on peut arriver à cette conclusion, que la couleur est, sinon la première qualité, au moins une qualité essentielle en peinture : » et il explique, par l'analyse de certains chefs-d'œuvre, tels que la *Vénus* du Titien, à Florence, et *l'Assomption de la Vierge* de Fra Battolomeo, à Lucques, comme quoi la couleur doit être simple et profonde, etc.

A Madrid, 1828, il s'enthousiasme pour Velazquez, qui le fait réfléchir : « Je sens bien, dit-il, que Sir George Beaumont avait raison quand il me soutenait que *le blanc n'est pas de la lumière* et que le *détail n'est pas du fini*. »

En lisant ces correspondances, ainsi qu'en lisant les *Discours* de Reynolds et tout ce qu'ont écrit les artistes anglais, on admire leur intelligence critique et leurs saines théories, — qu'ils ne pratiquent pas toujours dans leurs œuvres.

[2] En cette année 1820, Collins avait aussi exposé une *Scène de rivière*, qui fut achetée 150 guinées par Mrs Hand, et qui, plus tard, à la vente de cette dame, monta à 230 guinées (environ 6.000 fr.). — Il avait mis cinq à six semaines à exécuter cette peinture, « commencée le 8 février, finie le 3 avril, » ainsi que nous l'apprend son *Journal*, où il tenait note du temps que lui *coûtaient* ses œuvres ; préoccupation tout anglaise et un peu commerciale. D'habitude, il *dépensait* un peu plus d'un mois à chaque tableau, qui lui *rendait* de 100 à 200 guinées. C'est déjà un beau *produit* par an. Plus tard, ses prix haussèrent encore. On fait souvent fortune, en Angleterre, avec la profession d'artiste. — Ce *Journal* de Collins, très-minutieux en ce qui concerne sa personne et ses affaires, contient, par-ci par-là, des réflexions très-justes sur l'art.

il s'aventura même dans les sujets religieux. Ne s'est-il pas risqué aussi jusqu'à exécuter une copie d'un Rembrandt de lord Radstock, sans doute le beau paysage boisé, aujourd'hui dans la galerie Robert Peel! En conscience, ce n'était pas là son affaire. Bon pour les petites scènes de pêcherie et les jeux d'enfants, avec personnages lilliputiens!

Associé à l'Académie depuis 1814, il ne lui avait manqué qu'une seule voix, en 1819, pour être nommé académicien, et c'était William Hilton qui avait passé. Mais il fut élu en 1820, et, suivant l'usage, il offrit à

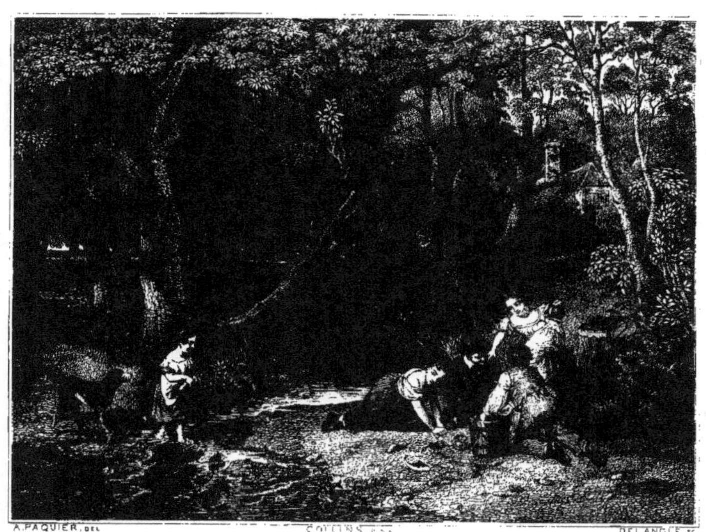

PAYSAGE

l'Académie son tableau de réception (*diploma picture*) : *Jeunes garçons occupés à la pêche;* peinture fine et transparente, qu'après sa mort on exposa comme son chef-d'œuvre, à la British Institution, parmi des tableaux de maîtres anciens, et qui reparut à l'Exhibition de Manchester.

En 1822, Collins fit un nouveau voyage à Edinburgh, avec son ami Wilkie et un autre confrère, Andrew Geddes, originaire d'Écosse, comme Wilkie. Ce fut une série de fêtes et de parties de plaisir. Wilkie avait un « habit tout neuf, couleur bleu de ciel. » Leur réputation leur avait ouvert les maisons les plus distinguées. Un soir qu'ils étaient à dîner chez Sir Walter Scott, quand on fut au dessert, le noble romancier se prit à chanter une de ses ballades, répétée en chœur par la compagnie, et tout à coup, se levant et provoquant ses hôtes à former une ronde, il les entraîna à danser autour de la table.

C'est durant ce séjour en Écosse que Collins épousa miss Harriet Geddes, — sœur de Mrs Carpenter, peintre de portraits, et femme de M. W. Carpenter, présentement conservateur du Cabinet des estampes, au British Museum. De ce voyage il résulta aussi un tableau peint en commun par Collins (le paysage) et par Wilkie (les figures).

Collins contribuait toujours à chaque exhibition de l'Académie. Dans le *Marchand de cerises*, exposé en 1824, il avait utilisé la curieuse figure du vieux Odell, dont le poëte Cooper parle souvent; l'esquisse originale de ce tableau fut achetée par Robert Peel, qui lui commanda, de plus, un tableau capital, en lui laissant le choix du sujet et la fixation du prix. Le roi George IV voulut avoir aussi une nouvelle peinture de Collins. Le tableau du roi représenta des *Pêcheurs de crevettes;* celui de Robert Peel, un *Effet d'hiver* [1]. L'un et l'autre ont paru à l'Exhibition internationale de 1862, à Londres.

Lorsque Wilkie fut revenu, en 1828, de ses voyages en Italie et en Espagne, Collins lui proposa d'aller faire un tour en Belgique et en Hollande; mais Wilkie était alors affolé des Italiens, et d'ailleurs ses travaux le retenaient à Londres. Collins partit donc avec un autre ami, et il visita Ostende, Bruges, Gand, Bruxelles, les bords de la Meuse, Anvers, La Haye et Rotterdam. L'année suivante, pendant qu'on lui préparait une nouvelle résidence à Hampstead, il alla s'établir à Boulogne, tout l'été, et il y prit plusieurs vues des côtes de France. Le *Quai de Boulogne*, exposé en 1830, passa dans la galerie de Sir Thomas Baring.

Les *Joueurs de boule*, commencés à la même époque et exposés en 1832, semblèrent à l'ami Wilkie « un des chefs-d'œuvre de l'école anglaise (*one of the standard works of the english school*). » Nous les avons vus aussi à l'Exhibition internationale de 1862. C'est, en effet, une des meilleures peintures de Collins. Le clair-obscur est bien distribué sous le vaste hangar où s'amusent les joueurs. La couleur ne manque pas d'une certaine puissance. Collins, ordinairement faible de ton, indécis dans l'expression des formes, songeait, cette fois, aux anciens Hollandais, qu'il venait d'étudier chez eux.

Dans l'intervalle de ses travaux, il allait visiter des amis habitant la campagne, et souvent même il était invité chez les lords et les grands personnages de l'Angleterre. En 1832, on le trouve au château de Sir Robert Peel, à Drayton Manor, avec Wilkie; en 1833, à Stratton Park, chez Sir Thomas Baring. A la fin de cette même année 1833, ayant perdu, coup sur coup, son frère Francis et sa mère, il fut quelque temps presque sans peindre et sans produire. — Il n'avait que deux tableaux à l'Exhibition de 1834.

A celle de 1836, parut une de ses œuvres les plus vantées : *Heureux comme un roi* (*as Happy as a King*) [2]. Le titre aussi est heureux : il était de l'invention de Wilkie, qui avait le génie des titres. Collins avait raconté à Wilkie ce qui lui donna la première idée de cette peinture : un jour, à la campagne, il avait entendu un petit paysan souhaiter d'être roi, « afin de pouvoir se balancer sur une barrière et manger du lard tout le jour. » Il avait donc représenté de petits villageois gymnastiquant autour d'une vieille barrière, et, au sommet de la barrière, debout et triomphant, un gentil *country boy :* — « Eh bien! dit Wilkie, n'est-il pas heureux comme un roi? Voilà votre titre! »

Dans ce tableau et dans les *Joueurs de boule*, Collins, alors entre quarante et cinquante ans, était à l'apogée de son talent de peintre. Il avait conquis une certaine entente du plein air et de la dégradation de la lumière; sa couleur était moins superficielle que dans sa première manière, presque analogue à l'aquarelle.

Cependant, comme Wilkie le tourmentait toujours pour qu'il allât visiter l'Italie, il se décida enfin à partir avec toute sa famille. Il était à Paris au commencement d'octobre 1836; à Nice, au commencement de novembre. Là, il fut retenu six semaines par les appréhensions du choléra, qui sévissait à Rome et à Florence. De Nice il alla à Gênes, de Gênes à Pise, de Pise à Florence, de Florence à Sienne et de Sienne à Rome.

[1] Cet *Effet d'hiver*, exposé en 1827, fut payé 500 guinées; c'était le plus haut prix que Collins eût obtenu jusque-là d'une de ses œuvres.

[2] Il y avait aussi, à cette exhibition, le *Matin du dimanche*, payé 200 guinées, par M. George Knott, et revendu 280 guinées après la mort de ce gentleman.

Il passe trois ou quatre mois à Rome, écrit dans ses lettres à Wilkie ses impressions sur le Vatican et la chapelle Sixtine, fait nombre d'études et de croquis, et gagne Naples au printemps. Chassé de Naples par le choléra, il se réfugie à Sorrento, y travaille plusieurs mois, tombe malade, va prendre les eaux sulfureuses dans l'île d'Ischia, et revient à Naples au commencement de l'hiver. C'est là surtout qu'il se plaît et qu'il amasse des souvenirs pour ses tableaux futurs.

De Naples il retourne à Rome et à Florence, puis il visite Bologne, Modène, Parme, Mantoue, Vérone,

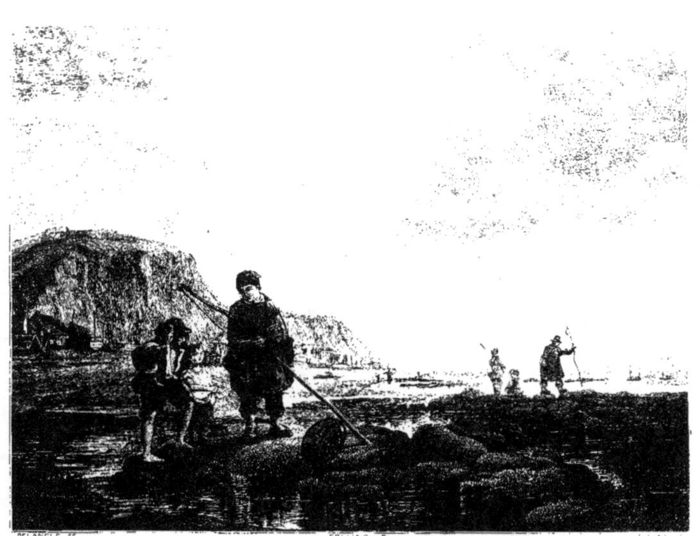

LES PÊCHEURS DE CREVETTES.

Padoue, et il arrive à Venise, où il reste un mois. De Venise il s'en va par l'Allemagne, Innsbruck, Salzburg et Munich, heureux de voir dans cette dernière ville trois tableaux de son ami Wilkie, achetés par le roi de Bavière. De Munich il va gagner le Rhin, descend en bateau le beau fleuve, et, après avoir visité Cologne et Rotterdam, il rentre enfin à Londres, qu'il avait quitté depuis près de deux ans.

L'Italie eut sur Collins l'influence qu'elle avait eue sur Wilkie et qu'elle a presque toujours sur les artistes qui vont, à un âge déjà avancé, la visiter pour la première fois : elle bouleverse leurs idées et leur talent, elle les détourne de leurs tendances naturelles, sans qu'ils aient l'énergie de se métamorphoser. Dans la jeunesse, il est bon de commencer ses études de la tradition en allant admirer les forts, ceux qui s'étaient inspirés eux-mêmes des traditions antérieures ; il n'est pas dangereux de parcourir l'Italie et tous les pays où se rencontrent les chefs-d'œuvre des anciennes écoles, parce qu'on s'assimile ainsi des éléments essentiels, qui n'empêchent pas de se former d'après le type intérieur qu'on a en soi. Mais quand le style est déjà formé depuis longtemps, l'influence presque invincible des grands Italiens, loin de décider une transformation salutaire, pousse tout simplement à l'imitation.

Collins n'a plus d'autre idée que de peindre des sujets italiens. Ses trois tableaux exposés en 1839 sont des souvenirs de Naples, de la baie de Naples et des États-Romains. La presse ne l'encourageait guère, mais les amateurs le suivirent sans hésitation. Le marquis de Lansdowne et Sir Thomas Baring lui commandèrent même des tableaux. Le tableau du marquis fut un *Jésus dans le Temple au milieu des docteurs*, et le tableau du baronnet, un *Ave Maria*. C'était l'aboutissement infaillible de sa conversion ultramontaine. Ces deux tableaux religieux furent exposés en 1840, avec un sujet italien, et, la même année, Collins fut nommé bibliothécaire de l'Académie.

C'est à cette époque que Wilkie partit pour son grand voyage en Terre-Sainte. Ses lettres à Collins, de Constantinople [1] et de Jérusalem, sont encore plus curieuses que ses lettres écrites d'Italie autrefois. Hélas! les deux amis ne devaient plus se revoir, Wilkie, comme on sait, étant mort près de Gibraltar, sur le vaisseau qui le ramenait en Angleterre.

En 1841, nouvelle peinture religieuse : les *Pèlerins d'Emmaüs*, et quatre sujets italiens; en 1842, sept tableaux, italiens la plupart, et des portraits; en 1843, une *Madone;* en 1844, un *Patriarche*, buste de grandeur naturelle; en 1845, *Antonio*, jeune homme, aussi de grandeur naturelle, et faisant pendant au *Patriarche;* je ne parle pas des autres.

Dans cette troisième période, depuis le retour d'Italie, l'artiste est complétement égaré: le peintre des petits *Dénicheurs d'oiseaux*, des *Pêcheurs de crevettes*, des *Joueurs de boule*, ne s'appartient plus. La baie de Naples convenait moins à son talent que les plages du Norfolk, sur la mer du Nord. Il avait eu de l'esprit et de la gaieté avec ses gamins de village; il n'eut plus aucun caractère, ni grandeur, ni profondeur, ni sentiment, ni style, avec ses Jésus et ses Madones. — Mieux vaut être un bon Anglais qu'un mauvais Italien.

Depuis des années, Collins souffrait d'une affection au cœur. Vers 1846, sa maladie devint plus grave. Au commencement de 1847, les médecins jugèrent qu'il était perdu; et, en effet, il mourut le 7 février. Ses confrères et amis, Leslie et Ewins, son exécuteur testamentaire et son médecin, ses deux fils, escortèrent son convoi jusqu'au cimetière de l'église Sainte-Marie, dans Paddington.

W. BÜRGER.

[1] Dans une lettre écrite de Constantinople, Wilkie observe ceci : « Le peintre qui a représenté avec le plus de vérité les peuples orientaux, c'est Rembrandt. Ses tableaux bibliques nous sont rappelés, à chaque moment, par tout ce que nous voyons ici autour de nous, et ce pouvoir *prevenlif (this anticipating power)* qu'il eut de rendre ce qu'il n'avait jamais vu, élève le grand peintre d'Amsterdam encore bien plus haut que nous n'avions pensé... »

Voici la signature de Collins :

W. Collins

IMP. POITEVIN, RUE DAMIETTE, 2

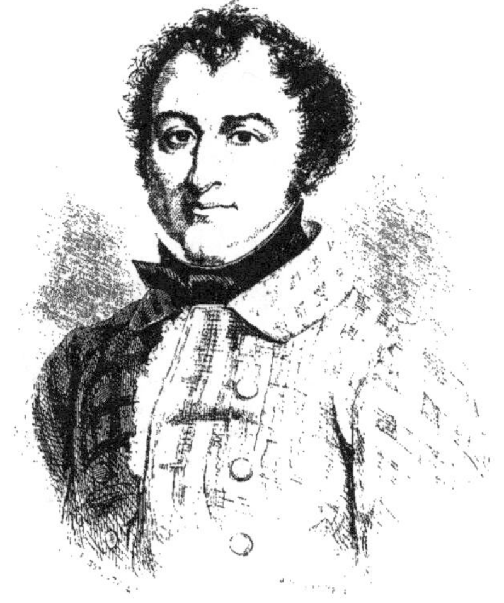

École Anglaise. *Sujets bibliques et poétiques.*

JOHN MARTIN

NÉ EN 1789. — MORT EN 1854.

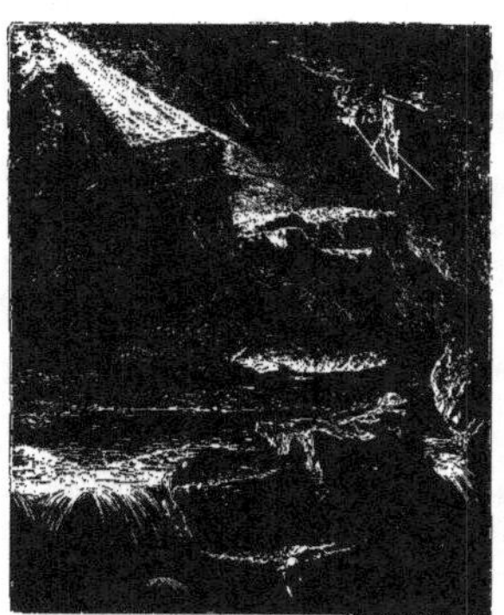

Martin a fait parler de lui dans toute l'Europe, et c'est peut-être, de tous les peintres anglais, celui qui fut le plus renommé sur le continent. En Angleterre aussi, un moment, il sembla être un des plus grands génies de l'art britannique, et Bulwer s'est hasardé jusqu'à écrire que Martin était « plus original, plus *soi-même* (*self-dependent*), que Raphaël et que Michel-Ange. C'est, dit-il, le plus sublime, le plus durable d'entre les génies de notre siècle... » Ce dithyrambe continue durant trois pages du livre de Bulwer sur l'*Angleterre et les Anglais*[1]. Beaucoup de ses compatriotes partagèrent ce fanatisme, auquel succéda bientôt l'indifférence, et maintenant c'est à peine s'ils tiennent compte de Martin lorsqu'ils vantent la série de leurs bons artistes depuis le dix-huitième siècle. Il en a été ainsi pour Benjamin West, pour Barry, pour Fuseli, pour tous les ambitieux de grande peinture, un peu oubliés aujourd'hui, tandis que les peintres de portraits, de scènes familières, de paysage et de marine, sont exaltés, avec raison, comme les vrais représentants de l'école anglaise.

[1] Traduction française, Bruxelles, 1833, chez Méline.

John Martin est né le 19 juillet 1789, dans une maison appelée the East-land Ends, près de Hexham, entre Newcastle et Carlisle. Sa famille ayant été habiter Newcastle, il entra en apprentissage chez un carrossier de cette ville, pour peindre des armoiries; mais, au bout d'une année, des difficultés survinrent entre le patron et l'apprenti, qui se fit admettre dans l'atelier d'un peintre italien établi à Newcastle, Boniface Musso, père de Charles Musso, ou Muss, le célèbre peintre en émail. Bientôt après, les deux Muss allèrent s'établir à Londres et ils entraînèrent à leur suite le jeune Martin.

« J'avais dix-sept ans, raconte-t-il lui-même[1], quand j'arrivai à Londres, au commencement de septembre 1806, et je demeurai d'abord avec les Muss, Wynyatt street, New River Head, puis je pris une chambre dans Adam street West, Cumberland place. C'est là que, par un travail obstiné, jusqu'à deux ou trois heures du matin, j'acquis la science de la perspective et de l'architecture, qui me fut si utile plus tard. Le soir, je peignais sur verre, ou je faisais des aquarelles et des dessins pour Charles Muss. »

Il vivait avec ces faibles ressources quand il se maria, en 1809. Il fallut alors choisir un logement plus convenable, Northumberland street, Marylebone, et se créer un travail plus lucratif. « Avide de renommée, dit-il, je me décidai à tenter une grande peinture. Ce premier tableau, *Sadak à la recherche des eaux de l'oubli*, fut peint en un mois. Vous pouvez aisément deviner mon anxiété, lorsque j'entendis les hommes qui le mettaient dans son cadre disputer entre eux pour savoir ce qui pouvait être le haut ou le bas de la peinture. »

Il paraît que, à l'origine comme à l'apogée de son talent, la fantasmagorie de ses compositions nuisait un peu à leur clarté. La *Sadak* fut exhibée à l'Académie en 1812, et vendue 50 guinées à M. Manning, directeur de la banque d'Angleterre. C'était déjà un succès.

Vinrent ensuite l'*Adam et Ève* et l'*Expulsion du paradis*, exposés en 1813. L'*Adam et Ève* eut les honneurs de la grande salle de l'Académie et fut vendu 700 guinées. L'*Expulsion* parut aussi à l'Institution Britannique. En 1814, fut exposée la *Clytie*, peinte depuis quelque temps déjà, et qui valut à Martin les encouragements du président Benjamin West et la connaissance de Leslie, avec qui il demeura lié. Par Leslie il entra aussi en amitié avec un peintre américain, Washington Allston.

Mais le tableau qui décida de la réputation de Martin est le *Josué commandant au soleil de s'arrêter*. Il fut très-remarqué à la British Institution, où il obtint un prix de 100 £. La *Chute de Babylone* (1819) eut encore plus de célébrité, et le *Festin de Balthazar* (1821) fut déclaré la merveille du siècle. La British Institution lui décerna un prix de 200 £. Chaque année, paraissait un nouveau prodige : en 1822 la *Destruction d'Herculanum*, en 1823 les *Sept plaies d'Égypte*, en 1824 la *Création*. Le *Déluge* est de 1826, la *Chute de Ninive* de 1828.

Entretemps, Martin s'était mis à graver lui-même ses œuvres. De 1823 à 1828, il reproduisit ainsi le *Josué*, le *Balthazar*, le *Déluge*, et ses gravures se répandirent partout, aussi bien sur le continent qu'en Angleterre. Ces grandes imaginations fantastiques avaient de quoi frapper les esprits. En France, en Allemagne, en Belgique, on s'entretenait du génie de Martin et l'on avait grand désir de voir les peintures originales de ces estampes universellement connues.

Martin envoya donc la *Chute de Ninive* à une Exposition de Bruxelles et le *Déluge* au Salon de Paris. Le premier tableau lui valut la grande médaille, la croix de l'ordre de Léopold et l'élection à l'Académie d'Anvers; le second tableau, une médaille d'or et un riche présent de porcelaines de Sèvres, de la part du roi de France.

Quelques Anglais avaient déjà — rarement — exposé en France, Lawrence et Constable par exemple, et ils s'en étaient bien trouvés. Le *Déluge* fit sensation à Paris, mais non pas dans le même sens que les paysages de

[1] *The Athenæum*, n° du 14 juin 1834, dans une lettre provoquée par un extrait du *Bookseller's Advertiser* de New-York, où l'on racontait avec des détails erronés les commencements de sa vie. Ces renseignements biographiques se retrouvent, presque dans les mêmes termes, dans une autre lettre de Martin, publiée par *The Illustrated London News*, n° du 17 mars 1849. *The Athenæum* s'en est aussi servi pour sa Notice nécrologique sur Martin, n° du 25 février 1854.

Constable. Constable avait impressionné les artistes. Martin enthousiasma les curieux et les gens du monde, mais il fut assez justement apprécié par la critique : « Martin n'est pas un peintre, dit Gustave Planche, dans son *Salon de* 1834, c'est une puissance mystérieuse qui n'a de rang ni de place nulle part, qui se soucie peu de la forme de sa pensée, pourvu qu'il émeuve, qu'il étonne et qu'il galvanise la pensée d'autrui. Il se complait dans une poésie sans nom, embryonnaire, inachevée, confuse, qui excite l'imagination jusqu'à l'enivrement, mais qui ne laisse jamais dans l'âme du spectateur une impression complète et durable. C'est le peintre des poëtes, c'est le poëte des peintres, et pourtant il n'est ni un peintre ni un poëte. »

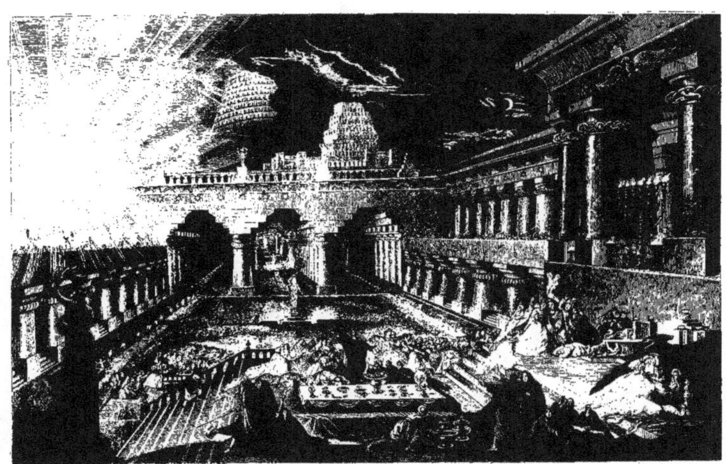

LE FESTIN DE BALTHAZAR

Nous voilà bien loin du jugement de Bulwer, mais la critique anglaise en est venue aussi à trouver que « l'art de Martin est trop théâtral. Il s'adresse aux yeux plutôt qu'à l'esprit. Il produit ses grands effets par illusion, —et en quelque sorte par supercherie[1].... Mais Martin fut neuf et son style lui est propre... etc. »

A partir de 1828, le graveur commença à absorber le peintre. Les fameuses illustrations pour le Milton lui furent payées 2,000 guinées (52,000 francs). Il les dessina directement sur les planches, tant il avait l'habitude de sa manière noire et la certitude de ses effets.

Une autre préoccupation s'empara de lui vers la même époque. Son génie, « commerçant avec les grands espaces et les grands faits de la moderne Babylone, tout comme avec les lieux et les scènes des anciens temps, » se tourmentait de l'amélioration de Londres. Dès 1827 et 1828, il publia divers plans pour procurer de l'eau pure aux riverains de la Tamise; pendant plus de vingt années, et même jusqu'à

[1] By illusion, — perhaps by *imposition* (*The Athenæum*, n° du 25 février 1854).

sa mort, il poursuivit avec obstination et dévouement des projets pour purifier le fleuve, pour assainir la ville, pour relier la Tamise et les docks à tous les railways, pour ventiler les mines de charbon, et bien d'autres inventions savantes et ingénieuses, favorables au perfectionnement de l'économie sociale et aux intérêts du peuple.

A voir les tableaux de Martin, ne devine-t-on pas qu'il y a dans ce peintre beaucoup de l'architecte, de l'ingénieur et du mécanicien?

Plusieurs de ces projets relatifs à l'édilité publique ou à la philanthropie ont été successivement adoptés par l'État ou par des compagnies. Martin lui-même y avait sacrifié, outre son temps, des sommes considérables. Car c'était un homme de grand cœur et de grand esprit : « L'âme libre et l'intelligence haute, dit un de ses panégyristes, généreux et confiant dans ses amitiés, quelque part qu'il rencontrât de la sympathie et de la sincérité; très-digne dans ses manières, bien que courtois et affable; doué d'éloquence et d'une conversation entraînante..... » Sa maison fut d'ailleurs longtemps un centre littéraire, où se réunissaient, chaque semaine, des poëtes et des artistes, des nobles anglais et des étrangers de distinction.

Malgré l'éclat et la popularité de ses œuvres, les académiciens, toujours en délicatesse avec Martin, ne l'accueillirent jamais dans la noble compagnie. Lui-même avait rayé son nom de toute candidature.

Il avait demeuré trente ans dans la maison où il s'était installé en 1818, Allsop terrace, New road. Les dernières années de sa vie, il habitait Chelsea, au sud-ouest de Londres, et il allait passer l'été et l'automne chez un de ses amis, M. Wilson, dans l'île de Man, au milieu du détroit de Saint-George, entre l'Angleterre et l'Irlande. Cette île *druidique*, qui a toujours un caractère sauvage, très-pittoresque, lui plaisait. Il s'y inspirait pour les vastes compositions qu'il avait alors sur le chevalet, le *Jugement dernier*, le *Dies iræ* (*Day of wrath*), les *Plaines du ciel*, etc. Le 12 novembre 1853, comme il travaillait à un de ces sujets bibliques, la *Rencontre de Jacob et d'Ésaü dans le désert*, il fut saisi d'une attaque de paralysie; peu après, il cessa de manger, il s'affaiblit progressivement, et il mourut le 17 février 1854. Il fut enterré dans le cimetière de la « romantique » église de Kirk Braddan, près de Douglas. Quelques jours avant sa mort, il avait posé pour une esquisse de sa tête que peignit son fils, Charles Martin. Il laissait plusieurs enfants, entre autres miss Isabella Mary Martin, à l'obligeance de laquelle nous devons les principaux renseignements de cette biographie [1].

[1] Miss Martin a bien voulu nous envoyer plusieurs des brochures publiées par son père, sur les plans d'amélioration de Londres, et une intéressante Notice nécrologique, avec des vers de G.-H. Wood, à la louange du célèbre artiste que l'Angleterre venait de perdre.

W. BÜRGER.

RECHERCHES ET INDICATIONS

Il est singulier qu'on n'ait presque rien publié en Angleterre sur l'auteur du *Festin de Balthazar*, du *Déluge* et de tant de compositions fameuses. Aux articles de l'*Athenæum* et de l'*Illustrated London News*, cités plus haut, et au passage de Bulwer, on ne saurait guère ajouter que quelques articles dans les journaux et revues à propos des œuvres exposées à l'Académie ou à la British Institution, et une page de M. George Scharf, dans son *Handbook* ou *Guide à l'Exhibition de Manchester*. La présente biographie se trouve donc être la première qui paraisse. Il est vrai que la mort de Martin est encore récente.

Nous avons mentionné la plupart des peintures capitales de John Martin : elles entrèrent dans les galeries les plus distinguées : chez le prince Albert, chez les ducs de Buckingham et de Sutherland, chez lord de Tabley, chez le comte Grey, chez M. Hope, chez M. Scarisbrick, etc.

A l'Exhibition de Manchester parurent la *Clytie* (au comte Grey), intéressante comme œuvre des commencements du peintre, et la *Chute de Babylone*, appartenant au comte de Durham. L'Exhibition internationale, actuellement ouverte à Londres (1862), montre trois tableaux de Martin : un paysage fantastique, appartenant à MM. Graves, et deux des compositions les plus renommées, appartenant toutes deux à M. J. Naylor, le *Josué commandant au soleil de s'arrêter* et le *Festin de Balthazar*. Le *Josué* est peut-être la meilleure peinture de Martin : il est peint assez solidement et avec beaucoup d'effet dans les fonds. Le *Balthazar* est déjà presque ruiné; la pâte, trop légère, s'est écaillée, la couleur a poussé au noir et l'on n'y voit presque plus rien.

La National Gallery n'a aucun tableau de Martin dans sa collection de peinture anglaise, provisoirement exposée au South Kensington Museum, où l'on trouve cependant une *Vue du parc de Richmond*, parmi les aquarelles de la collection léguée par Mme Ellison.

Le prix des tableaux de Martin fut très-élevé durant plusieurs années. Probablement il serait bien moindre aujourd'hui.

Ses gravures ont été tirées à des nombres considérables et il n'est pas rare d'en rencontrer des exemplaires en France et dans les autres pays du continent.

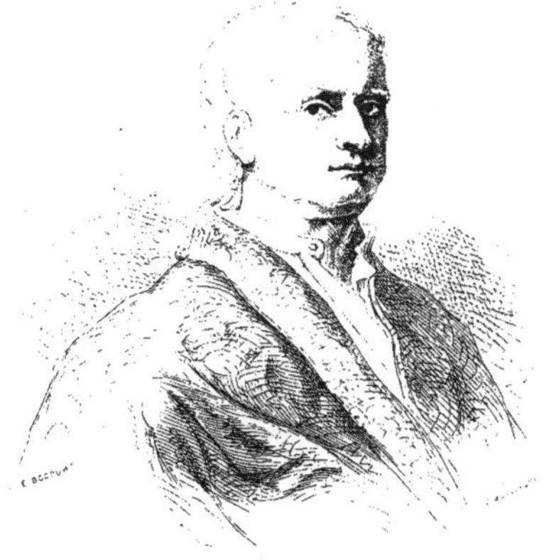

École Anglaise. *Sujets poétiques et familiers*

GILBERT STUART NEWTON

NÉ EN 1795. — MORT EN 1835.

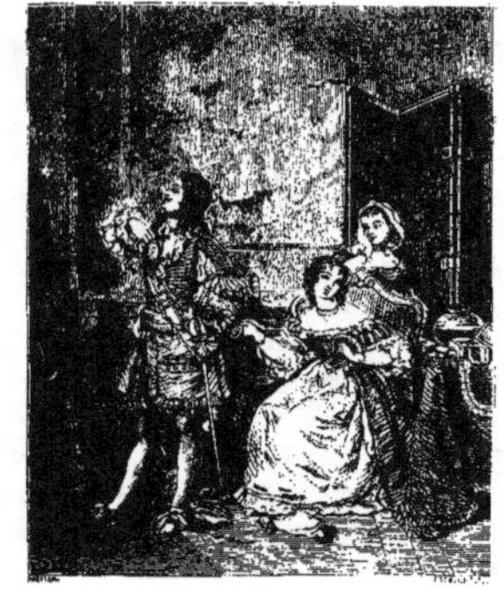

Hogarth peut être considéré comme le précurseur de la peinture du genre familier dans son pays; mais cependant, après lui, durant toute la fin du dix-huitième siècle, la plupart des peintres anglais visèrent au grand style, aux sujets héroïques, quand ils ne s'adonnèrent pas au portrait. C'est à Wilkie qu'on dut, au commencement du dix-neuvième siècle, la reprise des sujets de mœurs, traités aujourd'hui, avec beaucoup de finesse et d'humour, par la généralité de l'école anglaise. Presque au même temps, Newton eut le même instinct, et il doit compter aussi comme un des initiateurs les plus spirituels et les plus gracieux de la pléiade moderne.

Il était né à Halifax, Nouvelle-Écosse, en 1795 : la date exacte de sa naissance n'est pas fixée. Il avait environ vingt ans lorsqu'il vint à Londres, après avoir étudié chez son oncle maternel, à Boston [1], et avoir donné déjà des preuves d'un talent original. Pour se perfectionner, cependant, il se fit recevoir élève à l'Académie royale, où trônait alors le vieux Fuseli. Il y rencontra son compatriote Leslie, et ils

[1] *L'Athenæum*, dans sa Notice nécrologique sur Newton (1835, page 625), suppose même qu'il était né à Boston.

continuèrent leurs études ensemble, avec les conseils de Fuseli, qui leur prêchait la *nature*, bien que lui-même eût toujours ambitionné un style *surnaturel* dans ses compositions de visionnaire.

C'est vers cette époque, je pense, que Newton fit un voyage en Italie; mais il ne paraît pas qu'il y soit resté longtemps, ni qu'il ait été influencé par l'école italienne. On dirait plutôt qu'il avait vu en France la peinture de Chardin et de Watteau, et il les rappelle quelquefois, l'un par son exécution abondante et harmonieuse, l'autre par une élégance un peu maniérée.

Wilkie était alors en plein succès, avec ses petites scènes de la vie intime ou des mœurs politiques. Newton, cependant, prit tout de suite une place à côté de lui, et deux de ses tableaux, les *Délaissées* et la *Querelle des amoureux*, gravés dans *the Literary Souvenir* de 1826, consacrèrent sa jeune réputation. L'aristocratie anglaise rechercha ses productions et les paya cher : le duc de Bedford achetait 500 guinées la *Visite du fermier d'Espagne à Catalina*, gravé dans le même Annuaire littéraire pour 1831 ; le marquis de Lansdowne, 500 guinées le *Macheath*. L'Académie royale s'empressa de s'adjoindre le charmant artiste, qui peignit, pour sa réception, le petit tableau intitulé l'*Étudiant* (exposé à Manchester en 1857).

A ses qualités comme peintre, Newton joignait des qualités personnelles très-sympathiques. C'était un grand et beau gentleman, « agréable causeur, » quoique très-capricieux et souvent mélancolique. Hélas! cette mélancolie rêveuse tourna bientôt à un véritable désordre. Vers 1833, son imagination était déjà troublée et il commençait à donner des signes d'affaiblissement intellectuel et physique. Le travail assidu et soigneux, auquel il avait dû son talent, lui devint impossible. Tout était pêle-mêle dans son atelier, *Great Marlborough street*, *n°* 41 : « des rubans, des fleurs desséchées, parmi de vieilles toiles. » — Souvenirs de quelque amour, peut-être? N'était-ce point une passion de femme qui avait bouleversé ce génie si délicat et si serein?

La folie — pourquoi ne pas la nommer? — la folie, qui a tué tant d'artistes, conduisit vite à la mort « cet enfant gâté de la fortune, » adopté, tout jeune, par la faveur aristocratique et la popularité. Le pauvre Newton s'éteignit le 3 août 1835, à Chelsea, sur le bord de la Tamise.

Il avait exposé, en 1833, — pour la dernière fois! — à l'exhibition de l'Académie, un *Abailard dans son cabinet d'étude*. C'est entre 1825 et 1833 que se classent ses œuvres distinguées.

Son chef-d'œuvre, à notre avis, *Yorick et la Grisette*, exposé en 1830, à l'Académie royale, est aujourd'hui à la galerie Vernon, comprise dans la collection nationale de peinture anglaise. Il représente la charmante scène du roman de Sterne, où Yorick essaye des gants dans la boutique de la jeune marchande : « Ils étaient beaucoup trop larges; la belle *grisette* les mesurait l'un après l'autre autour de ma main... etc. [1]. »

Yorick, debout devant le comptoir, son chapeau dans la main gauche, offre son autre main à la fillette, vue de profil, un peu inclinée. En avant du comptoir, un petit carlin, près d'une chaise; ce carlin est un souvenir de celui que Hogarth a peint de face, tête à tête avec son propre portrait. A droite, sous un auvent, l'ouverture de la boutique laisse apercevoir un édifice de la ville.

La grisette est délicieuse dans son petit costume de la fin du dix-huitième siècle : corsage collant, évasé et décolleté; manchettes en éventail renversé, au-dessus du coude, et le bras nu; jupon court et pieds mignons; une cornette, capricieusement chiffonnée, couronne la tête naïve et d'une physionomie extrêmement fine. L'*Athenæum* a eu raison de dire : « Quelques-unes des figures de femme peintes par Newton égalent en sentiment et en couleur tout ce que l'art moderne a produit de mieux. » La physionomie d'Yorick est aussi très-expressive dans sa délicatesse; car le peintre a précisément les mêmes facultés que l'écrivain qu'il a traduit : une sorte d'ingénuité très-spirituelle, à la fois tendre et un peu caustique; le don des nuances, pour ainsi parler; quelque chose de très-intime, sans être très-caractérisé; une certaine jovialité mêlée de tristesse; cette émotion douce que les littérateurs français du dix-huitième siècle appelaient la « sensibilité. »

[1] « They were all too large; the beautiful *grisette* measured them one by one across my hand... etc. »

Comme exécution, ce tableau est une petite merveille qui serait admirée entre la *Mère laborieuse* et le *Bénédicité*, de Chardin, au Musée du Louvre. Il est peint en pleine pâte, dans une gamme lumineuse, avec des rapports de ton et des harmonies dignes des plus fins coloristes.

Quel malheur que le Musée de Paris n'ait point d'exemplaires de l'école anglaise! Newton et Wilkie, Turner et Constable, après Reynolds et Gainsborough, feraient partager aux amateurs et aux artistes du continent l'estime que les Anglais professent à bon droit pour ces maîtres originaux.

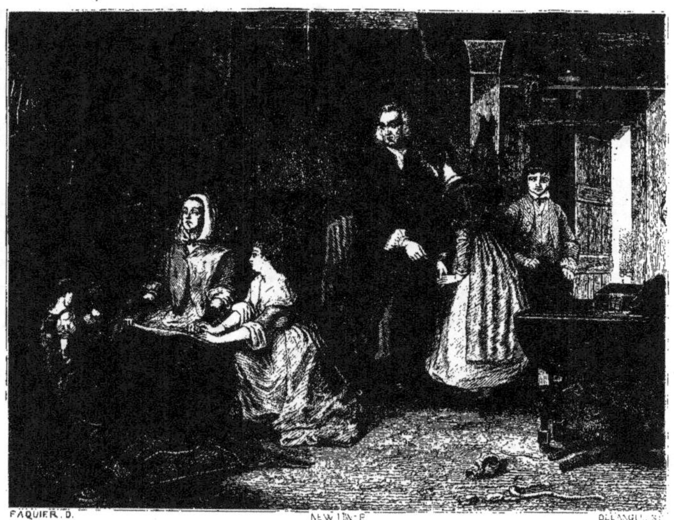

LE VICAIRE DE WAKEFIELD.

On voit encore, à Vernon-Gallery, la *Jeune Hollandaise à une fenêtre*, tableau exposé autrefois à la British Institution. Ce sujet, familier aux peintres de la Hollande, plaisait à Newton, et il en a fait plusieurs variantes, dont une, appartenant à M. William Wells, parut à l'exhibition de Manchester.

Un autre chef-d'œuvre est le *Vicaire de Wakefield*, de la collection du marquis de Lansdowne, qui, avec le duc de Bedford, est un des plus riches en tableaux de Newton. Le duc de Bedford avait envoyé à Manchester son bijou : la scène de la *Cassette*[1], traduite du roman de *Gil Blas*. Lesage, comme Sterne, allait bien au talent de Newton, qui, d'ailleurs, emprunta le plus souvent ses sujets aux romanciers et aux

« [1] S'il y a peu de caractère dans cette peinture, — dit M. Scharf, l'auteur du Guide à l'exhibition de Manchester, — elle montre du moins un fin sentiment de couleur, et les *cavaliers* ont cet air de distinction que Newton sait toujours donner à ses hommes, tandis que les señoras et les señoritas ont cette sorte de grâce affectée qui est particulière à ce peintre... »

poëtes, à Walter Scott ou à Shakespeare, entre autres. Mais parfois aussi il tirait de son propre cœur et de sa fantaisie des compositions pleines de sentiment et de grâce. Il a même fait quelques portraits, d'une simplicité toute naturelle, mais non pas sans élégance.

La plupart de ses œuvres ont été gravées : le *Vicaire de Wakefield, Yorick et la Grisette, Shylock et Jessica*, appartenant à M. Henry Labouchère et exposé à Manchester, le *Roi Lear et Cornelia, Portia et Bassanio*, l'*Abbé Boniface*, un *Poëte lisant des vers, Abailard*, etc.

On dit que Newton travaillait lentement, avec une conscience exagérée, qu'il grattait et retouchait à plusieurs fois ses peintures; il n'y paraît guère à la franchise de l'effet, ni à la légèreté du ton. Ses vives esquisses pourtant sont encore préférables à ses tableaux terminés. Cette obstination au perfectionnement, outre la courte durée de sa vie, peut être une des causes de la rareté de ses œuvres, dont un certain nombre, d'ailleurs, ont été exportées d'Angleterre en Amérique, son pays natal.

W. BÜRGER.

RECHERCHES ET INDICATIONS

Newton, comme nous l'avons dit, fut l'ami de C. R. Leslie, qui a publié sur Constable un ouvrage si intéressant, à cause des correspondances intimes qui y sont rassemblées. Il est regrettable que Leslie, mort lui-même tout récemment, n'ait pas également laissé sur son compatriote Newton quelques souvenirs biographiques et quelque collection de lettres, car on trouve peu de renseignements sur Newton dans les publications anglaises. L'*Athenæum*, cependant, donne une courte Notice nécrologique; le Dictionnaire de Bryan et Stanley, une vingtaine de lignes. Rien dans Allan Cunningham, Newton n'étant mort qu'en 1835, après l'édition des *Lives of the most eminent british Painters*, etc.

Newton avait aussi pour ami Washington Irving, qui peut-être a parlé de lui dans quelques articles de *Reviews*.

Le docteur Waagen, dans ses *Treasures of art in Great Britain*, London, 1854, a consacré à Newton quelques phrases très-bien senties.

Les rares tableaux de Newton étant immobilisés dans les collections anglaises, on ne saurait dire à quel prix monteraient aujourd'hui ses bonnes peintures. On peut supposer, toutefois, qu'elles ont au moins doublé de valeur. Assurément, les tableaux payés 500 guinées par le duc de Bedford et le marquis de Lansdowne vaudraient maintenant bien plus de 1,000 livres sterling, puisque, à la vente de lord Northwick, par exemple, un tableau de Webster s'est vendu 26,000 fr.; un tableau de Leslie, 27,820 fr.; un tableau de M. Mulready, 30,680 fr.; un tableau de M. Maclise, 33,930 fr., et un autre du même maître, 44,200 fr.! Il y a même des tableaux de l'école anglaise qui montent aux 2,000 livres sterling, sans être de Reynolds, de Gainsborough, ou des maîtres de la plus haute qualité.

Nous ne nous rappelons pas avoir vu la signature de Newton.

IMP. POITEVIN, 2, RUE DAMIETTE.

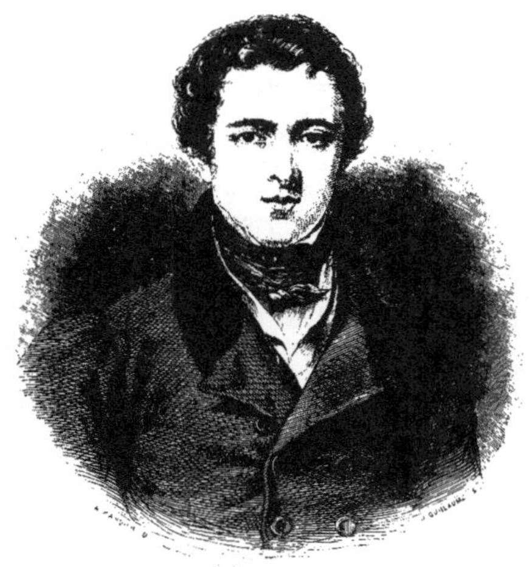

École Anglaise. *Marine, Paysage, Genre*

RICHARD PARKES BONINGTON

NÉ EN 1801. — MORT EN 1828.

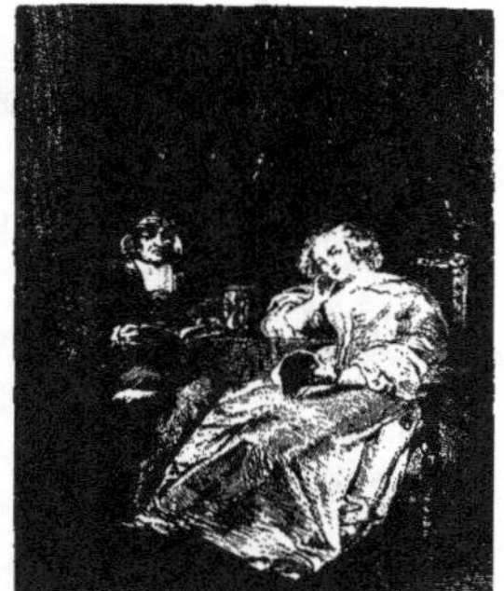

Quoique Bonington soit né en Angleterre et qu'il y soit mort, le catalogue du Louvre [1] le classe dans l'école française. Ah! cependant qu'il est Anglais, de talent et de caractère! Il est vrai qu'il s'est formé en France, mais tout ingénûment, en vertu de son originalité native et en contradiction avec les maîtres qui professaient alors le grand style classique, — plus italien que français. Il est vrai qu'il fut de la pléiade qui a renouvelé l'art en France, et par là vraiment il nous appartient. Oui, on l'adopterait volontiers, ce charmant peintre, qui fut le condisciple, l'ami et même l'inspirateur de plusieurs de nos artistes devenus illustres! Et n'est-il pas tout adopté déjà, et son nom britannique n'est-il pas désormais inséparable de l'histoire de la peinture en France dans la première moitié du dix-neuvième siècle?

Aussi bien, les Anglais, tout en le réclamant dans leur école, — par droit de naissance, — lui pardonnent à peine de s'être un peu dénationalisé à l'étranger : « S'il avait étudié chez nous, dit Allan Cunningham, dans sa Notice

[1] On ne devine pas pourquoi le catalogue du Louvre, qui mérite de faire autorité sur tant de points, écrit : Bonnington, quand l'artiste lui-même signait : Bonington. — C'est parce que Bonington « a étudié, travaillé et vécu en France, » qu'il est

assez embarrassée, il eût été plus vigoureux, plus original, *plus anglais*... En composant un style d'après les œuvres de plusieurs peuples, dans l'espoir de créer ce monstre sans défaut que le monde n'a jamais vu — *that faultless monster which the world ne'er saw*, — un artiste risque de perdre en vigueur originale ce qu'il gagne en élégance, et, voulant produire des œuvres adaptées au goût de l'univers, il compromet la chance qu'il aurait de fasciner complétement une seule nation. »

Bonington ne *fascine* donc pas trop les Anglais, et il est beaucoup moins célèbre en Angleterre que quantité d'artistes qui lui sont très-inférieurs. Parlant de lui, dans son excellent *Guide à l'Exhibition de Manchester*, M. George Scharf va jusqu'à dire : « Neuf personnes sur dix demanderont qui était ce Bonington. » Assurément Bonington n'a pas en Angleterre une notoriété aussi étendue que les portraitistes Reynolds et Lawrence, que les humoristes Hogarth et Wilkie, ou même que des peintres populaires tels que Morland ; mais cependant il y est apprécié comme il convient par l'élite des amateurs, et quelques-unes de ses œuvres brillent dans les collections distinguées de M. Thomas Baring, du duc de Bedford, du marquis de Lansdowne, et aussi à la Galerie nationale.

Ce n'est donc pas en Angleterre qu'on peut récolter les plus curieux renseignements sur cette vie si courte, mais si féconde ; c'est en France, où le jeune Anglais s'était presque naturalisé, c'est parmi ses anciens camarades de travail et de lutte, cherchant comme lui une nouvelle source d'art, des inspirations et des pratiques imprévues. Nous nous sommes donc adressé aux hommes qui l'ont connu le plus intimement et qui en ont conservé des souvenirs justement enthousiastes, à M. Eugène Delacroix, à M. Carrier, à d'autres encore. Par chance, M. Delacroix, ne se trouvant pas à Paris, a eu l'obligeance de nous écrire une longue et précieuse lettre, que nous sommes heureux de reproduire, en manière d'introduction, au risque de répéter quelques faits dans la suite de cette Notice. — C'est pour l'*Histoire des Peintres* une bonne fortune, comme fut pour un livre de M. Véron la spirituelle autobiographie que lui écrivit Decamps.

« Champrosay, par Draveil (Seine-et-Oise), ce 30 novembre 1861.

« Mon cher ami,

« Je ne reçois que tardivement et à la campagne la lettre où vous me demandez des détails sur Bonington : je vous envoie avec plaisir le peu de renseignements que je possède.

« Je l'ai beaucoup connu et je l'aimais beaucoup. Son sang-froid britannique, qui était imperturbable, ne lui ôtait aucune des qualités qui rendent la vie aimable. Quand il m'est arrivé de le rencontrer pour la première fois, j'étais moi-même fort jeune et je faisais des études dans la galerie du Louvre : c'était vers 1816 ou 17. Je voyais un grand adolescent en veste courte, qui faisait, lui aussi et silencieusement, des études à l'aquarelle, en général d'après des paysages flamands. Il avait déjà, dans ce genre, qui, dans ce temps-là, était une nouveauté anglaise, une habileté surprenante. Peu de temps après, je voyais chez Schroth, qui venait d'ouvrir une boutique de dessins et petits tableaux (la première, je crois, qui se soit établie), des aquarelles charmantes de couleur et de composition. Il y avait déjà tout le charme qui fait son mérite à part. A mon avis, on peut trouver dans d'autres artistes modernes des qualités de force ou d'exactitude dans le rendu, supérieures à celles des tableaux de Bonington, mais personne dans cette école moderne, et peut-être avant lui, n'a possédé cette légèreté dans l'exécution, qui, particulièrement dans l'aquarelle, fait de ses ouvrages des espèces de diamants dont l'œil est flatté et ravi, indépendamment de tout sujet et de toute imitation.

« Il était à cette époque (vers 1820) chez Gros, où je crois qu'il ne resta pas longtemps ; Gros lui-même lui conseilla de se livrer tout à fait à son talent, qu'il admirait déjà. A cette époque il ne faisait point de tableaux à l'huile, et les premiers qu'il fit furent des marines : celles de ce temps sont reconnaissables à

classé dans l'école française, par le catalogue du Louvre. Mais alors Poussin et Claude, qui ont étudié, travaillé et vécu en Italie, et qui, de plus, sont morts à Rome, devraient donc être classés dans l'école italienne, comme on le fait souvent en Allemagne et en Angleterre. — Mais alors pourquoi le catalogue du Louvre classe-t-il dans l'école flamande van der Meulen, qui a travaillé et vécu en France, qui a été reçu de l'Académie et qui est mort à Paris ?

un grand empâtement. Il renonça depuis à cet excès; ce fut particulièrement quand il se mit à faire des sujets de personnages dans lesquels le costume joue un grand rôle : ce fut vers 1824 ou 1825.

« Nous nous rencontrâmes en 1825, en Angleterre, et nous faisions ensemble des études chez un célèbre antiquaire anglais, le docteur Meyrick, qui possédait la plus belle collection d'armures [1] qui ait peut-être existé. Nous nous liâmes beaucoup dans ce voyage, et quand nous fûmes de retour à Paris, nous travaillâmes ensemble pendant quelque temps dans mon atelier.

« Je ne pouvais me lasser d'admirer sa merveilleuse entente de l'effet et la facilité de son exécution; non qu'il se contentât promptement : au contraire, il refaisait fréquemment des morceaux entièrement

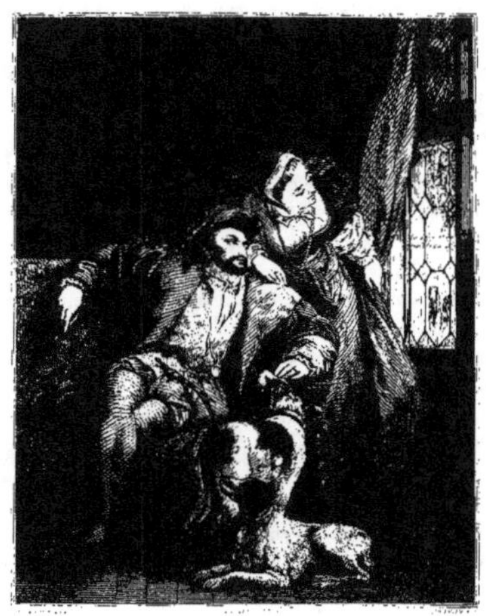

FRANÇOIS Ier ET SA SŒUR.

achevés et qui nous paraissaient merveilleux; mais son habileté était telle, qu'il retrouvait à l'instant sous sa brosse de nouveaux effets aussi charmants que les premiers. Il tirait parti de toutes sortes de détails qu'il avait trouvés chez des maîtres et les ajustait avec une grande adresse dans sa composition. On y voit des figures presque entièrement prises dans des tableaux que tout le monde avait sous les yeux, et il ne s'en inquiétait nullement. Cette habitude n'ôte rien au mérite de ses ouvrages; ces détails pris sur le vif, pour ainsi dire, et qu'il s'appropriait (il s'agit surtout de costumes), augmentaient l'air de vérité de ses personnages et ne sentaient jamais le pastiche.

« Sur la fin de cette vie sitôt éteinte, il sembla atteint de tristesse, et particulièrement à cause de

[1] Cette incomparable collection d'armures a été exposée à Manchester en 1857. Voir *Trésors d'art en Angleterre* par W. Bürger, p. 440.

l'ambition qu'il se sentait de faire de la peinture en grand. Il ne fit pourtant aucune tentative, que je sache, pour agrandir notablement le cadre de ses tableaux; cependant, ceux où les personnages sont le plus grands datent de cette époque, notamment le *Henri III*, qu'on a vu l'année dernière exposé au boulevard, et qui est un de ses derniers.

« Nous l'aimions tous. Je lui disais quelquefois : — Vous êtes roi dans votre domaine et Raphaël n'eût pas fait ce que vous faites. Ne vous inquiétez pas des qualités des autres ni des proportions de leurs tableaux, puisque les vôtres sont des chefs-d'œuvre.

« Il avait fait, quelque temps auparavant, des Vues de Paris que je ne me rappelle pas et qui étaient je crois pour des éditeurs : je n'en parle que pour mentionner le moyen qu'il avait imaginé pour faire ses études d'après nature et sans être troublé par les passants. Il s'installait dans un cabriolet et travaillait là aussi longtemps qu'il voulait.

« Il mourut en 1828. Que de charmants ouvrages dans une si courte carrière! J'appris tout à coup qu'il était attaqué d'une maladie de poitrine qui prenait une tournure dangereuse. Il était grand et fort en apparence, et nous apprîmes sa mort avec autant de surprise que de chagrin. Il était allé mourir en Angleterre. Il était né à Nottingham. Il n'avait, à sa mort, que vingt-cinq ou vingt-six ans.

« En 1837, un M. Brown, de Bordeaux, vendit une magnifique collection d'aquarelles de Bonington; je ne crois pas qu'il soit possible de rencontrer jamais l'équivalent de cette splendide réunion. Il y en avait de toutes les époques de son talent, mais particulièrement du dernier temps, qui est le meilleur. Ces ouvrages se payaient alors des prix énormes. De son vivant, il vendait tous ses ouvrages, mais il ne les a jamais vus monter à ces prix énormes que, pour ma part, je trouve légitimes, et la juste estimation d'un talent si rare et si exquis.

« Mon cher ami, vous m'avez donné l'occasion de me rappeler des moments heureux et d'honorer la mémoire d'un homme que j'aimais et que j'admirais. J'en suis d'autant plus heureux, que l'on a essayé de le rabaisser, et qu'il est, à mes yeux, très-supérieur à la plupart de ceux qu'on a cherché à lui faire préférer. Tenez la balance entre mes prédilections et ces attaques. Mettez, si vous voulez, sur le compte de mes vieux souvenirs et de mon amitié pour Bonington ce qu'on serait tenté de trouver partial dans ces notes... etc.

« E. DELACROIX. »

Le 16 décembre, M. Eugène Delacroix nous écrivait encore : ... « Je suis bien aise que mes notes sur Bonington puissent vous servir. J'ai oublié de vous dire que, vers l'avant-dernière année de sa vie, il avait fait un voyage à Venise, qui avait eu de l'influence sur son exécution. Il n'avait pas été plus loin, à ce que je crois, en Italie. Il s'était passionné alors pour l'usage de la détrempe, et s'en était servi pour ébaucher quelques tableaux.... »

Après cette vive et lumineuse ébauche d'un maître peignant un autre maître, on connaît déjà, on aime et on admire Bonington. C'est un portrait, qui fait voir à la fois l'homme et l'artiste. Il ne reste plus au biographe qu'à prendre par la main « ce grand adolescent en veste courte, qui peignait silencieusement des aquarelles au Louvre, » à le conduire dans l'atelier de Gros, à réaligner dans leur succession chronologique les faits qui concernent son développement, à l'accompagner dans son « cabriolet » posté au coin d'un pont, dans ses rares apparitions à Londres, dans son voyage à Venise, à l'assister pendant sa maladie de poitrine et jusqu'à sa dernière heure.

Richard Parkes Bonington était né à Arnold, village près de Nottingham, le 25 octobre 1801. Son père faisait de la peinture, d'abord par amusement, et ensuite par profession, et le petit Richard, élevé au milieu des crayons et des couleurs, se mit à dessiner dès sa plus tendre enfance, — à trois ans, dit-on! — Toujours est-il qu'à l'âge de sept ou huit ans il était déjà très adroit dessinateur. Son père le formait surtout d'après la nature, et c'est dans la pleine campagne que Bonington, comme Constable, a pris le sentiment du paysage et de la lumière.

Quoique Nottingham soit fort éloigné de la côte maritime, il est singulier que le jeune artiste fût porté tout de suite à faire des marines, — avant d'avoir vu la mer. Il en faisait dès lors, inspiré sans doute par

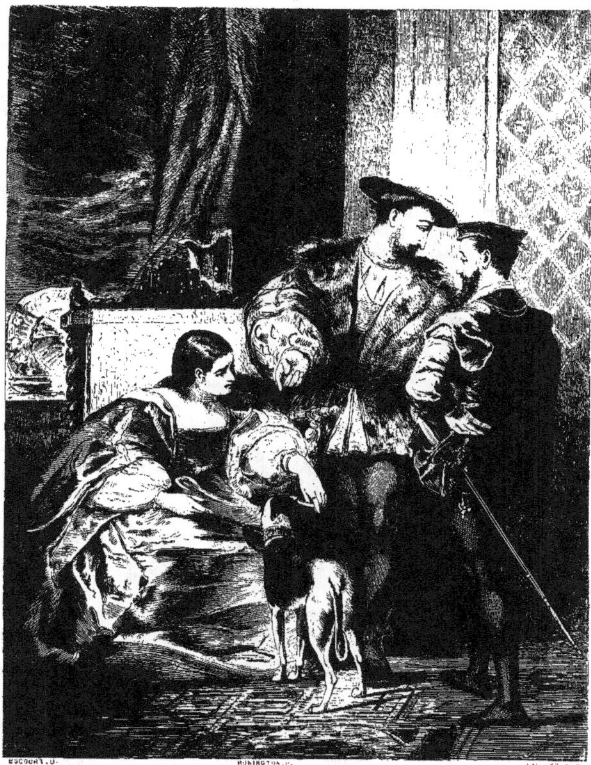

FRANÇOIS Ier, CHARLES-QUINT ET LA DUCHESSE D'ÉTAMPES (Musée du Louvre).

des descriptions littéraires ou par des gravures. La « grande eau » qui enserre leur pays frappe toujours l'imagination des insulaires. Bonington avait deviné la mer, qui fut plus tard et qui resta toujours son élément favori.

Lorsqu'il eut quinze ans, Nottingham n'offrant aucune ressource pour le complément de son éducation, ni pour l'aisance de la famille, le père se transporta à Paris, avec sa femme et son petit génie en bouton.

C'était en 1816. C'était le moment où la France, fatiguée d'une longue lutte guerrière, allait se reposer dans les arts. Toute une génération de jeunes peintres et de jeunes poëtes allait bientôt montrer que la paix favorise les talents plastiques ou littéraires. Au Salon de 1819 parut le *Naufrage de la Méduse*, de Géricault, qui d'ailleurs avait déjà exposé en 1812 et en 1814; au Salon de 1822, le *Dante et Virgile*, d'Eugène Delacroix, et, au Salon de 1824, son *Massacre de Scio*. De ce moment-là, l'école nouvelle fut inaugurée.

Et d'où sortaient tous ces jeunes révolutionnaires qui transformèrent alors l'art français? Précisément de deux ateliers d'académiciens renommés : de chez Guérin et de chez Gros. Dans l'atelier de Gros surtout ont passé la plupart des artistes auxquels la moderne école française doit son illustration, non-seulement Paul Delaroche et le grand sculpteur Barye, mais quantité de peintres qui ont marqué ou qui marquent encore dans nos expositions. Bonington choisit donc l'atelier de Gros, où il entra, suivant M. Delestre[1], en 1819.

L'enseignement et les exemples qu'on recevait là pouvaient former et ils formèrent en effet des peintres de grandes figures; mais le jeune aquarelliste anglais dut se trouver un peu égaré parmi les Grecs et les Romains. Il en fit pourtant, non pas, je pense, des académies peintes, mais bien quelques dessins au crayon et à la plume. Nous avons vu chez M. Carrier un de ces drôles de Romains, tout nu, avec un casque, sèchement dessiné par un simple trait de plume qui arrête les contours, sans aucun modelé intérieur et sans la moindre pénombre. Singulier exercice, pour un coloriste amoureux de la lumière ! A cette époque, sous l'influence du maître, Bonington esquissait même parfois de petites compositions mythologiques avec des figures nues, ou des scènes de l'histoire antique. Mais le plus souvent il en revenait à ses sujets familiers, à des scènes d'intérieur, avec des personnages modernes, ou au paysage et à la marine, qu'il affectionnait par-dessus tout.

Il faut voir chez M. Carrier[2] toute une série de croquis légers ou de fines aquarelles, qui datent de cette période. C'était le soir que Bonington jetait ces fantaisies sans prétention sur quelque carré de papier, en causant et en prenant le thé à la mode anglaise, dans le petit salon de famille, rue des Tournelles, où demeuraient son père et sa mère. M. Bonington père faisait alors un commerce de dentelles, comme moyen de gagner de l'argent, mais il s'amusait aussi à dessiner, et quelquefois, sur la même feuille que son fils, il improvisait vivement un croquis de paysage.

[1] Dans son ouvrage sur Gros, M. Delestre donne la liste des élèves de Gros, avec la date de leur entrée à l'atelier. Camille Roqueplan, M. Marochetti et une vingtaine d'autres y entrèrent la même année que Bonington. Paul Delaroche y était de l'année précédente; MM. Barye, Robert Fleury, Bellangé, Carrier, etc., de l'année 1817; en 1816, on y trouve Passavant, l'auteur du bon livre sur Raphaël, Schnetz, Pigal, etc.

[2] Parmi les dessins que Bonington donnait à son ami Carrier, le soir, lorsqu'ils prenaient le thé en famille, il y en avait un bien précieux : le portrait de Bonington, par lui-même. M. Carrier le donna plus tard à M. Brown, de Bordeaux, dont M. Eugène Delacroix rappelle la magnifique collection, vendue en 1837.

M. Carrier possède encore un autre portrait charmant, peint à l'aquarelle, par Bonington, celui de leur condisciple, M. Godefroy, couché sur un petit monticule, au milieu d'un clair paysage. Il a aussi une série de lithographies, en premières épreuves, quelques-unes avec le nom autographe de Bonington.

Une de ces lithographies, intitulée les *Plaisirs paternels*, confirme la juste remarque de M. Eugène Delacroix, que « Bonington prenait souvent ses figures dans des tableaux que tout le monde avait sous les yeux » : dans les *Plaisirs paternels*, le père, assis près d'une table, est la reproduction exacte du personnage dont on fait le portrait dans le tableau du Louvre, faussement attribué à Craesbeck (nº 97), et qui représente Adriaan Brouwer et son maître Frans Hals. Bien plus, Bonington a pris dans le même tableau le petit page de profil, debout, en arrière de Frans Hals, et il l'a retourné en face du père assis. — Cela n'empêche pas les *Plaisirs paternels* d'être une petite merveille d'exécution. Telle scène de Molière n'en est pas moins parfaite, pour avoir été prise à Rabelais.

Une autre remarque d'Eugène Delacroix, « que les Marines des premiers temps de Bonington sont reconnaissables à un grand empâtement », est encore confirmée par une Marine peinte au temps où Bonington et M. Carrier étaient camarades de travail. Le ciel est empâté à l'excès, et l'on pourrait palper au doigt les rugosités de la pâte. Le ton n'est pas lourd cependant, malgré ces paquets de couleur : au contraire, il est très-fin et très-lumineux.

L'atelier de Gros était dans la cour de l'Institut, et l'Institut n'est pas loin du Louvre. Bonington passait plus de temps au musée qu'à l'atelier. Il continuait d'ailleurs presque exclusivement l'aquarelle, et ses ouvrages en ce genre commençaient à être appréciés par un groupe d'artistes et d'amateurs. On vendait de ses aquarelles non-seulement chez M. Schroth, cité par M. Eugène Delacroix, mais dans un autre magasin de la rue de la Paix, chez la belle Mme Hulin, qui fut une des amies de Bonington.

Ce succès précoce est sans doute ce qui l'empêcha de continuer ses études chez Gros, qui, loin de l'avoir banni de l'atelier, comme l'ont supposé certains biographes, encourageait son talent et lui conseillait de peindre à l'huile.

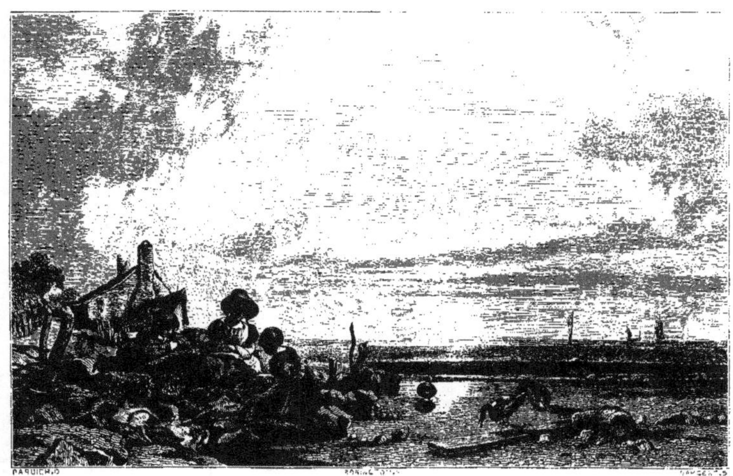

MARINE.

Un Anglais d'ailleurs ne saurait vivre sans voyager, et Bonington sentait bien que le meilleur maître ne vaut pas la nature. Le juste sentiment de la couleur se développe plus vite en plein air que dans un atelier de l'Institut. Sa passion de l'eau n'était guère satisfaite par le petit fleuve qui coule sous les ponts de Paris; mais, en descendant la Seine, on va à la mer. La mer l'appelait. Il s'en alla donc la chercher sur la côte de Normandie. Il n'y avait point encore de chemins de fer, et l'on peut parier qu'il fit le voyage en bateau, de Paris à Rouen et de Rouen au Havre.

A cette première échappée, ses impressions durent être vives, et il serait bien intéressant de retrouver et de publier les lettres qu'il a sans doute écrites soit à sa famille, soit à ses amis. Il est vrai que les peintres n'écrivent guère. Ils ont un autre moyen plus réel de fixer leurs souvenirs et de les communiquer. Ses notes de voyages ne sont-elles pas dans les images qu'il rapporta, et dont, sans compter celles qui brillèrent aux vitres des magasins de la rue de la Paix, deux furent exposées au Salon de 1822 : une *Vue de Lillebonne* (Seine-Inférieure) et une *Vue prise au Havre?* Le bruit qui se faisait autour du *Massacre de Scio*, discuté alors avec tant d'animosité ou tant d'enthousiasme, n'empêcha pas d'admirer les deux aquarelles, si blondes et si originales, du jeune artiste anglais.

Les compatriotes de Bonington accomplissaient aussi chez eux leur petite révolution de coloristes. Le froid paysage de Wilson était bien loin, et Constable, passé maître depuis longtemps déjà, émerveillait, de l'autre côté du détroit, les rares amants de la nature *naturelle*. Au Salon de 1824, Bonington se rencontra avec Constable, avec Fielding, le fin aquarelliste, et même avec Sir Thomas Lawrence, le portraitiste que l'on comparait à Van Dyck. Tous quatre eurent un succès éclatant et des récompenses : Bonington obtenait la médaille d'or, — à vingt-trois ans!

Il avait, à ce Salon de 1824, une aquarelle, *Vue d'Abbeville*, achetée par la Société des Amis des Arts, une *Vue prise en Flandre* et une Marine, appartenant à la même Société, une autre Marine avec des pêcheurs débarquant leur poisson, et une *Plage sablonneuse*, appartenant à M. Dusommerard. Quatre tableaux! On voit qu'il sait peindre à l'huile maintenant! On voit aussi qu'il a encore couru le pays, depuis son voyage en Normandie, et qu'il a été visiter la côte des Flandres.

L'influence que les Anglais exercèrent sur l'école française à ce Salon de 1824, Constable surtout [1], et aussi Bonington, fut extrêmement notable. Là est l'origine de la métamorphose du paysage en France. M. Paul Huet, qui avait également travaillé chez Gros, — en 1822, — n'est-il pas un des premiers qui, au lieu de copier, d'après les maîtres, de tristes Arcadies et des sites censés antiques, s'abandonna au sentiment de la nature pittoresque et de la couleur? C'est Constable et Bonington qui le poussèrent à cette nouveauté audacieuse, et il eut même, dans ses commencements, une telle analogie avec Bonington, que certains de ses tableaux ont quelquefois été catalogués et vendus sous le nom de Bonington [2].

Entretemps, Bonington avait fait quantité de ces vives et spirituelles lithographies, animées comme des eaux-fortes, et où le paysage et l'architecture sont si adroitement exprimés; par exemple, les *Vues de Paris*, pour lesquelles il s'installait dans un cabriolet; par exemple, les Vues prises en province, qui illustrent les premiers volumes de la *France pittoresque*, publiée sous la direction du baron Taylor. La belle occasion pour voyager et pour peindre, d'après nature, des monuments ou des sites curieux, — aux frais des éditeurs de lithographies!

Une fois consacré par son triomphe au Salon de 1824 et sa médaille d'or, le voilà en Angleterre, étudiant avec M. Delacroix les armures de la collection Meyrick. Pourquoi des armures, puisqu'il peignait surtout la marine et le paysage? Ah! c'est qu'il s'était mis à peindre aussi des tableaux à personnages, des sujets historiques, du seizième siècle principalement, le siècle des riches costumes, des étoffes colorées, de l'orfèvrerie qui scintille. On en verra bientôt à l'Exposition de Paris et à celle de Londres. Le siècle de François Ier et de Henri III, de Philippe II d'Espagne, des doges de Venise, quelle époque pour un coloriste! Mais pourquoi donc n'a-t-il pas pris ses sujets dans l'histoire d'Angleterre? C'est là sans doute ce que les Anglais n'approuvaient guère. La cour de Henri VIII et celle de Charles Ier n'avaient-elles pas bien inspiré Holbein et Van Dyck, —des étrangers!

La vocation de Bonington avait toujours été double, dès son enfance. Il était porté à la fois vers le paysage, qui donne l'entente de la lumière, et vers les compositions qui exigent d'exquises dégradations de la couleur, les artifices du clair-obscur, l'harmonie des tons par les contrastes : n'est-ce pas là encore la science de la lumière? Et dans ces deux genres, qui semblent d'abord si différents, il a également réussi. Faculté rare, et dont peu de maîtres furent doués. Les grands paysagistes n'ont pas aimé à s'enfermer entre quatre murs, et les peintres d'intérieurs sont d'ordinaire assez embarrassés en plein air. Seuls quelques fins coloristes ont eu ce don de *duplicité* : par exemple, l'ami de Bonington, M. Delacroix

[1] Voir la Biographie de Constable, livraison 16-17 de l'école anglaise.

[2] Entre autres, une petite Marine oblongue, peinte sur une plaque de métal.

lui-même, aussi éclatant dans son *Intérieur de Harem* et ses *Femmes d'Alger* que dans ses Vues d'Afrique où des Arabes galopent, où des panthères montrent leurs dents au soleil.

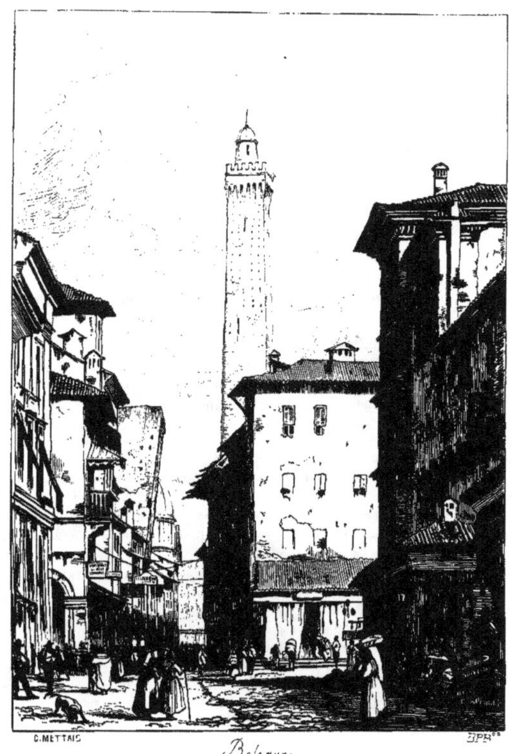

BOLOGNE (unique eau-forte du maître)

Le voyage à Venise doit être de la fin de 1825 ou du commencement de 1826 [1]. Bonington étai

[1] La nouvelle *Biographie* Didot, par le docteur Hœfer (Paris 1853), donne la date de 1821; mais, dans cet ouvrage, la notice sur Bonington est inexacte et même assez malveillante. La *Biographie* Michaud est encore plus fautive sur Bonington : elle

accompagné d'un de ses amis, son élève en quelque sorte, M. Rivet, qui faisait alors de la peinture et qui entra plus tard dans l'administration.

Que Venise convenait bien à Bonington! C'est là vraiment qu'il a peint ses chefs-d'œuvre. La *Vue du Palais Ducal* et la *Vue du Grand Canal*, exposées au Salon de 1827[1] à Paris et à l'exhibition de Londres, passent pour ses peintures les plus accomplies en ce genre; mais il fit encore bien d'autres tableaux à Venise, par exemple la *Colonne de Saint-Marc*, conservée dans la galerie Vernon, trois grandes *Vues de Venise*, dans la collection de M. Thomas Baring, etc., et quantité d'aquarelles, dont quelques-unes ont paru à l'exhibition de Manchester[2].

Outre Venise, Bonington visita quelques autres villes de l'Italie : Bologne et Milan, par exemple, comme le prouvent son eau-forte reproduite ci-contre et le tableau représentant l'Intérieur d'une église milanaise.

De retour à Paris en 1827, Bonington prit un atelier dans la rue Saint-Lazare, et en cette même année il alla passer quelque temps à Londres. Mme Forster, femme du graveur de ce nom et fille du sculpteur Banks, lui avait donné une lettre d'introduction auprès de sir Thomas Lawrence, mais Bonington négligea de se présenter chez l'illustre peintre, et comme Mme Forster lui demandait pourquoi il ne s'était pas servi de sa lettre : — « Je ne me crois pas encore digne d'être présenté à sir Thomas, répondit-il; mais, quand j'aurai travaillé sérieusement une année de plus, peut-être mériterai-je mieux cet honneur. »

Car Bonington était très-modeste, surtout vis-à-vis des hommes de talent, ce qui ne l'empêchait pas d'être très-fier avec les acheteurs de sa peinture et dans toutes les relations habituelles de la vie. M. Carrier nous a raconté cette petite anecdote : Un collectionneur vient un jour tourmenter Bonington pour qu'il lui vende un dessin auquel l'artiste tenait beaucoup. Après bien des prières d'une part et des hésitations de l'autre, il est enfin décidé que l'œuvre sera envoyée le lendemain à l'acquéreur, et celui-ci, en manière de prise de possession, peut-être par crainte que le marché ne fût rompu, écrivit son nom derrière le papier. Aussitôt Bonington se redressa, furieux : — « Il n'y a que moi qui aie le droit d'inscrire mon nom sur mes œuvres! » Et il barbouilla le nom écrit par l'amateur.

indique par exemple 1802 comme date de naissance. Le *Dictionnaire* de Bryan et Stanley est également fort insignifiant et il ne donne que six lignes; il écrit même le nom avec un *n* de trop : Bonnington.

[1] Outre ces deux Vues de Venise, Bonington avait encore au Salon de 1827 : *François Ier et la reine de Navarre*, *Henri III et l'ambassadeur d'Espagne*, une *Vue de la cathédrale de Rouen*, le *Tombeau de saint Omer*, dans l'église cathédrale de Saint-Omer, aquarelle (détruite ou volée au Palais-Royal, le 24 février 1848, ainsi qu'une autre aquarelle, sujet maritime), et une aquarelle dont le sujet n'est pas indiqué. En tout, sept ouvrages, dont trois seulement sont portes au Catalogue, et les quatre autres dans un supplément devenu très-rare.

[2] Il y avait à Manchester six aquarelles de Bonington : *Venise* et une *Marine*, à M. H. Cheney; *Vérone*, à M. William Smith; une *Felouque*, petite marine exquise, à M. Frank Dillon; une autre *Marine*, au même; une délicieuse *Scène de côte*, à M. Thomas Birchall. C'est à M. Thomas Birchall qu'appartenait aussi la seule peinture de Bonington exposée à Manchester, un bijou : *Turc faisant la sieste*. Voici comment M. George Scharf, dans son livre sur l'*Exhibition de Manchester*, parle de ce petit chef-d'œuvre et de Bonington lui-même : « La couleur du *Turc faisant la sieste* est si riche et si semblable à des pierres précieuses (*gem-like*), le clair-obscur en est si fin, que beaucoup de visiteurs sont tout étonnés, en cherchant dans le Catalogue le nom de l'auteur, de trouver un nom *inconnu!*.. Bonington avait reçu à Paris son éducation d'artiste. Dans sa courte existence, il a essayé tous les styles, excepté le style héroïque, et dans tous il a réussi rapidement et brillamment. Il rêvait de fonder une nouvelle école qui unît ensemble la fidélité des Hollandais, la vigueur des Vénitiens, la science des Romains et le bon sens des Anglais... Il mourut de consomption, à la suite d'une fièvre cérébrale, occasionnée par l'excès du travail. Ses tableaux, principalement les scènes de côte et de rivière, ou les études d'architecture vénitienne, se vendent très-cher à Paris, mais ils sont rares en Angleterre, et c'est une bonne fortune pour notre exhibition que de montrer cette fine peinture, provenant de la collection de feu Samuel Rogers. » — Dans nos *Trésors d'art exposés à Manchester*, page 428, nous avons nous-même donné la description suivante du *Turc faisant la sieste* : « Le rêveur est assis sur des coussins de soie, les jambes croisées, dans la pénombre que produit un grand rideau rouge. Il a un turban blanc, une veste et des hauts-de-chausses vert foncé, des sandales rouges. De sa main droite, il tient nonchalamment une longue pipe. Fond gris perle, dans les tons de Velazquez. L'ensemble a quelque chose de la couleur de M. Eugène Delacroix... etc. »

C'est en ces derniers temps qu'il ambitionnait de faire de la grande peinture, et peut-être, en ce point, s'abusait-il sur sa vocation. Son talent a plus d'élégance que de fermeté, plus de souplesse que de science approfondie. De même que chez ses compatriotes les peintres anglais, ses personnages manquent de corps. En général, les peintres anglais expriment mieux la superficie et les apparences

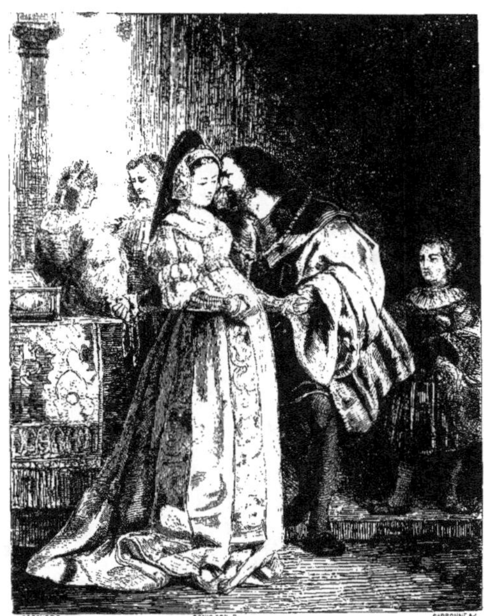

LES PRÉSENTS (Collection de M. Gassies).

que les réalités qui sont dessous. Reynolds et Gainsborough sont assurément des portraitistes de grand air et qui se classent tout de suite après van Dyck, sur la même ligne que les portraitistes français Rigaud et Largillière. A notre avis, Largillière et Rigaud n'ont même jamais fait des chefs-d'œuvre comparables à la miss Nelly O'Brien de Reynolds et à la Mrs Siddons de Gainsborough. Cependant les figures de Reynolds et de Gainsborough sont toujours un peu vides, si l'on peut ainsi parler. Chez Lawrence, cette imperfection est encore bien plus sensible. Ses grands portraits d'apparat représentent des draperies splendides sur des mannequins majestueusement dressés : pas de forme résistante sous les plis, pas d'ossature ni de musculature. La tête y est quelquefois; la personne entière, jamais.

Les petits personnages de Bonington, dans son *Henri III*, comme dans son *François Iᵉʳ*, n'ont-ils pas aussi cette sorte de vacuité intérieure? Les tournures sont délicieuses, les costumes brillants; mais les corps sont presque aériens et impondérables.

Ce défaut de solidité anatomique, pour ainsi dire, tient sans doute, dans l'école anglaise, à ce que, par excès de pruderie, et sous prétexte de décence (*modesty*), on y dessine très-peu le modèle nu. Bonington est resté Anglais par là, bien qu'il eût fait quelquefois des académies dans l'atelier de Gros.

Chez les Hollandais pareillement, l'étude de la nature nue était peu habituelle, même au bon temps de l'école du dix-septième siècle. On n'y peignait point l'académie, pour se préparer à la représentation des scènes familières, empruntées à l'intérieur des ménages, aux fêtes populaires ou aux cabarets. Seul, peut-être, Rembrandt se donnait le privilége de faire déshabiller des modèles, comme on le constate dans plusieurs de ses eaux-fortes et dans quelques-unes de ses peintures. Ce n'est que par hasard, et bien rarement, que Paulus Potter, Adriaan van de Velde et Philips Wouwermans, ont introduit des baigneurs dans leurs petites compositions. Toujours est-il que les *petits* maîtres hollandais tels que Brouwer, les van Ostade, Jean Steen, Terburg, Metsu, van der Meer de Delft et Pieter de Hooch ont su mettre un corps en chair et en os sous les robes de satin, les pourpoints en soie ou en bure de leurs personnages. Au contraire, les Anglais, depuis Hogarth et Wilkie jusqu'aux artistes actuels, ont été dépourvus, en général, de cette qualité essentielle. Bonington, le peintre exquis, n'aurait peut-être pas été capable de construire en toute réalité une figure de grandeur naturelle. Contentons-nous d'admirer ses petits amas de pierres précieuses, qui représentent n'importe quoi, et n'en demandons pas davantage.

Au printemps de 1828, Bonington, déjà malade, retourna encore à Londres, et cette fois il usa de la recommandation de Mᵐᵉ Forster auprès de Lawrence. Ses œuvres, alors bien connues en Angleterre[1], auraient suffi à le recommander, et Lawrence l'accueillit comme un ami. C'est durant ce séjour à Londres que Bonington exécuta la gracieuse composition gravée dans l'*Anniversary* de 1828 : deux Femmes au milieu d'un paysage.

Il travaillait trop, il étudiait toujours, il produisait surabondamment, il se tourmentait sans cesse, malgré « son sang-froid britannique; » il aspirait à faire du nouveau et du grand. Hélas! malgré sa forte constitution, la maladie le prit : d'abord une fièvre cérébrale, puis une phthisie; c'étaient les organes par où l'on pense et par où l'on respire qui se trouvaient attaqués : surexcitation de l'esprit, du souffle, de la vie.

Il était rentré dans son atelier de Paris. Le docteur Carrier, frère de son ami Carrier le peintre, le

[1] Le *Henri III*, envoyé à l'exposition de l'Académie royale de Londres, n'eut cependant pas la chance de plaire aux académiciens, et il donna au comité de l'Académie, chargé du placement des tableaux, l'occasion de trahir leur malveillance pour un compatriote, qu'ils affectaient de considérer presque comme un *foreigner* (étranger). La toile fut placée tout en bas, au rez du parquet, en mauvaise lumière. Le *Henri III* fut cependant très-remarqué, et plusieurs journaux blâmèrent la conduite peu loyale de l'Académie.

La *Vue du Grand Canal* de Venise, lorsqu'elle fut exposée à Londres, eut bien plus d'admirateurs que le *Henri III*. Allan Cunningham déclare « qu'elle égale, comme vérité, les mêmes vues peintes par Canaletti, mais qu'elle les surpasse en effet poétique. Les maisons de Venise, continue-t-il, ne ressemblent point à nos constructions de Londres, informes amas de briques; elles sont d'une architecture splendide et pittoresque : l'eau profonde, qui les entoure au lieu de rues pavées, porte des flottes de gondoles et ajoute une nouvelle espèce d'enchantement à une scène d'ailleurs éminemment belle. Si Byron eût vu cette peinture, il n'aurait pu cacher son enthousiasme, car elle dépasse l'idée qu'il avait des œuvres d'art, quand il dit, dans une de ses lettres à M Murray : « Je ne connais rien en peinture, et je la déteste, à moins qu'elle ne me rappelle quelque chose que j'aie vu ou que je croie possible de « voir : c'est pourquoi j'abhorre la plupart des compositions que je rencontre ici dans les églises et les palais. De tous les arts, la « peinture est le plus *artificiel* et le moins naturel, et celui qui entretient le plus la sottise de l'humanité. Je n'ai jamais vu peinture ni « statue qui satisfasse ma conception ou mon attente; mais j'ai vu des montagnes, des mers, des rivières, des paysages, et deux ou trois « femmes, qui vont bien au delà, — sans compter quelques chevaux. » — Malheureusement, Byron, qui avait tant aimé Venise et l'Adriatique, venait de mourir à Missolonghi, lorsque Bonington fit son voyage en Italie. On peut supposer qu'il eût admiré Bonington s'il l'avait connu, et que le talent de son compatriote l'eût réconcilié avec la peinture. Il y a certaines scènes, élégantes et lumineuses, de Bonington, qui font songer à quelques strophes de Byron.

soignait avec la sollicitude qu'inspire un grand artiste, si jeune, et qui allait mourir. Un Anglais, M. Henderson, l'emmenait presque tous les jours à la promenade au bois de Boulogne. Lui, cependant, travaillait encore et toujours : un grand et superbe dessin des *Quais de Paris* date de cette époque. Mais on

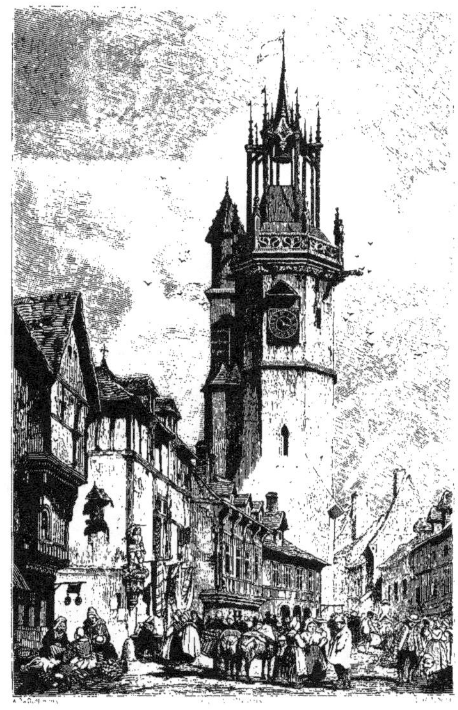

EVREUX.

voyait qu'il était perdu ; il avait « une caverne dans le poumon » ; la science ne savait plus qu'y faire. Alors, son père, de désespoir, eut l'idée d'aller consulter une célèbre somnambule de Londres. Ils partirent tous deux... et, quelques jours après, le 23 septembre 1828, le jeune Bonington s'éteignait, n'ayant pas accompli sa vingt-septième année !

De tous les artistes qui ont laissé un nom illustre, Bonington est peut-être celui qui mourut le plus jeune.

Paulus Potter est mort à vingt-neuf ans; Raphaël, Lucas de Leyde, Corrége et quelques autres génies dont on déplore la fin prématurée, touchaient à quarante ans. Qu'eût fait Bonington, avec seulement dix années de plus !

Il fut enterré à l'église Saint-James, Pentonville, en présence de Lawrence, de Howard, de Robson et d'autres admirateurs de son talent. Après les funérailles, Lawrence écrivit à Mme Forster : « Vos tristes prévisions se sont trop fatalement confirmées : nous venons de rendre les derniers devoirs au regrettable M. Bonington. Excepté M. Harlow[1], je ne sache pas qu'à notre époque la mort précoce ait enlevé un artiste dont le talent promît davantage, après un développement si remarquable et si rapide. Si j'en peux juger d'après la direction récente de ses études et par le souvenir d'une de nos conversations, son intelligence semblait s'épanouir en tous sens et arriver à la pleine maturité du goût, avec cette généreuse ambition qui pousse vers les régions supérieures de l'art... »

Malgré ces éloges, on sent que Lawrence considérait seulement Bonington comme un jeune homme « qui promet ». C'est la réticence que faisaient alors sur le talent de Bonington tous les Anglais. Allan Cunningham dit aussi : « On ne peut douter que, si sa vie s'était prolongée, il ne se fût élevé à une très-haute distinction. » Suivant lui, « Bonington manque de vigueur et d'ampleur ; ses compositions les plus poétiques sont frivoles et superficielles, et ses copies exactes d'après la nature, trop littérales et trop réelles... etc. »

Eh bien ! la France sera plus cordialement sympathique à Bonington que le pays où il est né et qui conserve ses cendres. Nous ne ferons point avec Bonington ces réserves prudentes. Tel qu'il est, il ne nous semble point inférieur comme paysagiste à Gainsborough, quoiqu'il ait moins de grandeur magistrale ; ni à Constable, quoiqu'il ait moins de solidité et de splendeur; ni à Turner, quoiqu'il ait moins de poésie et d'audace; mais qui, de ces vaillants maîtres, est plus fin que Bonington, plus délicat de touche, plus harmonieux et plus distingué de couleur? Nous reconnaîtrons même volontiers que cette qualité de transparence dans la couleur, si notable chez Bonington, est une faculté innée, assez particulière aux Anglais. Beaucoup d'aquarellistes anglais, et Turner surtout, possèdent cette fluidité extraordinaire, cette lumière limpide, qui va bien au paysage et qui répand l'air autour des objets. Comme on respire librement sur les plages de Bonington ! comme le regard se projette loin ! comme le jour est franc et l'atmosphère diaphane !

Les paysagistes actuels de l'école française sont à peu près aussi forts que les paysagistes des anciennes écoles; quelques-uns savent faire des entrées de forêts, des bocages ou des prairies, comme les maîtres hollandais du dix-septième siècle ; mais la peinture d'aucun d'eux n'est plus aérée que celle de Bonington. — Bonington est une sorte de sylphe léger, qui montre la nature en l'effleurant.

W. BÜRGER.

[1] Mort à l'âge de trente-deux ans. Voir la *Biographie de Harlow*.

RECHERCHES ET INDICATIONS

Nous devons à l'obligeance de M Carrier communication du Catalogue, presque introuvable aujourd'hui, de la fameuse vente de M. W. Brown, laquelle eut lieu les 23 et 24 mai 1837, à l'hôtel de la place de la Bourse. Une préface de « M. W. au public » précède la désignation des tableaux, au nombre de CINQUANTE-DEUX, peints par Bonington. En voici la liste, textuellement extraite du Catalogue rédigé par le propriétaire lui-même :

1. — La Vue du Grand Canal de Venise.

2. — Le Marché aux poissons, sur le rivage et près d'une ville des côtes de la Normandie : effet du matin.

3. — Le Port de Saint-Valéry-en-Somme : plusieurs bateaux de pêcheurs sont sur le rivage.

4. — Plage de la côte de Dieppe. Des femmes pêcheurs *(sic)*, près de leur poisson, s'entretiennent avec un paysan qui conduit un cheval de travail.

5. — Plage à la marée basse, et navires en mer ; effet de soleil couchant.

6. — François Ier et la belle Marguerite de Navarre : intérieur. (Ce tableau, après avoir passé dans le cabinet de M. Paul Périer, est aujourd'hui dans la galerie Delessert, n° 23 du catalogue.)

7. — Barques sur le canal de Calais ; effet du matin.

8. — Rivage de la Normandie. Une femme et deux enfants, entourés de poissons, attendent, sur une jetée, la marée basse.

9. — Vue de la ville de Venise, prise du bassin du Grand Canal.

10. — Plage d'une côte de Normandie ; effet de soleil couchant.

11. — Route de traverse dans une plaine des environs de Calais.

12. — Bateau de curage sur une branche de la Seine inférieure, côté de Rouen.

13. — Henri IV, observant à une fenêtre.

14. — Paysage. Chariot chargé de bois de charronnage et tournant la lisière d'un bois.

15. — Intérieur de chapelle d'une église de Milan.

16. — Le pont du Rialto.

17. — Navires sur la Tamise ; effet du matin.

18. — Vue d'une des rues de la ville de Louvain.

19. — Navires entrant dans le port de Honfleur par un temps calme.

20. — La vue du port de Rialto et des maisons qui bordent le canal.

21. — Une des places publiques de la ville de Rouen.

22. — Une vue du Canal de Venise : effet de soleil.

23. — Marche d'un chariot couvert, par un temps orageux.

24. — Vue de mer très-agitée

25. — Petite vue de la Méditerranée, près des côtes de Nice.

26. — Petite place Saint-Marc, prise du palais des Doges.

27. — Grec, jeune, debout et vu de face.

28. — Autre figure de Grec vu de profil et dans un riche costume.

29. — Petite vue du lac Majeur.

30. — Chemin entre deux montagnes.

31. — Route conduisant à un massif d'arbres.

32. — Ville de France sur les bords de la mer.

33. — Petite plage à marée basse.

34. — Rivage et dune sablonneuse.

35. — Paysage : mare d'eau sur le devant et chariot tournant un massif d'arbres.

36. — Deux médaillons peints à l'huile : paysage et marine : effet de soleil.

37. — Etude de paysage : effet de soleil couchant.

38. — Autre petit paysage : vues de montagnes.

39. — Échappée de mer près des dunes : étude.

40. — Petite vue de Venise, terminée.

41. — Vue de Paris, tableau non terminé.

42. — Vue de mer et indication de ville.

43. — Canal de Venise, ébauche.

44. — Paysage, sol marécageux.

45. — Autre paysage, vallée entre des montagnes : effet de soleil.

46. — Maisonnette abritée : effet de jour.

47. — Vue de la ville de Rouen, ébauche.

48. — Petite vue de mer avec indication de ville.

49. — Vue de paysage, chaîne de montagnes.

50. — Étude de navires marchands.

51. — Place Saint-Marc, grand tableau non terminé.

52. — Portrait de la vieille gouvernante de Bonington.

Il est regrettable que la description de ces tableaux soit si sommaire et que les dimensions ne soient pas indiquées, car cette nomenclature aiderait à retrouver et à authentiquer les œuvres de Bonington.

Les dessins et aquarelles étaient au nombre de six seulement, savoir :

80. — Vue d'une partie de la ville de Rouen, dessin rehaussé de blanc.

81. — Vue d'une campagne et des montagnes de la Suisse.

82. — Vue de Venise, aquarelle non terminée.

83. — Composition dans le style de Paul Véronèse, dessin aux trois crayons et non terminé.

84. — Étude de haut de maison.

85. — La Visite des cardinaux.

Les numéros intermédiaires entre 52 et 80 étaient affectés à des tableaux par différents peintres modernes et par différents peintres anciens. On y remarque Géricault et Jules Dupré, Wijnants et Adriaan van de Velde, Salvator Rosa et Guardi, Joshua Reynolds, etc. Il y avait, en outre, six dessins, par Boucher, Deboissieu, Charlet, Decamps, etc., et même quelques pierres gravées antiques.

A l'intéressante exposition de Tableaux de l'école moderne, tirés de collections d'amateurs, exposition organisée, en 1860, par M. Francis Petit, à la salle du boulevard des Italiens, 26, nous avons revu quatre tableaux de Bonington : *Anne Page et Slender*, d'après les *Joyeuses commères de Windsor*, de Shakespeare, appartenant à lord Hertford : la *Charrette*, au même ; la *Plage de Saint-Valery*, tableau signé en toutes lettres, à M. le marquis Maison : la *Plage de Dunkerque*, à M. Binder, de l'Isle-Adam, et deux aquarelles, signées des initiales : le *Page* et les *Bords de la Loire*.

Une vente curieuse pour les lithographies de Bonington a été celle de la collection Parguez, dont le catalogue avait été rédigé avec grand soin par M. Burty. Voici la note des pièces lithographiées par Bonington, avec les prix qu'elles ont atteints :

Deux Enfants sur les marches d'une porte d'architecture gothique... Épreuve peut-être unique avant toute lettre. Première pensée de la pièce suivante. — 43 francs.

Rue du Gros-Horloge. Rouen. Bonington. 1824. Page 173 du *Voyage en Normandie*. Épreuve sur chine. — 19 francs.

Vue générale de l'église Saint-Gervais et Saint-Protais, à Gisors. Bonington. 1824 Page 203 des *Voyages*. Sur chine. — 13 francs.

Vue générale de l'abbaye de Tournus. Bonington. 1825. Planche 13 du *Voyage en Franche-Comté*. — 10 fr. 50.

Façade de l'église de Brou. Bonington, 1825. Planche 25 du même ouvrage. — 11 fr. 50.

Tombeau de Marguerite de Bourbon, église de Brou. Bonington. 1825. sculps. Vauzelle del. Planche 29 du même ouvrage. — 14 francs.

Vue d'une rue des faubourgs de Besançon. Bonington. 1827. Planche 102 du même ouvrage. Sur chine, comme aussi les précédentes. — 17 francs.

Entrée de la rade de Rio-Janeiro, dessinée d'après nature par Rugendas. Bonington del. — 18 francs.

La *Façade de Saint-Jean*. Chapuy del. Bonington inv. Cette pièce, qui ne semble pas tout entière de Bonington, a été payée 7 francs par le Cabinet des Estampes.

Le Louvre ne possède qu'un seul tableau de Bonington : *François Ier et la duchesse d'Étampes*, payé 6,700 francs à la vente Mosselmann, en 1849.

Lord Seymour était riche en Bonington. C'est à la vente de sa collection, Paris, janvier 1860, que le *Henri III recevant l'ambassadeur d'Espagne* a été payé 49,000 francs par lord Hertford, qui possède plusieurs autres tableaux et aquarelles du maître.

A la vente du duc d'Orléans, janvier 1853, le *Page et la Courtisane* a été adjugé au prix de 8,200 francs.

M. le marquis Maison, M. Binder, de l'Isle-Adam, ont des Bonington de première qualité : M. Eugène Delacroix a conservé de son ami quatre peintures, dont deux Marines sur la même toile ; M. Villot possède plusieurs aquarelles et une épreuve de l'eau-forte intitulée *Bologne*. Il paraît que l'épreuve de M. Villot et celle que M. Burty a achetée 9 fr. 50 à la vente van Os sont les seules connues aujourd'hui de cette pièce intéressante. M. Burty a bien voulu nous confier son épreuve pour nous en faciliter la reproduction. *Voy.* page 9 de cette notice.

M. Carpenter, de Londres, a publié une vingtaine de gravures d'après des peintures de Bonington, empruntées à sa propre collection ou aux galeries du marquis de Lansdowne et du duc de Bedford.

L'habile graveur S. William Reynolds a gravé plusieurs Bonington.

Dans les ventes publiques, il passe souvent des tableaux ou des aquarelles attribués à Bonington. Dans une vente récente, janvier 1862, une étude très-saisissante représentait le *Départ de la chaîne des galériens*. — Il faut dire que la plupart des œuvres cataloguées Bonington dans les ventes ordinaires sont apocryphes.

Voici les signatures de Bonington :

Ces signatures en toutes lettres sont rares sur ses œuvres. Il signe le plus souvent de ses initiales :

R. P. B.

et parfois en lettres romaines :

R. P. B.

IMP. POITEVIN, RUE DAMIETTE

APPENDICE

ALLAN RAMSAY

NÉ EN 1713. — MORT EN 1784.

Il était fils d'Allan Ramsay, le poète, auteur de l'*Aimable Berger* (*the Gentle Shepherd*) et descendant de la noble famille des comtes de Dalhousie. Né à Edinburgh en 1713, la même année que Wilson, le paysagiste, il commence à dessiner dès l'âge de douze ans; un peu plus tard, il travaille à Londres; puis, en 1736, il fait son voyage d'Italie, où il prend des leçons de Solimene et d'Imperiale; puis il revient peindre quelques portraits en Ecosse, et finalement il s'établit à Londres.

La réputation de son père lui assura tout de suite des relations, et il eut pour premiers protecteurs le comte de Bridgewater, lord Bute, Frédéric, prince de Galles, et autres nobles personnages, dont il fit les portraits. Comme il professait une admiration excessive pour le « grand art italien, » le satirique Hogarth ne l'épargnait guère, et il se moque de lui dans la curieuse composition intitulée : *Bataille de tableaux* (*the Battle of the pictures*); ce qui n'empêcha point Ramsay de prospérer dans sa profession et d'y gagner beaucoup d'argent; car, après avoir payé les dettes de son père, mort en 1757, après avoir doté sa sœur, il avait encore, dit Cunningham, une fortune de plus de £ 4,000. — Le résultat financier n'est point indifférent aux artistes anglais. Et peut-être n'ont-ils pas absolument tort.

Mais le grand succès d'Allan Ramsay date de l'avénement de George III au trône, en 1760. Ce triste prince, qui ne put jamais souffrir Reynolds, adopta Ramsay pour favori, et, en 1767, il le nomma premier portraitiste de la cour, en remplacement de Shakelton. Ramsay, d'ailleurs, valait bien Shakelton.

George III aimait à donner ses portraits aux ambassadeurs étrangers, aux gouverneurs des colonies, aux établissements publics. Ramsay ne pouvait suffire à manufacturer ces royales effigies, « *manufacturing these royal effigies.* » Il dut s'adjoindre des aides et collaborateurs, la plupart étrangers : un Allemand, Eikhart, qui peignait les draperies; un autre Allemand, Roth, qui peignait les accessoires; un nommé Vesperies, qui, au besoin, peignait les fleurs et les fruits; un Flamand nommé Van Dyck, et dont le talent ne rappelait guère le peintre de Charles Ier; un Écossais, David Martin; une Anglaise, mistress Black, et autres. Lui-même exécutait les têtes. Plus tard, son élève Philip Reinagle le suppléa complétement.

Comme il parlait très-bien l'allemand, la reine Charlotte se plaisait à converser avec lui, qui était au courant des affaires politiques et qui publiait des brochures et des articles très-remarqués. Il était en correspondance avec Voltaire et avec Rousseau, qu'il avait connus à Paris. Il recevait familièrement dans son atelier les lords les plus influents, le duc de Newcastle et le duc de Richmond, lord Bute, lord

Chesterfield, lord Bath. Souvent le roi l'invitait à venir peindre dans la salle à manger du palais, et il le faisait asseoir à sa table.

L'Italie l'attirait toujours; il y était retourné deux fois, depuis son premier voyage de jeunesse. Il en revenait pour la quatrième fois, en 1784, lorsque la fièvre l'arrêta à Paris, où il mourut au mois d'août. Pendant cette dernière absence, Reinagle, très-habile alors, continuait la fabrique des portraits du roi et de la reine; il s'était engagé à en produire « cinquante paires, » qui furent confectionnées en six ans, d'abord à dix guinées (260 francs) la pièce, puis à trente guinées. L'élève était arrivé dans cette industrie à imiter si parfaitement son maître que les copies ne se distinguent pas de l'original.

« Comme érudition et comme variété de connaissances, Allan Ramsay, dit Cunningham, surpassait tous les artistes de son temps. » Walpole et Northcote ont vanté son *génie*, sa grâce et son élégance. Presque un grand artiste, *si*, comme Northcote en fait la réserve, son exécution eût égalé ses conceptions, — *if his hand had been equal to his conceptions*. Homme très-distingué, — peintre insignifiant.

Nous avons vu beaucoup de portraits de Ramsay, entre autres celui de John, duc d'Argyll, appartenant à la corporation de Glasgow et exposé à l'Exhibition internationale de Londres en 1862; peinture froide et commune. Outre une quantité innombrable de portraits, fabriqués en collaboration, comme nous l'avons dit, Ramsay a exécuté aussi des peintures murales dans plusieurs résidences de grands seigneurs anglais.

PAUL SANDBY

NÉ EN 1725. — MORT EN 1809.

Né à Nottingham, en 1725, il vint à Londres en 1746, et, deux ans après, il accompagnait le général Watson en Écosse, où il prit des Vues qu'il grava et publia en 1752. Une série de Vues dessinées à Windsor et à Eton lui obtint ensuite le patronage de Sir Joseph Banks, avec qui il parcourut le pays de Galles. A cette pérégrination nouvelle sont dues quarante-huit planches, qu'il grava à l'*aquatinta*, d'après ses propres dessins. Il est le premier artiste qui ait adopté ce genre de gravure, et il le poussa à une haute perfection, surtout dans les Vues de Windsor, d'Eton, de Hyde Park en 1780, et dans ses *Fêtes du carnaval à Rome*. Ses nombreuses estampes sont pleines de vie et d'intérêt.

Lorsque, en 1753-54, s'élevèrent de vives discussions entre les artistes, à propos de la formation d'une académie publique, Sandby montra sa verve caricaturiste dans des eaux-fortes où il ridiculisait Hogarth et les autres opposants.

De 1760 à 1764, il contribua largement aux exhibitions de la Société des Artistes, et il fut un des directeurs de l'association d'artistes (*the Incorporated Society*) qui prit une part si active aux controverses précédant la fondation de l'Académie royale. Nommé, en 1768, principal maître de dessin à l'Académie royale militaire de Woolwich, il fut aussi chargé par George III d'enseigner le dessin aux princes de la famille royale.

Sandby peignit à l'huile aussi bien qu'à l'aquarelle. Mais son titre incontesté à la renommée est d'avoir véritablement fondé l'école des aquarellistes anglais, puisqu'il fut le premier à montrer que l'aquarelle pouvait produire des peintures achevées et qu'il guida ses successeurs vers la perfection de l'effet et de la couleur. Passionné pour l'étude de la nature, profondément initié aux principes de la perspective linéaire, il parcourait le pays, dessinant des vues de châteaux, d'abbayes, de villes, des scènes rurales, avec une vérité caractéristique et un goût très-pittoresque.

Dans sa première manière, son procédé pour obtenir des effets de lumière dans ses paysages était de dessiner soigneusement à la plume les contours de chaque partie de sa composition, de distribuer ensuite les ombres à l'encre de chine et de passer sur le tout un lavis de couleur. On appela ces espèces d'aquarelles des dessins teintés — *tinted drawings*. Dans sa seconde manière, bien préférable, il dissimulait les sécheresses des contours et il appliquait des teintes successives jusqu'à ce qu'il eût produit sur les premiers plans une tonalité riche et variée. Malheureusement, comme il se servit surtout de couleurs végétales mal préparées, ses aquarelles manquent de l'éclat qu'on admire chez les aquarellistes plus récents, mais néanmoins elles n'ont pas perdu leur finesse et leur beauté.

Après une vie longue et productive, Paul Sandby mourut à Londres, le 9 novembre 1809.

Le nombre de ses gravures à l'*aquatinta* est considérable, et, en 1778, on publia sous le titre : *the Virtuosi's Museum*, une collection de cent cinquante planches gravées d'après ses dessins.

Nous n'avons jamais vu de peintures à l'huile par Sandby, mais nous avons vu quantité de ses fines aquarelles, à l'Exhibition de Manchester, à l'Exhibition internationale de Londres, au musée de Kensington et dans les collections particulières. Il y en avait une vingtaine à Manchester, appartenant presque toutes à M. William Sandby, descendant de Paul Sandby, je suppose, et auteur de l'excellent livre : *the History of the Royal Academy of Arts*, depuis sa fondation en 1768 jusqu'à nos jours; 2 vol. gr. in-8°. London, 1852 [1]. Il y en avait six à l'Exhibition internationale, dont quatre appartenant à la reine. Les qualités de ces aquarelles sont surtout la légèreté, la finesse, la limpidité, une simplicité que les modernes aquarellistes anglais ont perdue.

SAWREY GILPIN

NÉ EN 1733. — MORT EN 1807.

Son père, capitaine dans l'armée anglaise, lui donna les premiers principes du dessin et lui inspira le désir de devenir artiste. Né à Carlisle en 1733, le jeune Sawrey entra donc dans l'atelier de Scott à Londres. Scott peignait la marine, mais son élève se mit à peindre des scènes populaires et surtout des animaux, et il eut bientôt la faveur d'être patroné par le duc de Cumberland, qui avait admiré ses dessins de chevaux, et qui le chargea de faire « les portraits de ses chevaux de course » et de représenter des sujets de sport à Newmarket.

Gilpin devint promptement le peintre à la mode en ce genre, et il acquit une certaine habileté dans la représentation des chevaux, dont l'anatomie et les allures lui étaient familières. Il se mit aussi à peindre des tigres et des animaux sauvages, et il s'aventura même parfois dans les sujets historiques : on cite de lui le *Triomphe de Camille* et *l'Élection de Darius*. Il collabora souvent avec Barrett le paysagiste, ajoutant des chevaux dans les compositions de son ami.

Gilpin a publié une suite d'eaux-fortes représentant des bœufs, une autre petite suite de chevaux, et quelques portraits de personnages de la Réformation, gravés dans l'ouvrage de son frère le révérend William Gilpin : *Histoire des Réformateurs*.

Les biographes anglais vantent Gilpin comme un artiste supérieur dans sa spécialité. La vérité est qu'il fut assez mauvais peintre, si l'on peut juger de son talent par son tableau des *Chevaux au milieu de la tempête*, appartenant à l'Académie royale et exposé à Manchester.

Élu associé en 1795, il fut nommé académicien en 1797. Il mourut à Brompton, le 8 mars 1807.

[1] C'est à cette *Histoire de l'Académie* que nous avons emprunté cette biographie, et de précieux éléments pour les biographies des autres peintres compris dans cet Appendice.

JOSEPH WRIGHT

NÉ EN 1734. — MORT EN 1797.

Pour le distinguer des autres peintres du même nom, on l'appelle Wright de Derby, parce qu'il naquit, en 1734, dans cette ville, où son père était attorney. A l'âge de dix-sept ans, il vint étudier à Londres dans l'atelier de Hudson, le peintre de portraits et le maître de Reynolds. Il s'y rencontra avec Mortimer, plus jeune que lui. Mais bientôt, abandonnant son maître, il retourna à Derby et s'y installa comme portraitiste. En 1765, il envoyait à l'exhibition de la Société des Artistes à Londres deux tableaux, et, l'année suivante, trois autres peintures, avec des effets de feu et de lumière, qui eurent du succès.

Marié en 1773, il partit presque aussitôt pour l'Italie, fit à Rome des dessins d'après les fresques de Michel-Ange dans la chapelle Sixtine, visita plusieurs autres villes italiennes, revint en 1775 s'établir quelque temps à Bath, et deux ans après il se fixait définitivement dans sa ville natale, où il mourut en 1797.

Élu associé de l'Académie en 1781, il ne tarda pas à requérir sa radiation de la liste académique, parce qu'il fut offensé de ce que Edmund Garvey passa académicien avant lui. N'ayant plus la ressource de montrer ses tableaux à l'exhibition de l'Académie royale, il réunit, en 1785, vingt-quatre de ses œuvres dans une grande salle de Covent Garden. Plus tard cependant il envoya des tableaux aux expositions officielles.

Wright de Derby affectionnait surtout les effets de lumières factices, et son tableau le plus célèbre est la *Forge*, appartenant à lord Palmerston, et que nous avons vu à l'Exhibition internationale. C'est peu de chose et d'ailleurs tout poussé au noir. Les Anglais vantent beaucoup aussi la *Destruction des batteries flottantes* au siége de Gibraltar, appartenant à lord Overstone, et que nous avons vue à Manchester. Il y avait à ces deux célèbres expositions divers autres tableaux de Wright, *l'Impératrice Julie à Salerne*, plusieurs portraits et des paysages, entr'autres la vue du lac d'*Ulleswater*, une de ses œuvres renommées. Car, en ses derniers temps, il s'était adonné au paysage, s'imaginant rivaliser avec Wilson, dont il n'approche pas, mais qu'il cherche à imiter dans des vues de la Villa Mæcenas à Tivoli et de la villa Cicéron; on cite encore une *Éruption du Vésuve* et un *Feu d'artifice*, tiré au château Saint-Ange à Rome. Il a fait quelques peintures pour les Boydell, et plusieurs de ses œuvres ont été gravées. On ne voit rien de lui à la National Gallery.

ALEXANDER RUNCIMAN

NÉ EN 1736. — MORT EN 1785.

C'est encore un Écossais, qui ne manquait pas de *génie*, suivant ses biographes, mais qui pourtant ne compte guère comme peintre. Né à Edimburgh, en 1736, d'un père architecte, il entra dans l'atelier de John et Robert Norris, paysagistes célèbres alors, et il exposa lui-même des paysages, à l'âge de dix-neuf ans. Ne réussissant pas en ce genre, il se retourna vers la peinture historique. Comment escalader les sommets du « grand art » sans avoir visité l'Italie? C'était la fureur en ce temps-là. Runciman sentit le besoin d'aller « s'agenouiller devant les Carracheet faire acte de soumission à Raphaël; » ce sont ses expressions. Le voilà donc à Rome, en 1766.

A Rome, il rencontre Fuseli, plus jeune que lui de cinq ans. Les deux montagnards, l'Écossais et le Suisse, avaient bien des analogies de caractère, et ils se lièrent intimement. Après un séjour de cinq ans à Rome, où il ne cesse de dessiner les antiques et de copier les maîtres de la Renaissance, surtout Michel-Ange, se trouvant éduqué suffisamment pour le sublime, il retourna à Edinburgh, sans même s'arrêter à Londres. Une Académie avait été fondée à Edinburgh en 1760, et la place de professeur y avait été remplie jusque-là par deux artistes français, Delacour et Pavillon[1]. Celui-ci étant mort, Runciman le remplaça, avec un appointement annuel de £ 120.

Son ambition était de faire de grandes peintures historiques, et il décida un des plus généreux patrons de l'art en Écosse, Sir J. Clerk, à lui confier la décoration d'une salle immense au château de Pennycuick. Ossian était en grande faveur parmi les Écossais, et Runciman représenta douze sujets tirés d'Ossian. Lui et ses amis s'imaginèrent qu'il avait produit un de ces chefs-d'œuvre épiques, comparables aux chefs-d'œuvre des maîtres italiens.

Entre-temps, il peignait aussi des tableaux religieux, historiques ou poétiques : une *Ascension*, pour l'autel d'une chapelle épiscopale à Edinburgh, *Agrippine débarquant avec les cendres de Germanicus*, *Nausicaa et ses nymphes surprises par Ulysse*, une *Andromède*, le *Roi Lear*, etc. Il ne manqua pas de flatteurs qui y trouvèrent les qualités du Corrége et du Titien.

A peindre ses grands plafonds, surtout la coupole de Pennycuick, où Runciman avait travaillé le plus souvent couché sur le dos, il avait perdu la santé, et il mourut subitement, à la porte de sa maison, le 21 octobre 1785.

Il a gravé lui-même à l'eau-forte quelques-unes de ses compositions, une *Sigismunda*, qui passe pour sa meilleure pièce, une *Vue d'Edinburgh*, dont la peinture originale est à Stafford House, etc.

Nous avons vu de lui quelques tableaux, entre autres, à l'Exhibition internationale de 1862, le *Roi Lear*, qui appartient aujourd'hui à M. Laing, et qui dénote une certaine grandeur, tournant à l'exagération.

JOHN SINGLETON COPLEY

NÉ EN 1737. — MORT EN 1815.

Son père, d'origine anglaise, avait résidé longtemps en Irlande, où il s'était marié. Mais John Singleton Copley naquit le 3 juin 1737 à Boston, en Amérique, où il fut élevé. L'année suivante, 1738, naissait aussi en Amérique un autre peintre qui devait acquérir une grande célébrité en Angleterre, Benjamin West.

Dès 1760, Copley envoie des portraits à l'exhibition de l'Académie de Londres. Quelques années après, il était déjà bien connu « des deux côtés de l'Atlantique, » et il n'avait qu'un désir, — passer la mer, pour venir en Angleterre et surtout pour voir l'Italie.

Ce projet ne put se réaliser qu'en 1774. Copley resta peu de temps à Londres et se hâta de gagner Rome. Après avoir étudié l'École romaine et la statuaire antique, après avoir copié le Corrége à Parme, il revint à Londres, à la fin de 1775, et il y prit un atelier. En 1777 [1], il devenait associé à l'Académie royale, par la protection de son compatriote Benjamin West, et en 1783, académicien. Plusieurs de ses tableaux avaient fait du bruit, surtout la *Mort de lord Chatham*, peinte en 1779-80, et dont il refusa 1500 guinées; offerte en 1828, par le comte de Liverpool, à la National Gallery, elle a été exposée en 1857 à Manchester. Les nombreux personnages de cette grande composition sont tous des portraits. Aussi a-t-elle été gravée plusieurs fois, notamment par Bartolozzi, et d'une dimension excessive, 30 pouces (anglais) de large sur 20 pouces

[1] Je ne sais si ces deux peintres sont connus des historiens de l'École française. Il est remarquable qu'au dix-huitième siècle les artistes français sont partout : en Espagne, en Italie, en Allemagne, en Russie, en Angleterre. Car alors il n'y avait plus guère de vivante en Europe que la peinture française, avant la naissance de l'École anglaise, avec Reynolds et Gainsborough.

de haut! Bartolozzi reçut pour ce travail £ 2,000 (plus de 50,000 fr.), et le nombre des souscripteurs atteignit presque 2,000.

La *Mort de Chatham* fut suivie de deux tableaux presque aussi célèbres : la *Mort du major Pierson*, ou l'Invasion de Jersey par les Français en 1780, et *Charles Ier ordonnant l'arrestation de cinq membres de la Chambre des communes*. La *Mort de Pierson*, peinte pour Boydell, est revenue depuis dans la famille de Copley, chez son fils, lord Lyndhurst, et elle a été exposée à Manchester. Pour exécuter la scène d'*Arrestation des membres de la Chambre des communes*, le peintre avait eu à sa disposition tous les portraits que Van Dyck avait faits autrefois de ces personnages célèbres.

Copley se plaisait à traduire les faits de l'histoire anglaise et les imaginations de la poésie nationale. En ces deux genres, ses tableaux sont nombreux. Il n'abandonnait point cependant la peinture du portrait, et il a laissé des portraits de lord Mansfield, du comte de Northampton, de lord Sidmouth, du baron Graham, du prince de Galles, etc.

Allan Cunningham raconte une bonne anecdote, à propos d'un portrait de famille exécuté par Copley. Un gentleman anglais s'était fait peindre sur la même toile avec sa femme et sept enfants. Cette belle pièce terminée, le gentleman dit au peintre : « — Il manque encore une chose, le portrait de ma première femme, car celle que voici est ma seconde. — Mais la première est morte, n'est-ce pas? que puis-je faire? elle ne pourrait être admise que comme un ange. — Oh non, point du tout! elle doit être là en personne naturelle. Il n'y a point d'anges pour moi. » — Il fallut ajouter le portrait de la première femme. Peu de temps après, le gentleman revient à l'atelier, donnant le bras à une nouvelle lady : — « J'ai encore besoin de votre talent, M. Copley. Un accident m'a enlevé ma seconde femme. Cette lady est ma troisième, et elle doit aussi avoir son portrait dans notre tableau de famille. » La troisième femme fut encore ajoutée, en compagnie des deux mortes.

Le dernier tableau de Copley fut une *Résurrection*, et son dernier portrait fut celui de son fils, lord Lyndhurst, peint en 1814. L'année suivante, le 9 décembre, il mourait, âgé de soixante dix-huit ans.

A l'Exhibition internationale de Londres en 1862, reparut la *Mort de Pierson*, avec l'*Enfant et l'Écureuil*, qui passe pour une de ses meilleures peintures, et quelques portraits, entre autres ceux des princesses Amelia, Sophia et Augusta, appartenant à la reine.

Voir pour la biographie de Copley : Allan Cunningham, William Sandby et les notices des catalogues de la National Gallery et des autres collections anglaises.

RICHARD COSWAY

NÉ EN 1740. — MORT EN 1821.

Un de ses ancêtres, fuyant les persécutions du duc d'Albe, avait émigré de Flandre en Angleterre et avait fondé une fabrique de draps à Tiverton, dans le Devonshire. C'est là que naquit Richard Cosway, en 1740. Son père, alors maître d'école, n'encourageait pas beaucoup ses propensions vers la peinture, mais son oncle, qui était maire (*mayor*) de la ville, l'envoya à Londres et paya les frais d'atelier chez Hudson, où Reynolds avait étudié autrefois, puis chez Shipley, qui tenait une académie de dessin dans le Strand. Dès l'âge de quatorze ans, le petit Richard obtenait un prix de la Société des Arts. Son adresse se développa vite à travailler pour les marchands, surtout à peindre des miniatures de fantaisie pour les joailliers, qui en ornaient les tabatières et les boîtes de luxe.

Sa réputation comme miniaturiste attirant autour de lui une clientèle distinguée, il gagna tout de suite beaucoup d'argent avec ses petits portraits fashionables. Il peignait aussi des tableaux de fantaisie poétique, des Vénus, des Psyché, des Armide. Le succès ne se fit pas attendre du côté de l'Académie et du côté du

[1] En 1776, suivant William Sandby, dans son excellente *Histoire de l'Académie*; suivant le même livre, c'est en 1799 que Copley aurait été reçu académicien. Les dates 1777 et 1783 sont empruntées à Allan Cunningham.

grand monde. En 1770, il était nommé associé de l'Académie et l'année suivante académicien. Le prince de Galles, les lords et les actrices célèbres fréquentaient son atelier, très-luxueux, orné d'anciennes peintures et d'objets de curiosité. Peu après son élection à l'Académie, il avait épousé une jeune femme charmante, née en Italie de parents anglais, et qui elle-même eut un vrai talent comme portraitiste. Leur maison devint un rendez-vous de *high life*, un centre de fêtes et de concerts.

Mistress Cosway cependant souffrait du climat de Londres et, pour la distraire, son mari l'emmena voyager en Belgique et en France. A Paris, Cosway fit les portraits de la duchesse d'Orléans et de la duchesse de Polignac. Le roi de France lui fit cadeau de quatre tapisseries des Gobelins, en reconnaissance de cartons de Jules Romain que Cosway avait offerts au Musée du Louvre.

Revenue à Londres, mistress Cosway ne pouvant rétablir sa santé partit avec son jeune frère pour l'Italie, où elle séjourna trois ans. Un peu plus tard, elle retourna toute seule à Paris, où elle fit quelques tableaux, notamment une *Vue intérieure de la galerie du Louvre*. La guerre commençait alors entre la France et l'Angleterre, et mistress Cosway s'en alla dans sa chère Italie et fonda une maison d'éducation pour les jeunes filles, à Lodi. C'est là qu'elle mourut, plus tard, après avoir perdu son mari.

Les dernières années de Cosway furent assez tristes. Durant la longue crise politique et militaire du commencement de ce siècle, sa noble clientèle s'était écartée de lui et il avait perdu la faveur du prince de Galles, devenu régent. Son esprit s'était troublé jusqu'à des hallucinations et des visions insensées. La paralysie avait frappé son bras et l'avait forcé de renoncer à peindre et à dessiner. Une dernière attaque l'enleva subitement, le 4 juin 1821. Mistress Cosway, qui l'avait consolé et soigné en ses derniers temps, s'en alla reprendre la direction de son pensionnat de Lodi.

JOHN HAMILTON MORTIMER

NÉ EN 1741. — MORT EN 1779.

Elève de Hudson, comme Reynolds, qui devint son ami, il eut une vie très-agitée et il mourut jeune, le 4 février 1779, à trente-huit ans, car il était né en 1741, à Eastbourne, Sussex, où son père était receveur des douanes. Ce qu'il voulait conquérir dans l'atelier de Hudson, c'était le coloris; mais il s'aperçut bien vite que Hudson n'y entendait rien et il le quitta pour étudier « chez Pine [1], un bon coloriste, » dit M. William Sandby, « et pour dessiner d'après l'antique, dans la galerie du duc de Richmond. »

Je ne connais guère ce grand coloriste Pine, et il ne semble pas que dessiner d'après l'antique provoque beaucoup à la couleur. Aussi Mortimer n'eut-il jamais cette qualité du coloris, laquelle pourtant n'est pas rare dans l'École anglaise.

Ses dessins, d'après les antiques de la galerie Richmond, lui valurent plusieurs prix de la Société pour l'Encouragement des Arts, et le duc lui-même lui proposa de l'employer à la décoration des murs et des plafonds de ses palais. Mortimer refusa, et, en 1765, il eut la chance de remporter, en concurrence avec Romney, le prix de cinquante guinées, attribué par la Société des Arts à la meilleure peinture historique. Son tableau représentait *Edouard le Confesseur s'emparant des trésors de sa mère*. Plus tard il obtint aussi de la même Société un prix de cent guinées, pour son tableau : *Saint Paul convertissant les Bretons*.

Ces succès et la faveur de George III, pour qui il avait peint la *Bataille d'Azincourt*, sur un des panneaux du carrosse royal, décidèrent sa célébrité, et l'on alla jusqu'à dire que l'Angleterre avait enfin un peintre historique, absolument national; car Mortimer n'avait jamais quitté l'île et ne s'était point formé, comme la plupart des autres peintres, sous l'influence de l'Italie et des styles étrangers.

[1] Allan Cunningham dit aussi que Pine était alors considéré comme un coloriste *capital* — *a capital colourist*.

Malheureusement, Mortimer s'était abandonné à des habitudes d'orgies et d'extravagances, et sa forte constitution commençait à être altérée par des excès de tout genre. Il se repentit alors de ses folies, épousa une honnête fille de fermier, abandonna Londres, et, pour reconquérir le calme de l'esprit et la santé, il se retira, en 1775, à Aylesbury. C'est vers cette époque qu'il peignit, en souvenir et repentance de sa vie dissipée, les *Progrès du vice* et les *Progrès de la vertu.*

Il revint pourtant à Londres en 1778 et y prit un atelier dans le Strand. L'année suivante, le 4 février, une fièvre aiguë l'emporta subitement.

Bien qu'il n'eût jamais exposé aux exhibitions de l'Académie, il avait été nommé associé en 1778, et la protection du roi semblait lui promettre une haute position dans le corps académique, lorsqu'il succomba si prématurément.

Allan Cunningham, William Sandby, Edwards, Pilkington, presque tous les auteurs anglais, vantent le talent de Mortimer, du moins son imagination, son dessin et son goût distingués, réserve faite du don de la couleur ; néanmoins, le peu que nous avons vu de sa peinture ne confirme pas l'enthousiasme de ses compatriotes.

Aux tableaux déjà cités, il faut ajouter, parmi les œuvres principales de Mortimer, le *Roi Jean signant la Grande Charte*, les *Muses comique et tragique*, *Sextus consultant Erichto*, d'après Lucain, *Wortigern et Rowena*, le *Sortilége*, et des groupes de *Bandits*, assez originaux.

Il y avait à l'Exhibition de Manchester son portrait peint par lui-même.

DAVID ALLAN

NÉ EN 1744. MORT EN 1796.

On l'a surnommé le Hogarth *écossais*, car il est né en Écosse, à Alloa, dans le Stirlingshire, le 13 février 1744. A l'âge de onze ans, il fut envoyé à l'Académie de Glasgow pour apprendre le dessin, la peinture et la gravure, sous la direction de Robert Foulis, un des patrons de l'établissement; à l'âge de vingt ans, il allait à Rome, où bientôt il obtint des médailles d'or et d'argent aux concours scolaires de l'Académie de Saint-Luc. Le tableau qui lui valut la médaille d'or représente la vieille histoire de *l'Origine de la Peinture ;* il a été gravé par Cunego. Parmi les autres peintures qu'il exécuta à Rome, on doit citer quatre *Scènes de Carnaval*, très-spirituelles et très-fantasques, dans la manière de Hogarth, gravées par Paul Sandby et publiées avec accompagnement de texte par Allan lui-même.

En 1777, nous le retrouvons à Londres, peignant des sujets classiques, des paysages et des portraits. Passons sur cette période, dit le biographe Cunningham, et suivons David Allan à Edinburgh, où, en 1786, après la mort de Runciman, il le remplace comme Maître de l'Académie des Arts, et il remplit cette fonction pendant dix années.

Ses illustrations du poème de Ramsay, le *Gentil Berger*, publié en 1720, augmentèrent sa réputation. Lui-même grava en manière noire ou *aquatinta* ses douze compositions empreintes d'un certain sentiment rustique. Elles attirèrent l'attention de Burns, dont Allan illustra aussi les poésies écossaises. Entre-temps, il peignit avec succès beaucoup de tableaux de genre, scènes de mœurs de son pays, et il peut être considéré comme un des précurseurs de Wilkie, à plus juste titre que comme un rival de Hogarth.

David Allan s'était marié en 1788 à la fille d'un orfévre d'Edinburgh. Il mourut le 6 août 1796.

« Comme peintre, son mérite est assez borné, dit Cunningham : il n'eut jamais la finesse du dessin, l'harmonie de la couleur, ni la grâce, ni la grandeur. Il a peint des portraits qui n'ont de remarquable qu'un certain caractère individuel. Il a peint des paysages, mais ils manquent d'air et de lumière. Il a essayé le style historique, mais, sauf dans sa *Jeune Corinthienne* (*l'Origine de la Peinture*), tous ses efforts ont été impuissants. Son génie consiste seulement dans l'expression, dans l'*humour* et la bouffonnerie. »

Cunningham donne une nomenclature assez détaillée des œuvres de David Allan.

PHILIP REINAGLE

NÉ EN 1749. — MORT EN 1833.

Il fut élève d'Allan Ramsay, le portraitiste favori de la cour, et nous avons dit, dans la biographie du maître, comment le disciple fut employé aux nombreuses répétitions des portraits du roi et de la famille royale. Né en 1749, il avait exposé des portraits en 1776; mais bientôt sa vocation le porta vers les sujets de chasse, vers la peinture des animaux vivants ou du gibier mort. Il y réussit mieux que dans le portrait, et il arriva aussi à faire d'excellentes copies des vieux maîtres hollandais qui se sont illustrés dans le même genre : Paulus Potter, Berchem, Du Jardin, Adrien Van de Velde, etc. On dit que plusieurs de ces copies passent aujourd'hui pour des originaux dans des galeries célèbres. Il se livra également à la peinture du paysage, et il aida Barker dans son tableau des Panoramas de Rome, de Naples, de Florence et de Paris. John Scott a gravé d'après lui le *Cabinet du Sportsman*, ou représentation des diverses espèces de chiens employés dans les grandes chasses, etc.

Nommé associé en 1787 et académicien en 1812, Philip Reinagle mourut à Chelsea, le 27 décembre 1833, âgé de quatre-vingt-quatre ans.

Nous avons vu de lui quelques peintures, entre autres le *Combat d'un aigle et d'un vautour contre une hyène*, appartenant à l'Académie royale et exposé à Manchester.

Son fils, Richard Ramsay Reinagle, fut aussi peintre de paysage et d'animaux. Né en 1775, il devint associé à l'Académie en 1814 et académicien en 1823 ; mais il fut obligé de donner sa démission en 1848, à la suite d'une enquête sur des faits singuliers qu'on lui avait reprochés. L'enquête prouva qu'il achetait chez un brocanteur des tableaux d'un jeune artiste nommé Yarnold, qu'il y retouchait un peu, les exposait comme siens aux exhibitions de l'Académie et les vendait sous son propre nom. On voit de lui une aquarelle, *Torrent dans les montagnes*, au musée de Kensington.

Un des fils de Richard Ramsay Reinagle mourut tout jeune, en 1833, annonçant beaucoup de dispositions comme peintre de marine.

GEORGE HOWLAND BEAUMONT

NÉ EN 1753. — MORT EN 1827.

Grand seigneur, qui eut la fantaisie d'être peintre, et qui eut l'honneur de patroner généreusement les artistes et de contribuer au développement des arts dans son pays. Il descendait de l'ancienne famille des Beaumont, qui figurèrent aux croisades, et qui s'allièrent aux royales maisons de France et d'Angleterre.

Né à Dunmow, dans le comté d'Essex, le 6 novembre 1753, il hérita de la baronnie à la mort de son père, en 1762. Des études distinguées à Eton et au nouveau collége d'Oxford le familiarisèrent avec les lettres, et dès sa jeunesse il montra un goût très-vif pour la poésie, le théâtre et les arts. En 1778, il épousa la petite-fille de lord Welles, et Reynolds fit le portrait des deux époux. En 1782, il emmena sa jeune lady en Italie, et ce fut là qu'il devint décidément peintre et que son admiration pour Claude Lorrain le tourna vers le paysage. Il avait déjà pris quelques leçons de Wilson, qui mourait en cette même année 1782.

De retour en Angleterre, il se fixa dans son château de Coleorton Hall, Leicestershire, où, pendant une longue et magnifique existence, il offrit l'hospitalité à tous les artistes, à tous les poëtes et littérateurs de son temps : ami de Reynolds, de Gainsborough et de West, à la fin du dix-huitième siècle, et, trente ans plus tard, ami et protecteur de Constable et de la nouvelle génération qui continua d'illustrer l'École anglaise.

A l'époque de la Révolution, il se trouvait à Paris, où il vit souvent Louis David. Il y retourna après la chute de l'Empire, visita la Suisse et fit un nouveau voyage en Italie, où il était lié avec Canova. Durant ces voyages, comme aussi en Angleterre, il ne cessait de collectionner des œuvres d'art, tableaux anciens et modernes, marbres et curiosités. Son château de Coleorton et sa maison de Londres, Grosvenor Square, avaient l'air de vrais musées.

L'Angleterre alors n'avait point encore de galerie nationale, et Sir George, qui comprenait à merveille l'influence des arts sur la civilisation d'un peuple, prit à cœur de provoquer l'établissement d'un musée à Londres. De 1818 à 1824, il se consacra, de concert avec son ami lord Dover, avec lord Wharncliffe, M. Alexander Baring et quelques autres, à cette idée patriotique, offrant de donner lui-même ses collections aussitôt que le gouvernement aurait adopté un local. Enfin, sous le ministère du comte de Liverpool, en 1824, la *National Gallery* fut fondée par l'acquisition de trente-huit tableaux appartenant à M. J.-J. Angerstein. Deux ans après, Sir George donnait seize tableaux : quatre Claude, un Nicolas Poussin, deux Rembrandt, un Rubens, un Both, un Sébastien Bourdon, un Canaletto, un Reynolds, deux Wilson, un West et un Wilkie. On sait quel a été le développement prodigieux de ce musée de Londres, dont la fondation est due principalement à Sir George Beaumont, et qui compte aujourd'hui sept à huit cents tableaux des Écoles anciennes et de l'École anglaise.

Sir George Beaumont mourut le 7 février 1827, dans son château de Coleorton Hall, âgé de soixante-quatorze ans.

Comme peintre, il faut avouer qu'il ne compte guère dans l'École anglaise, mais il a exercé sur elle beaucoup d'influence par un patronage aussi éclairé que passionné. On voit de lui deux tableaux à la *National Gallery*, offerts en 1828 par sa veuve, lady Beaumont, et gravés dans l'Album de Jones.

WILLIAM BEECHEY

NÉ EN 1753. — MORT EN 1839.

Né à Burford, dans le comté d'Oxford, le 12 décembre 1753, il entra tout jeune chez un homme de loi, à Stow, comté de Gloucester, vint à Londres pour continuer ses travaux de bureaucrate, mais, entraîné par le goût des arts, il se fit admettre, en 1772, comme étudiant à l'Académie royale. Reynolds semblait être son maître d'affection, mais les conseils et l'amitié de Paul Sandby le tournèrent surtout vers l'observation directe de la nature. En 1781, il quitta Londres pour Norwich, où il demeura quatre à cinq ans, peignant de petits tableaux familiers, dans la manière de Hogarth et de Zoffany. C'est à Norwich qu'il commença à peindre des portraits de grandeur naturelle et aussi des compositions de fantaisie : *Lavinia*, d'après le poëme des *Saisons* de Thomson, une *Femme jouant de la harpe*, etc.

A son retour à Londres, il fut tout de suite patroné par la noblesse, qui lui demanda des portraits, bien qu'il y eût alors des portraitistes très-éminents. Nommé associé de l'Académie en 1793, il obtint, la même année, le titre de peintre de la reine Charlotte, dont il fit un portrait en pied, et toutes les princesses posèrent aussi devant lui.

Mais sa grande célébrité et sa fortune datent du tableau qu'il peignit en 1798 pour George III : Le roi, accompagné du prince de Galles, du duc d'York, de ses généraux et aides de camp, passe en revue deux régiments de dragons. Le succès de cette peinture fut tel, qu'elle valut à William Beechey son élévation au rang de chevalier et sa nomination d'académicien, en remplacement de William Hodges, qui venait de mourir. Le tableau, gravé par James Ward, est aujourd'hui à Hampton Court.

Dès lors, Sir William Beechey eut la plus noble clientèle : le marquis de Cornwallis, lord Nelson, le comte de Saint-Vincent, lord Sidmouth, Sir William Hamilton, etc. Il fit aussi les portraits de Kemble et de mistress Siddons, de l'alderman Boydell, de son ami Paul Sandby, de Wilkie, du sculpteur Nollekens (aujourd'hui à la *National Gallery*, etc.).

Suivant le biographe des académiciens, une des meilleures peintures de Sir William est un portrait de sa seconde femme, tenant entre ses bras un de ses huit enfants. Lady Beechey elle-même eut un certain talent en miniature, et elle a reproduit ainsi quelques-unes des œuvres de son mari. Un de leurs fils, H. W. Beechey, a écrit une *Vie de Reynolds* et quelques autres ouvrages.

Sir William mourut à Hampstead, le 28 janvier 1839, à l'âge de quatre-vingt-six ans. La longévité de la plupart des artistes anglais est vraiment extraordinaire, et souvent déjà nous en avons fait la remarque.

Durant presque tout le règne de George III, Sir William avait été le principal portraitiste de la cour, malgré la rivalité d'artistes bien plus forts que lui. Cependant, lorsque George fut atteint de folie, le patronage royal manquant au peintre, et, d'autre part, Lawrence ayant conquis une réputation fascinatrice, le vieux Beechey fut un peu abandonné.

Le portrait de Kemble, appartenant à Dulwich College, a paru à l'Exhibition internationale à Londres. Nous avions vu aussi à l'Exhibition de Manchester un portrait du prince de Galles, depuis George IV, appartenant à l'Académie royale. Ces portraits, celui de Nollekens à la *National Gallery*, et les autres peintures de Beechey que nous avons vues dans les collections anglaises, n'éveillent pas une très-vive sympathie pour le talent de ce peintre, trop vanté par ses contemporains.

FRANCIS BOURGEOIS

NÉ EN 1756. — MORT EN 1811.

Son père, Suisse d'origine, était horloger à Londres, où Francis naquit, dans S. Martin's Lane, en 1756.

Francis avait environ huit ans lorsque vint demeurer dans leur maison le célèbre spéculateur en tableaux Noël Desenfans, que l'aristocratie anglaise employait à la formation de ses galeries de peinture et d'objets d'art. C'est sans doute à ce voisinage et à l'influence de Desenfans que Francis, destiné à l'état militaire, dut sa vocation d'artiste. Quelques-unes de ses productions juvéniles attirèrent l'attention de Reynolds et de Gainsborough, et bientôt il entra dans l'atelier de Loutherbourg, où il se fit promptement une certaine réputation par ses paysages, ses batailles et ses marines.

En 1776, il voyage en France, en Italie, en Hollande, et va jusqu'en Pologne, où, grâce aux lettres de recommandation que lui avait données son ami et patron Noël Desenfans, il est bien accueilli par le roi, qui le nomme chevalier de l'ordre du Mérite. A son retour en Angleterre, cette chevalerie lui fut confirmée par George III, dont, plus tard, en 1794, il devint le paysagiste en titre.

En 1791, il est nommé peintre du roi de Pologne; en 1787, il est élu associé de l'Académie royale de Londres, et, en 1793, académicien. Que d'honneurs, que de faveurs, pour un peintre dont le nom serait oublié aujourd'hui sans sa généreuse fondation du beau musée de Dulwich College, près de Londres!

Lorsque Desenfans mourut, en 1804 (en 1807, suivant le catalogue de la Galerie de Dulwich), il lui restait un grand nombre de tableaux que le roi Stanislas de Pologne l'avait chargé d'acheter pour la galerie royale de Varsovie, et qui n'avaient pas pu être livrés à cause des fatalités politiques et du démembrement de la Pologne. Il légua cette riche collection à son ami Sir Francis, qui, à son tour, la légua au collége de

Dulwich, avec une somme de £ 10,000 pour bâtir et entretenir une galerie convenable, et une somme de £ 2,000 pour soigner la conservation des tableaux.

Sir Francis mourut le 8 janvier 1811 et fut enterré dans la chapelle du collége, près de son ami Desenfans. La galerie fut construite en 1812, d'après les dessins de Sir John Soane, et depuis lors elle attire à Dulwich les artistes de Londres et tous les étrangers. On y trouve des chefs-d'œuvre de la plupart des grands maîtres hollandais: Rembrandt, Brouwer, Gerard Dow, Albert Cuyp, Aart Van der Neer, Paulus Potter, les Ostade, Adrien Van de Velde, Wouwermans, Ruisdaël, Hobbema; des chefs-d'œuvre de Rubens, de Van Dyck et de Téniers, de Velazquez et de Murillo; des Claude, des Lenain, des Watteau; et des Anglais, Reynolds, Gainsborough, Lawrence, etc.

Que de fois nous avons visité la précieuse galerie de Dulwich, avec grand profit pour nos études sur les maîtres du Nord! Il va sans dire qu'on voit là une nombreuse série de paysages ou de tableaux de genre, — une quinzaine, — par Sir Francis lui-même. Nous ne dirons rien de l'artiste, mais nous remercierons l'homme d'avoir ainsi doté son pays d'une galerie publique, gratuitement ouverte à tous les amateurs de belle peinture.

HENRY RAEBURN

NÉ EN 1756. — MORT EN 1823.

Celui-ci est assez peintre et nous l'avons cité dans nos *Trésors d'art exposés à Manchester*, où il avait un excellent portrait de chef écossais, appartenant au marquis de Breadalbane, et un petit tableau insignifiant, *l'Enfant et le Lapin,* appartenant à l'Académie royale, lequel a reparu à l'Exhibition internationale de Londres. C'est à cette exposition de 1862 que les étrangers ont pu juger Raeburn et sa franche pratique, un peu imitée de Reynolds et de Lawrence. On y remarquait surtout le portrait de son fils monté sur un poney gris, appartenant à la Galerie Nationale d'Écosse, et quelques autres portraits, simples de tournure, justes de couleur.

Henry Raeburn naquit à Stockbridge, faubourg d'Edinburgh, aujourd'hui réuni à la ville, le 4 mars 1756. Son père était manufacturier. Lui, devenu orphelin dès l'âge de six ans, entra comme apprenti chez un orfévre, à l'âge de quinze ans; il faisait dès lors des miniatures qu'on recherchait, et il quitta bientôt l'orfévrerie pour l'atelier d'un peintre de portraits, célèbre à Edinburgh, David Martin. De la miniature il passa à la peinture à l'huile, et, après s'être marié en 1779, il se rendit à Londres, où Reynolds, devinant sa capacité, l'engagea à visiter l'Italie. Après un séjour de trois ans à Rome et dans les autres villes italiennes, il revint à Edinburgh et y éclipsa vite son ancien maître.

Président de la Société royale d'Edinburgh, membre de l'Académie impériale de Florence, des Académies de New York et de la Caroline du Sud, Henry Raeburn fut élu associé de l'Académie royale de Londres en 1812 et académicien en 1815.

Il avait bonne envie d'aller à Londres grandir encore sa fortune et sa renommée : Lawrence l'en dissuada et lui fit comprendre qu'il valait mieux être le premier en Écosse que le second à Londres : et en effet Raeburn eut l'avantage de peindre tous les hauts personnages de sa contrée, les Macdonald, les Campbell, les Bruce, les Hay, les Scott, les Duff, les Gordon, les Douglas, etc. Créé chevalier par George IV, lors de la visite de ce prince à l'Écosse en 1822, il reçut encore, peu après, le titre de portraitiste du roi en Écosse. Mais il mourut l'année suivante, le 8 juin, dans sa maison près d'Edinburgh, à l'âge de soixante-sept ans.

La liste des portraits peints par Raeburn est énorme. Aux noms de nobles Écossais que nous avons déjà cités, il faudrait ajouter, en première ligne, Walter Scott, dont il a laissé deux grands portraits en pied, Dugald Stewart, Francis Jeffrey, Henry Mackenzie, John Rennie, etc. Il a fait aussi un beau portrait de Chantrey le sculpteur. Northcote, si difficile, et Wilkie, si habile, estimaient beaucoup le talent de Sir Henry

Raeburn. A sa biographie Allan Cunningham a consacré quarante pages, et tous les écrivains anglais sont d'accord pour louer le style large et hardi, le dessin correct et la riche couleur de ce peintre, qui eut aussi beaucoup d'influence sur le développement des arts dans sa patrie écossaise.

JOHN HOPPNER

NÉ EN 1759. — MORT EN 1810.

Il y a un mystère sur la naissance de Hoppner. Ce qu'il y a de sûr, c'est qu'il est né à Londres, dans l'été de 1759, d'une mère allemande, employée au palais des rois de la maison de Hanovre, et que le patronage royal dirigea sa première éducation. On insinua même, dans le temps, qu'il devait être fils de George III, monté au trône en 1760, âgé de vingt-deux ans. Fils de roi, peu importe, puisqu'il fut un artiste très-distingué. Son portrait, une tête charmante, ne laisserait pas croire qu'il tînt à George III, le prince étroit et vulgaire, qui finit par une longue imbécillité.

Tout enfant, il chantait dans les chœurs de la chapelle royale, mais il avait plus de vocation pour les arts plastiques que pour l'art musical, et il entra comme étudiant à l'Académie royale en 1775. Quelques années après il obtenait la médaille d'or pour une scène d'après le *Roi Lear*.

Lawrence et Opie étaient alors les maîtres du portrait, et en grande vogue. Soutenu par la cour, et surtout par le prince de Galles, le jeune Hoppner brava cette rivalité et se fit tout de suite une grande réputation comme portraitiste. Il avait peint les membres de la famille royale et une foule de nobles personnages, sans compter la belle mistress Siddons, qui avait été un de ses premiers modèles. Même après que Lawrence eut conquis la faveur du roi George III et de la cour, et que sa supériorité fût devenue incontestée, Hoppner continua longtemps encore à avoir une nombreuse et aristocratique clientèle.

Outre les portraits il peignait aussi, avec une certaine poésie et une véritable élégance, des compositions idéales ou historiques, *Vénus endormie*, un *Bélisaire*, etc.

Élu associé de l'Académie en 1793, il fut nommé académicien en 1795, et il offrit comme peinture de réception son propre portrait, qu'on voit toujours dans les salons de l'Académie royale.

Vers ce temps-là, il épousa la fille de mistress Wright, qui modelait avec talent des portraits en cire et dont la maison était un rendez-vous d'artistes et d'hommes éminents.

Les portraits de Hoppner sont très-répandus dans les galeries anglaises. La Galerie Nationale en possède deux, celui de William Pitt, fils du premier comte de Chatham, et celui de l'acteur Smith. Il y en avait plusieurs à l'Exhibition internationale, entre autres ceux des princesses Mary et Sophia, appartenant à la reine. La peinture de Hoppner a du charme; sa couleur harmonieuse rappelle souvent Chardin et les maîtres français du dix-huitième siècle. Il doit compter dans l'École anglaise tout près de Romney, qui n'est pas loin de Reynolds et de Gainsborough, tout près de Lawrence, qui eut la générosité de regretter baucoup « ce confrère dont les œuvres l'avaient souvent instruit. »

Malade dès 1809, Hoppner mourut le 23 juin 1810 et fut enterré dans le cimetière de la chapelle Saint-James, Hampstead Road.

RICHARD WESTALL

NÉ EN 1765. MORT EN 1836.

Né à Hertford en 1765, il avait commencé, comme Hogarth, par être apprenti chez un graveur d'armoiries sur argent. Un miniaturiste, nommé Alefounder, lui conseilla de s'adonner à la peinture. En 1785 il entrait à l'école de l'Académie et peu après il exposait un sujet emprunté au poëme satirique de Chaucer, *Janvier et Mai*. L'origine de la réputation excessive dont il jouit plus tard tient sans doute à son intimité avec Lawrence durant leurs premières années. Tous deux habitaient en commun la même maison, Soho Square, au coin de Greek street. La conformité de leurs caractères et de leurs goûts prolongea leur liaison jusqu'à la mort de Lawrence, en 1830.

Richard Westall fut élu associé de l'Académie en 1792, et académicien en 1794, la même année que son ami Lawrence et que Stothard, avec qui il a beaucoup d'analogie, car il est plutôt un illustrateur de livres, un dessinateur et un aquarelliste, qu'un peintre.

Ce furent des aquarelles très-finies, dont les sujets étaient choisis dans la mythologie, dans les poëtes ou dans l'histoire, qui attirèrent d'abord l'attention sur lui : l'*Invention de la lyre*, *Sapho chantant l'hymne d'amour*, la *Mort d'Adonis*, *Calypso et Télémaque*, la *Bénédiction de Jacob*, les *Adieux de Marie Stuart*, etc. Ses illustrations pour le *Milton* et le *Shakespeare* des Boydell, et pour d'autres grands ouvrages, ne manquent pas d'une certaine grâce. On lui doit aussi les illustrations de l'*Histoire d'Angleterre*, de Bowyer, et des dessins pour les cérémonies du culte de l'Église anglicane, dont les gravures eurent beaucoup de popularité.

Il essaya bien de peindre à l'huile de grandes compositions historiques, mais sans trouver à les vendre, et il se rejeta décidément, à l'exemple de Stothard, sur les dessins pour les publications de librairie. Les *Amours des Anges*, de Moore, les poëmes de Crabbe, ont encore été illustrés par lui, et même un volume de ses propres poésies, intitulé un *Jour de printemps*.

En ses dernières années, d'imprudentes spéculations sur les vieux tableaux embarrassèrent ses affaires et compromirent sa position ; il se releva, grâce à l'heureuse chance qu'il eut d'être appelé à donner des leçons de dessin à la princesse Victoria, aujourd'hui reine d'Angleterre.

Richard Westall mourut le 4 décembre 1836.

A l'Exhibition de Manchester, il y avait de lui plusieurs aquarelles. Nous en avons vu d'autres à l'Exhibition internationale de Londres, et même quelques tableaux à l'huile, l'un appartenant à la reine, l'autre à l'hôpital de Greenwich. Je crois bien que c'étaient là les plus mauvaises peintures de toute l'Exposition.

Un de ses frères et son élève, William Westall, né à Hertford en 1781, fit de lointains voyages dans les Indes et en Australie. Ses dessins, gravés dans le récit des explorations du capitaine Flinders sur les côtes de l'Australie, furent exposés en 1812 à l'Académie et lui valurent le titre d'associé. Plus tard, il se consacra exclusivement à l'illustration de livres représentant des Vues d'Angleterre et d'Écosse, et il eut l'honneur d'être l'ami des « poëtes des lacs », Southey et Wordsworth. Il mourut le 22 janvier 1850. Le musée de Kensington (Ellison collection) possède une de ses aquarelles, *Vue d'une vallée de l'Inde*.

WILLIAM OWEN

NÉ EN 1769 — MORT EN 1818.

Il reçut une éducation littéraire dans les écoles de Ludlow, où il était né en 1769, et ce fut seulement à l'âge de dix-sept ans qu'il commença ses études en peinture. Il vint à Londres et entra dans l'atelier de Catton [1], peintre des voitures du roi et membre de l'Académie royale. Une copie qu'il fit de la *Perdita* de Reynolds le fit remarquer par ce grand artiste, et en 1791 il entrait comme étudiant à l'Académie.

Dès 1792, il expose un portrait et une *Vue du pont de Ludfort*; l'année suivante, sept portraits. En cette première période, il produisit aussi quelques tableaux de fantaisie, par exemple, une *Vénus*, une

[1] Charles Catton, né à Norwich en 1728, « un des *trente-cinq* enfants que son père avait eus de deux femmes. » D'abord apprenti chez un peintre de voitures, il étudia ensuite la figure à l'Académie de Saint-Martin's Lane. Il a exposé aux exhibitions de l'Académie royale, principalement des paysages. Il mourut le 28 septembre 1798.

Bacchante, exposées en 1796 et 1797. En 1798, il exposait dix portraits, dont celui de miss Leaf, qui devint sa femme.

C'est comme portraitiste que William Owen mérite une certaine considération. Pitt, lord Grenville, le marquis de Stafford, le comte de Bridgewater, lord Wharncliffe, lord Spencer, le duc de Cumberland, le comte d'Ashburnham, le duc de Montrose, le comte de Cassillis, le marquis de Grahame, lord Fitzwilliam, le comte Verulam, le duc d'Athol, la duchesse de Buccleuch, lady Leicester, lady Beaumont, la comtesse Cooper, l'archevêque d'York, des évêques, des généraux, quantité de nobles et de personnages célèbres, posèrent devant lui. Il ne négligeait pas cependant la peinture de genre ou les sujets poétiques : la *Porte du cottage*, la *Jeune Fille à la fontaine*, les *Enfants dans le bois*, *Jeune Fille endormie*, *Au bord du chemin*, etc. Mais ces compositions sont froides et tristement peintes.

Associé à l'Académie en 1804, académicien en 1806, portraitiste en titre du prince de Galles en 1810, il refusa en 1813 d'être élevé à la chevalerie.

Dans ses dernières années, sa santé était devenue très-faible. La méprise d'un pharmacien, qui lui administra de l'opium au lieu d'un autre remède prescrit, occasionna sa mort, presque subite, le 11 février 1825.

Bien que primé comme portraitiste par Lawrence et par Hoppner, Owen gagnait beaucoup d'argent avec ses portraits, 3,000 guinées en la seule année 1817, suivant Cunningham. On rencontre de ses peintures dans presque toutes les galeries, sauf pourtant dans les galeries nationales de Kensington. Au Soane Museum est conservé le portrait qu'il fit du fondateur de ce musée, l'architecte John Soane ; au Christ Church College d'Oxford, le portrait du docteur Cyril Jackson, doyen de cet établissement, portrait qui fut exposé à Manchester, avec quelques tableaux de genre, la *Porte du cottage*, appartenant à l'Académie royale, et la *Maîtresse d'école*. A l'Exhibition internationale, il y avait un de ses meilleurs tableaux, appartenant aussi à l'Académie, l'*Enfant et le Petit Chat*, où l'exécution trahit l'influence de Reynolds.

JOHN CROME

NÉ EN 1769. — MORT EN 1821.

Dans l'Introduction, nous avons dit quelques mots de ce grand paysagiste, qui eût bien mérité une notice détachée parmi les biographies des principaux peintres anglais.

Il est hors ligne dans l'École anglaise, où, presque seul, excepté Gainsborough et Constable, il a des impressions naturelles et sincères devant les spectacles du monde extérieur. Les autres grands paysagistes anglais y cherchent des traditions et des idées, comme Wilson, ou des effets d'idéalité fantastique, comme Turner le plus souvent. John Crome regarde, sent et peint ce qu'il a vu et ce qu'il a senti : pareil en cela aux Hollandais Ruisdael et Hobbema, qui n'en sont pas moins poétiques pour apporter dans leur interprétation un sentiment tout agreste, à la façon des hommes naïfs qui sont attachés à la terre, qui la cultivent et la fécondent.

Aussi John Crome a-t-il presque toujours vécu dans le silence de sa province, étudiant d'après nature les plages bordant la mer, les landes sauvages, les ravins ou les forêts. Et cet isolement, auquel il doit son originalité, fit que son nom arriva très-peu dans le centre de la civilisation à Londres, et que, jusqu'à ces derniers temps, son génie fut presque inconnu de ses compatriotes. Il n'a point été académicien, et c'est à peine si quelques biographes le mentionnent. Je crois bien que sa réputation — sa résurrection — datera de l'Exhibition internationale, où — par hasard — se sont trouvés réunis sept de ses tableaux [1].

[1] « Sur dix amateurs anglais, écrivait le *Times*, neuf ne savent pas que l'Angleterre possède en John Crome un artiste qui allie la puissance de Hobbema à celle de Cuyp. »

Sept chefs-d'œuvre : un *Bouquet d'arbres*, et entre les arbres un coup de lumière sur des maisonnettes, effet dans le genre de Hobbema; — un *Chemin* crayeux, dans le genre de Huysmans, de Malines; — un autre paysage avec un chemin, des terrains arides et quelques troncs d'arbres; — une *Abbaye :* le ciel a été peint par Opie; Crome l'eût peint beaucoup mieux; — le *Grand chêne*, entrée de forêt, dans le genre de celles de Ruisdael, avec de l'eau en avant; — et la *Bruyère*, vue d'un pays découvert et sauvage : ciel superbe; grand tableau, large de plus de deux mètres, exécuté avec deux notes seulement, les roux dorés de la bruyère et les gris argentés du ciel. Le *Times* a raison : Crome approche beaucoup d'Albert Cuyp, de Hobbema, de Ruisdael aussi, de Wynants et de Huysmans. Ses qualités sont surtout la simplicité et la sobriété, avec beaucoup d'éclat cependant, parce qu'il est juste de lumière.

Le nouveau musée de Kensington possède aussi deux paysages de Crome, par suite du legs de M. John Sheepshanks en 1857, une *Lisière de forêt* et un *Clair de lune*, deux chefs-d'œuvre également.

A l'Exhibition de Manchester, il y avait de Crome un seul petit tableau qui ne fut pas alors très-remarqué.

John Crome, Crome *le vieux* (*old Crome*), est né à Norwich, le 21 décembre 1769, dans la *Public House* tenue par son père. Il fut d'abord apprenti chez un peintre en bâtiment, et s'étant lié avec un paysagiste nommé Ladbrooke, il devint lui-même un artiste. De maître, il n'en eut point. Il se forma tout seul, en peignant d'après nature dans les environs de Norwich. Il mourut le 21 avril 1821, sans s'être beaucoup éloigné des sites pittoresques de sa ville natale. Il groupa autour de lui quelques élèves, notamment Stark [1], ami de William Collins, qui en parle dans ses lettres. Il eut aussi pour sectateur Vincent, dont l'Exhibition internationale a montré une excellente *Vue de l'hôpital de Greenwich*.

JAMES WARD

NÉ EN 1769. — MORT EN 1859.

Dès l'âge de sept ans on le retirait de l'école, par suite de revers de famille, et à l'âge de douze ans on l'envoyait rejoindre son frère aîné William [2], attaché au graveur J.-R. Smith, qui l'employa surtout à faire ses commissions en ville. Le petit *errand boy* dessinait pourtant le plus qu'il pouvait, lorsqu'il attrapait des morceaux de papier et des crayons. En grandissant, il partagea les travaux de son frère et de Smith, et ce fut un hasard qui lui mit à la main le pinceau. Son frère William ayant endommagé une peinture de Copley qu'il était en train de graver, James se mit en tête de réparer le malheur. Il y réussit à peu près et dès lors il entreprit de peindre à l'huile.

George Morland, comme nous l'avons dit dans sa biographie, avait épousé la sœur de Ward, et les deux familles vivaient en commun à Kensal Green. James étudia naturellement les œuvres de son beau-frère, et il en vint à les imiter de si près que les marchands lui achetaient ses tableaux, y apposaient de fausses signatures et les revendaient très-cher comme originaux de maître Morland, alors très-recherché. Ce commerce de peinture apocryphe prit même une grande extension, et quantité de Morland — par Ward — furent ainsi exportés de Londres en Irlande et même en France.

1 James Stark, fils d'un teinturier, naquit à Norwich en 1794, étudia trois ans chez John Crome, puis entra comme étudiant à l'Académie en 1817. Il a publié en 1827 une série de Vues des rivières du Norfolk. Le musée de Kensington possède six de ses paysages.

2 William Ward, graveur en *mezzotinto*, est surtout connu pas ses gravures d'après Morland, son beau-frère. Il a gravé aussi des portraits d'après Reynolds, Jackson et autres, et même quelques tableaux historiques. Il fut élu associé à l'Académie en 1814 et il porta le titre de graveur du prince régent et du duc d'York. Il mourut subitement, le 1er décembre 1826. Son fils William James Ward suivit son style avec beaucoup d'habileté.

Une *Halte de taureaux*, peinte dans cette première période et exposée à l'Académie royale, attira l'attention, mais Ward ayant entendu répéter autour de son tableau : — C'est d'un élève de Morland. — se résolut à ne plus suivre le style d'un autre et à chercher le succès dans sa propre originalité.

Il n'abandonnait point la gravure cependant, et il exécuta vers cette époque une planche de la fameuse *Revue* peinte pour George III par Sir William Beechey [1]. Les amateurs estiment avec raison sa gravure du *Centurion* d'après le beau tableau de Rembrandt.

En 1794, il fut nommé peintre et graveur en titre du prince de Galles, qui pendant plusieurs années l'employa surtout à peindre ses chevaux favoris. Son ambition était d'entrer à l'Académie en qualité de peintre, mais on ne voyait alors en lui que le graveur, qui gagnait avec son burin £ 2,000 par an. Benjamin West et Sir George Beaumont l'encourageaient à peindre, et c'est alors qu'il fit de grands tableaux, comme le *Cheval et le serpent*, de proportion naturelle, une *Bande de cerfs*, un *Combat de taureaux* et la *Chute de Phaéton*. A la fin, le peintre sembla dominer le graveur, et il fut élu associé à l'Académie en 1805 et académicien en 1811.

Après la bataille de Waterloo, la British Institution ayant offert un prix de £ 1,000 pour un dessin commémoratif de la victoire des Anglais sur Napoléon, Ward envoya une esquisse, à laquelle le prix fut adjugé, et aussitôt après il peignit pour l'hôpital de Chelsea une toile immense, trente-cinq pieds sur vingt-six, — avec cette fameuse bataille représentée allégoriquement. Le tableau, exposé en 1820 dans la grande salle égyptienne de Piccadilly, — Egyptian Hall, — eut peu de succès, fut accroché néanmoins dans une pièce de Chelsea Hospital, puis décroché, roulé, et oublié.

Ward eut ensuite la fantaisie de peindre des allégories religieuses : l'*Étoile de Bethléem*, l'*Étang de Bethesda*, et autres élucubrations, où il mêlait au sujet principal des animaux et des scènes rustiques. La sympathie publique ne l'encouragea point dans ces tentatives, et en 1822 il se laissa aller à une autre ambition, celle de rivaliser avec Paul Potter, en peignant un *Taureau*, une vache et un veau, de grandeur naturelle, dans un pâturage ! Hélas ! le grand *Taureau* de Paul Potter, au Musée de la Haye, pourrait bien être une des erreurs du grand artiste hollandais. Que dire du *Taureau* de James Ward ? Nous avons revu ce monstre à l'Exhibition internationale de 1862. Je ne crois pas qu'il ait été fort admiré des étrangers. Il y avait encore à cette exposition un *Ane et des Vaches*, « peinture de cabinet, » signée et datée 1827, et un *Sanglier*.

La Galerie Nationale et le musée de Kensington possèdent aussi plusieurs tableaux de Ward : La *Vue du parc de lord de Tabley*, à la National Gallery, est datée de 1814 ; l'autre tableau du même musée, le *Concile des chevaux*, d'après une fable de Gay, est signé *J. Ward R. A. Aged* 79,1848 ; car Ward encore atteignit un âge très-avancé : né à Londres le 23 octobre 1769, il ne mourut que le 17 novembre 1859, dans sa quatre-vingt-onzième année !

Le talent de James Ward est dur et pénible, mais on ne saurait lui refuser de la force, de la science et un certain caractère résultant d'une volonté opiniâtre. Ward se trouve mêlé à l'histoire de la plupart des artistes de son époque. Ami des plus illustres, beau-frère de George Morland, beau-père de John Jackson le portraitiste, il fut le père de M. J.-R. Ward, le graveur en manière noire, dont la fille, mariée à M. E.-M. Ward, le peintre académicien, est elle-même une habile artiste.

MARTIN ARCHER SHEE

NÉ EN 1769 — MORT EN 1850.

Celui-ci n'est guère peintre, bien qu'il ait eu l'honneur d'être longtemps président de l'Académie royale, mais il était très-littéraire, il a beaucoup écrit en prose et en vers, et il eut cet autre honneur d'être ami de

[1] Nous avons mentionné ce tableau dans la notice sur Beechey.

...

Byron, qui l'a célébré, de Thomas Moore, et de la plupart des poëtes qui ont illustré l'Angleterre dans la première moitié de notre siècle.

Né à Dublin, le 20 décembre 1769[1], d'une famille distinguée, mais qui eut à subir diverses infortunes, son enfance fut traversée par de rudes épreuves. Il avait fait ses études chez les Dominicains, toute sa famille étant catholique. Avant l'acte d'émancipation des catholiques, peu de professions étaient ouvertes aux membres de l'Église romaine en Irlande, et la jeunesse ne savait trop dans quelle carrière se jeter. La vocation de Martin Shee fut décidée par la vue de quelques briques hollandaises, peintes avec des sujets de l'Écriture, et qui carrelaient l'intérieur d'une cheminée. Il entra donc à l'École royale de dessin, où il remporta successivement toutes les médailles pour le dessin de la figure, du paysage et des fleurs. Puis il trouva du travail comme peintre de portraits au crayon; puis il essaya la peinture à l'huile; enfin il vint chercher fortune à Londres en 1788.

Il avait des lettres d'introduction auprès de Reynolds et de Barry, qui l'accueillirent assez froidement. Plus tard, sur le conseil de Reynolds, provoqué par Burke, il entra comme étudiant à l'Académie royale.

En 1789, il exposa, pour la première fois, un portrait d'homme et une tête de vieillard; en 1791, un portrait en pied, et en 1792, deux autres portraits. Reynolds étant mort cette année-là, Shee fut un des quatre étudiants de l'Académie choisis pour assister aux funérailles de l'illustre président. A peu près à la même époque, Boydell et Macklin lui faisaient copier des peintures pour les graveurs et lui payaient chaque copie 8 à 12 guinées. En 1794, on lui demanda pour un journal des articles sur l'Exhibition, et il fut ainsi conduit à la série de ses productions littéraires. En 1796, il se marie; en 1798, il vient habiter la grande maison que Romney avait fait bâtir à Cavendish square; la même année, il était élu associé de l'Académie, et en 1800 académicien. Sa position était assurée désormais.

Il fit alors, en compagnie de Samuel Rogers, le banquier poëte, un voyage sur le continent, et, après la paix d'Amiens, en 1802, il séjourna longtemps à Paris, où il avait retrouvé Benjamin West et beaucoup d'artistes anglais.

Comme écrivain (après les articles de critique déjà mentionnés), Shee commença à se produire en 1801. Son pamphlet anonyme, intitulé *Lettre à Noël Desenfans*, défendait les artistes contemporains contre la partialité du célèbre marchand de tableaux pour les anciens maitres. En 1805, parurent les *Rimes sur l'Art* ou les *Remontrances d'un peintre*, qui eurent trois éditions, et en 1809, sous le titre *Éléments de l'Art*, le complément de ce poëme; en 1808, une *Ode sur la mort d'Opie*; en 1810, une *Lettre aux Directeurs de la British Institution*; en 1814, une *Ode à la mémoire de Reynolds*, et, en appendice, la *Victoire éplorée*, à propos de la mort de Nelson.

En 1823, vint sa tragédie d'*Alasco*, jouée au théâtre de Covent Garden par Charles Kemble, mais froidement accueillie par le public. On avait dû retrancher à la représentation certains passages réprouvés par le lord chambellan et qui furent restitués dans un petit volume dont la publication lui fut payée £ 500. Son dernier ouvrage, la *Vieille Cour*, en trois tomes, parut en 1829, mais personne n'y fit attention.

L'année suivante, Martin Shee, succédant comme président de l'Académie à Sir Thomas Lawrence, qui venait de mourir, laissa définitivement la plume et ne songea plus qu'à se dévouer à ses importantes fonctions. Il avait eu pour concurrent dans cette élection à la présidence David Wilkie, qui n'obtint que deux voix. « Il était éminemment doué de toutes les qualités convenables à ce poste élevé, dit M. William Sandby, à cause de l'intégrité et de la fermeté de son caractère, de sa gracieuse éloquence, de cette urbanité et de cette fleur de courtoisie qui lui étaient naturelles ». Et que de luttes il eut à soutenir! L'Académie, en des circonstances difficiles, lui dut peut-être la conservation de son existence. A l'occasion du diner annuel de l'Académie, Sir Robert Peel lui avait envoyé, de la part du roi George IV, la chaine d'or et la médaille qui avaient été offertes à Lawrence, et il l'avait invité à les porter toutes les fois qu'il paraitrait en public comme président.

[1] Nous adoptons la date donnée par M. William Sandby dans son *Histoire de l'Académie*. Le catalogue de la National Gallery donne la date du 23 decembre 1770.

Peu après son élection, il fut anobli par le roi Guillaume IV, monté au trône en 1830, et il devint, d'office, *trustee* (administrateur fiduciaire) du British Museum et de la National Gallery, membre et administrateur de l'Athenœum, de la Société des Dilettanti, etc.

En 1834 et 1835, il fit les portraits du roi Guillaume et de la reine Adélaïde; en 1842, celui de la reine Victoria, pour l'Académie. Il a laissé aussi quelques peintures de caractère poétique, *Prospero et Miranda*, d'après la *Tempête* de Shakespeare, *Lavinia*, d'après les *Saisons* de Thomson; mais son œuvre comme peintre est peu considérable et passe inaperçu dans l'École anglaise, malgré les efforts de ses compatriotes pour le tenir au-dessus de l'oubli. Il a cependant deux tableaux à la National Gallery, un portrait de Thomas Morton, l'auteur dramatique, mort en 1838, et un *Bacchus enfant*, gravé par T. Vernon. On a vu de lui, à l'Exhibition internationale de 1862, un portrait de John Fawcett, acteur au théâtre de Covent Garden.

En 1845, la maladie le força à résigner ses fonctions de président, mais ses confrères maintinrent son titre et lui allouèrent une indemnité annuelle de £ 300, en reconnaissance des services qu'il avait rendus à l'École anglaise.

Il mourut le 18 août 1850, dans sa quatre-vingt-neuvième année. Il était resté membre de l'Église catholique romaine et il fut enterré au cimetière de Brighton.

Un de ses fils a publié, en 2 volumes in 8°, sa biographie, qui a fourni les éléments de la notice de M. William Sandby, à laquelle nous avons presque emprunté la nôtre.

THOMAS PHILLIPS

NÉ EN 1770. — MORT EN 1845.

Placé d'abord chez un peintre verrier à Birmingham, il vint à Londres en 1790, à l'âge de vingt ans, car il était né le 18 octobre 1770, à Dudley, comté de Warwich. West, à qui il était recommandé, lui procura du travail dans les verrières de la chapelle Saint-George, à Windsor. En 1791 il était étudiant à l'Académie royale; en 1792 il exposait une *Vue du château de Windsor*, et en 1793, une peinture historique, la *Mort de Talbot* à la bataille de Cassillon, et une peinture biblique, *Ruth et Booz*. Ces tableaux furent suivis de quelques sujets analogues ou empruntés à la mythologie.

Mais en 1796 il sembla se tourner décidément vers le portrait, malgré la concurrence de tant de portraitistes alors célèbres, Lawrence, Hoppner, Owen, Jackson, etc; il eut même la chance, pendant que les autres peignaient surtout l'aristocratie nobiliaire, de peindre surtout la plupart des hommes éminents par leur génie : lord Byron, deux fois, — Blake le peintre, Chantrey le sculpteur, David Wilkie, le poëte Crabbe, le professeur Faraday, l'historien Hallam, mistress Somerville, Southey, Campbell, Coleridge, etc.; ce qui ne l'empêcha pas de faire aussi les portraits du prince de Galles, du duc d'York, du duc de Sussex, du comte Grey, de lord Brougham, de lord Stowell, de lord Lyndhurst, du comte d'Egremont, etc., etc.

En 1804 il est élu associé et en 1808 académicien. Son tableau de réception fut *Vénus et Adonis*, espèce d'imitation du Titien, que nous avons vu à l'Exhibition internationale. On peut voir aussi à la National Gallery son portrait de Wilkie, peint en 1829, et une *Nymphe des bois*, qui a été gravée par Stephenson.

Nommé en 1825 professeur de peinture à l'Académie, et succédant à Fuseli, dont la vie avait été si bruyante et l'enseignement si vanté, Phillips crut devoir aller visiter l'Italie pour se préparer dignement à ses fonctions. Il partit avec William Hilton, qui succédait aussi à Fuseli comme administrateur (*keeper*). A son retour il ne manqua pas de débiter des *lectures* sur l'histoire et les principes de l'art; elles furent publiées, au nombre de dix, lorsqu'il donna sa démission en 1832. Les quatre premières traitent de l'histoire de la peinture, la cinquième de l'invention, la sixième du dessin, la septième de la composition, la huitième du coloris, la neuvième du clair-obscur et la dixième de l'application des principes. C'est toujours naturellement le même thème développé par les professeurs anglais avant et après lui. On sait que plusieurs y ont montré du génie, Reynolds par exemple, — d'autres, de la science et du goût.

Outre ses portraits il faisait encore des peintures de différent style : une *Nymphe au repos*, une *Rebecca*, l'*Expulsion du Paradis*, d'après Milton, etc. Il trouva même le temps d'écrire des articles sur les arts dans plusieurs publications. Il mourut le 20 avril 1845.

EDWARD BIRD

NÉ EN 1772 [1]. — MORT EN 1819.

Il passa son enfance et sa jeunesse à peindre sur faïence dans des manufactures de poteries, de vases et de services de table, à Wolverhampton, lieu de sa naissance, et aussi, sans doute, à Birmingham, car Allan Cunningham raconte que, plus tard, le peintre, devenu célèbre, faisant un voyage en France avec quelques amis, prit un soir le thé, à Boulogne, dans un service dont les tasses excitèrent l'admiration des nouveaux débarqués : — Je n'aurais jamais cru, dit l'un d'eux, qu'on fabriquât de si belles porcelaines en France. — Mais cela vient de Birmingham, répliqua Bird, et c'est moi qui suis l'auteur des peintures.

Après un assez long exercice de cet art décoratif, Bird alla s'établir maître de dessin à Bristol, où il produisit des tableaux que ses amis l'engagèrent à envoyer à l'exhibition de Bath. Il y eut du succès et bientôt ses œuvres furent recherchées par l'aristocratie. La *Répétition des choristes* eut même l'honneur d'être acquise pour la collection royale. Le marquis de Stafford acheta 300 guinées le *Champ de bataille de Chevy Chase* [2], et 300 guinées la *Mort d'Eli*, qu'on voit encore à Stafford House.

C'était en 1807, âgé de trente-cinq ans déjà, que Bird avait commencé à se faire connaître à l'exhibition de Bath. En 1813, étant à Londres, il fut présenté à la princesse Charlotte, qui le nomma son peintre, et, l'année suivante, il était élu membre de l'Académie royale. Il avait été nommé associé en 1812.

Dans cette première période, les tableaux de Bird ont beaucoup de naïveté, de finesse et d'observation humoristique. A l'Exhibition internationale de Londres, en 1862, on a pu voir de lui deux tableaux, appartenant à la reine et à la National Gallery, où il apparaît comme un rival de Wilkie. Mais ses fréquents

[1] Par une erreur typographique, sans doute, l'excellent catalogue de la National Gallery donne la date de naissance 1762. Mais Allan Cunningham dit formellement que Bird mourut à l'âge de quarante-huit ans (en 1819). La date 1772 est d'ailleurs adoptée généralement, par exemple dans le catalogue de la galerie de Stafford House. Elle est confirmée dans la savante *Histoire de l'Académie*, par William Sandby.

[2] Sir Walter Scott en avait acheté l'esquisse.

voyages à Londres [1] modifièrent peu à peu son inspiration naturelle, et il ambitionna de s'élever aux sujets religieux et historiques, tels que des Calvaires, la *Mort de Saphire*, la *Résignation de Job*, et autres. Ce n'était pas son affaire. L'approbation publique ne le suivit point.

Alors il imagina de tenter un sujet politique : le *Départ du roi Louis XVIII*, de son exil en Angleterre, pour Paris. Les événements politiques qui venaient d'agiter l'Europe lui semblaient devoir provoquer l'attention et la sympathie. Le nouveau roi de France et la duchesse d'Angoulême voulurent bien poser devant le peintre et le patronèrent chaudement ; mais la plupart des hauts personnages d'Angleterre qu'il tenait à introduire dans sa composition n'eurent pas la même complaisance. Survint la mort d'un fils et d'une fille qu'il aimait tendrement, et l'artiste, découragé, fut pris d'une maladie lente qui le conduisit à sa tombe dans les cloîtres de la cathédrale de Bristol. Il était né le 12 avril 1772, il mourut le 2 novembre 1819.

« Ceux qui s'intéressent à la réputation d'Edward Bird, dit Allan Cunningham, doivent parler seulement de ses peintures familières et faire oublier ses essais de reproductions historiques et religieuses, excepté le *Champ de bataille de Chevy Chase.* »

On peut consulter sur Bird, outre Allan Cunningham, t. II de son ouvrage sur les plus éminents peintres anglais, la notice de la National Gallery, l'*Art Union* de 1843, etc.

Il y a des œuvres de Bird, comme nous l'avons dit, à la National Gallery, dans les collections de la reine, à Stafford House, et dans plusieurs autres galeries des lords anglais. On voit aussi au Soane Museum un de ses meilleurs tableaux, un *Intérieur* où se battent des gens du peuple. Plusieurs de ses compositions familières ont été gravées.

HENRY THOMSON

NÉ EN 1773. — MORT EN 1843

Fils d'un trésorier de la marine, il naquit à Portsea en 1773. Étudiant à l'Académie en 1790, il devint associé en 1801 et académicien en 1804. Il a exposé beaucoup de tableaux historiques ou poétiques aux exhibitions de l'Académie. Il peignit, pour la galerie de Shakespeare des Boydell, une *Perdita* et un ou deux autres sujets de la *Tempête*. William Sandby vante comme son chef-d'œuvre une *Eurydice*, que nous n'avons pas vue. Mais nous avons vu à Manchester *Prospero et Miranda*, une *Maritana*, et à l'Exhibition internationale, la *Porte du cottage*, trois peintures appartenant à l'Académie royale. On y remarque une certaine influence du style et de la couleur de Reynolds. La National Gallery possède aussi de Thomson un tableau qui a été gravé par J.-A. Wright.

Il y a un autre Thomson qu'on appelle Thomson de Duddingston, lieu de sa naissance, pour le distinguer de Henry.

A la mort de Fuseli, en 1825, Henry Thomson fut nommé administrateur (*keeper*) de l'Académie royale, place qu'il occupa seulement deux années. La maladie l'ayant contraint à donner sa démission, l'Académie lui offrit en présent une tabatière d'or. Il se retira alors dans son pays natal, à Portsea, où il s'amusait à peindre des esquisses de marine, qu'il donnait à ses amis. Il mourut le 6 avril 1843.

[1] C'est durant un de ces voyages à Londres que Chantrey, le fameux statuaire, fit un buste de Bird, et que Bird lui-même ébaucha à l'huile un tableau où Chantrey était représenté dans son atelier, travaillant, la nuit, à ses sculptures, une chandelle fixée à son chapeau, comme avait fait autrefois Michel-Ange, et comme font les ouvriers mineurs dans leurs ténèbres souterraines.

THOMAS GIRTIN

NÉ EN 1775. — MORT EN 1802.

Dans la notice sur Turner, nous avons parlé de Thomas Girtin et de son influence sur la peinture à l'aquarelle, qui a pris un si énorme développement en Angleterre. Nous n'avons presque aucun détail sur sa vie si courte — vingt-sept ans! — et si bien remplie; mais nous avons vu quantité de ses œuvres, d'une finesse exquise et d'un grand charme. Il y en avait une quinzaine à l'Exhibition de Manchester et une dizaine à l'Exposition internationale de Londres. Il y en a deux au musée de Kensington (Ellison collection). Il y en a dans beaucoup de collections particulières. Toutes dénotent un sentiment vif et juste de la nature et une adresse spirituelle et légère.

A cette simple note sur Girtin, qui d'ailleurs ne paraît pas jamais avoir peint à l'huile, nous voulons joindre une note sur deux autres aquarellistes qui peuvent être considérés aussi comme les fondateurs de la peinture *in water colours* : John Cozens, mort en 1794, et David Cox, le vieux, né en 1783, mort en 1839. Cozens a sans doute beaucoup voyagé, puisqu'il a laissé des Vues des Pyrénées, des Vues d'Italie et de Sicile, et même une Vue de l'île d'Elbe. Aux Exhibitions de Manchester et de Londres, comme au musée de Kensington, Cozens rivalisait avec Girtin. A l'Exhibition internationale de Londres, c'était peut-être David Cox qui brillait le plus, même à côté de Turner, et par exemple sa *Foire aux chevaux* à Birmingham est assurément un chef-d'œuvre. Quelquefois il est fin comme Bonington, lumineux comme Turner, et quelquefois il obtient des tons et des effets énergiques comme un peintre à l'huile.

Classons donc ces trois artistes entre Paul Sandby, l'initiateur en aquarelle, et Turner, qui l'a poussée à la perfection.

JOHN JACKSON

NÉ EN 1778. — MORT EN 1831.

Fils d'un tailleur à Lastingham, dans le comté d'York, où il naquit le 31 mai 1773, il dut suivre d'abord la profession de son père. Ayant vu la magnifique galerie de tableaux du comte de Carlisle à Castle Howard, la passion de la peinture le prit et il obtint du noble lord la permission d'étudier ses chefs-d'œuvre. A dix-neuf ans, il faisait du fameux tableau d'Annibal Carrache, les *Trois Maries*, qui fut tant admiré à Manchester, une copie à laquelle il dut la protection de lord Mulgrave et de Sir George Beaumont. Sir George lui offrit tout de suite une pension de £ 50 et un logement dans sa maison de Londres, pour qu'il pût suivre les cours de l'Académie royale.

John Jackson devint promptement un portraitiste habile. Sa première exposition date de 1804, et, de 1804 à 1815, date de son élection comme associé à l'Académie, il exposa plus de trente portraits, notamment ceux de lady Mulgrave, de lady Fitzgerard, du marquis de Huntly et de plusieurs académiciens. Lui-même fut nommé académicien en 1817.

En 1819, il visitait l'Italie, avec le sculpteur Chantrey, pour qui il peignit un portrait de Canova, et il en revint avec le titre d'académicien de Saint-Luc.

Le portrait de Flaxman, qui lui avait été demandé par lord Dover et qui appartient aujourd'hui au vicomte Clifden, passe pour son chef-d'œuvre, et Lawrence disait que Van Dyck eût été fier de le signer. Nous avons vu à l'Exhibition internationale cette peinture très-fine, en effet, et très-distinguée. Il y avait, à la même exposition, un beau portrait de Northcote, appartenant au comte de Carlisle. La National Gallery possède trois autres portraits peints par Jackson, celui de Sir John Soane, l'architecte de la Banque d'Angleterre et le fondateur du Soane Museum, celui du révérend William Holwell Carr, le généreux donateur de sa collection de tableaux à la Galerie Nationale en 1831, et celui de miss Stephens, l'actrice de Covent Garden, qui devint comtesse d'Essex. Au musée de Kensington, il y a un portrait de lord Grey et le portrait de l'artiste peint par lui-même. Il faut dire que, de 1804 à 1830, Jackson a exposé à l'Académie plus de 150 tableaux et qu'il en a produit bien davantage, car il travaillait avec une extrême rapidité, et Passavant raconte qu'il fit à Rome, en trois jours, une copie d'un Titien, laquelle eût exigé de tout autre artiste un mois de travail. Il lui arriva même une fois, toujours d'après Passavant, d'exécuter, par gageure, en un seul jour d'été, cinq portraits d'hommes, qui lui furent payés 25 guinées chaque : 3,150 fr. en un jour! Le prix de la journée de Rubens n'était pas si élevé.

Jackson se faisait un plaisir d'aller presque tous les ans revoir son pays natal, et il donna à l'église de son village une copie qu'il avait exécutée du petit Corrége appartenant à lord Wellington, le *Christ au jardin des Oliviers*. Il s'était marié deux fois, la seconde fois avec la fille de James Ward, comme nous l'avons dit dans la biographie de ce peintre graveur. Il mourut en 1831, à la suite d'un refroidissement qu'il avait gagné aux funérailles de lord Mulgrave, son premier protecteur.

WASHINGTON ALLSTON

NÉ EN 1780. — MORT EN 1843.

Né en Amérique, dans la Caroline du Sud, en 1780, il arriva en Angleterre, à l'âge de vingt et un ans, pour étudier à l'Académie royale. Trois ans après, en 1804, il s'en allait à Paris, et de là à Rome, où il séjourna quatre années, étonnant les artistes par des effets de couleur particuliers, obtenus au moyen de teintes bitumineuses, « selon le procédé de Rembrandt. » En 1809, il retourne en Amérique et il épouse, à Boston, la sœur du célèbre docteur Channing. En 1811, nous le retrouvons à Londres, obtenant de la British Institution un prix de 200 guinées pour son tableau *Élisée ressuscitant un mort*. Cette peinture, achetée plus tard 3,500 dollars par l'Académie des Arts de Pensylvanie, était fort estimée de Benjamin West et même il disait qu'elle lui rappelait les grandes écoles du seizième siècle. Sa femme étant morte en 1813, Allston en ressentit une profonde douleur et sa santé en fut ébranlée. En 1814, il publiait des *Conseils aux jeunes praticiens sur l'étude du paysage*. En 1817, il retournait à Paris, en compagnie de son ami Leslie. En 1818, il était élu associé de l'Académie royale de Londres, et il remportait un nouveau prix de 150 guinées pour son tableau l'*Ange Uriel*, aujourd'hui à Stafford House, chez la duchesse de Sutherland. A partir de cette époque, il se retira dans son pays natal, et, comme il n'envoya plus rien aux exhibitions de Londres, ses œuvres sont rares en Angleterre, et peu connues.

Washington Allston eut pour amis intimes Coleridge, qui disait de lui que « pour le génie artistique et poétique, nul homme de l'époque n'était mieux doué; » Collins, qui, dans ses lettres, parle souvent de lui avec une admiration sympathique; Leslie, qui le tenait « un gentleman accompli et un peintre du goût le plus épuré. » Il mourut le 9 juin 1843, à Cambridgeport, village du Massachusetts. Il avait publié autrefois un volume de poésie, et, deux ans avant sa mort, un roman intitulé *Monalde*. Il laissait dans son atelier beaucoup d'élégantes esquisses, qui furent gravées et publiées à Boston en un volume in-folio.

ALFRED-ÉDOUARD[1] CHALON

NÉ EN 1780. — MORT EN 1860.

Il descendait d'une famille française protestante, émigrée, après la révocation de l'édit de Nantes, à Genève, où il naquit en 1780. Il était tout jeune quand son père vint s'établir en Angleterre et obtint une place de professeur de français au collége royal militaire à Sandhurst. Il commença ses études d'artiste à l'école de l'Académie en 1797, fut élu associé en 1812 et académicien en 1816.

Il a peint à l'aquarelle beaucoup plus qu'à l'huile et sa spécialité fut le portrait. Il eut même beaucoup de célébrité comme portraitiste des ladies à la mode. Il a fait cependant des tableaux religieux, historiques et poétiques, et des tableaux de genre : *Samson et Dalila*, qui parut à l'Exhibition internationale de Londres, le *Christ devant Hérode*, une *Madone*, la *Cour de la reine Mary*, les *Saisons*, une *Serena*, une scène du *Diable boiteux*, etc. Mais la grande peinture, ni même la peinture de mœurs, n'était pas son affaire.

Il eut l'honneur d'être le portraitiste à l'aquarelle de la reine Victoria, et le portrait qu'il a fait d'elle, après son ascension au trône, a été exposé à la grande Exposition universelle de 1855, à Paris.

Il y avait de lui à Manchester un tableau, *Halte de Bohémiens*, appartenant à l'Académie royale.

Alfred Édouard Chalon, *l'aîné*, mourut le 3 octobre 1860, âgé de quatre-vingts ans. Il laissait une collection de dessins et d'esquisses qu'il léguait à la paroisse de Hampstead, à condition qu'on leur consacrât un bâtiment convenable. Le legs ayant été refusé, la collection fut dispersée aux enchères publiques.

JEAN-JACQUES CHALON

NÉ EN 1780. — MORT EN 1854.

On ne dit pas en quel mois de l'année 1780 naquit Jean-Jacques Chalon, tout à la fin de l'année sans doute, et son frère Alfred-Édouard tout au commencement, puisque celui-ci est l'aîné et l'autre le cadet. Le prénom Jean-Jacques lui avait été donné certainement en souvenir sympathique du grand « citoyen de Genève, » qui venait de mourir en 1780. Chalon le cadet était venu à Londres en même temps que son

[1] Nous avons conservé à Chalon *l'aîné* et à Chalon *le jeune* leurs prénoms français, puisqu'ils sont nés à Genève, de famille française, et que ces prénoms ne furent anglicanisés que plus tard.

frère Chalon l'aîné, avec leur père et leur famille. Il entra aussi à l'école de l'Académie vers 1797. Comme son frère, il a beaucoup peint à l'aquarelle; mais il n'est pas seulement un aquarelliste fécond et brillant, il est aussi un bon peintre, surtout dans le paysage. On a pu s'en convaincre à l'Exhibition internationale de Londres, où il y avait de lui trois tableaux, d'une touche magistrale et d'un effet puissant. Cette certaine vaillance de l'exécution est peut-être ce qui l'empêcha d'être apprécié comme il le mérite par les Anglais, qui lui reprochent, non sans raison, il est vrai, de la dureté et une couleur opaque. D'éminents artistes, toutefois, ont exalté, même outre mesure, le talent des deux frères. Leslie, qui fut leur ami, en fait dans ses lettres un éloge enthousiaste, surtout de John James.

Chalon le cadet a peint souvent des Vues de la Suisse, son pays natal. En 1820, il publia une série de spirituels croquis d'après les mœurs parisiennes. Ce qu'il a fait de dessins est prodigieux, surtout au Club de la *Sketching Society*, dont lui et son frère avaient été fondateurs et dont ils furent membres pendant quarante ans, avec beaucoup d'artistes célèbres, Leslie, Ewins, Stanfield, etc. Il mourut le 14 novembre 1854, et, un peu après sa mort, en 1855, 150 de ses peintures et de ses esquisses furent exposées à la Société des Arts, avec quelques œuvres de son frère.

Il eut aussi l'honneur d'être académicien, comme Alfred Edward, mais bien plus tard, en 1841 seulement; son élection comme associé datait de quatorze années.

GEORGE DAWE

NÉ EN 1781. — MORT EN 1829.

George Dawe, qui naquit à Londres le 8 février 1781, est le fils d'un graveur bien connu, Philip Dawe. Il fut sans doute destiné dès l'enfance à la même profession, car on sait qu'à l'âge de quatorze ans il exécuta, d'après Graham, deux estampes à la manière noire. Il eût certainement tenu un rang des plus distingués entre les graveurs, mais, depuis la gravure du *Groupe monumental de lord Cornwallis*, d'après Bacon, qu'il avait faite dans sa vingt-et-unième année, il semble avoir complétement abandonné le burin. Un peu plus jeune, on l'avait mis sous la direction d'un peintre de pastel, qui n'était autre que le père du fameux George Morland. Avec George, il lia une amitié qui demeura indissoluble à travers toutes les épreuves de leurs existences. En 1794, il entra comme élève à l'Académie, et, l'étude du modèle vivant ne lui suffisant pas, il suivit des cours d'anatomie et pratiqua même chez lui la dissection. Il voulut aussi approfondir la psychologie et la métaphysique, et, plus tard, il apprit les langues, l'allemand, le français et même le russe. En 1807, il publia une *Vie de Morland*, l'ami de sa jeunesse, et ce fut le seul ouvrage de lui qui passa par l'imprimerie. Mais il a laissé quelques manuscrits, entre autres un *Essai sur les Couleurs*.

En 1809, un grand portrait exposé à l'Académie lui valut le titre d'associé. Sa nomination d'académicien vint quatre ans après. Parmi les portraits qu'il peignit vers cette époque, on cite ceux de miss O'Neil dans le rôle de Juliette et celui du poëte Coleridge.

Il avait déjà remporté en 1803 la médaille d'or, à l'Académie, pour un tableau d'*Achille désespéré de la mort de Patrocle*. La British Institution lui accorda encore, pour une scène tirée de *Cymbeline*, le grand prix de 200 guinées, et un autre premier prix pour le *Nègre et le buffle*, qui fut exposé en 1811 et acheté par M. Holford. Un *Hercule enfant étouffant le serpent*, une *Noémi*, un sujet emprunté à la *Geneviève* de Coleridge, datent à peu près du même temps. Mais le plus célèbre de ses tableaux, et le dernier qu'il ait peint en ce genre, est la *Mère arrachant son enfant du nid d'un aigle*, qui fut acheté par le comte de Cassilis. On dit qu'il avait parcouru tout exprès le Cumberland et l'Écosse, portant sa toile avec lui et peignant d'après nature, afin que la scène eût le caractère exact de vérité.

4 . .

Après le mariage de la princesse Charlotte avec le prince Léopold, Dawe eut l'avantage de peindre plusieurs fois leurs portraits. Après la mort de la princesse, ayant obtenu le patronage du duc et de la duchesse de Kent, il les suivit à Bruxelles et de là à la grande revue des troupes alliées, à Cambrai, où il fit, ainsi qu'à Aix-la-Chapelle, les portraits de lord Wellington, de lord Hill et de plusieurs des principaux officiers russes. Il se trouva être ainsi un des portraitistes officiels des coalisés contre Napoléon, et l'empereur Alexandre lui proposa un engagement pour aller faire à Saint-Pétersbourg les portraits de tous les Russes éminents qui avaient pris part aux guerres récentes.

Dawe partit au mois de janvier 1819; il peignit, en passant à Bruxelles, le prince et la princesse d'Orange; à Cobourg, le duc régnant; à Weimar, le grand-duc de Meiningen et la sœur de l'empereur Alexandre.

Là aussi, à Weimar, un homme plus grand que ces princes et ces guerriers, un des plus grands hommes de notre siècle, Gœthe, posa devant cet Anglais, qui, malheureusement pour la postérité, n'était pas un grand peintre.

Arrivé à Saint-Pétersbourg, Dawe consacra neuf années à portraiturer environ quatre cents officiers russes. Pour classer cette pacotille, on dut construire au Palais d'Hiver une galerie spéciale, qui fut inaugurée en grande pompe. Deux graveurs anglais, Thomas Wrigth et C.-E. Wagstaff, avaient été appelés par Dawe pour reproduire cette nombreuse série.

La mort soudaine d'Alexandre enleva à George Dawe son puissant protecteur, et il reçut l'ordre de quitter la Russie dans un bref délai. En 1828, il était de retour en Angleterre, mais il en repartit à la fin de la même année pour aller faire à Berlin les portraits du roi de Prusse et du duc de Cumberland. On l'autorisa alors à rentrer en Russie, et, au printemps de 1829, il accompagnait l'empereur Nicolas à Varsovie, où il peignit le portrait du grand-duc Constantin. Durant ces voyages, il avait attrapé un refroidissement pour lequel les médecins l'envoyèrent prendre les bains sulfureux d'Aix-la-Chapelle. Rentré à Londres, toujours souffrant, il y mourut le 15 octobre 1830, dans la maison de son beau-frère, Wright le graveur. Il fut enterré dans la crypte de Saint-Paul, près de Fuseli. Le président de l'Académie et les autres académiciens et l'ambassade russe assistèrent à ses funérailles.

George Dawe était membre de l'Académie impériale des Arts de Saint-Pétersbourg et des Académies de Stockholm et de Florence.

A ces entreprises de portraiture, il avait acquis une fortune considérable. De plus, son nom de peintre se trouve ainsi rattaché à des événements et à des personnages d'une grande importance historique. Mais son talent? Hélas! ce que nous avons vu de lui ne compte point dans l'art: quelques portraits (son œuvre presque entier étant conservé en Russie) et son tableau de réception à l'Académie, intitulé *Demonia*, et qui fut exposé à l'Exhibition de Manchester.

Avoir fait cinq cents portraits, — autant qu'en a fait Rembrandt! — et être condamné à l'oubli!

WILLIAM ALLAN

NÉ EN 1782. — MORT EN 1850

C'est encore un bien plus grand voyageur que George Dawe, et aussi un peintre assez vulgaire. Né à Edinburgh en 1782, il commença ses études à l'Académie dirigée par Graham et s'y rencontra avec David Wilkie, John Burnet et Alexander Fraser, qui demeurèrent toujours ses amis. Il alla ensuite à Londres suivre les cours de l'Académie royale, et en 1805 il exposait le *Petit Bohémien et l'âne*. Ne trouvant pas à Londres les ressources qu'il espérait, il résolut d'aller chercher fortune ailleurs. Il partit donc pour la

Russie en 1805, fit presque naufrage sur la côte de Prusse, près de Memel, où il peignit le portrait du consul de Danemark et de quelques autres personnages. A Saint-Pétersbourg, le médecin de la cour, Alexandre Crichton, lui procura la clientèle de nobles familles, et William Allan eut bientôt établi sa réputation comme portraitiste.

Sitôt qu'il put parler la langue russe, il voyagea dans l'intérieur du pays, resta plusieurs années en Ukraine, et fit des excursions en Turquie et en Tartarie, sur les rives de la mer Noire, de la mer d'Azof et sur les bords du Kouban. Il visita les huttes et les tentes des Cosaques, des Tartares, des Circassiens, des Turcs, étudia leur histoire, leurs mœurs, leurs costumes, et rassembla un choix varié de leurs armes et instruments. Son séjour dans ces pays lointains fut prolongé par suite des mémorables événements qui y jetèrent alors la confusion et l'alarme.

Ce ne fut qu'en 1814 qu'il retourna en Écosse. Il mit alors à profit la moisson d'événements curieux et de faits romanesques qu'il avait recueillis, et en 1815 on vit paraître de lui, à l'exposition de l'Académie, les *Esclaves circassiennes*, appartenant aujourd'hui au comte de Wemyss. Ce tableau fut suivi de beaucoup d'autres, du même genre ; des *Prisonniers conduits en Sibérie par des Cosaques*, des *Bandits tartares*, une *Noce juive en Pologne*, etc., qui furent exposés à Edinburgh avec la collection d'armes et de costumes rapportés d'Orient, et dont plusieurs furent achetés depuis par l'empereur Nicolas.

Durant quelques années, Allan abandonna les sujets étrangers et se mit à peindre des scènes de son pays : l'*Assassinat de l'archevêque Sharp*, que nous avons vu à l'Exhibition internationale, l'*Abdication de Mary, reine d'Écosse*, exposée en 1824, le *Régent Murray tué par Bothwellhaugh*, exposé en 1825, et payé 800 guinées par le duc de Bedford, etc. Ce dernier tableau valut à Allan son élection comme associé à l'Académie.

Vers 1830, il quitte encore l'Angleterre, voyage en Italie, en Turquie, en Asie-Mineure, en Grèce, et revient exploiter à Edinburgh les souvenirs de cette excursion : un *Marché d'esclaves à Constantinople*, *Byron dans la cabane du pêcheur*, après avoir traversé à la nage l'Hellespont, etc. En 1834, il va en Espagne, et il en rapporte encore des éléments nouveaux pour ses compositions.

Nommé académicien en 1835, trois ans après il succédait à Watson comme président de l'Académie royale d'Écosse. A la mort de Wilkie, en 1841, il lui succéda aussi comme peintre du roi pour l'Écosse, et, l'année suivante, il fut créé chevalier.

En 1843, il exposa à l'Académie royale de Londres sa *Bataille de Waterloo*, prise du côté de l'armée française, Napoléon et son état-major occupant le premier plan. Lorsque Wellington vit cette peinture, il dit seulement, avec sa brièveté accoutumée : — « Bon, très-bon, pas trop de fumée, » et il acheta le tableau, que nous avons vu à Apsley House, où il est toujours, avec tant d'autres souvenirs des campagnes du « *duc de fer* (*iron duke*). »

En pendant, Sir William exécuta aussitôt la même Bataille, prise du côté des Anglais, et il l'exposa en 1846, à Westminster Hall, au concours pour la décoration du palais du Parlement.

En 1844, il était retourné en Russie et il peignit pour le czar un tableau de *Pierre le Grand enseignant à ses sujets l'art des constructions maritimes*, qui fut exposé à l'Académie de Londres en 1845 et qui est aujourd'hui au Palais d'Hiver à Saint-Pétersbourg.

Son dernier grand ouvrage fut la *Bataille de Bannockburn*, qu'il laissa inachevée, en mourant, le 23 février 1850, dans son atelier même, où il avait fait transporter son lit, pour travailler jusqu'à la fin à sa peinture.

Pendant dix-huit ans il fut directeur de cette Académie d'Edinburgh, où jadis il avait eu pour condisciple Wilkie. Il était aussi membre honoraire de l'Académie de Saint-Luc à Rome et de celles de New-York et de Philadelphie.

Parmi les portraits peints par Sir William Allan, il faut citer ceux de Walter Scott, qui fut son ami et qui l'assistait à son lit de mort; un portrait de la fille de Walter Scott, appartenant à la reine Victoria, et qui a paru à l'Exhibition internationale de 1862. La National Gallery possède un tableau d'Allan, où des Arabes se partagent leur butin. Portraits, compositions historiques ou familières, et surtout la fameuse *Bataille de Waterloo*, d'Apsley House, tout cela laisse une triste idée du talent de Sir William.

THOMAS UWINS

NÉ EN 1782. — MORT EN 1857.

Il fut d'abord apprenti graveur, et, à seize ans, — il était né le 25 février 1782, — il entra comme étudiant à l'Académie.

Ses premiers ouvrages furent des copies pour les graveurs, et des dessins, dans le genre de ceux de Stothard, pour les publications illustrées. Jusque vers 1811, il n'avait fait que de l'aquarelle, et en cette année-là il fut admis dans l'ancienne Société des Aquarellistes, dont il devint secrétaire un peu plus tard.

En 1814, la faiblesse de sa santé le décida à aller habiter le midi de la France, où il fit beaucoup de dessins et d'esquisses, utilisés ensuite pour ses compositions. A son retour en Angleterre, il passa deux ans à Edinburgh pour y exécuter une série de portraits destinés à des illustrations de librairie.

De 1826 à 1831, il visite l'Italie. Un sujet italien, exposé en 1832, décida, l'année suivante, son élection comme associé à l'Académie.

Nommé académicien en 1838 (en 1839, suivant le catalogue de la National Gallery), puis en 1842 conservateur des peintures de la reine Victoria, il fut chargé d'exécuter des fresques à Buckingham Palace, et il peignit pour le prince Albert une *Psyché*. Toutes les fonctions, toutes les faveurs pleuvaient sur lui : en 1844, il est nommé bibliothécaire de l'Académie royale; en 1847, conservateur de la National Gallery. Mais, en 1855, la maladie le força de résigner cette dernière charge, et c'est alors que Sir Charles Eastlake lui succéda comme directeur de la Galerie Nationale, à laquelle il a déjà rendu tant de services, par sa connaissance des anciennes Écoles, surtout de l'École italienne.

Thomas Uwins mourut à Staines le 25 août 1857. Mistress Uwins a publié en 1858 deux volumes de Mélanges et souvenirs, contenant des renseignements détaillés sur la vie de son mari, et des fragments de la correspondance qu'il entretenait avec Sir Thomas Lawrence, Sir Charles Eastlake et autres artistes, durant sa longue résidence en Italie.

La Galerie Nationale possède deux tableaux d'Uwins, le *Chapeau de brigand* et la *Vendange* dans les vignobles sur les bords de la Gironde; le musée de Kensington, quatre, sans compter six aquarelles. A l'Exhibition internationale ont paru le *Chapeau de brigand*, emprunté à la National Gallery, des *Paysans napolitains*, de la collection de M. Thomas Baring, l'*Intérieur d'une fabrique de Saints* à Naples, appartenant à M. Fairbairn, et des *Musiciens napolitains*, à M. Mac Connell. Le meilleur n'en vaut rien.

JOHN BURNET ET JAMES BURNET

JOHN, NÉ EN 1784. — JAMES, NÉ EN 1788, MORT EN 1816.

John Burnet est connu comme graveur, comme peintre et comme écrivain sur les arts. Né à Edinburgh, le 20 mars 1784, il étudia la gravure chez R. Scott, et il suivit aussi les cours de l'école, où il se trouva condisciple de Wilkie, dont il a gravé beaucoup de tableaux. Une de ses principales peintures, les *Pensionnaires de Greenwich*, fait pendant aux *Pensionnaires de Chelsea*, par Wilkie. Il a deux tableaux au musée de Kensington, une vive esquisse d'un *Marché aux Poissons*, à Hastings, et des *Vaches* qui boivent à une mare.

Son jeune frère James, né à Musselburg en 1788, étudia aussi à l'école d'Edinburgh. Il vint retrouver John à Londres en 1810. Il a peint un certain nombre de paysages avec animaux; on en voit deux au musée de Kensington. Il mourut tout jeune, — à vingt-huit ans! — le 27 juillet 1816. Allan Cunningham lui a consacré une notice de dix pages.

BENJAMIN ROBERT HAYDON

NÉ EN 1786. — MORT EN 1846.

Haydon est, dans l'École anglaise, un des derniers « martyrs du grand art, » que Barry, West, Fuseli et autres avaient essayé de fonder, à la fin du dix-huitième siècle. Triste destinée que celle de cet artiste, qui lutte toute sa vie contre le goût de son temps, contre la misère, contre des difficultés de toute sorte, et qui finit par se couper la gorge, comme avait fait Léopold Robert! Lui-même a raconté ses combats, ses souffrances, ses désespoirs, dans une autobiographie curieuse, dont la *Revue française* a publié une analyse.

Il était né à Plymouth en 1786 et il vint étudier à Londres en 1804. Recommandé à Northcote et à Opie, bien accueilli par Fuseli, alors directeur de l'Académie, il se lia avec ses condisciples Wilkie et John Jackson. Il fit même avec son ami Wilkie un voyage à Paris en 1815 [1].

Leurs deux carrières furent bien différentes. Wilkie avait obtenu tout de suite grand succès avec ses sujets familiers et spirituels. Haydon, ambitionnant le style héroïque, avait peine à vendre ses tableaux. Il avait pourtant de hautes relations et de généreux patronages. En 1820, il fait le portrait de Sir Walter Scott; Sir George Beaumont lui commandait des peintures; Sir Robert Peel le délivrait de la prison pour dettes, en lui envoyant des sommes assez considérables. Toujours mécontent de tout, attaquant toujours l'Académie, toujours chagrin et toujours pauvre, toujours sollicitant, auprès de lord Wellington [2], puis auprès de la reine Victoria; écrivant dans les journaux des pamphlets acrimonieux, le malheureux Haydon vivait dans la pénurie et dans le scandale. Après ces longues tortures et ce long conflit avec tout le monde, pour en finir, le 22 juin 1846, il s'ouvrit la gorge avec un rasoir et se fit sauter la cervelle d'un coup de pistolet.

L'Exhibition de Manchester montrait deux tableaux de Haydon, et des plus importants : *Macbeth*, peint en 1811, pour Sir George Beaumont, et le *Jugement de Salomon*, peint en 1814 et acheté récemment par Sir Edwin Landseer, à qui Haydon avait autrefois donné quelques leçons. Dans le *Macbeth*, le peintre avait la prétention de représenter « l'homme par excellence, » avec ses caractères essentiels et selon les vrais principes héroïques. Mais, dit l'auteur du *Guide à l'Exhibition de Manchester*, « malgré tout ce qu'on pourrait espérer d'une figure construite avec une théorie si savante, *l'homme représentatif* a tourné à quelque chose de très-semblable à un monstre. » Haydon ajoutait : « Je n'ai rien épargné pour rendre ma peinture parfaite,

[1] Dans son autobiographie, publiée en 1853, Haydon rapporte ce mot singulier que lui aurait dit un jeune conscrit parlant de la chute de l'Empire : — « Oh! Monsieur, quand Napoléon n'aurait plus eu d'hommes pour faire la guerre, il aurait pris les animaux. »

[2] Son autobiographie contient beaucoup d'anecdotes curieuses sur Wellington et sur d'autres illustres personnages de l'Angleterre.

.....

comme poésie, expression, forme, couleur, lumière et ombre, touche ou exécution. Le *Jugement de Salomon* rappelle un peu, par son arrangement, celui du Poussin; mais Haydon, critiqué sur cette ressemblance, affirma qu'il n'avait jamais vu le tableau du Poussin, ni aucune gravure d'après ce tableau.

Haydon est déjà presque oublié en Angleterre, où cependant on conserve avec une piété patriotique le souvenir des artistes qui peuvent servir à la gloire du pays.

WILLIAM HILTON

NÉ EN 1786. — MORT EN 1839.

Nous sommes dans une mauvaise veine avec ces peintres nés vers la fin du dix-huitième siècle et qui ont travaillé au commencement du dix-neuvième. Hilton est à peu près de la force des plus obscurs élèves de David, malgré son ambition de faire de la grande peinture et de relever l'art par l'idéal. Il naquit à Lincoln le 3 janvier 1786, et son père, peintre de portraits, fut son premier maître. En 1800, il entrait dans l'atelier de J.-R. Smith, le graveur, et un peu après à l'école de l'Académie de Londres. Dès 1803, il expose des *Bandits*; en 1804, *Hector encouragé par Apollon;* en 1806 et dans les années suivantes : *Céphale et Procris, Vénus et Enée, Ulysse et Calypso,* le *Bon Samaritain,* le *Christ guérissant l'aveugle,* la *Résurrection de Lazare*, etc. On voit quelles étaient les tendances de son esprit. Presque toutes ces peintures, faute d'acquéreurs, se retrouvèrent dans son atelier après sa mort, et ce n'est pas grand dommage.

Élu associé en 1813, il s'en alla peu après à Rome, avec son confrère Phillips, et à son retour, en 1818, il exposa l'*Enlèvement d'Europe*, qui eut un pendant l'année suivante : l'*Enlèvement de Ganymède*, son tableau de réception au rang d'académicien. A la mort de Fuseli, en 1827, il lui succéda comme administrateur de l'Académie royale. Il mourut à Londres le 30 décembre 1839. Une exhibition de ses œuvres eut lieu en 1840 à la British Institution.

La National Gallery possède une de ses grandes machines qui a près de quatre mètres de haut : le *Cadavre de Harold trouvé sur le champ de bataille*, près de Hastings, en 1066; trois études de têtes pour cette composition; un sujet d'après Spenser et un *Cupidon désarmé*, d'après un des sonnets de Shakespeare. A l'Exhibition de Manchester, il y avait une *Vénus désarmant l'Amour* et l'*Enlèvement de Ganymède*, emprunté à l'Académie royale; à l'Exhibition internationale, un *Calvaire*, immense triptyque, appartenant à la corporation de Liverpool, un petit *Triomphe d'Amphitrite*, et l'*Ange délivrant saint Pierre*, pastiche des anciens maîtres italiens, comme tous les tableaux de Hilton. Sans doute il est savant, très-consciencieux, et même amoureux de son art. Mais il manque absolument d'inspiration et d'originalité.

PATRICK NASMYTH

NÉ EN 1786. — MORT EN 1831

Les Anglais le compareraient volontiers à Ruisdaël et à Hobbema. La vérité est qu'il tient un peu de la manière de Wynants et qu'il semble avoir cherché ce maître. Mais il est mince et faible, et comme pointillé, dans tous les détails. On ne peut lui refuser une certaine naïveté, un certain sentiment de la nature, qui valent mieux sans doute que tous les styles prétentieux, composant des paysages grecs ou romains avec accompagnement de mythologie. Lui, du moins, a reproduit la campagne comme il l'a vue, en son temps et dans son pays.

Patrick Nasmyth, né à Edinburgh en 1786, était fils d'un paysagiste, Alexander Nasmyth, qui lui donna les premières leçons. Il avait environ vingt ans, lorsqu'il vint s'établir à Londres, où il est mort le 27 août 1831, sans avoir été jamais de l'Académie. Par suite d'un accident à la main droite pendant son enfance, il peignit toujours de la main gauche.

La National Gallery possède de lui un *Cottage*, peint vers 1807 et gravé par A. Wilmore, et un *Pêcheur*, dans un paysage boisé; le musée de Kensington, un paysage, avec un énorme chêne du Penshurst Park, où il fut planté, dit-on, en 1555, à la naissance de Sir Philip Sidney. Il y a encore en Angleterre beaucoup de ces nobles arbres âgés de trois siècles.

A l'Exhibition internationale, quatre tableaux de Nasmyth ont été assez remarqués; on y voyait aussi un portrait de Robert Burns, par Alexander Nasmith, père de Patrick. Mais c'est surtout à l'Exhibition de Manchester que brillait Nasmyth, avec sept paysages très-fins et très-consciencieusement travaillés. Le tableau qui passe pour son chef-d'œuvre, une *Vue prise dans le Hampshire*, fait partie de la magnifique collection de M. Thomas Baring.

HENRY PERRONET BRIGGS

NÉ EN 1792. — MORT EN 1844.

Sa famille était de Norfolk, où il naquit en 1792. Il entra étudiant à l'Académie de Londres en 1811. Son premier tableau, un portrait, fut exposé en 1814, et depuis cette époque jusqu'à son élection, d'abord comme associé à l'Académie en 1825, puis comme Académicien en 1832, il envoya de nombreuses compositions historiques aux exhibitions annuelles : entr'autres *Lord Wake de Cottingham incendiant son château*, pour empêcher la visite de Henry VIII, amoureux de sa femme; *Calandrino*, d'après Boccace; *Othello racontant ses aventures à Desdemone*; *la Première Entrevue entre les Espagnols et les Péruviens*, appartenant à la National Gallery et qui parut à l'Exhibition internationale; *George III présentant une épée au comte Howe*, offert en 1825 à l'hôpital de Greenwich par la British Institution, qui avait accordé à Briggs un prix de 100 guinées en 1823; les *anciens Bretons instruits dans les arts mécaniques par les Romains*, etc.

Après son élection comme académicien, il abandonna presque le genre historique pour le portrait, où il chercha les qualités de force qui caractérisent Opie, son parent, dont il a laissé un portrait. Ses autres portraits notables par l'illustration des personnages sont le duc de Wellington, lord Eldon, Sir Samuel Meyrick, Charle Kemble, mistress Siddons, etc. Il mourut le 18 janvier 1844.

La National Gallery possède de lui *Juliette et sa nourrice*, outre l'*Entrevue des Espagnols et des Péruviens*. Il avait deux tableaux à l'Exhibition de Manchester.

FRANCIS DANBY

NÉ EN 1793. — MORT EN 1861.

Il naquit le 16 novembre 1793, dans une maison de campagne où demeurait son père, à quelque distance de Wexford, en Irlande. Il étudia d'abord à la Société des Arts de Dublin, puis chez un paysagiste nommé

O'Connor. Il exposa et vendit sa première peinture en 1812. Après quoi il se rendit à Londres, avec des lettres de recommandation pour Benjamin West.

A l'exhibition de l'Académie en 1824, parut son *Coucher du soleil après un orage*, qui eut la bonne fortune d'être acheté par Sir Thomas Lawrence ; l'année suivante, le *Passage de la mer Rouge*, acheté par le marquis de Stafford. En cette même année 1825, il fut élu associé de l'Académie. De 1826 à 1829, il expose le *Christ marchant sur la mer*, *l'Embarquement de Cléopâtre*, *le Marchand de Venise* et quelques sujets de l'Apocalypse. Mais, de 1829 à 1842, il n'envoya plus aux exhibitions de l'Académie que deux peintures, des affaires de famille l'ayant obligé à passer plusieurs années en France et en Suisse. A partir de 1842, commence une nouvelle série de productions, toujours du même genre, effets fantastiques, avec de prodigieux éclats de lumière. Pendant ces dernières années, Danby demeurait à Exmouth, dans le Devonshire, où il mourut, le 9 février 1861.

Ses deux fils, James et Thomas, sont peintres comme leur père, et M. Thomas avait un tableau à l'Exhibition internationale.

A cette même exposition, Francis Danby était représenté par ses « chefs-d'œuvre », le fameux *Passage de la mer Rouge*, emprunté à Stafford House, la *Maison du Pêcheur*, emprunté à la National Gallery, et trois ou quatre autres terribles fantasmagories, qui faisaient pâlir les élucubrations de John Martin. Car Danby est une sorte de pendant de Martin. Comme lui, et avec encore plus de fanatisme, il a cherché la réalisation des grands effets par lesquels la nature se transfigure et se poétise. Noble tentative, assurément, mais où se perdent les talents d'une portée ordinaire. Il faut du génie pour atteindre ces sommités de l'idéal. Danby, comme Martin, n'est arrivé qu'à des combinaisons arbitraires, en sortant de toutes conditions réelles et même possibles.

Le musée de Kensington possède trois tableaux et une aquarelle de Francis Danby. Une grande partie de ses œuvres, recueillies par M. Gibbon, de Regent's Park, qui fut son ami et son patron pendant trente-cinq ans, sont toujours conservées dans cette famille.

CHARLES ROBERT LESLIE

NÉ EN 1794. — MORT EN 1859

Son père était un Américain, descendant de familles anglaises et écossaises qui avaient émigré au Maryland en 1745. Grand industriel et ami de Franklin, ses affaires l'avaient amené à Londres, où naquit Charles Robert, dans la paroisse de Clerkenwell, le 19 octobre 1794.

Cinq ans après, retournant en Amérique, il y emmena son jeune fils, qui plus tard entra dans une maison de librairie à Philadelphie. C'est là que le *boy* prit le goût des arts, en remuant des volumes illustrés par Stothard, Smirke et les autres dessinateurs de l'Angleterre, si bien que son patron et les riches marchands de la ville lui assurèrent, par une souscription, les moyens d'aller étudier la peinture en Angleterre.

C.-R. Leslie arriva donc à Londres, en 1811, avec des lettres pour Benjamin West, Sir William Beechey et autres artistes. West lui donna des conseils, le mit en relation avec Allston et le fit entrer étudiant à l'Académie royale.

Fuseli en était alors l'administrateur, et cet original, qui disait : « L'art peut être appris, mais il ne saurait être enseigné, » frappa beaucoup le jeune Leslie. Après avoir obtenu deux médailles d'argent à l'Académie, Leslie s'essaya à de grandes compositions historiques. En 1813, il exposa un *Macbeth* et en 1814 un *Saül*. La première peinture où il trouva le genre qui lui convenait fut le *Sir Roger de Coverley allant à l'église*, peint en 1818, pour son ami M. Dunlop, et dont il fit plus tard une répétition pour le marquis de Lansdowne.

L'année précédente, en compagnie de Washington Allston et de William Collins, il avait visité Paris, où il s'était lié avec son charmant confrère Newton, dont l'influence, ainsi que celle de Constable, modifia son style. A sa liaison avec ces excellents artistes, avec Coleridge et Washington Irving, il doit presque tout son talent.

Élu associé en 1821, il devint académicien en 1825.

La liste est longue des peintures de genre qu'il a exposées de 1819 à 1859, — pendant quarante ans ! Presque toutes sont empruntées aux romanciers et aux poètes : Addison, Sterne, Smollett, Fielding, Goldsmith, Swift, Walter Scott et Shakespeare, Cervantes, Molière et Lesage. De plusieurs de ses tableaux il a fait des répétitions et souvent jusqu'à trois et quatre fois, par exemple de l'*Oncle Toby et de la veuve Wadman*[1]. Ses œuvres sont donc extrêmement répandues en Angleterre, dans les galeries publiques et dans les collections privées : trois à la National Gallery, *vingt-quatre* au musée de Kensington, sans compter deux aquarelles; il y en avait sept ou huit à Manchester, une douzaine à l'Exhibition internationale de Londres; il y en avait cinq à l'Exposition universelle de Paris. Leslie, très-connu en Angleterre, n'est donc pas inconnu en France, et quantité de charmantes gravures ont contribué à le populariser sur le continent.

En 1823, Leslie avait accepté la place de professeur de dessin à l'Académie militaire de West-Point, à New-York; mais il ne resta que cinq mois en Amérique et s'empressa de revenir à Londres. Nommé professeur de peinture à l'Académie royale de Londres en 1848, il résigna aussi cette fonction dès 1851. Les *Lectures* qu'il avait faites comme professeur ont été publiées sous le titre *Handbook for young painters* (*Manuel pour les jeunes Peintres*). Il avait déjà publié en 1843 une excellente *Vie de Constable*, dont nous avons cité des fragments dans la notice sur l'éminent paysagiste.

Le 4 mai 1859 s'ouvrit l'exhibition de l'Académie royale, où il avait envoyé deux tableaux. Le lendemain, il mourait dans sa maison d'Abercorn Place, St John's Wood. Les *Mémoires autobiographiques* qu'il avait écrits presque jour par jour ont été publiés sous ce titre : *Autobiographical Recollections*, par M. Taylor, en 1860, deux volumes in-8°. Il paraît que Leslie a laissé aussi une « *Vie de Reynolds*, avec notices sur ses contemporains, » laquelle a même été annoncée déjà en librairie.

THOMAS DUNCAN

NÉ EN 1807. — MORT EN 1845.

Il est élève de Sir William Allan. Né en 1807, à Kinclaven, dans le comté de Perth, il entra comme élève à l'Académie d'Edinburgh, où, plus tard, il obtint le titre d'associé et la fonction de professeur. Après avoir exposé quelques tableaux à Edinburgh, il envoya en 1840 à l'exhibition de l'Académie de Londres son tableau de l'*Entrée du prince Charles Édouard à Edinburgh* après la bataille de Prestonpans; en 1841, le petit tableau qu'on voit aujourd'hui au musée de Kensington; en 1842, une *Marche de Cerfs;* en 1843, le *Prince Charles Édouard endormi après la bataille de Culloden et protégé par Flora Mac Donald;* en 1844, un *Cupidon* et le

[1] Deux exemplaires à la National Gallery et un exemplaire au musée de Kensington.

Martyre de John Brown, de Priesthill, en 1685. L'année suivante, le 25 mai 1845, il mourait, dans sa trente-huitième année.

Thomas Duncan a peint quelques portraits, dont le sien propre, qui fut acheté par souscription et donné à l'Académie royale d'Écosse. *L'Entrée de Charles Edouard à Édinburgh* a passé aux deux expositions de Manchester en 1857 et de Londres en 1862. Nous n'avons jamais vu de Duncan que ce tableau et celui du South Kensington Museum. Probablement, il n'a pas beaucoup peint, étant mort si jeune.

WILLIAM JOHN MULLER

NÉ EN 1812. — MORT EN 1845.

Voici un vrai peintre, et qui n'a pas vécu beaucoup plus longtemps que Bonington. Né d'un père allemand, en 1812, à Bristol, où il mourut d'une maladie de cœur, le 8 septembre 1845, Muller eut cependant une existence plus remplie et plus méritante que bien des artistes morts après l'âge de quatre-vingts ans. Il reçut les premières leçons de son père, conservateur du musée de Bristol, puis d'un de ses concitoyens, le paysagiste J.-B. Pyne. Initié dès son enfance à la peinture, qui fut sa passion exclusive et constante, il conquit une adresse extraordinaire. Pendant sa jeunesse, il essaya, comme Turner, les styles de tous les maîtres précédents, anciens et modernes, ou plutôt, comme Turner, il s'efforçait de rendre la nature avec le sentiment et les procédés familiers aux grands peintres, sans toutefois qu'il ait jamais copié les autres. Depuis l'âge de vingt ans jusqu'à sa mort, il s'en va regarder la nature partout autour de Londres, aux quatre vents de l'Angleterre, en Écosse et dans le pays de Galles, puis en Italie, dans l'Archipel, en Grèce, en Égypte, en Syrie, toujours le pinceau à la main, employant l'huile ou l'aquarelle, pour fixer les souvenirs de tout ce qu'il voyait, paysage, architecture, scènes de mœurs, costumes, etc.

En 1833 et 1834, il fait son premier voyage sur le continent, en 1838, il remonte le Nil jusqu'au-dessus des cataractes. Revenu à Londres en 1839, il repart, en 1843, avec Sir Charles Fellowes, pour une expédition en Lycie. En 1845, il expose à l'Académie royale et à la British Institution le résultat de ces pérégrinations lointaines. Hélas! à la fin de cette même année, il était mort.

Au printemps de 1846, ce qu'il avait laissé de tableaux et d'esquisses fut vendu aux enchères publiques chez MM. Christie et Manson, et produisit la somme considérable de £ 4,360, environ 110,000 francs.

La National Gallery ne possède qu'un seul tableau de Muller, paysage avec deux paysans lyciens. Mais, à Manchester et à l'Exhibition internationale, on a pu apprécier le talent de cet artiste si généreusement doué. Il avait à Manchester un *Marché d'esclaves*, une *Scène de rivière*, la *Danse en Syrie*, le *Sphynx*, la *Prière dans le Désert*, le *Waggon de bagages*, le fameux *Memnon*, un paysage et une *Vue de Gillingham*, qui égale les excellents paysages de Constable. A l'Exhibition internationale ont reparu quelques-uns de ces tableaux, la *Danse*, le *Waggon* et plusieurs autres que nous ne connaissions pas, une *Vue de Rhodes*, datée de 1845, une *Pêche au saumon*, qui rappelle encore Constable, une *Vue de San Giorgio*, à Venise, etc.

Après Reynolds et Gainsborough, après Constable et Turner, Etty et Muller sont les peintres qui représentent le mieux le *colorisme* de l'École anglaise: brillants, contrastés, cherchant la diversité des tons dans l'harmonie; un peu des Vénitiens, un peu des Flamands du dix-septième siècle, quelque chose de ce qu'obtient aujourd'hui dans l'École française Eugène Delacroix.

William John Muller n'eut pas le temps d'être reçu à l'Académie royale; mais, si sa vie n'eût pas été si promptement brisée, il serait peut-être aujourd'hui le premier peintre de l'École anglaise contemporaine.

AUGUSTUS LEOPOLD EGG

NÉ EN 1816. — MORT EN 1863.

Il est de la famille des armuriers Egg, bien connus en Angleterre et même en Europe. Né à Londres en 1816, il entra en 1836 à l'école de l'Académie. La même année, il exposait déjà à la Société des Artistes britanniques et à la British Institution. En 1838, commence, aux exhibitions de l'Académie, la nombreuse série de ses peintures, dans le genre de celles de Newton, de Smirke et de Leslie, sujets empruntés à Cervantes et à Lesage, à Shakespeare et à Walter Scott. Un des meilleurs tableaux de son commencement est la *Victime*, exposée en 1844, gravée par Saugster, et conservée à la National Gallery : c'est la scène du *Diable boiteux*, où Patricio, après avoir déjeuné à la taverne avec deux courtisanes espagnoles, est fort embarrassé pour payer la carte. De 1844 à 1860, il expose à presque toutes les exhibitions. A l'Exposition universelle de Paris, en 1855, il avait quatre tableaux, qui furent remarqués. Il en avait aussi quelques-uns à Manchester et à l'Exhibition internationale de Londres.

Associé de l'Académie en 1848, il fut nommé académicien en 1860.

Auguste Egg était d'une santé très-délicate, qui l'empêcha de produire beaucoup et qui le força de chercher un climat plus clément que celui de l'Angleterre. Il s'était retiré dans le midi de la France, et il avait même été habiter l'Algérie, où il vient de mourir (1863), dans sa quarante-septième année.

W. BÜRGER.

IMP. POITEVIN, RUE DAMIETTE, 2 ET 4.

LISTE DES ACADÉMICIENS

DEPUIS LA FONDATION DE L'ACADÉMIE ROYALE, EN 1768 JUSQU'EN 1860

Sont compris dans cette liste les peintres seulement, bien que des architectes, des sculpteurs et les graveurs fassent également partie de l'Académie royale.
Les peintres dont les noms sont précédés d'un * sont mentionnés soit dans les notices spéciales soit dans l'Appendice.

DATE de la réception comme ACADÉMICIEN	NOMS DES ACADÉMICIENS	DATE de la réception comme ASSOCIÉ	OBSERVATIONS
1768	*Sir Joshua REYNOLDS	La nomination d'associés ne commence qu'en 1770, deux ans après la fondation de l'Académie.	Président à la fondation de l'Académie.
1768	Francis COTES		Mort en 1770.
1768	George BARRET		Mort en 1784.
1768	*Charles CATTON		
1768	Jeremiah MEYER		Mort en 1789.
1768	*Benjamin WEST		Président après Reynolds.
1768	*Paul SANDBY		Bibliothécaire.
1768	John BAKER		Mort en 1771.
1768	Samuel WALE		Bibliothécaire, mort en 1786.
1768	Mason CHAMBERLIN		Mort en 1787.
1768	Francesco BARTOLOZZI		Italien, mort en 1815.
1768	John RICHARDS		Secrétaire, mort en 1810.
1768	Peter TOMS		Mort en 1776.
1768	Nathaniel HONE		Mort en 1784.
1768	Francesco ZUCCARELLI		Italien, mort en 1789.
1768	Dominic SERRES		Bibliothécaire, mort en 1792.
1768	Giovanni Baptista CIPRIANI		Italien, mort en 1785.
1768	*Richard WILSON		Bibliothécaire.
1768	Edward PENNY		Mort en 1791.
1768	Francis Milner NEWTON		Secrétaire, mort en 1794.
1768	Angelica KAUFFMAN		Allemande, morte en 1805.
1768	Mary MOSER		Morte en 1819.
1768	*Francis HAYMAN		Bibliothécaire.
1768	*Thomas GAINSBOROUGH		
1768	Sir Nathaniel DANCE		Mort en 1811.
1769	Johann ZOFFANY	»	Allemand, mort en 1810.
1769	William HOARE	»	Mort en 1792.
1771	*Richard COSWAY	1770	
1773	*James BARRY	1772	
1777	William PETERS	1771	Mort en 1814.
1779	*John Singleton COPLEY	1776	
1781	Philipp James de LOUTHERBOURG	1780	Alsacien, membre aussi de l'Académie de Paris, mort en 1812.
1783	Edmund GARVEY	1770	Mort en 1813.
1784	John Francis RIGAUD	1772	Probablement d'origine française et de la famille d'Hyacinthe, mort en 1810.
1785	Joseph FARINGTON	1783	Mort en 1822.
1787	*John OPIE	1786	
1787	*James NORTHCOTE	1786	
1787	William HODGES	1786	Mort en 1797.
1788	John RUSSELL	1772	Mort en 1806.
1789	*William HAMILTON	1784	
1790	*Henry FUSELI	1788	Administrateur.
1791	John WEBBER	1785	Mort en 1793.
1791	Francis WHEATLEY	1790	Mort en 1801.
1791	Ozias HUMPHREY	1779	Mort en 1810.
1793	*Robert SMIRKE	1791	
1793	*Sir Francis BOURGEOIS	1787	
1794	*Thomas STOTHARD	1791	Bibliothécaire.
1794	*Sir Thomas LAWRENCE	1791	Président après West.
1794	*Richard WESTALL	1792	
1795	*John HOPPNER	1793	
1797	*Sawrey GILPIN	1795	
1798	*Sir William BEECHEY	1793	
1799	Henry TRESHAM	1791	Mort en 1814.
1799	Thomas DANIELL	1796	Mort en 1840.
1800	*Sir Martin Archer SHEE	1798	Président après Lawrence.

DATE de la réception comme ACADÉMICIENS	NOMS DES ACADÉMICIENS	DATE de la réception comme ASSOCIÉS	OBSERVATIONS
1802	*Joseph Mallord William TURNER	1799	
1804	*Henry THOMSON	1801	Administrateur.
1806	*William OWEN	1804	
1807	Samuel WOODFORDE	1800	Mort en 1817.
1808	*Henry HOWARD	1800	Secrétaire.
1808	*Thomas PHILLIPS	1804	
1810	*Sir Augustus Wall CALLCOTT	1806	
1811	*Sir David WILKIE	1809	
1811	*James WARD	1807	
1811	Henry BONE	1801	Mort en 1834.
1812	*Philip REINAGLE	1787	
1814	*George DAWE	1809	
1814	William Radmore BIGG	1787	Mort en 1828.
1815	*Edward BIRD	1812	
1815	*Sir Henry RAEBURN	1812	
1816	William MULREADY	1815	Vivant.
1816	*Alfred Édouard CHALON	1812	
1817	*John JACKSON	1815	
1819	*William HILTON	1813	Administrateur.
1820	Abraham COOPER	1817	Vivant.
1820	*William COLLINS	1814	Bibliothécaire.
1822	William DANIELL	1807	Mort en 1837.
1822	Richard COOK	1816	Mort en 1857.
1823	*Ramsay Richard REINAGLE	1814	Vivant.
1824	George JONES	1822	Administrateur et bibliothécaire, vivant.
1826	*Charles Robert LESLIE	1821	
1826	Henry William PICKERSGILL	1822	Bibliothécaire. vivant.
1828	*William ETTY	1824	
1829	*John CONSTABLE	1819	
1830	Sir Charles Lock EASTLAKE	1827	Aujourd'hui président, après sir Martin Shee.
1831	Sir Edwin Henry LANDSEER	1826	Vivant.
1832	*Gilbert Stuart NEWTON	1828	
1832	*Henry Perronet BRIGGS	1825	
1835	Clarkson STANFIELD	1832	Vivant.
1835	*Sir William ALLAN	1825	
1838	*Thomas UWINS	1833	Bibliothécaire.
1838	Frederik Richard LEE	1834	Vivant.
1840	Daniel MACLISE	1835	Vivant.
1840	Frederick William WITHERINGTON	1830	Vivant.
1840	Salomon Alexander HART	1835	Vivant.
1841	David ROBERTS	1838	Vivant.
1841	*John James CHALON	1827	
1843	Sir William Charles ROSS	1838	Mort en 1860.
1844	John Prescott KNIGHT	1836	Secrétaire, vivant.
1845	Charles LANDSEER	1837	Vivant.
1846	Thomas WEBSTER	1840	Vivant.
1846	John Rogers HERBERT	1841	Vivant.
1848	Charles West COPE	1843	Vivant.
1848	William DYCE	1844	Vivant.
1851	Sir John Watson GORDON	1841	Vivant.
1851	Thomas CRESWICK	1842	Vivant.
1851	Richard REDGRAVE	1840	Vivant.
1851	Francis GRANT	1842	Vivant.
1853	William Powell FRITH	1845	Vivant.
1855	Edward Mathew WARD	1846	Vivant.
1856	Alfred ELMORE	1845	Vivant.
1857	Frederick Richard PICKERSGILL	1847	Vivant.
1859	John PHILLIP	1857	Vivant.
1860	James Clarke HOOK	1850	Vivant.
1860	*Augustus Leopold EGG	1848	

ECOLE ANGLAISE

LISTE DES GRAVURES

INTERCALÉES DANS LES NOTICES

NOMS DES PEINTRES	TITRES DES SUJETS	DESSINATEURS	GRAVEURS
HOGARTH (WILLIAM).	Son portrait.	E. BOCOURT.	CARBONNEAU.
»	Fin de toutes choses.	A. PAQUIER.	SARGENT.
»	Les Buveurs de punch.	»	E. DESCHAMPS
»	Combat de Coqs.	»	E. SOTAIN.
»	Le Désespoir du Musicien.	»	E. DESCHAMPS
»	La Brigue des votes.	»	DELANGLE.
»	Mariage à la mode, n° 2.	»	»
»	— — n° 1.	»	»
WILSON (RICHARD).	Son portrait.	A. MASSON.	PISAN.
»	Paysage.	L. MARVY.	DUJARDIN.
»	Le Matin.	»	PISAN.
REYNOLDS (JOSHUA).	Son portrait.	HADAMARD.	PONTENIER.
»	Hercule enfant.	PAQUIER.	CHEVAUCHET.
»	Sainte-Famille.	»	DELANGLE.
»	Mistress Siddons.	»	DUJARDIN.
»	John Hunter.	HADAMARD.	GAUCHARD.
»	La Nativité.	PAQUIER.	»
»	Ugolino.	»	W. BROWN.
»	Le Serpent sous l'herbe.	»	CHEVAUCHET.
GAINSBOROUGH (THOMAS).	Son portrait.	E. BOCOURT.	PONTENIER.
»	Petit Paysan.	L. MARVY.	QUARTLEY.
»	La Porte de la chaumière.	FREEMAN.	SARGENT.
»	Le Ruisseau.	»	JATTIOT.
»	Les Enfants.	»	F. SIMON.
ROMNEY (GEORGE).	Son portrait.	PAQUIER.	GUILLAUME.
»	Serena.	»	E. DESCHAMPS
»	Lord Derby et sa sœur.	»	»
»	Shakespeare enfant, servi par les Passions	A. H. CABASSON.	GAUCHARD.
»	Alope.	PAQUIER.	L. CHAPON.
WEST (BENJAMIN).	Son portrait.	E. BOCOURT.	VERDEIL.
»	Le Caveau du désespoir.	VERDEIL.	»
»	Le Pèlerin.	PAQUIER.	DUPRÉ.
»	La Famille de West.	A. H. CABASSON.	VERDEIL.
»	Cromwell devant le Parlement.	PAQUIER.	MARCHAND.
»	Mort du général Wolfe.	A. H. CABASSON.	A. GUSMAN.
»	Elysée et la Salamite.	PAQUIER.	C. MAURAND.
»	Jésus guérissant les malades.	A. H. CABASSON.	DELANGLE.
FUSELI (HENRI).	Son portrait.	E. BOCOURT.	L. CHAPON.
»	Tête de vieillard.	PARENT.	GAUCHARD.

NOMS DES PEINTRES	TITRES DES SUJETS	DESSINATEURS	GRAVEURS
FUSELI (Henri).	La Tempête	Eustache-Lorsay.	Carbonneau.
	Le Cauchemar	Parent.	Guillaume.
	Hamlet et le Spectre	Eustache-Lorsay.	Pannemarker
	Titania et Bottom	A. H. Cabasson.	A. Gusman.
NORTHCOTE (James).	Son portrait	Paquier.	Guillaume.
	Sisera	J. Gagniet.	Verdeil.
	Mortimer et Richard Plantagenet	Dumonceau.	L. Chapon.
	La Charité	Paquier.	»
	Mort d'Édouard V et de son frère	Eustache-Lorsay.	Carbonneau.
BARRY (James).	Son portrait	Paquier	L. Chapon.
	Vénus sortant de la mer	Parent.	Carbonneau.
	Pandore	»	Dupré.
	Fête grecque de Cérès	Paquier.	Delangle.
	Mercure inventant la lyre	»	L. Chapon.
SMIRKE (Robert).	Son portrait	Paquier.	Guillaume.
	Adolescence	»	L. Chapon.
	Les Deux Charretiers et Godshill	E. Bocourt.	Gusman.
»	Le Cinquième âge	Paquier.	Delangle.
	Le Portrait flatté	»	Deschamps.
STOTHARD (Thomas).	Son portrait	Paquier.	Rapine.
	Le Rêve	»	Delangle.
	Pèlerinage à Canterbury	»	»
BLAKE (William).	Son portrait	E. Bocourt.	Guillaume.
	Le Vieillard à la porte de la Mort	»	L. Chapon.
	— — —		»
OPIE (John).	Son portrait	E. Bocourt.	Guillaume.
	Évocation	Mettais.	Dupré.
	Mort de David Rizzio	Paquier.	Delangle.
MORLAND (George).	Son portrait	E. Bocourt.	Guillaume.
	L'Abreuvoir	Paquier.	Brevière.
	Le Courrier	»	Sargent.
	La Traite des nègres	»	Gauchard.
	Paysage	»	Sargent.
LAWRENCE (Thomas).	Son portrait	L. Massard.	Dujardin.
	Une Lady avec son enfant	A. H. Cabasson.	»
	Nature	Freeman.	»
	Charles X, roi de France	A. H. Cabasson.	Quartley.
	Master Lambton	Freeman.	»
	George IV, roi d'Angleterre	A. H. Cabasson.	»
	Lady Dower	»	»
TURNER (J. M. W.).	Son portrait	E. Bocourt.	L. Chapon.
	Les Phares	Paquier.	Delangle.
	Douvres	»	Gauchard.
	Venise	»	Quartley.
	Tivoli	Freeman.	Trichon.
	Le Rameau d'or	Paquier.	Quartley.
	Hastings	»	Dupré.
	Naufrage du Minotaure	»	Quartley.
HOWARD (Henri).	Son portrait	E. Bocourt.	Delangle.
»	Timon d'Athènes	Mettais.	Dupré.
	La Paysanne suisse	»	Delangle.
CONSTABLE (John).	Son portrait	Paquier.	Guillaume.
»	L'Écluse	»	Sargent.
»	La Rivière de la Stour	»	»

NOMS DES PEINTRES	TITRES DES SUJETS	DESSINATEURS	GRAVEURS
CONSTABLE (John).	La Ferme de la vallée.	Paquier.	Sargent.
»	Port de Yarmouth.		
	Cathédrale de Salisbury.		
»	Le Champ de blé.		
	Le Printemps.	»	
CALLCOTT (Augustin-Wall.)	Son portrait.	Paquier.	Guillaume.
»	Scène de côte.	Mettais.	Delangle.
»	Le Gué.	Allongé.	Dupré.
WILKIE (David).	Son portrait.	E. Bocourt.	Chevauchet.
»	La Lettre de recommandation.	»	Michel.
»	La Guimbarde.	Freeman.	Gauchard.
	Fête de village.	»	Sargent.
	La Première Boucle d'oreille.	»	Merlon.
	Les Politiques du village.		Sargent.
	Duncan Gray.		Deschamps.
»	Le Doigt coupé.	»	Pierdon.
ETTY (William).	Son portrait.	E. Bocourt.	Gauchard.
»	L'Amour.	Paquier.	Salvioni.
»	Femme implorant le vainqueur.	Mettais.	Dupré.
HARLOW (G. H.).	Son portrait.	E. Bocourt.	Guillaume.
»	Stothard.	Paquier.	Chapon.
»	Jugement de la reine Catherine devant Henri VIII. .	Eustache-Lorsay.	Guillaume.
COLLINS (William).	Son portrait.	Paquier.	Guillaume.
»	Petits Pêcheurs.	»	Delangle.
	Heureux comme un roi.	Mettais.	Salvioni.
	Paysage.	Paquier.	Delangle.
»	Les Pêcheurs de crevettes.	Allongé.	
MARTIN (John).	Son portrait.	E. Bocourt.	Guillaume.
»	Scène du Déluge.	Mettais.	Delangle.
»	Festin de Balthazar.	Eustache-Lorsay.	»
NEWTON (G. S.).	Son portrait.	E. Bocourt.	Guillaume.
»	Le Dépit amoureux.	Paquier.	Tremelat.
»	Le Vicaire de Wakefield.	»	Delangle.
BONINGTON (R. P.).	Son portrait.	E. Bocourt.	Guillaume.
»	La Rêverie.	»	Carbonneau.
»	François Ier et sa sœur.	»	Chapon.
»	François Ier, Charles-Quint et la duchesse d'Étampes.	»	Carbonneau.
»	Marine.	Paquier.	Sargent.
»	Bologne.	Mettais.	Dupré.
»	Les Présents.	E. Bocourt.	Carbonneau.
»	Évreux.	Paquier.	Chapon.

TABLE ALPHABÉTIQUE

DES

MAITRES DE L'ÉCOLE ANGLAISE

LES PEINTRES DONT LE NOM EST PRÉCÉDÉ ICI D'UN * SONT CEUX DONT LA BIOGRAPHIE SE TROUVE DANS L'APPENDICE

TABLE CHRONOLOGIQUE

DES

MAITRES DE L'ÉCOLE ANGLAISE[1]

LES PEINTRES DONT LE NOM EST PRÉCÉDÉ ICI D'UN * SONT CEUX DONT LA BIOGRAPHIE SE TROUVE DANS L'APPENDICE.

1 Cette table indique l'ordre dans lequel doivent être rangées et *reliées* les biographies dont se compose le volume.

IMPRIMERIE POITEVIN, RUE DAMIETTE, 2 ET 4.

www.ingramcontent.com/pod-product-compliance
Lightning Source LLC
LaVergne TN
LVHW010938180726
843502LV00004B/1005

* 9 7 8 2 3 2 9 5 6 9 4 2 0 *